学史明理　学史增信

学史崇德　学史力行

# 中国共产党
# 秦皇岛地方编年史
## (1921—2021)
### (上册)

中共秦皇岛市委党史研究室◎编著

燕山大学出版社
·秦皇岛·

图书在版编目（CIP）数据

中国共产党秦皇岛地方编年史：1921—2021 / 中共秦皇岛市委党史研究室编著 . —秦皇岛：燕山大学出版社，2021.6（2021.7 重印）

ISBN 978-7-81142-832-2

Ⅰ. ①中… Ⅱ. ①中… Ⅲ. ①中国共产党－地方组织－党史－秦皇岛－1921－2021 Ⅳ. ①D235.223

中国版本图书馆 CIP 数据核字（2021）第 134738 号

## 中国共产党秦皇岛地方编年史（1921—2021）
中共秦皇岛市委党史研究室　编著

| 出 版 人：陈　玉
| 责任编辑：孙志强
| 封面设计：刘韦希
| 出版发行：燕山大学出版社 YANSHAN UNIVERSITY PRESS
| 地　　址：河北省秦皇岛市河北大街西段 438 号
| 邮政编码：066004
| 电　　话：0335-8387555
| 印　　刷：涿州市殷润文化传播有限公司
| 经　　销：全国新华书店

| 开　本：700mm×1000mm　1/16　　印　张：33.25　　字　数：530 千字
| 版　次：2021 年 6 月第 1 版　　　　　印　次：2021 年 7 月第 2 次印刷
| 书　号：ISBN 978-7-81142-832-2
| 定　价：138.00 元（全 2 册）

版权所有　侵权必究
如发生印刷、装订质量问题，读者可与出版社联系调换
联系电话：0335-8387718

编审：潘 杰

# 编 委 会

主　　编：吕洪文
副 主 编：李　勇　朱爱丽
编　　辑：李珑慧　王红利
　　　　　陈厉辞

校对：王心敏　常会宝

# 前　　言

在建党 100 周年之际，中共秦皇岛市委党史研究室编著了《中国共产党秦皇岛地方编年史（1921—2021）》一书，旨在全面、准确、客观地记述秦皇岛人民在中国共产党的领导下进行革命、建设、改革、发展的历史过程，客观总结秦皇岛人民在推进发展过程中创造的宝贵经验，为全市正在开展的党史学习教育提供地方读本，推动党史学习教育活动向纵深发展。

秦皇岛是个有着光荣历史和革命传统的地区，在中国近现代史上占有重要的地位。党领导秦皇岛人民开展艰苦卓绝的斗争，对全省乃至全国产生了重大影响。在中国共产党创立之初，中国共产主义运动的先驱李大钊曾在这里思考、研究和传播马克思主义学说。党的一大代表王尽美在秦皇岛领导工人运动，带领京奉铁路工人和港口工人取得罢工的胜利。在伟大的全民族抗日战争时期，秦皇岛人民在中国共产党的领导下，团结一心，浴血奋战，为中华民族的解放事业作出了重大的贡献。特别是开辟滦东和挺进东北，为我党确立"向北发展、向南防御"战略决策奠定了基础和提供了依据。在事关中华民族前途命运的解放战争决战的关键时期，秦皇岛军民为支持和保障辽沈战役、平津战役的胜利，作出了突出的贡献。新中国成立后，秦皇岛人民在党的领导下，艰苦奋斗，拼搏进取，克服了前进道路上的重重困难，社会主义建设事业取得了突飞猛进的发展。改革开放以来，特别是被列为全国首批沿海开放城市以来，市委、市政府始终把"开放带动"和"以港兴市"作为发展战略，凝心聚力搞建设，一心一意谋发展，经济社会发展取得了令人瞩目的成就。

党的十八大以来，在中央和省委的坚强领导下，市委团结带领全市人民不忘初心、牢记使命，在把握机遇中笃定前行，在攻坚克难中拼搏竞进，奋力实现"三个圆满收官"，决胜全面建成小康社会取得决定性成就。全市综合经济实力稳步提升，去产能调结构促转型成效显著，"三大攻坚战"推进有力有效，改革开放创新提质增效，城乡融合发展加快推进，人民生活水平持续提高，社会治理能力全面增强。特别是2020年以来，面对突如其来的新冠肺炎疫情的严重冲击，全市上下坚定信心，同舟共济，疫情防控取得阶段性胜利，经济社会发展呈现恢复增长态势。经过不懈努力，"十三五"规划目标顺利完成，在秦皇岛发展史上写下了浓墨重彩的一笔。

2021年是党的百年华诞，中央决定在全党开展党史学习教育。习近平总书记指出，开展党史学习教育正当其时，十分必要。全党同志要做到学史明理、学史增信、学史崇德、学史力行。作为全市党史学习教育领导小组成员单位，市委党史研究室既是全市党史学习教育的组织者和推动者，又是党史学习教育的参与者和实践者。市委党史研究室坚持以更高的标准、更严的要求、更实的举措，带头学习、带头实践，自觉服务好全市党史学习教育。结合党史学习教育需要，结合业务工作安排部署，市委党史研究室编著了《中国共产党秦皇岛地方编年史（1921—2021）》，该书作为全市开展党史学习教育的地方读本，希望能对全市党员干部进行党史教育提供有益的参考，对全市党史学习教育起到积极促进作用。

百年恰是风华正茂，百年仍需风雨兼程。在革命、建设、改革、发展的100年中，秦皇岛谱写了无愧于历史、无愧于时代、无愧于人民的辉煌篇章。迈上全面建设社会主义现代化国家新征程，全市人民将紧密团结在以习近平同志为核心的党中央周围，高举中国特色社会主义的伟大旗帜，不忘初心，牢记使命，攻坚克难，砥砺奋进，在学党史、悟思想、办实事、开新局上下功夫，为"十四五"开好局、起好步，为新时代全面建设现代化国际化沿海强市、美丽港城作出新的更大贡献。

# 目　录

## 新民主主义革命时期

| | |
|---|---|
| 1921 年 …………………………………………………… | 001 |
| 1922 年 …………………………………………………… | 001 |
| 1923 年 …………………………………………………… | 003 |
| 1924 年 …………………………………………………… | 004 |
| 1925 年 …………………………………………………… | 005 |
| 1926 年 …………………………………………………… | 006 |
| 1927 年 …………………………………………………… | 006 |
| 1928 年 …………………………………………………… | 006 |
| 1929 年 …………………………………………………… | 007 |
| 1930 年 …………………………………………………… | 007 |
| 1931 年 …………………………………………………… | 008 |
| 1932 年 …………………………………………………… | 008 |
| 1933 年 …………………………………………………… | 009 |
| 1934 年 …………………………………………………… | 009 |
| 1935 年 …………………………………………………… | 009 |
| 1936 年 …………………………………………………… | 010 |
| 1937 年 …………………………………………………… | 010 |
| 1938 年 …………………………………………………… | 012 |
| 1939 年 …………………………………………………… | 014 |
| 1940 年 …………………………………………………… | 014 |
| 1941 年 …………………………………………………… | 015 |
| 1942 年 …………………………………………………… | 016 |
| 1943 年 …………………………………………………… | 020 |
| 1944 年 …………………………………………………… | 024 |
| 1945 年 …………………………………………………… | 027 |

| | |
|---|---|
| 1946 年 | 034 |
| 1947 年 | 037 |
| 1948 年 | 040 |
| 1949 年 | 044 |

## 社会主义革命和建设时期

| | |
|---|---|
| 1949 年 | 046 |
| 1950 年 | 047 |
| 1951 年 | 050 |
| 1952 年 | 054 |
| 1953 年 | 057 |
| 1954 年 | 058 |
| 1955 年 | 062 |
| 1956 年 | 066 |
| 1957 年 | 071 |
| 1958 年 | 074 |
| 1959 年 | 079 |
| 1960 年 | 084 |
| 1961 年 | 087 |
| 1962 年 | 092 |
| 1963 年 | 096 |
| 1964 年 | 098 |
| 1965 年 | 100 |
| 1966 年 | 101 |
| 1967 年 | 104 |
| 1968 年 | 105 |
| 1969 年 | 106 |
| 1970 年 | 107 |
| 1971 年 | 109 |

1972 年 …………………………………………… 111
1973 年 …………………………………………… 113
1974 年 …………………………………………… 115
1975 年 …………………………………………… 116
1976 年 …………………………………………… 118
1977 年 …………………………………………… 120
1978 年 …………………………………………… 123

## 改革开放和现代化建设新时期

1979 年 …………………………………………… 127
1980 年 …………………………………………… 129
1981 年 …………………………………………… 131
1982 年 …………………………………………… 133
1983 年 …………………………………………… 135
1984 年 …………………………………………… 138
1985 年 …………………………………………… 141
1986 年 …………………………………………… 143
1987 年 …………………………………………… 145
1988 年 …………………………………………… 148
1989 年 …………………………………………… 150
1990 年 …………………………………………… 152
1991 年 …………………………………………… 154
1992 年 …………………………………………… 157
1993 年 …………………………………………… 159
1994 年 …………………………………………… 161
1995 年 …………………………………………… 163
1996 年 …………………………………………… 166
1997 年 …………………………………………… 167
1998 年 …………………………………………… 169

| 1999年 | 171 |
| 2000年 | 172 |
| 2001年 | 174 |
| 2002年 | 178 |
| 2003年 | 179 |
| 2004年 | 183 |
| 2005年 | 184 |
| 2006年 | 188 |
| 2007年 | 191 |
| 2008年 | 194 |
| 2009年 | 199 |
| 2010年 | 204 |
| 2011年 | 227 |
| 2012年 | 244 |

## 中国特色社会主义新时代

| 2012年 | 269 |
| 2013年 | 270 |
| 2014年 | 289 |
| 2015年 | 305 |
| 2016年 | 324 |
| 2017年 | 344 |
| 2018年 | 382 |
| 2019年 | 412 |
| 2020年 | 445 |
| 2021年 | 487 |

历任秦皇岛市委书记名单 …… 506

# 新民主主义革命时期

## 1921 年

### 7 月

23 日，中国共产党第一次全国代表大会在上海开幕。经过讨论，大会通过了中国共产党的第一个纲领和决议，并选举产生了党的领导机构——中央局。党的一大宣告了中国共产党的正式成立。

### 8 月

按照党的一大《决议》，党的当前工作是集中力量领导工人运动。为了贯彻党的决议，广泛地开展全国工人运动，需要有一个公开的机构从事这项工作。8 月中旬，中共中央在上海建立了中国劳动组合书记部，作为专门领导这项工作的总机关。1921 年 9 月，在北京建立分部。该分部的工作重点是组织和发动北方的铁路工人和开滦的煤矿工人。

同月，北京长辛店工人俱乐部委员杨宝昆来山海关工作。这是我党派来山海关的第一个共产党员。杨宝昆是长辛店铁路机厂的工人，1921 年 7 月成为第一批共产党员。杨宝昆到山海关后，以铁匠身份为掩护，开展革命活动，主要是在工人中进行革命宣传和秘密的组织工作，着手建立工人夜校。

## 1922 年

### 5 月

中国劳动组合书记部派安体诚、陈为人两位同志来山海关指导工运，指导杨宝昆等人成立工人夜校，筹办京奉铁路工友俱乐部。同时，将山海关铁路工人的要求，向中国劳动组合书记部汇报，请求书记部派人来山海关，指导工作。

## 7月

中国劳动组合书记部主任邓中夏同志亲临山海关视察工作。

## 8月

中国劳动组合书记部北方分部副主任王尽美同志于月初来山海关。王尽美的到来，增强了秦皇岛地区工人运动的领导力量。王尽美将马克思主义理论与工运实践有机结合起来，在工人运动中发挥了核心领导作用。"山海关京奉铁路工友俱乐部"于8月15日正式成立，并在俱乐部内部建立了秘密工会。

下旬，山海关造桥厂工人掀起反对封建把头的斗争，向厂方提出给俱乐部负责人复职、增加工人工资、改善工人福利待遇等六项要求。

## 9月

25日，山海关铁路工人举行第一次大会，决议中明确提出"铁路当局再不承认我们所提条件，就举行罢工"。

同月，在王尽美的组织领导下，"秦皇岛矿务局工友俱乐部"成立。王尽美多次亲自主持俱乐部的重要会议。俱乐部初建时，会员即达1200多人。

同月，先后接收佟惠亭、刘武参加共产党，正式建立党的秘密小组，杨宝昆为组长。这是京奉铁路早期建立的党组织之一，也是秦皇岛地区建立最早的党组织。王尽美亲手建立的山海关党组织，成为秦皇岛早期革命发展的中坚力量。

## 10月

1日，山海关铁路工人举行第二次露天大会，决定"如当局在三日晚不圆满答复工人要求，就实行罢工"，并推选杨宝昆、佟惠亭为代表，去天津与京奉铁路局谈判。

4—13日，山海关铁路工人举行大罢工。4日，山海关铁路工人举行声势浩大的示威游行。6日，王尽美同志为工友俱乐部起草了《罢工宣言》并通电全国各地。9日，山海关铁路罢工工人，以卧轨截车的英勇行动，使山海关中断铁路交通4个多小时，给铁路当局以致命的威胁，迫使天津京奉铁路局答应复工的条件。13日，山海关铁路工人坚持9天的大罢工，取得了完全胜利。工友俱乐部发表复工通告，工人有秩序地复工。山海关铁路工人的罢工，是京奉铁路工人第一次大罢工，它为京奉铁路工人树立了一面胜利的旗帜，在中国铁路职工运动史上写下了光辉的一页。

16日，秦皇岛开滦工人大罢工，这是与唐山开滦五矿一起举行的总同盟罢工。开滦五矿工人代表向矿务局提出要求改善生活待遇"请愿书"。当日晚，秦皇岛开滦工人集会，讨论了"请愿书"所列条件。

23日，"请愿书"遭到矿务局拒绝后，唐山各矿举行总罢工。秦皇岛开滦工人亦宣布正式罢工。

## 11月

16日，历时25天的开滦五矿工人同盟大罢工，在矿方被迫答复了部分条件后，各矿基本复工。秦皇岛开滦工人从17日起陆续复工。

同年，随着港口扩建和煤矿、铁路、玻璃产业的开发，工人阶级队伍不断扩大。企业工人总数达到8000多名，成为秦皇岛地区一支新生的产业大军。

# 1923年

## 1月

1日，山海关工友俱乐部颁发会员证。随着京奉路工会成立，"山海关京奉路工友俱乐部"改称"京奉路总工会山海关分会"。

## 2月

4日，京汉铁路大罢工爆发。

6日，京奉路山海关分会通电声援。

7日，山海关造桥厂党的秘密小组陆续发展了杜希林、李连生、任荣华、王桂林、鲁懋堂、林茅新、寇文德、王国清、徐金明、刘朋等入党。党小组共有党员13名。

同月，山海关警察局突然抓走王尽美、杨宝昆、赵春生3人。在秘密党小组策动下，400多名工人包围了警察局。反动当局怕事态扩大，当场把王尽美等3人释放。

## 3月

下旬，由于直系军阀通缉王尽美同志，经党小组反复研究，决定王尽美离开山海关。在铁路工人掩护下，王尽美同志乘火车安全返回北京。

# 1924年

### 春季

李大钊在受到北洋军阀政府通缉时，在万分危急的情况下，化装离京来到昌黎五峰山躲避反动军警的追捕，并在这里接到党中央的紧急通知，启程去苏联莫斯科，率中国共产党代表团出席共产国际第五次代表大会。在告别昌黎的前夜，他在五峰山韩文公祠写的一封家书中预言："不出十年红旗将会飘满北京！"此前李大钊多次来昌黎五峰山游览山居，从事革命活动。特别是1919年暑期，李大钊在五峰山研究传播马克思主义，为马克思主义在中国的传播作出重要贡献。李大钊在昌黎县的五峰山写出了《我的马克思主义观》和《再论问题与主义》两篇马克思主义不朽名著，系统地介绍了马克思主义的基本原理，有力地批驳了各种非马克思主义思想，进一步拓宽了在中国传播马克思主义的广阔天地。李大钊在《我的马克思主义观》中对马克思主义的三大组成部分——唯物史观、政治经济学和科学社会主义都有所阐明，并指出这三个部分"都有不可分割的关系，而阶级竞争说恰如一条金线，把这三大原理从根本上联络起来"。这标志着马克思主义在中国进入比较系统的传播阶段。《再论问题与主义》一文是李大钊针对胡适在1919年7月20日《每周评论》上发表的《多研究些问题，少谈些"主义"》的公开答辩信。该信标明"昌黎五峰"，公开发表在1919年8月17日《每周评论》第35号上。《再论问题与主义》中，他强调在中国这样一个没有生机的社会，"必须有一个根本解决，才能把一个一个的具体问题都解决了的希望"。在论战中，李大钊旗帜鲜明，立场坚定，有力地捍卫了马克思主义，从而扩大了马克思主义在中国的社会影响，对于推动人们进一步探索改造中国社会起到了积极作用。正因为李大钊在中国最先倡导马克思主义的唯物史观，大力宣传马克思主义和社会主义、共产主义思想，推动了共产主义运动在中国的开展。

**秋季**

山海关的党员鲁懋堂与北京党组织取得联系。11月，上级党组织派吴汝明、张昆弟来山海关指导工作，指示鲁懋堂把山海关地区的共产党员组织起来，建立山海关铁路特别支部（简称山海关特支），并任命鲁懋堂为特支书记。山海关特支共有8名党员，他们是：鲁懋堂、王桂林（组织委员）、刘朋、寇文德（宣传委员）、宁潜湘（厂方代表）、徐金明（联络委员）、林茅新、王国清。山海关特支建立之后，主要任务是恢复工会组织和党在工人组织中的活动。通过党员或党的积极分子，组织工会秘密小组，并发展了一批党员和团员，在1927年发展了5人入党，发展了2人入团。1927年"四一二"反革命政变后，特支及时采取灵活的工作方法和斗争策略，择机散发党的标语传单，揭露蒋介石的反动面目。山海关特支是秦皇岛地区的第一个党支部，在宣传、组织、领导广大工人群众同帝国主义、封建势力和国民党反动派、官僚资本家的斗争中，做了大量基础的、务实的工作，取得很多成效，在群众中产生了深远的影响，为以后继续开展更加深入的工人运动打下了坚实的基础。

# 1925年

**5月**

30日，上海发生"五卅"惨案。

**6月**

中旬，秦皇岛各界人民组成"各界赤心援沪团"，每星期日上午开会一次。25日，秦皇岛各界一致行动，"各界赤心援沪团"召集市民大会，讲演劝募，游行示威。同时组织群众开展抵制日货运动。

## 1926 年

### 5 月

中共北方区委和天津地委的于方舟等人在昌黎开会，讨论面临的国内外政治和军事形势，分析秦皇岛、山海关地区革命运动情况、地理形势和军事战略价值等问题，研究确定了落实上级指示精神的努力方向。会议认为，国民革命军已经誓师北伐，北洋军阀处在摇摇欲坠之中，各地工农运动也相应地发展壮大起来。因此，必须大力发动群众，组织群众，做好迎接北伐胜利的准备工作。会后，中共天津地委书记于方舟与秦霁清同志来山海关。根据地委指示，秦霁清以学运为中心，计划发展工运、农运和驻军下层士兵工作。

### 7 月

天津地委又派徐桂森来山海关。征得地委同意，组成了以秦霁清为主、徐桂森等为辅的临榆临时县委。结合当时的政治形势和地方群众的革命情绪等条件，县委的主要工作任务是发动、组织开展工人、农民和学生运动。由秦霁清负责学运，徐桂森负责农运，另外一名负责同志负责工运。临榆县委在较短的时间内，向工人、农民和学生宣传了党的主张，宣传了北伐战争的伟大意义，使他们继续受到党的教育，培养了他们的革命积极性，为革命工作积蓄了力量。

## 1927 年

### 7 月

铁总党组织派张昆弟同志来山海关，指示山海关特支配合全国的反内战斗争。

## 1928 年

### 3 月

9 日，顺直省委在《第二次工作计划》中，谈到恢复北方职工运动时说:"秦皇岛、山海关、矿务局码头工人、造桥厂工人由唐山负责找线索,建立基层组织。"

# 1929 年

## 2月
6日,顺直省委确定秦皇岛党组织隶属唐山市委领导。山海关特支除受唐山市委指导外,仍由铁总直接领导。

## 6月
山海关党组织同黄色工会作斗争,提出"工人自己管理工会""反对国民党干涉""打倒不给谋福利的委员"等口号,号召群众改组工会。

## 7月
15日,长城煤矿工人再次组织罢工,有2000人到临渝县政府请愿。第二天有800名工人到秦皇岛游行示威。

## 8月
15日,长城煤矿罢工取得胜利,矿方答复工人每月增薪百分之十。

## 9月
5日,山海关铁路工人在特支领导下,开展反对黄色工会斗争。

9日,山海关特支被敌人查抄。特支书记鲁懋堂被捕。建立6年之久的山海关特支,到此停止了活动。

# 1930 年

## 6月
8日,党派上海负责海员工运的程志光同志来秦皇岛,在樊宝吉旅馆成立海员工会,具体领导秦皇岛的海员斗争。

## 1931 年

### 2 月
5 日，秦皇岛开滦工人开展增资斗争。全体工人向矿工会提出了"请愿书"，要求每人每月增薪一成。

### 3 月
21 日，耀华玻璃公司工人向厂方提出增资要求。

### 6 月
耀华工人代表去天津谈判，于 6 月 22 日劳资双方签订《劳资协定契约》，从 1931 年 6 月 1 日实行。耀华工人增资斗争取得胜利。《契约》中还包括：工人有病经医生准许休假的，年终花红照发；工人因公受伤的给予 300 元以下的抚恤金，并设法安置相当工作；因伤致死的除给 300 元以下的抚恤金，并给 50 元的治丧费等内容。

## 1932 年

### 9 月
党组织从北京派贺仲莲、陶立中、贾廷杰、白铁石 4 人来秦皇岛工作，建立秦皇岛支部，贺仲莲任书记。以后又发展了开滦工人张文永、李玉文、白兰等入党。秦皇岛支部建立后，一方面设法和工人打交道，组织工人运动；一方面和学生联系，在学校组织学生运动。

### 11 月
3 日，河北省委巡视员和一名中心县委负责人，来秦皇岛、柳江煤矿、山海关等处视察。

21 日，京东特委向上级党委报告了秦皇岛的情况，并在工作计划中决定：加强山海关驻军和秦皇岛码头工人中的工作。

## 1933 年

### 1 月

1 日，日军开始进攻山海关。

3 日，山海关守军付出重大牺牲后，被迫撤退，守军六二六团一营在掩护撤退中，全营官兵浴血奋战，营长安德馨壮烈殉国，第二、三、四、五连连长均阵亡。下午 4 时，守军撤出，山海关城沦陷。

### 5 月

9 日，滦东各县均被日军占领。

31 日，中国军队从冀东撤出，国民党政府与日本侵略者签订了《塘沽协定》，承认冀东为非武装区，允许日军用飞机或其他方法在冀东视察。

同年，张其羽经乐亭县早期共产党员、曾任木瓜口村支部书记的岳泽普同志（公开身份为该村小学校董）介绍加入中国共产党，成为昌黎第一位共产党员。

## 1934 年

### 1 月

8 日，为更好地宣传我党的政治主张和发挥抗日统一战线的作用，京东特委决定加强北宁路、秦皇岛以及开滦五矿的工作。

## 1935 年

### 8 月

1 日，中共中央发表《八一宣言》《为抗日救国告全体同胞书》。号召全国人民团结起来，停止内战，一致抗日，呼吁组织国防政府和抗日联军。

## 9月

在京东特委的领导下，各地党组织逐渐恢复发展，工运、学运也活跃起来。京东特委在滦县高各庄举行会议，研究了恢复和发展党组织，建立和恢复党的外围组织，发展小型游击战争，团结各阶层进行抗日等工作。

## 11月

本市大型企业，如耀华玻璃厂、长城煤矿、柳江煤矿等先后被日本接管。

# 1936年

## 3月

山海关、秦皇岛工人成立"朋友会"，参加者有30多人。是这个地区党领导的最早的群众秘密抗日组织。

# 1937年

## 4月

15日，中共中央发出《告全党同志书》，指出目前我党工作中心应该是抗日的民主运动的发展；号召全党"为巩固国内和平，争取民主权利，实现对日抗战而斗争"。

## 5月

2—14日，中共中央在延安同时召开党的苏区代表会议和白区代表会议。白区代表会议总结了党在白区工作中的经验教训，阐述了党在白区工作的基本方针和斗争策略。李运昌、李一夫作为中共冀东地区的代表参加了党的白区代表会议。

## 7月

7日，延安《解放周报》第九期，刊载了鹿鸣（中共冀东特委书记李运昌）撰写的《日寇汉奸统治下的冀东人民》的文章，揭露了日伪的反动统治，反映了冀东人民开展抗日斗争的迫切要求。

8日，中共中央发布《中国共产党为日军进攻卢沟桥通电》，号召全国同胞和军队团结起来，筑起民族统一战线的坚固长城，抵抗日本侵略者。

22—25日，中共中央政治局在陕北洛川举行扩大会议。会议通过了《关于目前形势与党的任务的决定》，确定党的中心任务是"动员一切力量，争取抗战的胜利"。会议还通过了《抗日救国十大纲领》，并根据毛泽东同志的战略思想，决定在敌人后方发动游击战争，建立敌后抗日根据地，为全国人民指明了正确的斗争方向。根据毛泽东关于"红军可出一部于敌后冀东，以雾灵山为根据地进行游击战争"的提议，会议确定了开展与坚持冀东游击战争的方针。

## 8月

中共中央北方局派李运昌到天津建敌后河北省，李运昌任省委书记，马辉之任组织部部长，李大章任宣传部部长。

## 9月

25日，在中共河北省委领导下，成立了以李运昌为主任委员的"华北人民武装自卫会冀东分会"，推动冀东各县的抗日救亡运动。接着，在冀东地区各级党组织的直接推动下相关地区也相继成立了分会，贯彻党的抗日民族统一战线方针。与此同时，党在各地直接组织了"救国会"，推动冀东各县的抗日救亡运动。

同月，"北宁铁路抗日救国会"（简称"铁救"）在天津成立。铁委书记杨士英于1936年8月来山海关时，曾发展李佩森、傅广路二人为救国会会员。至此，"山海关抗日救国会"正式成立，并开始活动。

下旬，刘少奇指示河北省委：河北党组织的中心任务是配合八路军，广泛开展敌后抗日游击战争。党的注意力和工作重点要放在农村，要不失时机地抓紧准备冀东武装暴动。刘少奇命李运昌速回冀东，任冀热边特委书记。

## 12 月

13 日，冀东党组织鉴于武装暴动条件逐渐成熟，于是以华北人民武装自卫会冀东分会的名义，在滦县多余屯（现属滦南县）秘密召开了有 20 多人参加的十县人民抗日代表会议。这次会议由华北人民武装自卫会冀东分会主任委员李运昌同志主持。会议讨论了继续加强抗日的宣传、组织工作等问题，通过了立即组织游击队，开展抗日游击战争的决议。会议研究决定，加强对各县武装暴动准备工作的领导，领导干部之间也进行了明确分工。

同月，华北抗日联军冀东游击队司令员王平陆率领游击队，在长城内外的遵化、迁安、青龙、兴隆等地进行活动，攻入青龙的青河沿，连续摧毁庙岭、药王庙等敌伪据点。

23 日，在夜袭青河沿敌伪据点时，王平陆不幸中弹，两日后牺牲。

# 1938 年

## 3 月

昌黎的中共地下党员张其羽以教书为掩护，建立了 20 余处联络点，传递信件、情报。

## 5 月

张其羽在后程庄召开了会议，研究拟写了《抗日救国章程》，筹建抗日组织。他在各个层面秘密宣传救亡图存的道理，阐明党的抗日救国主张，动之以肺腑之情，晓之以民族大义，团结一切可以团结的力量，使党的统一战线工作在昌黎取得初步成效。

4 日，天津铁路抗日救国会派"铁救"会员马钧来山海关，在铁路机务段发展薛良为会员。到 1943 年年初，经其他同志培养和会员介绍，又在桥梁厂、山海关扶轮小学、列车段、秦皇岛机务段等处，陆续发展李嘉祥、李长庚、常策民、钱凯元等 15 名工人入会。这些会员，先后分别在杨士英、马钧、赵治功、张瑞年等同志秘密领导下进行工作，成为我党的外围组织骨干成员，他们团结和组织一部分群众，进行抗日救国革命活动。

## 7月

在中国共产党的领导下，冀东人民为了反抗日本帝国主义的残暴统治，举行了震惊中外的冀东大暴动。这次暴动，首先由滦县、丰润、遵化、迁安、乐亭、玉田、卢龙、蓟县等地开始，很快席卷了冀东20多个县及开滦矿区，共产党员冲锋在前，工农大众勇为中坚，知识分子投笔从戎，国民党进步团体奋起参战，共有20多万之众参加。暴动中相继建立了10万人的冀东抗日联军，并在八路军第四纵队的配合下斩关夺隘，攻克9座县城和众多集镇。

中旬，张其羽等人在昌黎组织发动赤崖暴动。早在当年6月下旬，中共冀热边特委，在滦县召开了武装暴动预备会议。昌黎中共地下党员张其羽参加了这次会议。回来之后，立即组织召开了骨干分子会议，进行了周密的部署和安排，于7月16日在赤崖镇举行了暴动。张其羽带领暴动队伍一举攻下了赤崖警察分驻所，缴获了一批枪支，建立了起义司令部，树起了抗日大旗，号召群众有人出人，有枪出枪，队伍迅速扩大，大蒲河有200多名盐警宣布起义，加入暴动队伍。后来与昌黎另外一支地方武装丁万有部合编，组建了华北抗日联军昌黎支队。8月12日，联军以猛烈的炮火攻击姜各庄、施各庄等地，获得胜利。接着起义部队又利用各地遍布青纱帐的有利条件，分兵迅速进攻一区、二区和三区，迅速占领了昌黎广大农村和集镇。9月中旬，八路军主力西撤时，抗日联军于10月向平西撤退，昌黎起义部队在遵化宫里遭到敌人围攻，遭受重大损失。

13日，卢龙县简易师范的校长高敬之，在共产党的影响下，在无税庄率领农民举行暴动。附近农民纷纷响应，几天之内队伍扩大到2000多人。他们攻打日伪民团马各庄联庄会，剿灭土匪武装，受到当地群众的热烈拥护，于8月8日攻占了卢龙县城。这支队伍编为抗日联军第二十三总队，高敬之任总队长，共产党员阮务德任政治部主任。11月8日，高敬之率部返回滦河西，队伍剩下300余人，适逢日军大扫荡，在滦河西安河遭到日军围击，激战之中政治部主任阮务德牺牲。

15日，抚宁县的许维纯、茹振泰等人组织140多名教员、店员、手工业者和农民在七家寨举行了暴动。占领了台营镇，队伍组建为临抚抗日游击大队。这支队伍后来参加了八路军，被编为八路军第四纵队三十一大队第二营第六连。

## 1939 年

### 1 月
冀热边特委改为冀东地委，周文彬任书记，归属冀热察区党委领导，着手恢复各地党组织。

### 2 月
中国共产党在昌乐边境建立了华北抗日联军第三军区司令部昌乐办事处。张其羽任办事处主任，主要任务是恢复和发展组织，进行组织武装和统一战线的工作。

### 7 月
冀东地委改为冀热察区党委冀东区党分委，李楚离任书记。

## 1940 年

### 4 月
冀东游击根据地人口由 120 万扩大到 180 万，主力部队由 2800 人扩大到 4100 人，游击队发展到 3400 人，武装报国队（民兵）发展到 4 万多人。

### 春季
冀东分委派周治国赴青龙、平泉一带，组织抗日武装力量。经过一段时间斗争，逐步发展、建立了一支百余人的抗日游击队，活动于青龙、承德、平泉一带。1941 年 4 月，冀东分委在周治国开辟工作的基础上，决定成立青（龙）平（泉）工作团和青平游击队，周治国任工作团主任兼队长，葛春生任副主任，继续扩大开辟青龙都山西部和平泉南部山区。

## 8月

冀东区党分委决定在北宁铁路以南地区组成"路南工作团",其成员田荣、张振宇、杨彩章、张礼太等到滦县、卢龙地区活动。

## 11月

下旬,为开辟滦河东和北宁路南地区,冀东区党分委决定在迁安、滦县、卢龙三县边界地区建立迁滦卢联合县办事处,并组成中共迁滦卢联合县工作委员会,李海涛任书记、张振宇任办事处主任。

# 1941年

## 2月

受上级党组织的指派,共产党员张阁云和金福臣一起,找到青龙二道沟村抗日报国会主任于合,同他探讨和商量村里的建党问题。经过进一步工作,于合及周清和、李树和、王文海等人被发展入党。

## 3月

16日,召开党支部成立大会,于合当选为书记。二道沟村党支部组织和领导当地群众进行抗战活动,成为青龙抗日斗争的一面旗帜。

## 8月

月初,中共冀东区分委在遵化县大张屯召开的会议上作出"积极向外发展,开辟滦东新区"的决定。

## 秋季

由姜明远等同志组成的海防区工作团,由乐亭渡过滦河,到皇后寨一带进行活动。

## 11月

月初,组成以高敬之为首的工作团,并派出少量同志东渡滦河通过秘密渗透的方式开辟新区。最先在卢龙、迁安两县毗连的三角地带开辟了一些新区。到 1942 年 5 月，在滦河以东、以北，青龙河以西的迁安、卢龙地区开辟了 300 余个村庄为隐蔽游击区。

### 冬季

共产党员燕云程来到路南地区，开展地下工作，以草厂村为中心秘密发动群众，零星发展党员，进行根据地的开辟工作。燕云程在昌黎逐步发展张贺等 5 人为中共党员，并于 1943 年在草厂村建立党支部，燕云程担任支部书记。1943 年 7 月，临抚昌联合县成立，燕云程开辟的地区被划为联合县第五总区，他任总区长。

### 年底

党中央决定设立中央东北工作委员会（简称东工委），该机构设在晋察冀，由晋察冀中央分局代为管理。东工委的主要任务是挑选、训练干部，向东北秘密派遣，在敌占区进行建党工作，积蓄力量，潜伏待机，配合反攻。中央决定由曾在东北工作过的韩光负责组建东工委机关，并通过中央组织部从延安各个部门及部队中抽调 13 名干部。1942 年 1 月，韩光组织这 13 名干部在延安开办了东工委干部短训班。

## 1942 年

### 年初

中共中央决定向东北挺进，在伪满洲国开辟抗日根据地。中共冀东地委先后派出以信修和宋国祥为首的武装工作队，开辟长城以北的热辽地区。

### 3 月

山海关铁道支部建立，张占鳌任支部书记。1942 年年底，东北工作委员会到达滦东时，由冀东负责向东北秘密派遣人员、发展力量、配合反攻的"东工委"直接领导。建立在敌人心脏和运输大动脉的山海关铁道支部，具有特殊的历史作用和工作任务。工作重点是利用各种条件宣传党的抗日政策，搜集敌伪情报，运送物资和护送干部。

## 6月

16日，田丰、张玉亭等人砸了卢龙县陈官屯警察所，缴获大枪20支、手枪1支，建立了小型游击队，自此滦东有了自己的第一支地方抗日武装。

中旬，抗日干部品振霄组织李育民、张书阁、陈福兴等抗日骨干，在临抚凌青绥地区的三星口一带开辟抗日根据地，着手发展地下党员，建立了龙口党支部。品振霄在充分征求大家的意见的基础上，组织选举党支部成员。李育民任党支部书记、张书阁任组织委员、陈福兴任宣传委员。龙岗党支部成立后，就开始组织建立农民自卫队和青年突击队，动员群众参军参战，培养抗日骨干，秘密发展党员，组织民兵破交断线，做伪职员等上层人物的思想工作，不断扩大抗日队伍，增强当地抗日力量。

下旬，冀东地委举行第一次扩大会议。地委提出，要坚持"以发展为主，在发展中求巩固"的方针，在恢复被"蚕食"的基本区，巩固原有地区的同时，大力开辟新区，将滦河东创建为游击根据地，北宁铁路以南开辟为隐蔽区，热河山地创建为游击根据地，各县均应向敌区发展。冀东地委抽调地方干部和主力部队转入外线开辟滦东。冀东主力一部东渡滦河赴卢龙、昌黎、抚宁等地区。

## 7月

9日，冀东区党分委决定，组成以高敬之为书记，李焕章、田丰、张福德等同志为成员的工作团，东渡滦河，开辟滦东。秋季，成立迁卢抚昌联合县办事处，高敬之任书记。

## 8月

上旬，八路军第十二团一营和龚发田游击队在十二团参谋长兼一营营长欧阳波平、团总支书记杨春垠的率领下于月初到滦河东，于8日在迁安彭家洼伏击关东军原田中队，与敌拼杀3个小时，全歼日军少佐以下75人，缴获重机枪1挺，轻机枪3挺，掷弹筒3个，长短枪70支。这次战斗中，欧阳波平不幸牺牲。

中旬,一营副营长马骥带领一、二、三连及游击队继续东进,渡过青龙河经卢龙县境沿长城一线武装开辟临抚凌青绥地区。在抚宁台营东北的董各庄,击溃赶来堵击我东进的伪警备大队300多人。

18日,冀东地委作出《关于(滦)河东工作决定》,指出滦东是我党我军向伪满发展的重要前进阵地,要创建游击区,基本方针是:团结各个阶层,孤立敌伪;分散深入,隐蔽发展;建党、建政、建立地方武装;决定在滦东成立迁卢抚昌办事处和迁卢抚昌联合县委。到1943年春,开辟了迁建公路以东、洋河以西、长城以南、北宁路以北的大片地区。1943年3月15日,中共冀察晋十三地委作出《对滦东工作的决定》,依照决定在滦东地区建立了抗日游击根据地。同年7月,在滦东建立中共第三地委、第三专署,辖迁卢抚昌联合县、临抚昌联合县、凌青绥联合县。到1944年夏,在滦东建立起较为巩固的游击根据地。

## 10月

八路军十二团团长曾克林带团部和特务连到滦河东,指定一营营长杨树元分工在口里活动,一营副营长马骥带一营的两个连开辟抚宁、临榆、青龙、绥中、建昌、凌源等地。随马骥出口外的丰滦迁联合县总区长海瑞祥率30多人在部队的配合下,越过长城,直插青龙的花果山。以后他又带领四个人的突击小组,在干沟北、双山子、大小核桃沟、烧锅杖子、乱泥溏、松木集等地开辟新区。

同月,为加强东北地区的战略情报工作,北方分局社会部在冀东成立了以任远为主任的东北情报联络站,并在滦东、路南、路北各分设一个情报站。12月,任远携带一部电台来到冀东,向冀东军分区司令员李运昌报到。决定把东北情报联络站内部名称定为冀东军分区联络部,代号"燕山"部队,受分局社会部和冀东地委的双重领导。

同月,1938年参加革命的河北迁安的海瑞祥,受滦东办事处高敬之的派遣,带领一支武装工作队到伪满洲国统治区的大核桃沟、木头凳、山东、干沟、凤凰山、邱杖子、三星口等地开辟新区。他们宣传抗日救国的道理,发展中共党员,建立政权,并注意做敌伪上层人士的工作,使伪甲长兼伪自卫团团长周子丰走上了革命的道路。为进一步掀起抗日热潮,

1943年5月9日，海瑞祥到邱杖子烂塘子村召开伪甲长会。由于汉奸告密，10日拂晓，日、伪军包围了烂塘子村。在突围中，他身中6弹，宁死不屈，英勇牺牲。

## 11月

27日，冀东地委就建设山地根据地问题作出决定。冀东地委在决定中指出，我们要坚持到胜利的反攻，在今天的环境下，不但需要有广大的平原作为我们活动的地区，利用物力、人力的供给地区，并且特别需要有山地根据地作为我们活动的有力依托和纵深。冀东地委强调，要把热南广大山地建设起来。同时要开展锦热路北和山海关以北的游击战争。冀东地委认为，建设山地根据地必须坚持统一战线政策，发展人民武装，建立与山地适应的经济制度，有计划培养当地干部。同时提出作战指导方针和强调该做的准备工作。

同月，成立冀东东北工作委员会，由李楚离同志任书记（李楚离不在时由李运昌代理），赵濯华为副书记，张化东任组织委员，杨雨民任宣传委员，并陆续任命刘云鹤、罗文、王杰、霍郁、马斐文为秘长，负责东工委日常工作。晋察冀分局明确冀东东工委的任务是：突破长城封锁线，牵制敌人，向东北开展工作，配合反攻。在工作分工上，赵濯华专做挺进东北的策划工作，张化东以公开身份进行政权建设，结合进行东北工作。

## 12月

东工委工作人员到达抚宁，在背牛顶宏亮寺建立办事机构。

同月，临抚凌青绥联合县工委和办事处成立。工委书记张化东、民运部部长张仲三、办事处主任宋国祥在临抚凌青绥广大农村建立和巩固了敌后抗日游击根据地，建立和发展了抗日武装力量，使临抚凌青绥地区成为挺进东北地区的前进基地，为我党我军进军东北作了组织准备，打开了连接华北通往东北的交通线。在临抚凌青绥工委、办事处以下建立6个区政权。长城南侧2个，长城以北4个。同时组建了一支百余人的游击队，初具抗日根据地规模。为集中精力向东北开辟，于1943年，将长城南侧两个区划归迁卢抚昌联合县，临抚凌青绥工委、办事处改称凌青绥联合县工委、办事处。

同年，中共迁卢抚昌联合县委创办了《前进报》（后改为《长城报》）。1943年7月，第三地委创办《救国报（滦东版）》。《救国报（滦东版）》在卢龙、抚宁、昌黎3县境内都出过报，5天1期，为油印4开1版小报。1945年9月，该报改为《滦东大众报》。《救国报（滦东版）》的出版，为宣传党的方针政策、动员军民齐心抗日发挥了重要作用。

# 1943年

## 2月

10日，经我党多方工作，青龙河东岸6个炮楼90余名伪军起义，整编为抗日义勇队。

## 3月

15日，冀东地委作出了《对于滦东工作的决定》和《路南工作的决定》，提出将原来把滦东"开辟为游击区"的要求，改为"创建为游击根据地"，继续向北和向铁路南发展。对建立路南游击根据地的具体工作和政策作出规定，强调"路南知识分子很多，吸收知识分子，作为路南党的主要任务之一"。

25日，北方分局根据李楚离、周文彬的报告作出指示，坚持冀东游击战争的总的方针不变，具体任务是必须在广泛开展游击战争中，建立多块游击根据地，"主要发展方向"是东北山地；在长城线内外、北宁路南北、滦河东西展开广泛的游击战争；坚持冀东平原成为游击根据地和游击区。

同月，柳江煤矿党支部建立，傅平任支部书记，由临抚凌青绥联合县工委领导。柳江煤矿党支部建立后，一面组织井下工人以怠工的方式与日寇、资本家进行斗争，采取多领少放等多种措施向抗日部队提供雷管、炸药等军用物资，同时还配合武装斗争打击敌人。在第七区队攻打柳江时，支部提供了准确的情报，为取得"夜袭柳江"的胜利作出重要贡献。

## 3—4月

由宋国祥任队长，联络科长霍郁，临抚昌联合县总区长李鸣山、华仲民及县基干队长刘长海等五六十人组成的一支武装工作队，从抚宁朱清峪出发，出长城九门口北的无名口，直奔绥中的东厂沟，突击开辟新区。当到达绥中县的曹家房子、柳树湾子一带时，被日伪重兵围攻。突击队连续战斗七八天，被迫化整为零，分路突围，陆续撤回口里。此次突击行动虽未达到预期目标，但对伪满军政人员震动很大。

## 春季

八路军十二团在迁卢抚昌联合县建立了3个情报站。一个是西站，以青龙河西岸的段家沟为中心（段家沟原属卢龙，现划为迁安）；一个是南站，以驼驼营为中心（驼驼营地处昌黎城西北30余里，原属昌黎，现归卢龙）；一个是北站，以石槽峪为中心，地处台头营以北，长城脚下。由于有人又将它和西站对称，还叫它"东站"。3个站，开始都归十二团统辖。1945年春，归十二分区二科（侦察科）所管。

## 5月

为加强对滦东工作的领导，建立巩固的抗日游击根据地。中共北方分局和冀东地委派干部于明涛、刘光禄、张文浩等地县以上干部来到滦东工作。

## 7月

中共晋察冀分局决定，冀东地委改称中共冀热边区特别行政委员会，同时建立冀热边区公署，实行党政军一元化领导。中共冀热边特委、行署在滦东建立了第三地区委和第三专署，徐志任地委书记，高敬之任专员。并以长城为界，以北建立凌青绥联合县，以南建立临抚昌联合县。临抚凌青绥联合县撤销，分别成立临抚昌和凌青绥两个联合县工委和办事处。冀热边特委成立后，要求滦东地委着重建设地方武装，发动群众进一步巩固，使之成为不可摧毁的阵地。滦东地委和专署，带领广大军民全面进行了抗日游击根据地的建设。1944年年初，滦东专区原有三个联合县，由于游击区的发展和壮大，冀热边特委决定增设迁卢青联合县和抚昌联合县。在县区政权建设的基础上，着手改造乡村基层政权。主要采取了争取伪保长，改造旧政权的政策。同时，随着各级政权的建设，在滦东地区普遍建立了抗日救国会、农会、工会等各种群众组织。推行合理负担，开展减租减息和雇工增资斗争。合理负担重点解决地亩分摊负担不合理问题，减租减息、雇工增资主要解决人民群众收入偏低问题。这些经济政策的实施不仅减轻了贫苦农民负担，改善人民生活，而且增加了政府的收入，进一步巩固了统一战线和抗日根据地。针对敌人采取的"集家并村"，党组织群众先后开展了誓死不进"人圈"活动和发动群众到"人圈"内部与敌人斗争的做法。同时，积极争取上层人士为我党提供情报，为抗日工作出力。在"人圈"以外的其他地区，发动群众参军参战，与敌开展武装斗争。

23日，由罗文、马骥同志率领的冀东七区队，从界岭口附近的花厂峪出发，直插柳江，从零点打到拂晓，一举打下了被日伪占领的柳江煤矿，歼灭日军40余人、伪矿警100余人、武装日军技术人员20余名，缴获步枪200多支、轻机枪2挺，还有2000箱黄色炸药等大批军用物资，破坏了发电厂的主机和炸药库。我方牺牲3人，其中有一连连长李德修和二总区区长何景文同志。这是七区队成立后的第一仗，影响很大，打击了敌人，鼓舞了群众的抗日情绪，提高了我军威信，给开辟和建设根据地工作，提供了极为有利的条件。

同月，冀热边特委会议决定：根据斗争形势需要，冀东八路军主力部队进行编制改革，冀东十二、十三团改为小团制。以十二团部分主力与地方武装合编，组建第七、第八区队。活动在滦东的七、八两个区队，均隶属于第十二团。其中，第七区队以冀东十二团一营一连为核心，再加上由青龙周子丰、李杰、陈青组织武装暴动的游击队，建有3个连，共300多人。第八区队是以冀东十二团一营二连为核心，加上冀东第一抗日义勇队、高恒游击队等地方游击队，建有3个连。这两个地区队是秦皇岛地区抗日的重要力量。

**夏季**

基本区恢复后，冀热边行署决定继续推行"合理负担"政策，并于8

月1日制订并公布了《冀热边村合理负担暂行办法修正草案》。总的要求是，地主负担的最高额不超过其总收入的24%，富农不超过10%，贫农不超过8%，特别困难的群众和孤儿寡妇免征，体现了"有钱出钱，钱多多出，钱少少出，无钱不出"的精神。新的"合理负担"条例一经公布，便得到滦东广大干部和群众的拥护，年底昌黎、卢龙、抚宁、临榆各县根据地基本上都实行了这项政策。

## 10月

15日，七区队在青龙东部歹毒岭伏击敌军车队。经过两个小时激战，歼敌30余名，俘敌50余名，成功截获119辆大车上的军需物资。七区队把所缴大批粮食、棉布交给当地抗日根据地，支援无人区军民，把成箱枪支、弹药、军服运往冀东根据地。

## 12月

7日，八路军第十二团特务连和第四、第五连，在抚宁曹西庄一带宿营。上午8时左右，日军的3辆坦克和3辆满载日军的卡车来袭。十二团副参谋长杨树元和三连长穆野立即带领部队在村外与车上的日军交火。3辆坦克横冲直撞，开进村里。村里宿营的特务连，在连长戴士奇、指导员胡导环率领下，就近及时与敌接战。日军2辆坦克被炸毁，1辆坦克狼狈逃跑。第四、第五连勇猛追击，歼灭日军数十人，炸毁卡车3辆。这是冀东部队首次与坦克兵作战并取得胜利的战斗，受到冀东军分区和晋察冀军区的通令嘉奖。

## 年底

迁卢抚昌全县有1200个村，全年征收公粮200万斤。全县四分之一的村庄有党组织（个别的仅有党员），党员人数达800余人。抗日制度一般都建立起来，征收工作都能完成。区有游击队，但民兵、抗日团体还没有普遍建立。

# 1944 年

**年初**

冀热边特委发出开展减租减息和雇工增资运动的决定。夏季，冀东根据地大规模开展了减租减息运动，形成群众运动的高潮。冀热边行署颁发的《土地政策条例》规定：不论实物地租与货币地租，地主一律减收原租额25%（简称"二五"减租）。减租后，租额仍超过产量37.5%者，减到37.5%，并规定一律重新订立租佃契约。

**1月**

12日，八路军十二团、八区队在白家窝一带设伏，歼灭伪治安军一个营，毙敌180余人，俘敌100余名，缴获机枪9挺、步枪100余支、子弹20000余发、粮食6000多斤。

29日，临抚昌县大队拔除海阳敌人据点，缴获长短枪73支、子弹6000余发、其他军用品1部。

**2月**

18日，滦东抗日武装第二次攻克柳江煤矿。

**3月**

下旬，日伪重兵围攻卢龙柳河圈根据地。八路军十二团特务连奉命掩护党政机关和当地群众突围。一天一夜的柳河圈突围战，特务连胜利地完成了掩护任务。敌人包围柳河圈的阴谋又落了一场空，遭到了十二团阻击部队的打击。此战共消灭日伪军150余名，并缴获了一部分枪支、弹药。

同月，由于滦东地区的发展，中共冀热边特委决定在滦东增设迁卢联合县和抚昌联合县。

**7月**

七区队的一、二连和临抚昌县大队联合作战，攻下秦皇岛至抚宁县城之间的深河据点，击毙伪大队长张相臣以下40人，俘敌100多人，缴步枪 200 多支。

同月，昌黎县抗日中学的师生组建了昌黎抗日中学文艺宣传队，演出抗日小型话剧、小歌剧等。在抗日中学业余文艺宣传队的基础上，吸收了部分有文艺专长的小学教师于 1945 年初冬组成了昌黎县"大众剧社"。

20 日，根据地党委就出版工作作出指示：出版报纸、刊物，一定照顾到干部、党员和人民群众，还要多印一些时事材料，负责出版小学教材和民众教材，以扩大宣传教育面。

## 8月

23 日，七区队在侯范庄歼灭日本关东军一个中队 70 多人、伪警察 20 多名，击毙日本顾问高石和特务中队长宾田，缴获轻机枪 4 挺，掷弹筒 3 个，长短枪 80 多支。

同月，中共迁卢抚昌联合县全面开展减租减息运动，县委号召实行减租减息，提高农民抗日与生产积极性。县委遵照《土地政策条例》制定规定，宣布实行"二五减租"，除规定地租，地主对佃农户的杂役、劳役、上打租、大斗收租等均予废除。同时，规定佃户有承租、承佃、承买土地的优先权，地主不得巧借名目收回。减息的具体做法是，年利在 3 分以上的，一律按年利 1 分计算。已付利息超过原来 1 倍的，停利还本；超过原本 2 倍的，借贷关系废除，本利停付。

同月底，抚昌县委在昌黎海边渔村后七里庄组织人员营救 7 名美军飞行员。美军一架 B29 轰炸机奉命从成都起飞轰炸日军在东北鞍山、大连等地的工业基地。在返航途中，这架飞机不幸中弹起火。机组人员驾驶飞机勉强飞过渤海后被迫跳伞，降落在昌黎的后七里庄附近。后七里庄是昌黎东南部七里海畔的一个小渔村。这里地处偏僻，利于隐蔽，是当时抚昌联合县的一个堡垒村。八路军正好在这里搞一个干部培训班。见状，这些干部组织人员迅速把这些飞行员转移到根据地，并由滦东护送到冀东，由冀东区后派出部队一路护送这些飞行员到延安。

## 9月

民主根据地开始进行雇工增资斗争，实行"减租减息"。

同月，第三地委、第三专署建办"滦东抗日民族学校"，地委书记徐志任校长，共有学员200多人。

## 10月

31日，中共中央晋察冀分局作出《关于东北工作的决定》。《决定》明确规定，东北工作范围包括城市工作、乡村工作两方面，应同等重视之。分局东工委及各区党委东工委均应同时进行这两方面的工作。冀热辽区党委及平北地委应该注意向满洲境内开展游击战争，邻近满洲各县除进行游击战争外，还应该组织东工委部门利用一切可能的线索与在游击战争中培养、发现干部，进行深入东北腹地的工作。

## 11月

2日，晋察冀分局在《对冀热边工作的意见》中强调，应把开展与坚持敌伪工作当作目前冀热边发展的主要方向。这不仅对目前坚持冀东基本区有重大意义，而且是我们进一步深入伪满开展游击战争以收复东北的桥梁。《意见》还指出，在开辟、收复时必须注意的一个基本问题，就是如何团结人民共同抗日。因此，我们的首要政策的基本出发点，应当是如何团结群众，而绝不能与群众相对立，应当团结"人圈"的人民抗日，绝不应反对"人圈"中的人民，绝不能中敌人挑拨"人圈"内外群众相对立的一切阴谋诡计。

同年，管桦、刘大为、陈大远等部队文艺工作者深入昌黎、卢龙等地乡村创作歌曲、器乐曲，宣传抗日。在戏剧方面，排演新剧目，宣传抗日斗争。抗日根据地出现了以演出评剧、皮影和新歌剧为主的剧团，如真理剧社、新长城影社、滦东大众影社、尖兵剧社等。

同年，滦东抗日文艺团体尖兵剧社在根据地共演出58场，创作歌曲、器乐曲、宣传画、街头诗等120多件（幅）。尖兵剧社人才荟萃，他们创作了大量脍炙人口的戏剧、音乐、诗歌作品。有歌颂抗日英雄的颂歌，有揭露敌人暴行的檄文，有反映军民鱼水情的诗歌。

# 1945 年

## 1 月

4 日，滦东第三地委、专署改为第十六地委、十六专署，徐志任地委书记，于明涛任专员。建立十六军分区，曾克林任司令员，徐志兼任军分区政委。

同月，滦东情报站成立（化名"泰山部队"），站长王钧。当年 4 月，这个情报站的规模进一步扩大，路曦任站长，工作人员有王均、张占鳌、高德民、张布等同志。由冀东区党委直接领导，继续活动在秦皇岛、山海关地区，负责收集敌伪的军事、政治以及特务组织的分布和活动等方面的情报。

## 2 月

28 日，晋察冀分局、晋察冀军区颁布《关于一九四五年扩大解放区的方案》。《方案》中强调武工队的组织问题。武工队的组织应采取一元化领导的原则，受当地党的委员会领导。工委在武工队掩护下行动。这种工作委员会应包括做党政军民工作的负责同志在内。工委应配备做经济工作的干部，以便有效组织群众的经济工作。工委书记应兼武工队政委。

同月，昌黎抗日政权将赤崖完小附设的初中班改为抗日中学。抗日中学设有政治、国文和英文等课，以后又开设了地理、数学、物理、化学、生物、音乐、体育等课。政治课以毛泽东著作《新民主主义论》《论持久战》等为教材。

## 春季

抗日政权在卢龙县翟坨地区发动全民性的挖地道活动。要求每户都要出人参加这项工作，当时大王翟坨村家家出人，人人出力，不管男女老幼都加入了挖地道工作。经过一段时间的群众性的挖地道活动，大王翟坨的地道已初具规模，里边已能容下全村大部分人口，各洞口与主洞都已贯通，有了敌情随时可转移地道隐避。与此同时，卢龙县的大王屯、卸甲庄也都在开展挖地道活动。这些地道在对敌斗争中，发挥了重要的阵地作用。

## 4月

1日，冀热辽区党委发出《对于滦东工作的意见》，指出：应在继续发动群众、强化总力对敌、巩固滦东的总方针下，强化对敌斗争，恢复开辟口外，开展大生产、整风和城市工作，并以东北工作为当前的中心任务。此时各敌后解放区战场已争得主动，敌人收缩小据点，固守大据点及交通要道，仍不断受到我军封锁包围。

## 5月

1日，十六地委在《关于扩大解放区问题的结论》中指出：地委决定用一部分主力配合多数武工队，去开辟东北工作。在一定时期内，以主力之一部，配合武工队，组成梅花形的集团突出口外开辟工作。在丘陵沿线则派少数工作人员或个别工作人员，进行半公开形式的秘密活动，主力部队要配合这一行动，主动出击。

20日，经毛泽东批准，聂荣臻、萧克、刘澜涛致电晋察冀军区，建议派出若干精干武工队挺进热南地区，沿长城线破坏公路两侧的敌"集家并村"点，以重新开辟热南。原临抚昌联合县武装部副部长、时任中共凌源工委书记齐英率一支30多人的武工队由抚宁县麻官营出发，重又回到离别近一年的岭上根据地战斗。同年7月，齐英率队配合青龙县游击队攻打大杖子部落取得胜利。

同月，根据冀热辽区党委关于"必须改变口外不合时宜的组织形式，使党政军民工作，在组织领导上完全统一起来，组织武工队，统一领导口外各地区工作"的指示，十六地委为适应扩大解放区进行热辽战役的需要，经冀热辽区党委批准，撤销凌青绥联合县工委和办事处，组建统一领导机构——十六地分委和十六专署驻锦热办事处。

## 6月

22日，党的"七大"提出扩大解放区，向敌后进军的号召。根据这一精神，冀东区党委和军区在6月份组织十四、十五、十六三个地委，组成三支"挺北"支队，分东、中、西三路向热北、热中、辽西挺进。由十六地委组成的挺北第三支队，在十六军分区司令员曾克林和十六地委组织部部长、临抚昌县委书记张化东率领下，从义院口、界岭口、九门口三路出发，向辽西的朝阳、绥中进发。到6月底先后攻克敌人据点6座和"部落"（"人圈"）7座。另一部到达叶柏寿以南地区，发动群众，建立抗日政权。

## 7月

7日，冀热辽区党委颁布《关于恢复开辟热辽的各种政策》。关于干部政策强调，要想尽一切办法提拔本地干部。应该深刻认识到，没有口外本地与群众有密切联系的干部参加领导，则口外工作开展、坚持和逐渐深入工作几乎是不可能的。对口外干部的选择条件不能太高，不能拿口里的标准选择口外的干部。只要政治上清楚，与群众有联系，斗争性坚强，就应该积极提拔使用。在几年的斗争中已充分证明，口外的群众不但可以产生干部，而且能大量培养、锻炼各种工作的优秀干部。他们在坚持工作上创造出不少新办法。

11日，十六地委印发《为完成扩军计划的指示》。《指示》简要分析了当前的形势，提出为扩大解放区，应该加强武装力量建设，扩大主力部队和地方武装人员数量，并明确了重点地区、重点单位的具体任务。

## 8月

9日，毛泽东同志发表《对日寇最后一战》的声明，指出："八路军、新四军及其他人民军队，应在一切可能条件下，对于一切不愿投降的侵略者及其走狗实行广泛的进攻。"

10日，朱德总司令发布延安总部第一号命令。令各解放区部队、八路军、新四军、民兵、游击队向日伪举行大反攻，消灭日伪军，收复失地。

11日，朱德总司令发布延安总部第二号命令。令"……现驻河北、热河、辽宁边境之李运昌部队迅速向辽宁、吉林进发"。

同日，朱德总司令发布延安总部第五号命令。令"所有沿北宁路等铁路沿线及其他解放区一切敌占交通要道两侧之中国解放区抗日军队，应积极举行进攻"。正当解放区积极对日寇总反攻之际，国民党蒋介石却于8月11日连下三道命令：一是要解放区人民军队"就地驻防待命"，不得向敌伪"擅自行动"；二是要他的嫡系部队"积极推动""勿稍松懈"；三是要伪军"切实负责维持地方治安"，抵制人民军队受降。

12日，冀热辽区党委作出《关于当前紧急任务的指示（火急）》。《指示》的具体内容如下：一、举行大规模的庆祝大会。总的精神在于动员根据地军民向敌伪做总的进攻，解决敌伪武装，收复失地。二、用大力突击敌伪军工作，将我区内及周围伪军完全掌握在我军手中，立即将朱总司令命令及日本投降的消息传达到敌伪军中，对他们发出通牒，令其立即听候调遣。三、立即准备进入城市。县城归各县接收，铁路、矿山由分区、军区负责。四、对汉奸、伪组织人员，除罪大恶极者由专署以上政府通缉、没收财产外，对一般汉奸、伪组织人员仍本宽大精神处理，令其向政府登记。五、大量扩军迎接新局面。六、将铁路及重要汽车路破坏，防止敌伪向外逃窜。七、敌伪军在未解除武装前，仍有向我进攻的极大可能，必须提高警惕，不要丝毫松懈。对敌伪、特务叛乱应无情镇压。

15日，日本天皇裕仁以广播形式发布《终战诏书》，宣布无条件投降。

19日，冀热辽区委组成"东进委员会"，由李运昌任主任，率万余人的冀热辽主力部队和2500多名地方干部，跨越长城，分西、中、东三路部队，分别向东北的热河、辽宁、吉林挺进。其中东路的十六军分区部队，由司令员曾克林和副政委唐凯率领十二团、十八团和临抚昌支队，从九门口出长城，向东北挺进。

25日，中共中央通过对国际、国内形势的深刻分析，发表《对目前时局的宣言》，提出了正确的指导方针和斗争策略。明确提出"和平、民主、团结"三大口号，阐明中国共产党关于"在和平、民主、团结的基础上，实行全国的统一，建设独立自主与富强的新中国"的主张。

同日，卢龙县城解放。

同日，青龙和平解放。组建青龙行政委员会，下设双山子、大杖子两个办事处，负责部署、处理各区一切行政事宜。

28日，临抚昌联合县委党政负责人章真园、华仲民、杨青云等带领部队前往榆关镇进行接收工作，但日伪拒不投降。

30日，冀热辽军区第十六军分区部队在司令员曾克林、副政委唐凯的率领下奉命挺进东北。在关外绥中县前所车站与苏军一小分队会合。然后联合攻打山海关。鉴于当时日本已宣布投降，两军决定，先派人与日军谈判令其投降。日军拒绝投降。中苏军队于下午5时从东、南、北三面将山海关包围起来，并发起进攻。主攻"天下第一关"城楼的第十八团，在苏军炮火的掩护下，顺利控制了城内的制高点，将红旗插上了第一关城楼。第十二团从孟姜女庙附近出发，沿着城墙与铁路向火车站挺进，苏军连续发射了一二十发炮弹。第十二团指战员分三路冲锋，迫使日军大部乘火车逃往秦皇岛，留守的伪军被全部消灭。当日21时，战斗顺利结束。此役，歼灭日军200多名，俘虏伪军1500多名，缴获大量枪支弹药以及重要军用物资。党中央的机关报——延安《解放日报》引用新华社的消息，在第一版向全国宣告："华北军事要冲山海关，即沦陷敌手12年之久的榆关镇，已于8月30日为我军光复！"经过12年的浴血奋战，滦东军民成功地把滦东全境从日本侵略者的铁蹄下解放出来。滦东军民在中国共产党的领导下，创建和巩固发展的孤悬敌后、挺进东北的滦东抗日根据地，不仅在夺取滦东地区抗日斗争的最后胜利中发挥了重要作用，而且在支援华北乃至全国的抗日战争和解放战争中作出了卓越的贡献。

同日，我军收复山海关，但在秦皇岛境内的日伪尚未放下武器。据此，我们党在秦皇岛地区的任务，一方面是积极领导解放区人民恢复正常的秩序，另一方面积极准备收复秦皇岛。山海关收复后，地方工作人员进城，建立临榆县党政机构，县委书记为章真园、县长为马钧。通过召开群众大会等形式，广泛宣传党的方针政策，同时积极进行各方面的恢复工作。根据当时的形势和实际情况，政府及时宣布各部门的伪职人员除罪大恶极者由政府处理外，对一般伪职人员一律留用。这样使社会秩序很快安定下来，然后逐步恢复生产秩序和生活必需品的供应。

## 9月

2日，上午9时（东京时间），同盟国联合受降典礼在停泊于东京湾的"密苏里"号上隆重举行。日本政府全权代表和大本营全权代表分别在投降书上签字，美国、中国、英国、苏联、法国、荷兰、澳大利亚、加拿大、新西兰的全权代表在日本投降书上签字确认。投降书即刻宣告生效。

14日，东进部队前委派十六军分区司令员曾克林乘苏军飞机去延安，向党中央汇报工作。

15日，党中央政治局听取了曾克林关于接收东北的情况汇报，进一步确定了"向南防御，向北发展"的战略决策。组成以彭真为书记的中央东北局，抽调20多名中央委员和候补委员进入东北，决定从各解放区抽调大批主力部队和几万名干部去东北建立革命根据地。

16日，曾克林同志与苏军代表飞赴延安汇报东北接收情况后陪同彭真、陈云、伍修权等乘飞机抵达山海关。18日，换乘火车抵沈阳。

19日，中共中央发出《关于目前任务和战略部署》的指示，指出全党全军的主要任务是打击和阻止国民党军北进，继续大力解除日伪武装，完全控制热河、察哈尔两省，发展东北我之力量并争取控制东北，以便依靠东北和热察两省，加强全国各解放区及国民党地区人民的斗争，争取和平民主和国共谈判之有利地位。

## 10月

10日，我党与国民党签订《双十协定》。

15日，中共中央向各中央局、分局并区党委发出《关于进行交通战阻止国民党军队北进的指示》，指出：国民党不让人民军队受降，并动员70万军队，在敌伪的掩护与帮助下，正向我北平、天津、秦皇岛、张家口、石家庄、济南、青岛等地急进，企图控制华北各大城市和交通要道，争夺东北，反对共产党与人民军队，破坏国内和平，制造内战。因此，目前华北、华中解放区作战的重心，应放在铁路线上，作战的主要目的是消灭和阻止北进之顽军。要求各地必须在干部、群众中解释目前交通作战是决定今后国内形势和人民地位的中心环节。因此必须全力进行，坚决作战，不要怕消耗，并对各战略区的交通战作出了重要部署。

25日，国民党军队开始向驻守在山海关的冀热辽部队十九旅发起进攻。

26日，第十八集团军参谋长叶剑英就驻秦皇岛美军侵犯冀热辽解放区之事，向驻华美军总司令魏特迈提出抗议："秦皇岛一带美军，向冀热辽解放区我军阵地进犯，虽经我军劝其停止，然该美军置之不理"，并要魏特迈"制止秦皇岛一带美军此类行动"。

同日，抚宁县城解放。

## 11月

3日，八路军山东第七师的三个团，在师长杨国夫率领下抵达山海关，与冀热辽十九旅联合防守山海关，组成了联合指挥部，由七师师长杨国夫任总指挥，十九旅旅长张鹤鸣任副总指挥。这两支部队迅速进入了各自阵地，与进攻之敌展开了惨烈的战斗。投入战斗的国民党部队计有两个军，还有收编的伪军10000人，而冀热辽部队与山东部队总共只有11000人。我山海关守军，发扬不怕牺牲、敢于牺牲的精神，顶住敌人密集的炮火和飞机轰炸，顶住敌人一次又一次疯狂进攻。

4日，冀热辽军区司令员李运昌、冀东军区司令员詹才芳向驻唐秦地区美军指挥员洛基少将提出抗议，对美军入侵冀东的一系列干涉中国内政，配合蒋军进攻解放区的违法挑衅行为，进行了严词斥责，要求美方立即停止无理行为。

7日，中共中央发布《减租和生产是保卫解放区的两件大事》的指示，指出："为了保卫解放区，争取和平局面的出现，务使整个解放区，特别是广大新解放区，在最近几个月（冬春两季）发动一次大的减租减息运动""使解放区农民普遍取得减租利益，使工人和其他劳动人民取得酌量增加工资和改善待遇的利益；同时又使地主还能生活，使工商资本家还有利可图。"

15—16日，国民党军六七万人从山海关石河西岸，北到石门寨、九门口、义院口长达60余里的战线上，向山海关发起全面进攻。当日深夜，蒋军偷越城子峪，企图从背后向九门口、山海关迂回。

16日，蒋军向山海关前线进行炮轰，并攻击守桥阵地。冀热辽军区六十四团撤出铁路大桥，以火车站作为新阵地。上午10时，守军主动从石河东岸及角山等阵地撤退，向关外转移。山海关保卫战具有重大的战略意义，在敌众我寡、装备悬殊的情况下，我军以少量部队对敌主力展开英勇阻击，拖延了蒋军进入东北的时间，为我党我军迅速进入东北创造了条件，赢得了先机，有利于我党政工作人员对东北广大地区进行的接收工作。

## 12月

4日，驻华美军炮轰冀东解放区卢龙乡村，造成人员伤亡。

13日，《解放日报》发表社论《抗议美军炮轰卢龙乡村惨案》。

同月，青龙县专门成立了剿匪委员会和剿匪指挥部，从此展开了强势有力的剿匪斗争。1946年6月，青龙县委、县政府提出三项剿匪措施：一是在剿匪时实行宽严结合的政策；二是开展坦白登记运动；三是在交通要道实行路条制度。同年9月，县剿匪指挥部在土门子、青河沿、花果山设三个剿匪指挥所。县剿匪指挥部成员分赴各所，指挥所属部队、民兵对土匪进行大清剿。

同年，临抚昌联合县开垦了生荒地1000多亩，收获粮食130多石，增加了部队供给，减轻了群众负担，密切了军民关系。

# 1946年

## 1月

9日，《解放日报》发表社论《努力发动解放区群众》，指出"立即发动群众依然是目前解放区工作中最中心的环节"，号召各解放区抓紧时间，把群众普遍发动起来。

## 2月

中旬，恢复临榆县党政建制，县委书记章真园、县长刘兴国领导临榆县人民进行反顽自卫斗争。

## 5月

4日，中央下达《关于土地问题的指示》（即《五四指示》）。

## 6月

临榆、抚宁、昌黎、卢龙、青龙各县在中共基层党组织和农会的领导下，大部分地区都开展了土改运动。针对在土改运动中暴露出的问题，中共滦东十二、十三地委分别召开区级以上干部会议，决定在全区开展土地复查活动。至1948年春耕前，滦东地区解放区各县普遍实行了土地平分工作，并向农民颁发了土地证。

同月，国民党不顾全国人民的反对，撕毁停战协议，以围攻鄂豫边区宣化店为中心的中原解放区为标志，向解放区展开大规模的进攻，全面内战爆发。

## 7月

13日，驻留守营的美军7名士兵，携带自动步枪6支，乘两辆汽车侵入昌黎县四区西河南村，进行军事挑衅，被我方解除武装，予以扣留。

14日，美军150人，在四架飞机配合下，进犯昌黎县大蒲河一带的解放区。

15—17日，美军与国民党军队1000多人，大举进犯滦东解放区，不断扩大事态。

24日，"军调部"特别小组来昌黎，在昌黎解放区赤崖镇谈判。美方承认错误并向我方赔礼道歉后，我方释放了扣留的美军。

## 8月

25日，冀东区党委发出了"为坚决进行自卫战争，彻底粉碎蒋介石进攻"的紧急指示，号召全区党政军与全体人民"紧急动员起来，为保卫冀东解放区，保卫胜利果实，坚决投入反顽自卫战争"。全面的反顽自卫斗争，在全区普遍开展起来了。

## 9月

4日，国民党集中"十一战区"和"东北行辕"所属军队共13万兵力，从9月4日起，分东（滦东）、中（唐山、丰润）、西（密云、香河）三路向冀东解放区进攻。至21日，冀东军区部队在反击中，歼敌5000余人。国民党军占领迁安、乐亭、青龙、抚宁、玉田、宁河等15座县城。滦东地区的县城和重要集镇和主要交通线,全部被国民党军占领。滦东地区党组织按照中央的指示,"以集中兵力打运动战为主,以分散兵力打游击战为辅"的作战方法,在敌强我弱的条件下,积极采取防御的战略方针,避实就虚,广泛开展游击战和运动战,以最有效地打击敌人,不断壮大自己的力量。

同月,上海人民发起"美军退出中国运动周"。秦皇岛地区各学校纷纷响应平、津、沪学生爱国运动,抗议美军暴行,也掀起了"美军退出中国运动周"活动。

## 10月

3日,中共冀热辽中央分局发出《关于限期肃清热河匪患的决定》,指出:热河一带多土匪。解放一年来,汉奸特务地主恶霸参加土匪,从中策动,土匪势力更加猖狂,大股数百,小股数十,成为热河严重祸害。为建立、巩固根据地,要限期肃清匪患,并决定抽调得力干部成立工作委员会,抽调部队成立剿匪司令部。任务是限期彻底肃清匪患,发动群众,实行土地改革,改造和壮大地方武装和民兵。

7日夜,冀东军区独立十一旅远途奔袭,将卢龙县境内的前后石梯子、前后营、杨店子、于家河等据点包围,经过一昼夜激战,全歼国民党守军团长、县长以下官兵1300余人,缴获长短枪700余支。

## 11月

中共中央发出《关于在敌后广泛开展游击战争的指示》,充分肯定了冀东坚持游击战争的重要意义,进一步明确了冀东"以游击战为主,以运动战为辅"的战略方针。在这个战略方针的指引下,滦东各级党委都加强了地方部队和民兵建设,主力部队也进一步扩大,为粉碎国民党军队的"全面蚕食"和"重点进攻"打下了基础。

## 12月

25日,秦皇岛码头工人大罢工。9000多名工人因"反内战、抗征兵"而全部罢工,使火车、轮船不能起运。

28日,在罢工中,国民党"港口司令部"曾由葫芦岛调来400名军工起卸军火,因技术不熟练又调回原地。四天的罢工,使敌人军火不能外运,而且迫使敌人贴出"一律延期征役壮丁"的布告。

同月底,全国各大中院校发动抗议美军强奸北大学生"沈崇事件"的抗暴运动。秦皇岛地区各中学师生和开滦、耀华工人15000多名进行了罢课、罢工,举行游行示威。

# 1947年

## 1月

25日,冀东区党委召开会议,把"土地复查"作为当年春耕前三项任务之一。6月,冀东十二地委召开会议。全区深入开展土地复查运动。到11月,滦东解放区完成400个村庄复查工作。

## 2月

5日,为策应反"扫荡"和边缘区反"蚕食"斗争,滦东解放军在国民党占领区薄弱部位展开反击。在冀东十六军分区司令员李道之指挥下,军区六十一团和临榆县支队夜袭马坊之敌,俘敌400多人,打死打伤9人,缴获小炮1门、机枪3挺、长短枪310支、各种军用物资10余大车。我军无一伤亡。这样,顺利拔掉了秦皇岛重要的外围据点。

## 4月

月初,晋察冀中央局将中共冀热辽分局改为中共冀察热辽分局,中共冀东区隶属于冀察热辽分局领导。

15日,中共中央决定,将冀察热辽地区划归东北局领导。此后,冀东区党委、冀东行政公署和冀东军区,分别归属东北冀察热辽分局、冀察热辽办事处和冀察热辽军区领导。

## 5月

为配合全国战局的"夏季攻势",冀东地区为牵制敌人,阻止敌军出关，于 16 日发动了滦东攻势。16 日，冀东主力部队十旅、十一旅在卢龙燕河营集结，于 18 日夜开始向昌黎县城发起攻击。在我军的猛烈攻击下，到 19 日上午 10 时，除少数守敌从南门逃跑外，全歼昌黎守敌保安第三师师部和一个团共 1000 多人，还攻克了留守营、张家庄、后封台、石门等车站和敌据点多处，歼敌 700 余人。并于 23 日，将深河守敌包围，在战斗中共歼灭守军 620 人。此次战役，共歼灭国民党军 3400 人，共炸毁敌人碉堡 67 座、桥梁 5 座、铁甲列车 1 列。在我军的威慑下，驻守抚宁、迁安等县城的敌军，全部弃城逃跑。滦东战役是冀东解放战争中战果最大、影响最深的一次战役。这次战役的胜利，切断了蒋军从华北向东北抢运兵力和物资的交通线，是冀东解放战争由游击战转向运动战的转折点，也是冀东我军由防御转入进攻的一个标志。

同月，十二地委城工部派门志诚进入秦皇岛，打入开滦煤厂，同情报人员一起收集军事情报。他们收集的《秦皇岛地区主要桥梁报告》，秦皇岛外围据点王庄、白塔岭等村镇的地形，以及敌伪工事等情报，对此后解放秦皇岛扫除外围据点起了作用。

## 7—9月

中共中央工作委员会在河北省建屏县（今平山县）西柏坡召开了全国土地会议，通过了《中国土地法大纲（草案）》。10 月 10 日，中共中央正式颁布《中国土地法大纲》（简称《大纲》）。《大纲》明确规定："废除封建性及半封建性剥削的土地制度，实行'耕者有其田'的制度。"《大纲》规定了彻底平分土地的基本原则，即"乡村中的一切地主的土地及公地，由乡村农会接收，连同乡村中其他一切土地，按乡村全部人口，不分男女老幼，统一平均分配，在土地数量上抽多补少，质量上抽肥补瘦，使全乡村人民均获得同等的土地并归个人所有"。《大纲》的颁布和实施，充分调动了广大农民的革命和生产的积极性，使正在胜利发展的解放战争获得源源不断的人力、物力的支持，为解放区发展经济、支援战争和夺取革命的胜利创造了条件。

## 8月

中旬，秦皇岛、山海关、石门寨、深河、榆关等处的敌人外围据点，全部被我军拔除。

## 9月

成立"秦皇岛情报站"（又称"角山部队"），站长吴哲明，副站长王巨峰、薛振东、王均，突击队长范颖华。站下设有三个情报组和一个武装小队。三个小组分别活动在东起山海关、西到昌黎一带。情报站的第一任务，是配合城市工作，瓦解敌人士兵，组织工人运动。其重点是以军事情报为主，收集和掌握敌军驻防情况和兵力分布以及军事装备等相关信息，特别是国民党军在山海关、秦皇岛的铁路和海上军运等重要情报。

29日，冀热辽部队先后挺进北宁路沿线，在10000余名民兵群众配合下，再度向山海关、绥中段进行大破击战，到9月30日拂晓，攻克敌重要据点10余处。

## 11月

11月10日—12月12日，冀东区党委在遵化召开土地会议，贯彻《土地法大纲》，部署冀东平分土地和整党运动。

## 12月

10日，冀东区党委动员全区军民向北宁路开展大破击。自10日起，分东西两线：东起山海关至滦县，西起唐山至芦台，切断华北敌军增援东北之通道，有力地配合了东北战场的冬季攻势。

18—19日，滦东地方主力部队连续进攻北戴河车站，对沿线铁路进行了破击战。

21日，东北地方兵团一度攻入北戴河车站、海滨车站及蔡各庄据点，歼敌上百人，缴获军用物资及布匹药品20余大车。

25日，中共中央在陕北召开"十二月会议"。毛泽东作了《目前形势和我们的任务》的报告，科学地分析了人民解放战争从战略防御转入战略进攻以后的国内形势，总结了解放战争各方面的主要经验；对于转入进攻之后的作战方针、土地改革、经济政策、革命统一战线等一系列政策问题，都作了深刻的说明和重要指示。这个报告，是当时党领导全国人民夺取全国胜利的一个行动纲领。

# 1948 年

### 3 月

下旬，冀东军区集中兵力，在冀东西部展开攻势作战，截断唐、通公路。至此，在冀东之蒋军除守丰润、三河、香河等三座孤城外，其余都被迫缩回平、津附近县城及唐山、昌黎、秦皇岛、山海关等铁路沿线。

### 4 月

冀东区党委召开城市工作会议，根据战争形势的发展，决定除唐山、承德已有党的工作委员会外，决定新建北平、天津、秦皇岛三个工作委员会，进一步加强城市工作。明确城市工作的中心任务是搜集国民党守军的动向，配合我军反攻作战；发动群众保护工厂矿山，保护城市不遭敌人破坏。

同月，解放战争形势发生了根本变化，战争进入反攻阶段，冀东区党委为迎接解放，做好接收秦皇岛、山海关的准备工作，组建了中共冀东区秦榆工作委员会，书记王明德，成员有程力群、鲁延、王哲民。工委驻地在抚宁县北寨村，工委下设临榆、秦皇岛两个工作组。主要任务是：保护城市，了解市内动态，迎接解放。

### 5 月

26 日，冀东区召开首次情报工作会议。会议传达贯彻东北局 3 月社会部长联席会议精神，认为东北局提出的"坚持长期、内线、精干、隐蔽，主动进攻，相机转移"的工作方针完全适合冀东情况，并根据冀东斗争形势确定当前主要任务是：以军事情报为主，把工作重心放在平津区、唐山区、秦山区（即秦皇岛、山海关）。会议还就情报工作的政策、策略及加强组织建设等问题进行了研究部署。会后，秦皇岛情报站在发展情报关系方面有了新的进展。其中不少重要关系和内线人员打入国民党的党、政、军、警、机要、交通、港口、文教、经济等部门和系统，获得一批重要的军政情报。

同月，国民党反动派为挽救华北与东北的危机，调动三个军又三个师连同地方伪军10万多人，向冀东解放区进攻。华北野战军二兵团两个纵队一个旅开入冀东，连同冀热辽部队和冀东部队，先发制敌，在热河及冀东区向蒋军发动"夏季攻势"。

## 6月

23—25日，冀东主力部队发起第二次解放昌黎战役。23日，第二次解放昌黎战役开始，我军先扫除昌黎外围工事。24日，我军向城关进攻，当晚占领四关，昌黎地主还乡团败退到城内。25日晨，突入城内，敌军纷纷投降。第二次解放昌黎之战，全歼守敌6500多名，生俘敌交警中将司令汤毅生、少将参谋长薛涤愁、第五总队少将总队长周铭勋等高级军官多名。

## 9月

冀东区党委在半壁山召开干部会议，总结平分土地经验教训，贯彻各项政策，确定当前任务，在军事上积极配合辽沈战役，解放敌占城镇，广泛动员人力、物力支援前线，迎接东北大军进关。

12日，东北野战军在辽宁西部和沈阳、长春地区发起"辽沈战役"。

13日，十一纵队向北宁路昌滦段进攻，先后攻克石门、安山、朱各庄、后封台、张家庄等车站。

14日，东北野战军十一纵队分南北两路进攻昌黎县城。激战到15日上午9时结束战斗，最后解放了昌黎县城。

## 10月

3日，我军攻克上庄坨煤矿，全歼守敌，并解放石门寨、刘家河等据点。至此，秦皇岛、山海关已完全处于我军包围之中。

## 11月

2日，东北野战军解放沈阳、营口，东北全境宣告解放。滦东各县人民群众以无比的热情，"腾房子，烧热水，迎接大军入关"。辽沈战役胜利结束后，国民党军企图抢运厂矿机器，山海关桥梁厂、秦皇岛开滦和耀华工人，积极进行了英勇的护厂斗争。

月初，从各地、县抽调数百名干部集中学习，随即组成秦榆市的军管会、市委、市政办事处等机构，作为接收城市的班子，并按照分工进行专门训练。学习中国共产党的新区工作、城市工作的方针政策，学习人民解放军的"约法三章"，制定《入城守则》等。

月初，根据冀东区委、公署、军区联合发布的《关于建立冀东区战勤委员会的决定》，滦东地区建立战勤委员会。下设人民武装动员部和供应大站。按照上级的指示和要求，秦皇岛境内各县普遍健全了支前战勤组织，县战勤委下设动员、供应、交通运输和兵役四个科，区战勤委下设担架队、运输队、民兵队。各县还分别建立多个兵站，负责军需物资的转运、保管，并在交通要道设立行军部队食宿站。

22日，辽沈战役胜利结束后，东北野战军分三路（界岭口、喜峰口、冷口等关口）进关，与华北野战军共同包围平津，准备平津战役。

24—26日，国民党军队撤离秦皇岛。24日，驻守秦皇岛的国民党军队主力从秦皇岛乘船逃往塘沽和青岛。26日，最后一批国民党守军登船逃往天津，从所乘"长治号"驱逐舰向码头、电厂等处发射炮弹，企图炸毁工厂和基础设施，但均未命中。

同月，解放军部队进入秦皇岛之后，立即实行了军管。军管机构的名称为"秦榆市卫戍司令部"。当时，辽沈战役刚刚结束，而淮海战役和平津战役正在相继进行，为了防止敌人由海上进犯，秦榆市卫戍司令部组织人员在海上构筑工事，先后在北戴河的鸽子窝、金山嘴一带构筑了炮兵工事，在山海关派驻一个营的兵力进行防守。

27日，秦皇岛宣告解放。中共冀东区党委、行署及十二地委、十三地委抽调干部和工作人员进城接管了秦皇岛。接管方针是："迅速建立革命和秩序，依靠工人阶级和广大市民克服困难，坚持生产恢复经济，充分发挥城市作用，以支持解放战争。"入城干部立即组织工人、学生和群众一面维护秩序,一面宣传党的城市政策。工人们组织起来,在工厂矿山和街道上轮流站岗。社会秩序井然,商店照常营业,电厂供电,工人照常上班,学生继续上课。

同日,冀东区党委决定,在秦皇岛山海关地区设立临榆市,成立中国人民解放军秦榆市军事管制委员会,建立中共秦榆市委员会(以下简称市委),市委书记田星云。市委机关驻秦皇岛,在山海关设立中共秦榆市委分委会。

同日,秦榆市军事管制委员会派员接管了开滦秦皇岛经理处和秦皇岛耀华玻璃厂,对秦皇岛港实行军管。

## 12月

1日,冀东区党委决定:行政称秦榆市政办事处,办事处设市长,市长王植范。12月15日,冀东行署决定正式组建秦榆市政府,取消市政办事处。1949年3月,秦榆市政府改为秦皇岛市政府。8月,冀东区党委撤销,成立河北省委,秦皇岛市改为省直辖市。

同日,中共秦榆市委山海关分委及秦榆市山海关办事处成立,并代管四、五、六、七区。分委书记为王明德,副书记为郑克昌,办事处主任为李焕章。

2日,冀东区党委决定,秦榆市人民解放军军事管制委员会(以下简称军管会)组成人员为:田星云任主任,王世煜、李雪瑞、王植范任副主任,苏锋、李满盈、王明德为委员。在军管会下设卫戍区司令部、政治部、市政办事处。军管会为在军事管制时期最高权力机关,为党政军民统一领导机关,全权处理一切工作。

3日,秦皇岛军管会派驻的军代表在耀华玻璃厂组成工厂临时管理委员会。军代表进厂后在人民政府的大力支持下,从解决职工生活困难入手,千方百计地克服困难,工厂终于解决了资金、粮食、材料等问题,恢复了生产。

6日,秦榆市政办事处发布登记反动党团成员的布告。到1949年5月底全市共登记国民党员3284名。通过对反动党团的登记,掌握了政治情况,为开展镇反工作打下了基础。

11 日,山海关桥梁厂恢复生产,为平津、淮海两大战役做好修复和架设铁路桥梁的支前准备工作。

# 1949 年

## 1 月

市军管会就市委、市政府、群众团体等单位的编制提出具体意见:(1)市委编制共计 108 人(其中:市委 46 人,山海关分委 27 人,7 个区委 35 人);(2)政府编制总计 141 人(其中:市政府 55 人,山海关办事处 35 人,7 个区公所总共 51 人);(3)市级工矿工作者 10 人;(4)供应站 2 个 48 人;(5)群众团体编制 80 人;(6)公安局 334 人(其中:市公安局 142 人,山海关分局 192 人)。机构人员安排:书记李雪瑞(代理),委员王世煜、王植范、苏锋、靳盈之、谢天荣、李虚哲、程力群。市委工作机构设:组织部、宣传部、妇女工作委员会和《工人报》。市政府工作机构设 8 个,即秘书室、公安局、社会科、建设科、财政科、税务科、文教科、卫生科。原属十二地委领导的长城煤矿划归秦皇岛管辖。

同月,市委宣传部建立在职干部学习制度。建立了各级学委会,组织干部学习政治理论和时事政策,文化水平低的干部则以学习文化为主。

## 2 月

18—19 日,市委召开县、区级干部会议。会上,王植范传达了中央、华北局和冀东区党委的《决议》。李雪瑞代表市委在会上作了报告,提出本市贯彻执行《决议》的具体意见:一、加强群众工作;二、贯彻劳资关系条例;三、成立房产管理委员会;四、根据冀东区党委指示,本市暂不土改,只进行减租减息;五、加强除保工作,开展群众性的防奸、除奸工作;六、建立正规的工作制度,集体办公住宿,并实行星期日制度;七、反对无组织、无纪律、无政府的状态;八、不留用开小差及请假不归的任何干部。

## 3 月

5 日,冀东区党委决定,山海关及其代管的四、五、六、七区一并划归辽西省管辖，秦榆市改为秦皇岛市。

## 4月

全市废除全保甲制度，开展民主建设工作。

## 5月

采取措施稳定物价。耀华玻璃厂以面粉发放工资，开滦码头发工资时每人配售68斤粮食，在全市低价出售面粉。这些措施迅速见效，安定了人心，稳定了物价。

## 7月

1日，市委召开中国共产党诞生28周年纪念大会。会上公开宣布了党的组织。从此，本市公开建党。

同月，本市各区建立婚姻登记制度，男女双方的婚姻得到了政府的保证。

## 8月

中共开滦工委根据市委决定，领导职工开展民主改革，废除封建把头包工制。

## 9月

25—29日，秦皇岛市召开第一届各界人民代表大会第一次会议。会议听取并讨论通过了王植范市长作的《关于解放以来的工作报告》；审议通过了《劳资关系暂行处理办法（草案）》；决定成立市政建设、财政建设、房租研究、教育推进委员会等四个组织；批准成立市中苏友好协会。

# 社会主义革命和建设时期

## 1949 年

### 10 月

1 日，下午 2 时，中国人民政治协商会议第一届全体会议选举产生的中央人民政府委员会召开第一次会议。会议一致决议，宣布中华人民共和国中央人民政府成立，接受《中国人民政治协商会议共同纲领》为施政方针，向各国政府宣布中华人民共和国中央人民政府为中国唯一合法政府，愿与遵守平等、互利及互相尊重领土主权原则的任何外国政府建立外交关系。下午 3 时，北京 30 万名群众齐集天安门广场，举行隆重的开国大典。毛泽东主席在天安门城楼上向全世界庄严宣告中华人民共和国成立。

同月，市委着手新区土改的准备工作，并于当年年底普遍进行土改，至 1950 年 4 月基本完成。针对我市具体情况，对海滨区和山海关区的外国侨民、国内官僚、军阀、资本家的楼房、别墅及院内土地均收归国有，没有分给农民，作为建设风景区和农林苗圃之用。土改工作大体是分三个阶段进行的。第一阶段是广泛发动群众，深入宣传政策；第二阶段是划定阶级成分；第三阶段是进行土地分配。土改之后，海港区和山海关区的农民，人均占有土地 3 亩，海滨区农民人均占有土地 1.6 亩。土地制度的改革，使广大农民的生产积极性大为提高，农业生产得到了迅速恢复和发展，农民生活也得到改善，人民民主专政进一步得到巩固，为进入社会主义革命和建设时期奠定了基础。

### 11 月

组建了中共北戴河海滨区委员会和海滨区公所，管理北戴河区避暑区的房舍，使其不受到破坏。1950 年年初，经时任政务院兼外交部部长的周恩来亲自选择，批准在北戴河设外交人员休养所。当年暑期，成立"外交部驻北戴河联络组"。休养所接收了位于东经路、东一路、东二路、保二路、保三路和中海滩一带的34幢别墅，开始接待当时与中国建交的苏联、东欧等国的驻华使节。

### 12月

5日，市委组织部印发《关于公开党的综合报告》。《报告》中提出：一、公开党必须结合中心工作进行，特别是要结合生产进行；二、解决好党员与群众的关系，公开的目的是提高党的威信；三、要把公开党工作做好，必须放手发动群众，打破群众在思想上的顾虑。

## 1950年

### 1月

19日，市委发出《取缔反动会道门的布告》。决定取缔一贯道、大佛教、佛士居士林等反动会道门。随即公安机关逮捕了进行特务活动的道徒5人。至翌年1月，已有1546名教徒主动到当地派出所登记。

25日，由临榆县划归本市自然村32个，分为21个行政村，共有2576户，12221人，37000亩土地。

### 2月

6日，市委组织部印发《市委组织部8个月来建党工作总结》。《总结》指出，秦皇岛（市区）在解放前没有党组织，解放后市委组织部在1949年3月8日布置了发展党的工作，到5月份才开始发展党员。据统计1949年5月建党到年底共发展了1431名党员（机关发展132人）。

17—18日，市委连续召开工人及工商业界座谈会。会上对本市的工作提出三条意见：一、加强市政建设；二、解决好税收和货栈、印刷业的政策；三、改变官僚主义作风和党员脱离群众现象。

同月，中共中央主席、中央人民政府主席毛泽东访苏归国返京途中视察山海关。

## 5月

20日，秦皇岛市人民法院建立。市委纪律检查委员会成立。

## 7月

15日，市委整风审干运动开始，全市党员干部1125名参加运动。

18日，市委召开整风审干大会，参加大会的有966名干部。会上，市委书记王世煜作了《整风审干政策的具体问题的报告》。共讲了三个问题：一、整风审干的意义和目的；二、端正思想，消除顾虑，做好整风审干；三、关于几个具体问题的说明。

24—25日，秦皇岛市召开第一届各界人民代表会议第五次会议。会议的主要内容：讨论《秦皇岛市调整工商业暂行处理方案（草案）》，对政府工作提出意见和建议。会议号召：全市各部门加强反对美帝国主义侵略我国台湾、朝鲜运动的宣传，并以秦皇岛市各界人民代表会议的名义发了通电。

28—31日，中共秦皇岛市第一届第一次党员代表会议在港口俱乐部召开。出席代表166人，列席代表67人，邀请非中共人士4人。市委书记王世煜作了《关于整风审干政策和具体问题的报告》。会议着重提出了"贯彻政策、联系群众、做好生产建设"的工作要求，要求在生产工作中提高技术，提高质量，搞好劳资关系；要求加强公私关系，做好城乡交流，开好人代会，并以生产为中心，做好其他工作。会议确定：市级机关以整官僚主义为主，市级以下以整命令主义为主。主要方法是检查工作，从检查工作联系个人，分清是非功过，展开批评与自我批评。

## 8月

8日，市委印发《整党整干计划》，强调重点是整顿作风，克服以功臣自居的骄傲自满情绪，克服官僚主义、命令主义，加强群众观点，团结全党，密切联系群众，贯彻政策，做好工作。

21—24日，朱德、李富春、杨尚昆、聂荣臻、黄敬等首长到北戴河海滨疗养，参观游览了北戴河金山嘴、鹿园等地。

## 9月

1日，市委印发《关于巩固党的工作计划》，指出：巩固党的工作重点是搞好党群关系，全面切实地进行思想教育与组织审查工作。在巩固党的工作计划中，要求各区、厂对党员进行普训，学习内容以党章和关于党的群众路线为主。

6日，市整风审干委员会对当前整风工作作出指示，提出：整风审干在检查时必须抓住中心，找出重点，开展批评与自我批评，采取自上而下的检查方法，结合自下而上的方法提意见，抓住主要问题，注意掌握政策。

## 10月

10日，市委召开干部会议，贯彻中共中央《关于镇压反革命的指示》。

18日，市委作出整风工作总结，指出：此次整风是从7月中旬开始的，历时两个多月，参加本次整风的干部共1333人（包括各专业公司驻秦机关、耀华及华电职工），其中党员612人。经过整风，党员作风有了转变，密切了党群关系，树立了正确的革命人生观，清除了一些干部消极蜕化等错误思想。

## 11月

1日，市委发出《关于深入时事宣传的指示》，要求各区、厂统一干部思想，深入群众广泛宣传美帝国主义侵略朝鲜的罪恶活动，消除部分人的"恐美"心理，提倡三视，即对美帝国主义仇视、鄙视、蔑视，伸张中国人民的伟大正气和英雄气概。到1952年年初，全市（不含山海关）125个支部相继建立起了比较完善的党的宣传网，并在全市组建了30多支文艺宣传队。随着宣传教育工作的不断深入，全市开展了以参军、参干、生产军用物资为主要内容的支前工作。1950年年底至1953年年初，秦皇岛有3000多名青年参加志愿军，有400多名学生和工人参加军干校，走向抗美援朝第一线。同时，全市生产和捐赠了军用桥梁、运输器械和大量其他前线急需物资。1951年6月19日，中共秦皇岛市委发出通知，号召全市人民积极开展推行爱国公约、捐献飞机大炮和优待军烈属等项工作。到1951

年年底，全市各界共捐款 80 亿元（旧币），超额完成了捐献计划。1952 年 10 月，山海关派人从丹东迎来了 608 名在朝鲜战场牺牲的朝鲜烈士子女和朝鲜孤儿，为抚养这些孤儿，山海关成立了"朝鲜儿童学校"，为其创造了良好的生活、学习环境，为其成长提供了良好的条件。

17 日，市委提出《关于执行省委"坚决镇压反革命活动"的指示的具体意见》，指出：一、结合时事学习，向全党、全民进行镇反政策教育；二、对已捕和尚未逮捕的反革命分子，按照党的"镇压与宽大相结合"的政策处理；三、对地、富、反、坏分子严加管制。从运动开始到 1953 年 5 月的三年中，秦皇岛市共逮捕反革命分子 520 名，严厉打击了各种反革命分子的破坏活动，纯洁了内部，稳定了社会。1951 年 1 月 16 日，市委确定取缔重点为海滨一贯道、大佛教和市区一贯道、佛教居士林及郊区一贯道的反动会道门组织。这次镇反运动的主要成果：一是通过镇反运动，集中地严厉打击了反革命分子，巩固了人民民主专政；二是通过镇反运动，调动了广大人民群众开展对敌斗争和生产建设的积极性；三是通过镇反运动，锻炼了政法队伍，加强了公安部门的基层基础工作能力；四是通过开展镇反运动，社会治安秩序空前稳定。

# 1951 年

## 1 月

25—28 日，秦皇岛市召开第二届各界人民代表会议。会议的中心议题是：继续支援抗美援朝的正义斗争，发展对国民生计有关的农、工、商业；做好港口工作；有计划地改革生产的不合理旧制度等。会议决定，从本届起成立各界人民代表会议协商委员会。选举产生了秦皇岛市第二届各界人民代表会议协商委员会成员 31 人，王世煜为主席，王植范为副主席。

## 2 月

23 日，市委作出《镇压反革命具体计划》，决定纠正"该杀未杀，该捕未捕"的偏向。

## 5月

17日，市委印发《审干工作计划（草案）》。《计划》指出：为把机关干部的历史搞清，把干部素质提高一步，市委决定用1个月的时间，对干部进行一次普遍审查。审查中全体干部全部参加，重点是新干部。机关重点是财经部门。

21—24日，市委召开城市工作会议。会议明确：一、关于依靠工人阶级，发展生产的思想；二、党在一切工作中的领导问题；三、金融贸易工作，必须为生产建设服务的思想。会议要求，各级党的组织和党员干部必须用极大的努力，学会管理城市和建设城市。

同月，市委下达《关于执行中华人民共和国劳动保险条例的计划》。年内，秦港、耀华等四大厂矿执行，1469名工人第一批享受劳保待遇。

## 6月

8日，市委印出《关于贯彻执行省委"加强城市工作的决定"的计划》。具体措施是：一、认真贯彻依靠工人阶级，发展生产的方针，加强与健全工厂管理委员会，重点抓好管理民主化及经营企业化；二、搞好金融贸易等项工作，重点是对港口的管理工作，树立为生产建设服务的观点；三、做好工会工作；四、深入开展抗美援朝运动。

19日，市委印发《关于捐献运动中几个问题的指示》，强调要以推行爱国公约为中心，使捐献运动与生产劳动相结合，改节约捐献为增产捐献。

26日，秦皇岛市第二届二次政治协商会议决定查封妓院，取缔娼妓。会议研究决定成立"封闭妓院委员会"，抽调公安、民政、卫生、文教、妇联、财政、法院7个部门的干部，负责封闭工作。当天即封闭妓院18家，捕押老板、领家等16名，解放妓女34名。封闭妓院的工作，得到广大群众的拥护，被颂为秦皇岛市的三大喜事之一。

## 7月

15日，市委发出《关于在厂矿中深入发动群众实现民主改革的指示》。《指示》指出对一般斗争对象，按罪恶态度轻重、民愤大小、新中国成立后的实际行动、对生产工作影响及认罪态度，分别确定交政府法办、交群众管制、强迫劳动改造、清洗或调换工作岗位。为加强这一工作的领导，本市成立了民主改革委员会。此项工作首先在秦港、耀华、电厂、长城煤矿、铁路、搬运工会等单位进行试点，查出封建把头、潜伏特务、反动会道门教徒324名，其中法办18人，群众管制69人。

## 8月

17日，市委印发《关于执行省委"关于加强产业工人政治教育计划"的指示》，提出：一、以马列主义、毛泽东思想为主要内容，向工人进行共产主义和共产党的教育；二、保证工人的学习时间；三、设置专职政治教员；四、各级党委要切实加强领导。

24日，市委作出《关于改进领导问题的报告》。《报告》指出，两年多来，虽然经过对城市工作摸索和1950年的整风运动，市委在工作上和领导作风上，前进了一大步，但由于工作不深入以及官僚主义、事务主义和游击习气的作风尚未彻底清除，在思想领导、政治领导和组织领导等方面仍然是薄弱的。为此，市委决定采取以下改进措施：加强政治思想领导，坚持理论学习；加强组织领导，健全党委制，加强集体领导；建立常委会议及各种会议制度，严明纪律，奖惩分明，使党委真正起到核心作用。

## 9月

20日，市委发出《关于在市区及各行业中进行民主改革的指示》。《指示》强调：这次改革的意义在于，使民主革命运动由厂矿发展到市区各行业，彻底消灭封建残余势力，巩固人民民主专政，改造基层政权，清洗坏分子，为大规模生产建设创造前提条件。

## 10月

10日，市委作出《关于整顿党的基层党组织的计划》，决定从1951年冬到1954年春末，对所有党支部进行普遍整顿。主要以思想整顿为主，普遍对党员进行关于党纲、党章的教育，以及对党员八项标准的教育。通过这次整党整风运动，大大提高了全市党员的思想觉悟，纯洁了党的组织，改进了党的作风，增强了党的战斗力，密切了党群关系，为党领导全市人民恢复国民经济和进行社会主义改造，在思想和组织上提供了可靠保证。

## 11月

14日，市委印发《关于整党工作中几个制度的规定》，指出，本市整党重点示范已经开始，为及时发现和解决问题，作出三项规定：一、建立严格的会议汇报制度；二、加强请示汇报制度，避免发生偏差；三、参加整党的干部，在整党期间不准请假，必须请假时需经市委批准。

19日，市委对建立宣传网工作作出总结：从1951年2月开始建立宣传网以来，在市区工厂、街道及23个农村、36个机关、13所中小学共125个党的基层支部中，普遍建立了宣传网，共有宣传员1339名，报告员47名。实践证明，建立宣传员、报告员的制度，在宣传工作中起到了很大的作用。

同月，各界人民热烈响应抗美援朝总会发出的号召。至此，秦皇岛市捐款67万余元，山海关市17万余元，抚宁县13万余元，临榆县8万余元，昌黎县捐一架飞机折款13万余元，卢龙县13万余元，青龙县10万余元。

## 12月

20日，市委发出《关于加强党对文艺创作领导的指示》。《指示》指出，市内已有专业与业余文艺工作者和活动者3200名，为加强党对文艺工作的领导，提出以下几项要求：一、各区、工委每部署一个政治斗争或中心工作，都要结合部署文艺创作；二、巩固现有创作力量，减少业余作者的兼职工作；三、市委宣传部加强对文联、文工团的创作思想的指导和政治领导；四、专业作者集中力量进行创作。

24—31日，市委召开第一届第三次党员代表会议。各厂矿企业、各区、机关、团体代表133人出席会议，122名代表列席会议。会议通过了"反贪污、反浪费、反官僚主义"斗争的决议。会议决定在全市机关、企事业中全面开展"三反"运动，同时在私营企业中开展"五反"运动。要求"三反""五反"运动在1952年上半年结束。

同年，中央人民政府副主席宋庆龄来秦皇岛视察，并乘船眺望港口。

# 1952 年

## 1 月

中共中央作出《关于在城市中限期开展大规模的坚决彻底的"五反"斗争的指示》。2月1日，秦皇岛市区以反对行贿、反对偷税漏税、反对偷工减料、反对盗骗国家财产、反对盗窃国家经济情报为内容的"五反"运动正式开始。2月，"五反"运动由重点行业向全市私营工商业全面展开。在全市（不含各县）1445户工商业者中，作出结论的守法户312户，基本守法户903户，半守法半违法户119户，严重违法户21户，完全违法户6户。"五反"运动揭露和打击了违法工商业者的"五毒"行为，教育和改造了工商业者，锻炼和提高了工人、干部的政治觉悟和阶级觉悟，巩固了国营经济的领导地位。

同月，在常年互助组的基础上，按照"积极领导、稳步推进"的方针和"自愿互利"的原则，相继建立初级农业生产合作社。其特点是土地入户，在分配比例上坚持以劳为主，兼顾土地互利的原则。到1952年年底，全市初级农业合作社已经发展到20个。1953年2月，中共中央作出《关于农业生产互助合作的决议》。同年市委提出"以整顿为主，在整顿中求发展"的方针，对全市农业合作社运动进行全面部署。到1953年年底，秦皇岛地区共有初级农业合作社128个，常年互助组6220个，临时互助组6658个。绝大多数合作社增产增收，在生产中显示了优越性，进一步促进了农民入社的积极性。1955年开始，全市农业合作社开始由初级向高级发展。1956年各县区掀起了规模浩大的高级农业合作化高潮。秦皇岛地区建立高级社707个，占总农户的98%，全市基本上实现了农业生产合作化。

## 3 月

2日，市委发出关于立即开展反细菌战的指示，指出：一、美国侵略者在朝鲜战争中惨遭失败后，不顾人类正义，破坏国际公理，发动了细菌战等新的冒险行动。二、我市是华北通往东北的交通要冲，是海防线上的重要港口。因此，我市加强防疫卫生工作具有特殊意义。三、开展广泛的宣传工作，向群众说明美帝发动的细菌战的罪恶阴谋，宣传我们能够粉碎美帝的军事进攻，同样有力量粉碎它的细菌战争。

## 7月

4日，市委作出《关于"三反"运动的总结报告》。《报告》指出：我市"三反"运动自1月初开始，经过普遍检查、重点打虎、甄别处理、民主补课、交代政策、订立制度等阶段，至7月基本结束。共查出贪污分子1024名，贪污款766050万元（旧币）。根据"斗争从严，处理从宽，应当严者严之，应该宽者宽之"的处理原则，对查出来的贪污分子依据有关政策分别予以处理。通过开展"三反"运动，党员及群众干部普遍提高了思想觉悟，基本肃清了贪污浪费思想，树立了廉洁奉公的意识，划清与资产阶级的思想界限，干部作风有了转变，民主作风有所发扬，从而党的威信有了提高。

5日，市委作出《关于"五反"运动的总结报告》。《报告》指出：我市"五反"运动自2月1日开始，抽调68名干部组成了办公室和3个工作组，到油加工、粮加工、货栈3个重点行业中几个重点户作了调查。2月7日及18日先后召开了2次全市规模的"五反"坦白检举大会，逮捕奸商7名，宽大处理6名，由此"五反"运动由重点行业向全面发展；2月中旬在全市57个行业中普遍开展；3月17日，运动进入过关阶段。之后，开始了以核实为中心的结束阶段，至7月结束。这次运动打击了不法资本家的"五毒"行为，提高了干部的阶级觉悟和警惕性。

同月，中共秦皇岛市委建立常委制，市委设正副书记及常委职务。

## 8月

11日，市委召开推行速成识字法动员大会，市委书记尹喆（哲）作了动员报告。会后，全市56个实验班陆续开课，共有学员2697人。

13—16日，秦皇岛市召开第三届人民代表会议第一次会议。听取并审查通过了《秦皇岛市人民政府三年的工作报告》；选举产生了秦皇岛市人民政府委员会的市长、副市长和委员。

同月，开始对市区和各县的手工业进行社会主义改造。1955年，秦皇岛成立了市级生产联社筹备委员会，加强了对手工业改造工作的领导，按照上级党委指示的"积极领导,稳步前进"的方针,大力开展了组织手工业合作社工作。昌黎县到1954年手工业合作社发展到39个,到1956年实现全行业的合作化;青龙有计划有步骤地引导手工业者组建手工业生产合作社,到1956年基本上实现了对手工业的社会主义改造;海港区手工业合作社1954年发展到20个,1956年发展到48个,社员达到2246人,占全区手工业总数的96.2%。

## 11月

11日,辽西省山海关市划归河北省唐山专区领导,中共唐山地委派出副书记崔西山、副专员魏建华及各部门抽调干部共33名到山海关办理交接手续。

23日,河北省委指示,山海关由唐山专区移交秦皇岛市领导。山海关全市共12794户,农村2825户,全市人口56031人(市民41773人,农民14258人);工商业846户,其中工业240户,商业606户;行政村10个,自然村80个,土地4409垧。全市面积364平方千米,职工6754人。山海关划归秦皇岛市后,为山海关区。

28日,市委作出关于健全党委制、改进市委领导的报告。报告主要内容是,"三反"运动以后,市委改进了领导作风,主要表现在:一是建立健全了市委会议制度;二是基本上消灭了"三反"以前存在的某些自由主义倾向,开展了批评和自我批评,加强了市委的团结;三是明确了中心工作,有力地推动了工业增产节约竞赛运动;四是半年来着重整顿了机关各种工作制度,加强了对干部的思想教育。

同日,市委发出《关于在厂矿开展查定工作的指示》。《指示》提出对耀华、发电厂、开滦、印刷厂、铁路管理处、酒厂6个单位进行生产管理、安全生产、推广先进经验等方面的查定工作。

## 12月

24日,市委制定《关于调整公私商业的具体措施》。

# 1953 年

## 1 月

1 日，我国开始执行发展国民经济第一个五年计划。市委印发《关于把领导重心转向工业的具体计划》。《计划》指出：大力发展生产建设，进一步加强抗美援朝工作；加强工业、农业、物资交流、文化教育等各项建设工作；做好普选工作，进一步巩固人民政权。

8 日，市委发出《关于开展宗教革新工作的指示》。市委决定：建立"党委宗教问题委员会"；在市政府设立宗教事务处。进行革新教育，号召爱国爱教；贯彻"打击和孤立少数，争取大多数"的方针。

## 2 月

25 日，市委发出《关于深入开展反对官僚主义、反对命令主义、反对违法乱纪斗争的指示》（即新"三反"）。《指示》要求：从 3 月初开始，用半年以上的时间，在区以上干部开展学习检查。开展这一斗争，是为了纯洁党的思想、组织，树立学员坚决为人民服务的思想作风，密切联系群众，提高党的战斗力。

28 日，根据中国日侨事务委员会和卫生部作出的东北三省日侨从秦皇岛港返国决定，即日成立"东北片日侨接待站"。3 月 7 日，由市长王植范任主任的"秦皇岛日侨事务委员会"成立。截至 5 月 20 日，秦皇岛港共接待日侨 4 批，共计 7549 人，均由秦皇岛港登船返回日本。

同月，中共中央正式印发《关于农业生产互助合作的决议》，提出按照自愿和互利的原则，根据可能的条件使农业互助合作运动稳步向前推进。1953 年 12 月 16 日，中共中央通过《关于发展农业生产合作社的决议》。《决议》指出："引导个体农民经过具有社会主义萌芽的互助组，到半社会主义性质的初级社，再到完全社会主义性质的高级社，这是党对农业进行社会主义改造的正确道路。"并要求各地将注意力更多地转到举办初级农业合作社上来。到 1954 年年初，全市共新建生产合作社 45 个，其中农业生产合作社 38 个，渔业生产合作社 7 个，连同旧有的 7 个社，共有 52 个社。

## 5月

市委作出《关于执行省委〈加强建党工作的指示〉的意见》，指出：一、今后我市建党工作，应在巩固教育新党员的基础上进行发展工作；二、发展重点放在产业工人上，有计划地克服不平衡现象；三、在建党工作中，各党委及支部都要很好地学习省委组织部辑印的《建党工作手册》，认真讨论，并要加强新党员的管理与教育工作。

## 6月

30日，第一次全国人口调查登记在本市结束，秦皇岛总人口191266人。

## 10月

秦皇岛市人民检察院建立。

## 11月

9—10日，秦皇岛市第三届人民代表会议第三次全体会议召开。审议并通过《关于政府工作报告的决议》和《关于把增产节约竞赛进一步推向高潮的决议》。

## 12月

25日，粮油市场关闭，实行统购统销计划供应。

# 1954年

## 3月

25日，市委印发《关于建党工作的指示》。《指示》要求：一、各级党委会必须重视把建党工作与中心工作统一安排；二、发展党员的重点和对象是：工厂中以要害车间为主，农村以生产合作社及互助组为主，市区中以手工业合作社为主，学校以教学第一线为主，吸收具有社会主义觉悟的优秀分子；三、整顿和扩大训练兼职组织员；四、要登记和审查积极分子。

29日,市委发出《关于领导问题检查的报告》。《报告》指出,结合党的过渡时期的总路线,市委于本年1月上旬开始利用每周的下午半天学习时间,吸收各部长及有关单位主要负责干部参加,对过去一年中的工业、财经、贸易、农业的市委集体领导等几个主要问题进行了系统的检查,并将初步检查出来的问题及改进意见,于1月底在县级扩大干部会上作了报告,进一步发动大家开展批评,充分发挥民主。市委领导对这些意见在常委会上进行了认真讨论,统一认识,于2月下旬,结合传达河北省1954年工作要点又召开了一次扩大至区级干部会,作了检查报告。这次检查对加强团结、改进领导起到很大的作用。

## 4月

15日,秦皇岛市委印发《关于1954年手工业工作计划》。《计划》将本市手工业分为26个行业、5种类型(制造生产必需品、生产资料加工、运输材料、家具木器、修理安装等),并分析了本市手工业情况,提出了改造工作的方针、任务与要求。

20日,中共中央主席毛泽东来山海关视察。

21日,上午,毛泽东主席视察了"天下第一关"和"老龙头",下午,到港务局、耀华厂视察,看望了港务局、耀华厂第一线生产的工人和干部,勉励干部群众为建设伟大的社会主义祖国作出更大的贡献。陪同毛主席前来视察的有,中共中央办公厅主任杨尚昆、公安部部长罗瑞卿、铁道部部长滕代远、工业部部长李烛尘等人。同年夏天,毛泽东在工作之余,数次登临鸽子窝公园的鹰角亭。7月31日,毛泽东冒雨游泳之后,面对国家欣欣向荣的景象,思古抚今,感慨万千,挥毫写就了为人传诵的著名诗篇《浪淘沙·北戴河》。

## 6月

1日,市政府印发关于健全乡政权组织的指示。要求结合具体情况,对乡政权组织加以整顿。

6月28日—7月1日,秦皇岛市第一届首次人民代表大会召开。会议听取了政府工作报告等文件,通过了出席省人民代表大会代表的选举办法，选举了出席河北省人民代表会议的 10 位代表。

## 7 月

8—11 日，秦皇岛市第四次代表会议召开，出席会议代表 158 人，列席会议代表 54 人。会议讨论并通过了市委书记王植范作的《为贯彻四中全会〈关于增强党的团结的决议〉而奋斗》的报告；副书记苏锋代表市委作的《关于在集体领导方面存在的主要问题及改进办法的报告》和《市委上半年工作总结及第三季度工作计划的报告》。会议充分发挥民主，开展了批评与自我批评。与会代表对市委的报告提出了修改和补充意见。对市委工作的缺点进行了批评。会议分析了领导班子的团结情况，对团结问题提出了许多意见。

## 8 月

2—3 日，本市召开技术革新运动经验交流会。

7 日，唐山专署派人来秦进行临榆、抚宁两个县 51 个村庄划归秦皇岛的协商、移交工作。本市各区及市有关部门先后办理了移交手续。这 51 个村庄原属临榆的 49 个，原属抚宁的 2 个，共 6 乡 1 镇。

## 9 月

20 日，《中华人民共和国宪法》公布。这是中华人民共和国的第一部宪法，是在建国前夕由全国政协制定的起临时宪法作用的《共同纲领》的基础上修改制定的。

## 10 月

13 日，市委印发《关于去年今春开展互助合作化运动宣传教育工作的指示（草案）》，指出，依据"积极领导，稳步前进"的方针，决定今冬明春继续大力开展互助合作运动，要求农业合作社发展到 1152 个，入社农民 6953 户，占全市总农户的 50%。

## 11月

6—12日,市委召开三级干部会议,传达贯彻了省委10月召开的县以上扩大干部会议决议,布置了我市今年农业税征收、粮棉油料统购统销工作和今冬明春发展农业生产合作社的任务。

19日,市委统战部召开私营商业改造工作会议。会议传达了中央及省委对私商进行社会主义改造的政策,着重贯彻了"归口包干,行业负责"的精神。秦皇岛市区的资本主义工商业于1956年1月全部申请公私合营。根据"在社会主义改造过程中,把原私营企业工商业者的一切资方在职人员'包起来'给以适当的工作"和"量才使用,辅以必要照顾"的精神,对全市工商业界1053名资方人员的595名正副经理、正副厂长,合营后安排337人担任不同职务,其他人员全部在企业从事生产和经营。

29日,市委召开常委会议,对本市1954年的私营工商业改造工作进行了全面总结,主要有五方面问题:一、通过调查了解情况,做好合营前的准备工作;二、采取先清估后合营的方法和步骤;三、确定保证社会主义领导地位,充分安排私方人员;四、本着公平合理的原则进行清产订估工作;五、对资本家采取团结和斗争相结合的办法。

## 12月

10日,市委发出《关于在工业企业中实行一长制的指示》。《指示》要求:国营工厂要建立三级一长制;地方国营、合作社营工厂要建立两级或一级一长制。我市工业企业中,耀华厂已初步建立起三级一长制,港务局等7个单位正在或开始实行。

29日,市委印发《关于加强党的政治思想教育,深入开展反对资产阶级思想斗争的指示》。

同年,为保障党和国家领导人暑期在北戴河正常办公,中央成立北戴河暑期工作委员会,下设暑期工作办公室,为中央机关服务。国务院正式确定北戴河休养区的使用方针是:为中央暑期办公服务。暑期办公制度确定后,中央警卫局专门组建了暑期警卫、服务班子,奔赴北戴河工作。在北戴河也有一个暑期工作班子,由国务院机关事务局负责,再加上中央警卫团的人员，一同负责党和国家领导人住地、浴场和外出活动的服务和警卫工作。

# 1955 年

## 1 月

1 日，全市第一家公私合营企业——东方铁工厂诞生。

11 日，市委批转了市政府财经党组《关于编制我市国民经济五年建设计划工作方案的报告》，并下发了通知。

18—20 日，政协秦皇岛市第一届委员会召开第一次全体会议。出席会议委员 61 人，缺席 4 人。会议主要议程是：（1）听取《秦皇岛市各届人民代表会议协商委员会几年来的工作报告》和政协秦皇岛市第一届委员会第一次全体会议筹备工作报告；（2）听取并讨论苏锋就人民政协第二届全国委员会议的基本内容所作的报告；（3）讨论并通过选举暂行办法；（4）选举政协秦皇岛市委主席、副主席，及秘书长、常务委员；（5）通过政协第一届河北省秦皇岛市委员会第一次会议决议。

## 2 月

8 日，市委印发《关于建立和健全农业生产合作社政治思想工作的指示（草案）》。《指示》要求，不断提高社员的社会主义觉悟，不断地排除富农的影响，不断地克服社员的个人主义思想，从而进一步巩固农业生产合作社。

23—26 日，秦皇岛市召开第一届人民代表大会第二次会议。会议审议并通过了《关于目前形势的传达报告和政府一九五四年工作总结与一九五五年工作任务的报告》以及《财政预决算的报告》；通过了关于坚决反对美蒋共同防御台湾条约，支援解放台湾的决议；选举了人民政府委员会组成人员和法院院长；结束了秦皇岛市各界人民代表会议代行秦皇岛市人民代表大会的职权，秦皇岛市人民政府改称秦皇岛市人民委员会。

## 3 月

1 日，本市根据国务院规定，施行币制改革，发行新人民币，新旧币比值为 1 元新币等于 1 万元旧币。

12 日，市委组织部印发《关于农村整党工作总结》。本市农村共有支部 60 个，一类支部 29 个，二类支部 25 个，三类支部 6 个。三类支部存在的主要问题：（1）组织涣散；（2）支部内部不团结；（3）阶级界限不清。

## 4 月

26—29 日，本市召开了第一届第一次党代表大会。应出席代表 278 名，实出席代表 266 名，列席代表 38 名，会议听取并通过了市委 1954 年工作总结和 1955 年工作计划的报告，选出了市委委员会、监察委员会和出席省代表大会代表及候补代表。

27 日，确定 1955 年工作总任务。根据省委的指示和秦皇岛的具体实际，提出 1955 年的总任务是以进一步发展工业为中心，在农村开展以互助合作为主体的农业增产运动，对手工业、资本主义工商业积极稳步地继续进行社会主义改造。结合工农业生产做好各项物资供应，积极扩大商品流转，做好财政金融工作，相应地发展交通运输事业和文教卫生事业。政权建设和党的组织建设均须进一步加强，以保证年计划的胜利完成。

29 日，中共秦皇岛市委第一次代表大会通过《关于加强党员干部思想政治工作的决议》。《决议》指出，思想政治战线是社会主义革命的一条极为重要的战线，不加强这条战线，不首先在这条战线上取得胜利，就不能保证在实际斗争中取得社会主义的胜利。《决议》要求，各级党的组织必须进一步加强党的思想政治工作，并认真做到把思想政治领导当作自己的首要职责。《决议》强调，重点做好以下几个方面：一、要加强马列主义的思想教育，不断提高党员干部的社会主义觉悟；二、要严格党的组织生活，认真充分地开展批评和自我批评；三、要加强党的组织和国家法纪的教育，把同党员、干部中各种违法乱纪现象进行斗争当作一项重要的政治任务；四、要加强思想领导，有计划、有目的地对党员干部的思想情况进行调查研究工作；五、要在党和国家的各项工作和各个环节中加强思想政治工作。

## 5月

9日,市委印发《关于开展反对资产阶级思想斗争的总结报告》。通过学习、检查、建设3个阶段,历时3个月的反对资产阶级思想斗争,收到了巨大效果。在这次斗争中有1103名党员、干部对资产阶级思想和资产阶级行为进行了深刻的检查和批判,其中党员干部375人,非党员干部728人,县级干部17人,区级干部121人,一般干部965人,有力地打击了资产阶级思想的侵蚀和影响。

20日,市委印发《秦皇岛市委一九五五年工作计划》。1955年秦皇岛市总的任务是:以进一步发展工业生产为中心,在农村开展以互助合作为主体的农业增产运动,对手工业、资本主义工商业积极稳步地继续进行社会主义改造,结合工、农业生产做好各项物资供应,积极扩大商品流转,做好财政金融工作,相应地发展交通运输事业和文教卫生事业,政权建设和党的组织思想建设均需进一步加强,以保证全年计划的胜利完成。

26日,省委决定,将"秦皇岛人民政府"改为"河北省秦皇岛市人民委员会"。

同月,秦皇岛市委、市政府组织海滨林场(北戴河造林局1953年改建而成)利用一个月的时间,在山海关—滦河口地段沿海沙滩荒地进行了专项情况调查,进一步了解了自然、社会、经济及土地利用情况,并提出了有针对性的解决问题的建议,为全市范围进一步开展沿海沙漠化治理工作奠定了良好的基础。

## 6月

14日,市委印发《执行中央〈关于揭露胡风反革命集团给各地党委指示〉的计划》。在市委统一领导下,成立5人小组。本市在反"胡风反革命集团"的基础上,从1955年6月开始肃反工作,到1959年3月结束。肃反工作共分5个批次。在5个批次肃反运动中,执照当时的政策和形势,先后查出各种反坏分子482人,占参加运动总人数的5.9%。

## 8月

8日,根据中央、省委的指示,中共秦皇岛市委发出《关于开展肃清暗藏反革命分子斗争的计划》，对全市的内部肃反运动作了具体的安排部署，开始了历时4年的肃清暗藏的反革命分子的斗争。

16日，秦皇岛市人民委员会举行第四次会议。会议的主要内容是讨论批准《关于城市实行粮食"以人定量"与乡村"三定"到户的工作方案》。

同月，毛泽东同志在北戴河主持修改《关于农业合作化问题》的报告稿，为即将召开的中共七届六次全会作准备。

26日，毛泽东同志亲自起草中共中央通知，并将报告（修正本）发给各省、市、自治区党委，要求印发各级党委直到农村党支部。

## 9月

4日，毛泽东与周恩来等审定了《关于农业合作化决议》和《农业合作社示范章程（试行草案）》两个文件。

同月，在全国农业合作化发展的关键之际，毛泽东在北戴河亲自编写《中国农村的社会主义高潮》一书，并以此指导和推动农业合作化发展。毛泽东曾说这本书的编辑过程是他新中国成立后的第一次调查，充分说明这项工作在当时的重要意义。

9月15日—10月28日，本市对私营商业、饮食业进行了普查工作。经过普查，摸清了商业、饮食业及服务业中旅馆、理发、照相、浴池等行业的底数。全市从事商业、饮食业、服务业活动的人员共4915人，资本总额112万元。

## 10月

11—14日，市委召开第一届第五次党代表会议。会议听取了全市工业、农业、政治思想等方面进展，通过了《关于进一步深入开展全面节约，力争完成增产节约计划的决议》等4项决议。

## 12月

2日，市委印发《关于加强党的报告员工作的指示》。在《指示》中肯定了报告员的作用，指出：我市党的报告员制度，是从1951年建立、巩固、发展起来的，现全市共有党的报告员278名，起到了"由党的各级负责人直接地经常向人民群众作关于时事、政策、工作任务、工作经验的有系统的报告"的作用。

26日，市委召开干部扩大会议，主要是贯彻中央及省委关于对资本主义工商业实行社会主义改造的指示。参加会议的有市直机关、各专业公司党员干部、各大厂厂长、地方国营党员厂长、支部书记、各区区委委员等。

# 1956年

## 1月

4—7日，市委在港口俱乐部召开扩大干部会议。这次会议主要是讨论关于对资本主义工商业实行社会主义改造问题。

17日，市委召开知识分子工作会议。市委根据中央和省委指示精神，对正确对待和使用知识分子问题作了检查报告，并提出了今后意见。这次会议，对调动知识分子积极性起到很大作用。

21日，市委资本主义工商业改造7人小组印发《关于私营资本主义工业进行社会主义改造的规划》。在规划中，分析了本市资本主义工业的情况和改造办法：本市现有4个职工以上的私营资本主义工业12个行业54户（包括手工业3户），从业人员566人，其中职工438人，在职资本家及资本家代理人128人，全部资金28.8万元。依据中央"全面规划，统筹安排，积极改造"的方针，采取全行业合营和单独合营两种形式，于今年1月底批准实行公私合营，2月上旬全市基本结束这一工作。

28日，秦皇岛市资本主义工商业公私合营大会召开，参加人员除资本家、职工、资本家家属代表外，各专业公司派代表参加了大会。会上，工商联主任代表626户资本主义工商业1397人，向市长递交了要求公私合营申请书，市长武学文代表市人民委员会正式批准本市资本主义工商业转为全行业公私合营。

同月，在合作化运动中，中共唐山地委向省委上报了昌黎在试办高级社中采取与中农充分协商的办法，得到省委的肯定并在全省加以推广。此时，秦皇岛市农业合作化运动已进入"四评"工作阶段，各区很多农业生产合作社要求转为高级合作社。11日，秦皇岛市委印发《批转市委农村工作部关于初级社转高级社处理各项政策问题的意见》。此后仅2个月，全市就成立了高级社32个，入社农户达到了16296户，占全市总农户的97.2%，基本实现了对个体农业生产资料私有制的社会主义改造。

## 2月

27日，市委召开1956年第一次工业会议，会期5天，参加人员有工业上的负责人536人。会上讨论了市委1956年工业工作计划，通过讨论，进一步揭发和批判了右倾保守思想，提高了认识，奠定了提前完成第一个五年计划的基础。

同月，中华全国总工会作出在全国开展先进生产者运动的决议。随后，中共中央印发了《关于积极领导先进生产者运动的通知》，要求各级党委认真学习讨论全国总工会的决议，制订开展先进生产者运动的具体安排计划。秦皇岛工业战线上的广大干部、职工和科学技术人员，积极响应国家号召，掀起了以开展先进生产者运动为标志的新的社会主义劳动竞赛。

## 3月

20—22日，市委召开贯彻全国农业发展纲要会议。全市共建成高级农业生产合作社27个，其中一乡一社者25个，两乡一社者2个，另外有牛奶生产合作社1个，蔬菜生产合作社4个。入社农户16442户，占总户数的98.94%，农业生产已经全部实现合作化。

26日，市委批转市委组织部《关于党的基层组织工作实行分部管理的意见》。在意见中分布管理的划分是：（1）工业系统；（2）财贸系统；（3）文教系统；（4）农业系统。

同日，市委组织部印发《关于1956年第一季度审干工作报告》。《报告》指出：第一季度审干的案子比过去快，现全市共审查5093人，占干部总数的98%。

30日，本市完成对私营工商业实行全行业公私合营。共合营41个行业的567户。市委派出51名干部到合营企业中工作，担任领导职务。

## 4月

18—21日，市委召开第一届第六次党代表会议。出席会议的代表260名，列席107名。会议主要内容是，审查讨论市委1955年领导方面存在的主要问题和今后改进意见的报告；讨论通过我市1956年各项主要任务的报告。

## 5月

9日，市委印发《关于认真贯彻知识分子政策，大力地发动向科学进军的计划（草案）》。《计划》分四大部分：一、广泛深入地向科学文化进军，必须和社会主义建设联系起来；二、发动各条战线上向科学文化进军运动，需要明确掌握进军的方向、内容以及方法、步骤；三、要认真解决知识分子的工作、生活条件问题；四、必须加强组织领导和思想领导。

同月，本市根据中央关于加强市场管理和改造私营商业的指示精神，按照"归口包干，行业负责"的政策，采取"一面前进，一面安排和前进一行，安排一行"的办法，通过经销小组、经营小组、合作小组或合作商店及合作社经营、代购代销的改造形式对私营商业进行改造。从1953年开始到1956年5月，把本市3168户私营商业全部纳入了社会主义的经营轨道，完成由资本主义私有制向社会主义公有制的过渡。

## 6月

27日，市手工业生产合作社联合社作出《关于秦皇岛市手工业社会主义改造工作情况》报告。《报告》指出：本市手工业社会主义改造工作，在全国农业、手工业、资本主义工商业社会主义改造高潮的影响下，由于认真贯彻了"统筹兼顾，全面安排""积极领导，稳步前进"方针和自愿互利改造生产两不误的政策原则，运动的发展从始至终基本上是健康的。截至5月底统计，手工业生产社、组增加到85个，社、组员增加到2593名，占手工业从业人员的98.8%，全面实现了合作化。本市基本上完成了改变个体所有制为集体所有制的历史任务。

## 8月

6日，本市召开粮食工作会议，贯彻与布置城市粮食以人定量供应工作，全市各类人口综合平均每人为27斤。从9月1日开始正式实行定量供应办法。

8日，市委印发《关于农村基层党组织机构设置意见草案》。《意见》中指出：在农村党的组织以乡为单位，党员和候补党员超过200人的乡，成立党的委员会；党员和候补党员30人以上、不超过200人的乡，成立党的总支部；乡党委会、乡总支以下建立支部或分支部，按生产队及行政村分布情况而定，以适应生产并照顾行政村工作。乡党委会由11～15人组成，根据工作需要设立常务委员5～7人；乡总支委员会的人数，根据支部大小，所辖单位多少和工作需要，设7～13人；乡以下支部或分支部委员人数，根据党员多少而定。党员和候补党员在10人以下的支部，一般只设书记1人，或设正副书记各1人，不设支部委员会。

13日，市委印发《关于学习〈改造我们的学习〉等五个文件计划》，要求在全党相当于县委书记以上的干部中，利用两个月左右的时间，学习《改造我们的学习》《整顿党的作风》《反对党八股》《关于若干历史问题的决议》和《关于无产阶级专政的历史经验》等5个文件。

## 9月

15—27日，中国共产党第八次全国代表大会在北京举行。这次代表大会是在社会主义改造基本完成、党面临新形势和新任务的情况下召开的。大会正确分析了国内形势和国内主要矛盾变化，提出了党在今后的根本任务。

29日，市委印发《关于组织党外干部学习党的第八次代表大会文件的计划》。《计划》规定了学习的主要内容、步骤、具体要求和学习方法。市委要求各级党组织，必须加强对学习的领导。首先，领导干部尤其是各单位的主要负责同志，必须以身作则，带头学好八大文件，检查官僚主义、主观主义的作风，挖掘思想根源，并进行适时的批评和自我批评。其次，各支部必须确定专人，加强对八大文件学习的领导，督促党员干部认真钻研八大文件，并联系工作、思想中的实际，深刻理解大会的精神实质，提高自身马克思列宁主义理论水平。市委宣传部除督促检查学习计划的执行情况外，还要组织好讲课、辅导等工作。在整个学习过程中，市委讲师团要作两次启发性的报告，并及时提出讨论重点，不断把学习引向深入。在11月初，根据上级文件要求，市委又发文将学习的时间延长至1957年1月底。在各级党委的重视领导之下，在各基层支部的精心组织下，基本上做到：保证了学习时间，解决了学习中的问题，推动了学习的深入开展。

## 10月

25日，市委印发《关于执行省委关于深入学习八大文件的指示的通知》，明确了组织干部深入学习八大精神是今后长时期尤其是目前各级党委必须重视的一项重要的政治任务。各级党组织必须根据省委和市委的指示，制订计划，迅速建立领导核心，积极推动干部深入学习，及时汇报学习情况和党内外干部思想情况，解决学习中出现的问题，并向市委报告学习中的情况和问题以及解决问题的具体措施。

## 12月

3—7日，本市在海员俱乐部召开第二届第一次人民代表大会，参加代表187名。会议听取并审查通过了秦皇岛市人民委员会《关于第一届人民代表大会以来的主要工作情况和当前几项主要工作任务的报告》等文件，选举产生了秦皇岛市人民委员会市长、副市长、委员。

同年，秦皇岛市手工业共组织了94个生产合作社（组），入社手工业者达到2806人，占手工业从业人员总数的99.35%，全面实现了手工业合作化。

同年，秦皇岛市完成对生产资料私有制的社会主义改造，建立了社会主义基本制度，开始进入全面建设社会主义时期。

同年，秦皇岛市政府组织有关部门，第一次对秦皇岛地区经济地理状况进行调查，对全市农业生产布局进行重新调整。

同年，昌黎县两山乡后两山大队喜获粮果大丰收，农民把鸭梨、花生等丰收果实送到北京献给毛泽东主席。

# 1957 年

## 1 月

28 日，市委决定在全市开展增产节约运动，并发出《关于开展增产节约运动的指示》。

29 日，经中共中央同意，河北省委决定中共秦皇岛市委设立书记处。苏锋任市委第一书记，于步之、常立木、武学文、赵青云任市委书记处书记。

## 3 月

2 日，市人委与市政协召开联席会议，通过了本市 1957 年国家经济建设公债推销工作方案和节约粮食的措施。会议强调：全市各界人民要进一步发扬艰苦奋斗精神，积极响应党和政府关于节约粮食的号召，克服困难，支援灾区同胞渡过灾荒。

## 4 月

23—27 日，中共秦皇岛市第二次代表大会召开。大会听取和审议了市委第一书记苏锋《关于两年来的工作情况和今后工作任务》的报告；选举了中共秦皇岛市委第二届委员会委员和候补委员；选举了中共秦皇岛市监察委员会委员。大会动员全体党员认真学习毛主席《关于正确处理人民内部矛盾的决定》。经二届一次全委会选举，苏锋为市委第一书记，于步之、赵青云、武学文、常立木为市委书记处书记；市监察委员会由于步之担任书记。

## 5 月

6 日，市委召开全委（扩大）会议。会议传达了毛泽东在全国宣传工作会议上的报告及新闻出版文学艺术文教卫生工作者座谈会上的讲话，传达了中共河北省委宣传工作会议精神。同时，研究讨论了本市开展整风运动的计划。为加强对整风的领导，市委成立了整风运动的领导小组。

9日，市委决定，本市按照中共中央关于开展整风运动的指示精神，以正确处理人民内部矛盾为主题，以"从团结的愿望出发经过批评和自我批评，在新的基础上达到新的团结"为方针，在全市各机关、团体、企业、学校、农村等党组织中，开展一次普遍深入的反官僚主义、反主观主义的整风运动。整风首先在市直机关、团体和部分厂矿等单位进行的，8月以后，逐步普及到工商界、学校、工业系统和农村、街道，形成全民性的整风运动。整风运动经历了大鸣大放、反右派斗争、大整大改及个人检查总结4个阶段。历时一年多的整风运动，普遍以大鸣、大放、大字报、大辩论等方式，向党组织提出意见和建议。在大鸣大放期间，极少数右派分子借机向中共进攻。因此，1957年6月8日，中共中央发出《关于组织力量准备反击右派分子进攻的指示》，对其进行必要的反击。但由于对阶级斗争的形势作了过于严重的估计，本以处理人民内部矛盾为主题的整风运动，转入解决"敌我矛盾"的阶级斗争，致使反右斗争严重扩大化。在反右斗争中各县区共划定右派分子814名，并对其进行了党纪政纪处分。1962年，根据中共中央的指示，本着"实事求是，有错必纠"的原则，秦皇岛市委对右派分子进行了复查。对错划的右派分子及其亲属子女落实了政策。到1978年止，对错划的右派，全部予以改正。

## 7月

12日，市文联召开第一次（扩大）委员会议。会议认为，文联业余作者和繁荣文艺创作等方面有很多成绩，表现在涌现了一批业余作者积极分子，创作了一些内容比较好的作品，得到了群众的好评。但也存在不少缺点，主要是文联干部中存在的资产阶级文艺思想，在指导创作活动中带来的不良影响和辅导工作脱离工农的倾向。

同月，秦皇岛市自来水工程首次在北戴河海滨兴建。这是由国务院和全国总工会共同投资的。翌年，秦皇岛海港区、山海关区水厂也相继建成。

## 8月

6—10日,秦皇岛市第二届人民代表大会第二次会议召开。

同月,中共中央副主席、国务院总理周恩来视察了秦皇岛港口和秦皇岛耀华玻璃厂。

## 10月

14—19日,市委、市人委召开粮食统购统销,油料、棉花统购和农业税征收工作三级干部会议。有100多人参加会议。会议要求:坚持"三定"政策,实行以丰补歉,力争超额完成粮食征购任务。

28日,市委印发《关于培养、提拔、调配少数民族干部的通知》。《通知》要求正确贯彻党的民族政策,进一步密切党与少数民族间的关系,发挥少数民族人民建设社会主义的积极性,并要求对培养、使用少数民族干部,要采取积极措施。

## 11月

9日,"秦皇岛市精简机构、下放人员工作方法、步骤"确定。22日,205名干部首批下放回乡。

## 12月

4日,市委发出《关于热情接待和妥善安置下乡生产干部的指示》。《指示》中指出:必须认真做好脱产干部下乡生产的宣传教育工作,向群众讲清干部回乡生产的重要意义,解除某些群众的错误认识和抵触情绪,造成干部下乡参加生产劳动光荣的社会舆论;对下放干部要做好热情接待和妥善安置,帮助他们解决生产、生活方面的一些困难问题,使他们很快投入生产劳动。

同月,市委提出精简任务,主要包括减少机构数量和动员脱产人员到生产一线。精简机构的关键是,合并工作相近的机构,打破上下必须对口的旧观点;减少机构层次;简化工作手续,废除或修订不合理的工作制度;减少行政机关的辅助人员和企业、事业单位的管理人员,在企业中尽量发挥不脱产或半脱产干部的作用。动员脱产人员到生产一线是这次精简的主要内容，主要方向是下乡上山，参加农业劳动。本市合并、撤销大小机构 194 个，市委各部、政府各局由 46 个并为 31 个，各部（局）除少数单位保留科级组织外，其余都已取消，有科级组织的单位由原 158 个减少为 89 个。12 月底，全市共减少行政人员 2497 名，占原有 6500 人的 38.41%。

同年，秦皇岛市制定第二个五年计划发展指标，提出秦皇岛工业建设总的任务是：积极全面地发展地方工业，改变全市地方工业落后面貌；苦干五年，完成工业建设项目 400 个，工业总产值达到 2 亿元。

# 1958 年

### 1 月

23 日，市委提出，以革命精神精简行政编制，除已撤销合并的市委政法部、直属机关党委、检查团、讲师团外，又决定，将市委宣传部和文教部合并，各部、室均撤销科级组织，保留行政科；市人委财贸市场物价委员会、人事处、交际处撤销，宗教事务处、党总支与办公室合署办公；税务局、交通银行与财政局合并；统计局与经济委员会合并；文化局与教育局合并；粮食局、商业局实行政企合一。同时公安局、检察院、共青团、妇联会的内部机构和人员进行了精简。全市原有行政编 1401 名，共精简 435 名，占原有编制 31.05%。

30 日，市委发出《关于发动群众掀起反浪费高潮的通知》，决定：凡是转入整改阶段的单位，都必须以"勤俭建国"为整改的专题之一，迅速掀起一个广泛深入、轰轰烈烈的反浪费的高潮，使广大干部和群众深刻认识到"勤俭建国"的重大政治意义和经济意义。

### 1—2 月

河北省党的四级干部会议向全省人民提出，农业生产方面，要尽最大的努力争取提前实现全国农业发展纲要，十年计划五年完成，五年计划三年完成；工业方面，地方工业和手工业总产值要在 1962 年超过农业和副业的总产值。

## 2月

28日,市委组织部印发《关于贯彻执行"省委组织部关于解决审干遗留问题和扩大审查干部范围的指示"的意见》。《意见》指出：我市对党政群团机关区助理员以上干部和厂矿经企、文教卫生等部门的领导干部的审干工作，自1954年8月开始，到1957年6月结束，列入审干范围的干部共3358名，其中审干对象778名，他们的问题已查清并作了结论。全市尚有3325名干部没有进行过审查，为适应今后形势发展需要，必须把他们查清楚，复查工作要求于1958年6月结束，新增审干任务要求到1959年6月结束。

## 3月

5日,中共秦皇岛市委第二届委员会第四次全委会召开。市委委员、候补委会出席了会议，有关方面负责同志列席了会议。会议通过了《关于广泛深入开展"双反"运动，推动全市各项工作全面大跃进的决议》。《决议》对全市工业、农业、财贸、文教、卫生等方面的任务提出具体要求，并决定利用两个月时间，在全市范围内普遍而深入地开展反浪费、反保守、比先进、比多快好省地建设社会主义的运动。

28日,市委发出《关于在市郊农村普遍开展四比双反双跃进运动的指示》。《指示》中指出：四比就是比干劲、比先进、比勤俭、比多快好省，双反就是反保守、反浪费。要通过开展活动达到整风、生产双跃进。

## 4月

7日,市委批转市委宣传部《关于中小学开展勤工俭学活动情况和今后意见的报告》。《报告》中指出，开展勤工俭学活动是教育制度的重大改革，是执行新教育方针的关键所在，应当采取积极的态度开展勤工俭学活动。

23日,市委印发《关于精简下放干部工作情况的报告》。《报告》指出，根据上级精简下放干部的原则精神，全市共合并撤销大小机构194个，共减少行政管理人员2559人，占原有6500名的39.37%。

同月，秦皇岛由隶属于河北省辖改为隶属唐山地区所辖。

## 5月

27—31日，本市召开第三届一次人民代表大会。会上作出五项决议，选举了市长、副市长、法院院长和人民委员会委员。

同月，年初，全市各乡、社负责干部和能工巧匠赴省参观了农具改革展览后，受到很大教育和启发。有的区仅用一两周时间在农具改革上即做出明显成绩。截至1958年5月中旬，全市各农业社制成各种新式农具100余件，有力推进了农业生产的发展。

## 6—12月

全市开展大炼钢铁运动。随着运动的深入发展，秦皇岛市委根据各个阶段出现的问题，及时召开钢铁紧急会议，研究制定解决问题的办法，指导运动向规模化、秩序化、技术化方向发展。

## 7月

21日，市委制定《关于农业发展规划（修正草案）》，提出"苦干大干，力争市区超过农业纲要40条"的号召。各县区委也都作出了关于发展农业的决策。抚宁县的洋河水库、卢龙县的引青灌溉、昌黎县的引滦灌溉、山海关的引石灌溉及青龙县的水利工程，对于保证农业生产起到了重要作用。与此同时，在社会主义建设总路线和全民大办工业的方针指导下，秦皇岛地区还大搞钢铁运动。到1958年年底，市区共建高炉92座，土高炉463座。由于"大跃进"违背了经济发展规律，给国民经济发展和群众生活带来严重影响，造成了1959—1961年三年国民经济困难。

## 8月

17—30日，毛主席在北戴河主持召开中共中央政治局扩大会议。会议作出了《关于建立农村人民公社问题的决议》。决定把各地成立不久的高级农业生产合作社，普遍升级为大规模的、政社合一的人民公社。从8月到 10 月，全国 74 万个农业生产合作社合并成 26000 多个人民公社，全国农村基本上实现了人民公社化。

8 月 18 日—9 月 1 日，青龙县在"大跃进"的高潮中，迅速合并小型农业合作社，用不到半个月的时间快速实现了全县人民公社化。全县原 451 个小型农业社合并为 14 个人民公社，入社 79861 户。

21 日，1958 年夏天，国际形势骤然紧张，美国武装干涉黎巴嫩和伊拉克内政。美国支持台湾当局在台湾海峡进行战争挑衅。在这一历史关头，毛泽东决定炮击金门，以牵动全球的战略格局，震慑美蒋顽固势力。经过一系列周密的军事部署，8 月 21 日，毛泽东在北戴河召开会议，作出 8 月 23 日 17 时 30 分发起炮击金门的决定，并亲自指挥了"炮击金门"。人民解放军福建前线部队以空前猛烈的炮火轰击金门，仅两个小时内，就有数万发炮弹密集倾泻到金门岛。

25 日，北戴河海滨人民公社成立。正在北戴河参加中央政治局扩大会议的党和国家领导人向公社表示热烈祝贺。这个公社有 10 个大队，34 个村庄，5060 户，22747 口人，52288 亩土地。公社社员实行工资和粮食供给制。公社社址设在小薄荷寨村。1958 年秋，秦皇岛地区逐步实现人民公社化。抚宁、昌黎、卢龙、青龙和郊区建成 88 个人民公社。农村人民公社实行"政社合一""工农商学兵五位一体，农林牧副渔统一经营"的体制。1959 年 10 月，秦皇岛地区开始在城市试办人民公社。1960 年 1 月，在城市街道普遍建立城市人民公社。公社最初实行区社合一，两个机构，一套人马。从 1960 年 2 月后，决定城市公社从一区一社的组织形式调整为区下建社。1961 年，对人民公社内部体制进行了调整，撤销了食堂，以生产小队为基本核算单位，农村经济出现了转机。人民公社由于体制问题挫伤了干部群众的劳动积极性，削弱和破坏了生产力的发展，从而造成了国民经济的停滞和后退。

29 日，毛泽东在北戴河主持召开中央政治局扩大会议。会上正式通过了《关于在农村建立人民公社问题的决议》。《决议》强调：应该积极地运用人民公社的形势，探索出一条过渡到共产主义的具体途径。

同月，市委在《关于秦皇岛市发展方向问题向省、地委的报告》中指出：苦战三年，将我市建成为唐山地区东部的工业及农业技术改造中心，根本改变经济文化落后面貌。各县区也制定了关于发展地方工业的决策，重点新建和扩建一批直接为农业服务的工业企业，着力发展轻化工业和公社街道工业，同时强调大力发展重工业。兴建了水泥厂、化肥厂、轴承厂、渤海造船厂等一批小型企业，之后又兴建了耐火材料厂、车辆厂、电机制造厂、自来水公司等15个企业，扩建了耀华玻璃厂、山海关桥梁厂、港口、柳江煤矿等36个企业。这些新建扩建企业，为秦皇岛工业进一步发展奠定了基础，对于支援农业生产以及满足人民日益增长的物质和文化生活需要起到了重要作用。

## 9月

1日，市委发出《开展钢铁生产第三次战役的指示》，指出：全市干部和各界人民群众，全部动员起来，尽自己的一切力量支援钢铁生产，造成一个声势浩大、规模空前的钢铁生产运动，保证全市到年底完成77000吨的生产任务。

15日，国家轻工业部在卢龙县召开北方14省、自治区薯类加工现场会，交流薯类加工、利用和工具设备改革等经验。会议授予卢龙县奖旗1面。

同月，按照省、市委的指示精神，8月底，中共昌黎县委召开了兴办人民公社等内容的扩大会议。随后，全县紧急行动，立即召开了声势浩大的宣传动员，大讲特讲人民公社的优越性。在这种形势下，至9月4日，全县实现了人民公社化。将原来38个乡、1个城关镇38万多人合并为7个人民公社。

## 11月

20日，秦皇岛和抚宁正式合并。为了便于工作，原属抚宁的8个公社，除东风公社划归北戴河区领导外，其余7个公社划为两个区，即抚宁区，辖天马、榆关、台营、大新寨4个公社；石门寨区，辖海阳、石门寨、驻操营3个公社。

11月28日—12月10日，中央召开八届六中全会，通过了《关于人民公社若干问题的决议》。《决议》要求，利用5个月的时间，进行一次整顿人民公社工作。

同年，秦皇岛选送西河大鼓表演《龙王辞职》参加全国第一届曲艺会演，获一等奖；大型演唱会《秦皇岛红旗飘飘》，在全国职工会演中获一等奖。

# 1959年

## 1月

6日，市人委制定《秦皇岛港第二个五年计划港口规划》，并报交通部、河北省人民委员会审核。《规划》中提出，根据指标来计算，到1962年时，需要新建机械化煤码头4个，杂货码头2个，工作船码头200公尺，以及其他相应的装卸运输设备等，总共需投资1311304元。

20—23日，中共秦皇岛市第二届代表大会第二次会议召开。这是秦抚合并后的第一次党的代表大会。554名代表出席了会议。会议总结了1958年的工作成绩和经验，研究确定了1959年的工作任务。会上，传达了中共河北省委第一届代表大会第二次会议精神，并通过了《关于1959年国民经济计划的决议》和《关于调整巩固农村人民公社的决议》。会议强调，为保证1959年工作任务做得更多、更快、更好、更省，必须加强党的领导，认真执行"一盘棋"的方针。各级党的组织都应该根据"保证重点，照顾一般"的精神，把各条战线的工作科学地加以安排。

同月，市委作出巩固农村人民公社的决议。决定将全市农村153个农业生产合作社，合并组成14个工农商学兵相结合的、政社合一的人民公社。

## 2月

12—13日，市委召开区委第一书记、公社党委书记会议，研究部署生产整社工作。为了加强整社工作的领导，市委抽调市委书记处书记王萍、强华等主要负责干部27人，带领机关干部分头到各公社，一面参加劳动，一面进行整社。

## 3月

12日，市委发出《关于参加体力劳动的指示》，要求：各级党政机关企事业单位干部除年老、有病不能参加劳动或只能参加轻微体力劳动者外，每人每年要参加一个月至一个半月体力劳动。

31日，市委制定《关于农村人民公社管理体制等若干问题的规定（草案）》。主要内容有：一、管理体制，公社以下一般以原高级社改建为生产大队（或生产队）作为公社的基本经济核算单位；二、所有制，基本上是生产大队或生产队所有；三、收益分配的原则是国家、公社、社员利益相结合，统筹兼顾。

## 4月

2日，本市召开先进生产者和优秀工会工作者代表会议，400名代表出席会议。市委书记处书记赵青云在会上作了报告，要求保证完成中央提出的以钢、煤、粮、棉四大指标为中心的宏伟目标。

2—5日，中央召开的八届七中全会提出，凡是县社调用生产队的劳力、资财，或者社队调用社会的私人财物，都要进行清理，如数归还或者给予相应补偿。党中央在纠正"共产风"、整顿人民公社所有制等方面制定的以生产队为人民公社的基本核算单位、公社内部实行等价交换、取消一县一社的体制等一系列政策，事实上是对最初设想的"一大二公"人民公社模式的部分否定，得到社员群众的拥护。

12日，市委在市劳动人民文化宫为下放参加劳动的干部举行欢送大会。为了贯彻执行中央关于下放干部参加劳动锻炼的指示，我市市、区机关共有165名干部分别下厂、下乡当工人当社员，进行为期一年的劳动锻炼。

同月，市人委《关于开展节约粮食运动的指示》强调，鉴于秦皇岛市粮食和农副产品严重短缺且浪费严重，根据中央和省委关于增产节约的指示精神，开展节约粮食运动。要求凡是国家供应粮食的人口，从现在起每人每天节约一两粮食，农村食堂要普遍采取以人定量、凭票吃饭，节约归个人、折价给钱的办法。1959年5月以后，全市开展了以节约粮食为重要内容的增产节约工作。

## 5月

5—31日,市委召开工业战线五级干部会议,参加大会的有3000多人。会议主要是贯彻省委、地委关于开展增产节约运动的指示,动员工业、交通邮电、基本建设战线的广大职工,进一步开展以技术革新为中心的增产节约运动,以保证1959年的跃进计划的超额完成。市委书记处书记赵青云作了大会的结论报告。

25日,市委作出《关于整顿和发展城市人民公社工业的指示》,对现有公社工业提出整顿合并、移交、停办等具体要求。

## 6月

17—19日,秦皇岛市第三届人民代表大会第二次会议召开。会议听取并通过了政府工作报告等文件。会议号召:全市人民在党的领导下,团结一致,艰苦奋斗,克服困难,继续深入地开展增产节约运动,为实现本市国民经济计划而奋斗。

同月,中共河北省委、省人委决定将唐山专区与唐山市合并为唐山市。中共秦皇岛市委正式归唐山市委领导。常立木任中共唐山市委书记处书记兼任中共秦皇岛市委第一书记,主要抓秦皇岛市工作。

同月,调整全市养猪和家禽指标。其中养猪指标由年初确定的55万头调整为31.5万头,在第三季度争取完成全年计划的70%左右。为发展养猪和家禽,坚决执行了中央关于恢复自留地的有关政策。恢复自留地的主要做法是:一人分双份,二人分三份,三人以上每人一份(不论人口多少,各分一份)。以上三种方法只要社员满意并有利于发展养猪,均可采用。如个别生产队土地很少,平均每人不足一分,且所有地区不适合养猪或其他家禽家畜,也可不再分自留地。群众自己开的荒地,未满三年,已被社队无偿收回的,退回原主,不算自留地数字内,千方百计地激发社员大量开荒和利用闲散土地的积极性。

同月,秦皇岛自1958年12月至1959年6月整社取得了初步成效,主要体现在:一、认真贯彻执行了调整人民公社管理体制的政策。重新调整核算单位,确定了三级管理、三级核算,将原来的139个高级社改为113个生产大队,确定121个核算单位。公社体制的改变,激发了社会的积极性。

二、集中清算了经济账和政治账。截至1959年6月底，大部分公社与大队的账以及队与社员的账内账基本算结，很多账内外物资已经落实。

## 7月

8日，市委关于恢复自留地情况向唐山市委作了报告。《报告》指出：我市共有土地887433亩，农村人口308514名。按中央5%的比例留用自留地的规定，本市应留自留地44121亩，每人平均为0.1431亩。

## 8月

3日，市委、市人委发出《关于为灾民募集衣物的通知》。《通知》指出：7月22日天降暴雨，我市部分地区受灾，受灾群众约2万人，被淹倒塌房屋2000多间，群众被冲走衣物1000多件，灾民的生产、生活有一定困难。市委决定，在我市各机关、厂矿、公社的所有脱产干部和学校教职员工当中开展一次募集衣物活动。

同月，中共中央副主席、全国人大常委会委员长朱德视察秦皇岛耀华玻璃厂，对发展玻璃出口问题作了指示。

## 9月

5—11日，中央交通部、铁道部和河北省人委在本市联合召开路港协作现场会议。全国铁路、水运等有关单位代表参加了会议。会议听取了本市港口和车站之间实行"一条龙"大协作的经验汇报并进行了现场参观，与会兄弟地区也作了情况交流。河北省副省长高树勋、铁道部副部长余光生出席了现场会，交通部部长孙大光提出了指导意见。

21—25日，市委召开四级干部会议，共500余人参加，主要是贯彻党的八届八中全会精神和省委全会决议，检查批判"右倾思想""高举总路线红旗，鼓足更大干劲，进一步开展增产节约运动，为完成和超额完成第四季度生产跃进计划和各项工作任务而奋斗"。

9月28日—10月20日，中共秦皇岛市第二届委员会第十一次全委（扩大）会议召开。1200多人参加了会议。会议期间检查和批判了与党的总路线不相符的右倾情绪和右倾思想，对极少数被认为右倾思想严重的同志进行了批判教育。会议就1958年"大跃进"的估价、对1959年以来右倾思想右倾情绪的表现及其危害性、党的团结等方面进行了总结，并对今后的工作提出了意见。会议要求，会后要在全市干部、基层党员和群众中以全民"整风"的声势，结合工农业生产和各项中心工作，开展一个总路线和社会主义思想的学习和宣传运动，通过群众路线的方法，彻底检查和批判各种各样的右倾思想，澄清模糊认识，划清两条道路、两条路线、两种思想的界限。

## 10月

25—27日，中央化学工业部在本市召开小型制碱现场会。出席会议的有云南、贵州、青海、河南等24个省、市化工厅（局）、制碱厂和大连、西南等9个化工设计研究分院的负责人和技术人员，共有60多个单位，150多名代表。会上听取了化工部设计司司长冯伯华的报告和耀华玻璃厂制碱过程的介绍，另外还听取了上海、大连、福建等地代表的经验介绍。会议要求各地进一步贯彻党的大中小型同时并举发展工业的方针，在全国范围内继续大搞中小型的、土洋结合的制碱工业。

31日，按照唐山市委水利会议的决定，本市和昌黎县共同修建洋河水库。水库主坝长1550米，坝高30米，坝宽180米，库区面积预计26平方千米，共需搬迁34个村，4287户，19379人。洋河水库于11月26日正式开工建设。（此项工作系属唐山市重点工程，后各县作了支援。）

## 11月

6—25日，秦皇岛市第二届第三次党员代表大会召开。会议安排：市委第一书记常立木作《关于第二次党代会以来的工作总结和今后任务的报告》；书记处书记王萍作《进一步深入贯彻党的八届八中全会决议，坚持把反右倾机会主义的斗争进行到底》的报告；赵青云作《认真贯彻农轻重方针，苦战三五年，为把我市建成一个现代化的工业城市而奋斗》的报告；书记处书记强华作《秦皇岛市1960—1964年农业发展规划的报告（草案）》。大会开始后，省委常委马力赶来参加会议并讲了话，并将党代会变为五级干部会，反右倾整市委，主要是批常立木同志。

15日，市委制定错误的整风工作安排。市委整风准备分三步走，第一步是发动中层领导干部对市委领导、市委主要领导成员，尤其是常立木进行深入的揭发和批评；第二步是在市委常委会上集中揭发批判常立木的错误，然后市委常委进行检查；第三步是写出总结，作出结论，召开扩大会议，开展系统批判，统一思想，接受教训，掀起工作跃进。计划第三步于12月10日前搞完，于12月底以前召开市委会议结束整风工作。

### 12月

29日，市委发出《关于常立木所犯右倾机会主义错误的报告》。《报告》中说："从11月9日到12月29日，历时50天，彻底揭发和批判了常立木的右倾机会主义的错误。"1960年3月9日，经唐山市委决定，常立木被错误地定为右倾机会主义分子，给予撤销唐山市委书记处书记和秦皇岛第一书记职务的处分。

同年，全市水利建设取得显著成效。全市投入劳动力40万个，动用土石方200余万立方米，完成灌溉千库存以上的主干渠3条；整修渠道10多条，总长15万米。新修机井58眼，各类井坑600余处，扬水站138处。修建中型水库1座，小型水库2座。全市农田灌溉面积扩大到31万亩。

同年，秦皇岛港与铁路秦皇岛站共同开创了"一条龙"大协作模式，水陆换装运输形成一条首尾相连、环节紧扣、货畅其流的协作之龙，在全国交通运输战线上普遍推广应用，开创了我国"产、供、运、销"联合运输形式的典型范例。交通部、铁道部、河北省联合召开全国路港协作秦皇岛现场会议，总结交流秦皇岛路港"一条龙"运输大协作经验。天津新闻纪录电影制片厂摄制了新闻影片《路港协作》，在全国各地放映。

## 1960年

### 1月

3日，市委根据省委五级干部会议精神，作出《关于市委常委、委员每年必须以四分之一时间（即90天）离开机关轮流下乡、下厂、下商店，深入检查帮助工作和参加体力劳动的决定》，以改进市委的工作和领导作风。

4日，市委印发《关于结合整风整社进行整党、建党的意见》，决定对全市党员进行一次鉴定，并做好组织处理、支部选举、建立制度、发展党员等工作。为做好这一工作，市委要求市、区、社三级党委书记要亲自挂帅，并抽调了365名党员干部深入96个三类支部。这项工作到3月中旬结束。

12—13日，市委在北戴河海滨公社召开集体生活福利工作现场会，全面总结和安排了全市农村群众集体生活福利工作。

17—19日，市委召开第二届十二次全委（扩大）会议。出席会议的有市委委员和各单位、各部门负责同志共213人。会议向与会人员印发了所谓的《关于常立木同志所犯右倾机会主义错误的报告》，市委代理第一书记武学文向大会作了所谓《彻底肃清常立木同志右倾机会主义错误，更高地举起总路线的红旗，奋勇前进》的报告。常立木在大会上作了违心的自我检查。

20—21日，唐山市委在秦皇岛港务局召开唐山市交通运输技术革命现场会。参加会议的有唐山地区各工矿企业的党委书记、矿长及交通运输、基建铁路部门负责人共210多人。秦皇岛港务局党委书记刘抗作了《坚持政治挂帅，大搞群众运动，高速度实现港口装卸机械化和半机械化》的报告。

## 2月

28—29日，市委召开全市工、农、商协作会议。出席会议的有各厂矿党委书记及有关财贸负责人130多人。会上市委书记处书记赵青云代表市委作了《关于认清形势深入贯彻"全国一盘棋"的方针，全面组织工农商的共产主义大协作》的报告。会上有20多个单位互通有无，交换了钢材、动力设备等30多种。各部门对山海关桥梁厂、市机铁厂和发电厂的协作精神表示满意，市委各奖给他们"协作之花"红旗一面。

## 4月

8—19日，市委召开全市"四级干部"会议，出席会议的有市直机关、公社、大队、生产队等四级干部3256名。会议听取并讨论了《进一步建设和提高人民公社，为实现 1960 年更好更全面的跃进而奋斗（草案）》的报告。

## 5月

5月29日—6月2日，市委召开农业生产会议。会议强调农业是基础，要迅速发展农业，除农业本身自力更生、艰苦奋斗外，出路还在于加强工业对农业、各行各业对农业的支援。会议指出，支援农业、加速农业的技术改造是头等的政治任务，各单位要切实做好支援农业的工作。为了更有效地支援农业，要求全面布局、整体安排、统一规划，有计划、有步骤地组织各行各业尤其是工业大力支援农业。会议强调，切实改进工作方法，要求农村党员干部在作风上做到"五化"，即工作深入化、劳动经常化、作风民主化、生活群众化、学习制度化。此外，对加强农村工作的领导提出了明确要求。这些举措的落实，对于改变农业生产不能满足人民群众需求，特别是改变粮油和蔬菜、副食极度缺乏状况起到了积极作用。

## 7月

20日，市委决定从市直机关抽调大批领导骨干到农村公社、大队工作。第一批共抽调20名部、局长级干部，60名科级干部，分别到公社担任党委书记、副书记、副社长、大队总支书记等职务，到农村安家落户，以充实农业生产战线。

同月，中共中央在北戴河举行工作会议，研究国际问题和国内经济调整问题。会议批准《1960年第三季度工业交通生产中的主要措施》，制定《关于全党动手，大办农业、大办粮食的指示》《关于开展保粮、保钢为中心的增产节约运动的指示》等文件，确定压缩基本建设战线，要求保证钢铁等工业生产；认真清理劳动力，加强农业第一线，保证农业生产等措施。

## 8月

9日，市委召开工作会议。会议主要目的是更好地贯彻"以农业为基础，以工业为主导"的方针，进一步通过厂社挂钩这一组织形式，把工业支援农业的工作推向新高潮。

## 12月

19日，市委召开全市"吃饭大会"。出席会议的有市、社、队、市直工矿、企业、机关等干部1300多人。会议学习了外地瓜代菜的经验，制定了本市解决吃饭问题的具体措施。

20—30日，市委召开"四级干部"会议。出席会议的有市、社、队、小队及省、唐、秦三级整风工作队、贫下中农代表共1256人。主要是：根据省委第九次会议精神，全面地、彻底地、坚决地贯彻执行中共中央关于人民公社当前政策问题的紧急指示信，掌握政策、训练队伍，搞好市、社两级整风运动，彻底纠正"五风"（即共产风、浮夸风、命令风、特殊风、生产乱指挥风），重点解决一平二调，特别是调的问题，进一步加强和巩固人民公社，调动广大社员的积极性，为全面开展整风整社运动奠定基础。

# 1961年

## 1月

12—26日，市委召开"四级干部"会议。会上，市委围绕"以农业为基础"这个根本方针，着重批判了市、社两级党委的"五风"问题，深入挖掘与批判了"秦皇岛地区特殊论"，处理了群众最关心的问题和农业生产迫切需要解决的问题。

同月，中共中央八届九中全会提出对国民经济实行"调整、巩固、充实、提高"的八字方针，并发出全党大兴调查研究之风的号召。全党上下迅速行动起来，各级领导干部纷纷走出机关，深入群众，了解真实情况。"八字方针"的基本内容是：调整国民经济各部门的比例关系，主要是农轻重，工业内部生产与基建，积累与消费的关系；巩固已经取得的经济建设成果；充实以工业品为原料的轻工业和手工业的生产，发展塑料、化纤等新兴工业；提高产品质量，改善企业管理，提高劳动生产率。"八字方针"的核心是调整。

同月，市委组织1000多名农村生产小队以上干部，结合总结经验，系统地学习了中共中央关于人民公社各项政策，并动员1500多名机关干部，深入基层，在农村中开展了社会主义宣传教育运动。

## 2月

9日，市委决定成立"工业支援农业领导小组"，由赵青云任组长。下设办公室，办公室内设小农具生产修配、农业机械生产修配、物资供应、水利、化肥农药等5个业务小组。5月15日，市委发出《关于进一步贯彻以农业为基础，大办农业，大办粮食，深入工作，转变作风的指示》。《指示》指出，农业是国民经济的基础，粮食是基础的基础，积极支援农业，力争1961年农业丰收。市委决定将"工业支援农业办公室"改为"各行各业支援农业办公室"。

17—18日，市委召开公社第一书记、工作队长会议。出席会议的共73人。会议明确以整风整社为纲，安排好群众生活。

## 3月

13日，市委印发《关于整风整社期间，在广大社员群众中深入开展社会主义教育运动的意见》。《意见》决定，在整风整社运动中，继续开展以"三讲"（讲形势、讲政策、讲任务）为中心的社会主义教育运动，进一步提高广大社员群众的觉悟，鼓足更大干劲，把农业生产推向新高潮。

14—16日，市委召开第十三次全委（扩大）会议。市委委员、候补委员及市直部门和各企事业单位负责同志共150多人出席了会议。会上传达了唐山市委第五次全委（扩大）会议精神，讨论并分析了本市农村整风形势，研究了清理"一平二调共产风"、做好退赔兑现工作、整风布局和点面结合等问题，号召广大党员干部和职工大力支援农业。同时安排好群众生产，加强粮食管理，严格计划用粮、节约用粮。全党干部，特别是各级领导干部，要不断转变作风，实行思想革命，大兴调查研究之风，坚持民主集中制，取得1961年农业丰收和各项事业的更大胜利。

23日，中央、华北局和省委决定：将唐山市现行区划建制适当调整，建立唐山专区，管辖3市（唐山、秦皇岛、汉沽）12县。

## 4月

21—29日，市委召开"四级干部"会议，传达学习贯彻《中共中央关于农村人民公社工作条例（草案）》和省委执行人民公社工作条例的补充规定，制订本市执行人民公社工作条例和补充规定的具体实施方案，系统地解决社队规模、三包一奖（包产、包工、包成本，超产奖励）、分配政策和食堂等一系列重要问题。

## 5月

15日，市委对本市整风整社运动作出总结，指出：经过培训干部、落实政策、改进经营管理、组织建设和退赔5个阶段，主要解决了以下问题：一、改变了核算单位；二、下放了土地、耕畜农具、果树、羊群、林、队有企业、债务等所有权到各生产队；三、实行分配大包干和实物按劳分配；四、改进经营管理，建立生产责任制，加强财务管理；五、加强了组织建设，普训了农村党员，改进了农村基层党支部，甄别了干部。

19日，市委印发《关于加强调查研究的决定》。《决定》指出：一、要对干部进行调查研究的教育；二、要以满腔热情，眼睛向下，渴求知识，甘当小学生的精神，做好调查研究；三、调查研究要围绕各部门的中心工作进行，到实际斗争中去调查研究；四、要运用毛泽东同志的调查方法，不断提高和丰富调查技术；五、要用马列主义科学的态度进行调查。

## 6月

1日，秦皇岛市委决定行政区划变动，将抚宁县划归唐山地区管理。划出后，秦皇岛市建海港、山海关、北戴河3个区，辖14个公社，总人口为284854人。

13—17日，市委召开了"三包一奖"评工记分经验交流会。出席会议的有区委书记和大队以上的农村农业管理干部214人。会上北戴河区等四个先进单位介绍了超产竞赛和评工记分等方面的经验与做法。

24日，市人委公布，本市第一批文物保护单位是：天下第一关、孟姜女庙、革命烈士纪念塔、三清观、太傅庙、卧牛桥、悬阳洞、烽火台、威远城、韦陀像。

## 7月

5日，市委决定成立压缩城镇非农业人口和压缩粮食销量"双压"领导小组，并设立"双压"办公室。

10日，市委召开电话会议，传达贯彻省委、唐山市委有关指示，全面部署农村工作。市委代理第一书记武学文、市委书记处书记强华在会上作了重要讲话。会议要求各公社、机关、工厂、学校要通过开荒、套种、间种，充分利用院内、街心、田边、地埂大种特种蔬菜，开展"五千斤"运动。（注："五千斤"运动，即平均每人拿到二千斤蔬菜，一千斤夏薯，一千斤代食品，一千斤草。）

## 8月

5日，市委印发《农村整风整社组织处理工作总结》。《总结》指出：本市农村整风整社组织处理工作中，全市3684名记工员以上干部，通过整风整社共揭发出犯有各类错误的干部457名，占干部总数的12.4%。给予开除党籍、留党察看、撤销党内外职务、严重警告等处分的117名。

24—27日，秦皇岛市召开第三次党员代表大会。会议贯彻了河北省委三级干部会议精神，听取了市委《关于三年多来的工作总结和今后工作意见的报告》，审议通过了市委第一书记丁一作的《关于第二次党代会以来的工作报告》，选举产生了中共秦皇岛市第三届委员会，通过了《中国共产党秦皇岛市第三届代表大会决议》。会议着重贯彻了"农轻重"和"调整、巩固、充实、提高"的八字方针，提出：在集中力量和发展农业生产的前提下，有计划、按比例、迅速全面地恢复和发展本市国民经济。会议号召全党要鼓足干劲，力争上游，发扬勤俭建国、勤俭持家、艰苦奋斗的优良传统，克服困难，勇往直前，以坚韧不拔的毅力为实现各个战线的光荣任务而奋斗。

28日，市委召开三届首次全委会。会议通过了市委常委和市委书记处组成人员名单，讨论通过了市委《关于加强集体领导，健全民主制度，改进领导作风的几项规定》。《规定》包括以下内容：一、开好市委会议，加强集体领导。定期召开市委全会、常委会和书记处会议；会议是体现集体领导，充分发扬民主的最好形式。二、健全民主制度，活跃民主生活，充分发挥全体党员的积极性和创造性。健全市委的民主生活会议制度，经常性地开展批评与自我批评；加强市委和部局长级干部和厂矿企业党委书记、厂长级干部之间的密切联系；加强市委和党员之间的联系，倾听他们的意见，调动他们的积极性，发挥他们的模范带头作用。三、坚持"大权独揽、小权分散、党委决定、各方去办、办也有决、不离原则、工作检查、党委有责"的党的领导原则，充分发挥党委委员和各部门的作用。四、深入基层工作，贯彻群众路线，加强系统的调查研究。五、严格精简会议，克服文牍主义。六、坚持学习制度，认真加强学习，进一步提高领导水平。

同月，在国民经济调整过程中，中央提出了"调整、巩固、充实、提高"的八字方针。秦皇岛市认真贯彻落实上述的方针，从四个方面开展了工作：一、有计划、有步骤地进行了国民经济的调整工作。首先，压缩了重工业和基本建设战线，调整了商业体制，缩小了文教事业的规模。其次是加强了直接支援农业、支援市场的轻工业和手工业的生产。二、认真贯彻《七十条》和《关于城乡手工业若干政策问题的规定（试行草案）》，加强了企业管理，深入地开展增产节约运动。三、认真贯彻党中央关于农村人民公社和农业生产的各项方针政策，农业生产逐年提高。以改造后进队和困难队为重点，加强了生产队的工作，充实了领导骨干，并且从物质和财政方面对其予以支援。四、认真贯彻中央《关于商业工作问题的决定》和"发展经济保障供给"的方针，进一步改进了商业工作，在活跃市场改善供应，为工农业生产、为人民生活改善等方面作出了显著成绩。

## 10月

6—12日，市委召开区、社、生产大队四级干部会议。传达了唐山地委"关于各市、县委第一书记会议纪要"和省委电话会议"关于粮食征购问题"的指示，着重讨论了"分配大包干"、粮食按劳分配、粮食征购和当前农业生产等四个问题。尤其对如何抓紧时机完成粮食征购任务问题，进行了比较充分细致的讨论。

## 11月

5日，市委为山海关综合糕点门市部"王桂芝红旗队"作了批示。《批示》指出，在全党全民大办农业、大办粮食的运动中，商业标兵王桂芝带头组织红旗队支援农业的事迹，是值得认真学习的。一切商业工作人员都应进一步树立以农业为基础的思想，以"王桂芝红旗队"为榜样，积极投身到支援农业的群众运动中来，创造丰富多彩的形式和方法，在支援农业中作出更多的贡献。

## 12月

16日，市委发出《关于精简机构、编制的通知》。根据上级指示，市委决定对全市各级行政机关编制重新调整，企事业单位亦在现在人员基础上定编。按省、地委指示精神，本市需精减人员20%～30%。市委决定，本着精减上层、充实基层的原则，重新制订编制方案，各级企业在精减人员的基础上定编。

17—24日，中共秦皇岛市第三届委员会第二次全委（扩大）会议召开。市委委员、候补委员及有关方面主要领导和部、局级干部共215人参加了会议。会议回顾、总结了三年来的工作，肯定了成绩，查摆了问题，从农业、财贸、教育、工业、人民生活等多方面分析了当前形势，提出了今后工作任务。

# 1962年

## 1月

3—6日，秦皇岛市召开第四届人民代表大会第一次会议。出席会议代表203人。会议听取并讨论了本市三年来的政府工作报告，1959年至1961年国民经济计划执行情况和1962年国民经济计划（草案）的报告，1959年至1961年财政预算执行情况和1962年预算计划安排意见的报告，以及法院工作报告，并通过了上述各项报告的决议。会议选举了第四届市政府市长、副市长、委员，补选了法院院长。

20日，市委印发《关于当前甄别工作的意见》，明确了甄别对象为

1959年整风反右运动受到错误批判和处理的脱产干部和农村非脱产干部，强调甄别工作要结合整风整社工作一起进行，要求各级党委刃实抓好此项工作，重大问题书记要亲自抓。10月16日，全市应列入甄别范围的干部、工人、农民、学生已经甄别4421人，超过应甄别人数的99%。同时，在复查工作中，本着实事求是的精神，纠正了甄别工作中的一些问题，突出地解决了党的团结问题。

同月，全市工矿企业开始着手进行调整和整顿工作。市委要求山海关桥梁厂、秦皇岛港务局和山海关食品厂以及一些企业的试点车间，加快进度，力争于3月结束试点工作。其他企业在保证质量的前提下加速推进，力争于6月底以前结束，个别困难较多的企业要于9月底前基本结束。整顿工作分四步进行，第一步是学习文件，通过学习达到明确方向、总结经验、澄清思想、统一认识的目的。第二步是全面做好"五定"工作，即定产品方向和生产规模；定人员和机构；定原料、材料、燃料、动力、工具的消耗额和供应来源；定固定资产和流动资金；定协作关系。"五定"的过程就是企业整顿的过程。第三步是在"五定"的基础上，有计划、有步骤地转向全面整顿企业管理制度。第四步是通过群众性的检查验收，巩固既定的各项规章制度。

## 2月

22日，市委发出《关于城市公社和街道委员会组织调整变更的通知》。市委决定：城市公社从一区一社的组织形式调整为区下建社，撤销原海港、山海关、北戴河三个公社和海燕、新华、铁路等13个城乡分社。

24日，市委印发《关于贯彻集体领导原则，改进领导作风中几个问题的情况和意见》。市委决定：一、要开好工作会议。二、加强集中统一领导，发挥行政组织和群众组织作用。三、发扬民主，统一思想，改进领导作风和工作作风。

## 3月

15日，中共唐山地委根据中共中央、华北局、省委甄别工作的指示，对常立木同志的所谓问题，进行了甄别。地委决定：撤销1960年3月9

日市（地）委关于《常立木所犯右倾机会主义错误的处分决定》，恢复名誉，恢复原职。

## 6月

16—24日，市委召开区、社第一书记会议。会议着重传达贯彻了省、地委常委扩大会议文件，集中讨论了农村形势和深入细致地研究了巩固生产队集体经济、农村若干政策等问题，安排了群众生活，实事求是地调整了征购任务。

18日，市委印发《关于精简职工和减少城市人口的初步方案（草案)》。《方案》提出：本市1962年的精简任务需在1961年年末的基础上，再精简吃商品粮非农业人口18000人。要求各级党委必须把此项工作当成党的中心任务，加强领导，切实做到"决心大，行动快，工作细，安置好"，保证在1963年春耕以前全部完成。

## 8月

2日，市委发出《关于立即在农村中开展社会主义教育的指示》，指出：目前农村形势开始好转，但仍有不少困难，克服困难的根本方法是千方百计地加强生产队，巩固集体经济，生产队的集体经济是社员的命根子，是克服困难、改善生活的靠山。教育的办法是依靠和发动群众，讲解与自我教育相结合。

6日，市委印发《关于贯彻省委甄别工作会议精神，进一步做好甄别工作的意见》。根据河北省第五次甄别工作会议精神，决定继续集中时间、集中力量，认真搞好复查工作，扎扎实实地做好思想和团结工作，以更快、更好、更全面彻底地完成甄别工作任务。

22日，市委印发《关于1959年整风反右和1960年整风问题的总结》，总结了两次整风的经验和教训，指出：秦皇岛市的反右斗争，"现在应该肯定是搞错了"。错误的原因：一是机械地执行了上级党委的指示，违背了实事求是的原则。二是带有"左"的框框开展运动，以浮夸的观点反对务实的做法，对一些本来持有正确意见的同志，错误地进行了批判。三是在方法上违反了党内斗争原则，出现了残酷斗争、无情打击现象，犯了过火斗争的错误。运动以后，农村五风更为严重地发展起来，使生产力遭到了极其严重的破坏，造成了农业连年减产。在1959年的整风反右运动中，秦皇岛市共批判和处理了113名干部（不包括农村基层干部）。其中带有所谓右字的76名，经过甄别，已全部摘掉右倾帽子。1960年的整风整社，也有严重缺点和错误。一、错误地开展了"肃清常立木思想"的运动，同时使一部分市委领导同志受到错误批判；二、在农村搞了阶段斗争扩大化；三、"五风"严重；四、不适当地重新划分阶级、定成分，混淆了两类矛盾，使一批干部、社员受到不应有的批判。

同月，中国共产党中央委员会主席毛泽东在北戴河主持召开了工作会议，提出了党在新的历史时期的基本路线。

## 9月

3—4日，中共秦皇岛市第三届委员会第四次全体会议召开。会议讨论了市机构设置和中层干部的调整安排问题。会议要求，要根据上级关于"精简上层，充实下层"的精神，对可以合并的机构进行合并，对中层以上领导干部进行较大幅度的调整，减少副职，充实基层和薄弱部门的领导力量。

## 11月

11月16日—12月1日，市委召开工作会议。全市17级以上党员干部出席，共218人。会议主要传达贯彻中共八届十中全会、北戴河中央工作会议和河北省委工作会议精神，总结秦皇岛自1959年以来存在的缺点错误，如在工矿企业中盲目地搞产值翻番，强迫命令，瞎指挥风盛行；在农村"一平二调"共产风严重；在党内斗争中，整风反右扩大化等。

## 12月

4—30日，市委分口召开农业、工业、财贸、机关、文教和三个区的四级干部会议。各口会议一般开了12天左右，着重学习讨论了形势问题，特别是对近几年来的工作看法基本达到了统一，增强了党的团结；根据中共中央和省委的有关决定和指示精神，研究讨论了秦皇岛市农村、工业、财贸及城市几项主要工作。参加会议的人员为各条战线的干部和工作人员，共9469人。

# 1963年

### 3月

3月24日—4月12日，雷锋生平事迹展览会在本市海港区举行，参观展览的有工厂、企业、机关、部队、学校及街道居民委员会等210多个单位，35000多人次。雷锋生平事迹的展出，使群众受到一次生动、深刻的教育。

### 4月

4月30日—5月2日，中共秦皇岛市委第三届委员会第十次全委（扩大）会议召开。市委委员、候补委员参加了会议，有关部门和单位负责同志列席了会议。会议讨论并通过了《中共秦皇岛市委关于机关开展"五反"运动的安排》和《中共秦皇岛市委关于工商企业增产节约运动中开展反浪费的安排》。

### 5月

2日，中共秦皇岛市委印发了《关于机关开展"五反"运动的安排（草案）》。市委第九次全委扩大会议决定在本市机关和企事业单位，以及各驻秦机关，立即把五反（反对贪污盗窃、反对投机倒把、反对铺张浪费、反对分散主义、反对官僚主义）运动开展起来。

### 6月

26日，中共河北省委组织省委工作队，工作队共有58人，到抚宁县卢王庄公社的蒲兰大队进行试点，省委第一书记林铁亲自挂帅。按照省委的统一部署，秦皇岛市委、抚宁县委、昌黎县委及时成立专门领导小组，并组织力量领导这项工作，前后共抽调一万多名干部组成工作队，深入农村及部分厂矿企业发动群众、开展工作。

## 7月

3—31日，市委召开三届十一次全委（扩大）会议。这次会议主要是学习中央《关于目前农村工作中若干问题的决定（草案）》、主席批示的20个文件、主席讲话及李雪峰在华北局扩大会议上的讲话，中心内容是阶级斗争、四清（清政治、清经济、清思想、清组织）和五反、组织贫下中农进行社会主义教育、干部参加劳动等问题。会议的方法是边学习、边讨论，摆问题、找差距、分析存在问题的原因，研究工作意见。

## 8月

秦皇岛市在蔡各庄、小薄荷寨进行"清账目、清仓库、清财物、清工分"的"四清"试点。11月下旬，省委组成工作队深入卢王庄进行"四清"试点工作。1964年桃园大队的"四清经验"总结经中央批准后在全国推广。1964年1月，中共秦皇岛市委抽调280名干部组成"四清"工作队深入农村，组织800名干部组成宣讲团深入各条战线进行社会主义教育。1965年1月后，贯彻中共中央颁布的《农村社会主义教育运动中目前提出的一些问题》，"四清"运动的内容改为"清政治、清经济、清思想、清组织"。运动分为准备、清经济、清政治、组织建设、生产革命五个步骤。"文化大革命"开始后，"四清"运动基本结束。"四清"运动，对于解决干部作风和经济管理等方面起了一定作用，但是由于指导思想的"左倾"，致使不少干部、群众受到不应有的打击。

## 12月

25—28日，中共秦皇岛第四次代表大会召开，应出席代表403名，实出席代表348名。会议的主要任务是审议上届市委的工作报告，选举市委第四届委员会。会议听取了市委书记常立木作的《关于第三次代表大会以来的工作总结和今后工作任务的报告》。《报告》从社会主义革命、社会主义建设、党的建设三个方面全面总结了两年多来市委工作，提出了今后的工作任务。会议审议并通过了《报告》，并形成决议。《决议》指出，要在既得成就的基础上，继续深入地开展社会主义教育运动，坚决把社会主义革命进行到底。会议选举产生了中共秦皇岛市第四届委员会委员31名，候补委员 7 名。市委副书记丁一致开幕词，市委副书记赵青云致闭幕词。

# 1964 年

### 1 月

3—20 日，市委召开三级干部会议。会议中心是传达"太原会议"精神，彻底搞好本市"四清""五反"。市委抽调 282 名干部，组成"四清"工作队，深入农村搞"四清"；抽调 86 名干部组成"五反"工作组，深入企业开展"五反"。"四清""五反"运动在全市城乡全面展开。

12 日，市委发出《关于在全体干部中学习两个文件和大庆石油会战经验的通知》。市委要求，在全市普遍讲解中央两个文件，即《中共中央关于目前农村工作中若干问题的决定（草案）》和《中共中央关于农村社会主义教育运动中一些具体政策的规定（草案）》。在学习"两个文件"的基础上，结合传达学习"大庆石油会战的经验"。

### 2 月

3—24 日，昌黎县委召开第一批开展农村社会主义教育运动工作会议，公社干部及全体工作队员参加。会上学习传达了上级有关文件精神，同时介绍了本县先期开展"四清"运动试点的工作经验，对全面开展"四清"工作进行了部署。

2 月 24 日—3 月 7 日，市委召开工作会议，传达学习中央关于加强学习，克服故步自封、骄傲自满的指示和省委书记李雪峰的讲话，并结合实际情况给市委、区委和本单位党委提意见，开展自我批评，揭露不良精神状态，提出改进办法。

### 3 月

8—11 日，市委召开文艺工作会议。会上传达了中央关于文艺工作的指示和省、地委工作会议精神，检查了本市 1958 年以来文艺工作情况和存在问题，进一步明确了文艺必须为社会主义建设服务、为工农兵服务，必须更好地反映社会主义现实斗争。

## 5月

5月29日—6月2日，中共秦皇岛市第四届委员会第二次全体（扩大）会议召开。市委委员、候补委员及有关单位党委、总支书记及部分市直机关单位主要负责人列席了会议。会议的主要任务是：传达毛泽东主席和上级党委关于"五反""四清"等全民社会主义教育问题的指示，重新讨论制定我市"五反"运动规划。会议指出，要认真坚持高标准，把"五反"运动搞深搞透；要充分认识调整布局的积极意义，认真做好收缩工作；收缩的单位、暂不开展"五反"的单位要搞好对职工的社会主义教育工作；以革命促生产，争取"五反"生产双丰收；进一步改进领导作风，做冷静的促进派。

## 6月

30日，全国第二次人口普查结束。秦皇岛市人口为260829人；抚宁县人口为357815人；卢龙县人口为295077人；昌黎县人口为403406人；青龙县人口为345107人。

## 7月

14—16日，本市召开农村工作会议，参加会议的有区、公社、生产大队、生产队各级干部300多人。会议讨论了进一步开展以干部参加集体劳动、改进劳动管理为中心的经营管理问题。

## 10月

根据中央和省委的指示，唐山地委组织了12409人的"四清"工作团，在抚宁开展全面"四清"运动。万人大军进驻抚宁6个区、27个公社、467个大队和85个县直单位，开展"四清"运动。

## 12月

中共唐山地委组织的"四清"工作四分团，进驻北戴河拨道洼和蔡各庄两个公社和海滨丁庄大队。四分团工作队员最多时达1078人，进驻时间9个月。

# 1965 年

## 1 月

25 日，市委发出《关于立即宣讲中央关于〈农村社会主义教育运动中目前提出的一些问题〉（简称〈二十三条〉）的通知》。

## 3 月

2—3 日，本市召开区、社书记、工作队长会议，研究如何学、赶遵化，实现今年农业大丰收的问题。会议提出了具体措施，号召全市广大农村迅速掀起一个群众性的比、学、赶、帮的竞赛运动。会议还提出了狠抓生产的措施及学习范德富认真蹲点、以点带面的经验。9 日，市委发出"学、赶遵化，组织农业生产新高潮"的号召。

4—6 日，秦皇岛市第五届人民代表大会第二次会议召开。会议听取并通过了《关于提案的审查情况报告》《关于政府工作报告的决议》《关于1964 年财政决算和 1965 年财政预算报告的决议》和《关于法院工作报告的决议》。

## 4 月

14 日，市委发出"关于认真组织干部、群众学好毛主席著作"的指示。

22—24 日，中共秦皇岛市第四届委员会第四次全委（扩大）会议召开。市委临时常委、市委委员、候补委员 15 人出席会议，有关部门、单位负责同志 93 人列席了会议。会议传达了中央关于加强战略工作的指示，传达了省第二届民兵代表会议精神，分析了关于形势的认识，提出了贯彻会议精神的要求，并对民兵工作进行了部署。

## 5 月

18 日，市委发出《关于动员城市知识青年和闲散劳动力下乡上山参加农业生产的指示》。市委决定，从 5 月份开始，在全市范围内广泛开展动员城市青年、闲散劳动力上山下乡。各区动员下乡人员一般在 6 月底前完成，学校动员的应届毕业生，也不应晚于 9 月底。各单位必须把工作做深、做透、做扎实，防止草率行事，下乡人员一定要坚持自愿，做到本人、家属双通，防止强迫命令。

## 7月

市人委发出"关于组织医疗队下农村开展巡回医疗"的通知，指出：为认真贯彻中央关于医务人员面向农村，为农业生产服务，为农民服务的指示，我市卫生局将市、区医院医务人员分期分批地组成下乡巡回医疗队，深入我市较远的偏僻农村，进行巡回医疗。7月份开始组织第一批，9月份以后组织第二、三批，每批下去的时间是3～6个月。主要任务是防病治病、计划生育、为生产队培养不脱产的卫生员、搞卫生宣传等。

## 8月

7日，市委组织部印发《城市四清工作团编队方案》。建立分团、大队、中队，并相应建立各级党的组织。本市第一批开展"四清"运动的单位职工共24509名，其中工交企业职工19497人，财贸职二3812人，文教职工1200人，居民7884户。

27日，中共中央副主席、全国人大常委会委员长朱德在国务院副总理李富春陪同下来到秦皇岛，视察了秦皇岛新码头和玻璃纤维厂。

## 9月

5日，日本青年代表团一行96人，在全国青联副秘书长文迟陪同下参观游览了山海关、北戴河，并同秦皇岛市的青年举行联欢活动。

# 1966年

## 1月

12日，中共秦皇岛市第四届委员会第五次全委会议召开。市委临时常委会代理副书记姚瑞生向大会作题为《1965年工作总结和1966年工作安排意见》的报告。《报告》总结了1965年的主要成绩和问题，指出，1965年主要抓了三大任务：革命、生产、战备。各个战线都有显著成绩。

1964年冬和1965年春，普遍开展了社会主义教育。工业、农业生产和其他各项工作都有新的发展。战备工作比较突出地抓了民兵建设、战略措施、战时人口疏散和兵员动员工作。各个战线围绕实现三大任务，做了许多细致的思想工作和组织工作。《报告》提出1966年工作安排的具体任务是：深入开展城乡"四清"运动，把社会主义革命进行到底；大力发展工农业生产，坚决把粮食搞上去；切实加强战备工作；在抓好革命、生产、战略工作的同时，还应加强其他方面的工作，使各项事业都有一个新的发展。

20日，市委召开常委会议，研究面上日常工作与开展"四清"运动单位的关系问题。会议原则决定，在开展运动的单位，一般面上日常工作就要停止，以减少对运动的干扰。对于时间紧、必须向开展运动的单位布置的工作和有关日常工作的文件，一律通过城市"四清"工作团党委，由城市"四清"工作团党委统一安排部署。

## 2月

21日，市委召开第七次工作会议，讨论研究市委组织部起草的市委《关于培养提拔新生力量的意见》《关于接收新党员的意见》《关于整党和加强基层党组织建设的意见》3个文件。市委强调，为了保证社会主义革命和建设新高潮的顺利发展，必须加强党的建设，使基层党组织充分发挥战斗堡垒作用。

同月，市、县各级干部认真学习中共河南省兰考县委书记焦裕禄事迹，掀起争做焦裕禄式好干部热潮。

## 3月

中共秦皇岛市委号召全市开展"学习大庆"活动，主要内容包括：深入开展增产节约和社会主义革命竞赛，大搞技术革新和技术革命，改革不合理的规章制度，实行行行都有"大庆式企业"，争取生产大翻番。全市工交战线上的广大职工干部，用大庆精神，自力更生，大搞综合利用，大搞技术革新。到1971年9月，实现了365项技术革新项目，其中制造各种设备208台，试验成功了400马力柴油机等29种产品。

## 5月

4—26日，中共中央在北京举行政治局（扩大）会议。这次会议的主要内容之一是通过了中共中央《五一六通知》。《通知》为"文化大革命"确定了一套理论、路线和方针。这次中央政治局（扩大）会议的召开，标志着"文化大革命"进入了全面发动阶段。

17日，市委召开常委会议，由市委常委、副市长姚瑞生，市委宣传部副部长陈向群传达省委召开的"文化革命"会议精神，并研究贯彻意见。为了加强领导，市委决定，成立"文化革命"领导小组，并在城市"四清工作团"下设"文化革命"办公室，负责推进全市的"文化革命"工作。

25日，市委召开常委会，研究讨论了"文化大革命"宣传提纲。

## 6月

29日，市委印发《关于发〈毛主席语录〉的通知》。《通知》中指出，毛泽东思想是我们一切工作胜利的根本保证，毛主席著作是我们各项工作的"最高指示"。

## 8月

11日，中共秦皇岛市委印发《关于认真组织学习中共中央关于"无产阶级文化大革命"的决定的通知》（即《十六条》）。

同日，市委在文化宫召开市直机关"文化大革命"动员会，会上宣布秦皇岛"文化大革命"开始。

下旬，市区各大中学校相继建立了"红卫兵"组织。据31所初中以上学校统计，共建有"红卫兵"组织45个，28202人。

## 9月

月初，部分企业成立"文化革命"委员会，包括耀华玻璃厂、秦皇岛港务局、秦皇岛车辆厂等14个单位建立了"文化革命"委员会。"文化革命"委员会成立后，开始接管单位领导班子的大部分工作。

# 1967 年

## 1 月

1 日,毛主席发出"人民解放军应积极支持左派广大群众"的指示。中国人民解放军驻秦部队响应指示精神,立即投入了"三支"(支左、支工、支农)"两军"(军管、军训)工作。

18 日,造反组织组成非法的"临时夺权委员会",强行夺了市委的党、政、财、文大权。

同月,解放军某部和海军某部派宣传队进驻市机关、厂矿,实行"三支""两军"。秦皇岛支地办公室成立。

## 3 月

以驻军为主,吸收地方干部和有关部门代表参加的秦皇岛市抓革命、促生产指挥部成立。

## 4 月

21 日,常立木、武学文、李越之等市领导干部被造反派"秦皇岛市联合批斗大会筹备委员会"强行批斗,并被诬陷为"三反分子"和"反革命修正主义分子"。

## 7 月

21 日,秦皇岛市"红代会"与"红总司"在人民剧场发生冲突,进而引起两派大规模武斗。两派双方伤亡人数众多,送进医院的共有 411 人,其中死亡 2 人,生产、财物造成很大损失,折款共约 51 万元。

23 日,秦皇岛市驻军颁发《通告》。《通告》中指出:各群众组织之间,立即停止一切武斗,严禁打、砸、抢、抄、抓的现象继续发生;对"七二一"大型武斗的策划,挑动者和参与武斗的地、富、反、坏、右分子,由国家专政机关依法处置,任何群众组织和个人都不准擅自抓人,不准私设公堂和变相私设公堂;任何群众组织和个人都不准对任何团体和个人,进行搜查和抄家。

## 9 月

山海关桥梁厂 1961 年 4 月接受的南京长江大桥钢梁制造任务全部完工，平均生产工时为 47.81 吨，创最好单产水平。

# 1968 年

## 1 月

6—16 日，中共秦皇岛市驻军支地领导小组召开秦皇岛市革命委员会筹备会议。会上，对建立革命委员会委员、常委人选进行了协商，共推选出委员 59 人，组成秦皇岛市革命委员会，常委 15 人组成常委会，并报唐秦警备区批准。

19 日，秦皇岛市革委会发出《第一号公告》，对全市工作进行了部署和安排。秦皇岛市革委会的成立，在一定程度上结束了"文化大革命"前期的大动乱局面，填补了地方权力真空，承担起组织工农业生产和管理社会生活的责任，各项工作有所恢复和开展。

## 2 月

6 日，市革委会印发《关于抓革命、促生产，夺取工农业生产更大胜利的决定》。

## 8 月

秦皇岛地区组建"工宣队""贫宣队""军宣队"进驻各学校负责学校的管理工作。此后，全市各中小学校按照"学制要缩短，教育要革命"的要求，改变了学校原有的管理方式、学习内容和学习秩序。

## 9 月

21 日，秦皇岛召开万人大会，欢送 761 名知识青年下乡，接受贫下中农再教育。

## 10月

秦皇岛市第一批51个单位进行整党建党工作。

## 12月

6日,本市成立"秦皇岛市五·七干校"及其革命委员会。校革委下设办公室、政工组、生产组。全校共698人,按军事建制编为连、排等。

同年,开展大规模水利建设。由此,卢龙县拉开了为期十几年的全县大搞水利建设的序幕。从1968年到1976年,全县每年都有31000多人奋战在水利建设战线上,形成了专业队和群众运动相结合,农忙小搞、农闲大干、长年不断的水利建设工作格局。这一时期,全县共修建小水库60座,建成塘坝216处,动用土石1100多万立方米,总蓄水能力达到3700多万立方米。同时,修建扬水站23处,扬水点390处,水电站4处,打机井、大口井4100多眼。这些工程的兴建,使全县水浇面积比1966年增长了8倍之多。

# 1969年

## 1月

20日,为响应毛泽东主席发出的"知识青年到农村去,接受贫下中农再教育"号召,市委决定在全市迅速掀起上山下乡热潮。上山下乡的主要对象是1966—1968年的毕业生、社会青年和城市居民,要求3月底前基本完成任务,上山下乡的去向是抚宁、昌黎和山海关农村。

## 3月

合作医疗制度在本市农村普遍推广,农村大队建卫生室,并配备半农半医的赤脚医生。

## 6月

市革委会印发《关于我市工业企业战备搬迁的规划意见》。《意见》指出,秦皇岛市位于华北与东北铁路交通要道,又有重要港口,自古即是兵家必争之地,具有极其重要的战略地位。从立足于打仗、有利于平战结合和支援农业出发,结合本市的具体情况,对全市主要工业企业和战勤物资的搬迁和储藏工作,进行了研究分析,并提出初步规划意见。

### 7月

21日,为落实毛泽东主席"加强团结,准备打仗"的指示,加强对战备工作的领导,秦皇岛市革委会决定成立战备工作领导小组。战备工作领导小组的主要职能是落实"备战备荒为人民"的战略,负责全市战备工作和城市人民防空工作,研究部署战备任务,督促检查战备工作情况,战时负责组织、指挥、战勤等工作。

### 8月

8月4日—9月10日,本市革委会机关进行了整党建党工作。市革委会机关有党员161人,其中已参加过整党的17人,应参加整党的144人,实际参加整党的125人。按照部署,这次整党大体分四步进行。第一步,整党建党动员,学习文件,开展革命大批判;第二步,充分发扬民主,认真整顿市革委会和各部、室、工委领导核心;第三步,党员"斗私、批修",自我革命;第四步,组织建设,整改,总结提高。

### 11月

青龙水胡同水库动工兴建。1975年建成蓄水,控制流域面积100多平方千米,总库容4042万立方米,并建成水电站。

## 1970年

### 1月

1日,市革委会印发《关于我市三线建设的初步规划及目前行动情况的汇报》。《汇报》指出:根据毛主席关于"提高警惕,保卫祖国"的指示,市革委会初步研究确定抚宁县石门寨区车厂沟、花厂峪沟、秋子峪沟和驻操营区的平顶峪沟作为本市三线建设的基地。第一批搬出21个单位，共有职工2200多名，三线建设需要投资760万元。为加强此项工作领导，成立市"三线建设领导小组"。

## 5月

8日，市革委会印发《关于切实搞好打击"反革命"破坏活动的意见》。《意见》提出，打击"反革命"破坏活动的具体措施是：一、整顿班子，加强领导，狠反右倾；二、放手发动群众，继续抓重点，认真贯彻执行党的政策；三、提高革命警惕，加强安全保卫。

## 8月

4日，周恩来总理在北戴河接见秦皇岛军政负责同志，在听取了关于政治、经济和文化建设情况汇报后，对秦皇岛市的发展作出重要指示。周恩来总理指出，要把农业放到发展国民经济的首要位置，按照农业、轻工业、重工业的次序安排经济计划，搞计划一定要把农业这个基础统起来。他强调，要做好工业支援农业工作。秦皇岛市各级各部门要更好地面向农村，支援农业，努力发展农业产品，切实搞好节约利废、综合利用，同周边地区搞好协作，夺取工农业生产的全面胜利。

9日，秦皇岛市革委会核心组和支地办党委举行联席会议，认真学习了周总理对秦皇岛的指示，并研究了贯彻执行措施。同日，市革委会印发《关于认真学习贯彻执行周总理指示的意见》。《意见》指出：一、立即向广大干部、职工传达周总理的指示精神，把支援农业的工作搞好；二、大力发展造船业，高质量、高速度地发展玻璃纤维和工业技术玻璃，为工农业提供更多的新型材料和设备，同时要把钢铁搞上去；三、发动群众大搞节约利废，综合利用。

15日，市革委会制定《秦皇岛市第四个五年国民经济计划的初步设想（草案）》。我市第四个五年国民经济计划总的目标是：一、工业企业：全市共103个，1970年工业总产值可达3亿元，到1975年争取达到10亿元。二、大力发展农业。粮食1971年保证1亿斤，到1975年保证1.2亿斤。三、大力发展港口运输、造船、水产捕捞养殖事业。1971年改装油码头吞吐能力可达1300万吨，到1975年计划达到3000万吨；水产捕捞计划达到6万吨。四、从战备出发，加强矿区建设，建立巩固的后方基地。五、搞好财贸工作。六、改善人民生活，相应地发展文教事业。

同月，耀华玻璃厂派出技术人员赴阿尔巴尼亚援建卡瓦亚玻璃厂。

## 10月

30日，市革委会核心组印发《关于筹建新市委的工作安排意见》。《意见》指出：一、筹建新市委要把党的思想建设摆在首位；二、要求将70%～80%的基层党组织建立起来；三、要切实搞好市革委会领导班子的整风；四、要认真做好选举党员代表和协商新市委候选人预备名单的工作；五、要切实加强对筹建新市委的领导工作。

# 1971年

## 1月

22日，市革委会印发《1970年活学活用毛泽东思想群众运动总结》。《总结》指出：1970年全市共举办各类毛泽东思想学习班7237期，参加362984人（次）；各种报告会786次，出席84356人（次）；涌现出"活学活用毛泽东思想积极分子"1010人，出席唐山地区代表83人，出席省代表10人。

## 2月

1—3日，中国共产党秦皇岛市委员会第五次代表大会召开。会议听取和通过了市革委会核心组的工作报告，并根据九大党章规定，选出35名市委委员、8名候补委员，组成了秦皇岛市第五届委员会。会议作出了《关于继续深入开展活学活用毛泽东思想运动的决议》《关于进一步开展"工业学大庆""农业学大寨"群众运动的决议》。

## 4月

1日，市委印发《关于继续深入开展"一打三反"和增产节约运动的安排意见（草案）》。《意见》指出：运动分四个阶段进行，突出抓好经济领域里的斗争。第一阶段，做好思想准备工作；第二阶段，发动群众；第三阶段，做好落实定案工作；第四阶段，改革不合理的规章制度。

7—27日，市委召开由县团级以上干部参加的"批陈整风"会议。会议强调重点是批陈，其次才是整风。共分两个阶段进行：第一阶段批陈伯达，肃清流毒和影响；第二阶段市委进行整风。

## 5月

10日，市革委会生产指挥部提出《关于财政体制改革的试行意见（讨论稿）》。《意见》指出：根据省、地财政体制改革意见，经1971年全市财政银行会议讨论，决定在本市财政管理体制上，从1971年起，采取对各区实行"定收定支，收支挂钩，超收分成，结余留用"的办法，以达到在党委的一元化领导下，实行党委当家，依靠群众理财的目的。

## 7月

23日，新西兰作家路易·艾黎到青龙参观考察山区小型水力发电站建设。

## 10月

14—16日，中共秦皇岛市委召开紧急会议。参加会议的有市直机关负责干部250多人。会议传达了中央关于"9·13"事件的5个通知文件。通过传达讨论，与会人员表示坚决拥护党中央所采取的决策，全市开展批林整风运动。

## 11月

11月25日—12月4日，市委召开农业学大寨加速实现农业机械化会议。会议讨论和制定了本市《关于农业学大寨，加速实现农业机械化的决议（草案）》和《关于加速实现农业机械化1971—1980年初步规划（草案）》。

## 12月

15日，市革委会批转外事组《关于进一步改进"天下第一关"的对外宣传和增加对外开放单位的请示报告》。《报告》提出：对"天下第一关"的对外宣传、简介要重新改写。决定山海关桥梁厂、山海关食品厂等10家单位对外开放。

同年，山海关铁路机务段成为全国第一个使用内燃机车的机务段。

同年，秦皇岛市在开展工业学大庆运动中，先后召开了5次动员大会，举办了学习班，召开了经验交流会，组织联合检查，推动了工业学大庆运动的开展。

# 1972年

## 1月

11—16日，中共秦皇岛市第五届委员会第五次全委（扩大）会议召开。会议传达学习了中央文件和中央两报一刊元旦社论，讨论并通过了市委《关于1971年工作总结和1972年工作任务的报告》。《报告》指出，1971年是新市委诞生的第一年，在全市开展了看书学习、反骄破满、"批修整风"和"一打三反"活动，推动了工业、农业和各项事业的发展。关于1972年工作，《报告》强调要继续深入开展思想和政治路线方面的教育，要继续深入开展学习马列主义、毛泽东思想的群众运动，要把各条战线的"斗、批、改"深入下去。与会同志就增选3名市委副书记、1名常委、1名委员问题进行了充分酝酿，取得一致意见。

## 2月

4日，市革委会针对在山海关长城和古城城体当中构筑地下防空工事一事，向中共河北省委、中共唐山地委作出检查报告，并决定对已挖和正在挖的要加快恢复，维护好长城文物古迹。

12日，市革委会发出《关于广泛宣传修建石河水库的通知》。《通知》指出，石河水库工程将于1972年2月动工兴建。号召全市各行各业和全市人民，积极支援水库建设。

## 3月

24日，市革委会决定建立秦皇岛市"五七"干校。校址确定在原山海关农场，学制原则上定为1年，主要任务是分期分批轮训在职干部。

同月，秦皇岛北山电厂工程，只用8个月零12天的时间，就建成了第一台机组，并正式投产发电，工程质量达到设计要求，为国家节约投资113万多元。

同月，秦皇岛市委抽调13名干部组成工作组，在国务院口岸检查组和河北省委、唐山地委工作组的具体帮助下，从3月初开始先后召开三次港口各部门负责人会议，原原本本传达了国务院的要求，并深入23个单位了解情况，还分别召开了若干专题座谈会，对几个主要问题反复研究讨论，并同国务院、省、地工作组交换了意见，在此基础上形成了中共秦皇岛市委《关于贯彻国务院十九号文件的情况和改进港口工作意见的报告》。报告在肯定港口工作的基础上，分析了当时存在的主要问题，并提出了具体解决建议。

## 5月

23日，市革委会发出《关于建设地上厂房、商店、娱乐场所的同时，要修筑地下防空隐蔽工事的通知》。《通知》要求：一、在群众集中的地方搞地上建筑的同时，都要修筑地下隐蔽工事；二、要本着平战结合的原则，用款用料列入基本建设计划内；三、城建在城市规划时，要地上、地下建设同时考虑。

## 8月

4日，市委批转市革委会政治部《关于我市工宣队当前情况和今后意见的报告》。本市毛泽东思想宣传队共有349人进驻学校、医院等55个单位，在整党建党等方面作出了一定贡献。为了适应革命和生产形势发展的需要，各级党组织要进一步提高对工宣队工作的认识，尊重和支持工宣队的选派工作，关心工宣队的思想和生活，切实加强对工宣队的领导。

8月20日—9月5日，市委召开批林整风工作会议。主要内容是：在政策上肃林彪一伙乱党乱军；在路线和政权关系上肃"唯权力论"；在思想作风上肃"领导高明论"；在党的一元化领导上肃"山头主义"。在整风方法上，主要搞自知之明，强调自我教育。

## 11月

2日，市委印发《关于今冬明春深入开展批林整风的安排意见》。《意见》要求：一、各级党委必须进一步提高对"批林整风"重要意义的认识；二、要认真总结经验，实行分类指导；三、要把"批林整风"同认真看书学习，紧密结合起来；四、必须紧密联系实际；五、必须搞好各级党组织的整风；六、要把"斗、批、改"同"批林整风"紧密结合起来。

13日，市委印发《关于选拔和培养新生力量工作的意见》。《意见》指出：从"文革"以来，全市共选拔和培养了相当公社革委会副主任以上的新生力量共108人，充实到了各级领导班子，基本上体现了老、中、青三结合。为进一步做好此项工作，市委要求在各级领导班子当中，配备2～3名40岁以下、35岁为主体的新生力量。

# 1973年

## 1月

10—28日，市委召开常委扩大会议，由市委书记王嘉祥传达省委清理工作会议精神，并作动员报告。此次会议主要是搞好清理工作，通过开展动员，深入揭发，广泛摆现象、找线索，积极揭发检举，针对揭发事实，进一步开展大批判。

## 2月

25日，秦皇岛市1972年城市各条战线先进集体、先进生产（工作）者代表会议召开。大庆"铁人"王进喜生前战友朱洪昌在会上作了《大庆会战经验》的报告。大会命名了16个先进单位、201个先进集体、715名先进生产（工作）者。

同月，在中央政治局会议听取国民经济汇报时，周恩来总理指出：交通是先行，是基础工业，必须采取非常措施，很快把它搞上去，并提出"三年改变港口面貌"的要求。

## 3月

2日，市委主持召开秦皇岛港务局中层干部和部分职工大会，宣布了局领导班子名单。此后，在充实后的领导班子带领下，重点部署落实了国务院关于改进港口工作指示精神的工作。在认真学习研讨的基础上，总结经验教训，找差距，定措施，狠抓落实，推动各项工作开展。

## 春季

青龙县建立山区建设指挥部，全县掀起大规模农田基本建设高潮。当年全县80%劳动力投入农田基本建设，新修梯田16.8万亩，平整土地11万亩，新修耕地11930亩，扩大水浇地12.8万亩。

## 4月

6日，市委印发《关于贯彻落实中共河北省委关于推广何横城大队"农业学大寨"经验的决定的意见》。根据省委指示，市委决定我市进一步开展"农业学大寨"的群众运动，奋战3年，把我市郊区建成"大寨式"郊区。

同月，经河北省委研究决定，成立河北省秦皇岛港建设领导小组，设立秦皇岛港口建设指挥部，在河北省秦皇岛港口建设领导小组和秦皇岛市委的领导下，具体实施国务院对港口建设的要求。

## 6月

6月30日—7月6日，中共秦皇岛市第五届委员会第八次全委（扩大）会议召开。市委委员、候补委员34人出席会议；有关部门、单位负责同志94人列席了会议。会议主要任务是传达贯彻省委二届五次全委（扩大）会议精神，总结全市上半年"批林整风"和工农业生产情况，研究部署当前工作任务。在部署当前工作方面，会议强调了九个方面问题，即全市的形势、联系实际"批林整风"、农业大上、完成工业生产计划、做好上山下乡知识青年工作、选拔培养新生力量、计划生育、党的一元化领导等方面的问题，并作出安排。

## 7月

18日，本市首批251名毕业生奔赴农村插队落户，市委、市革委在市体育场举行了隆重的欢送大会。据统计，此后年内全市共有2000多名知识青年上山下乡。

## 8月

10日，朱德委员长和夫人康克清到秦皇岛港8号码头和4003厂视察，详细询问了生产、建设情况，并作了重要指示。

# 1974年

## 1月

4—7日，市委召开组织工作会议，总结交流加强党的一元化领导，培养提拔新生力量和加强对党员、干部的政治思想教育的经验，研究讨论工作中的一些问题和加强党的组织工作措施。市委印发了《关于搞好基层党组织整顿工作的意见》，要求对党组织进行一次整顿，加强对基层党组织整顿工作的领导。

## 2月

11日，中共秦皇岛市委召开"批林批孔"大会。各条战线10000多人参加了大会。大会要求联系实际批"右倾回潮"。致使刚刚走向好转的形势又恶化起来，整个社会秩序、工作秩序及生产秩序又一次遭到破坏。

## 4月

15日，市委发出《关于学习中共中央〔1974〕12号文件的通知》。《通知》指出，中央12号文件，阐述了"批林批孔"的伟大意义以及运动重点、方针、政策和方法，要求各级党委认真学习传达中央的 12 号文件。

**9 月**

17 日，市委作出《关于学习和推广山海关综合糕点门市部和王桂芝同志先进经验的决定》，要求在全市财贸系统搞一个学习王桂芝的高潮，提高服务质量。

**10 月**

31 日，市委召开五届十四次全委（扩大）会议，传达学习毛泽东关于"以安定为好，全党全军要团结"的重要指示，指出紧密结合秦皇岛实际，抓革命、促生产，以实际行动迎接全国四届人大的召开。这次会议，对于缓和各种矛盾，抑制混乱局面起到了一定作用。

**11 月**

11—17 日，市总工会组成"学大庆、赶开滦"先进经验报告小分队，到各区、局、厂矿介绍先进经验。

**12 月**

27 日，新华社报道，中国第一条"地下大动脉"——大庆至秦皇岛输油管道投产输油，管道全长 1152 千米。

# 1975 年

**1 月**

9 日，市委印发《关于发展厂矿、企业办学的决定》。根据本市城市发展趋势以及中央、省、地对教育事业发展的要求，市委决定认真贯彻"两条腿走路的方针"，除教育部门办学外，大力发展厂矿、企业办学，要求在今后的 4 年内，厂矿、企业所办的学校，在校生人数要占全市在校生总数的 50%。

20 日，为落实中共河北省委"打好钢铁、煤炭、化肥、拖拉机 4 个硬仗"的指示精神，秦皇岛市委决定从农村抽调部分人员充实工业生产。当年，工业部门全民所有制企业基本建设投资完成5576万元，是秦皇岛市新中国成立26年间投资额最多的一年。

## 3月

3—7日，市委召开技术革新、技术改造经验交流会。会上学习了毛主席关于理论问题的指示，传达了李先念、谷牧、华国锋、余秋里在全国"双革"会上的讲话。会议期间山海关铁路机务段、航务五处四队等4个单位介绍了开展技术革新和技术改造的经验。会议要求对照先进典型，找出本单位的差距，讨论修订了本系统、本单位的"双革"规划，制定了实现规划的具体措施。

## 6月

27—30日，中共秦皇岛市第五届委员会第十六次全委（扩大）会议召开。市委委员、候补委员，有关部门、单位、企业负责同志376人参加了会议。会议学习了中央文件，学习了省委工作会议上的讲话。根据中央13号文件（《毛主席关于理论、安定团结和把国民经济搞上去的指示》）提出的"七个是不是"，分析了形势，初步对照剖析了本单位领导班子存在的问题，自觉地找差距，研究讨论了贯彻落实的措施。市委第一书记刘琦在会上作了《关于学习中央13号文件的体会》发言。与会同志经过学习和讨论，进一步加深了对中央批示的理解。会议要求，领导干部要用革命战争时期的干劲，学好马克思主义；要进一步提高对中央13号文件重要性的认识，掀起大学习、大宣传、大贯彻、大落实的高潮；要进一步加强领导班子的思想建设和组织建设；要抓革命、促生产，实现国民经济的新发展。会议期间，举行了全委会，增补了市委委员11名，由市委候补委员转为市委委员3名，候补委员9名。

## 7月

1日，市委、市革委在人民公园召开群众大会，欢送2300名知识青年上山下乡。会后，这批知识青年分赴昌黎、卢龙、抚宁3县农村插队落户。

## 9月

15日,市革委会在《关于区街工业、农村副业发展情况调查报告》中指出:"截至目前,全市共有区街工业245个,职工人数达11917人。此外,22所中学办起校办小工厂。区街工业总产值年计划为4250万元,占全市工业总产值的10%。"

## 11月

15日,市委召开常委(扩大)会议。海港区、山海关区、北戴河区和市农办汇报"农业学大寨"、农田水利基本建设情况,研究部署工作。

# 1976年

## 1月

18日,市委作出《关于北戴河、海港、山海关三个区委整风情况的报告》。秦皇岛市所属3个区委从1975年12月11日陆续开始整风,到1976年1月13日基本结束。通过整风,查找了"农业学大寨"的根本障碍,统一了学大寨的步伐,制定了"农业学大寨"的规划和措施。

## 4月

8日,市委、市革委联合召开全市党、政、军、民8万多人的大会,宣讲中共中央的两个《决议》,即《中共中央关于华国锋同志任中共中央第一副主席、国务院总理的决议》《中共中央关于撤销邓小平党内外一切职务的决议》,在全市掀起"批邓"逆流。

## 7月

19—24日,市革委会召开第二次全委(扩大)会议。会上学习了毛主席关于反击"右倾翻案风"的指示和关于社会主义教育的批示,错误地批判了邓小平的所谓"反革命修正主义路线"。

28日,唐山大地震发生,市委决定组成防震指挥部,对防灾救灾、支援灾区实行统一指挥。市委强调全市人民要以自力更生、艰苦奋斗的精神，努力搞好本市防震抗震工作，同时，全力以赴支持唐山灾区。组成第一批医疗队，由市委常委带队，冒雨赶赴灾情严重的古冶和滦县。

同日，青龙县由于及时采取临震预防措施，广大群众提前有了思想准备，临危不乱，处变不惊，全县43万人中，无一人在地震之中直接死亡。成为临震预防的一个典范，后被称为"青龙奇迹"。

30日，市委召开驻秦部队和县级单位防震抗震工作会议，部署抗震救灾工作。会议指出：为了更好地担负起支持重灾区和我市防震抗灾工作，必须进一步加强各级党委对防震抗灾工作的领导，充分发动群众，做好精神和物资各方面的准备，各系统、各单位抽调的援助外地的队伍，一定要做好思想工作和各项具体的组织工作，加强内部的组织和指挥，帮助灾区抢险，一定要注意安全。秦皇岛市组成14个慰问团，分赴唐山、丰南等9个市县慰问受灾群众。

## 8月

1日，市委发出通知，要求进一步加强防震指挥体系建设。通知指出，为了夺取抗震救灾的彻底胜利，必须认真充实各级防震抗震指挥系统，建立健全指挥机构。市指挥部由市委常委、市革委会副主任组成，指挥部下设办公室、后勤供应组、医疗抢救组、安全保卫组、交通指挥组、宣传组，分别由各主要委办局组成，各负其责。各防震抗震指挥系统要在搞好广大群众防震的同时，做好自身的防震工作。

23日，市抗震救灾指挥部统计，因地震灾害，全市死亡38人，重伤80人，轻伤779人。全市有305.8万平方米的建筑面积遭到不同程度的破坏，损失价值320万元。各种产品、商品及原材料、生产设备损失价值62.8万元。

## 9月

9日，中国人民的伟大领袖毛泽东逝世。9月11—17日，全市各机关、工厂、学校设置灵堂，沉痛悼念伟大领袖和导师毛主席。全市工人、农民、干部、学生、解放军指战员、爱国人士和各界群众有282000多人到市设灵堂和所在单位灵堂举行吊唁和宣誓。

## 10月

7日，市革委召开电子工业会议，总结本市电子工业情况，交流经验，研究规划。会议要求把本市电子工业积极搞起来，为加快本市国民经济的发展作出新的贡献。

9日，以华国锋、叶剑英为代表的党中央政治局，采取果断措施，一举粉碎"江青反革命集团"，对江青、张春桥、王洪文、姚文元实行隔离审查。

23日，秦皇岛市10万军民隆重集会，热烈庆祝粉碎"四人帮"的伟大胜利。

## 12月

29日，市革委会在市第一建筑公司召开"七二一"工人大学现场会，学习推广他们的办学经验，要求进一步把"七二一"工人大学办得更好。

同年，秦皇岛全市共有机械、建材、轻工、冶金、煤炭、电子等264个工矿企业，能生产441种产品。1976年全市工业总产值相当于解放初期的32.8倍。农业生产发展很快，1976年粮食亩产达558斤，比解放初期提高产量4.2倍。

# 1977年

## 1月

28日，市委召开广播大会。大会共设了22个分会场，全市共5万人参加了会议。市委领导传达了中共中央关于召开全国"工业学大庆"会议的通知和市委关于传达贯彻中央通知的安排意见。市委号召全市人民把"农业学大寨""工业学大庆"的群众运动不断推向深入，开展城乡社会劳动竞赛，为建成"大寨式郊区"、普及"大庆式企业"而奋斗。

## 2月

2月25日—3月4日，秦皇岛市"工业学大庆""农业学大寨"先进单位和模范人物代表会议召开，1300多人参加了会议。会议传达了全国、全省有关会议精神，总结交流了本市一年来"工业学大庆""农业学大寨"的经验，表彰了先进单位和模范人物，讨论制定了规划目标及具体措施。

## 5月

23日，秦皇岛市委召开纪念延安文艺座谈会上的讲话发表35周年，确定了全市文艺工作的思路和任务。同年6月12日，市委召开文艺创作座谈会，制定了《1977—1980年文艺创作规划》，文艺工作发展纳入制度化轨道。会议强调，要以毛主席文艺思想为指针，深入开展文艺革命，努力端正为工农兵服务的方向。同年9月，市委五届十八次全委（扩大）会议提出，全市文艺工作要全面贯彻"双百方针"，重点抓好群众性的文艺工作，按照推陈出新的要求，以更多的人民群众喜闻乐见的新作品，活跃文艺生活，促进群众精神面貌的变化。

## 7月

9—11日，中共秦皇岛市第五届委员会第十七次全委（扩大）会议召开。市委委员、候补委员和有关部门、单位负责同志出席了会议。会议传达了省委二届第十一次全委（扩大）会议精神和省委《关于贯彻落实全国工业学大庆会议精神，加速普及大庆式企业的决议（草案）》以及省委领导的讲话。会议要求，认真落实"抓纲治国"的战略决策，认清大好形势，抓住有利时机，大振革命精神，大鼓革命干劲，加快我市工业学大庆、农业学大寨的步伐，全面实现国民经济新发展，实现一年见成效，为三年大见成效打下一个坚实的基础。

## 8月

21日，秦皇岛8万军民隆重集会，热烈庆祝党的十一大胜利召开。大会提出，要更加紧密团结在党中央周围，高举毛泽东思想伟大旗帜，认真落实中央部署的战略决策，掀起工业学大庆、农业学大寨群众运动的新高潮，抓革命、促生产、促工作、促战备，为完成党的十一大提出的各项任务，为我国现代化建设作出更大贡献。

## 9月

30日，秦皇岛市委、市革委成立农田基本建设指挥部，下设综合、宣传、工程、后勤4个组和东、中、西3个战区。

## 10月

7日，召开秦皇岛市农田水利基本建设城乡动员大会，参加大会的有10000多人。市委要求在全市迅速掀起一个大规模的农田水利基本建设高潮。

30日，秦皇岛苦战、决战60天，"两超一提前"动员誓师大会召开。有1800多人参加了大会。会议由市委书记李毅作了动员报告，工交、财贸、文教等各口负责人分别向大会表决心。（注："两超一提前"，即赶超本企业历史最好水平，赶超全国同行业最好水平，提前全面完成国家计划。）

同月，市委召开落实知识分子政策会议。分析了全市知识分子队伍的现状，要求各级各部门抓紧落实有关政策，并提出了具体要求，一是抓紧把有真才实学的专业人才调回科研单位，在政治上、工作上、生活上创造必要的条件；二是要大胆使用科研人员，对存在争议的问题的，要及时查清问题，果断解放，大胆使用；三是对有突出贡献的科技人员，要及时提供各种支持，加快成果转化。

## 11月

16日，市招生工作会议召开，并于28日成立秦皇岛市招生委员会，进行高考恢复工作。

## 12月

20日，山海关船厂建成。"大庆65号"油轮首次进坞修理。

同年，秦皇岛党政机关派出由312人组成的65个学大庆工作队，深入企业协调和帮助工作；组成了4个学大庆服务队，利用一个多月时间，走访了105个厂矿或单位，就地解决了120多个具体难题。全市各单位抽出了三分之一以上干部，下到基层、车间或施工现场，参加生产劳动。工业战线广泛开展了社会主义劳动竞赛，企业与企业、行业与行业、单位与单位、车间与车间、班组与班组、个人与个人之间，比、学、赶、帮、超活动蔚然成风。各厂矿狠抓技术革新、技术革命和企业的挖潜、改造，开展了高产、优质、低消耗、多积累的大会战，并大上具备生产能力的新产品。

# 1978年

## 2月

20—22日，市委召开理论工作会议，主要是落实党中央关于理论工作的一系列指示和中央关于办好各级党校的决定，贯彻省委1月召开的全省理论会议精神，回顾和总结在党的十一次路线斗争中本市理论工作的主要教训和经验，揭批"四人帮"干扰、破坏理论工作的谬论和罪行，分清理论工作的路线是非，研究如何加强本市理论工作的意见。

## 3月

18—31日，全国科学技术大会在北京召开。秦皇岛市一批科研成果在大会上获奖。获奖项目是：山海关桥梁厂制造的南京长江大桥钢梁、金沙江大桥钢梁，耀华玻璃厂试验成功的同骨无槽引上生产平板玻璃新工艺，秦皇岛市玻璃纤维厂研制的代铂坩埚，昌黎果研所培育的苹果新品种、板栗增产技术和核桃嫁接技术。在全国科学技术大会精神鼓舞下，秦皇岛市在广泛征求意见的基础上，结合新的形势和任务，补充修订了《1978—1985年科技发展规划纲要（草稿）》，为秦皇岛科技发展绘制了蓝图。《纲要》指出，今后三五年内，全市科学技术工作的重点是开展应用科学的研究，抓好新技术的应用。

19日，秦皇岛市召开外事、侨务工作会议。会议指出，对归侨和侨眷要按照"一视同仁，不得歧视，根据特点，适当照顾"的精神，作为巩固和发展爱国统一战线的一项重要内容，落实好各项侨务政策，着力抓好四项工作。第一，尽快彻底消除由于所谓"海外关系"在归侨、侨眷中所造成的严重后果。对因"海外关系"问题而被审查处理的人，及早进行复查，按照党的政策，作出正确的结论，妥善处理。人事、组织等有关部门要负责抓好这项工作的落实。第二，做好侨汇工作。侨汇是归侨、侨眷的合法收入，接受合法侨汇是侨属的合法权利。第三，出入境审批工作要做到及时准确。第四，要保护归侨、侨眷的通信自由。会后，有针对性地解决了侨务工作中的一些突出问题。对其中受到错误处理的156件问题彻底平反，恢复了相关人员的名誉。

23日，市委召开整党整风、企业整顿会议，对本市整党整风、企业整顿工作，作了全面安排部署。

## 春季

昌黎县施各庄公社巢庄大队试行田间定额管理生产责任制。决定由三个生产队分别把地块分给社会进行"小包工"，即包工不包产，按劳动数量与质量计算工分报酬。同年，大队粮食亩产达到317斤，劳动力日值由往年一二角上升到四角多，人均口粮400多斤。

## 5月

11日，《光明日报》发表题为《实践是检验真理的唯一标准》的特约评论员文章，明确提出，社会实践不仅是检验真理的标准，而且是唯一标准。这篇文章从理论上否定了"两个凡是"，因而受到社会的广泛关注，一场全国范围内的真理标准问题大讨论及思想解放运动由此引发。

## 6月

7日，市委关于清查工作向地委、省委作了报告。我市从去年3月份开始进行清查同"四人帮"篡党夺权阴谋活动有牵连的人和事。经过一年多的工作，现在已经基本结束。我们共清查了81个人的问题，其中党员12名，干部26名，共涉及24个相当县级的单位。

## 7月

邓小平在全国科学技术大会上提出"知识分子已经是工人阶级自己的一部分"之后，认真贯彻执行了"政治上一视同仁，工作上放手使用，生活上关心照顾"和"尊重知识，尊重人才"的方针，在狠抓平反冤假错案，落实知识分子政策，调整用非所学，解决使用不当和入党难的同时，帮助解决夫妻长期分居、家属"农转非"、住房以及子女就业难的问题，努力帮助知识分子充分发挥作用，为他们施展才华创造一个比较好的工作环境和生活条件。

同月，秦皇岛召开学习贯彻"工业三十条"企业整顿工作会议。会议专门推广工交企业提高质量、增产增收、扭亏增盈的经验。市委要求各企业牢固树立质量第一的思想，修订好质量升级、创优规划，力争年内有33种产品质量达到国内先进水平，有47种产品达到名牌或优质水平。

## 10月

市委召开两次常委扩大会议，讨论实践是检验真理的唯一标准问题。会议认为，在全国开展的真理标准大讨论，是关系到能不能真正高举毛泽东思想伟大旗帜，早日把我国建设成社会主义强国的原则问题。坚持实践是检验真理的唯一标准，就是要坚持和发扬党的实事求是、从实际出发、理论联系实际的传统和作用。会后不久，结合秦皇岛实际和真理标准讨论的初步结果，市委提出了进一步贯彻落实意见。主要内容是：一是恢复和发扬党的优良传统和作风，善于学习吸收国内外的先进经验；二是从客观规律出发，搞好综合平衡；三是牢固树立以农业为基础的思想，坚决把农业搞上去；四是认真搞好企业整顿，提高工业发展效益；五是努力做好财贸工作，为生产和人民服务。这些政策性的措施的提出，为秦皇岛的国民经济恢复和发展提供了保证。

## 11月

4日，市委转发市委落实政策办公室《关于落实政策工作中的几项政策问题的暂行意见》。《意见》指出：一、要重点解决好"文革"中受审查处理人员的政策不落实的问题。二、对"文革"运动中冤、假、错案，特别是属于因为反对林彪和江青反革命集团而被捕、判刑和关押的要立即平反昭雪。三、凡是"文革"中处理的案件要普遍复查；对"四清"运动中受到处理的案件，本人有申诉的，要查明情况，实事求是地加以解决。

同日，市委印发《关于因天安门革命活动受审查迫害的同志平反的决定》。《决定》指出，凡是在这次革命行动中受到审查和迫害的同志全部平反，恢复名誉；对因此受到批评、指责被迫做检查的，要予以纠正；对收缴的他们为悼念周总理而抄写的诗词、悼文，拍摄的照片和录制的录像带，一律退还本人。这些同志的行动完全是革命行动，属于同"四人帮"作斗争的革命精神，他们的革命精神应予大力表彰，要求全市人民认真学习。

29日，市委召开县团级单位一把手和落实政策办公室的负责人会议。研究部署本市揭批林彪和"四人帮"，落实党的政策，处理打、砸、抢等几项工作。

## 12月

4日，市委召开全市县团级干部大会。会上传达了3份重要文件，即邓小平副主席的谈话和中央政治局常委指示。强调安定团结、稳定形势，一心一意搞四化。

18—22日，具有伟大历史意义的党的十一届三中全会在北京召开。会议确立了解放思想、实事求是的思想路线，作出了停止"以阶级斗争为纲"把党和国家的工作中心转移到经济建设上来的历史性决策。

# 改革开放和现代化建设新时期

## 1979 年

### 1 月

3 日，市委召开县团级单位负责人会议。会上传达了十一届三中全会的主要精神，部署了进一步学好党的十一届三中全会公报，要求通过学习要从思想上把党的工作重点转移到社会主义现代化建设上来。此后，围绕落实党中央工作重心转移的重大决策，市委强调：一、把党的工作重心转移到以经济建设为中心上来，是一场伟大的、深刻的历史变革，从党内到党外，从干部到群众，必须来一个大动员，用党的十一届三中全会精神统一思想、指导行动。二、在抓好思想发动的同时，各级、各单位必须针对自身特点，调整工作思路，真正做到突出中心、服务大局需要，从上到下都要把注意力从搞政治运动转变到搞经济建设上来。三、要进一步落实党的政策，健全党内外的民主生活，巩固和发展安定团结的政治局面。四、要认真贯彻在前进中调整，在调整中前进的方针，缩短基本建设战线，调整比例关系。五、要挖掘潜力，进一步搞好技术革新和技术革命，深入开展增产节约运动，保证国家计划的完成。六、要大力发展工农业生产，坚持把增加经济总量摆在各项具体工作的首位。七、要继续加强各级党组织和领导班子建设，努力提高按客观规律办事的组织领导能力。

同月，全市贯彻落实《中共中央关于加快农业发展的若干问题的决议（草案）》，开始在农村实行各种形式的农业生产责任制。

### 3 月

12 日，市革委会印发《关于下乡知识青年抽调回城和安置工作的暂行规定》。《规定》指出，根据上级精神，市委决定不再动员中学毕业生上山下乡，并本着"广开门路，发展生产""国家关心负责到底"的精神，计划在近几年内将在乡知识青年抽调回城安置工作。

**4月**

9—11日，市委召开公社党委书记以上领导干部会议，有关部门、单位负责干部580余人参加了会议。会议传达了《河北省会议纪要》《中央领导在河北汇报会议结束时的讲话》，并部署了当前应该抓好的几项工作：一是要认真贯彻"纪要"精神，进一步发展大好形势；二是继续抓好落实党的政策、团结起来向前看；三是坚持四项基本原则，集中力量搞四化；四是切实抓好当前的工农业生产；五是各级领导要适应新形势，做四化的带头人和促进派。

**5月**

8日，中国旅游史上具有特殊意义的中国国际旅行社北戴河海滨旅游公司正式成立。中共中央、国务院、中央军委和相应的河北省在北戴河休养区的部分资源由中国旅游总局接收后交付北戴河海滨旅游公司管理使用。

16日，经市委研究决定恢复"中国人民政治协商会议河北省秦皇岛市委员会"。

**6月**

11—13日，政协秦皇岛市委员会召开第四届六次常委会，开始恢复政协工作。

**10月**

10日，中共秦皇岛市第五届委员会第十九次全委会议召开。会议的主要任务是学习叶剑英在庆祝新中国成立30周年大会上的讲话，按照省委要求选举产生市纪律检查委员会。与会委员共同学习了叶剑英副主席的讲话，讨论、通过了《中共秦皇岛市纪律检查委员会选举办法》，选举产生了中共秦皇岛市纪律检查委员会。会议要求，认真抓好党的纪律教育和纪律检查工作，同一切违法乱纪行为作斗争，同一切破坏党的优良传统的倾向作斗争，同一切危害党和人民利益的错误言行作斗争。会议强调，对于各级纪律检查部门的工作，要认真加强领导，积极给予支持。会议号召，动员全党力量，尽快把党风搞好，以确保十一届三中全会确定的路线、方针、政策的实现，确保新时期总任务的胜利完成，推动我市在四化进军的道路上更快前进。

26日，商业系统扩大企业自主权试点工作，在朝阳街商店、市饮食服务公司和蔬菜公司长城路商店进行。

同月，全国第一次旅游工作会议在北戴河海滨召开。

同年，秦皇岛市社队企业已达450个，总收入1815万元，占农业总收入40.8%。

# 1980年

## 2月

5日，市委制定《关于市委常委转变作风的若干规定》。《规定》强调，要认真学习马列和毛泽东同志的著作，带头坚持四项基本原则；严格组织生活，不当特殊党员；带头艰苦奋斗，不搞特殊化；加强调查研究，按客观规律办事。

## 3月

17—19日，市委召开第五届第二十次全委（扩大）会议。会议重点学习了中央领导在党的十一届五中全会上的讲话，以及五中全会公报、党章修改草案等文件。会议认为，党的五中全会旗帜鲜明，抓住了坚持和改善党的领导这个主题，作出了一系列重大决策，重点解决了党的组织路线等十分重大而具有战略意义的问题。

28日，市革委会印发《关于实行计划经济与市场调节相结合，把物资供应搞活的试行办法》。

## 5月

5日，市委制定《关于健全市委办公制度的规定》。具体从6个方面作了具体规定：一、实行集体领导和个人分工负责柤结合的制度；二、健全市委常委和全委会议制度；三、关于以市委名义召开会议的审批制度；四、关于请示报告制度；五、关于办事行文制度；六、关于阅文制度。

21日，中共中央、国务院、中央军委发来贺电，祝贺北戴河无线电厂产品参与运载火箭发射，为国防建设作出贡献。

## 6月

20日，市委印发《关于因地制宜，发挥优势尽快地使农村富起来的调查报告》。《报告》总结分析了本市（自1958年至1977年共20年）的自然地理条件和经验教训，确定了本市农业今后发展总的原则，强调认真调整农业内部经济结构和作物布局，充分发挥本地优势，因地制宜地建立起合理的农业生态系统，确保促进农、林、牧、副、渔业全面发展。《报告》指出，近几年来，基本上做到了宜林则林，宜粮则粮，宜副则副，因此，出现了林茂粮丰、收入逐年增加的局面。强调要趋利避害，利用优势，发展农业生产，活跃农村经济，特别是要走一种、二养、三加工、四推销的道路，积极发展多种经营，促进五业全面发展。

20—23日，市委召开全市落实政策大会。

## 7月

27日，秦皇岛市政建设由国家投资4000万元，从1981年起分3批拨付，解决本市城市发展的基础工程。

## 8月

28日，市委发出《关于落实政策实行分级负责归口办案的通知》，指出根据需要落实政策问题的不同，分别归组织部、宣传部、人事局、公安局、法院、文办、信访处、落实政策办公室等几个口办理，重点是平反纠正"文革"中的冤假错案。

## 12月

3日，中共秦皇岛市委作出《关于为武学文、李越之、贾靖伍、严幼安四同志平反的决定》。

# 1981 年

## 1 月

12 日，市委作出为"六一三"事件彻底平反的决定。《决定》指出：1966 年"文革"初期，山海关一中所谓压制群众运动的"六一三"事件，是在"左"的错误思想影响下造成的一起冤案。市委决定，撤销原秦皇岛四清工作团党委对李贤、鲁守儒、李铁铮 3 人处分的决定，为"六一三"事件受害者一律彻底平反，推倒一切诬蔑不实之词，并按中共中央有关规定，清除销毁有关材料，以消除影响。

19 日，市委印发关于为原市委副书记赵青云平反的决定。

## 2 月

2 日，市委印发关于为丁一平反的决定。

3 日，市委转发中共河北省委关于为赵衡平反的决定。

## 3 月

2 日，市委印发《关于贯彻执行省委〈关于认真做好民族工作的指示〉的意见》。《意见》指出：本市共有回、满、白、鲜、壮、苗、蒙古、锡伯、鄂伦春等 10 个少数民族，1800 多户，近 7000 多人。根据省委指示，市委提出 5 条具体意见：一、认真做好培养提拔和安排少数民族干部的工作；二、积极帮助少数民族加速经济文化建设；三、认真尊重少数民族风俗习惯；四、全面贯彻执行党的宗教政策，保护群众正当的宗教活动；五、加强对少数民族工作的领导。

5 日，市委制定《关于选拔优秀中青年干部的规划》。《规划》提出了 1982 年年底以前，各级领导班子实现年轻化、知识化、专业化和精干的要求，即县级以上党政领导干部平均年龄降到 48 岁左右；局属厂企领导干部降到 45 岁左右；公社党委一级干部降到 40 岁左右。具有大、中、专文化程度，懂专业会管理的干部占三分之一，班子要精干。

7 日，市委批转市委宣传部等 12 个单位和部门《关于开展"五讲""四美""三热爱"文明礼貌活动意见的报告》。《批示》指出，这项活动对于促进社会的安定团结，恢复和发扬良好的社会风气，培养一代新人，推动四化建设都具有重大意义。

## 4月

13—14日，市委召开落实政策会议。会议的主要目的是：传达、学习中组部《关于彻底平反纠正冤假错案、进一步落实干部政策工作的意见》和唐山地委《落实政策工作座谈会纪要》。会议经过讨论，肯定了落实政策工作的成绩，分析了存在的问题，明确了工作的任务，统一了思想认识，制定了具体措施。

## 春季

市委和各县区委贯彻执行中共中央《关于进一步加强和完善农业生产责任制的几个问题的通知》。1982年逐步形成在全市开始普及推广以家庭联产责任制形式为主要内容的农业生产体制。到年底，全市12853个生产队已经有12710个实行联产承包责任制，占总数的98.8%。

## 5月

5月27日—6月8日，市委对全市落实政策情况进行了普遍检查。本市的落实政策工作取得了显著成绩。截至1981年5月底统计，全市共有落实政策任务14464件，复查解决了14297件，解决不彻底的26件，还有正在解决的141件。"文革"中全市共遣返1347人，其中主遣595人，随遣的752人，通过复查主遣属于错遣的391人。对于错遣的，都已分别作了复工复职或退职退休处理。

## 6月

18日，市委召开传达《胡耀邦同志给承德市委的一封信和给河北省委〈关于搞好社会治安、社会风气和社会秩序的一封信〉》的大会。会议要求各级党委，要加强对治安工作的领导，切实抓实形成全党抓、上下齐抓的大好局面，搞好党风，影响民风；开展多条渠道、多种形式的综合治理，集中力量，扎扎实实地解决一些实际问题。

## 7月

4日，市委发出《学习关于建国以来党的若干历史问题的决议的通知》。市委要求，通过学习，统一认识，团结起来，为社会主义"四化"建设贡献力量。

10日，市委印发《关于"文革"中犯有打砸抢严重错误和"三种人""四种人"定性处理审批权限的意见》。《意见》对定严重错误、定"三种人""四种人"或需要给予党、政籍处分的人员的审批权限作了明确的规定。

24—31日，市委召开传达学习中共中央六中全会精神会议。全市党员干部7100多人出席了会议。会议学习了中央23号文件、六中全会公报、六中全会《决议》和胡耀邦的讲话，一致认为党的六中全会是我党历史上的一次重要会议，是拨乱反正、继往开来的里程碑。

## 9月

8日，中共唐山地委作出为常立木平反的决定。

## 12月

11日，市委召开有5万人参加的为"常立木、李越之、武学文"冤案平反广播大会。

# 1982年

## 1月

3日，市委批转市多种经营办公室《一九八二年到一九八五年多种经营发展规划（草稿）》。《规划》指出：我市1981年社员人均收入预计可达到260元左右。1985年我市农村社员集体及家庭多种经营人均收入要达到400元。种植业要调整好农业布局，抓好经济作物种植，增加社员收入，满足城市需要，做到农业为城市服务。

## 2月

5日，为加快秦皇岛港煤码头建设速度，交通部副部长陶琦在秦皇岛市召开现场办公会议，市委书记许斌及有关负责人应邀参加会议。

## 5月

6日，秦皇岛市政府下发了建立市、区个体工商业者协会的通知。通知指出：我市共恢复和发展了个体工商业1070多户，1113人。这些工商业者，对于搞活经济，方便人民生活都起了积极作用。但是，由于缺乏组织管理，也曾发生过一些问题。因此，要求各区人民政府和有关部门要把建立个体工商业者协会这项工作列入议事日程，加强领导，抓紧组建个体工商业者协会，大力帮助解决个体工商业者协会组建中的实际困难。

## 7月

1日，进行全国第三次人口普查工作。截至6月30日，秦皇岛市区人口403701人；抚宁县人口为478657人；昌黎县人口为484858人；卢龙县人口为363003人；青龙县人口为455797人。

## 10月

28日，市政府印发《关于积极发展集体经济的意见》。《意见》强调要进一步发展集体经济，发展生产、繁荣市场，解决好城市待业问题。

同月，经国务院和中央军委批准，秦皇岛市为甲级对外开放市。同年12月，国务院批准秦皇岛北戴河（山海关）为全国重点保护和建设的风景名胜区。

## 12月

6—13日，市委召开农村三级干部会议。会议的主要任务是学习十二大文件精神和中央领导同志重要讲话，落实十二大提出的农业方面各项战斗任务和进一步解放思想，巩固、完善、发展以大包干为主的农业联产承包生产责任制。

# 1983 年

## 1 月

24 日，市政府批准我市商业推行经营承包责任制。这项制度的推行是商业工作的一项重大改革。

1 月 30 日—2 月 2 日，市委、市政府召开全市科技工作会议。会议强调，开创我市科技工作的新局面，就必须要真正树立依靠科学技术搞好工农业生产的指导思想，抓好科学技术的进步；各级领导要充分认识知识分子的重大作用，正确对待知识分子问题，充分调动知识分子的积极性。

## 4 月

2 日，市委召开常委会。会议研究讨论了地市合并问题，决定成立地市合并领导小组，妥善解决合并后的机构设置、人员安排等问题。

## 5 月

23 日，国务院批准秦皇岛为省辖市，实行市管县的新体制。秦皇岛市新的行政区划，除原有的海港区、北戴河区、山海关区和郊区以外，原承德地区的青龙县、原唐山地区的抚宁县、卢龙县、昌黎县，划为秦皇岛市管辖。

## 6 月

1 日，国务院批准我市试行新的集资办法，按照秦皇岛港进出货物量每吨征收一元钱，作为港口、铁路重点建设配套工程的市政建设资金。

23 日，秦皇岛军分区举行成立大会。

## 7 月

16 日，市委召开第二十七次常委会议。会上宣布了省委关于市委、市政府、市纪委、市人大、市政协主要领导班子成员的批复。

20 日，市委发出学习《邓小平文选》的通知。通知指出，《邓小平文选》反映了历史的要求、时代的特征和人民的意愿，是一部具有新时期特点的理论性和现实性很强的马列主义、毛泽东思想的科学著作，学好《邓小平文选》具有极其重要的意义。

21日，市委召开市直机构改革动员大会。市直原有行政机构由89个减少到57个，按照"四化"的要求配备市直机构的领导班子。

25日，市委召开传达贯彻中央领导同志关于整顿社会治安问题的重要指示的会议。

同月，邓小平看过公安部《关于发挥专政职能改善公安装备的报告》后，于19日在北戴河约见了公安部部长刘复之，指示："对于当前严重的刑事犯罪要严厉打击，从重从快！"并强调："解决刑事犯罪问题，是长期的斗争，需要从各方面做工作。现在是非常状态，必须依法从重从快集中打击，严才能治住。搞得不疼不痒，不得人心。要讲人道主义，我们保护最大多数人的安全，就是最大的人道主义！严厉打击刑事犯罪活动是一件大快人心的事。"7月20日，公安部在北戴河召集部分省、市的公安、政法领导干部会议，传达了邓小平同志讲话精神，研究了开展严厉打击刑事犯罪活动的意见。8月25日，中共中央发出《关于严厉打击刑事犯罪活动的公审公判大会现场决定》，提出从现在起，在三年内组织"三个战役"。

## 8月

4日，市委宣传部、市总工会、团市委、市妇联、市广播局、市文化局和秦皇岛日报社7个单位联合向全市职工群众发出开展"振兴中华"读书活动的通知。通知指出：通过开展这项活动，引导广大职工群众积累知识，陶冶情操，增长才干，提高爱国主义和共产主义觉悟，为振兴中华开创社会主义现代化建设新局面作出贡献。

8日，市委召开全市打击刑事犯罪分子动员大会。会议分析了我市当时社会治安状况，强调要根据中央领导的指示和全国政法会议精神，搞两三个大的战役，集中抓一批、杀一批，坚决把犯罪分子的嚣张气焰打下去，使我市的社会治安情况在一两年内有一个根本好转。会议要求，要把打击刑事犯罪的重点放在市区、县镇、厂矿周围，以及铁路沿线，特别是那些社会治安不好的地方。

## 9月

25—26日,市委、市政府联合召开全市农村工作会议,提出:进一步稳定和完善联产承包责任制,充分发挥政策的巨大威力,发展农村大好形势。

28日,秦京复线电气化铁路上重大工程秦皇岛东站,经过一年零两个月的紧张施工,全部竣工,交付使用。

## 10月

29日,《人民日报》刊登了题为《秦皇岛支援国家重点建设促进本市经济发展》的报道。报道说,在支援国家重点工程——秦皇岛港口煤码头一、二期工程,耀华玻璃新厂,京秦铁路3项工程中,秦皇岛正确处理国家利益和地方利益的关系,既有力地支援了国家重点建设,又促进了本市的经济发展,受到国务院领导的赞扬。

## 11月

1日,市委召开第五十二次常委会议。会议讨论研究了河北省委清理"三种人"的会议精神和我市贯彻意见,决定召开全市清理"三种人"工作会议。

11月28日—12月3日,秦皇岛市第七届人民代表大会召开。

## 12月

20日,党和国家领导人万里、胡启立、李鹏等乘专列到达我市,视察了秦皇岛煤码头和耀华玻璃厂,听取了我市为国家重点建设配套的市政建设情况的汇报,并作了许多重要指示。

22日,年吞吐能力为1000万吨的秦皇岛煤码头一期工程,经国家鉴定验收,正式投产。中央领导万里、李鹏等视察了码头,对工程建设表示满意。

# 1984 年

## 1 月

26 日，市委根据中央 1984 年 1 号文件精神，印发我市《关于认真做好贯彻中央一号文件继续稳定和完善联产承包责任制的意见》，强调要做好农村土地承包、完善各业责任制、支持专业户、搞好承包户服务、搞好财物管理、完善合同、减轻农民负担等项工作。9 月，市委下发了《关于进一步贯彻中央一号文件加快农村发展的意见》。1985 年，贯彻落实《关于进一步活跃农村经济的十项政策》，促进农村产业结构的进一步合理化。1986 年，各县区普遍搞了果树、山林和各种水利设施责任制的完善，农村经济组织的完善，以及农村财物的清理和生产服务组织的健全和完善。为了把农村改革引向深入，进一步完善双层经营体制，巩固发展农村合作经济，市委于 1987 年 5 月和 11 月相继制定了《关于完善双层经营体制，巩固发展农村合作经济的意见》《关于进一步完善村级合作经济组织的意见》。

30 日，根据中央和省委的有关精神，市委、市政府决定，对全市农村 178 个公社，2300 个生产大队进行体制改革，实行政社分设，建立乡政府和村民委员会，同时建立乡党委和村党支部，改变农村基层党不管党、政不管政和政企不分的状况。

## 3 月

15 日，市委、市政府印发《关于充分运用市管县的新体制促进城乡经济发展的安排意见》。《意见》指出：市委、市政府决定从 1984 年开始，力争在短期内建成 10 个商品生产基地、5 大经济网络和办好 10 件较大的事情。

## 4 月

7 日，市政府召开座谈会，学习传达了中共中央书记处和国务院联合召开的沿海部分城市座谈会关于进一步开放大连、秦皇岛等 14 个沿海港口城市的决定。

## 5月

19—20日,市委召开落实知识分子政策会议,强调进一步狠抓落实知识分子政策工作。

## 7月

30日,中共中央书记处在北戴河召开会议,研究十二届三中全会有关文件,会议讨论《中共中央关于经济体制改革的决定(提纲)》。10月20日,中共中央十二届三中全会通过了这个决定,提出"有计划的商品经济","商品经济"第一次写入党的决议。《决定》认为:改革计划体制,首先要突破把计划经济与商品经济对立起来的传统观念,明确认识社会主义计划经济必须自觉依据和运用价值规律,是在公有制基础上的有计划的商品经济。商品经济的充分发展,是社会经济发展的不可逾越的阶段,是实现我国经济现代化的必要条件。只有充分发展商品经济,才能真正把经济搞活。

## 8月

3日,国家主席李先念视察秦皇岛港、耀华玻璃厂,并游览"天下第一关"。

23日,中共中央总书记胡耀邦在省长张曙光的陪同下,到抚宁县进行考察。

## 9月

26日,国务院办公厅转发了《关于秦皇岛市进一步对外开放问题的会议纪要》,并通知河北省人民政府和国务院有关部门贯彻执行。

27日,根据中央和省委有关精神,市委决定在全市开展整党工作,共分三批进行,到1986年年底前搞完。

## 10月

经国务院批准设立秦皇岛经济技术开发区,是全国首批14个国家级经济技术开发区之一,是河北省唯一一家国家级开发区。开发区首批规划面积为1.9平方千米。在20年多年的发展里程中，经历了三个发展阶段。第一个阶段是从批准成立至1994年，秦皇岛经济技术开发区基本上完成了打基础的阶段。第二个阶段是从1995年到1999年，把优化软环境，提高管理与服务水平，实现由政策型向综合素质型转化，作为开发区加速发展的突破口。第三阶段是2000年至2010年，以开发区扩区开发和对省级山海关开发区统一管理为契机，进入大投入、大开发、大建设的跨越式发展阶段。国家商务部最新统计显示，秦皇岛开发区各项经济指标增幅及地方经济贡献率均居全国国家级开发区前列，综合排名在河北省开发区中连续多年名列第一，成为河北省经济发展和对外开放的窗口。

## 12月

20日，市委根据中央和省委的要求，联系我市的实际，制定出从1985年到1987年，结合整党的完成，实现全市党风根本好转的规划和标准。

同年，党中央、国务院将秦皇岛列为全国首批14个沿海开放城市之一。中共秦皇岛市委确定秦皇岛对外开放的指导思想是："以中央《沿海部分城市座谈会纪要》为指导，解放思想，开阔视野，牢固树立创一等、争上游的思想；全力以赴，不惜一切代价，坚持'特事特办、新事新办、立场不变、方法全新'的方针，做到开发与旅游相结合，开发与改造相结合，开发与改革相结合。利用外资，引进技术，把秦皇岛的进一步开放工作搞上去。"同时决定建立开发区管理委员会及其办事机构，兴建开发区。1987年1月成立了秦皇岛市经济技术开发区工作管理委员会，同年6月成立了中共秦皇岛市经济技术开发区工作委员会。1988年年初，中共中央提出深化沿海地区经济发展战略。中共秦皇岛市委进行了认真研究和部署，召开了发展外向型经济研讨会，对实施沿海地区发展战略的指导思想、奋斗目标与具体措施进行了规划。1987年，抚宁县、昌黎县、卢龙县被列入对外开放带，市委在这三个县建立对外开放的加工区。1992年以后市委逐步理清了对外开放思路，采取了一系列措施。在全省率先成立了外商投资管理服务中心，实现了外商投资一条龙服务，提高了工作效率。1998年以后，提出实施外向带动，以各类园区开发建设为龙头，以大项目为重点，优化引资结构，改善投资环境，办好现有外商投资企业，提高对外开放水平的思路。"十一五"期间直接利用外资创改革开放以来的最好水平。累计实际利用外资 19.6 亿美元，到位内资 359.9 亿元，实现进出口总额 183 亿美元，年均分别增长 16%、21.4% 和 5.6%。

同年，全市工业总产值首次突破 10 亿元大关，实现利润 1.5 亿元，主要工业产品均完成或超额完成全年生产计划，并获重大技术成果 24 项。

# 1985 年

## 1 月

21 日，市政府发出通知。东北重型机械学院在我市白塔岭建立一座分校，定名为燕山大学。该校规模：1990 年以前基本建成，在校学生 3000 人；建筑面积 15.4 万平方米；投资 7600 万元。

同月，为了进一步贯彻中央关于对内搞活经济，对外实行开放的方针，发展渤海湾经济，大连、烟台、秦皇岛、天津、青岛 5 个进一步开放的沿海城市的代表，初步商定了建设渤海湾信息网络、能源交通协作、金融合作、旅游资源开发、海域渔业资源开发、科技交流等 10 个项目。

## 2 月

15 日，秦皇岛华燕钢管技术开发总公司与澳大利亚"邦迪管有限公司"在京举行合同签字仪式。该项目总投资 368 万美元。

同月，根据国务院《关于秦皇岛市进一步对外开放问题的会议纪要》，我市在以主要力量抓好现代企业技术改造的同时，积极改善投资环境，鼓励、吸引国内外人士前来投资合作。开发国务院批准的占地为 9 平方千米的经济技术开发区，确定以知识密集型、技术密集型和无污染工业为主。

## 4 月

16 日，中共秦皇岛市委召开常委会议，作出谋划《秦皇岛发展战略》的决定，并成立由白芸生为组长，顾二熊、许斌、赵铭为副组长的战略调研领导小组。

24日,秦皇岛市"爱我中华,修我长城"社会赞助活动指导委员会召开动员大会。大会宣布,为响应邓小平、习仲勋同志关于"爱我中华,修我长城"的号召,市委、市政府决定修复我市境内长城。作为第一步,先修山海关长城和老龙头,预计工程在1986年年底前完成。

同月,市委成立了秦皇岛市宏观经济战略发展调查工作领导小组。从4月开始用15个月的时间,采取专业人员与群众相结合的方法,自上而下地总结新中国成立以来秦皇岛经济建设的经验,自下而上地开始市情、县情、区情的大调查。

## 10月

3日,东北重型机械学院在秦皇岛兴建的分校——燕山大学开学,首届录取大学生597名,研究生96名。

## 12月

3日,市委根据省委《关于抽调上万名干部下乡下厂的决定》精神,为了有效地转变各级领导机关作风,密切联系群众,决定在今后三年内,每年抽调一定数量的干部下乡下厂工作和锻炼。具体要求是:每年抽调460名干部下乡下厂,重点是青龙县山区,卢龙、抚宁县边远山区和昌黎沿海一带的贫困乡村。县、科级干部一般兼任乡镇党政副职,优秀后备干部也可担任这一级职务。

15日,国家重点项目——京秦电气化铁路提前一年建成,全线开通。京秦电气化铁路是我国第一套引进成套设备的电气化铁路。它西起北京的丰台西站,东至山海关站,全长341千米。

20日,1000多名区划工作者经过两年多的共同努力,对全市的农业资源进行了全面调查分析,获得大量具有实用价值的农业区划科研成果。为制定农业发展中长期规划以及发展区域化、专业化生产,提供了科学依据。

28—31日,中共秦皇岛市第六次代表大会召开。会议总结了全市实行市管县体制两年来的工作,讨论确定了今后五年的奋斗目标,审议并通过了《中共秦皇岛市委工作报告》和《中共秦皇岛市纪律检查委员会工作报告》,选举产生中共秦皇岛市第六届委员会和中共秦皇岛市纪律检查委员会。会议指出，回顾过去的工作，必须坚持实事求是的思想路线，创造性地贯彻中央的方针、政策；必须坚持以"四化"建设为中心，积极慎重而又坚定不移地坚持改革、开放；必须坚持"两个文明"建设一起抓的方针，大力加强新时期的思想政治工作；必须加强和改善党的领导，搞好领导班子的自身建设。

# 1986 年

## 1 月

1 日，中共秦皇岛市第六届委员会举行第一次会议。会议选出中共秦皇岛市委员会常委 9 名，选举白芸生为市委书记，顾二熊、刘任英、朱桂英、杨玉忠为副书记。

同日，中共秦皇岛市委作出《关于领导干部带头端正党风的决议》。《决议》指出，党风问题关系执政党生死存亡问题。实现党风的根本好转，关键在于各级党员领导干部坚持党的四项基本原则，处处起表率作用。《决议》强调，各级党的领导干部，要坚定树立共产主义远大理想和信念；要牢记党的全心全意为人民服务的根本宗旨；要坚持实事求是的思想和作风；要切实维护党的团结和统一；要模范地遵守党的政治纪律和组织纪律；要坚决同各种歪风邪气和不良倾向作斗争；要刻苦学习马克思主义的基本理论；要自觉地接受党内外群众的批评和监督。

同月，由北京、石家庄等地专家学者组成的鉴定委员会，通过了我市海岸带调查办公室制定的《秦皇岛市海岸带开发规划》，并予以肯定。充分认识海岸带的宝贵价值及开发的重大战略意义，对秦皇岛市经济发展将起巨大作用。

## 2 月

"六五"期间，我市市政建设总投资 1.6 亿元，相当于我市前五个五年计划的四倍多，发展迅速。市政建设的迅速发展，使城市的基础设施有了很大改善，城市面貌发生了明显改变，基本上扭转了我市市区吃水紧张、污水四溢、马路不平、电灯不明的状况。

同月，按照中指委和省委部署，我市村级整党从2月下旬全面铺开，预计5月底大部分搞完。为了高标准高质量地全面完成整党任务，各地认真进行了准备，抓好以下几项工作：一是普遍对基层党组织状况和党员思想状况进行摸底调查；二是认真抓了村级整党试点工作；三是培训了整党联络员；四是调整了领导力量，充实了各级办事机构；五是训练了骨干力量。

## 4月

14—17日，市政府召开经济体制改革工作会议，传达全国、全省城市体制改革工作会议精神，总结我市工作。会议讨论了我市《关于进一步搞活国营工交企业有关政策的暂行规定》等5个暂行办法（讨论稿）。

## 5月

17日，第一台由瑞典引进的万门程控交换机一期工程完成。10月15日正式开通，至此秦皇岛市与国内国外长途电话可自动拨号。

## 9月

10—14日，中共秦皇岛市第六届委员会第二次全体（扩大）会议召开。市委委员和候补委员30人出席了会议，有关方面负责同志及离退休市领导共148人列席了会议。会议讨论并通过了《秦皇岛市2000年经济社会发展战略》，研究如何把全市经济社会发展纳入《发展战略轨道》；学习传达了省委在承德召开的地、市、县委书记学习会精神。会议要求，各级领导干部要学会"两大本事"，即学会创造性开展工作和正确处理党内矛盾。会议强调，为确保《发展战略》落到实处，必须做到理顺思想，统一认识；排除阻力，坚决实施；加强领导，精心组织；坚持"纳轨"工作与改革相结合；积极筹措并合理使用资金。

17—20日，市人大常委会举行第二十次会议。审议并通过了《秦皇岛市2000年经济技术社会发展战略》，并作出相应决议。《秦皇岛市2000年经济技术社会发展战略》确定了秦皇岛的战略目标、战略重点和战略决策，指出秦皇岛"地位重要，基础落后，优势突出，劣势明显；环境优美，隐患存在"，强调要"创新路、打基础、求发展""以港兴市，以市促港"。各县区各部门依据这个战略，结合本县区本部门的特点，分别制定了切实可行的"分战略"，使各方面工作向着科学规划发展，初步形成外向型经济为导向，贸工农经济结构，城乡一体基本协调发展的格局。

## 11月

3—9日，水电部引青济秦工程可行性研究报告审查会议在我市召开。与会专家、工程技术人员通过认真的现场勘查和深入讨论，对《引青济秦工程可行性研究报告》给予充分肯定，并提出修改意见。

## 12月

11日，国家"六五"期间重点建设项目，连接北京至秦皇岛港的电气化双线铁路通过国家验收。

# 1987年

### 年初

市委、市政府在全市企业推行承包经营责任制为主要形式的经营方式改革，把"包"字引向工厂、商店、车间和班组，深化和完善了企业内部配套改革。1988年5月，市委、市政府召开全市经济体制改革工作会议，决定着手进行税改制改革和扩大股份制等10个方面的试点。到1990年年底，全市县区以上企业实行经营方式改革的企业473个，占县、区企业总数的100%，其中实行承包经营的405个。

### 2月

9—11日，中共秦皇岛市第六届委员会第三次全体（扩大）会议召开。市委委员、候补委员及有关单位、部门、企业负责同志等300多人出席了会议。会议研究确定了1987年市委工作指导纲要，研究通过了市委、市政府《关于"七五"期间加强社会主义精神文明建设的措施》，讨论并通过了中共秦皇岛市委《关于共产党必须严格遵守〈党章〉的决议》《关于艰苦奋斗，勤俭办一切事业的决议》。

11日，市委、市政府印发《关于"七五"期间加强社会主义精神文明建设的措施》。《措施》强调，要从实际出发，明确我市社会主义精神文明建设的地位、指导思想和奋斗目标；指出要树立共同理想，形成秦皇岛人的精神，并对树立改革开放意识、形成良好社会风尚等提出了要求。

## 3月

31日，市政府首次在一个拥有1200人，累计亏损600万元的国有企业——秦皇岛市拖拉机配件厂实行招标承包。

## 5月

10日，青龙满族自治县举行万人大会，热烈庆祝青龙满族自治县成立。市长顾二熊宣读了国务院关于设立青龙满族自治县的批复和省政府的通知。青龙满族自治县全县面积3508平方千米，人口479715人，其中满族人口247734人，占全县总人口的51.6%。

19—22日，中共秦皇岛市委和市政府邀请当年指挥山海关两次战斗的部分老同志，座谈1945年日本投降后，山海关第一次解放和我军进行的山海关保卫战。应邀到会的有原冀热辽军区兼政委李运昌，原冀热辽军区政治部主任李中权，原冀热辽军区第十六军分区司令曾克林、副政委唐凯等11位高级指挥员。与会同志经过充分讨论，对作战经过以及两次战斗的意义统一认识，一致认为山海关两次战斗的地位和作用很重要，为党中央作出"向南防御，向北发展"的战略方针，提供了进一步的依据。

## 6月

29日，市委、市政府发出《关于强化秦皇岛经济技术开发区管委会工作和建立中共秦皇岛经济技术开发区工作委员会的通知》，明确秦皇岛经济技术开发区管理委员会为市政府派出的县级行政管理机构，决定建立中共秦皇岛经济技术开发区工作委员会，作为市委的派出机构，《通知》明确了工作委员会的主要职责。

## 7月

3—4日，中共秦皇岛市委第六届委员会第七次全体（扩大）会议召开。会议传达了省党代会精神，研究制定了进一步推进改革，加快全市对外开放和经济建设步伐的措施。会议指出，改革开放三年来取得很大成绩，初步具备了加快发展的条件。今后一个时期，应当抓好以下工作：促使港口向以能源为主的综合功能发展；充分利用开发区，加快项目引进；抓紧新上骨干企业；大力发展横向经济；发展农村经贸，促进城乡一体化；发展具有特色的旅游经济；大力推进和深化改革，促进生产的发展。

同月，党中央邀请14位作出重大贡献的自然科学技术工作者到北戴河休假，邓小平亲切接见了他们并合影。这是首次以党中央的名义邀请科学技术工作者来北戴河休假。从此以后，党中央、国务院每隔几年就邀请一批各行各业的杰出人才到北戴河休假，中组部也开始酝酿建立专家疗养休假制度。2001年，国民经济和社会发展第十个五年计划首次把人才问题提升到国家战略层面。也就是从这一年起，专家夏季休假作为一年一次的制度被确定下来，地点就定在北戴河。从2000年起，全国总工会也开始组织全国劳动模范代表到北戴河休假。

## 8月

2日，首次由国家教委举办的全国优秀教师夏令营在北戴河开营。国家教委负责人和秦皇岛市党政领导出席了开营式。中共中央书记处书记胡启立、国务院副总理李鹏代表党中央和国务院专程前往夏令营慰问教师。

## 9月

3日，市委发出《贯彻落实省委〈关于加强马克思主义理论建设的决定〉的意见》。市委就干部的马克思主义理论教育、理论研究和理论宣传工作、理论队伍的建设和加强领导等方面内容作出具体安排。

7日，市委书记白芸生在接受《中国环境报》记者访问时指出，环境保持不能简单地跟随城市建设、经济建设搭车走，而应该坚持城市建设、经济建设、环境保护三位一体并重并进，缺一不可。白芸生强调，环境保护工作应以保护为主，以治理为辅，秦皇岛的环境保护工作要建立在长远的谋划和科学决策的基础上。

## 10月

19—21日，市委、市政府召开全市深化企业改革工作会议。总结我市在企业改革工作中走出的一条在改革中求发展，在发展中求深化的健康道路的经验；指出存在的问题。会议就全面推行各种形式的经营承包责任制作出具体安排。

26日，市委制定《关于进一步完善村级合作组织的意见》，决定：一、进一步解决好各级干部和广大群众的认识问题。二、从实际出发，把完善村级合作经济组织工作抓紧抓细。三、完善土地、林果等各业承包责任制，管理好承包合同。四、抓好干部训练，提高乡村合作组织干部管理水平。五、加强完善村级合作经济组织工作的领导。

# 1988年

## 3月

14—17日，市委、市政府召开全市实施沿海地区经济发展战略研讨会。会议围绕实施沿海地区经济发展战略的指导思想、战略目标、起步点和突破口以及主要措施等问题，提出许多建设性的意见。市委、市政府据此将制定实施沿海地区经济发展战略。

## 4月

4月15日—5月3日，由市委书记白芸生带队，部分县、区委书记和市直有关单位负责同志参加的学习考察团一行10人，赴珠江三角洲学习考察。他们先后考察了三市（佛山、珠海、深圳）、三县（高明、三水、顺德）、一镇（桂洲镇）、一区（蛇口工业区）和十八个企业，对党的十一届三中全会以后，这一地区率先实行开放政策所发生的变化进行了认真的研究，对这一地区表现出来的气魄胆略、信息决策、顽强精神和严实的经营作风，以及最终取得的速度和效益进行了求实的分析，深刻体会到珠江三角洲这个我国沿海超前发展地区的建设经验，值得好好学习。

## 6月

为探索在改革开放的新形势下，更有效地加强机关党的建设，充分发挥党员干部的先锋模范作用，市委从今年4月初至6月底在全市党政机关事业单位党组织开展了"四问"（入党为什么？在职干什么？离职留什么？端正党风做什么？）大讨论和民主评议党员活动，收到明显效果，一是增强了党员干部的党性观念和新时期责任感；二是进一步树立了全心全意为人民服务的观念；三是增强了党组织的活力和对党员的约束力；四是促进了机关工作，提高了工作效率。

## 7月

4日，市委印发《关于开展"以经济建设为中心，以发展生产力为标准"大讨论的安排意见》，指出，在广大干部特别是各级领导干部中进行一次以经济建设为中心，以发展生产力为标准的大讨论，这是进一步解放思想、进一步解放生产力的一项重大措施，是进一步统一干部队伍思想、清除"左"的思想禁锢、增强改革开放意识的一件大事。

23日，省政府在我市北戴河召开河北省秦－唐－沧渤海湾开放区加速发展外向型经济研讨会。

## 8月

7日，1988年夏天，长江发生了全流域型的特大洪水。8月7日中午，江西九江段的长江干堤突然决口，整个城市面临着严重威胁。当天晚9时，江泽民总书记在北戴河主持召开中央政治局常委扩大会议，听取了国家"防总"的汇报，对当时严峻形势进行了认真分析总结，并对下一步工作作出了部署。江泽民总书记特别强调了要严防死守，确保人民生命安全，确保长江干堤安全，确保重要城市安全。会议确定，抗洪是当前的头等大事，要求人民解放军按中央军委的命令全力投入抗洪抢险第一线。

14日，李鹏总理视察了南戴河、黄金海岸和昌黎果树研究所。

15—17日，中共中央政治局在北戴河召开第十次全体会议。会议讨论并原则通过了《关于价格、工资改革的初步方案》。

## 11月

2—5日,中共秦皇岛市第六届委员会第九次全委(扩大)会议召开。出席会议的有市委委员、候补委员,市纪委委员,以及有关单位、部门、企业主要负责同志等共300多人。会议学习了中央十三届三中全会报告精神和中共河北省委三届六次全委(扩大)会议情况,研究落实中央提出的治理整顿经济环境、整顿经济秩序、全面深化改革决策措施,部署1988年工作,要求从七个方面部署如何贯彻落实中央治理整顿任务。会议分析研判了1988年以来的全市的经济形势,明确了治理经济秩序的具体措施,并对1988年后两个月和1989年的经济工作进行了安排部署。

# 1989年

## 1月

3日,市政府就如何稳步发展我市的乡镇企业,作出决定:一、从实际出发确定发展速度,依据不同情况实行分类指导。二、优化产品结构,强化行业管理。三、以完善经营承包责任制为中心,深化企业改革。四、大力推进科技进步,增强企业发展后劲。五、拓宽融资渠道,优化资金投入。六、正确处理乡镇企业与农业的关系,以农促工,以工补农。七、切实加强对乡镇企业的领导。

4日,市委印发《关于加强和改进市级农村经济工作领导体制的意见》,决定:市委每季、市政府每两个月讨论一次农村经济工作,遇到重大问题及时研究;组建农村经济领导小组,负责有关农村经济和农业生产的组织、指导、协调工作。

15—16日,中共秦皇岛市第六届委员会第十次全委会议召开。市委委员、候补委员,各县、区委书记,市委各部门主要负责人参加了会议。会议通报了市委人事变动情况,汇报了全市治理经济环境和社会政治环境的情况,讨论并通过了《关于治理社会政治环境,推动全市精神文明建设的决议》。省委决定免去白芸生市委书记、市委常委职务,任命顾二熊为市委书记；任命丁文斌为市委副书记，顾二熊向与会委员汇报了市委六届九次全委（扩大）会议以来，抓好治理经济环境、整顿经济秩序、全面深化改革和治理社会政治环境情况。市委副书记朱桂英代表市委宣读了《关于治理社会政治环境，推进全市精神文明建设的决议》。市委常委李荣海汇报了市委3月11日召开全市治理社会政治环境以来各项活动开展情况。全会讨论、修改并一致通过了《关于实行综合治理，创造良好的社会政治环境的决议》。全会认为，市委前段提出开展治理社会政治环境活动是完全必要的，符合中央指示精神，符合全市实际情况。全会重申，市委关于治理社会政治环境四项重点工作实施意见切实可行，要继续贯彻实施。

## 7月

13日，中共秦皇岛市委六届十一次全会通过了市委关于继续搞好综合治理，进一步稳定局势的意见，一、强化社会治安，保证人民安居乐业；二、彻底清查反革命暴乱分子，继续开展"严打"斗争；三、大力加强法制宣传教育，增强遵纪守法自觉性；四、狠抓基层基础工作，增强群防群治能力；五、切实加强重点人群教育和管理，减少不安定因素。

## 8月

24日，中央军委主席邓小平在北戴河中直管理处亲切接见我市领导和省、市、区暑期工作人员。

## 9月

17—24日，第五届亚洲帆船锦标赛在国家体育训练基地秦皇岛海上运动场举行。10个国家和地区的运动员经过7天的角逐，奖牌各归其主。中国队在7个级别的比赛中，得到4枚金牌。

## 10月

1日，引青济秦东线工程如期开工。东线工程是引青济秦工程的关键所在，工程量最大、工期要求短，任务量异常艰巨。引青济秦工程，是当时秦皇岛乃至河北省和国家的大型综合水利工程，是保证秦皇岛市经济社会长远稳定发展，造福当代、荫及子孙的重大工程。

## 12月

21—23日，中共秦皇岛市第六届委员会第十二次全委（扩大）会议召开。市委委员、候补委员，市纪委委员，驻本市的省顾委委员，市人大、政府、政协、军分区领导，及有关单位、驻秦重点企业、市直各企事业单位主要负责同志参加了会议。会议讨论并原则通过了《关于贯彻〈中共中央关于进一步治理整顿和深化改革的决定〉的实施意见》，强调要把全市经济纳入持续、稳定、协调发展的轨道。会议指出，要正确处理八个方面的辩证关系，即正确处理困难与机遇的关系，正确处理客观与主观的关系，正确处理打基础与求发展的关系，正确处理宏观控制与微观搞活的关系，正确处理速度与效益的关系，正确处理监督与服务的关系，正确处理政策的总体稳定与部分调整的关系，正确处理经济稳定与社会稳定的关系。会议对当前重点抓好的几项工作进行了部署，提出要全力抓好引青济秦工程，在确保质量和安全的前提下，力争"3·15"通水；下大力抓好今冬明春的农田水利基本建设，搞好麦田管理，为春耕春播作好准备。

23日，市委提出1990年工作的指导思想，即继续深入贯彻党的十三届四中、五中全会精神，以稳定物价、稳定市场、稳定经济、稳定人心、稳定局势为基点，加强和改善党的领导，发挥政治优势，提高精神文明建设水平，创造良好的社会政治环境；加强宏观管理和调控，坚定不移地搞好治理整顿和深化改革，努力实现国民经济的持续、稳定、协调发展。

# 1990年

## 2月

12日，昌黎县葡萄酒厂与法国鹏利股份公司、中国粮油食品有限进出口总公司酒饮料分公司共同创办的华夏葡萄酿酒有限公司，合资生产出的长城牌干红葡萄酒，夺得法国第29届国际品酒特别奖，该产品已经销往英国、美国、法国、马来西亚、我国香港等国家和地区。

21日，市委制定《关于强化统一服务完善家庭联产承包责任制的意见》，强调全市农村要进一步强化统一服务职能，健全统分结合的双层经营体制，逐步形成"五统一"下家庭联产承包责任制的格局。在近两三年内，全市绝大多数农村努力实现或巩固发展农民要求最迫切的五个方面的统一服务，即统一种植区划，统一农田水利基本建设规划，统一植保，统一机耕，统一排灌。

## 3月

10日，市委作出《关于在全市进一步弘扬"引青精神"的决定》。市委要求，大力宣传"引青精神"，使之家喻户晓，深入人心，在全市造成一个学习、弘扬"引青精神"的浓厚气氛；以"引青精神"为动力，推动全市各项工作；加强领导，不断把弘扬"引青精神"活动引向深入。

## 4月

18日，"引青济秦"东线工程举行通水仪式，29日指挥部召开祝捷大会。

## 5月

9日，中共秦皇岛市第六届委员会第十三次全委（扩大）会议召开。市委委员、候补委员，市纪委委员，人大、政府、政协、军分区和各县区、市直各部门的党员负责同志180多人出席了会议。会议审议并通过了《中共秦皇岛市委贯彻〈中共中央关于加强党同人民群众联系的决定〉的实施意见》。会议指出，市委常委经过认真研究，决心从自身做起，进一步转变作风，集中主要精力，狠抓工作落实。从指导思想上，要坚持不图虚名，注重实效；从领导方法上，要坚持把实事办实，好事办好；从工作作风上，要坚持深入实际，真抓实干；从组织保障上，要坚持督促检查，严明纪律。会议要求，各级干部，尤其是各级领导机关和领导干部，要以整风精神切实纠正种种不良倾向，树立勤政务实的精神风貌，以为群众办实事、求实效的实际行动，塑造人民公仆形象，力争用两年时间使全市党群、干群关系有一个明显的改善。

## 9月

30日，第十一届亚运会帆船帆板竞赛在我市隆重开幕，中央军委副主席刘华清、全国政协原副主席杨成武、国务院秘书长罗干、亚奥理事会副主席金宗河等专程从北京赶来参加开幕式，河北省党政领导、中央和河北省有关地市领导、我市党政军领导、驻秦部队等及各界代表3000人参加了开幕式。

## 11月

8日，经国务院批准，昌黎黄金海岸被列为全国首批5个国家级海洋自然保护区之一。

# 1991年

## 1月

7日，中国阿拉伯化肥有限公司开始试生产。中阿化肥有限公司是由中国、突尼斯、科威特三方合作兴建。该公司从法国引进了当时世界上复合肥生产先进技术和成套设备，是中国复合肥单线产量最大的现代化生产线。

## 3月

14日，中共秦皇岛市第六届委员会第十四次全委会议召开。市委委员、候补委员25人出席会议。有关方面及单位负责同志列席了会议。会议审议并原则通过了《〈中共秦皇岛市委关于我市国民经济和社会发展十年规划和"八五"计划要点〉的建议》和《中共秦皇岛市委1991年工作要点》。会议号召，全市上下高举团结旗帜，认真贯彻党的十三届七中全会精神，扎扎实实，埋头苦干，实现"8581"目标。（注："8581"的85即"八五"计划末期，81即工业总产值按1990年不变价计算达到81亿元人民币）

## 4月

8—9日，市八届人大常委会召开第25次会议，重点审议了《全市国民经济和社会发展十年规划和"八五"计划（讨论稿）》。

## 5月

17日，中共秦皇岛市第六届委员会第十五次全委会议召开。市委委员、候补委员，市纪委委员共54人出席了会议。会议听取和审议了《关于中共秦皇岛市第七次代表大会筹备工作情况的汇报》和《关于〈市委工作报告〉和〈市纪委工作报告〉起草情况的说明》。会议决定，中共秦皇岛市第七次代表大会于5月22日召开。会议指出，从六次党代表至今，经过五年多不平凡的历程，取得了很大成绩。特别是我们抓了受党中央、国务院和省委、省政府表彰的引青济秦和"迎亚运"两项重大工程，对于从根本上解决全市生产和生活用水，改变市容市貌，振奋全市人民献身四化的革命热情，起到了巨大的推动作用。

22—25日，中共秦皇岛市第七次代表大会隆重召开。出席代表320人。第六届市委向大会作了题为《认真贯彻党的十三届七中全会精神，为胜利实现我市十年规划和"八五"计划而努力奋斗》的工作报告。《报告》全面总结了第六次党代会以来市委的工作，提出了今后工作的指导思想和主要任务，即坚持党的基本路线，贯彻十三届七中全会精神，切实加强党的建设，搞好治理整顿，大力推进经济建设和改革开放，努力提高经济效益，加强精神文明建设及民主和法制建设，保持政治安定和社会稳定，团结全市各族人民，扎扎实实，埋头苦干，为胜利实现我市十年规划和"八五"计划而努力奋斗。市纪律检查委员会向大会提交了《全党动手，依靠群众，为进一步搞好全市的党风建设而奋斗》的工作报告（书面）。《报告》总结了五年来的主要工作和体会，提出了今后工作的建议。大会选举出中国共产党秦皇岛市第七届委员会、中国共产党秦皇岛市纪律检查委员会，审议通过了《中共秦皇岛市第七次代表大会〈关于市委工作报告的决议〉》和《中共秦皇岛市第七次代表大会〈关于纪律检查委员会工作报告的决议〉》。大会要求，今后的关键，就是按照既定的目标和方针政策，塌下心来，狠抓落实，把这次大会提出的各项任务落到实处。

26日，中共秦皇岛市第七届委员会第一次全委会议召开，七届市委委员、候补委员出席会议，市纪委委员列席会议。会议选举产生了中共秦皇岛市第七届委员会常委11名、书记1名、副书记4名，通过了中共秦皇岛市纪律检查委员会第一次全体会议选举产生的常委、书记和副书记。会议讨论通过了《关于切实改进作风，狠抓工作落实的决议》。

## 6月

20日，引青西线进行试通水成功，标志着引青西线工程已取得了全面胜利。25日，引青济秦工程全线通水。26日，市委、市政府、引青济秦总指挥部在市工人文化宫隆重召开引青济秦应急工程全线竣工祝捷大会。省委、省政府领导，中央有关部委领导，以及秦皇岛市党政军负责同志出席了大会。国务院、全国人大和中央有关部委为大会发来贺电，全国政协主席李先念等为大会题词。

23—24日，省委书记邢崇智在市长王大名等陪同下，到抚宁检查乡镇企业工作。邢崇智指出，乡镇企业一要大力扶持；二要提高管理水平，力争一年迈上一个新台阶。

## 7月

26日，国家主席杨尚昆察看了北戴河的市容市貌。

## 9月

4日，最高人民法院追认潘火中为全国法院模范。他在北戴河区人民法院经济审判庭代庭长的平凡的工作岗位上作出了显著的成绩，其模范事迹集中体现了共产党员的崇高风范，留下了一个人民法官的闪光足迹，赢得了人民群众的赞誉和爱戴。

27—28日，市委召开政协工作会议，贯彻省委政协工作会议精神，总结交流本市政协工作的经验，商讨进一步加强各级党委对政协工作的领导，坚持和完善共产党领导的多党合作和政治协商制度。

## 10月

18日，中共秦皇岛市第七届委员会第二次全委（扩大）会议召开。市委委员、候补委员出席会议，市纪委委员、各县区委书记、县区长及有关方面负责同志列席了会议。会议传达了中央工作会议和省委常委（扩大）会议精神，研究部署如何进一步搞好全市国有大中型企业工作。会议指出，大中型企业是全市国民经济的支柱、全市财政收入的主要来源，搞好大中型企业意义重大。会议强调，要逐条落实已有的搞好国有大中型企业的政策措施，继续为企业创造良好的外部环境；要把学"吉化"同搞好国有大中型企业紧密结合起来；进一步改革大中型企业的内部经营机制，进一步健全企业内部领导机制；加强思想政治工作，全心全意依靠工人阶级；强化市场观念和开放意识，放眼于更大的市场调整产品结构；在抓好当前工作，积极治标的同时，要着手治本，谋划企业和长远发展大计；要继续加强以搞好国有大中型企业工作的领导，增加现场办公的力度。

# 1992 年

## 1 月

15—16 日，中共秦皇岛市第七届委员会第三次全委（扩大）会议召开。市委委员、候补委员出席会议，市人大、政协负责人，市纪委委员，各县区和市直各有关部门负责人列席会议。会议的主要任务是：传达贯彻党的十三届八中全会和省委四届三次全会精神，讨论市委《关于贯彻落实〈中共中央关于加强农业和农村工作决定的实施意见〉》，总结 1991 年工作，研究部署 1992 年工作。会议总结了 1991 年全市经济建设和各项社会事业发展情况，分析了全市经济形势，明确了 1992 年全市经济工作的指导思想和主要目标，提出 1992 年全市经济建设要重点抓好的十项工作：切实加强农业的基础地位，夺取农业全面丰收；从转换机制入手，集中力量搞好国有大中型企业；扎扎实实推进结构调整，努力提高经济效益；合理增加固定资产投资，努力拉强经济发展后劲；热情支持、大力发展乡镇企业和城镇集体企业；进一步搞活流通，大力发展第三产业；坚持走"内内外"对外开放之路，努力提高对外开放的整体效益；抓好财政、金融工作，充分发挥其对经济建设的服务、支持、监督作用；抓好科技教育同经济的结合，充分发挥科学技术第一生产力的作用；坚持不懈地抓好计划生育工作，严格控制人口增长。会议还提出了 1992 年全市工作的指导思想。

## 3月

24—28日,秦皇岛市第八届人民代表大会第五次会议召开。会议审议了《政府工作报告》,并进行了分组讨论,为实现报告中提出的"把握机遇,放开胆子,深化改革、扩大开放,实现我市经济建设新的飞跃"献计献策。

## 8月

4日,市委召开解放思想、加快改革开放大讨论座谈会,讨论学习贯彻邓小平南行重要谈话精神,部署组织开展大讨论。与会人员联系实际,围绕本市的改革开放进行了热烈的讨论。

18日,本市第一个以"建成国家级旅游度假区"为目标的旅游区——南戴河旅游度假区开始兴建。该区规划面积10平方千米。该区的最终目标是,建成集旅游、度假、休疗、文化、商贸于一体,建筑风格各异、功能齐全、生态环境优美的国家级新型旅游度假区。

## 11月

国务院特区办公室、国家计委、财政部、海关总署同意扩大秦皇岛经济技术开发区面积。秦皇岛开发区面积扩大到6.9平方千米,即在原地块向西北方向扩大5平方千米。

同年,全市经营体制进入新的阶段,即把建设社会主义市场经济体制作为经营改革的基本目标。1994年,出台了《秦皇岛全民所有制工业企业转换经营机制实施办法》,下放企业十四权,同时推进现代企业制度试点,加大股份制改革力度,确定现代企业制度试点企业9户,至1999年年底增至18户,已经全部完成公司制改造。股份制改革从1992年进行试点,1996年推进,到1999年年底,共设立规范的股份制企业645家,对中小企业已全部放开搞活。对宏观管理体制的改革,一是1994年市政府下发了实行分税制财政管理体制的决定,从1996年对县区实行了"以奖代补"办法,大力推进企业财务管理制度改革,初步形成了科学严密的税收征管体系和有效的征管机制。二是金融体制改革,转换人民银行职能,形成完善的金融组织体系。三是价格体制改革取得实质性进展。四是计划与投资体制改革取得成效。流通体制改革不断深化,到1999年年底,流通企业全部进行了改革,放开面达100%。社会保险体制改革步伐不断加快。

## 1993年

### 1月

4日,市委、市政府召开大会宣布本市住房制度改革实施方案及其配套政策。

### 5月

11日,经河北省体改委批准,全省最大的股份制商业企业之一——秦皇岛商城股份有限公司、秦皇岛最大的股份制工业企业——秦皇岛浮法玻璃股份有限公司相继组建。以此为标志,秦皇岛市股份制改革进度明显加快,并大步迈向新台阶。

### 6月

加大国合商业企业的改革力度。在国合商业中,广泛实行了亏损、微利的小型门店"改、转、租、包、卖",门店大包干责任制,国有较大商场引进个体经营机制,国有民营等形式的改革,以"四放活"为主要内容的改革在80%以上的国合商业企业中推开。(注:"四放活"改革,是指放活经营、价格、分配和用工为主要内容的改革)

### 7月

1—2日,中共秦皇岛市第七届委员会第六次全委(扩大)会议召开。市委委员、候补委员出席会议;市人大、政府、政协的党员副主任、副市长、副主席以及有关部门、单位负责同志列席了会议。会议的主要任务是:全面贯彻党的十四大和邓小平同志视察南方谈话精神;落实省委提出的建设经济强省的要求;集中精力,抓住机遇,加快发展,建设经济强市,进一步统一思想,更新观念,动员全市共产党员和人民群众,为建设经济强市而努力奋斗。会议审议通过了《中共秦皇岛市委关于进一步加强各级地方国家权力机关工作的决定》和《中共秦皇岛市委关于进一步加强政协工作，为建设经济强市充分发挥政协作用的意见》；修改完善了《市委议事规则》。会议强调，要按照新形势要求，抓好各项经济指标的调整；积极主动创造性地做好各项工作，逐步提高行政管理的科学化、规范化水平；加强督促检查和考核工作，推动各项工作的落实；各级领导要带头深入基层，联系群众，解决实际问题。

1日，市委作出《关于加强各级国家权力机关工作的决定》。《决定》指出，为全面贯彻落实党的十四大、八届全国人大和省八届人大一次会议精神，进一步改善和加强党对人大工作的领导，更好地发挥我市各级地方国家权力机关的职能和作用，推动我市改革和经济建设再上新台阶，特作出本决定。《决定》强调，继续提高全党和全社会特别是党员领导干部对人民代表大会制度的认识；保证和支持人民代表大会及其常委会依法行使职权；充分发挥各级人大常委会密切联系群众的主渠道作用；加强和改善党对人大工作的领导，支持和帮助各级人大常委会搞好自身建设。

同日，市委印发《关于进一步加强政协工作，为建设经济强市充分发挥政协作用的意见》。《意见》指出，各级政协组织高举爱国主义、社会主义旗帜，认真履行政治协商、民主监督职能和统一战线功能，积极工作，努力开拓，为维护社会的团结稳定，促进全市的改革开放、经济建设和社会发展作出了重要贡献。《意见》强调，要充分认识人民政协的重要地位和作用，增强做好新时期政协工作的使命感；依靠人民政协做好团结稳定工作，努力为建设经济强市创造良好的社会环境；围绕建设经济强市这一目标，充分发挥人民政协的政治协商、民主监督作用和智力优势；切实加强对政协工作的领导，努力完善共产党领导的多党合作和政治协商制度。

## 11月

4日，市委召开常委扩大会议，就深入学习《邓小平文选》第三卷进行座谈。

# 1994 年

## 1 月

26—27 日，中共秦皇岛市第七届委员会第七次全委会（扩大）暨全市经济会议召开。市委委员、候补委员出席会议，市人大、政协负责人，市纪委委员，各县区和市直各有关部门负责人列席会议。会议分析了 1993 年的经济形势，提出 1994 年经济工作要抓好的十个方面的重点工作，即围绕建立社会主义市场经济体制，大力推进各项改革；实施外向带动战略，促进全方位开放再上新台阶；大力发展农村经济，努力增加农民收入；以市场为导向，保持工业经济高速、高效发展；切实加强财贸工作，加快发展金融事业；合理增加固定资产投资，增强城市综合服务功能和经济发展后劲；放胆放手，发展个体私营经济；大力发展科技教育事业，切实把经济建设转到依靠科技进步和提高劳动者素质的轨道上来；坚持"两种生产"一起抓，扎扎实实做好计划生育工作；提高领导水平，创造性地开展工作。

## 2 月

22 日，在全国建设工作会议上，本市被国家建设部评为 1993 年度全国城市容貌环境结合整治优秀城市，并荣获河北省第一名。

## 6 月

11 日，秦皇岛热电厂正式改组为秦皇岛发电有限责任公司。该公司是全国电力企业最先转变的发电有限责任公司之一，标志着电力行业向现代化企业的制度迈出了第一步。

## 8 月

31 日，市政府召开全市现代企业制度试点工作会议。市委、市政府确定，从今年 9 月开始，利用一年半的时间，在中国耀华玻璃集团公司等 30 个企业进行建立现代企业制度试点工作。这标志着我市企业改革从偏重放权让利的政策调整阶段转向实施制度创新阶段。

## 9月

28日，本市土地交易市场正式开业，这标志着本市土地使用制度改革进入一个新阶段。

## 10月

12—13日，市委中心学习组召开学习会，深入学习、研讨《中共中央关于加强党的建设几个重大问题的决定》。会议认为，《决定》抓住了我国当前建设与发展中带有全局性意义和长远历史意义的核心问题。纯洁组织、整顿作风，根除腐败与涣散，是加强党建工作的根本所在。会议指出，党的建设是我们党永恒的、任何时候都不能放松的任务，只有坚持不懈地抓好党建，才能使我们的党、我们的国家永远立于不败之地。

## 12月

11—12日，中共秦皇岛市第七届委员会第八次全委（扩大）会议召开。市委委员、候补委员出席了会议，有关方面负责同志列席了会议。会议的主要任务是：传达贯彻党的十四届四中全会和省委四届八次全会精神，结合实际，研究制定全市进一步加强党的建设措施，把全市改革开放、经济建设和各项事业推向前进。市委书记陈来立在会上作了题为《认真贯彻党的十四届四中全会精神，努力把我市党的建设提高到新水平》的报告。市委副书记周卫东、菅瑞亭、张树仁分别宣讲了《中共秦皇岛市委工作条例》《关于进一步加强国有企业党建工作的意见》《关于加强农村基层组织建设的实施意见》，市委常委、组织部部长田树昌宣读了《关于进一步加强干部队伍建设的意见》，市委常委、宣传部部长冯首生宣读了《关于用三年时间在全市党员中开展有中国特色社会主义理论和〈党章〉学习活动的意见》。会议原则通过了陈来立所作的《报告》和《中共秦皇岛市委工作条例》等五个文件。会议要求，要结合实际制定《决定》的具体办法，按照《决定》精神把各级党组织建设好，把全体党员教育好，从而担负起团结和带领全市人民，加快改革开放和经济建设步伐的历史重任。

17日，市政府召开全市产权改革转机建制座谈会。会议提出，企业产权改革要以转换机制、活化资产、优化结构、促进社会生产力发展为目的，在推进改革中，始终要把搞活资产、搞活企业、搞活经济作为出发点和落脚点。

30日，市委、市政府召开全市小康建设工作会议。会议要求，全市各级各部门要把农业、农村和农民工作摆放在头等重要的位置，进一步提高认识，加大力度，齐心协力，共同加快农业和农村经济的发展，努力推进农村社会的全面进步，确保全市小康建设各项目标的如期实现。

# 1995 年

## 1月

1日，河北省人民政府批准秦皇岛市建立北戴河经济技术开发区，执行省级经济技术开发区的各项政策规定。北戴河经济技术开发区规划面积为4平方千米，起步区为1平方千米。

13日，全市乡镇企业家联合会举行年会。市委副书记张树仁出席了会议，对本市乡镇企业去年取得的成绩给予充分肯定，并向全市乡镇企业战线提出再造优势、二次创业、快速发展的要求。

## 2月

16日，河北省"八五"期间重点项目、省建材行业最大的中外合资项目——秦皇岛浅野水泥有限公司合同签字仪式在北京人民大会堂河北厅隆重举行。国务院副总理邹家华，河北省省长叶连松，我市党政领导及日方代表出席了签字仪式。

## 3月

3日，中共秦皇岛市第七届委员会第九次全委会议在迎宾大厦召开。市委委员、候补委员出席会议，市纪委委员列席会议。会议的主要任务是：传达河北省委组织部负责同志在全省组织工作会议上的讲话精神，讨论通过市委关于召开第八次党代表大会给省委的请示，拟定中共秦皇岛市第八次代表大会召开时间、代表名额、代表构成及选举办法，八届市委、市纪委组成原则及选举办法。市委书记陈来立主持会议。

23日，市委、市政府对1994年度发展高效农业获奖县区进行表彰。昌黎县获一等奖；卢龙县、抚宁县、北戴河区、海港区获二等奖；青龙满族自治县、山海关区获三等奖。

**4月**

4日，市委、市政府召开机构改革和推（试）行国家公务员制度动员大会，按照上级要求，安排部署市、县、区、乡（镇）机构改革和推（试）行国家公务员制度，动员广大党员、干部和职工以高度的政治责任感，切实搞好这两项工作。

20日，市委组织部、市委宣传部联合发出关于开展向孔繁森同志学习活动的通知。市委要求，各级领导班子和党员领导干部要对照孔繁森同志的事迹，开展"五查五看"，要通过普遍的学习宣传，在全市党员、干部中形成一个以孔繁森为榜样，学赶先进，争做好党员、好干部的良好风气。

**5月**

11—12日，中共秦皇岛市七届十次全委会议举行。会议原则通过了市委工作报告、市纪委工作报告和《秦皇岛市1995年至1997年精神文明建设三年规划》。市委书记陈来立主持会议。

23—26日，中国共产党秦皇岛市第八次代表大会举行。大会的主要任务是：紧紧把握全党工作大局，总结过去，开拓未来，进一步动员全市各级党组织和全体党员，发扬"团结、创新、务实"的精神，以高度的革命事业心和政治责任感，带领全市人民积极投身到现代化建设的伟大实践中来，把我市建成经济强市和精神文明强市。大会选举出中共秦皇岛市第八届委员会委员、中共秦皇岛市纪律检查委员会委员，通过了关于七届市委报告的决议和关于纪委工作报告的决议。

26日，中共第八届委员会在迎宾大厦举行第一次全体会议。会议选举出第八届常务委员会委员13名，选举市委书记1名，选举市委副书记4名。会议通过中共秦皇岛市纪律检查委员会第一次全体会议产生的常委、副书记、书记，通过了市委《关于向孔繁森同志学习做人民好公仆的决定》。新当选的市委书记陈来立在会上讲话。他强调当前要重点做好以下工作：

一是农业和农村工作要注意解决好粮食生产和增加农民收入的问题；二是工业经济要以调整结构、提高效益为中心，保持高速高效发展；三是对外开放工作要进一步加大招商力度，扩大招商领域，实现新的突破；四是正确处理改革、发展和稳定的关系，切实做好新形势下的稳定工作；五是抓好精神文明建设三年规划的落实；六是积极稳妥地实施党政机构改革和推（试）行国家公务员制度；七是加强暑期工作领导，确保暑期安全。

## 7月

20日，市委、市政府召开全市扶贫开发工作会议，要求各级党委和政府以强烈的政治责任感和紧迫感，行动起来，艰苦奋斗，扎实工作，确保本市扶贫计划如期实现，在20世纪末全部解决15万贫困人口的温饱问题。市委、市政府印发了《秦皇岛市1994年至2000年扶贫攻坚计划》，并且在会上安排34名市级领导、66个市直有关部门和23家大中型企业对口扶持联系点、对口帮扶特困村、贫困乡镇。

同日，从5月25日起，历时55天的桃林口水库汛前紧急移民工作圆满完成。青龙满族自治县三岔口、土台子、庄窠、前炕峪、山城子、南沟等6个村、2900余户、9600余人安全迁出，实现了"不淹一户，不死一人"的目标。

## 12月

28日，中共秦皇岛市八届三次全委会议召开。会议认真回顾了"八五"期间本市各项工作，研究和审议了全市国民经济和社会发展"九五"计划和2010年远景目标，部署了明年的工作任务。会议强调，"九五"时期的工作思路，概括起来为五句话，即弘扬一种精神，推进两个转变，实现三大战略，抓好四项建设，实现五个突破。会议要求，全市广大党员干部要进一步统一思想，振奋精神，动员全市人民为实现新的宏伟目标而努力奋斗。（注：弘扬一种精神，就是团结、创新、务实精神；推进两个转变是指，从计划经济体制向社会主义市场经济体制转变，从粗放经营向集约经营转变；实施三大战略，就是以港兴市、开放带动、科技兴秦战略；抓好四项建设，就是经济建设、党的建设、精神文明建设和民

主法制建设；实现五个突破，是指工业经济发展、农村经济发展、对外开放、城市建设、流通领域五个方面实现突破）

同年，全国科技大会召开，党中央作出了"科教兴国"的战略决策，把科教摆在优先发展的战略地位上。中共秦皇岛市委、市政府与时俱进，适时提出实施"科教兴秦"战略，促进科技教育与经济的紧密结合，在改革开放大潮中，始终把"科教兴秦"作为主体战略之一，强力推进。2004年全市以发展新兴产业和改造提升传统产业为重点，不断完善科技创新创业环境和条件建设。全年组织实施国家级和省级科技计划169项；新认定的省级高新技术企业45家，经省科技厅认定的有效期内的省级高新技术企业达74家，108个产品被认定为省级高新技术产品；全市拥有国家级技术中心2家，省级技术中心9家；有2项科技成果分获国家科技进步一、二等奖，15项获省级科学技术奖。教育改革继续深化，教育结构布局加快调整。全市现有14所普通高校，普通中学达到229所，小学810所，各类幼儿园124所，特殊教育学校5所。四县三区全部实现了"两基"目标，"普九"地区人口覆盖率达到100%。山海关综合高中被中央教科所授予"全国十佳职业教育创新单位"，成为河北省唯一获此殊荣的职业学校。

# 1996 年

## 2 月

2日，市委召开全市政治工作会议，传达贯彻全省政治工作会议精神，按照省委关于在全省实施加强和改善党群、干群关系的"鱼水工程"的决定，研究部署本市组织实施这一工程的各项任务。会上出台了市委《关于制定和实施"鱼水工程"，进一步加强党同人民群众联系的决定》。

## 5 月

18日，《文明秦皇岛人行为规范》卡发放仪式暨告别不文明行为，争做文明秦皇岛人万人签名活动在海港区文化路举行。市委号召全市人民要积极投身到"做文明秦皇岛人，建文明秦皇岛市"活动之中，从现在做起，从点滴做起，自觉地用《规范》中的"五爱""十要""十不"来约束自己的言行，人人争做文明秦皇岛人，人人参与塑造良好秦皇岛形象，人人为建文明秦皇岛市多作贡献。

## 6月

27日，全市放开放活国有小企业工作会议召开。会议提出，大胆探索，强化措施，全力推进本市小型国有企业产权制度改革。

## 7月

11日，市委召开八届四次全委（扩大）会议。会议学习了江泽民同志《坚定信心、加强领导、狠抓落实，加快国有企业改革和发展步伐》的重要讲话，研究和部署了下半年经济工作、党的建设、精神文明建设等各项工作。

# 1997年

## 1月

17日，秦皇岛市被命名为"全国双拥模范城"揭牌仪式举行。在由国家民政部、解放军总政治部命名表彰的130多个双拥模范城中，还评出10个成绩突出的城市，我市位居第三，仅次于北京、上海。

20日，市委、市政府召开全市农业产业化工作会议，进一步动员农村广大干部群众，深化认识，突出重点，协调联动，把全市农业产业化提高到一个新水平。

## 2月

25日，全市人民怀着沉痛的心情，收听、收看了邓小平同志追悼大会实况转播，纷纷表示，要化悲痛为力量，决心更加紧密地团结在以江泽民同志为核心的党中央周围，继承邓小平同志革命遗志，把建设中国特色社会主义伟大事业向前推进。

## 3月

27日,市委、市政府召开全市经济体制改革工作会议。会议提出,一是要突出企业改革这一重点,集中力量"抓大放小";二是要积极地推进社会保障制度改革;三是要积极推进流通体制改革;四是要深化国有资产管理、金融投资等宏观经济体制改革;五是深化农村经济体制改革,搞好搞活县域经济。

28日,市委、市政府召开全市创建"三讲"(讲学习、讲政治、讲正气)文明机关动员大会,要求创建文明机关,做人民满意的公务员。

## 6月

13日,市精神文明建设委员会召开全委会议。会议提出:以"做文明秦皇岛人,建文明秦皇岛市"为主线,深入开展创建文明城市、文明村镇、文明行业活动,全面推动社会公德、职业道德、家庭美德建设,进一步提高以社会风气、公共秩序、生活环境为主要标志的社会文明程度。

## 8月

6日,市委宣传部召开学习贯彻《中共中央关于进一步做好文艺工作的若干意见》座谈会。会议指出,广大文艺工作者要认真学习江泽民在第六次全国文代会、第五次全国作代会上的讲话,强化精品意识,实施精品战略。

15日,中共中央政治局委员、国务院副总理姜春云在市委书记陈来立、市委副书记张树仁的陪同下,考察了本市的农业产业化实体和大秋作物生长情况,走访了农户,看了农民新居,强调要积极稳妥地推进农工商一体化的产业化经营,大幅度提高农业经济效益,加快农民致富、奔小康和农村现代化的过程。

## 9月

25—29日,市委理论学习组集中学习党的十五大报告。与会领导结合全市实际,围绕经济发展这一主题,畅谈体会和意见。会议认为,把我们党的事业推向21世纪,关键在于坚持、加强和改善党的领导,进一步搞好党建工作，围绕新时期的中心任务和总目标，坚持党要管党、从严治党，从思想、组织、作风等各方面加强党的建设，为经济建设和思想文化建设提供坚强有力的组织保证；要按照中央精神，锲而不舍地抓好反腐败斗争。

## 11月

7日，市政协召开八届二十四次常委（扩大）会议，协商讨论《秦皇岛市1998—2000年社会主义精神文明建设规划》征求意见稿，提出切合我市实际的20多个方面的建议和意见。

## 12月

2日，市委召开常委会。会议讨论了《秦皇岛市1998—2000年企业改革规划》草案，予以原则通过并提交12月4日召开的八届七次全委（扩大）会议讨论通过。

4—5日，中共秦皇岛市八届七次全委扩大会议召开。全会审议并通过了《秦皇岛市1998—2000年社会主义精神文明建设规划》和《秦皇岛市1998—2000年企业改革规划》。

# 1998年

## 2月

12日，1998年全市经济工作会议召开。会议向全市人民发出"面对机遇和挑战，肩负起实现全市经济和社会发展第二次跨越的历史重任"的动员令。

27日，市委召开全市解放思想大讨论动员部署会议。会议提出，要以大讨论促进思想的大解放，以思想的大解放促进经济的大发展。

## 6月

21日，本市骨干水利工程——昌黎南石灌区工程全部竣工。"滦河三角洲"开发掀开了新的一页。

## 7月

16日,市委、市政府召开全市电视电话会议,贯彻落实中央提出的"收支两条线"规定。

## 8月

21日,市委、市政府召开党政联席会议。研究市开发区管委会提出的《关于进一步优化投资环境的建议》。会议认为,秦皇岛开发区经过十几年的建设,硬环境已经有了一定基础,但在软环境建设上还有差距,加强软环境建设,不但开发区内部要提高服务质量,而且全市有关部门都要增强服务意识。

## 10月

9—10日,市委、市政府召开全市"讲政治、顾大局、保增长、作贡献"活动汇报会。会议号召全市上下方方面面行动起来,形成保增长的整体合力,坚定信心,咬紧牙关,千方百计实现既定目标任务。

10月21日—11月2日,为了学习、借鉴南方经济发达地区个体私营经济发展的成功经验,进一步推动和促进本市个体私营经济的发展,市委、市政府组成以市委书记王建忠为团长的党政考察团,对浙江、福建和我省的部分市进行学习考察。考察团认为全市要认真吸收和借鉴南方发达地区以及保定、廊坊等个体私营经济发展的成功经验和做法,不等不靠,积极行动起来,结合各自的工作实际,以党的十五大精神和邓小平理论为指导,不断推动和促进本市个体私营经济加快发展,使之成为实现经济和社会发展第二次跨越重要的新的经济增长点。

## 12月

13—14日,中共秦皇岛市第八届委员会第八次全委(扩大)会议召开。市委委员、候补委员出席会议。有关方面负责同志列席会议。会议的主要任务是:部署1999年全市农业和农村工作,全面贯彻党的十五届三中全会和省委五届七次全会精神,加快全市农业现代化建设步伐,开创全市农业和农村工作新书面。会议审议通过了《中共秦皇岛市委关于加快农业现代化建设的意见》。《意见》明确了全市农业和农村工作的目标、任务，描绘了全市建设社会主义现代新农村的蓝图，提出了2010年初步实现农业现代化的宏伟目标。市委书记王建忠主持会议。

# 1999 年

### 1 月

5 日，在全国旅游暨"创建"工作会议上，本市成为全国第一批"中国旅游优秀城市"。

### 3 月

6 日，市滨海环境综合整治领导小组召开会议，讨论并原则通过了《秦皇岛市滨海环境综合整治方案》。

### 7 月

15 日，本市召开全市企业改革工作会议，要求进一步统一思想，提高认识，采取有力措施，加大企业改革力度，积极稳妥地打好改革攻坚战，使企业尽早焕发新的生机和活力，推动全市经济健康发展。

### 9 月

2 日，市委召开市级领导班子和领导干部"三讲"教育动员大会，传达贯彻中央和省委关于深入开展"三讲"教育的指示精神及全国地市厅局"三讲"教育工作电视电话会议精神，全面部署我市市级领导班子和领导干部"三讲"教育工作。市级四大班子和 27 名市级领导，按照中央和省委关于"三讲"教育的指导思想、目标任务、基本原则和方法步骤，认真地抓好"三讲"教育各项工作，确保市级"三讲"教育扎实推进不走过场。一是及早动手，认真做好各项准备工作；二是广泛发动，狠抓学习提高；三是反复征求意见，诚恳接受干部群众批评。

## 11月

28—29日,市委召开第八届第九次全委(扩大)会议。会议讨论并原则通过了《关于我市国有经济布局调整和国有企业改组的实施意见》《关于规范企业产权出售若干问题的意见》和《建立市级国有资产管理、监督、营运体系和机制的意见》3个文件。

## 12月

31日,由中国2000年委员会组织的"世纪守望·巨龙传声·中国2000年庆典"在山海关举行。

# 2000年

## 1月

8日,市委、市政府印发《关于加快教育事业发展的决定》。

12日,在北京召开的全国双拥模范城命名大会上,秦皇岛市又一次荣膺"全国双拥模范城"称号,实现了两连冠。

## 2月

18日,市科技投资公司、市行政事业国有资产经营公司、市城建投资有限公司宣告成立。这标志着秦皇岛市国有资产管理体制改革迈出了实质性步伐。

## 3—7月

开展县级领导班子和领导干部的"三讲"教育活动。全市共有158个单位和1032名县级干部参加了"三讲"教育活动。市委分别于3月13日和5月22日组织召开了动员大会,对县级"三讲"教育作出了安排部署。通过个别谈话、召开座谈会、单独设置征求意见箱、开通专线电话等形式,广泛听取群众意见,并实事求是地向领导班子和班子成员进行反馈。11月下旬,又组织了县级"三讲"教育回头看活动。通过学习提高、自查自纠、听取意见、深入整改4个阶段,巩固了"三讲"教育成果。

## 5月

25日，市委提出《关于认真学习江泽民总书记"三个代表"重要讲话的安排意见》。

## 7月

4—27日，省"三讲"教育检查组通过听取汇报、深入基层调研，对秦皇岛市市级"三讲"教育"回头看"活动及县级"三讲"教育的整改工作给予充分肯定。

## 9月

1日，中共中央总书记江泽民为燕山大学亲笔题词："办好燕山大学，培养高素质人才。"

同日，"八五""九五"期间水利部、河北省重点建设项目——桃林口水库一期工程举行竣工典礼，并正式投入运行。

## 11月

11月30日—12月1日，中共秦皇岛市委第八届第十次全委（扩大）会议举行。会议讨论并审议了《中共秦皇岛市委关于制定国民经济和社会发展第十个五年计划的建议（草案）》。

## 12月

29日，全市乡镇企业工作汇报会召开。会议提出，乡镇企业要进一步调整产业、产品、组织结构，优化布局结构，大上二、三产业，重点扶持龙头企业，促进其扩大规模，提高产品质量，增强市场竞争能力和抗风险能力；深化改革，引导已改制企业不断完善企业经营机制，全面提高企业的经济效益；搞好小城镇、工贸小区的规划和建设，以此为契机带动乡镇企业快速发展。

# 2001 年

## 1 月

5 日，市委、市政府召开全市经济工作会议。会议提出，2001 年经济工作的总体要求是：围绕财源扩大、企业提效、居民和农民增收，以体制创新、管理创新为动力，以优化经济环境、激活投资主体、加强项目建设、培育新的增长点为重心，在扩大开放和积极调整中加快发展。

20 日，市委提出《关于全市农村"三个代表"重要思想学习教育活动的实施方案》。《方案》包括四方面的内容：一、学习教育活动的指导思想和应该把握的原则。二、学习教育活动应达到的基本要求。三、学习教育活动对象、总体安排和方法步骤。四、学习教育活动的组织领导。

## 2 月

5 日，全市"三讲"教育总结暨农村"三个代表"重要思想学习教育动员大会召开。会议决定用两年左右的时间，在县区部门、乡镇、村领导班子和基层干部中开展"三个代表"重要思想学习教育活动。

8—9 日，省委副书记刘德旺到卢龙县刘家营乡薛家庄和卢龙镇赵庄子村调研并参加了卢龙县"三个代表"重要思想学习教育活动动员大会。

9—10 日，省委书记王旭东就党的十五届五中全会、省委五届九次全会和全省经济工作会议精神贯彻落实情况来秦皇岛市调研，王建忠等市领导陪同调研。

## 3 月

2 日，市文明委全委（扩大）会议召开。会议提出，创建全国文明城市工作先进市必须健全完善机制，形成齐抓共管、协调联动的工作格局；要学会运用市场机制筹集资金，确保创建工作有可靠的资金保障；要在全市形成文明委统一领导，主要领导亲自抓，各方面分工负责的创建格局。同时要大力宣传典型，形成人人为创建全国文明城市工作先进市作贡献的热潮。

## 4月

1日，秦皇岛市正式实施《秦皇岛市行政审批制度改革暂行规定》及行政审批事项改革方案。

3日，秦皇岛市开展"弘扬爱国主义精神、追寻革命先烈遗迹"教育活动，5000多名大中学生来到李大钊革命活动旧址，在国旗下宣誓。

19日，市政府提出《关于提高政府机关开展行政效能监察的实施意见》。《意见》提出，要从建立勤廉兼优，运转高效的机制入手，结合执法队伍的整顿，紧紧抓住影响全市经济发展的突出问题和主要矛盾，强化监督检查，深化源头管理，促进依法行政，有效治"贪"、治"梗"，提高执法部门和行政管理部门的办事效率、服务质量和服务水平，为全市经济发展、深化改革和社会进步提供强有力的保证。

28日，市政府提出《关于进一步加强公务员队伍建设的意见》，意见强调要重点强化五个机制，即强化竞争激励机制、强化廉政约束机制、强化民主监督机制、强化培训机制、强化新陈代谢机制。

## 5月

10日，"2001河北省世界文化遗产游"全国百强旅行社联谊会在秦皇岛首站启帷。来自全国25个省、市、自治区39个城市的200多名旅行社负责人和20多家新闻媒体的记者观看了秦皇岛旅游风光片；听取了秦皇岛市新开辟的精品旅游线路介绍，考察了山海关老龙头、天下第一关等旅游景区。秦皇岛市30家旅行社与114家旅行社共签订组团协议53项。

24日，全市市场经济建设工作会召开。会议提出，"十五"期间坚持市场体系建设与城镇化、调整结构、对外开放、发展个体私营经济相结合的原则，突出"大、专、精"，即着力发展大型骨干市场、专业批发市场、精品市场和特色市场。

28日，秦皇岛市行政审批中心挂牌运行。市计委、经贸委、建委、人事局等24个部门首批入驻中心，334个审批项目即日起在行政审批服务中心办理。

## 7月

5—8日，中共秦皇岛市第九次代表大会举行。大会选举产生了中共秦皇岛市第九届委员会委员、候补委员；选举产生了中共秦皇岛市纪律检查委员会委员。大会审议通过了八届市委工作报告等文件。

11日，省委书记王旭东，省委常委、省政法委书记冯文海，河北省公安厅厅长俞定海带领省直有关部门负责同志到北戴河检查维护稳定和社会治安综合治理工作，听取秦皇岛市关于维护稳定和社会治安综合治理工作汇报，并深入实际调查研究。市领导王建忠、周卫东等陪同检查。

## 8月

8日，中共中央政治局委员、国务院副总理钱其琛在河北省省长钮茂生、国家旅游局副局长张希钦、秦皇岛市委书记王建忠陪同下到青龙祖山风景区考察旅游工作。钱其琛指出，要加快旅游业发展，搞好旅游资源开发，加强旅游基础设施建设，把旅游业培育发展为重要的支柱产业。

22—23日，省形象建设检查组先后深入海港区、山海关区、北戴河区，重点考察道路改造、城区绿化和景区建设。检查组认为，秦皇岛确定了生态型、国际性、现代化工业港口旅游城市的发展目标，体现了特色和优势。在狠抓规划的前提下，精心谋划，部署得当，海港区视野开阔，规划有序，北戴河区是景色怡人的滨海旅游区，山海关区是古朴庄重的历史文化名城，这三个城区构成了秦皇岛独具特色的旅游城市形象。

28日，市委、市政府召开国有大中型企业"三讲"学习教育活动动员大会。会议提出，在"三讲"学习教育活动中，要坚持高标准、严要求，不走过场，坚持"边整边改"的精神，对"热点""难点"问题，要认真梳理，能解决的问题尽快解决，一时难以解决的要向职工群众说明情况并制定切实可行的措施，逐步加以解决。要根据各个企业自身的实际，什么问题突出就解决什么问题，不能搞"一刀切"。对于"三讲"学习教育活动中发现问题比较多、群众意见比较大、经考察不宜继续担任领导职务的，要果断地予以调整。

31日，市委召开"学习江泽民主席《复信》精神，做文明秦皇岛人，树文明秦皇岛形象"座谈会。2001年5月30日，美国游客迈克·奥谢伊致函国家主席江泽民，介绍了他携家人和学生到中国旅游的美好经历，并对山海关出租车司机的热情接待和优质服务给予了高度评价。8月1日，江泽民主席复函迈克·奥谢伊，欢迎他以及其他美国朋友多到中国来。与会代表和各界代表，共同研究、探讨如何以学习江泽民主席《复信》精神为契机，在全市开展"做文明秦皇岛人，树文明秦皇岛形象"的大讨论，推动全市掀起精神文明建设新高潮。

## 9月

27日，市委、市政府召开全市创建环境保持模范城市动员大会。会议提出：全市两年内、北戴河区一年内达到省内环保模范城标准，三年内全市达到国家环保模范城市标准。会上，出台了《秦皇岛市创建环境保护模范城市实施方案》。

## 10月

8日，市委理论中心学习组全体成员学习座谈《中共中央关于加强和改进党的作风建设的决定》。与会人员一致认为，《中共中央关于加强和改进党的作风建设的决定》代表了全党的强烈要求，表达了全国人民的迫切愿望，贯穿了"三个代表"重要思想，是新世纪党的建设的行动指南。

## 11月

2日，市委、市政府为荣获"人民满意的公务员集体"的市物价局举行表彰大会。会议要求，公务员要提高三种能力：政治鉴别与抵制腐朽思想侵蚀的能力、依法行政的能力、创新能力；要加强五个方面的作风建设：在思想作风上，带头坚持解放思想、实事求是的思想；在学风上，要向书本学习，向先进学习，坚持学以致用，理论联系实际；在工作作风上，要带头坚持密切联系群众；在领导作风上，要坚持民主集中制原则；在生活作风上，坚持艰苦奋斗、廉洁自律。

## 12月

12—17日，在全市"洁美绿"工作会议上，市委、市政府公布了《秦皇岛市关于城市绿化工作的实施意见》。

# 2002 年

## 1 月

14 日，中共秦皇岛市委员会九届三次全会（扩大）会议召开。会议审议通过了《中共秦皇岛市委关于任用县区党政正职在全委会实行表决的规定（试行）》等文件。

16 日，市委提出《关于贯彻落实公民道德建设实施纲要的意见》。《意见》提出：一、充分认识《纲要》的内涵和重要意义，掀起学习宣传《纲要》的热潮。二、积极推进公民道德建设工作，努力营造良好的社会氛围。三、切实加强领导，确保道德建设各项工作任务落到实处。

24 日，市委、市政府召开全市开放工作会议，在全面分析对外开放形势的基础上，提出 2002 年全市对外开放的总体要求：进一步解放思想，抢抓发展机遇，努力开拓创新，优化投资环境，扎扎实实工作，以招商引资的现实成果推动全市经济的快速发展。会议提出 2002 年全市对外开放的主要任务和目标：实施"5111"工程，实现"1128"目标。"5111"工程，即建立 500 万元以上的奖励基金，委托 100 家国内外中介机构和招商人员，谋划 100 个有吸引力的项目，与 100 家国内外知名公司和企业建立紧密的合作关系。"1128"目标是：全年利用外资 1 亿美元，引进省外资金 12 亿元人民币，外贸出口增长 8%。

## 4 月

17 日，全市开展"两为两树民主评议行风"活动动员会。会议强调，要切实解决好两个方面的问题：一是本地本部门存在的影响经济发展环境的主要问题；二是人民群众密切关注的热点、难点问题。

18 日，市委发出《关于开展市级领导"下厂、进校、走村、入户"活动的通知》。《通知》要求市级领导要按照中央提出的"转变作风年""调查研究年"和省委的有关指示精神，在近期集中时间、集中精力，深入开展"下厂、进校、走村、入户"活动。深入基层，深入群众，转变作风，谋划发展，进一步密切党群干群关系，推进全市各项工作目标任务的落实。

## 6月

28日，市委召开全市农村"三个代表"重要思想学习教育活动总结表彰大会。会上，对农村"三个代表"重要思想学习教育活动先进单位和优秀个人进行了表彰。会议强调，要深化"三级联创"活动，建立健全党组织领导下的村民自治运行机制，为农村改革、发展、稳定提供更加坚强的政治和组织保证。

## 11月

22日，市委发出《关于认真学习贯彻党的十六大精神的通知》。《通知》要求：一、充分认识学习贯彻十六大精神的重大意义。二、全面准确把握十六大精神。三、采取多种形式学习贯彻好十六大精神。四、要以十六大精神为指导推动当前工作。五、切实加强对学习贯彻十六大精神的领导。

同年，秦皇岛市、县、乡机构改革自2001年11月全面启动，到2002年7月底全部完成，8月15日通过省机构改革检查验收组的验收。通过改革，市级党政机关由改革前的65个精简为48个；市直属事业机构由改革前的13个精简为8个。精简后，全市行政编制由8685名减为7084名；全市75个乡镇、财政供养事业编制由2468名精简为1956名。

# 2003年

## 1月

历时两年的第一期第一批国债解决青龙满族自治县农村饮水解困项目工程通过省联合检查组验收。这个项目解决了112个自然村、4万余人吃水难的问题。

## 3月

18日，市委书记宋长瑞，市委常委、组织部部长马誉峰去北戴河医院探望带领群众勤劳致富的好公仆、北戴河区刘庄村党总支书记刘明然。

## 4月

10日，市委、市政府召开全市争创全国文明城市暨市容环境综合整治百日行动动员大会。会议印发了《秦皇岛市争创全国文明城市实施方案》《秦皇岛市市容环境综合整治实施方案》。

18日，市委召开深入开展"树正气、讲团结、求发展——学、转、促"干部教育活动动员大会。

21日，市委、市政府召开全市防治非典型性肺炎工作电视电话会议。会议要求各级各部门：第一，要切实做好疫情监测，实行日报、零报制度，将不得瞒报、漏报、迟报作为一条纪律来执行；第二，要切实做好消毒预防，对疑似病人的居室、生活环境和医院的重点部位以及场所进行必要的消毒，减少传染性疾病的发生；第三，要切实做好患者救治工作，开辟抢救绿色通道，不得以任何借口和理由推诿、拒收、拒治患者；第四，要切实强化应急处理机制，一旦发现非典型性肺炎或疑似病例，要做到行动迅速、措施果断、有效控制；第五，要切实加强宣传教育，使广大群众明白非典型性肺炎可防、可治、可控，消除误解和疑虑。

23日，市委、市政府召开防治"非典"工作紧急会议。会议传达了省委书记白克明在省党政军主要负责同志参加的会议上的讲话，要求采取果断措施，以临战状态，把防治"非典"工作想细、做实，打赢这场战役。

30日，秦皇岛市防治非典型性肺炎工作领导小组会议召开。会议讨论通过了《秦皇岛市防治非典型性肺炎工作领导小组关于非典型性肺炎重大疫情紧急预案》《秦皇岛市防治非典型性肺炎工作领导小组关于传染病疫情重点区域隔离控制工作方案》等文件。

## 5月

1日，来自市三院、港口医院、人民医院等医疗战线的300多名医务人员举行宣誓仪式。市委副书记聂瑞平出席宣誓仪式并对医务人员在防治"非典"战役中表现出的"舍小家、顾大家，勇于牺牲，不怕困难"的崇高精神给予高度赞扬。

3日，市委书记宋长瑞率慰问团将价值56万元的生活物资和防"非典"物品送往北京，支援正在与"非典"进行斗争的北京人民。

29日，河北省人民政府下发《关于秦皇岛经济技术开发区扩大规划面积区域范围的批复》，批准秦皇岛经济技术开发区扩大规划面积81平方千米。

同日，市委、市政府召开全市农村税费改革会议。

30日，中共秦皇岛市委九届四次全委会议召开。会议讨论通过了《关于在全省率先实现全面建设小康社会目标的决定》。

## 6月

4日，市委、市政府召开防治非典型性肺炎电视电话会议。会议要求，全市各级各部门要贯彻落实全省防治非典型性肺炎电视电话会议精神，一手抓抗"非典"，一手抓快发展，打好防治"非典"第三战役——巩固成果保卫战。

11日，市委召开落实省委书记白克明来秦调研重要讲话精神情况汇报会。市委书记宋长瑞在会上强调，各级各部门要逐条研究、认真落实，抓好信息及高新技术产业发展、城市规划调编、国企改革、地港协调发展、市容环境综合整治、物流基地建设等六方面工作，实现秦皇岛经济跨越发展。

## 7月

7日，市委、市政府召开农村实施"强村工程"电视电话会议。会议提出，实施"强村工程"，必须坚持突出重点，整体推进。要选好配强农村党支部班子，要努力建设一支高素质的农村干部党员队伍，要加快推进农村特色经济发展，要坚持农村三大文明并举。

## 10月

12日,秦沈客运专线正式开通。线路于1999年8月开始建设,2004年6月竣工,是一条以客运为主的双线电气化铁路,设计速度达200千米/小时。这标志着中国第一条快速客运专线正式运营。

## 11月

7日,全市开展"驻千村、访万户、帮民富、解民忧,推进农村小康建设"活动,利用冬季两个月的时间,从市、县、乡三级选派5000名干部驻村,着力解决农村最基层的矛盾和问题,力促农民增收、农业发展、农村稳定。2004年5—7月,又组织4000多名干部深入基层继续开展这项活动。两次组织9000多名市、县、乡三组党政干部组成工作队深入全市2187个行政村,在全市开展了两期"驻千村、访万户、帮民富、解民忧,推进农村小康建设"活动。在活动中,全市各级各部门领导高度重视,精心组织,科学谋划,靠前指挥,广大干部精神饱满、目标明确、工作扎实、圆满完成了预期和各项目标任务。这次活动的主要成效是:一是通过学习和宣传,使"三个代表"重要思想更加深入民心。二是村级基层组织建设进一步加强。全市有348个村"两委"班子得到健全和协调,新修和维修"两室"2640间,完善各种制度6600条,有效地增强了农村"两委"班子的凝聚力和战斗力。三是农村经济发展和农民增收致富步伐加快。据不完全统计,驻村工作队帮助引进经济发展项目372个,投入资金4417万元,谋划经济发展思路6000多条,为农村发展和农民增收注入了新的活力。四是群众的热点难点问题得到一定程度的解决。驻村工作队帮助新修和平整道路2072千米,架桥142座,打井1248眼,解决各种矛盾纠纷2000余起。五是"两讲一建""文明生态村""强村工程建设"取得重要成果。通过系列工作,驻村村容村貌发生很大变化,村民精神风貌发生明显改变。六是进一步密切了党群、干群关系,培养和锻炼了广大下派干部。

## 12月

9日,全市再就业工作会议召开。会议要求,全市各级党委和政府要按照中央经济工作会议精神,把促进就业再就业工作放在突出位置,实施积极的就业政策，把深化改革、促进发展、调整结构和扩大就业有机结合起来，努力改善创业就业环境，推动全市就业再就业工作再上新台阶。

18日，市委召开九届五次全会，主题是加强党的建设，特别是加强领导班子建设和干部队伍建设，深入推进民主集中制建设，为加快秦皇岛发展提供坚强的组织保障。会议通过了《秦皇岛市委关于高扬"树正气、讲团结、求发展"的主旋律，进一步加强领导班子和干部队伍建设的决定》等文件。

# 2004年

## 1月

31日，全市学习贯彻1月20—21日胡锦涛总书记在河北省张家口视察工作时的重要讲话精神广播电视大会在市广电中心召开。

## 2月

5日，市委、市政府印发《秦皇岛市人民政府机构改革方案》，组建秦皇岛市人民政府国有资产监督管理委员会。

10日，全市机构改革工作会议召开。此次秦皇岛市新一轮政府机构改革的正式启动，将实现政府由以往的权力管理型向以市场为导向的服务型转变，由全能、无限政府向责任、有限政府转变。调整和整合后的市政府工作部门为32个，议事协调机构2个，直属事业机构8个。

18日，市委九届六次全委会议召开。会议审议通过了《市委、市政府关于2004—2007年实施十项民心工程的决定》。

26日，市委、市政府印发《秦皇岛市创建国家卫生城市、国家环境保持模范城市和全国文明城市工作先进市实施方案》和《秦皇岛市2004年市容环境综合整治百日行动城市环境建设"十项工程"实施方案》。

## 3月

1日，市委、市政府在市工人文化宫召开"三城同创"暨市容环境综合整治百日行动大会，动员全市上下积极行动起来，大力开展争创国家卫生城市、国家环保模范城市、全国文明城市工作先进市活动，为秦皇岛市率先发展创造更加有利条件。

**5月**

19日，市委、市政府召开创建文明生态村工作会议。会上出台了《秦皇岛市创建文明生态村规划》。

**11月**

30日，市委九届七次全体会议召开。会议审议通过了《市委关于加强全市党的建设提高执政能力的意见》和《市委关于加强和改进全市党的基层组织建设巩固党的执政基础的意见》。

**12月**

20日，市委、市政府作出《关于加快城市化进程的意见》。《意见》提出：以2005年、2007年、2020年为三个实施阶段，逐步形成以经济发达、功能完善的沿海城镇带，实力雄厚、设施齐全的县城，布局合理、发展有序的建制镇为主体、层次分明的带状扇形城镇结构体系，把秦皇岛市建设成园林式、生态型、现代化的滨海名城。

同年，国家统计局城调总队发布了全国综合实力百强城市排行榜，秦皇岛市的综合实力位居全国第29位。

# 2005年

**1月**

7日，市委、市政府召开全市县级领导干部大会。市委书记宋长瑞主持会议。他指出，各级各部门要围绕"一个主题""三个重点"做好有关工作，一个主题即采取得力措施，确保全市人民过上一个"欢乐、祥和、文明、稳定"的新春佳节。"三个重点"即更加关注困难群体、更加强化社会稳定、更加注重安全生产。

31日，市委召开保持共产党员先进性教育活动动员大会，对全市保持共产党员先进性教育活动进行部署。市委对这次集中教育活动的总体要求是：认真落实中央和省委要求，高度重视，周密组织，精心指导，联系实际，务求解决实际问题。通过教育活动，达到"311目标"，即"三提高"：提高党员的先锋模范作用，提高党组织的创造力、凝聚力和战斗力，提高加快发展、富民兴秦的水平；"一高扬"：进一步在全市高扬"树正气、讲团结、求发展"的主旋律；"一真正"：真正把党管好，把秦皇岛的事情办好。这个活动共分三批进行，分别于2005年上半年、2005年下半年、2006年上半年进行。第一批先进性教育在市直机关及有关部门中进行的，参加的单位共有88个，党组织2404个，党员34054名；第二批先进性教育活动是在乡镇、街道社区、城市区农村、国企和"两新"组织中进行的，参加的单位有1434个，党组织3642个，党员78034名；第三批先进性教育活动是在抚宁、昌黎、卢龙、青龙四个县农村中进行的，参加的基层党组织有2166个，党员74135名。这次活动，紧紧抓住实践"三个代表"重要思想这条主线，树立和落实科学发展观，突出"关键是取得成效"和"真正成为群众满意工程"这两个重点。教育活动共分为学习动员阶段、分析评议阶段和整改提高阶段等三个阶段进行。全市保持共产党员先进性教育活动开展一年多来，达到了预期目的，取得了突出成效，主要表现在：一是党员素质有明显提高；二是基层组织建设明显加强；三是服务群众明显改善；四是各项工作明显推进。

## 3月

9日，市委召开常委扩大会议，专题研究全省保持共产党员先进性教育活动电视电话会议精神的落实工作，并决定从现在起，各级各部门都要进行再动员、再安排、再部署，通过七查七看，实现七促进，将先进性教育活动进一步引向深入。

23日，本市在北京人民大会堂召开由《人民日报》、中央电视台等多家媒体参加的"北戴河（北京）招商项目暨魅力四季新闻发布会"，推出以"运动之春、浪漫之夏、时尚之秋、休闲之冬"为主题的四季游项目。

## 4月

13日,省委常委、统战部部长陈秀芳来本市检查党员先进性教育工作。陈秀芳指出,秦皇岛市的第一阶段活动严格按照中央、省委的规定动作进行,坚持"七查、七看、七促进",确保了学习内容、覆盖面和效果,营造了浓厚的学习教育氛围。分析评议阶段呈现了四个特点:一是领导重视程度高;二是工作超前意识强;三是坚持学以致用;四是分三个层次征求意见,体现了一个"广"字。

21日,市领导宋长瑞、周卫东等到山海关调研。市委书记宋长瑞要求:"古城保护开发造福当代、惠及子孙,既是经济开发项目,也是旅游发展项目,有关部门要通力协作,大力推进山海关古城开发。"

30日,市委召开九届八次全会,分析县(区)域经济发展面临的新形势,理清发展思路,明确目标任务,创新政策举措,动员全市上下进一步统一思想,提高认识,开拓进取,埋头苦干,开创全市县(区)域经济发展的新局面。

## 5月

17日,市委、市政府召开全市创建文明生态村工作再动员广播电视大会。会议提出,全市上下同心协力,扎扎实实地把创建活动向广度和深度推进,确保首批341个创建村"三化"建设完全达标,确保年内农村环境发生新的更大变化。会议要求,当前要集中力量抓好四个方面工作:一是努力把创建工作向广度推进,进一步扩大创建覆盖面;二是突出工作重点,狠抓首批创建村全面达标,力促创建活动向纵深推进;三是进一步落实政府扶持、社会帮建,形成强大的创建合力;四是坚持以人为本,全面落实经济发展、民生健全、精神充实、环境良好的创建内涵,努力做到经济发展有实招、民主健全有措施、精神充实有载体、环境良好有标准。

26日,本市荣获2001—2004年全国社会治安综合治理优秀地市奖,实现"三连冠",捧回全国社会治安综合治理最高奖——"长安杯"。全国19个城市获此殊荣,河北省仅秦皇岛获奖。

## 6月

5—7日，在宋长瑞、营瑞亭等市领导陪同下，省委常委、宣传部部长张群生到开发区、北戴河区、海港区、山海关区，走村入户实地调研本市创建全国文明城市工作先进市、创建文明生态村和山海关古城保护开发工作，并就相关情况进行详细座谈。在听取市委书记宋长瑞关于本市相关情况汇报后，张群生指出，秦皇岛市委、市政府切实发挥一线城市的引领作用，各项工作保持了蓬勃发展的良好势头，宣传思想工作出现了可喜的"三个深刻变化"：一是工作思路清晰，城乡文明程度有了深刻变化；二是作风务实求真，干部群众精神面貌有了深刻变化；三是指导思想发生变化，对树立和落实科学发展观有了更深刻的理解。他要求进一步重视并加强改革开放中的宣传思想工作，加强基础文化设施建设，打造具有较高文化含量的特色品牌，把秦皇岛建设成中国北方的绿色之城、和谐之城、活力之城、魅力之城，成为一个生态型、国际型、现代化的休闲旅游城市。

20日，全省第一批先进性教育活动总结电视电话会议结束后，市委召开第一批先进性教育活动总结大会。市委书记宋长瑞总结先进性教育有五个特点：一是坚持思想先行，周密组织部署，确保了教育活动迅速、及时、到位；二是坚持联系实际，适时明确思路，确保了教育活动健康有序推进；三是坚持领导带头，发挥表率作用，确保了教育活动有声有色展开；五是坚持重在实效，边学边议边干，确保了教育活动取得实在成果。他提出，要巩固和扩大先进性教育活动成果，以先进性教育活动为契机，实现秦皇岛更快更好地发展。

## 7月

7日，在全省保持共产党员先进性教育活动电视电话会议结束后，本市召开第二批先进性教育活动动员大会，对教育活动进行安排部署。会议指出，要充分借鉴第一批先进性教育活动的成功经验，紧紧抓住学习实践"三个代表"重要思想这条主线，牢固树立"关键是取得实效"和"真正成为群众满意工程"的指导思想，切实做到"六个始终坚持"：始终坚持学习提高不放松，始终坚持领导干部发挥带头示范作用，始终坚持边学边改，始终坚持开门搞教育，始终坚持解决突出问题，始终坚持教育活动与当前工作两不误、两促进。

## 8月

25日，第29届北京奥运会组委会工作组对本市奥运会组织机构建设及工作进展情况进行考察，认为本市的奥运会足球分赛场的场地设施已经基本达标，下一步需要在市民素质和精神文明建设上下功夫，营造"人人为奥运，人人是形象"的社会氛围。

## 10月

12日，市委先进性教育活动领导小组召开全市先进性教育座谈会，相关各单位交流汇报了本市第二批先进性教育活动的进展情况。会议认为，第二批先进性教育活动领导重视，部署周密，措施到位，运行良好，达到了预期目的。

## 12月

29日，市委召开九届九次全体会议。会议对"十一五"发展和明年工作作出全面部署。会议审议通过了《中共秦皇岛市委关于制定国民经济和社会发展第十一个五年规划的建议》《中共秦皇岛市委关于建设"绿色、和谐、活力、魅力秦皇岛"的意见》。

# 2006年

## 2月

7日，市委召开常委会。会议听取并原则通过了准备提请市十届人大四次会议审议的《政府工作报告》，讨论并原则通过了《秦皇岛市国民经济和社会发展第十一个五年规划纲要（讨论稿）》，原则同意《关于加快建设绿色秦皇岛的实施意见》等文件。

## 3月

2日，本市召开县域经济发展暨项目建设工作会议。会议指出，以最大的合力、最大的决心、最大的韧劲，推动项目建设、县域经济发展两大支撑点的大突破、大发展，以此来活跃经济工作全局，确保"十一五"起步快、开好局。

15—17日，省委书记白克明来秦调研。期间，考察了山海关古城保护开发工作和港口建设、重点项目建设以及行政服务中心建设等情况，听取了市委书记宋长瑞关于秦皇岛市重点工作的汇报，就秦皇岛如何加快发展、率先发展、协调发展，在环渤海经济圈中发挥重要作用与市领导进行交流。

## 4月

10日，中共中央政治局常委李长春与中宣部常务副部长吉炳轩、文化部副部长周和平、广电总局副局长张海涛等一行，在省委书记白克明，省委常委、宣传部部长赵勇，省委常委、秘书长张力和省直有关部门负责同志以及市领导宋长瑞、菅瑞亭等陪同下，先后考察市行政中心、山海关古城保护开发工程、山海关新建村文明生态村建设、经济技术开发区旭硝子汽车玻璃有限公司、海湾安全技术有限公司，充分肯定党的十六大以来秦皇岛发展建设取得的显著成绩，对加快山海关古城保护修复、进一步完善行政服务中心建设、走好文明生态村建设的路子、加强企业自主创新等作出重要指示。

21日，省委先进性教育巡回检查组结束对本市为期五个多月的巡回检查，与本市交换意见。检查组认为，秦皇岛市各级党组织扎实有效地开展了先进性教育活动，达到了中央提出的"提高党员素质、加强基层组织、服务人民群众、促进各项工作"的目标要求，有力推动了农村各项事业的发展。

## 7月

10—12日，中国共产党秦皇岛市第十次代表大会举行。大会审议通过了《中国共产党第十次代表大会关于九届市委工作报告的决议》等文件，选举出中共秦皇岛市第十届委员会委员、候补委员，以及中共秦皇岛市纪律检查委员会委员。

13日，中共秦皇岛市第十届委员会举行第一次会议。会议选举产生11名市委常委、1名书记、3名副书记。会议通过了中共秦皇岛市纪律检查委员会第一次全体会议选举产生的领导人选。

## 9月

6—15日，由市委书记宋长瑞任团长，市委副书记王志欣，市委常委、常务副市长马誉峰等任副团长的本市学习考察团，赴山东、江苏、河南、河北等省直机关5个市、县及50余处园区、企业等单位实地学习考察。考察团边走边看边学边议，达成共识：状态是发展第一助力，项目是发展第一抓手，园区是发展第一载体，规划是发展第一要素，工业是发展第一方略，企业是发展第一主体，环境是发展第一竞争点，富民是发展第一导向。

22日，市委召开全市领导干部大会，传达省委关于本市主要领导的调整决定。邯郸市原市长王三堂同志任中共秦皇岛市委委员、常委、书记；因工作需要，宋长瑞同志不再担任中共秦皇岛市委书记、常委、委员，调任保定市委书记。

## 10月

11日，市委书记王三堂一行到北戴河区调研。王三堂强调，服务暑期，发展自己；发展自己，服务暑期。北戴河区要借助暑期发展自己，壮大经济总量，提升暑期服务质量，高起点规划、高标准建设、高效率投入、高水平管理，把北戴河区打造成为环境优美、经济繁荣、功能完善、社会和谐的世界一流名区。

## 12月

14日，大连市政府副市长邢良忠与秦皇岛市政府副市长刘辰彦共同签署《大连市人民政府、秦皇岛市人民政府关于发展服务外包产业战略合作协议》。

# 2007 年

## 1 月

12 日，全市政法会议总结去年政法工作，研究部署今年和今后一个时期的政法工作。市委常委、市委政法委书记杨泰安要求各级政法部门要努力营造五个环境：一是加强新形势下对敌斗争，坚决维护国家安全，努力营造安定的政治环境；二是正确处理和化解人民内部矛盾，切实维护人民群众切身利益，努力营造稳定的社会环境；三是认真履行服务第一要务职责，维护市场经济秩序，努力营造有序的经济发展环境；四是大力加强社会治安防控体系建设，努力营造良好的治安环境；五是切实提高政法干警严格、公正、文明执法意识，进一步规范执法行为，努力营造公平的执法环境。

## 2 月

4 日，全市农村工作会议召开。会议指出，面对新形势新任务，农业农村工作一定要坚持以科学发展观为统领，坚持统筹城乡发展，突出"在好中求快、快中求好、实现更好更快发展"这个主题，围绕促进农民增收这个目标，扭住农业项目建设这个重点，做大做强农产品加工业，加快农业产业化、标准化、国际化"三化"进程，积极发展现代农业，扎实推进社会主义新农村建设，率先建设沿海现代化农业强市，为实现更好更快发展和构建和谐秦皇岛作出贡献。

27 日，全市创建全国绿色模范城市动员大会召开。大会号召全市人民抓住造林绿化的黄金季节，勠力同心，攻坚克难，奋战一年，力争在 2008 年年初建成"全国绿化模范城市"。会上，市委、市政府印发《关于创建全国绿化模范城市的意见》。

## 3 月

14 日，全市"双学、双守、双做"教育实践活动动员大会召开。市委决定在全体党员尤其是党员干部中开展"学党章、守党规、做合格好党员"活动，在全市公民尤其是干部职工和有文化的公民中开展"学宪法、守法律、做合格的好公民"的活动,即在全市持续深入广泛开展"双学、双守、双做"教育实践活动。"三双"活动有力促进了三个文明建设。一是全市文明建设水平明显提高;二是依法行政水平明显提高;三是党员干部干事创业的激情明显提高;四是企业经济效益明显提高;五是构建和谐社会的能力明显提高;六是发展环境明显优化;七是社会主义新农村建设明显进步;八是建设和谐社会从我做起的自觉性明显增强。

## 4月

4日,本市召开优化发展环境动员大会。会上出台了市委、市政府关于开展"提升服务水平、创造发展环境、展示文明形象、促进和谐发展"优化发展环境活动的意见。市委书记王三堂强调,优化发展环境,首先,要围绕更好更快发展,大力优化配套完善的基础设施环境;其次,要围绕转变政府职能,大力优化宽松高效的政务服务环境;最后,要围绕展示文明形象,大力优化开放诚信的要素聚集环境。

## 5月

30日,市委"双学、双守、双做"教育实践活动领导小组举办"伟人风采——周恩来"专题报告会。市委常委、纪委书记郝占敏主持大会并提出要求。

## 7月

19日,秦皇岛和唐山两市共同签署冀东区域战略合作框架协议,将围绕共同打造沿海经济隆起带、建设沿海经济社会发展强市的目标,以基础设施建设为基础,以科技文化合作为纽带,大力开展全方位、宽领域、多层次的经济社会发展合作,共同谱写优势互补、合作共赢的新篇章。

26日,首钢总公司与秦皇岛市人民政府战略合作座谈会举行,双方正式签署战略合作框架协议,并举行"首钢秦皇岛工业园"揭牌仪式。此举标志着首钢与本市的合作进入新的历史发展阶段。

## 10月

25日，本市召开学习贯彻党的十七大和十七届一中全会精神，安排部署学习贯彻工作。会议要求，要以十七大精神统揽全市工作，紧密团结在以胡锦涛同志为核心的党中央周围，高举中国特色社会主义伟大旗帜，以邓小平理论和"三个代表"重要思想为指导，深入贯彻落实科学发展观，坚持解放思想、改革开放、科学发展、促进和谐，坚定不移地走科学发展、和谐发展、文明发展之路，努力开创秦皇岛富民强市、加快崛起、全面小康的新局面。

## 12月

10日，本市举行"扮靓秦皇岛、盛装迎奥运"暨秦皇岛市实施"双十工程"动员大会。2008年年初，秦皇岛市启动和实施了迎奥运"双十工程"。利用半年多时间，高标准完成了重点基础设施和交通路网工程，提升了城市保障和市区通行能力；造林绿化、生态建设实现大的提升，巩固了天蓝地绿水清的优美环境品牌；实施了城镇建设和景区改造工程，形成"宜居宜业宜游"滨海城市的新形象、新精品和新亮点；全面推动了区域环境综合整治及民生改善，提供高质量的社会公共产品，城乡环境面貌显著改观，工程成果更多惠及人民群众；扎实做好奥运筹备工作，以高效率赛事组织和高素质文明形象，为北京成功举办"有特色、高水平"的第29届奥运会作出了应有的贡献。

同月，秦皇岛市荣膺全国绿化模范城市桂冠。此次评选的全国14个模范城市（区），秦皇岛市是河北省唯一入选的城市。该项荣誉成为本市打造"绿色＋文化"特色生态城市，建设"宜居、宜业、宜游"之城的重要标志。

同年，秦皇岛按照新农村建设二十字方针，以科学发展观为统领，围绕全面建设小康社会的目标，积极推进社会主义新农村建设。一是运用工业理念经营农业。2007年，投入资金4362亿元，开工农建项目2800项。二是借鉴城市理念改造农村。大力实施道路硬化工程，大力实施庭院净化工程，大力实施村庄绿化工程，加强村民中心建设。2007年，新改造农村道路 3320 千米，实现村村通油路的目标。三是实施优惠政策惠及农民。积极构建农民转移就业、科技投入、政策支撑、现代流通、社会保障和组织建设"六大体系"支撑。2007 年，全市为 37520 户农村低保对象发放低保金 2130 万元，农村参加合作医疗人数达到 159 万人。

## 2008 年

### 1 月

11 日，中共秦皇岛市委第十届四次全会暨经济工作会议召开。市委书记王三堂作题为《全面贯彻落实党的十七大精神，把秦皇岛的明天建设得更加美好》的工作报告，对 2008 年全市工作安排提出意见。会议要求把好字优先、又好又快发展作为主基调，坚持高标准，追求高水平，加快建设富庶文明和谐、宜居宜业宜游的新秦皇岛。

16 日，市预防腐败工作部署暨领导干部警示教育大会召开。会议指出，要进一步加大预防腐败工作力度，努力构建具有秦皇岛特色的惩治和预防腐败体系，深入推进秦皇岛市反腐倡廉建设，以反腐倡廉建设的实际成果，推动秦皇岛经济又好又快发展。

31 日，胡锦涛总书记在有关部门和地方负责同志的陪同下，到秦皇岛考察电煤供应情况。胡锦涛在离码头 50 多米的煤炭专用泊位和中控室，一边看、一边问，深入了解港口的电煤运转情况。胡锦涛对大家说，秦皇岛港是我国北煤南运的一个主要疏通港，希望秦皇岛港的广大职工发扬为国排忧解难的战斗精神，全力以赴，顽强拼搏，加强装备的运作管理，提高装卸的效益，努力做到"来多少、装多少、走多少"，为保障电力的正常供应作出更大贡献，全面夺取抗灾救灾斗争的胜利！

### 3 月

23—27 日，秦皇岛市政协十一届一次会议召开。会议听取并讨论了《政协秦皇岛市第十届委员会常务委员会工作报告》等文件，选举产生了市政协第十一届委员会常务委员会，选举王三堂为第十一届委员会主席，并选举产生了副主席、秘书长和常务委员。

24—28日，秦皇岛市第十一届人民代表大会第一次会议召开。会议听取并审议了《秦皇岛市人民政府工作报告》等文件；选举菅瑞亭为秦皇岛市第十二届人民代表大会常务委员会主任，刘玉萍、高文涛、蔡运国、王文钊、刘志新为副主任，杨守勇为秘书长；选举朱浩文为秦皇岛市人民政府市长，马誉峰、李秦生、刘成、刘辰彦、王亚洲等为副市长；选举闫五一为秦皇岛市中级人民法院院长；选举高树勇为秦皇岛市人民检察院检察长。

## 4月

9—10日，河北省委副书记胡春华在省直有关部门负责同志的陪同下来秦皇岛视察指导工作。胡春华对秦皇岛近年来经济社会发展所取得的成就给予充分肯定。胡春华指出，秦皇岛市各项工作发展态势很好，工作思路清晰，干部队伍精神状态不错。希望秦皇岛广大干部群众以十七大精神为指导，谋划长远，科学发展。

29日，秦皇岛市委、市政府举行"山海同欢庆、奥运秦皇岛"奥运倒计时100天庆祝活动。

## 5月

12日，四川汶川发生了8.0级强烈地震，给灾区人民群众的生命财产造成巨大损失。灾情牵动了全国人民的心，同样牵动着秦皇岛广大人民群众的心，社会各界纷纷捐款捐物。截至2008年8月18日，全市共收到社会捐赠资金10003.41万元，收到社会捐赠物资折价总额722.81万元。市委组织部共收到共产党员个人缴纳"特殊党费"总额1153.39万元，收到基层"特殊党费"41.20万元，合计1194.59万元。全市共收到财政用于救灾的资金1485万元。此外，根据省委、省政府安排部署，5月22日，我市支援四川地震灾区过渡安置房工作启动。6月25日，第一期援建都江堰聚源镇任务圆满完成；8月5日，第二期援建四川平武县平通镇、水晶镇工作结束。在第一期援建工作中，建设过渡安置房共计2001套。在第二期援建过程中，共建安置房1021套。援建工作受到国务院以及四川省和河北省政府的肯定和赞扬。

## 6月

7日，市委、市政府印发《秦皇岛市城镇面貌三年大变样活动实施方案》，提出：坚持"东移西扩北延"同步，主城提升与新区开发并举，开展"布局调整、道路交通、环境治理、公益保障、生态绿化、住房保障、小城镇建设、市民素质提升"八大工程。

## 7月

15日，中共中央政治局常委、国家副主席习近平，实地考察北京奥运会足球比赛秦皇岛赛区筹办工作，特地前往训练基地看望中国女子足球队队员，勉励她们为国争光、为民族争气、为人生添彩。中共中央政治局委员、北京市委书记、北京奥组委主席刘淇，河北省委书记张云川、代省长胡春华等陪同考察。

24日，省委常委、常务副省长付志方到秦皇岛市，就山海关大型修造船及海洋工程装备制造基地项目进行调研。付志方实地考察了中港集团天津船舶工程有限公司（秦皇岛场地）、山船重工公司海洋项目和百万吨造船及修船项目，听取了秦皇岛市、山船重工公司和首秦公司关于项目工作情况的汇报。付志方指出，加快推进山海关大型修造船及海洋工程装备制造基地项目建设，对秦皇岛市经济社会发展具有重要的战略意义。付志方要求，省发改委、省国土资源厅等部门和秦皇岛市要全力支持山海关大型修造船及海洋工程装备制造基地项目建设，进一步研究海域利用规划、岸线资源利用规划及山船重工公司、首秦公司合作规划等问题，合力推进项目建设。秦皇岛市要做好协调、配合、服务工作，为项目建设创造良好的环境。市委书记王三堂，市委副书记、市长朱浩文，市委常委、常务副市长马誉峰陪同调研。

30日，奥运火炬在秦皇岛成功传递。起跑仪式在山海关老龙头，奥运圣火在我市经过35千米的"和谐之旅"，最后到达奥林匹克大道公园，由最后一棒火炬手、市委书记王三堂点燃圣火盆，秦皇岛的传递达到高潮。

## 8月

8日，第29届夏季奥林匹克运动会在北京胜利开幕。作为北京奥运会的协办城市，从8月6日—8月16日，秦皇岛赛区共举行了12场比赛，在整个赛事期间，秦皇岛共接待了14个国家的球队495名运动员，112家国内外媒体386人次记者，共有4700名志愿者参与了服务工作，近10万名安保力量参与了保卫工作，有16万人次的球迷观看了比赛。这是秦皇岛乃至河北省历史上规模最大、时间最长、人数最多、级别最高的国际体育盛会。良好的秩序、热情周到的服务、过硬的设施，赢得了国际奥组委官员和参赛代表队的广泛赞誉。在比赛筹备和赛事期间，国际奥委会协调员维尔布鲁根、国际奥委会第29届奥运会执行主席费利、国际足联主席布拉特等国际奥委会官员和国际组织官员先后来到秦皇岛，对赛事筹备和运行工作给予了高度评价。

13日，由秦皇岛市委、市政府主办，秦皇岛市委宣传部承办的《天开海岳秦皇岛》——纪念改革开放30周年、秦皇岛解放60周年、秦皇岛港开埠和北戴河辟为旅游避暑区110周年暨庆奥运大型展览在文化广场开幕。

26日，中共中央政治局委员、书记处书记、中宣部部长刘云山在秦皇岛市调研。刘云山考察了山海关长城博物馆二期工程建设和山海关古城开发情况；参观了《天开海岳秦皇岛》大型展览。刘云山指出，文化建设和精神文明创建要深入贯彻落实科学发展观，高举旗帜、围绕大局、服务人民、改革创新，着力推动文化大发展、大繁荣，着力推动形成新一轮精神文明创建热潮。中宣部副部长翟卫华一同调研，省委、市委领导陪同调研。

## 9月

17日，秦皇岛市在抚宁县召开由市、县、乡、村四级干部参加的推行村级事务流程化管理、促进农村基层党风廉政建设现场会。与会同志现场观摩抚宁县大新寨狮子庄村、抚宁镇三里杨庄村实行村级事务流程化管理的做法，听取大新寨镇、三里杨庄村的经验介绍。会上出台了《中共秦皇岛市委、秦皇岛市人民政府关于在全市全面推行村级事务流程化管理的意见》。市委书记王三堂在现场会上讲话。

19日，秦皇岛市委"树立新形象、创造新业绩、促进新发展"主题实践活动动员大会召开。这次大会的召开标志着"树立新形象、创造新业绩、促进新发展"活动的正式启动。在活动中，坚持领导带头、注重实效、突出重点、继承创新四项基本原则，重点开展了蹲点调研、结对联系、提供服务、恳谈听证、攻坚破难五项活动。截至2009年1月，全市共有1014名县级以上领导干部分别深入904个村、72个社区、334个企业、73所学校、75个乡镇、64个重点项目、16个街道以及其他219个基层单位蹲点调研，共发现问题1979条，提出各种建议2466条；结对联系基层单位535个；为基层提供服务1600次；召开恳谈听证会513次；破解难题2907个。

## 10月

7日，市十二届人大常委会召开第四次会议。会议听取审议《秦皇岛市人民政府关于城市总体规划（2008—2020年）调编情况及成果的报告》。会议表决通过《秦皇岛市城市总体规划（2008—2020年）》。

18日，纪念党的纪律机关恢复重建三十周年秦皇岛论坛开幕。论坛的主题是，回顾总结、交流三十年来反腐倡廉建设的基本成就与经验，为深入推进党风廉政建设和反腐败斗争提供理论支持。

## 11月

27日，市委书记王三堂到青龙满族自治县调研。王三堂一行先后考察了农夫宝生物有机肥项目、首秦龙汇矿业综合开发项目、青龙民族文化宫项目、县城南河二期治理和滨河路景观整治项目以及县城集中供热项目，并参观了县城规划展厅。王三堂强调，要坚持以人为本、生态优先，强力推进城镇面貌三年大变样活动，不断改善城镇容貌，提高百姓生活质量；项目建设要注重纵向延伸产业链，横向形成产业群；园区建设必须坚持把好环境关，坚持循环经济的发展方向；要切实以农民利益为重，加强农业科技项目推广应用。

30日，秦皇岛市被授予"中国生态旅游百强市"称号。

## 12月

26日，中共秦皇岛市委召开第十届委员会第五次全体会议。会议表决通过了《中共秦皇岛市委关于进一步推进农村改革发展的意见》。

## 2009 年

### 1 月

17 日,全市召开"树立新形象、创造新业绩、促进新发展"主题实践活动总结表彰大会。市委书记王三堂在会上指出,全市各级干部要深入基层、调查研究,为基层单位和群众排忧解难,以更加扎实的作风和更加优良的业绩,为全市发展作出新的贡献。

20 日,全国精神文明建设工作表彰大会在北京举行。秦皇岛市荣获"全国创建文明城市工作先进城市"荣誉称号。

### 2 月

3—6 日,市委书记王三堂,市委副书记、市长朱浩文听取发改、财政、城建、旅游、体育、食品安全等工作汇报。王三堂要求各级各部门深入调研,科学谋划,不断加大工作力度,保持经济平稳较快发展,全面加快科学发展、富民强市进程。

13 日,全市集中收看全省"作风建设年"活动动员大会。市委书记王三堂要求做到真抓实干、真督实查、真奖实惩,尽快启动作风建设年活动,以作风建设的实际成果促进全年工作的顺利开展。

16—18 日,政协秦皇岛第十一届委员会第二次会议召开。市委书记、市政协主席王三堂强调,政协工作要在中共秦皇岛市委的领导下,围绕建设"宜居宜业宜游、富庶文明和谐"新秦皇岛的总目标和保增长、保民生、保稳定、保上级决策部署落实的首要任务,突出团结和民主两大主题,动员各级政协组织、广大政协委员和各族各界人士,凝聚合力、坚定信心、迎难而上、把握机遇,为促进经济社会又好又快发展,加快建设沿海经济社会强市贡献力量。

17 日,市委召开工作调度会,就全市开展深入学习实践科学发展观活动和搞好农村"两委"换届工作进行安排部署。市委书记王三堂强调要立足当前保增长、保民生、保稳定的中心任务,紧紧围绕"三条底线、三个目标"来开展活动。

17—20日，秦皇岛市第十二届人民代表大会第二次会议召开。大会审议并通过了《政府工作报告》《秦皇岛市人大常委会关于市十二届人大一次会议以来代表建议、批评和意见办理情况的报告》等文件。

24日，秦皇岛市召开干部作风建设年活动动员大会。会上出台了市委、市政府《关于开展"干部作风建设年"活动的实施方案》。

## 3月

2日，全市深入学习实践科学发展观活动动员大会召开。会议要求，充分认识深入学习实践科学发展观的重大意义，要着力解决突出问题，多谋多做为民生、谋民力、顺民意的基础性工作，使学习实践科学发展观的过程成为不断为民造福的过程。此后，全市共有1619个党组织、3.72万名党员参加了全省第二批学习实践科学发展观活动。截至2009年8月下旬，学习调研、分析检查两个阶段的任务圆满完成，整改落实阶段各项工作正在有序推进，全市学习实践活动进展顺利，成效显著。一是加强组织领导，及早谋划部署。活动组织充分，活动主题鲜明，组织推动得力，在营造活动氛围上探索新经验。二是深化理论学习，不断解放思想。不断加强理论武装，深入开展调查研究，在推动科学发展上达成新共识。三是广泛征求意见，深入聚焦问题。坚持开门办活动，坚持集体讨论研究，坚持"严把三关"，坚持群众路线，在理清发展思路上实现新突破。四是紧密结合实际，坚持边学边改。进一步理清了科学发展、富民强市的战略思路，进一步推动了城市和产业发展空间布局调整，进一步促进了经济结构调整和发展方式调整，进一步加速了项目建设和城镇面貌三年大变样步伐，进一步推动了发展环境的改善和民生问题的解决。

16日，秦皇岛市考察团赴承德宽城学习考察。市委书记王三堂再次率部分县区和市直部门负责人，专程赴承德宽城满族自治县学习考察，深入学习承德和宽城在县域经济发展、重大项目建设、产业结构调整、城镇面貌三年大变样、发展环境优化等方面的成功经验，探讨推动秦承两地交流与合作，谋划全市进一步解放思想、推进科学发展大计。市委、市政府负责同志陪同考察。

17日,秦皇岛市在解放军天津某部举办了领导干部军事化全封闭培训班,共有372名副县级以上领导干部参加这次"军营一周活动"。

## 4月

1日,秦皇岛市召开市委中心组(扩大)深入学习实践科学发展观专题交流会。市委、市人大、市政府、市政协负责同志代表市四大班子发言。市委书记王三堂作了总结讲话,他要求全市各级各部门要切实强化科学发展观在全市工作中的指导和统领地位,进一步提高领导科学发展的能力和水平,集中精力抓好当前重点工作,努力推动又好又快发展。

16日,市农业产业化龙头企业协会召开第一次会员大会,宣布市农业产业化龙头企业协会正式成立。市委常委、纪委书记郝占敏希望该协会在今后工作中,在"四个坚持"和"五个提升再造"上下功夫。"四个坚持"即坚持农业产业化发展的全面性;坚持农业产业化发展的协调性;坚持农业产业化经营的可持续发展;坚持以人为本,提升全市农业产业化经营的整体素质。"五个提升再造"即产业、主体、机制、市场、体制的提升再造,优化农业生产力布局、调整农业经济结构,提高全市农业产业化经营的竞争力,求突破,推进农业产业化经营又好又快发展。

## 5月

6—7日,省委常委、常务副省长付志方就秦皇岛市重点项目建设和安全生产情况进行调研。市委书记王三堂,市委副书记、市长朱浩文等市党政领导陪同调研。在听取汇报并实地考察13个重点工程及项目后,付志方认为,秦皇岛市装备制造业有新亮点,产业效果明显,骨干企业发展较快。

15日,市委政法委、市综治办、市政府新闻办公室联合召开新闻发布会,通报了秦皇岛市荣获2005—2008年度"全国社会治安综合治理优秀市"荣誉称号。中组部和中央综治委对王三堂、杨泰安等四人进行了嘉奖。

19日,全市农村新民居建设项目观摩调度会召开。市委书记王三堂出席会议并对全市农村新民居建设提出明确要求。王三堂强调,要突出规划高标准、布局高标准、设计高标准,强化统筹"三生",建设"三宜"农村新民居。

## 6月

2日,交通运输部部长李盛霖,省委副书记、省长胡春华来秦皇岛市检查调研,要求各级各部门认真学习贯彻落实全国安全生产电视电话会议精神,保增长更要高度重视保安全,同时明确责任,加强督查,注重长效,确保经济社会实现安全、平稳、顺利发展。

12日,由河北省人民政府主办,唐山、秦皇岛、承德共同承办的"第二届河北·曹妃甸临港产业国际合作会议开幕式暨循环经济发展合作论坛"在曹妃甸渤海国际会议中心隆重举行。秦皇岛派出了以市长朱浩文为团长、副市长刘辰彦为副团长的代表团参加会议,本市共有8个项目在会上签约,总投资23.7亿元人民币。

## 7月

8日,中央书记处书记、中央纪委副书记何勇,中央纪委副书记李玉斌对本市构建"机制+科技"预防腐败工作模式作出批示:"秦皇岛市的探索和做法体现了创新精神,抓住了关键,击中了要害,实际效果比较好。"

## 8月

6日,中共中央政治局常委李长春来到秦皇岛市,实地考察山海关长城修复工程建设情况。李长春强调,要大力弘扬以爱国主义为核心的民族精神和以改革创新为核心的时代精神,不断增强民族自尊心、自信心、自豪感。省委书记张云川,省委常委、宣传部部长聂辰席,市委书记王三堂等陪同考察。

7日,省政府在秦皇岛召开北戴河新区建设办公室会议。省委副书记、省长胡春华出席会议并讲话,胡春华要求,秦皇岛市要坚定不移地把旅游业作为立市的战略产业来抓,以北戴河新区开发建设为突破口,推动旅游业转型,迅速把旅游业做大做强做优。市委书记王三堂,市委副书记、市长朱浩文等出席了会议。

23—25日,市委书记王三堂率领市党政代表团,赴承德市、张家口市学习考察项目建设、城市建设和旅游发展、园区建设等重点工作。

## 9月

2日,秦皇岛市召开实施旅游立市战略动员大会。会议要求,要全力构建以旅游业为中心的现代产业体系,力争5～10年时间,把秦皇岛建设成为休闲度假胜地、山海生态宝地、长城文化高地、健康长寿福地,整体打造"国际旅游名城"。

## 10月

20日,《秦皇岛休闲度假旅游产业发展规划实施方案》(以下简称《方案》)审查会召开。《方案》经多次讨论、反复修改,最终通过专家评审组的审查。《方案》将成为全市未来几年休闲旅游产业发展的行动纲领和全市实施旅游立市战略的行动指南。

22日,秦皇岛市委、市政府结合本地实际,充分发挥比较优势,作出了《关于实施旅游立市战略加快旅游产业发展的决定》。《决定》是秦皇岛实施旅游立市战略的纲领性文件,对于加快打造全市现代产业体系有重要的促进作用。秦皇岛实施旅游立市战略以后,按照加快发展要求积极推进。建立完善大旅游规划体系。明确了秦皇岛旅游发展定位、空间布局和功能分区,包括明确打造滨海旅游产业带、山地旅游产业带、葡萄酒文化区、长城文化产业区等旅游产业聚集区在内的"两带六区"旅游布局结构。大力实施项目支撑战略。全力推进旅游立市"百项工程",开发一批填补空白、激活淡季、延长旺季、推进产业升级的大项目、高端项目、精品项目和集休闲度假、户外运动、科普教育、生态探险等主题于一体、多种产业要素聚集的大型综合体项目,总投资达1000亿元。加强旅游基础设施建设。西港东迁、金梦海湾和北戴河新区开发建设取得积极进展,"4+2"组团式城市发展新框架初步形成。津秦铁路客运专线、新民航机场、秦承高速、西部快速路、秦抚快速路等项目扎实推进。加强旅游新项目招商引资工作。通过洽谈会、登门拜访、小团组招商、网络招商等多种方式，赴韩国、北京、天津、海南、香港等地大手笔对外招商，深度推介秦皇岛市旅游资源，广泛寻求合作机会。

26日，"北京后花园，魅力秦皇岛"——秦皇岛市投资环境说明会暨"北京·秦皇岛周"启动仪式在北京万达索菲特大饭店隆重举行。

# 2010年

## 1月

5日，秦皇岛市旅游发展委员会召开第二次全体（扩大）会议，调度全市旅游重点工作进展情况，就下一阶段重点工作进行安排部署。市委书记王三堂强调，全市上下要站在"抓旅游就是抓调整抓增长""抓旅游就是抓环境抓开放"的高度，切实把旅游作为立市的战略产业来抓，以此为统领推进秦皇岛又好又快发展。

20日，在中华社会救助基金会与秦皇岛市委、市政府共同举办的"全国农村百万孤老爱心认助行动"暨"中国最具爱心城市推举活动"启动仪式上，中华社会救助基金会理事长许嘉璐将印有"中国最具爱心城市"的牌匾和证书交到市委副书记、市长朱浩文手中，标志着秦皇岛市成为首座"中国最具爱心城市"。在启动仪式上，市委书记王三堂等市领导将凝结着全市各界爱心的善款捐赠给受助县——贵州省威宁县、陕西省汉阴县和本市的青龙满族自治县。民政部副部长罗平飞，民政部社会救助司司长米勇，省人大常委会副主任王增力，市领导杨泰安、李秦生、刘玉萍出席启动仪式。

25—27日，政协秦皇岛市第十一届委员会第三次会议在工人文化宫举行。全市各条战线的289名政协委员参加大会，会议由市委书记、市政协主席王三堂主持。中共秦皇岛市委副书记杨泰安代表中共秦皇岛市委对大会的召开表示祝贺并发表重要讲话。市政协副主席田永生受政协秦皇岛市第十一届委员会常务委员会委托向大会作工作报告。报告回顾了2009年秦皇岛市政协工作，并对2010年政协工作的主要任务进行部署。2010年政协工作的主要任务：政协要牢牢把握团结和民主两大主题，围绕全面实施旅游立市战略，实现稳增长、转方式、惠民生目标任务，凝聚人心，汇集民智，为建设"宜居宜业宜游、富庶和谐文明"的新秦皇岛贡献力量。会议听取并审议通过市政协常委会工作报告、提案工作情况的报告和政治决议，列席市十二届人大三次会议，听取并讨论市委副书记、市长朱浩文所作的《政府工作报告》和其他重要报告。王三堂作重要讲话。王三堂强调，新的形势和新的任务，对政协工作提出了新的更高要求。全市各级政协组织和广大政协委员，要始终做到与市委、市政府的决策部署目标同向、工作合拍、行动一致，继续深入开展"五个一"活动，在更大范围内凝聚共识和统一思想，在更高层次上参政议政和履行职责，以实际行动助推秦皇岛更好更快地发展。

26—29日，秦皇岛市十二届人大三次会议在工人文化宫举行，来自全市各条战线的334名人大代表出席会议。会议由市人大常委会主任菅瑞亭主持。市委副书记、市长朱浩文代表市政府向大会作《政府工作报告》。会议以举手表决的方式通过总监票人和监票人名单。代表们以无记名投票的方式进行大会选举，任素贞、岂福庭当选为市十二届人大常委会委员，马宇骏当选为市人民政府副市长。会议听取并通过议案审查委员会主任委员蔡运国所作的关于议案审查情况的报告，依次通过关于秦皇岛市人民政府工作报告的决议、关于秦皇岛市2009年国民经济和社会发展计划执行情况及2010年国民经济和社会发展计划的决议、关于秦皇岛市2009年市本级预算及市总预算执行情况和2010年市本级预算及市总预算的决议、关于秦皇岛市人民代表大会常务委员会工作报告的决议、关于秦皇岛市中级人民法院工作报告的决议、关于秦皇岛市中级人民检察院工作报告的决议、"关于加快县域'七河'污染综合治理步伐议案"的决议。大会表决通过秦皇岛市人民代表大会关于市人大代表依法执行代表职务的规定。

## 2月

24—25日，全市产业聚集区暨重点项目现场观摩及调度会召开。24日，市委书记王三堂，市委副书记、市长朱浩文分别带队，对全市各县区、开发区、北戴河新区、秦皇岛临港产业聚集区和河北干红葡萄酒产业聚集区的园区及项目建设情况进行观摩调度。要求要进一步查找不足、鼓舞士气，继续全力推进产业聚集区和重点项目建设，为实现首季开门红和全年经济平稳较快发展打下坚实基础。市领导杨泰安、李秦生、曹子玉、高文涛、马宇骏、刘辰彦等一同观摩调度。25日，召开专题会议，全面听取各县区、秦皇岛经济技术开发区以及北戴河新区、秦皇岛临港产业聚集区、河北干红葡萄酒产业聚集区就园区及重点项目建设所作的汇报。市委书记王三堂就加快推进产业聚集区及项目建设提出指导意见。王三堂强调，要进一步把项目和产业聚集区建设作为重中之重，不断解放思想，创新工作思路和举措。会上，通报了骊骅淀粉股份有限公司"2•24"重大事故有关情况，市委书记王三堂，市委副书记、市长朱浩文分别对全市安全生产工作提出要求。王三堂指出，安全生产工作非常重要，要进一步提高认识。一定要克服麻痹思想和侥幸心理，一定要有危机感和责任感。在安全生产要求上宁高勿低，工作上宁紧勿松，检查上宁严勿宽。朱浩文要求，各级各部门各企业一定要引以为戒，警钟长鸣，切实把安全生产工作作为一项重要政治任务来抓，努力把"两会"期间及全年的安全生产工作做好，坚决杜绝各类重特大安全生产事故的发生。

同月，2010年春节是秦皇岛市实施旅游立市战略以来的第一个新春佳节。本市旅游行业和旅游企业在春节黄金周期间推出了多项惠民举措和旅游节庆活动。春节黄金周本市共接待旅客17.97万人次，同比增长153.8%；实现社会总收入2148.34万元，同比增长29.06%；景区接待旅客14.12万人次，同比增长123.77%。

## 3月

1日，全市建设创新型城市动员暨科技工作会议召开。市委书记王三堂主持会议并强调，建设创新型城市要深化"三个认识"，做好"三篇文章"，夯实"三个保障"。会议指出，要突出抓好四方面工作，确保建设创新型城市目标任务落到实处。副市长刘辰彦就《关于建设创新型城市的意见》起草情况作了介绍，并对全市科技工作进行总结部署。市领导菅瑞亭、曹子玉、田永生出席会议。

4日，全市农业工作会议召开。会上对全市2010年农业工作进行全面部署，并提出具体目标要求。会议提出，全市农业部门要按照"稳粮保供给、增收惠民生、改革促统筹、强基增后劲"的要求以科学发展观统领农业农村经济工作全局，以建设现代农业为总体方向，以夯实农业基础为着力点，推进全市农业区域化布局、产业化经营、标准化生产、社会化服务、多元化投入、国际化发展进程，努力实现全市农业农村经济健康较快发展。副市长王亚洲出席会议并讲话。

9日，秦皇岛市召开深入学习实践科学发展观暨干部作风建设年活动总结大会。会议采取电视电话会议的形式，各县区设立分会场。市委书记王三堂在会上强调，各级各部门要以这次学习实践活动为新的起点，更加自觉地深入贯彻落实科学发展观，坚定不移地走科学发展之路，把学习实践活动的成果体现到促进科学发展、富民强市的各项工作中。省委第三批学习实践活动巡回检查组组长宋春婴对本市两项活动取得的成效给予充分肯定。市委副书记杨泰安作总结讲话。会议由市委常委、组织部部长杨宏主持。菅瑞亭、傅永国、李秦生、郝占敏等市领导，市中级人民法院院长闫五一，市人民检察院检察长高树勇出席会议。

12日，中共秦皇岛市委书记王三堂，中共秦皇岛市委副书记、秦皇岛市人民政府市长朱浩文发出"播种绿色希望，建设生态文明"的号召，掀起春季造林绿化的高潮。

14—17日，由市委书记王三堂带队，四县三区和部分市直部门的主要负责同志参加的秦皇岛市党政考察团，赴山东德州、河北廊坊进行学习考察。在学习考察总结会上，王三堂谈四点感受：一是德州、廊坊的实践经验充分证明，统筹城乡发展和推进新民居建设，是关乎全局、牵一发而动全身的系统工程，是功在当代、利在千秋的民心工程，是统筹解决"三农"问题、促进农村协调可持续发展的治本之策，是当前乃至今后一个时期工作的重中之重。二是思路活、办法多是两市统筹城乡发展、推进新民居建设的突出特点，也是他们的成功之道。三是不能单纯就新民居抓新民居建设，而必须站位全局、统筹推进城乡一体化发展。四是这些地方工作取得显著成效的关键，在于党委、政府把统筹城乡发展和推进新民居建设作为重大任务和一把手工程来高度重视。王三堂要求，一要加大统筹城乡发展和推进新民居建设的组织领导、协调推进、考核奖惩力度。二要进一步组织各层面的对口专项学习考察，抓紧研究制定相关政策。三要加大宣传报道力度，努力营造良好的工作推进环境和舆论氛围。市领导郝占敏、曹子玉、王亚洲等参加学习考察活动。

同月，最高人民检察院在北京召开"全国检察机关'双先'表彰会"，秦皇岛市海港区人民检察院被授予"全国模范检察院"荣誉称号。这是全国检察系统最高荣誉，本省仅有2家检察院获此殊荣。

## 4月

7日，省委常委、常务副省长付志方带领省发改委、省工业和信息化厅、省国土资源厅等部门负责人及全省地市负责人到秦皇岛市，就重点项目建设情况进行观摩。市委副书记、市长朱浩文，市委副书记杨泰安陪同观摩。朱浩文就本市2010年以来固定资产投资以及省、市重点项目建设推进情况作了介绍。

8日，全市召开"三百三建"促进农村新民居建设活动动员大会。会议对"百名干部包建百村、百个部门帮建百村、百个企业联建百村"活动进行了详细部署。市委常委、市纪委书记郝占敏强调，"三百三建"活动要结合实际认真抓好落实，要动员全社会力量开展帮建工作，以更加扎实有力的措施加快全市农村新民居建设步伐。

14日，秦皇岛市召开创建国家环境保护模范城市动员大会，研究部署创建国家环境保护模范城市的各项具体措施，动员全市上下以更高的目标追求、更新的发展理念、更快的工作节奏、更强的组织领导扎实推进"创模"工作。市委副书记、市长朱浩文作动员讲话。市政府制发《2010年创建国家环境保护模范城市攻坚实施方案》。该《方案》按照国家环境保护模范城市标准，结合本市的具体情况制定，包括指导思想、创建目标、主要任务和责任主体、创建步骤和保障措施等内容。

15日，全市旅游发展大会暨市旅发委第三次全体扩大会议召开。会议对2009年以来旅游立市战略的实施情况进行全面总结，就当前和今后一个时期旅游工作进行安排部署。市委书记王三堂出席会议并讲话。王三堂强调，要坚持和强化旅游立市的统揽地位，围绕"全国最佳旅游目的地和国际旅游名城"的目标，以旅游立市百项工程为载体和抓手，以更高的站位、更大的决心、更强的力度、更快的速度，推动旅游业更好更快发展。市委副书记杨泰安宣读秦皇岛市旅游发展委员会《关于表彰2009年度旅游业绩突出单位的决定》，向受表彰的景区、旅游企业和单位颁奖；市委常委、副市长李秦生就2009年全市旅游工作情况和2010年主要工作任务进行总结和部署。市领导曹子玉、王文钊、裴晓鹏出席会议。

16日，秦皇岛市与中国中冶合作新民居建设首批两个工程项目，分别在卢龙县柳河山谷和抚宁县大新寨奠基，标志着与中国中冶的战略合作迈出实质性步伐，为推进全市城镇化建设、加速城乡一体化起到良好的示范作用。

19日，青海玉树藏族自治州玉树县发生7.1级地震后，市委、市政府高度重视并作出决定，向玉树地震灾区捐款20万元，并发去慰问电。

20—21日，省委副书记、省长陈全国在秦皇岛市调研。在市委副书记、市长朱浩文，市委副书记杨泰安的陪同下，陈全国先后考察了昌黎翡翠岛景区、黄金海岸体育滑沙休闲公园及配套项目、南戴河国际娱乐中心景区，详细了解北戴河新区规划、景区建设、基础设施配套等情况，还考察了天业通联重工有限公司和秦冶重工工业有限公司及香港嘉里集团投资建设的金梦海湾项目。陈全国听取朱浩文就本市现代服务业及旅游业发展情况的汇报，对秦皇岛市的工作给予充分肯定。陈全国强调，要坚持以科学发展观为统领，围绕转变经济发展方式，把发展现代服务业作为推进产业结构优化升级的重要支撑，以休闲、度假、健身、旅游为龙头，建设现代服务业的先行区。省长助理、省政府秘书长尹亚力及省直有关部门负责同志陪同调研。

22—26日，以中央纪委驻国家安全生产监管总局纪检组原组长赵岸青为组长的中央扩大内需促进经济增长政策落实暨治理工程建设领域突出问题检查组莅临秦皇岛市检查指导工作。市委副书记、市长朱浩文向检查组汇报本市扩大内需促进经济增长政策落实暨工程建设领域突出问题专项治理工作情况。市委常委、市纪委书记郝占敏从全市各级纪检监察机关不断创新监督检查方式，切实加大监督检查力度，促进和保证两项工作扎实有效开展方面作了补充汇报。经过听取汇报、实地检查和查阅相关资料，检查组对本市工作给予充分肯定。市领导杨泰安、李秦生、马宇骏陪同检查。

29日，全市深入开展创先争优活动动员大会召开。市委书记王三堂在会上要求，要统一思想，提高认识，切实增强开展创先争优活动的主动性和责任感；精心组织，广泛动员，正确把握活动的总体要求和具体任务；统筹兼顾，注重结合，务实有效地推进活动深入开展。此次活动围绕迎接建党90周年、向党的十八大献礼两个重大节点展开，总体安排两年半时间，分五个步骤进行：2010年4月中旬至5月上旬，广泛发动，全员参与；2010年5月中旬至6月上旬，找准问题，明确目标；2010年6月中旬至2011年6月底，全面争创，扎实推进；2011年7月至2012年6月底，科学定位，全面提升；2012年7月至党的十八大召开前，系统总结，完善机制。市委常委、组织部部长杨宏主持会议。市委常委、秘书长刘辰彦出席会议。会议下发《关于在全市基层党组织和党员中深入开展创先争优活动的实施意见》。

同日，秦皇岛市2010年全民阅读活动启动仪式在市文化广场剧场举行。从即日起至2010年年底，全市将开展以"读者至上，享受阅读，乐悦人生"为主题的全民阅读系列活动。活动由市委、市政府主办，市委宣传部、市直机关工委、市文明办、市文化局等单位承办。市领导营瑞亭、蔡运国、关敏，军分区政治部主任丁雅军为市科技局、市人民检察院、海港区河涧里社区和东环里社区等16个2009年全民阅读活动先进单位和家庭颁奖。从2010年起将每年的8月10日确定为秦皇岛市读书节。

## 5月

3日，第十四届"中国青年五四奖章"评选揭晓，市邮政局投递员赵红被共青团中央、全国青联授予"中国青年五四奖章"荣誉称号。"中国青年五四奖章"是共青团中央、全国青联授予青年的最高荣誉，全国共30名青年获此殊荣，河北省只有赵红一人。

7日，秦皇岛市与中国民生银行石家庄分行签署战略合作协议，建立更加紧密、稳定的政银合作关系。民生银行石家庄分行将为全市1000户以上的大客户、中小企业和小微企业提供充足的信贷融资，并为本市钢材、汽车、港口、电子产品等行业项目以及基础设施建设给予信贷支持。

同日，秦皇岛经济技术开发区管委与抚宁县人民政府举行区域经济发展战略合作签约仪式，签署共同推动区域经济发展协议。协议规定将省政府批准开发区远期扩区55平方千米范围用地命名为"秦皇岛经济技术开发区深河产业园"（暂定名），按照秦皇岛市"十二五"发展规划要求，重点发展现代制造业、高技术产业和高附加值服务业。市委副书记、市长朱浩文出席签约仪式并讲话。市领导刘辰彦、高文涛出席签约仪式。

10日，全省深入推进涉法涉诉信访工作会议在秦皇岛市召开。会议推广本市解决涉法涉诉信访问题的工作经验，对全省涉法涉诉信访工作进行安排部署。会议强调，要进一步增强做好涉法涉诉信访工作的责任感和紧迫感，切实加大问题解决力度，规范信访秩序，着力解决涉法涉诉信访问题，为维护社会和谐稳定、促进经济社会又好又快发展作出新贡献。秦皇岛市公安局和秦皇岛市中级人民法院分别介绍秦皇岛市解决涉法涉诉信访问题的工作经验。市委书记王三堂代表市委、市政府致辞。省法院院长高勇、省检察院检察长张德利等出席会议，中央政法委有关负责同志出席会议并发表了意见。副市长于复苓、市人民检察院检察长高树勇出席会议。

26日，全市统筹城乡发展纲要及若干意见编制工作汇报会召开。市委书记王三堂强调，要突出破解城乡二元结构，坚持全方位实施旅游立市战略和打造现代服务业先行区的理念，搞好城市规划和农村规划的对接，动员社会力量参与进来，统筹城乡发展，加快构建城乡一体化发展新格局。会上制定了《关于统筹城乡发展推进城乡一体化实施纲要》（征求意见稿）和《统筹城乡发展推进城乡一体化若干意见（试行）》（征求意见稿）。市领导杨泰安、刘辰彦、郝占敏、田永生出席汇报会，并分别就两个征求意见稿的修改完善提出意见。

27日，本市举行"全市公务用车张贴标识工作"启动仪式。市委农工委、市工业和信息化局、市司法局、市城乡建设局、市城管局、市审计局等10个市直单位的20辆"公务用车"，率先张贴了"公务用车"标识，标志着"全市公务用车标识张贴工作"正式启动。今后全市所有"公务用车"将在社会各界的监督下上路，对违反公务用车规定的，市纪委、市监察局将进行责任追究和处罚，并通报和曝光。

31日，市暑期工作委员会第一次会议召开。会议明确2010年暑期工作的总体要求，就做好2010年暑期工作进行安排部署。市委书记、市暑委会主任王三堂出席会议并讲话。王三堂强调,要清醒认识和正确把握形势,牢固树立"大暑期大北戴河"理念,不断提升暑期工作整体水平。2010年秦皇岛市暑期工作的总体要求是:以科学发展观为指导,以建设"安全暑期、和谐暑期"为目标,坚持科学发展是硬道理,安全稳定是硬道理,领导和群众满意是硬道理,以"大暑期大北戴河"理念统揽暑期各项工作,坚持延长服务时间,拓展服务领域,提高服务标准,改进服务质量,逐步实现"三个转变"。市委副书记杨泰安传达省暑办关于抓紧做好暑期各项准备工作的通知。市领导刘辰彦、曹子玉、刘成、霍兴文出席会议。

同月,"五一"假期,全市共接待游客47.37万人次,实现社会总收入3.54亿元,同比分别增长14.3％和11.3％。其中,景区接待游客35.85万人次,同比增长14.5％;门票收入808.97万元,同比增长7.4％。

## 6月

1日,秦皇岛北戴河机场开工建设。作为全市乃至全省重大基础设施建设项目,此举标志着本市立体式综合性现代交通网络建设进入新阶段,对于全面实施旅游立市战略,加快建设国际旅游名城,促进经济社会在新的起点上又好又快发展,对于促进京津冀都市圈和环渤海地区经济的飞速发展将产生重要而深远的影响。总投资4.87亿元的秦皇岛北戴河机场是国家"十一五"规划建设项目之一,是本省重要的旅游支线机场。

同日,全市市容整治与景观建设攻坚行动动员大会召开。市委副书记、市长朱浩文在会上强调,要动员全市上下以决战必胜的信心,努力打造洁净、卫生、美观、有序的城市容貌环境,创建富有秦皇岛特色和时代风采的城市景观,确保暑期前城市形象、品位提升到一个更高水平,为圆满完成三年大变样目标打好基础。会上,宣读《秦皇岛市2010年城市容貌整治与景观建设攻坚行动工作方案》和《秦皇岛市城市容貌综合整治督导检查方案》。

2—3日,全省农村推进"四个一批"建设现场学习交流会议在本市召开。中央文明办调研组组长杨新贵,省委宣传部副部长、省文明办主任白石,市委宣传部主要领导出席会议。市委书记王三堂到会致辞。白石主持会议,并对全省前阶段"四个一批"建设工作进行总结,对今后全省创建工作进行安排部署。秦皇岛市文明办、唐山市文明办、邱县县委、香河县委、井陉县委、青龙满族自治县东山村等6个单位的负责人，分别就推进"四个一批"建设经验在会上作典型发言。与会人员先后在北戴河区、海港区和昌黎县的部分"四个一批"建设现场，分别就"十星级"文明农户创建、农村"三化"建设、文化广场建设、文明集市创建等进行观摩学习交流。有关省市领导参加学习交流活动。

3日，全市学习落实《中国共产党党员领导干部廉洁从政若干准则》动员暨辅导报告会召开。市委书记王三堂在会上强调，要充分认识贯彻实施《廉政准则》的重要意义，严格落实工作措施，加强组织领导，创造性地抓好《廉政准则》的贯彻实施。报告会由市委常委、组织部部长杨宏主持，市委常委、市纪委书记郝占敏作辅导报告。会上，还就贯彻实施《廉政准则》工作进行安排部署。

4日，全市企业对标工作座谈会召开。市委副书记、市长朱浩文在听取企业代表发言后强调，全市各企业要进一步提高思想认识，突出对标工作重点和关键环节，以对标行动的扎实深入开展，促进全市产业结构调整和发展方式转变。中信戴卡、中铁山桥、中油宝世顺、秦冶重工、中粮华夏、康泰医学、前景光电、双轮环保8家企业有关负责人以及丰收企业促进中心负责人参加座谈会。

11日，市委书记王三堂在市委常委、秘书长刘辰彦，副市长马宇骏的陪同下，到昌黎县就城镇面貌三年大变样工作进行调研。王三堂一行先后实地考察昌黄公路拓宽改造、永安家具城、县文体中心、城市森林主题公园、西南外环道路改造、昌卢公路昌黎段改造、碣石源水泥厂退城进郊、古塔片区改造、碣阳大街改扩建、何家庄城中村改造等重点项目。王三堂强调，要将推进城镇面貌三年大变样与实施旅游立市战略、落实全市产业发展定位结合起来，增强与经济社会发展各项工作的融合度，对标先进，注重统筹，整体推进，重点突破，力促昌黎和全市城镇建设取得新的更大突破。

17日，市委副书记、市长朱浩文主持召开市政府第十四次常务会议。会议传达、贯彻全省旅游业发展电视电话会议精神，对全市旅游工作进行研究部署。会议原则同意市旅游局所作的全省旅游业发展电视电话会议贯彻落实意见的汇报。朱浩文就贯彻落实全省会议精神和加快全市旅游业发展提出五点要求：一是要进一步强化机遇意识；二是要进一步提升完善旅游发展规划；三是要进一步加大项目建设力度；四是要进一步塑造品牌形象；五是要进一步创新旅游业发展体制机制。市委常委、副市长李秦生，副市长马宇骏出席会议。市政府有关部门负责同志列席会议。

22日，冀东北五市民营经济协作发展联谊会第二次会议在本市召开。来自唐山、秦皇岛、承德、张家口、廊坊五市的统战部、工商联负责人和民营企业家代表以及天津、北京等地商会负责人和民营企业家代表来到北戴河，共同推动五市项目投资合作，努力实现冀东北五市优势互补、资源共享、协同发展。省委常委、统战部部长刘永瑞在讲话中指出，着力搭建冀东北五市区域民营经济交流合作平台，召开冀东北五市民营经济协作发展联谊会第二次会议是全省统一战线贯彻省委、省政府"保增长、调结构、促改革、惠民生"决策部署的重大举措，标志着冀东北五市民营经济携手合作迈上了一个新台阶。市领导杨泰安、刘晓平、裴晓鹏出席会议。

22—23日，国家住房和城乡建设部副部长仇保兴、副省长宋恩华就生态城市建设在秦皇岛市调研。市领导朱浩文、曹子玉陪同。仇保兴、宋恩华一行先后实地察看山海关古城保护开发、老龙头景区改造、大汤河沿岸绿化、秦皇植物园、森林湿地公园、生态观光园、奥林匹克大道公园等重点项目。

26—27日，以全国政协副主席罗富和为团长的全国政协委员视察团莅临秦皇岛，就"建立健全食品安全监督体系"工作，对秦皇岛进行视察指导。副省长孙士彬代表省政府向视察团致辞，并就河北省食品安全工作情况作了汇报。省政协副主席王玉梅主持汇报会。汇报会上，市委副书记、市长朱浩文从完善监管体制、健全监测预警机制、提升监管工作水平、营造浓厚舆论氛围四个方面，介绍全市食品安全监督体系工作。视察团先后来到正大有限公司、鹏泰面粉有限公司、金海食品工业有限公司以及中粮华夏长城葡萄酒有限公司进行实地考察，详细了解食品安全监管、企业自律、应急处置等相关情况。视察团对秦皇岛食品安全监管工作给予了充分肯定。

# 7月

1日，本市在天津滨海新区万丽泰达酒店举行以"天津后花园，魅力秦皇岛"为主题的"天津秦皇岛周"启动仪式暨投资环境说明会。在津的国家央企、世界著名大公司的总裁（经理）、国际知名投资商及驻津各地商会会长（代表）等400余人参加启动仪式暨投资环境说明会。市委书记王三堂在致辞中全面介绍秦皇岛市的概况和区位优势、环境优势、生态优势。天津市副市长张俊芳到会致辞。

2日，中共中央政治局委员、中共天津市委书记张高丽，在天津迎宾馆亲切会见参加"天津秦皇岛周"活动的以市委书记王三堂为团长的本市党政代表团，希望两市进一步提高合作水平，加强优势互补，实现互利共赢、共同发展，促进区域经济社会协调发展。天津市委常委、秘书长段春华，副市长李文喜，本市党政领导朱浩文、高文涛、于复苓、裴晓鹏会见时在座。

7日，本市举行军地应急救援队伍成立誓师大会暨巡特警演练汇报活动。新成立的军地应急救援队伍，由地方、驻军部队和民兵预备役应急救援力量三部分组成，设立市军地应急救援指挥部，下设抗洪抢险大队、抗震救灾大队、森林灭火大队、安全生产事故救援大队、海上事故救援大队、医疗救护大队、消防特勤大队等7个大队和1个救援保障大队，共3000人。秦皇岛军分区司令员马忠主持誓师大会。市委常委、秦皇岛军分区政委傅永国宣布市军地应急救援队伍成立。市委书记王三堂向市军地应急救援指挥部授旗。市委副书记杨泰安出席大会并讲话。

8日，市旅发委第四次全体（扩大）会议在北戴河区召开。会议贯彻落实全省旅游发展电视电话会议精神，调度推进旅游重点工程，动员部署暑期旅游工作。市委书记王三堂主持会议并讲话。王三堂强调，要下大力抓好城市建设和管理，打好暑期城市管理和市容环境综合整治攻坚战，营造旅游发展良好环境。王三堂要求，要进一步改进作风，加大攻坚力度，破解发展难题，强化发展举措，确保圆满完成暑期任务，下半年重点工作取得新的突破。市委副书记、市长朱浩文围绕贯彻落实全省旅游发展电视电话会议精神、安排做好当前旅游工作，就进一步完善提升旅游产业发展规划、全力抓好旅游业发展重点支撑项目、持续加大旅游市场综合整治力度、深入推进旅游行业对标行动等几个方面提出具体要求。市领导刘辰彦、郝占敏、曹子玉、王文钊、于复苓、张士邦出席会议。

9日,青龙满族自治县被中国文联、中国民协命名为"中国奚族文化之乡",同时挂牌成立"中国奚族文化研究中心"。

12日,市委书记王三堂在市委常委、秘书长刘辰彦,市委常委、市纪委书记郝占敏陪同下,到山海关甲申史鉴馆、市热力总公司、市财政局,就廉政教育基地建设、推行公共企事业单位权力公开运行机制建设、专项资金监控系统平台建设深入调研。王三堂强调,要把推进反腐倡廉创新工作摆上更为重要的位置,进一步明确指导思想,努力抓拓展、抓完善、抓提升。王三堂要求,要进一步加大推进和督导力度,要按照"谁主管谁负责"的原则,层层建立健全责任体系。

14日,市政协十一届十一次常委会召开,与会人员围绕本市制定的《国民经济和社会发展第十二个五年规划纲要》及相关专项规划建言献策。市委书记、市政协主席王三堂主持会议。王三堂对政协组织积极为全市"十二五"规划编制建言献策给予肯定。王三堂强调,要坚持统筹兼顾,扎实做好市政协各项重点工作。要继续为编制"十二五"规划献计出力,通过调研、视察、考察等多种形式,深度研究综合性、全局性、前瞻性问题,向市委、市政府提出更多有价值的意见和建议。副市长马宇骏应邀出席会议,并代表市政府就"十二五"规划的基本原则、主要工作目标、重要任务及做好"十二五"规划编制工作的保障措施等作情况介绍。市政协副主席田永生、闻德生、霍兴文、张士邦、刘晓平、王广新、裴晓鹏、关敏、肖明地,秘书长唐家君出席会议,各县区政协主席、市直有关部门主要负责人列席会议。

14—16日,以省人大常委会常务副主任柳宝全为组长的省人大视察组一行,对本市城镇面貌三年大变样工作进行了视察。视察组听取市政府工作汇报,现场考察生活垃圾焚烧厂、金梦海湾等城市建设重点项目,夜景亮化、街道整治、花街花城等城市容貌整治项目,以及石河综合整治、森林湿地公园等生态建设项目。16日,省人大视察组与市委、市政府交换意见。视察组认为,秦皇岛市贯彻省委、省政府的决策部署态度坚决、认识到位、思路清晰、工作扎实，城镇面貌发生了很大变化，城市管理水平有了较大提升，整洁、有序、优美的城市容貌彰显了海滨城市魅力。视察组对秦皇岛市城镇面貌三年大变样工作给予充分肯定的同时，也提出一些建设性的意见和建议。市委书记王三堂表示，一定按照科学发展观的要求，把城镇化摆上全局更为重要的位置，以对可持续发展、对人民群众高度负责的态度，下大力搞好城市规划建设和管理。市领导朱浩文、菅瑞亭、王文钊、马宇骏陪同视察。

26日，本市对口支援新疆巴州博湖县工作座谈会召开。双方就项目建设、产业发展、城镇建设等进行协商和交流，并就如何开展好下一步重点工作进行讨论。

28日，国家预防腐败局副局长崔海容一行来本市就政务公开和预防腐败工作进行专题调研。崔海容一行在省纪委副书记、监察厅厅长兼预防腐败局局长王雪峰，省预防腐败局副局长杨长新，市委常委、市纪委书记郝占敏和市政协副主席霍兴文的陪同下，先后视察市妇幼保健院、热力总公司、政务服务中心等单位，听取全省和全市政务公开和政务服务工作汇报。崔海容对本市政务公开和预防腐败工作给予高度评价。

30日，省委书记张云川，省委副书记、省长陈全国到秦皇岛市北戴河新区考察调研。张云川、陈全国强调，开发建设北戴河新区对于促进秦皇岛市的发展具有十分重要的意义。秦皇岛市近年来提出了"旅游立市"的发展思路，非常符合实际。这就要把旅游产业的优势发挥到最大，同时带动更多相关产业发展。希望秦皇岛在大力发展旅游休闲产业的同时，严把项目准入关，着力引进更多低耗能、低排放或不排放的大项目、好项目，积极发展生态农业、IT、新能源、新材料、生物制药等产业，逐步形成以旅游业为主、其他各类优势产业为辅的产业体系，促进富民强市，实现又好又快发展。省委常委、常务副省长付志方，省长助理、省政府秘书长尹亚力，市领导王三堂、朱浩文等参加调研。

同月，2009年度全省城市环境综合整治定量考核结果发布，秦皇岛市以综合成绩95.53分在全省11个设区市中排名首位。这也是本市连续4年荣获第一。

## 8月

**7—8日**，廉政文化建设理论与实践交流会在北戴河东经路宾馆召开。中央纪委副书记李玉赋出席会议并讲话。李玉赋强调，要深化思想认识，加大工作力度，坚持不懈、扎实有效地做好廉政文化建设工作，在新的起点上不断取得新成效。省委常委、省纪委书记臧胜业、市委书记王三堂在会上致辞。市委常委、市纪委书记郝占敏在会上作题为《推进廉政文化建设应着力增强融合性》的主旨发言。

**10日**，由市委、市政府主办的秦皇岛市首届读书节正式确立，同时也把全市全民阅读活动推向高潮。毛泽东嫡孙、中国军事科学院战争理论和战略研究部副部长毛新宇少将，省委常委、宣传部部长聂辰席，省全民阅读活动组委会办公室主任、省新闻出版局局长李晓明，市委书记王三堂以及菅瑞亭、蔡运国、于复苓、闻德生等市领导出席开幕式。市委、市政府决定在4—12月开展全民阅读活动，并将4月20日—5月20日作为本市全民"读书月"。

**13日**，秦皇岛市网络问政平台开通。这一平台的建成启用，标志着全市网络问政工作进入一个新阶段，是本市党政机关信息化建设的一项新成果。市委副书记杨泰安，市委常委、秘书长刘辰彦共同启动秦皇岛市网络问政平台。

**14日**，省委副书记、省长陈全国在秦皇岛调研新民居建设工作。陈全国来到北戴河区西坨头村和西古城村，了解规划建设、公共设施配套、拆迁补偿、土地复垦、产业开发及村民收入等情况。陈全国强调，各级党委、政府要站在战略全局的高度，抓住难得机遇，加快推进新民居建设，努力走出一条既改变农村面貌、增加农民收入，又在发展中节约土地，具有河北特色的新农村建设好路子。要深入贯彻落实科学发展观，抓住好时机，选准好路子，采取好举措，取得好成效，努力开创新民居建设新局面，为全省经济社会又好又快发展作出新贡献。省长助理、省政府秘书长尹亚力，市委副书记、市长朱浩文等陪同调研。

**24日**，首届全国社区党建工作推进会在秦皇岛市召开。这是我国在新形势下，探索如何转变基层党建工作方式、创新工作方法的首次基层党建工作者高层交流。本届推进会由中国社会工作协会社区工作委员会、秦皇岛市委组织部、海港区委区政府主办，海港区委组织部、海港区文化路街道党工委、文化路街道办事处承办。会议的主题是：构建区域党建大格局，推动经济社会新发展。来自全国20多个省、市、自治区的85名基层党建工作者参加了会议。海港区被中国社会工作协会授予"社区党建，海港一流"牌匾；文化路街道被授予"文明和谐社区建设示范工程——社区党建示范街道"荣誉称号。

31日，全市统筹城乡发展推进城乡一体化工作会议召开。市委书记王三堂强调，充分认识统筹城乡一体化发展的重大意义和深刻内涵，进一步认清形势，统一思想，明确任务，突出重点，加强领导，强化保障，努力实现统筹城乡一体化发展的新突破，促进经济社会更好更快发展。会议印发了《秦皇岛市统筹城乡发展推进城乡一体化工作纲要》《秦皇岛市支持城乡一体化发展若干政策措施（试行）》《秦皇岛市统筹城乡发展目标任务分解表》三个文件。市委副书记杨泰安就三个文件的起草过程和主要内容等进行了说明。市委副书记、市长朱浩文主持会议并讲话。市领导菅瑞亭、刘辰彦、郝占敏、曹子玉、马宇骏、王亚洲、肖明地出席会议。

## 9月

1日，秦皇岛市被国家发改委正式确定为全国首批服务业综合改革试点城市，成为全省唯一一个被确定为此项试点的城市。

1—2日，市委理论学习中心组专题学习胡锦涛总书记在主持中央政治局第二十二次集体学习时的重要讲话精神，研究本市深化文化体制改革、加快文化事业和文化产业发展的相关工作。

5—10日，市委书记王三堂率领秦皇岛市党政代表团，赴西安市、重庆市学习考察文化旅游发展和城市建设、绿化生态建设等重点工作。王三堂在考察时强调，学习借鉴西安、重庆两市的经验，最重要的是紧紧咬住既定发展目标，不断解放思想，对标先进，拓宽思路，创新举措，以更大气魄和站位推动重点工作实现新跃升。要进一步解决对旅游立市战略的认识和重视问题，不断增强系统思维和统筹理念，坚持全方位体现文化、全产业融合旅游、全市域优化生态，构建"旅游＋文化＋生态"互动发展的大格局，全面推动秦皇岛经济社会更好更快发展。市领导李秦生、曹子玉和各县区、市直有关部门主要负责人参加学习考察。

9日，庆祝燕山大学建校90周年庆典在该校举行。十一届全国人大常委会副委员长、民革中央主席周铁农，河北省人大常委会副秘书长陈新华，河北省教育厅副厅长翟海魂，市委副书记、市长朱浩文，市委常委、秘书长刘辰彦，副市长王亚洲等国家、省、市领导，工商企业界负责人和高校领导共同参加了当天的庆祝活动。

16—17日，省委常委、常务副省长赵勇在秦皇岛市调研并现场办公时强调，对重点项目要高标准谋划，高效率推进，倒排工期，责任到人，一项一项抓落实。市委书记王三堂，市委副书记、市长朱浩文陪同调研并汇报本市工作。

20日，秦皇岛经济技术开发区扩区专题会议召开，市委副书记杨泰安出席会议。会议要求，秦皇岛经济技术开发区、抚宁县以及市直各有关部门一定要高度重视，加强组织领导，紧密配合，协调联动，按时圆满完成各项扩区工作，为加快推进全市城乡统筹发展作出贡献。

29日，全市干部人事制度改革工作会议召开。会议学习贯彻中央深化干部人事制度改革《规划纲要》和省委相关会议精神，就全市干部人事制度改革工作进行安排部署。市委书记王三堂出席会议并强调，要切实增强加快干部人事制度改革的责任感和紧迫感，以解决干部人事工作中的重点难点问题为着力点，改革创新，努力形成广纳群贤、人尽其才、能上能下、公平公正、充满活力的干部人事制度，促进优秀干部脱颖而出，为加快建设"宜居宜业宜游、富庶文明和谐"新秦皇岛提供坚强的组织保证。市委副书记杨泰安主持会议，市委常委、组织部部长杨宏就全市干部人事制度改革进行了全面部署，市领导曹子玉、刘成出席会议。

同日，市委、市政府召开全市暑期工作暨市旅发委第五次全体（扩大）会议。会议总结暑期服务和旅游工作，结合落实省暑期工作总结会议、省政府常务会议和赵勇常务副省长暑期现场办公会议主要精神，明确下步工作方向和暑期会战重点任务，动员全市上下以更大力度、更快速度促进新的发展和更大变化，努力争当河北科学发展的排头兵和展示形象的重要窗口。市委书记王三堂主持会议。市委副书记、市长朱浩文出席会议并讲话。会议印发《2010—2011年度暑期重点工作任务责任分解表》《秦皇岛市2010—2011年度旅游立市百项工程任务分解表》《秦皇岛市旅游环境提升年活动方案》《关于贯彻落实省政府常务会及暑期工作现场办公会精神实施暑期重点工程大会战工作方案》。市检察院检察长高树勇出席会议。

同日，全市暑期重点工程大会战暨北戴河火车站改造动员大会召开。会上下发《关于贯彻落实省政府常务会及暑期工作现场办公会精神实施暑期重点工程大会战工作方案》和《秦皇岛市人民政府关于积极做好北戴河火车站改造工作的实施意见》两个文件。

同月，省暑期工作总结会议在北戴河召开。会议指出，在维护稳定形势复杂、各方面任务非常繁重的情况下，经过各级各部门的艰苦努力，2010年的暑期工作交上了一份比较满意的答卷。会议要求，必须从全局和长远的高度全面深刻审视暑期工作，把2010年暑期结束当作2011年暑期工作的开始，认真总结经验，及早动手准备，力求把2011年暑期工作做得更充分、更扎实、更有成效。省委副书记付志方出席会议并作总结讲话。付志方指出，暑期工作任务越来越重、难度越来越大，各级各有关部门一定要从大局出发，对暑期工作统筹考虑、整体谋划，注重研究解决基础性、长远性和根本性问题，确保年年有新进步、新变化。市委书记王三堂，市委副书记、市长朱浩文出席会议。市委副书记杨泰安代表市委、市政府汇报2010年全市暑期工作情况。市领导刘辰彦、曹子玉、霍兴文参加会议。

## 10月

21日，本市召开建设绿色秦皇岛动员大会。市委书记王三堂在会上要求全市上下进一步提高思想认识，以更高的站位审视和抓好绿化生态建设，全面、高效、优质地完成好各项工程任务，打好造林绿化和生态建设的攻坚战、总体战、持久战，更加扎实地推进绿色秦皇岛建设，以此展现暑期新发展、新变化的最大亮点，营造秦皇岛的更大魅力和竞争力。会上宣读并下发市委、市政府《2010—2011年度绿色秦皇岛建设重点工程实施方案》《秦皇岛市2010年秋冬至2011年度园林绿化建设实施方案》《秦皇岛市森林覆盖率净增量考核办法（试行）》《关于全市森林覆盖率增量考核情况的通报》以及《市政府关于开展封山禁牧专项整治活动的实施意见》等五个文件。市领导郝占敏、曹子玉、刘志新、马宇骏、闻德生出席动员会。

25—26日，按照省委、省政府的统一部署，以河北日报报业集团纪委书记夏凤祥带队的验收组一行4人，对本市文化体制改革情况进行检查验收。副市长于复苓向检查组汇报本市文化体制改革工作情况。在听取汇报的同时，验收组一行还走访了市直相关单位，随机对北戴河区、山海关区、昌黎县等进行了抽查。检查组认为秦皇岛市文化体制改革工作领导重视、思路明确、强力支持、工作扎实、效果明显，一些经验和做法可以供其他地市学习借鉴。

26日，加快秦皇岛祖山景区旅游发展办公会在唐山市召开。会议听取秦皇岛市加快祖山景区旅游发展的相关情况汇报，省旅游局、省发改委、省国土资源厅和省交通运输厅等省直相关部门负责人先后发言。省政府负责同志出席会议并指出，秦皇岛市县两级相关单位和部门，要本着以游客为本的标准，深入研究制约祖山景区旅游发展的瓶颈问题，牢牢把握"旅游立市"这一重要战略机遇期，进一步加大景区发展投入力度，尽快促进景区建设的提档升级。

27—28日，全省司法行政基层工作会议在秦召开。会议推广了秦皇岛市社区矫正过渡安置培训基地建设经验和北戴河区社区矫正工作经验。与会人员先后参观了本市社区矫正过渡安置培训基地、北戴河区戴河镇司法所、海港区海阳镇司法所、市社区矫正办公室，并围绕《关于进一步加强人民调解工作的意见》《关于进一步加强司法所建设的意见》等文件进行了讨论。

29日，全市加快推进沿海开发暨工业聚集区和重大项目建设工作会议召开。会议要求，全市上下要认真贯彻落实省政府最近召开的全省加快推进沿海地区开发建设、推动"十二五"重大项目建设、工业聚集区建设等相关会议精神，立足当前，着眼"十二五"长远发展，加速推进全市沿海地区开发、工业聚集区及重大项目建设。会上印发了市委、市政府制定的《秦皇岛市产业聚集区（园区）考核评价办法（试行）》《秦皇岛市项目建设工作考核办法》，以及市政府出台的《秦皇岛市鼓励产业聚集区（园区）

发展优惠政策》，同时下发市委办公厅、市政府办公厅印发的《开展"我为十二五规划献一计"活动实施方案》。

## 11月

6日，由中国旅游协会休闲度假分会、全国休闲标准化技术委员会、人民网、休闲杂志社共同主办的"'中国休闲城市发展综合评价'成果发布暨中国休闲国际发展论坛"在杭州隆重举行。秦皇岛市荣获"2010中国最佳休闲城市"和"2010中国最佳度假休闲城市"两项殊荣。

23日，省委副书记、省长陈全国在本市调研。陈全国强调，要深入贯彻党的十七届五中全会和省委七届六次全会精神，坚持以科学发展为主题，以转变经济发展方式为主线，大力实施旅游立市战略，推动经济社会又好又快发展。省委常委、常务副省长赵勇，省长助理、省政府秘书长尹亚力，市领导王三堂、朱浩文等陪同调研。市委副书记、市长朱浩文汇报秦皇岛市暑期重点项目工作推进情况。

24日，中国共产党秦皇岛市第十届委员会第七次全体会议召开。市委委员、候补市委委员出席会议。市纪委常委，不是市委委员、候补市委员的市级领导班子成员，各县区、开发区、北戴河新区和市委各部门、市直各单位、各人民团体、中省属驻秦单位、有关院校、企业的党员主要负责人，党外副市级领导干部，各民主党派、工商联主要负责人列席会议。全会由市委常委会主持。市委书记王三堂作重要讲话。全会听取、讨论和审议通过了王三堂同志受市委常委会委托作的工作报告，充分肯定市委十届六次全会以来市委常委会的工作。一致认为，在中央和省委的正确领导下，市委常委会深入贯彻落实科学发展观，以实施旅游立市战略为统揽，突出推动经济结构调整、构建现代产业体系和统筹城乡一体化发展、加快城镇化进程两大主题，团结带领全市人民，以更大的力度促进经济平稳较快发展和发展方式转变，以更快的速度促进城乡面貌变化。全会讨论和审议通过《中共秦皇岛市委关于制定国民经济和社会发展第十二个五年规划的建议》。市委副书记、市长朱浩文就《建议（讨论稿）》向全会作了说明。全会还对干部选拔任用工作进行民主评议，对2010年度市委组织部工作进行考核测评。全会高度评价"十一五"时期全市经济社会发展取得的巨大成就，深入分析今后一个时期本市经济社会发展面临的形势，综合考虑未来发展趋势和各方面条件，提出今后五年经济社会发展的主要目标：力争"十二五"末全市地区生产总值翻一番左右，沿海地区发展更快一些，全市整体发展在河北率先达到全面小康社会水平；更加注重质量效益，经济平稳较快发展，在提升综合竞争力上走在河北前列；更加注重农村发展，城镇化进程加快，在统筹城乡一体化发展上走在河北前列；更加注重生态建设，环境品牌更加亮丽，在可持续发展上走在河北前列；更加注重改善民生，人民幸福指数明显提高，在城乡生活质量和富裕程度上走在河北前列；更加注重社会建设，城市活力彰显，在经济社会协调发展上走在河北前列。力争通过五年乃至更长时间努力，把秦皇岛打造成为有较强集聚辐射能力和影响力的国际旅游名城、休闲文化产业之都、全国生态文明先行区，成为享誉全国乃至世界的"长城滨海画廊、四季休闲天堂"。

## 12月

2日，国家部委联合调研组结束了对本省秦唐沧三市为期6天的调研，河北沿海地区发展规划将进入编制阶段。省委副书记、省长陈全国，省委常委、常务副省长赵勇出席下午在秦皇岛市召开的国家部委联合调研组与省政府交换意见座谈会。市领导王三堂、朱浩文、杨泰安、杨宏、李秦生、刘辰彦、马宇骏等陪同调研并参加座谈会。

6日，省城镇面貌三年大变样考核组莅临秦皇岛市，对城镇面貌三年大变样工作进行全面考核验收。市委书记王三堂主持汇报会，市委副书记、市长朱浩文汇报本市工作，市人大常委会主任菅瑞亭、副市长马宇骏、市政协副主席田永生出席汇报会。

17日，市委书记王三堂在市委常委、秘书长刘辰彦的陪同下，到青龙满族自治县调研。王三堂强调，青龙县要认真总结经验，科学谋划未来发展，统筹做好当前工作，确保明年和"十二五"发展在更高层次上谋划，在科学轨道上推进，以更大的力度促进新一轮更好更快发展和更大变化，努力在"十二五"末实现进位全省30强的目标。

20日，全市创先争优活动工作会议召开。会上传达全省"邯郸现场观摩交流会"精神，了解掌握各县区、各系统近期活动开展情况，总结

2010年全市创先争优活动开展情况，对2011年开展创先争优活动进行部署。市委副书记杨泰安出席会议并讲话，市委常委、组织部部长杨宏主持会议。青龙满族自治县、海港区、市商务局、市妇联、团市委等分别作大会发言。

21日，中共秦皇岛市委召开第七十三次常委会议。会议由市委书记王三堂主持。朱浩文、杨泰安、傅永国、杨宏、李秦生、刘辰彦、郝占敏、曹子玉等出席会议，菅瑞亭、田永生和市直有关部门的负责同志列席会议。会议传达河北省赴津鲁辽学习考察主要精神，就加快沿海地区开放开发进行研究部署；传达国家旅游综合改革工作座谈会精神，原则同意市旅游局提出的旅游综合改革试验工作建议；传达全省党史工作会议精神，原则同意市委党史研究室提出的贯彻落实意见；研究并原则通过《秦皇岛市中长期人才发展规划纲要（2010—2020年）》和《秦皇岛市重点人才工程实施意见》；传达全省市县乡党委换届工作座谈会和严肃换届纪律营造风清气正换届环境电视电话会议精神；还研究其他相关问题。

23日，市委召开县区委书记基层党建工作专项述职会议。市委书记王三堂在会上强调，要突出重点，把握关键，全力推进基层党建工作落到实处。要遵循规律，把握特点，不断提升基层党建工作整体水平。市委副书记、市长朱浩文主持会议。省委组织部副部长王亮专程到会指导。

同日，全市人才工作会议召开。市委书记王三堂在会上强调，全市各级党委和组织人事部门要牢固树立"人才是第一资源的理念"，以求贤若渴的心态对待人才，切实把秦皇岛打造成为爱才、育才、引才、聚才、用才的大课堂、大熔炉和大舞台，努力形成人尽其才、才尽其用、人才辈出的良好局面，以此支撑秦皇岛在新的起跑线上实现大发展、大变化、大跨越。会议传达全国、全省人才工作会议主要精神，下发《秦皇岛市中长期人才发展规划纲要（2010—2020）》《秦皇岛市重点人才工程的实施意见》，对本市第八批专业技术拔尖人才进行表彰，燕山大学等单位作交流发言。市委副书记、市长朱浩文出席会议并提出要求。市委副书记杨泰安主持会议。市领导菅瑞亭、刘辰彦等出席会议。

31日，全市经济工作会议暨市旅发委第六次全体会议召开。会议主要任务是，学习贯彻中央和全省经济工作会议精神，总结2010年全市经济工作，通报旅游立市百项工程进展情况，对 2011 年全市经济工作和旅游发展作出安排部署。会议提出，2011 年全市经济工作的总体思路是：深入贯彻落实科学发展观，突出科学发展主题和加快转变经济发展方式主线，大力实施旅游立市战略，着力调整优化产业结构，着力加快城乡统筹发展进程，着力推进改革开放创新，着力加强人文生态建设，着力保障和改善民生，努力在发展方式转变、发展活力增强、城乡面貌改善、人民生活水平提高、暑期窗口形象提升、旅游名城建设等方面迈出新步伐，推动经济社会更好更快发展，实现"十二五"良好开局。

同年，由中国新千年论坛、秦皇岛日报社、秦皇岛电视台联合举办的 2010 秦皇岛十大经济人物评选名单揭晓，山海关区新建村党支部书记蔡德宽、中国电信秦皇岛分公司员工范杨春、红星美凯龙投资方阳光家园董事长关英、德大地产董事长李林忠、工商银行秦皇岛分行行长李子木、中铁山桥集团高级技师曲岩、朗格斯酒庄总经理任京、山船重工集团总经理王长洲、中油宝世顺公司总经理翁继红、奥格玻璃集团董事长赵卷英榜上有名。

同年，市旅游局发布了 2010 年本市旅游十件大事，其中，秦皇岛市被列入全国首批旅游综合改革试点城市、全国休闲城市标准试点验证城市，荣膺 2010 年中国最佳休闲城市、最佳度假休闲城市被列为十件大事之首。其他九件大事分别是：旅游立市战略扎实推进、旅游接待创历史新高、"长城滨海画廊，四季休闲天堂"的旅游城市品牌深入人心、俄罗斯市场持续火爆、北戴河新区开发建设取得实质性进展、航空旅游飞速成长、各景区实行淡旺季浮动价格、旅游标准化建设全面铺开和市民出游异常活跃。

同年，本市全年接待海内外游客 1884.68 万人次，景区门票收入 3.8 亿元，旅游总收入 147.38 亿元，同比分别增长 13.5%、10.1% 和 16%；其中接待海外游客 24.2 万人次，创汇 1.3 亿美元，同比分别增长 8.1% 和 11%，各项指标均创历史新高。

# 2011年

## 1月

19日，秦皇岛市召开2010年度推进惩治和预防腐败体系建设及落实党风廉政建设责任制情况汇报测评大会。省政府负责同志指出，开展检查工作是扎实推进惩防体系建设和贯彻落实关于党风廉政建设责任制规定的一个重要举措，要高度重视，认真对待，积极配合。市委书记王三堂，市委副书记、市长朱浩文分别代表市委、市政府汇报2010年度本市推进惩防体系建设、落实党风廉政建设责任制工作情况。王三堂主持会议。出席汇报测评大会并在主席台就座的还有省检查组副组长、省纪委常委郭世锋，检查组成员、省纪委研究室正处级副主任李柱林。参加会议的有市四大班子全体成员，市委委员，部分党代表，市直部门主要负责人、纪检组长（纪委书记），市纪委常委，县区委书记、县区长、县区纪委书记，市级离退休老干部代表。

24日，经市委常委会议研究，市安全生产监督管理局局长等12个职位的人选最终确定，这标志着于2010年11月16日正式启动的全市竞争性选拔县级领导干部工作，经过报名、资格审查、笔试、面试、考查等12个环节，最终圆满完成。此次选拔在遴选方式上有了新突破，把考察情况量化打分，在全国尚属首次。整个竞争性选拔工作组织周密、程序严格、运作规范，选拔出的干部综合素质高、工作实绩突出、群众认可，实现了"三满意"，即市委市政府满意、用人单位满意、干部群众满意。

## 2月

14日，全市对外开放、项目建设、园区建设、沿海开发建设工作会议召开。会议提出，要以新的思路、新的理念，全力做好对外开放、项目建设、园区建设、沿海开发建设四项重点经济工作，在新一轮更高水平的区域发展竞争中，奋力推进秦皇岛加速崛起。市委书记王三堂主持会议并作重要讲话。王三堂指出，全部工作要以经济建设为中心，经济建设要以项目建设为重点，项目建设要以园区建设为基础，以对外开放、招商引资、空间拓展和优化环境为主要举措，以沿海地区开发建设为突破口，以此来有效推动科学发展和加快转变经济发展方式，有效推动产业结构和城乡结构调整。省沿海地区开发建设领导小组专职副组长郭风集出席会议并提出重要意见。市委副书记、市长朱浩文对四项重点经济工作进行安排部署。省沿海办常务副主任李志军，市委常委，市人大常委会主任、相关副主任，市政府副市长，市政协相关副主席出席会议。会上，市委、市政府表彰了2010年度全市项目建设工作先进县区、产业聚集区建设先进单位和招商引资工作突出贡献单位。

21—23日，政协秦皇岛市第十一届委员会第四次会议在工人文化宫召开。来自全市各条战线的309位政协委员参加大会。市委书记、市政协主席王三堂，市政协副主席田永生、闻德生、霍兴文、张士邦、刘晓平、王广新、裴晓鹏、关敏、肖明地，秘书长唐家君在主席台前排就座。出席大会并在主席台就座的市领导有：朱浩文、杨泰安、菅瑞亭、傅永国、李秦生、刘辰彦、郝占敏、曹子玉、刘玉萍、高文涛、蔡运国、王文钊等。市中级人民法院院长闫五一、市人民检察院检察长高树勇在主席台就座。王三堂主持会议。王三堂指出，会议的主要任务是：坚持以科学发展观为指导，深入贯彻落实中共十七大和十七届五中全会精神，在中共秦皇岛市委的领导下，牢牢把握团结和民主两大主题，动员参加政协的各党派团体和各族各界人士，突出科学发展主题和加快转变经济发展方式主线，认真履行各项职能，为"十二五"开局起步凝聚智慧和力量，为推进人民政协事业发展、建设"宜居宜业宜游、富庶文明和谐"滨海名城作出新的更大贡献。市委副书记杨泰安代表中共秦皇岛市委对大会的召开表示热烈祝贺。市政协副主席田永生受市政协十一届委员会常务委员会委托，在会上作市政协十一届委员会常务委员会工作报告。市政协副主席肖明地受市政协十一届委员会常务委员会委托，在会上作了市政协十一届委员会常务委员会关于十一届三次会议以来提案工作情况的报告。会议听取并审议通过市政协常委会工作报告、提案工作报告，听取并讨论市长朱浩文所作的《政府工作报告》和其他重要报告，通过市政协十一届四次会议政治决议。

22—25日，秦皇岛市十二届人大四次会议在工人文化宫召开。来自全市各条战线的330名人大代表参加大会。市人大常委会主任菅瑞亭，副主任刘玉萍、高文涛、蔡运国、王文钊、刘志新，秘书长杨守勇在主席台前排就座。这次大会的执行主席是：王三堂、王广慧、王文钊、王海英、兰波、冯继、冯志永、卢守杰、白焕新、乔殿义、任素贞、刘芳、刘中江、刘立霞、刘志新、刘建军、刘辰彦、菅瑞亭。出席大会并在主席台就座的市领导有：王三堂、朱浩文、杨泰安、傅永国、杨宏、刘辰彦、郝占敏、曹子玉、马宇骏等。市中级人民法院院长闫五一、市人民检察院检察长高树勇在主席台就座。会议由市人大常委会主任菅瑞亭主持。市委副书记、市人民政府市长朱浩文代表市政府向大会作《政府工作报告》。会议听取并通过议案审查委员会主任委员蔡运国所作的关于议案审查情况的报告；依次通过关于秦皇岛市人民政府工作报告的决议、关于秦皇岛市国民经济和社会发展第十二个五年规划纲要的决议、关于秦皇岛市 2010 年国民经济和社会发展计划执行情况及 2011 年国民经济和社会发展计划的决议、关于秦皇岛市 2010 年市本级预算及市总预算执行情况和 2011 年市本级预算及市总预算的决议、关于秦皇岛市人民代表大会常务委员会工作报告的决议、关于秦皇岛市中级人民法院工作报告的决议、关于秦皇岛市人民检察院工作报告的决议；通过秦皇岛市第十二届人民代表大会第四次会议关于落实矿产资源法，整顿非法开采行为的议案的决议。孙盘柱当选市十二届人大常委会副主任。

24 日，全市城镇面貌三年大变样工作总结暨城镇建设三年上水平工作动员大会召开。市委书记王三堂主持会议并指出，加快城镇化是一项长期的战略任务，全市上下一定要提高认识，正确把握城市建设和发展面临的新形势，对标先进，以更大魄力和更高标准做好城镇建设三年上水平工作，努力建设美好家园。市委副书记、市长朱浩文出席会议并提出要求。全市实现城镇面貌大变样，省定 5 大基本目标、80 个子目标全部圆满完成，全市城镇化率达到 48.74%，城镇化发展综合指数位居全省第二。秦皇岛市被省评为三年大变样"进步奖"，青龙满族自治县荣获"三年大变样工作先进县"称号。会上下发《关于开展城镇建设三年上水平工作的实施意见》等文件。副市长马宇骏对三年大变样工作进行总结，对三年上水平工作作出部署。本市将开展城镇建设三年上水平工作，全力抓好"十大工程"，即城市畅通工程、城市森林工程、城市碧水工程、城市新装工程、城市保障工程、城市康居工程、城市管理工程、有形文化工程、城镇提升工程、产业聚集工程。市领导曹子玉、王文钊、肖明地出席动员会。

同月，市政府出台《秦皇岛市加快沿海地区开发建设的实施方案》，明确部署在全市各沿海发展区域全面实施九大攻坚战——打好规划编制攻坚战，打好基础设施攻坚战，打好生态环境建设攻坚战，打好新城市、新城区建设攻坚战，打好产业聚集攻坚战，打好人才、教育、科技攻坚战，打好对外开放攻坚战，打好与腹地互动攻坚战，打好体制机制创新攻坚战。

同月，市检察院检察官刘宝书在第四届全国十佳公诉人暨全国优秀公诉人业务竞赛中获得"全国优秀公诉人"称号，成为河北省首位获此殊荣的检察官。

## 3月

8日，市委书记王三堂带队就本市部分暑期重点工程项目进行实地踏查和现场调度。王三堂要求，各级各有关部门进一步明确任务，倒排工期，协调配合，攻坚克难，加快暑期重点工程项目建设进度，确保按期保质保量完成任务，推动城市建设、暑期工作和旅游发展实现更大变化和进步。省政府副秘书长、省暑期重点项目联络组组长孟祥伟和市领导杨泰安、刘辰彦、曹子玉、马宇骏等参加现场调度。省市领导先后视察了海港区开埠路历史文化街区、暑期接待游艇码头、浅水湾浴场改造、森林湿地公园二期扩建、健康中心、海上音乐厅、北戴河重点道路街景改造、平水桥浴场改造、北戴河火车站改造等重点工程项目。

14日，本市召开《秦皇岛市旅游综合改革试点实施方案》论证会。国家旅游局、国土资源部、中国土地勘测规划院，以及省旅游局、省发改委、省社科院等领导、专家出席论证会。市领导杨泰安、菅瑞亭、李秦生、曹子玉、裴晓鹏等参加论证会。

18日，市委副书记、市长朱浩文主持召开市十二届政府第十九次常务会议。会议传达学习全国"两会"精神，研究讨论安全生产及消防、招商引资、教育改革和发展规划、"菜篮子"工程、水利发展、建设节水型社会、旅游综合改革试点等工作。会议原则通过《秦皇岛市人民政府关于进一步加强安全生产工作的意见》《2011年全市安全生产工作要点》《2011年全市消防工作要点》《秦皇岛市中长期教育改革和发展规划纲要（2010—2020）》《市政府关于统筹推进新一轮"菜篮子"工程建设的实施意见》《市委、市政府关于加快水利改革发展的实施意见》《市政府关于建设节水型社会的实施意见》《秦皇岛市旅游综合改革试点实施方案（2011—2015）》《关于进一步扩大开放加强招商引资工作的若干规定》等文件。市委常委、副市长李秦生，副市长马宇骏、刘成、王亚洲，市政府秘书长高坤元出席会议。市人大常委会副主任蔡运国，以及部分民主党派、工商联负责同志应邀参加会议。市政府有关部门负责同志列席会议。

22日，全市保障性安居工程工作会议召开。2011年全市将建设保障性住房和棚户区改造住房15461套，力争超额完成省定住房保障任务，年底全市城镇居民住房保障覆盖面有望达到13%。市委副书记、市长朱浩文要求，全市各级各部门以更大的决心、更有效的工作，全力推进保障性安居工程实施，努力为全市人民营造宜居、安居、优居的人居环境。副市长马宇骏对2011年保障性安居工程工作进行部署，对工程进度提出明确要求和具体时间节点。会上，市政府与市住房保障和房产管理局、各县区签订目标责任书。市领导孙盘柱、肖明地出席会议。

24日，本市召开市委领导班子严肃换届纪律专题民主生活会。会议由市委书记王三堂主持。市委常委、组织部部长杨宏传达中央关于严肃换届纪律"五个严禁、十七个不准、五个一律"和省委"八条禁令"规定的具体要求。各位常委联系思想工作实际，认真开展党性分析，实事求是自我剖析，就遵守换届纪律进行承诺，逐一表态发言。王三堂要求，各级领导干部要充分认识严肃换届纪律的重要性，坚决落实中央和省委对换届纪律的明确要求，以最坚决的态度、最有力的措施，严厉整治选人用人上的不正之风，营造风清气正的换届环境，确保换届工作平稳、健康、有序开展。

## 4月

1日，全市暑期重点项目暨暑期环境综合整治百日攻坚行动动员大会召开。市委书记王三堂要求，全市上下要进一步统一思想，全力组织一场全市范围的攻坚战，扮亮秦皇岛，盛装迎暑期，为河北争光、让领导满意、为发展聚势。市委副书记、市长朱浩文强调，全市各级各部门要把暑期重点项目"百日攻坚"行动作为当前首要任务来抓，以决战必胜的姿态，确保各项目标任务高标准、高质量圆满完成。会议由市委副书记杨泰安主持，副市长马宇骏传达省暑期重点项目建设协调会议精神。会上印发《秦皇岛市 2011 年旅游市场专项整治"百日攻坚"行动方案》《秦皇岛市 2011 年城市容貌环境综合整治"百日攻坚"行动方案》和《秦皇岛市道路交通秩序综合整治工作总体方案》3 个文件。省联络组代表，市领导菅瑞亭、傅永国、杨宏、刘辰彦出席会议。

同日，市政府与河北建设投资集团有限责任公司举行座谈并签署《共同推进合作项目备忘录》，双方将在推进秦皇岛临港物流项目和加快旅游产业发展等方面展开深入合作。

11 日，秦皇岛市理顺北戴河新区管理体制宣布暨动员会议召开。根据河北省机构编制委员会《关于组建秦皇岛北戴河新区管理机构的通知》精神，组建中共秦皇岛北戴河新区工作委员会和秦皇岛北戴河新区管理委员会，北戴河新区的管理体制理顺接收工作全面展开，将于 5 月底前完成接收。市委、市政府成立理顺北戴河新区管理体制工作领导小组，由市委副书记杨泰安任组长，市委常委、组织部部长杨宏，市委常委、秘书长刘辰彦任副组长，市直有关部门主要领导及昌黎县、抚宁县、北戴河新区党政一把手为成员。理顺接收工作分前期准备、动员部署、实质接收和总结验收四个阶段。市领导杨宏、刘辰彦等出席会议。会上印发《理顺北戴河新区管理体制接收工作实施方案》。

12 日，抚宁县大新寨镇大石窟村附近山林起火。市委书记王三堂，市委副书记、市长朱浩文高度重视，赶赴现场，启动预案对扑火工作进行具体部署，现场组织指导扑救工作。省委副书记、省长陈全国，副省长沈小平带领省相关部门负责人连夜赶赴现场组织指挥扑救。来自张家口、保定、唐山和北京等地的专业扑火队伍以及部队官兵约 3000 人赶赴现场进行扑救。

13 日，市委市政府决定从即日起，成立 8 个专项督导组，在全市范围内深入开展森林防火督导检查，重点对领导重视程度、应急措施、日常管理、队伍建设、物资储备、宣传教育、执法执纪等七方面进行明察暗访，督促各县区、各乡镇吸取教训，认真查找问题，做好隐患整改，杜绝森林火灾特别是重大森林火灾的发生。

18日，武警部队司令员王建平到"4·12"森林火灾一线，检查指导扑救工作，慰问英勇奋战的武警官兵。省长、"4·12"森林火灾扑救指挥部总指挥陈全国陪同视察和看望。副省长沈小平，省军区副司令员赵海滨和参战武警部队首长一同视察和看望。市委书记王三堂等领导陪同慰问。

19日，省长、火灾扑救指挥部总指挥陈全国宣布："4·12"森林火灾集中扑救行动胜利结束。这标志着"4·12"森林火灾扑救取得了决定性胜利。

22日，参加"4·12"山林火灾指挥作战的河北武警总队指挥部广大指战员和武警部队圆满完成任务撤离秦皇岛，返回驻地。市委书记王三堂，市委副书记、市长朱浩文，市委常委、秘书长刘辰彦为指挥部官兵送行，感谢他们为扑灭山林火灾作出的突出贡献。

26日，2011年全省保障性安居工程第二批建设项目举行集中开工仪式。市委书记王三堂在秦皇岛分会场宣布，秦皇岛市东李庄保障性住房项目二期工程开工。东李庄二期、昌黎县吉祥尚府小区、卢龙县康姿百德职工公寓、抚宁县紫金香苑住宅小区4个保障性住房项目，共计2905套保障性住房集中开工建设，标志着2011年全市保障性安居工程建设全面启帷。市人大常委会副主任王文钊主持仪式，副市长马宇骏致辞，市政协副主席肖明地出席开工仪式。

29日，全市"双试点"工作动员大会暨市旅发委第七次全体会议召开。会议强调，要用系统的思维、统筹的方法，敢闯敢试，创造性地开展工作，深入抓好以旅游为龙头的服务业综合改革试点及国家首批旅游综合改革试点工作，促进全市现代服务业转型升级，加快全市经济发展方式转变。市委书记王三堂主持大会。市委副书记、市长朱浩文就全市"双试点"工作进行部署。国家发改委夏农副司长、国家旅游局周久才副司长莅临大会指导，并对本市"双试点"工作提出指导性意见。市领导杨泰安、李秦生、刘辰彦、郝占敏、曹子玉、王文钊出席会议。

同月，经国家林业部门同意，北戴河湿地等45处湿地被列为国家湿地公园试点，这对于加强北戴河湿地保护，提升北戴河湿地的知名度具有重大意义。

## 5月

8—9日，省委常委、常务副省长赵勇率领省直有关部门负责人，在市委书记王三堂，市委副书记、市长朱浩文等市领导的陪同下，到本市对暑期重点项目建设进行专题调度。赵勇强调，暑期重点项目建设要确保一流质量，确保按期完工，确保安全和谐，确保一流的管理和效益，以重点项目为抓手，努力将秦皇岛市打造成浪漫之都、创意之都、生态之都。

17日，市统计局发布《秦皇岛市2010年第六次全国人口普查主要数据公报》，全市常住人口为2987605人，同第五次全国人口普查2000年11月1日零时的2785025人相比，十年共增加202580人，增长7.27%，年平均增长率为0.70%。

26日，秦皇岛市2011年暑期工作委员会第一次会议暨省定暑期重点项目攻坚冲刺动员会议召开。会议强调，要进一步提高认识、提升站位，切实增强做好暑期工作、完成暑期重点建设任务的责任感和紧迫感，以细之又细、慎之又慎的作风抓好暑期工作，以严明纪律、严肃责任、严细督查的精神抓好暑期工作落实，确保不出任何问题，确保做好各项工作。

## 6月

8—9日，省委常委、常务副省长、环首都绿色经济圈建设领导小组组长赵勇在市委副书记、市长朱浩文，副市长马宇骏陪同下，率领环首都4个设区市和14个县（市、区）负责同志，现场观摩本市暑期重点项目。赵勇强调，环首都地区要学习秦皇岛的经验和做法，进一步创新理念、增强动力，抓住关键、扎实推进，着力加快旧城改造和新城建设，在全省城镇建设三年上水平中发挥示范带动作用。赵勇一行先后观摩了北戴河街景亮化、浅水湾浴场改造、森林湿地公园二期扩建、海上音乐厅、北戴河街景改造提升等暑期重点项目。

10日，市政府召开承办首届"北戴河全国科技成果巡回展"工作动员会议。市委副书记、市长朱浩文要求，要充分认识办好"北戴河全国科技成果巡回展"的重大意义，高标准、高效率地推进承办各项工作，为展览的成功举办提供有力保障。会议下发《秦皇岛市承办北戴河全国科技成果巡回展工作方案》。

15—16日，省政府有关领导带领省直有关部门负责人，在市委副书记、市长朱浩文等市领导陪同下，在本市就工业经济运行、技术改造、企业兼并重组、民营经济发展、小煤矿关闭整合重组、淘汰落后产能六项工作进行调研和现场办公。省政府有关领导强调，秦皇岛要强化大项目支撑，大力发展以旅游立市为主的服务业，大力发展低碳、无污染、绿色、能够实现循环经济的工业，首选发展高新技术产业，大力发展为暑期服务的配套产业等，促进秦皇岛经济社会更好更快发展。

16—17日，省委副书记付志方带领省直有关部门负责同志，在秦皇岛市调度暑期准备工作。付志方强调，要抓好各种隐患的排查整治，严格落实工作责任，按时保质完成暑期各项重点工程。加强对暑期工作的领导，全力以赴把暑期准备工作做深做细做扎实。

同日，全省政法队伍职业化建设现场会在秦皇岛市召开。会议总结推广本市加强政法队伍职业化建设的试点经验，就全省政法机关全面推进队伍职业化建设作出安排部署。省委政法委常务副书记傅剑仁主持会议。市委副书记、市长朱浩文在会上致辞。省高级人民法院院长高勇、省人民检察院检察长张德利、市中级人民法院院长闫五一、市人民检察院检察长高树勇出席会议。

27日，秦皇岛市召开庆祝中国共产党成立90周年暨"两优一先"表彰大会，热烈庆祝中国共产党成立90周年。会议总结创先争优活动成果，交流基层党建工作经验，命名表彰全市先进基层党组织、优秀共产党员、优秀党务工作者和红旗党支部、先锋共产党员，激励广大党员干部进一步振奋精神，创先争优，推动经济社会更好更快发展。市委书记王三堂代表市委到会祝贺并作重要讲话。市委副书记、市长朱浩文主持会议。市委常委、组织部部长杨宏受省委组织部委托，宣读省委组织部《关于表彰秦皇岛"4•12"森林火灾扑救先进基层党组织和优秀共产党员的决定》、市委《关于表彰先进基层党组织和优秀个人的决定》。省委组织部分别授予市委办公厅机关党委等50个基层党组织和98名共产党员"秦皇岛'4•12'森林火灾扑救先进基层党组织""秦皇岛'4•12'森林火灾扑救优秀共产党员"称号。市委分别授予昌黎县十里铺乡西山场村党支部等50个党支部（党总支）、海港区海滨路街道滨海城社区党支部等100个基层党组织、刘中华等100名党务工作者、刘炜等50名共产党员、杨辉等100名共产党员"全市红旗党支部（党总支）""全市先进基层党组织""全市优秀党务工作者""全市先锋共产党员""全市优秀共产党员"荣誉称号。市人大常委会主任菅瑞亭，市委常委傅永国、李秦生、刘辰彦、郝占敏、曹子玉出席会议并为受表彰的集体和个人颁奖。

## 7月

7日，国家海洋局党组书记、局长刘赐贵在省政府有关领导及市委书记王三堂，市委副书记、市长朱浩文等陪同下，在秦皇岛市就海滩治理情况进行调研。刘赐贵强调，要从源头治理做起，加强对海滩和海洋的保护，排查清除有可能造成污染的源头，进一步加强对海水和海滩环境的监测，确保海滩和海洋生态环境可持续发展。刘赐贵一行还考察了开发区旅游人工岛项目。

同日，全市民族团结进步表彰大会召开。市委书记王三堂出席并讲话。王三堂强调，要从全局和战略的高度，充分认识新形势下推进民族团结进步事业的重大意义，进一步加强民族工作，巩固和发展各族人民的大团结，努力开创全市民族团结进步事业新局面。市委副书记杨泰安主持会议。会议表彰近年来全市各行各业为巩固和发展平等、团结、互助、和谐的民族关系，促进少数民族和民族地方经济社会发展作出突出贡献的47个模范集体和67名模范个人。省民宗厅副厅长崔晓辉在会上充分肯定秦皇岛市民族工作取得的成绩，并就今后民族工作提出具体要求。刘辰彦、王文钊、刘成、刘晓平等市领导出席大会，并为受表彰的代表颁奖。

11日，市旅发委第八次全体（扩大）会议召开。会议总结第七次全会以来全市旅游工作进展情况。市委书记王三堂强调，各级各部门要积极行动起来，按照"边推动工作、边总结经验、边反思查找问题、边谋划下一步发展"的工作方法，总结经验、回顾反思、对标先进、跨越提升，以更高标准、更大努力做好暑期旅游工作。市委副书记、市长朱浩文主持会议。会上下发《秦皇岛市旅游综合改革试点实施方案（2011—2015年）》，部分县区、部门和旅游企业作表态发言。

17日，张家口市委书记许宁率队莅临秦皇岛市，实地参观考察石河生态景观建设等本市暑期重点项目，市委书记王三堂陪同参观考察。双方就进一步提升城市载体功能、为百姓打造宜居和谐生活环境深入交换意见。市委常委、秘书长刘辰彦，副市长马宇骏陪同考察。

18日，为期一周的"走进太行"河北省美术家优秀作品展在北戴河劳动人民文化宫拉开帷幕。省委常委、宣传部部长聂辰席，省人大常委会原副主任张群生，省文化厅党组书记、厅长冯韶慧，市委常委、副市长李秦生及市委宣传部主要领导出席开幕式并剪彩。

21日，市委、市政府召开全市建设国家创新型试点城市推进大会，动员全市上下统一思想、坚定信心、抢抓机遇、开拓创新，扎实有效地推进国家创新型试点城市建设。副省长龙庄伟与科技部政策法规司副司长翟立新为国家创新型试点城市揭牌。市委副书记、市长朱浩文就建设国家创新型试点城市推进工作进行部署。市委副书记杨泰安主持会议。省科技厅厅长贾红星、副厅长郭玉明，市人大常委会副主任蔡运国、市政协副主席霍兴文出席会议。

同日，副省长龙庄伟在省科技厅厅长贾红星，市委副书记、市长朱浩文等的陪同下，来到市奥体中心体育馆，查看第一届北戴河全国科技成果巡回展布展情况。龙庄伟对展览完整表现科技部审定的布展方案表示肯定，并就开幕式的总体安排、展览期间的参观组织等具体问题提出要求。

22日，北戴河全国科技成果巡回展在市奥体中心体育馆开幕。全国政协副主席、科技部部长万钢宣布开幕并致辞。省委副书记、省长陈全国致辞。科技部副部长张来武，省委常委、常务副省长赵勇，副省长龙庄伟，省长助理、省政府秘书长尹亚力，市委副书记、市长朱浩文等市领导，以及科技部、河北省各有关单位负责人出席开幕式。

23日，省委、省政府在北戴河召开全省城镇建设三年上水平工作会议。会议总结上半年城镇建设三年上水平工作，对下一步工作进行安排部署。省委书记张云川，省委副书记、省长陈全国出席会议并讲话。省委副书记付志方，省政协主席刘德旺，省委常委、石家庄市委书记孙瑞彬，省人大常委会副主任宋长瑞等出席会议。省委常委、常务副省长赵勇主持会议，副省长宋恩华作具体工作部署。会议期间，与会代表现场观摩秦皇岛市城镇建设重点项目。市委书记王三堂，市委副书记、市长朱浩文，副市长马宇骏等11个设区市的市委书记、市长、主管城建的副市长、省直有关部门负责同志参加会议。

同月，在海南三亚举行的"第七届中国城市品牌大会·中国最佳投资环境城市公益评选活动暨高层论坛"上，秦皇岛与大连、杭州、桂林、青岛、连云港、珠海、黄山、九江、乌鲁木齐10座城市荣获"中国最佳休闲旅游城市"称号。

## 8月

1日，住房和城乡建设部部长姜伟新一行就扎实推进超低能耗建筑建设，建立统一公开、竞争有序的建设工程招投标市场，保质保量推进保障性住房建设等在秦皇岛市调研，并就本市、本省以及在全国如何做好超低能耗建筑建设试点等工作进行座谈，对相关工作提出具体要求。副省长宋恩华、市委书记王三堂等领导陪同调研。

2—3日，省委常委、宣传部部长聂辰席在市委宣传部主要领导的陪同下，到昌黎县、卢龙县调研。聂辰席强调，各地要认真学习贯彻胡锦涛总书记"七一"重要讲话和刘云山同志来河北省考察时的重要指示精神，切实加强基层宣传思想文化工作，创新工作机制，活化方法载体，让文化改革发展成果更多更好地惠及基层人民群众。

3日，中国耀华玻璃集团有限公司成立，弘毅投资公司与其关联公司持股70%，市国资委持股30%。

4日，中共中央政治局委员、国务委员刘延东在科技部党组副书记、副部长王志刚，科技部驻部纪检组长郭向远，副省长孙士彬，市委副书记、市长朱浩文等相关领导的陪同下，参观北戴河全国科技成果巡回展。刘延东对本市在承办科技展中所做的工作给予高度评价。

5日，首届环渤海地区北戴河消夏图书交易博览会暨第四届河北省图书交易博览会在秦皇岛市开幕，与此同时，秦皇岛第二届读书节也拉开帷幕。十届全国人大常委会副委员长许嘉璐宣布书博会开幕。新闻出版总署署长柳斌杰、省长陈全国、市委书记王三堂分别致辞。省委常委、宣传部部长聂辰席主持开幕式，省委书记张云川，省人大常委会副主任马兰翠，副省长孙士彬，省长助理、省政府秘书长尹亚力，市领导菅瑞亭、李秦生等出席开幕式。

同日,国家新闻出版总署党组书记、署长,国家版权局局长柳斌杰,在河北省副省长孙士彬、龙庄伟,省新闻出版局局长李晓明,市委常委、副市长李秦生等省市领导的陪同下,就燕山大学申办出版社情况到燕山大学调研。

8日,省委常委、常务副省长赵勇,副省长宋恩华带领省直有关部门负责同志,在市委书记王三堂,市委副书记、市长朱浩文等陪同下,在本市调度秦皇岛港西港搬迁改造工程。赵勇强调,要解放思想,从河北科学发展的战略高度,加快推进秦皇岛港西港搬迁改造工程。

12日,在收看全省新闻战线"走基层、转作风、改文风"视频会议后,秦皇岛市立即召开动员会。会议强调,要教育、引导广大新闻工作者更好地围绕中心,服务大局,坚持"三贴近",深入基层,走近群众,多创作鲜活的、实在的、人民群众爱看的,有分量、有影响力的新闻作品。

## 9月

15日,市委常委会传达学习省委书记张庆黎在省委常委扩大会议上的重要讲话精神和省委印发的《关于各级领导干部共同遵守的约法八章》,结合学习贯彻省委领导干部会议精神,对当前工作进行研究部署。市委书记王三堂主持会议并讲话。王三堂要求,全市各级党组织和广大党员干部要讲政治、讲党性、讲大局,集中精力抓好当前各项工作,以实际行动与党中央和省委保持高度一致,强力推动秦皇岛经济社会更好更快发展。会议还讨论了市第十一次党代会工作报告和市纪委工作报告,研究党代会筹备工作相关事项,通过关于贯彻《中国共产党党和国家机关基层组织工作条例》实施细则。

同日,市委十届九次全体会议召开。会议研究通过市第十一次党代会有关事宜。市委书记王三堂主持会议并讲话。市领导朱浩文、杨泰安、傅永国、杨宏、李秦生、刘辰彦、郝占敏、曹子玉在主席台就座。会议应到市委委员44名、候补委员9名,实到市委委员35名、候补委员6名,符合法定人数。会议决定,中国共产党秦皇岛市第十一次代表大会于9月27—29日召开。会议听取市委组织部部长陈书增所作的关于市第十一次党代会筹备工作情况的说明；审议通过市委、市纪委工作报告（草案）；讨论通过十一届市委委员、候补委员和市纪委委员候选人预备人选名单；讨论通过市第十一次党代会有关事项；圈选出席省第八次党代会代表候选人预备人选。

21日，省委副书记、代省长张庆伟带领省直有关部门负责同志，在市委书记王三堂，市委副书记、市长朱浩文等陪同下，在秦皇岛市进行工作调研。在听取本市城乡规划情况汇报后，张庆伟对秦皇岛市科学的城镇空间布局、健全的生态布局、合理的产业布局、独特的旅游空间布局、完善的公共服务设施体系、畅达的综合交通体系等给予充分肯定。市领导杨泰安、曹子玉、马宇骏陪同调研。

同日，本市首个全国道德模范王文彬在参加完20日举行的"德耀中华——第三届全国道德模范评选颁奖典礼"后载誉归来。市委常委、军分区政委傅永国，市政协副主席闻德生代表市委市政府对他表示祝贺。

26日，中国共产党秦皇岛市第十一次代表大会预备会议在市工人文化宫举行。省委换届工作指导组组长赵永芳等出席预备会议。会议由市委书记王三堂主持。市委常委朱浩文、杨泰安、傅永国、杨宏、李秦生、刘辰彦、郝占敏、曹子玉在主席台就座。应出席这次会议的代表共436名，因事、因病请假20名，实到代表416名，符合规定人数。会议通报了中国共产党秦皇岛市第十一次代表大会筹备工作情况；通过中国共产党秦皇岛市第十一次代表大会议程。

27—29日，中国共产党秦皇岛市第十一次代表大会在工人文化宫召开。会议的主要任务是：坚持以邓小平理论和"三个代表"重要思想为指导，深入贯彻落实科学发展观，扎实开展创先争优活动，认真总结市第十次党代会以来的工作，研究确定今后五年的发展思路、目标任务和工作举措，选举中共秦皇岛市第十一届委员会和纪律检查委员会，选举出席河北省第八次党代会代表，就进一步加强和改进党的建设作出部署，动员全市各级党组织和广大共产党员、干部群众，坚定信心、抢抓机遇，团结一致、锐意进取，扎实推进新一轮经济社会更好更快发展。大会的执行主席是王三堂、朱浩文、杨泰安、菅瑞亭、傅永国、杨宏、李秦生、马宇骏、刘辰彦、郝占敏、曹子玉、陈书增等。省委换届工作指导组组长赵永芳等5位同志出席开幕式。朱浩文主持开幕式。王三堂代表中共秦皇岛市第十届委员会作题为《强化战略举措，推动科学发展，加快建设宜居宜业宜游富庶文明和谐滨海名城》的报告。郝占敏同志代表中共秦皇岛市纪律检查委员会作题为《深入推进党风廉政建设和反腐败工作，为加快建设宜居宜业宜游富庶文明和谐滨海名城提供有力保证》的工作报告。大会选举出55名中国共产党秦皇岛市第十一届委员会委员，10名候补委员；选举出33名中国共产党秦皇岛市第十一届纪律检查委员会委员；36名出席中国共产党河北省第八次代表大会代表。大会表决通过《关于十届市委报告的决议》；通过《关于市纪律检查委员会工作报告的决议》。王三堂致闭幕词。

30日，中国共产党秦皇岛市第十一届委员会举行第一次会议。受市第十一次党代会主席团的委托，王三堂主持会议。会议以无记名投票方式，差额选举出中国共产党秦皇岛市第十一届委员会常务委员会委员11名；从本届当选的常务委员会委员中等额选举出书记1名，副书记2名。会议通过了中国共产党秦皇岛市第十一届纪律检查委员会第一次全体会议选举的市纪委常委、书记、副书记。新当选的市委书记王三堂在会上讲话。

同月，中央政法委表彰全国政法系统先进基层党组织、优秀党务工作者和优秀党员干警。秦皇岛市人民检察院公诉处处长吕莉同志被评为全国政法系统优秀党员干警，并受到中央政法委表彰。

## 10月

4—5日，省委书记张庆黎带领省直有关部门负责同志，在市委书记王三堂，市委副书记、市长朱浩文等陪同下，在秦皇岛市进行工作调研。张庆黎强调，秦皇岛市要充分认清自身独特优势，围绕建设滨海名城的发展定位，在新的起点上实现跨越式发展。

12日，中共秦皇岛市委召开第一次常委会议。会议由市委书记王三堂主持，市委常委朱浩文、杨泰安、傅永国、马宇骏、刘辰彦、郝占敏、曹子玉、陈书增出席会议，市人大常委会主任菅瑞亭、副市长王亚洲和市委办公厅等有关部门的负责同志列席会议。会议传达学习省委书记张庆黎来秦调研重要讲话精神，安排部署本市的贯彻落实意见。会议强调，全市各级各部门一定要认真学习、深刻领会、迅速贯彻张庆黎书记的重要讲话精神，以更加奋发有为的精神状态和更加求真务实的工作作风，在新的起点上推动经济社会跨越式发展，真正让省委放心，让全市人民满意。会议还传达学习中央、全省水利工作会议精神和全省"五五"普法总结表彰暨"六五"普法动员大会精神，研究部署本市的贯彻落实意见，对组织开展"双联双促"领导干部下基层活动进行部署。会议研究通过十一届市委常委工作分工，研究有关干部任免事宜。

13—20日，市委书记王三堂率领秦皇岛市党政代表团，赴南宁、广州、成都、杭州、苏州五市进行学习考察，学习借鉴先进地区在生态建设、旅游和文化发展、城镇建设、城乡统筹发展、园区和项目建设等方面的先进经验和成功做法。这次学习考察活动是秦皇岛在新的起点上推动经济社会跨越式发展的实际行动，是学习贯彻省委书记张庆黎来秦调研重要讲话精神的具体举措。

18日，在杭州举行的2011年世界休闲博览会上，由市委、市政府主办，市旅游局及各县区政府共同承办的"秦皇岛主题日"活动开幕。市委书记王三堂在开幕式上发表致辞。北戴河新区管理委员会与浙江省商业集团总公司、北京恒博华贸房地产开发有限责任公司就恒博华贸国际网球中心项目签署框架协议。

29日，2011中国城市休闲指数在青岛"2011中国休闲城市发展综合评价"成果发布会上公布，秦皇岛市与青岛、杭州、成都等十座城市被评为"中国最佳休闲城市"。

同月，十一黄金周，全市共接待游客75.64万人次，旅游总收入6.93亿元，同比分别增长13.6%和26.8%。其中，旅游景区接待57.47万人次，门票收入1662.46万元，同比分别增长13.1%和32%；旅行社组、接团1600余个；星级饭店客房平均出租率58%，同比增长6%；高速下道车辆逾13万辆。

同月，燕山大学被科技部正式授予"国际科技合作基地"称号。这是秦皇岛市第一家国家级"国际科技合作基地"。

## 11月

1日，海港区政府与深圳茂业集团签约，在秦皇岛市投资建设茂业城市综合体项目。

10日,在2010—2011年度"中国建设工程鲁班奖(国家优质工程)"评选中,中铁山桥集团参与建设的苏通长江公路大桥和哈尔滨市道外二十道街松花江大桥及引道工程获奖。

25日,本市举行向全国道德模范王文彬同志学习大会暨"平民偶像"评选活动启动仪式。会上,市委常委、军分区政委傅永国宣读《中共秦皇岛市委、市政府关于开展向全国道德模范王文彬同志学习活动的决定》。大会还为第三届全国道德模范王文彬,首届和第二届全国道德模范提名奖获得者徐长霞、李卫红颁发道德模范奖金。市人大常委会副主任蔡运国、副市长张经华、市政协副主席闻德生出席会议。

## 12月

2日,市委、市政府召开全市创建国家公共文化服务体系示范区动员大会,全面部署本市创建国家公共文化服务体系示范区工作。动员全市上下统一思想,抢抓机遇,开拓奋进,圆满完成创建任务,推动全市文化大发展大繁荣。文化部、省文化厅负责同志出席会议并对本市相关工作进行指导。市委书记王三堂、省文化厅厅长冯韶慧出席会议并讲话。

14日,本市召开村"两委"换届工作会议,传达贯彻全省村"两委"换届工作电视电话会议精神,对全市村"两委"换届工作进行动员部署。会上,青龙满族自治县委、山海关区委、抚宁县大新寨镇党委、昌黎县安山镇党委等单位,从不同角度介绍开展村"两委"换届工作的一些经验做法。

20日,燕山大学出版社有限公司成立大会暨揭牌仪式举行。省委副书记赵勇,省委常委、宣传部部长艾文礼发来贺信表示祝贺。国家新闻出版总署副署长邬书林、副省长孙士彬、省新闻出版局局长李晓明、市委书记王三堂为燕山大学出版社揭牌。市委副书记、市长朱浩文,李晓明和省教育厅副厅长闫春来分别致辞。

28日,我国最大的煤炭输出港——秦皇岛港截至上午6时,2011年煤炭吞吐量突破2.5亿吨大关,创造了世界港口煤炭运输业的最新纪录。

同日,由经济日报社主办的2011中国自主创新年会在北京人民大会堂举行。中共中央政治局委员、国务委员刘延东出席会议并作重要讲话。

会议表彰 2011 年度十大创新型城市、十大最具成长力创新型城市等。秦皇岛市荣获"2011 中国最具成长力创新型城市"称号。

30 日,市政府召开新闻发布会,发布 2011 年秦皇岛市旅游十件大事:游客人数突破 2000 万人次大关、旅游立市百项工程扎实推进、中国旅游业旗舰入驻本市、包机旅游风生水起、旅游综合改革全面启动、荣膺三项国字号荣誉、旅游景区上档升级迈出新步伐、乡村旅游成为旅游业新亮点、星级导游亮相港城、成功举办杭州世界休博会秦皇岛主题日活动。

同月,市政府出台《关于加快发展乡村休闲旅游的意见》,对在秦皇岛市投资建设的乡村休闲旅游经营项目在财税政策、土地政策、产业政策、奖励政策和其他政策等方面予以扶持。

同月,秦皇岛市被评为"2009—2010 年度全国科技进步先进市",海港区、卢龙县获"科技进步先进县区"荣誉称号。

# 2012 年

## 1 月

5 日,总投资 80 亿元、规划面积 3000 亩的爱情岛国际文化旅游项目落户北戴河新区。项目由中冶东方控股有限公司投资建设,建成后将成为中国十大品牌节庆——"中华爱情节"的永久会址。市委宣传部有关领导出席签约仪式。

6 日,出席省十一届人大五次会议的秦皇岛市代表团举行全体会议,审议省政府工作报告。省委副书记、代省长张庆伟来到本市代表团并强调,作为河北省沿海开发开放的前沿,秦皇岛要注重发挥比较优势,明确努力方向和实施路径,在经济强省、和谐河北建设进程中谋求更大作为。要坚持走特色发展新路子,找准沿渤海和环京津的结合点、增强经济发展活力的着力点、发挥好河北名片效应的突破口,率先实现统筹城乡一体化发展。市委书记、秦皇岛代表团团长王三堂主持会议并讲话。朱浩文、菅瑞亭、高文涛、杨宏等市领导参加审议并发言。

9 日,以河北省环保厅总工程师王路光为组长的创建国家环境保护城市预验收专家组召开秦皇岛市创建国家环境保护模范城市预验收会议。会议通过专家组验收意见。专家组认为，秦皇岛市申报资料齐全，数据有效，达到了国家环境保护模范城市的标准，同意通过预验收。

10日，国家税务总局党组书记、局长肖捷莅临秦皇岛市，慰问工作在税收一线的干部职工，希望全市税收系统继续优化税收监管体系，在构建税源专业化管理新模式上不断探索出更加高效的管理方式，为国家经济社会更好更快发展做好税收监管工作。

13日，2011秦皇岛十大经济人物颁奖晚会在开发区会展中心举行。市委副书记、市长朱浩文致辞。市人大常委会副主任刘志新，市政协副主席裴晓鹏出席颁奖晚会并为获奖者颁奖。2011秦皇岛十大经济人物评选由秦皇岛电视台、秦皇岛日报社、中国新千年经济论坛主办。评选出的十大经济人物是：河北博维投资集团、秦皇岛博辉房地产集团董事长王臣，秦皇岛港股份有限公司第二港务分公司技术设备科电气主管王余禾，秦皇岛市第一医院院长冯继，秦皇岛盛景集团董事长华洪生，华夏幸福基业控股股份有限公司昌黎平台总经理刘兵，中铁山桥集团公司总经理刘恩国，河北羿珩太阳能科技股份有限公司董事长张洁，中信戴卡轮毂制造股份有限公司总经理徐佐，秦皇岛首秦金属材料有限公司总经理顾章飞，昌黎皮毛交易市场和昌黎佳朋皮草开发有限公司董事长蒋雨江。

同月，市第一公证处被评为第六届"全国优秀公证处"，这是本市第一家获此殊荣的公证处。

## 2月

8日，为贯彻落实河北省北戴河及相邻地区近岸海域环境综合整治动员会议精神，本市召开动员会议，对综合整治工作进行专题安排部署。省政府有关领导出席会议并强调，各级各部门要统一思想，提高认识，迅速行动，按照综合整治方案，加快项目审批，加快工程建设，加强专家指导，确保如期保质保量完成整治任务，确保整治工作取得明显成效。市委书记王三堂主持会议并讲话。市委副书记、市长朱浩文代表市政府分别与市政府有关部门、有关县区政府签订责任状，并对综合整治工作进行安排部署。会议下发了《秦皇岛市北戴河及相邻地区近岸海域环境综合整治工作方案》。

12日,秦皇岛市贯彻落实省委决策部署,召开开展加强基层建设年活动动员大会,市委书记王三堂出席会议并作动员讲话。王三堂要求全市各级各部门统一思想、站位全局、明确要求、突出重点,以高度的政治觉悟、严谨负责的态度和扎实过硬的作风,全力开展加强基层建设年活动,为推动秦皇岛加快发展、跨越崛起打下更加牢固的基础。市委副书记、市长朱浩文主持会议并强调,各级各部门要迅速行动,细化总体安排、目标要求、主要任务和责任分解,制定切实可行的具体实施意见和推进方案。市委副书记杨泰安就全市活动开展情况进行了安排部署。市领导菅瑞亭、马宇骏、刘辰彦、郝占敏、曹子玉、陈书增、王亚洲,省直驻村工作队成员,以及市直相关部门和相关领导小组成员出席会议。

13日,市委副书记、市长朱浩文,市委副书记、政法委书记杨泰安,市委常委、秘书长刘辰彦,市委常委、组织部部长陈书增,副市长王亚洲代表市委、市政府,为驻村工作队员送行,并嘱托驻村干部,一定抓住机会、把握要领、树立信心、敢于担当,在驻村帮扶工作中主动作为、务实作为、施展才干、彰显价值,把市委、市政府交办的事情做好,把群众期盼的问题解决好,给组织和群众一份满意的答卷。按照省委、市委的决策部署,这次市直机关选派的120名下派干部,大多是县级后备干部,是全市各部门各单位重点培养的骨干力量。省直驻村工作组32名干部,540名县直下派干部以及235名乡镇联系员已同时到达驻村开展工作。

14日,国家海洋局在秦皇岛市组织召开渤海环境保护及北戴河海域环境综合整治现场工作会议。国家海洋局党组成员、副局长王飞对渤海环境保护及北戴河海域环境综合整治工作进一步提出要求。国家海洋局海洋环保司司长李晓明、省海洋局局长王保民,市委常委、副市长马宇骏,副市长张锋出席会议。

20—22日,市政协第十一届委员会第五次会议召开。大会应出席委员327人,因事因病请假16人,实际出席311人,符合法定人数。市委书记、市政协主席王三堂,市政协党组书记杨宏,市政协副主席王广新、闻德生、霍兴文、张士邦、刘晓平、裴晓鹏、关敏、肖明地,秘书长唐家君在主席台前排就座。出席大会并在主席台就座的市党政军领导有:朱浩文、杨泰安、菅瑞亭、傅永国等。市中级人民法院院长闫五一、市人民检察院检察长高树勇在主席台就座。市委书记、市政协主席王三堂主持会议。在中共秦皇岛市委领导下，动员全市各民主党派团体和各族各界人士，突出团结和民主两大主题，围绕中心、服务大局、积极作为，为建设"宜居宜业宜游、富庶文明和谐"滨海名城作出更大贡献，以优异成绩迎接中国共产党第十八次全国代表大会胜利召开。市委副书记杨泰安代表中共秦皇岛市委对大会的召开表示祝贺。市政协副主席王广新受市政协十一届委员会常务委员会委托，在会上作市政协十一届委员会常务委员会工作报告。市政协副主席霍兴文受市政协十一届委员会常务委员会委托，在会上作市政协十一届委员会常务委员会关于十一届四次会议以来提案工作情况的报告。会议通过市政协十一届五次会议选举办法；通过市政协十一届五次会议选举总监票人、监票人名单；以无记名投票的方式选举杨宏为政协秦皇岛市第十一届委员会主席，王进勤、曹艳春为政协秦皇岛市第十一届委员会副主席。大会以举手表决的方式通过市政协十一届五次会议政治决议。

21—24日，市十二届人大五次会议在市工人文化宫召开。市人大常委会主任菅瑞亭，市人大常委会党组书记李秦生，副主任孙盘柱、高文涛、蔡运国、王文钊、刘志新，秘书长杨守勇在主席台前排就座。出席大会并在主席台就座的市领导有王三堂、朱浩文、杨泰安、傅永国等。市中级人民法院院长闫五一、市人民检察院检察长高树勇在主席台就座。市人民政府市长朱浩文代表市政府向大会作《政府工作报告》。会议听取并通过大会议案审查委员会主任委员蔡运国所作的关于议案审查情况的报告；依次通过关于秦皇岛市人民政府工作报告的决议、关于秦皇岛市2011年国民经济和社会发展计划执行情况及2012年国民经济和社会发展计划的决议、关于秦皇岛市2011年市本级预算及市总预算执行情况和2012年市本级预算及市总预算的决议、关于秦皇岛市人民代表大会常务委员会工作报告的决议、关于秦皇岛市中级人民法院工作报告的决议、关于秦皇岛市人民检察院工作报告的决议、秦皇岛市第十二届人民代表大会第五次会议关于加强居民住宅小区物业管理工作的议案的决议。按照大会通过的选举办法，李秦生当选市十二届人大常委会副主任，刘振芳、刘崇秋当选市十二届人大常委会委员。

23日，本市组织收看中纪委、中组部和省纪委、省委组织部严肃换届纪律、深入整治用人上不正之风工作视频推进会。会后，秦皇岛市召开会议，要求全市各级党委要以这次会议为契机，切实将思想和行动统一到中央和省、市委的决策部署上来，确保本市换届环境风清气正，确保圆满完成选举任务。

## 3月

2日，秦皇岛市人民政府与北京歌华文化发展集团《战略合作意向书》签约仪式在北京中华世纪坛举行。签约前，北京市委宣传部主要领导会见了河北省委宣传部常务副部长杨永山，秦皇岛市委书记王三堂，市委副书记、市长朱浩文等出席签约仪式的有关领导，就进一步加强文化产业合作、推动暑期服务、实施文化惠民等事宜进行广泛交流。在签约仪式上，市委副书记、市长朱浩文与歌华集团总经理李丹阳分别代表秦皇岛市人民政府和歌华集团在《战略合作意向书》上签字。

同日，市政府召开北戴河及相邻地区近岸海域环境综合整治调度会。市委副书记、市长朱浩文强调，要围绕中央和省提出的目标要求，进一步优化方案、明确重点、加快进度，确保取得直观的整治效果。

23日，市委召开常委会议，传达学习全国"两会"精神，研究加强市委常委会自身建设等有关事项。市委书记王三堂主持会议。市委副书记、市长朱浩文传达了全国"两会"精神。会议原则通过《进一步加强市委常委会自身建设的意见》和《市委常委会议事决策规则》；研究并原则通过《进一步加强统一战线工作的若干意见》《加强和创新社会管理的实施意见》等相关文件；传达全省人才工作座谈会、全省扶贫开发暨环首都扶贫攻坚示范区建设工作会、全省人口和计划生育工作会议精神，研究了全市贯彻落实措施及其他事项。市委常委出席会议，市人大常委会主任菅瑞亭、市政协主席杨宏、副市长王亚洲列席会议。

23—27日，以文化部国家公共文化服务体系建设专家委员会副秘书长戴珩为组长的文化部督查14组一行，对本市国家公共文化服务体系示范区创建工作情况进行了督导。25—26日，督查组一行深入抚宁县、北戴河区、海港区、山海关区，走乡村、下社区，查资料、看现场，对本市创建公共文化服务体系示范区工作进行督导。市委常委、北戴河区委书记曹子玉等陪同。在27日召开的督查意见反馈会上，督查组对秦皇岛市示范区创建工作给予肯定，认为市委、市政府有着高度的文化自觉，高度重视国家公共文化服务体系示范区创建工作，各项工作稳步推进，取得了显著成果。在25项督导检查重点指标中，已有65%左右的指标达到优良。

27日，北戴河及相邻地区近岸海域环境综合整治首批工程开工。市委书记王三堂出席开工仪式，市委副书记、市长朱浩文致辞。

同月，市委市政府公示2012年十大民生工程：增产增收工程、就业教育工程、社会保障工程、食品药品安全工程、济困助残工程、城乡基础建设工程、公共卫生工程、治污绿化工程、文化设施建设工程、社会安全工程。

## 4月

9日，在收听收看全省干部警示教育电视电话会议后，本市随即召开会议学习贯彻。市委书记王三堂在会上讲话，要求各级各部门认真抓好全省会议精神的传达和落实，从省委通报的两起典型案件中吸取深刻教训，严格落实党风廉政建设责任制，以反腐倡廉建设的实际成效，推动秦皇岛经济社会更好更快发展。四大家领导出席会议。王三堂还就当前严峻的春季防火形势，对全市山林防火工作提出明确要求。

同日，在收听收看全省开展加强基层建设年活动推进会后，秦皇岛市随即召开会议，就贯彻落实全省会议精神进行安排部署。市委常委、秘书长刘辰彦主持会议，市委常委、组织部部长陈书增就扎实推进全市基层建设年活动提出要求。

11日，秦皇岛市召开市旅发委第十一次全体（扩大）会议暨暑期工作动员会。会议贯彻落实省暑期工作领导小组第一次会议精神，对市旅发委第十次会议以来工作进行总结回顾，安排下一阶段全市旅游发展工作，就暑期工作进行动员部署。市委书记王三堂出席会议并作重要讲话。王三堂强调，全市各级各部门要解放思想，狠抓落实，以理念的更新促进旅游发展向更高层次迈进；立即进入暑期工作临战状态，以更高的标准和更严的要求做好2012年暑期工作。市委副书记、市长朱浩文主持会议。市领导马宇骏、刘辰彦、郝占敏、曹子玉、王文钊、张经华、王进勤出席会议。

同日，全市国土资源工作会召开。市委常委、副市长马宇骏要求，以严守"三个最严格制度"为底线，进一步增强国土资源保障能力，进一步提升节约集约用地水平，进一步扩展土地出让收益空间，进一步规范国土资源管理秩序。马宇骏还对国土队伍建设提出要求。

12日，市委常委、市纪委书记、市委农工委书记郝占敏实地察看北部山区的防火工作，听取抚宁县榆关镇工作汇报，对抚宁县春季防火工作给予肯定。郝占敏强调，要汲取"4·12"火灾教训，切实做好春季防火工作。郝占敏还慰问榆关镇防火工作人员，要求努力做好春季防火工作，确保万无一失。

18日，市委副书记、市长朱浩文率市发改、财政、水务、城管、环保、建设、政务等部门负责人，深入北戴河及相邻地区近岸海域环境综合整治项目现场实地考察。市委常委、副市长马宇骏陪同考察。

同日，在收听收看全国、全省"带头创先争优、争做人民满意公务员"活动经验交流视频会议后，本市随即召开视频会议，就贯彻落实全国、全省会议精神进行安排部署。市委常委、组织部部长陈书增出席会议并讲话，市政协副主席、市委组织部副部长、市人力资源和社会保障局局长曹艳春主持会议。

19日，市委副书记、政法委书记杨泰安来到基层建设年活动联系点昌黎县龙家店镇绕湾中村，实地察看驻村工作组的工作、生活情况，走访慰问了该村部分老党员、贫困户和村民。在与县、镇、村负责同志、党员代表、村民代表和驻村工作组座谈时，杨泰安强调，驻村工作组要切实把群众最关心、最急迫的生产生活问题解决好，在制定帮扶措施时，要切合实际，多谋划一些适合长远发展的项目，使村庄具有"自身造血"的功能。

20日，全市教育工作会议召开。市委副书记、市长朱浩文要求，要进一步增强推动教育事业科学发展的责任感和使命感，高水平完成教育规划确定的阶段性目标任务，实现教育全面协调可持续发展，2012年全市财政教育支出占公共财政支出的比例要达到17.3%。市委副书记杨泰安主持会议，并宣读市政府表彰教育工作先进县区的决定。副市长王亚洲总结了市2011年教育工作，安排部署2012年重点任务，明确2012年全市教育工作的总体思路是：突出提高教育教学质量和改善办学条件"两条主线"，瞄准普及、公平、优质、终身教育和教育体制"五大目标",继续搞好教育事业发展"十二项"工程,办好人民满意的教育,力争在重点教育领域实现新的跨越。市政协副主席霍兴文出席会议。会上,各县区与市政府签订2012年度教育重点目标责任书。

23日,市委副书记、市长朱浩文主持召开市政府第二十四次常务会议,传达学习省暑期工作会议精神和国务院、省政府第五次廉政工作会议精神,部署全市暑期工作和反腐倡廉工作,研究安全生产有关工作,研究并原则通过《2011—2015年文化事业发展规划及2016—2020年规划纲要》。

同日,全市预防腐败暨查办案件工作会议召开。会议贯彻落实全省预防腐败和查办案件工作会议精神,安排部署全市2012年相关工作。市委常委、市纪委书记、市委农工委书记郝占敏要求,全市各级纪检监察机关要以坚强的领导抓推动,以良好的精神状态抓工作,以过硬的作风抓落实,以改革的精神抓创新,以辩证的方法抓统筹,确保预防腐败和查办案件两项工作取得明显成效。会议表彰2011年全市纪检监察系统案件检查工作先进集体和先进个人。2011年,全市受理检举控告类群众举报971件,初核案件线索596件,结案541件,给予党纪政纪处分504人,其中查处乡科级以上干部案件86件,查处大案要案190件。

24日,秦皇岛市劳动模范表彰暨庆祝"五一"国际劳动节大会举行。会上,市委副书记、市长朱浩文代表市委、市政府,向受到表彰的劳动模范表示热烈的祝贺和崇高的敬意;向辛勤工作在全市各行各业、各条战线上的广大干部职工,致以亲切的慰问和良好的节日祝愿。市委常委、秘书长刘辰彦宣读《市委、市政府关于命名表彰2009—2012年度秦皇岛市劳动模范的决定》。市人大常委会主任管瑞亭,市委常委、军分区政委傅永国,市委常委、组织部部长陈书增,市人大常委会副主任、市总工会主席高文涛,副市长刘成,市政协副主席王广新、曹艳春为劳模颁奖。

## 5月

5日,河北电视台大型新闻访谈节目——《春动河北2012》报道组走进秦皇岛。市委书记王三堂在市委常委、秘书长刘辰彦的陪同下,与主持人及百余名群众面对面,就如何统筹生产、生活、生态,建设宜居、宜业、宜游"三宜"滨海名城，进行广泛对话交流，解读幸福城市密码。

7日，市委书记王三堂，市委副书记、市长朱浩文分别率队，赴各县区、开发区、北戴河新区，对全市园区建设、项目建设、对外开放、沿海开发建设和农村重点工作进行现场观摩。市领导菅瑞亭、杨宏、马宇骏、刘辰彦、郝占敏、曹子玉等参加观摩活动。

8—9日，省纪委副书记吕忠国一行就秦皇岛市贯彻省纪委八届二次会议精神等情况进行调研。吕忠国一行先后到廉政风险网络监控中心、市政务服务中心、工程招投标建设管理中心、公共资源交易中心和市地税局等地，通过实地考察、座谈、听取汇报等，详细了解五大平台建设情况。观看了市纪委制作的网络微博管理电视专题汇报片，听取市纪委关于贯彻落实省纪委八届二次全会精神、宣传教育工作、调查研究工作、办公室建设等工作的汇报，以及山海关纪委关于网络舆情工作汇报。吕忠国一行对秦皇岛市纪检监察工作给予充分肯定和高度评价。

9日，市委、市政府召开全市争创全国双拥模范城总结表彰动员大会，对近年来本市双拥工作进行总结。市委书记王三堂出席会议并讲话。王三堂要求，全市上下、军地双方、方方面面要迅速行动起来，认真总结成功经验，以更大的力度和更有力的举措，推动双拥工作深入开展，确保创建全国双拥模范城"六连冠"取得圆满成功。市委副书记、市长朱浩文主持会议，并就贯彻落实会议精神提出具体意见。市委常委、军分区政委傅永国宣读市委、市政府、军分区对本市爱国拥军、拥政爱民先进单位和先进个人进行表彰的决定。菅瑞亭、杨宏、曹子玉、丁雅军等市党政军领导出席会议并为获奖单位和个人颁奖。

11日，2012年秦皇岛国际拳联世界女子拳击锦标赛暨伦敦奥运会资格赛开幕。省委书记、省人大常委会主任张庆黎出席开幕式并宣布开幕。国家体育总局局长刘鹏，国际拳联执委弗兰克·法切内里，国家体育总局副局长段世杰，副省长杨汭出席开幕式。市委书记王三堂主持开幕式，弗兰克·法切内里，杨汭，市委副书记、市长朱浩文分别致辞。

16—17日，省政府有关领导率省有关部门负责人到秦皇岛市现场督导、调度北戴河及相邻地区近岸海域环境综合整治工作。市委书记王三堂，市委副书记、市长朱浩文，市委常委、副市长马宇骏，市委常委、北戴河区委书记曹子玉，副市长刘成、王亚洲、张锋陪同考察。

17日，市委中心组（扩大）学习会议召开。文化部国家公共文化服务体系建设专家委员会副秘书长、国家公共文化服务体系制度设计研究首席专家戴珩作了《公共文化服务体系建设》专题讲座。会议强调，各县区和相关部门要认真学习领会讲座精神，解放思想，创新方法；要强化组织领导，制定文化惠民措施，让老百姓真正享受到文化福利，提升服务水平。市委中心组成员，各县区、开发区、北戴河新区、市直各单位主要负责同志，全市副县级以上领导干部等聆听讲座。

同日，2012年河北省（香港）投资贸易洽谈会"沿海大省新战略、京畿重地新商机"说明会暨项目签约仪式在香港会议展览中心举行。秦皇岛市有关部门、各县区及重点园区负责人和企业负责人组成的90多人代表团参会。

17—18日，省委副书记赵勇在秦皇岛市就环境建设、海水污染整治等暑期工作进行调研。市委副书记、市长朱浩文就暑期工作推进情况作汇报，并就做好下一步工作向各有关部门和县区提出具体要求。赵勇强调，各级各有关部门特别是秦皇岛市要从人民群众的根本利益出发，扎实做好环境保护、城市建设和和谐稳定各项工作，努力创造更加优美、更加舒适、更加和谐的社会环境，把暑期工作提高到一个新水平。

21日，市委中心组（扩大）集中学习会议举行。会议围绕学习贯彻中央和省委全会精神、推动文化大发展大繁荣、加快文化强市建设这一主题，进行集中学习交流。市委书记王三堂强调，要认真学习贯彻省委八届二次全会精神，牢固树立"以人为本、生态优先"理念，深入实施"旅游立市、产业兴市、文化强市"战略，以高度的文化自觉和文化自信，推进滨海特色文化强市建设，为科学发展、跨越崛起提供文化支撑和精神动力。市委副书记、市长朱浩文在交流时指出，文化是一个国家、一个地区综合实力的重要标志，是经济社会持续发展不可或缺的推动力量。秦皇岛要发展、要振兴、要转型，离不开文化的支撑。建设"宜居宜业宜游、富庶文明和谐"滨海名城，不仅要让人民群众过上殷实富足的物质生活，更要让人民群众享有健康丰富的文化生活。会上，市人大常委会副主任蔡运国、市政协副主席霍兴文分别作学习交流。

24日，本市召开县区委书记基层党建工作专项述职会议。会议听取各县区委书记专项述职，明确全市基层党建工作总要求；传达贯彻全省加强基层建设年活动项目工作调度会精神，对抓好帮扶项目落实进行部署。市委书记王三堂在会上强调，基层党建工作是各项基础工作的"龙头"，必须切实将之摆上更加重要的位置，把握重点，突出特色，以改革创新的精神抓好基层党建各项工作。市委副书记、市长朱浩文主持会议。会上，各县区委书记分别作基层党建工作专项述职报告，并回答现场提问，王三堂分别作简要点评，随后进行述职情况民主测评。

同日，全市山区综合开发暨乡村休闲旅游现场会召开。市委常委、市纪委书记、市委农工委书记郝占敏强调，要不断提升休闲观光农业园区的建设水平，做好"重农"与"兴旅"的有机结合，有计划、有重点地培育一批优秀休闲观光农业企业，增强其典型示范带动作用。副市长张经华就发展乡村休闲旅游工作提出具体意见。副市长王亚洲主持会议。

26日，全国老区宣传工作会议在北戴河召开。市委书记王三堂出席会议并致辞。王三堂代表市委、市政府对大会的召开表示祝贺，向来自全国各地的广大老区工作者表示欢迎，并表示要进一步把老区工作摆上更重要位置，学习借鉴先进地区的经验，发扬老区精神，弘扬老区传统，宣传老区变化，以更大的力度和更实的举措开创老区发展新局面，让老区人民生活得更加富足安康。

30—31日，省委常委、省纪委书记臧胜业在省纪委常委、秘书长张福建，市委书记王三堂，市委副书记、市长朱浩文等领导陪同下在秦皇岛市调研。王三堂代表市委、市政府作关于本市近年来经济社会发展情况的汇报；市委常委、市纪委书记郝占敏作关于本市反腐倡廉建设工作情况及廉政风险网络监控中心运行情况的汇报。臧胜业一行对本市纪检监察工作、党风廉政建设和预防腐败工作给予高度评价。臧胜业强调，秦皇岛要继续深化"机制＋科技"防治腐败模式，加快构建惩防体系基本框架，以反腐倡廉的实际成效助推经济社会更好更快发展。

## 6月

1日，本市召开重点央企座谈会。中信戴卡、中铁山桥、山船重工、华润雪花啤酒、中国外运秦皇岛公司等企业负责人汇报了目前生产经营状况、下一步发展战略、近期拟投资项目建设以及企业发展存在的问题等情况。

7日，市委书记王三堂，市委副书记、市长朱浩文带领相关县区和部门的负责同志，现场检查抚宁县、北戴河新区、北戴河区部分关停违法违规企业及河道治理项目，并进行再调度。王三堂要求，各县区和相关部门要增强政治意识和机遇意识，以愈压愈强、愈战愈勇、愈挫愈奋的精神状态，确保按时间、保质量提前完成工作任务。市委常委、副市长马宇骏，副市长王亚洲出席调度会。

同日，渤海环境保护及北戴河海域环境综合整治工作会议在本市召开。会议对海域环境综合整治工作进行再检查、再部署、再落实。2012年全市总投资19亿元，实施综合整治项目60项，关停172家违法排污企业和9家落后产能企业，涉及产值30亿元。国家海洋局副局长王飞、海洋环境保护司司长李晓明，市委常委、副市长马宇骏出席会议。

9—11日，省委书记、省人大常委会主任张庆黎，省委副书记、省长张庆伟到秦皇岛市调研。省委副书记赵勇一同调研。副省长宋恩华，武警河北省总队总队长李志坚，省长助理、省政府秘书长尹亚力等分别参加调研活动或座谈会。市委书记王三堂，市委副书记、市长朱浩文等陪同调研。9日下午，张庆黎、张庆伟等省领导到秦皇岛市第一污水处理厂升级改造及中水回用工程建设现场考察，听取北戴河近岸海域环境综合整治情况介绍，详细了解污水处理厂升级改造工程方案和进展情况。在秦皇岛经济技术开发区数据产业园区，张庆黎、张庆伟等乘车考察深河环境建设工程。10日上午，张庆黎、张庆伟等来到北戴河火车站，了解片区改造工程情况，并深入北戴河滨海大道警务工作站等地看望慰问值勤的公安民警，观摩巡特警防暴处突汇报表演。11日上午举行座谈会，张庆黎、张庆伟分别作重要讲话。张庆黎强调，要坚持以人为本、服务为先；要坚决做到各司其职、各尽其责，确保落实到位；要狠抓安全生产工作，抓好治理整顿，强化监督管理，堵塞漏洞，加强防范。张庆伟强调，秦皇岛市作为实施河北沿海地区发展规划的重点地区，要发扬成绩、再接再厉，统筹推进国家旅游业、服务业"双试点"和省城乡统筹试点工作，不断提高科学发展水平。

15日,全市人才工作会议召开。会议传达贯彻全国、全省人才工作会议精神,安排部署本市人才工作。市委书记王三堂出席会议并讲话。王三堂强调,要牢固树立人才优先发展的战略思想,坚持以人才的优先发展引领经济社会更好更快发展,以人才的比较优势形成秦皇岛在省内乃至京津地区的竞争优势。会上通报北戴河新区人才特区建设情况,并为北戴河新区"人才特区"揭牌、授牌。

同日,秦皇岛市召开开展加强基层建设年活动调度会,传达全省加强基层建设年活动领导小组第三次会议精神,安排部署下一阶段工作。市委书记王三堂出席会议并讲话。王三堂强调,要进一步增强责任感和紧迫感,全面推进帮扶项目建设,以更大的力度、更快的速度和更实的举措,推动活动向纵深开展,确保圆满完成既定目标任务。市委副书记杨泰安主持会议。市领导刘辰彦、曹子玉、陈书增、王亚洲出席会议。

18日,市委、市政府召开暑期工作再动员再部署广播电视大会。会议学习传达省委、省政府主要领导来秦调研讲话精神和省暑期工作会议精神,就全面做好暑期准备工作再动员、再部署。市委书记王三堂主持会议并强调,全市上下要切实把思想和行动统一到省市的要求和部署上来,进一步强化政治意识、大局意识和责任意识,克服麻痹思想、侥幸心理和厌战情绪,振奋精神、攻坚克难,集中精力打一场攻坚战,高标准、高质量做好暑期工作。市四大班子领导及市中级人民法院院长、市人民检察院检察长出席会议。各县区设立分会场,各县区主要领导及相关部门负责人集中收听收看。

26日,秦皇岛市庆祝中国共产党成立91周年暨创先争优活动表彰大会在工人文化宫举行。市委书记王三堂出席会议并讲话。王三堂强调,全市各级党组织和广大党员干部要牢记宗旨,坚定信念,振奋精神,开拓进取,以更加奋发有为的精神状态和更加求真务实的工作作风,推动经济社会更好更快发展,不断开创秦皇岛更加美好的明天,以优异成绩向党的十八大献礼。市委副书记、市长朱浩文主持大会。市委副书记杨泰安宣读受中组部、河北省委表彰的创先争优先进集体和优秀个人名单、《中共秦皇岛市委关于表彰创先争优先进基层党组织、优秀共产党员和优秀党务工作者的决定》。大会为受市委表彰的先进集体和优秀个人代表颁发奖牌和证书。

27日，市委书记王三堂主持召开全市构建和谐劳动关系工作会议。会议要求各级各部门紧密结合各自实际，认真学习好、传达好会议精神，凝聚共识、确定重点、强化措施，扎实推进构建和谐劳动关系的各项工作。会议宣读《关于表彰秦皇岛市模范劳动关系和谐单位的决定》和《关于表彰2011年度工资集体协商及区域（行业）性工资集体协商先进单位和个人的决定》。会上，秦皇岛经济技术开发区、昌黎县、秦港集团、航五公司、抚宁县留守营镇5个单位从不同层面、不同角度作经验介绍。

28日，市政府召开公共资源交易中心建设工作会。市委常委、副市长马宇骏，市委常委、市纪委书记、市委农工委书记郝占敏就落实省市部署，进一步推进秦皇岛市公共资源交易工作规范运行提出要求。会上宣读《秦皇岛市公共资源交易中心组建方案》，传达省委、省政府办公厅《关于建立统一规范的公共资源交易市场的意见》。马宇骏主持会议并讲话。

29日，中国共产党秦皇岛市委员会举行第十一届委员会第三次全体会议。会议深入贯彻落实党的十七届六中全会和省委八届二次全会精神，紧密结合秦皇岛实际，围绕实施文化强市战略、建设滨海特色文化强市这个重大问题进行分组讨论，表决通过《中共秦皇岛市委关于加快建设文化强市，推动文化大发展大繁荣的实施意见》。全会由市委常委会主持。市委书记王三堂作重要讲话。王三堂要求，要站在更高起点上深入实施文化强市战略，融合发展、重点突破、彰显特色、走在前列，统筹文化软实力和经济硬实力同步提升、文化改革和文化创新协调推进、文化事业和文化产业双轮驱动、优秀传统文化和现代文明融合发展、多出人才和多出精品互动并进。王三堂还就抓好当前重点工作提出明确要求。

30日，市委书记王三堂和市委副书记、市长朱浩文，市委副书记、政法委书记杨泰安等分别带领相关部门负责人，组成4个小组，对综合整治十大工程完工项目进行实地观摩，并召开"北戴河及相邻地区近岸海域环境综合整治工程2012年上半年完工项目"验收汇报会议。王三堂对整治成效给予充分肯定。朱浩文指出存在的差距和不足。会议传达省委召开的北戴河赤潮溢油应对及海水治理工作会议精神，对下一步工作进行再动员、再部署。

## 7月

2日,交通运输部部长李盛霖一行莅临秦皇岛,对秦皇岛港运营情况、安全管理等进行考察调研并提出要求。副省长宋恩华、省交通运输厅厅长高金浩,市委书记王三堂等陪同调研。

9日,第二届秦皇岛煤炭交易商洽谈会召开。此次洽谈会主题为"港城联动,打造国际化煤炭供应链管理服务基地"。国家发改委、国务院发展研究中心、中国煤炭运销协会、交通运输部水运科学研究院以及省发改委、省国资委等国家、省相关部门有关负责人出席会议。

12日,市委书记王三堂主持召开市党政联席会议。会议传达学习省委理论学习中心组学习会议精神,研究本市贯彻落实措施,动员全市上下以更高的站位认识环境建设的重要性,以更大的力度和更实的举措抓好两个环境建设,努力实现两个环境建设更绿、更美、更干净、更优化的目标,在环境建设上走在全省前列。市委副书记、市长朱浩文传达省委理论学习中心组学习会议精神。市领导杨泰安、菅瑞亭、马宇骏、刘辰彦、郝占敏结合分管工作和秦皇岛实际作发言。

17日,省委宣传部副部长、省文明办主任白石,市委副书记、市长朱浩文以及市委宣传部主要领导,来到市第二医院看望慰问在昌黎火车站实习时奋不顾身铁轨救人的铁道警察学校学生,被省精神文明建设委员会授予"90后最美学警"荣誉称号的李博亚及亲属,并送去奖金及慰问金。中共秦皇岛市委、秦皇岛市人民政府下发《关于开展向"最美90后学警"李博亚同志学习活动的决定》。国务委员、公安部部长孟建柱就李博亚舍己救人事迹作出批示,要求全力做好救治和抚恤等相关工作,大力宣传学习李博亚的英雄事迹,并签署命令授予李博亚"全国公安系统二级英雄模范"称号,以表彰先进、弘扬正气。

18日,秦皇岛(中科院)数据产业研发转化基地合作签约暨揭牌仪式在秦皇岛经济技术开发区举行。全国政协委员、中央纪委驻中国科学院纪检组原组长、院党组原成员王庭大,中科院北京分院副院长李静,省科技厅副厅长刘纪雷,市委副书记、市长朱浩文,副市长张锋等出席合作签约暨揭牌仪式。

19日,北戴河新区举行9个基础设施和旅游项目集中竣工仪式。这是新区自2011年实体组建运作以来第一批竣工项目，标志着新区开发建设迈出坚实一步，对优化区域发展环境，集聚发展后劲起到助推作用。省委常委、副省长聂辰席，省政协原副主席王建忠、赵铁练，省旅游局副局长赵学峰，市领导王三堂、菅瑞亭、杨宏、马宇骏出席竣工仪式。

25日，冀北秦皇岛电力公司在本市发布《冀北电力有限公司服务秦皇岛市经济社会发展白皮书》，将"十二五"期间服务地方经济社会发展的规划和举措向社会各界公布，接受公众监督。市委副书记、市长朱浩文出席发布会并致辞，希望秦皇岛电力公司以此次《白皮书》发布为契机，进一步加快智能电网建设，为全市经济发展和百姓生活提供更安全、更经济、更清洁的电力供应保障。

28日，本市普降大到暴雨，局部地区出现大暴雨，全市平均降水量为98.4毫米，卢龙潘庄镇最大日降水量达到211.9毫米。市委书记王三堂，市委副书记、市长朱浩文在市委常委、市纪委书记、市委农工委书记郝占敏，副市长王亚洲的陪同下，到市防汛抗旱指挥部现场办公。王三堂强调，要深刻认识当前防汛工作的严峻性，各县区和相关部门要全面排查隐患，对排查出的问题要举一反三，做好应急预案，对重点地段重点部位，必须死看死守，把人民生命财产安全放在第一位，确保安全度汛。

30日，省委书记、省人大常委会主任张庆黎到本市防汛指挥部检查指导防汛工作，看望慰问汛期坚守岗位的工作人员，了解本市防灾救灾情况，并就做好下一步防汛工作提出明确要求。张庆黎强调，面对当前灾情和汛情，各级各部门各单位要高度重视、搞好预案、突出重点、工作到位、落实责任、通力协作，全力落实防灾救灾各项措施，扎实有序推进防灾救灾工作，确保防汛工作万无一失。省委副书记赵勇，市委书记王三堂，市委副书记、市长朱浩文一同前往。

31日，秦皇岛市召开防汛抢险工作紧急会议。会议传达省委书记张庆黎、省委副书记赵勇在本市检查指导防汛工作时的讲话精神，通报本市近期降水情况、未来几天的天气趋势及全市防汛工作总体情况。市委副书记、市长朱浩文强调，要充分认识目前防汛形势的严峻性和紧迫性，切实增强做好防汛抢险工作的使命感和责任感，坚决克服麻痹侥幸心理，突出重点、落实责任、形成合力，以对国家、对人民高度负责的态度，做好防汛抢险各项工作。

同月，秦皇岛市外事侨务办公室荣获2012年全国地级行政区外事工作先进单位服务国家总体外交特殊贡献奖。这是外交部首次对地方外事机构评奖，也是本市首次获得此项殊荣。

## 8月

1日，省委副书记、省长张庆伟到秦皇岛市防汛抗旱指挥部检查指导省、市防汛抗灾工作。张庆伟强调，要立足防大汛、抢大险、救大灾，密切关注本省主汛期雨情汛情变化，进一步强化部署、落实责任、细化措施，确保全省安全度汛。

3日，省委书记、省人大常委会主任张庆黎来到秦皇岛市防汛抗旱指挥部检查指导防汛抗灾工作，并深入卢龙县转移安置点看望慰问转移安置群众，到青龙河防洪堤实地了解防汛抗灾情况。市领导王三堂、朱浩文和秦皇岛军分区司令员马忠陪同检查。省委副书记、省长张庆伟来到秦皇岛市防汛抗旱指挥部，与省防汛抗旱指挥部连线，就防汛、防台风、防风暴潮工作进行紧急部署。副省长沈小平在省防汛抗旱指挥部现场调度指挥。省长助理、省政府秘书长尹亚力，市委书记王三堂，市委副书记、市长朱浩文陪同检查指导。

同日，市委副书记、市长朱浩文主持召开全市防汛工作紧急调度会，对当前全市防汛工作进行再动员、再部署，确保打赢防台风、防风暴潮、防洪涝灾害攻坚战。朱浩文要求，全市各级各部门要迅速把思想和行动统一到市委、市政府的部署要求上来，时刻紧绷防大汛、抗大灾这根弦，坚决克服麻痹松懈思想，绝不能有任何侥幸心理，以强烈的责任感、强有力的措施，全力以赴打好这场防汛抢险攻坚战。市领导马宇骏、郝占敏、王亚洲和驻秦部队领导出席会议。

5日，省委书记、省人大常委会主任张庆黎，省委副书记、省长张庆伟到河北出版传媒集团北戴河文化创意基地调研。省领导强调，要瞄准先进，对标进位，依靠科技创新发展数字出版产业，推动企业转型升级，努力实现又好又快发展。在河北出版传媒集团北戴河文化创意基地，张庆黎、张庆伟一行考察"北戴河之夏·创意河北——数字文化生活精品展"，参观创意河北数字展区、数字信息服务展区、数字教育课堂展区、数字文化生活展区，听取河北出版传媒集团的工作情况汇报，详细了解该集团的改革发展情况、综合实力以及在全国同行业的排名情况，对该集团近几年取得的成绩给予充分肯定，对该集团今后的发展提出明确要求和殷切希望。省委副书记赵勇一同调研。

同日，副省长宋恩华带领省财政厅、省民政厅、省交通厅等相关部门的负责同志，到昌黎受灾地区实地察看洪水造成的损失情况。宋恩华强调，面对已经造成的灾情，当前最重要的工作是全力救助全员安置受灾群众，相关部门要积极采取措施，尽全力排涝，把财产损失降到最低，要尽全力做好受灾群众的安置工作，确保住有房屋、穿有衣服、吃有饭菜、病有医生。

6日，秦皇岛市玻璃博物馆正式开馆。这是我国首家国有玻璃专题博物馆。精美的展陈，高等级的藏品，特别是玻璃文物数量是业内之最，得到社会各界广泛关注，并获普遍认可。秦皇岛市玻璃博物馆为国家二级博物馆、其中部门建筑为全国重点文物保护单位。随着城市的发展，耀华玻璃厂整体"退城进郊"，为记录这段历史，部分工业建筑被保留下来。秦皇岛市玻璃博物馆就是依托这个有着近百年历史的耀华厂遗址建造而成的。

7日，全市防汛救灾及灾后重建工作会议召开。会议对全市防汛救灾特别是"8·3"特大洪涝灾害情况进行通报，并对下一步防汛救灾及灾后重建工作进行安排部署。

8日，住房和城乡建设部部长姜伟新一行在北戴河新区考察绿色节能建筑示范区建设情况，对建设国家绿色节能建筑示范区工作提出要求，同行的还有财政部、环保部有关部门负责同志。副省长宋恩华、省住房和城乡建设厅厅长朱正举，市委常委、副市长马宇骏陪同考察。

12日，秦皇岛经济技术开发区与深圳中兴网信科技有限公司在北戴河签署合作协议，双方将共同建设"智慧城市"秦皇岛北方基地项目。省委副书记、省长张庆伟，市委书记王三堂，市委副书记、市长朱浩文，中兴通讯股份有限公司董事长侯为贵出席签约仪式。签约仪式前，张庆伟会见侯为贵一行。省长助理、省政府秘书长尹亚力，副市长张经华、张锋出席签约和会见。

同日,"喜迎党的十八大——秦皇岛市创先争优和加强基层建设年活动成果展"开幕式在奥体中心举行。市委书记王三堂致开幕词,市委副书记、市长朱浩文主持开幕式。本次成果展由市委、市政府主办,市委创先争优、市开展加强基层建设年活动领导小组办公室承办。成果展共设计各级领导亲切关怀、两项活动深入开展、党的建设硕果累累、经济发展蒸蒸日上、幸福指数日益提升、旅游生态打造品牌、城市建设日新月异、科技文化欣欣向荣等8大板块,并开辟县区特色展区。市领导杨泰安、菅瑞亭、傅永国、马宇骏、陈书增为开幕式剪彩。

15日,省委书记、省人大常委会主任张庆黎在秦皇岛市昌黎县调研时强调,要突出主题主线,着力改善发展环境和生态环境,做好特色文章,实现可持续发展,为建设经济强省、和谐河北作贡献,以优异成绩迎接党的十八大胜利召开。省委副书记赵勇一同调研。

17日,全省公共资源交易市场建设工作推进会在秦皇岛市召开,秦皇岛市公共资源交易市场建设工作经验在全省推广。会议强调,要优化公共资源配置,整合现有分散的专业交易平台,创新监管机制,规范交易行为,强力推进统一规范的公共资源交易市场建设。

22—23日,以全国政协人口资源环境委员会副主任王曙光为组长,副主任王玉庆、张黎为副组长的全国政协人口资源环境委员会"渤海海洋环境保护"调研组对本市海洋环境进行广泛调研。调研组对秦皇岛市保护海洋环境所采取的强有力措施及取得的成效给予充分肯定,认为秦皇岛为环渤海各个城市治理和保护海洋环境作出表率。省政协副主席王玉梅主持汇报会。市委副书记、市长朱浩文代表市委市政府作专题汇报。市农业局、市环保局、市发改委、市国土局、市林业局分别就海域综合整治情况作汇报。

23日,秦皇岛市与河北联通签署"智慧城市"建设协议。未来3年,河北联通将投资12.9亿元,利用云计算技术、移动互联网技术、物联网技术,建设覆盖全市、具有国际一流水准、有线与无线相结合的立体宽带通信信息服务网络和智慧城市云计算服务平台,助力提升本市城市规划、建设、管理、服务以及百姓生活等方面智能化、信息化水平。市委副书记、市长朱浩文在签约仪式上致辞。

27日，中共中央政治局原常委、国务院原副总理李岚清向本市捐赠激光雕刻机及其篆刻材料，并为弘扬汉字文化题词。省委副书记赵勇，市委副书记、市长朱浩文出席捐赠仪式。

30—31日，以省人大常委会副主任王增力为组长的省人大常委会专题视察组，对本市新一轮扶贫开发攻坚工作开展情况进行视察。王增力对秦皇岛市新一轮扶贫开发工作给予充分肯定。市领导马宇骏、李秦生、王文钊、王亚洲参加视察活动。

## 9月

月初，省委书记、省人大常委会主任张庆黎听取秦皇岛市经济社会发展情况汇报。省委副书记赵勇出席汇报会并讲话。张庆黎在认真听取市委书记王三堂，市委副书记、市长朱浩文关于本市的工作汇报后指出，前8个月，秦皇岛市的各项工作卓有成效。一是工作思路清晰完整；二是经济实现平稳发展；三是以民生为重点的社会事业明显进步；四是旅游业发展再上新台阶，海水治理、城市管理、服务保障等工作扎实有效；五是抗洪抢险救灾工作有力有序有效；六是班子团结协调，干部群众的精神状态很好。省委、省政府对秦皇岛的工作是满意的。张庆黎强调，要强化措施、狠抓落实，确保全年各项目标任务圆满完成。一是咬定既定目标不松扣；二是千方百计稳增长；三是全力抓好维护社会和谐稳定工作；四是着力改善发展环境、着力改善生态环境，努力把秦皇岛做美做大；五是及早谋划2013年工作；六是党的建设要突出领导班子和基层。

3日，全市暑期工作总结部署暨市旅发委第十二次全体（扩大）会议召开。会议传达省暑期工作会议精神，对全市旅游和暑期工作进行总结，安排部署下一步工作。市委书记王三堂主持会议并讲话。王三堂强调，全市各级各部门要统一思想，进一步提高对暑期工作重要性的认识；要统筹兼顾，突出重点，在更高层次上推进暑期工作；要把握关键，创新突破，推动旅游立市向纵深发展。市委副书记、市长朱浩文就暑期重点项目建设、旅游产业发展和下一阶段重点工作进行部署。市委副书记杨泰安总结并通报2012年全市暑期工作情况，并就下一阶段工作进行部署。市委常委、秘书长刘辰彦传达省暑期工作会议精神。

26日，山海关造船重工有限责任公司为神华中海航运有限公司建造7.6万吨系列散货船开工仪式在山海关船舶重工有限责任公司隆重举行。省委副书记、省长张庆伟出席开工仪式并宣布项目正式开工建造。神华集团董事长张喜武、中船重工集团总经理李长印、中国海运集团总公司总经理许立荣、中国船级社总裁孙立成和市领导王三堂、朱浩文、马宇骏、刘辰彦出席开工仪式。

27—28日，以中央党校亚太研究中心常务副主任、教授、博士生导师刘德喜为组长的中央党校"超越之路"课题组一行，就推进"六覆盖六提升"工程、加强和创新农村社会管理及惩防体系建设有关情况到本市进行专题调研。市委书记王三堂出席座谈会并介绍秦皇岛市基本市情、总体发展思路、重点工作成效及农村社会管理创新、惩防体系建设工作开展情况。市委副书记、政法委书记杨泰安，市委常委、市纪委书记、市委农工委书记郝占敏陪同调研和座谈。

## 10月

9—10日，省委常委、统战部部长田向利在秦皇岛市调研。田向利指出，到2012年年底前，统战系统面临的首要政治任务和头等大事，就是在党的十八大召开后认真学习、深入贯彻、全面落实十八大精神，把十八大的决策部署贯穿于统战工作的各个环节、各个层面，切实以十八大精神指导统一战线事业发展，把各方面的力量凝聚到实现十八大确定的奋斗目标和战略任务上来，为建设经济强省、和谐河北提供有力支持。市领导王三堂、朱浩文出席汇报会。

12日，中央人民广播电台分党组成员、纪检书记包云率领中央人民广播电台"走转改"采访团来到秦皇岛市。市委书记王三堂，市委副书记、市长朱浩文，市委常委、副市长马宇骏分别接受采访团的采访。采访团已对本省的保定市、唐山市进行专访，并推出大型系列报道《倾听河北》，本市是采访的第三站。

17—18日，省委副书记、省长张庆伟就加快发展制造业、农业产业化、生态旅游等工作在秦皇岛市调研。省长助理、省政府秘书长尹亚力，市委书记王三堂，市委副书记、市长朱浩文和省有关部门负责同志陪同调研。17日上午，张庆伟在秦皇岛市会见前来参加中信戴卡产业园一期工程竣工典礼仪式的中信集团董事长常振明一行。中信集团总经理田国立，副总经理王炯，纪委书记冯光，省长助理、省政府秘书长尹亚力，市委书记王三堂，市委副书记、市长朱浩文等参加会见。18日上午，中信戴卡产业园一期工程竣工典礼仪式在开发区举行。张庆伟、常振明、田国立、王炯、冯光、尹亚力、王三堂等为仪式剪彩，常振明、朱浩文致辞，市领导刘辰彦、张经华等出席竣工典礼仪式。

19日，市委、市政府召开党政联席会议，学习全省着力改善发展环境、着力改善生态环境动员大会精神，研究本市贯彻落实措施。会议要求，全市上下一定要统一思想、提高认识，进一步增强责任感和紧迫感，以展开一场新的革命的决心和气魄，下大力抓好相关工作，加快形成着力改善发展环境、着力改善生态环境的强大声势和良好局面。市委书记王三堂主持会议。参加会议的市委常委和副市长结合分管工作及秦皇岛实际作发言。市人大常委会、市政协相关领导列席会议并发言。会议讨论通过市委办公厅、市政府办公厅提出的学习贯彻意见，研究讨论本市《着力改善发展环境实施方案》讨论稿和《着力改善生态环境实施方案》讨论稿，决定经修改完善并进一步广泛征求各方面意见后正式下发。

22日，秦皇岛市召开加强基层建设年活动推进会，进一步贯彻落实全省开展加强基层建设年活动推进会精神和市委书记王三堂对基层建设年活动提出的新要求。会议印发《千分制综合考核实施方案》《帮扶项目综合验收实施方案》《先进集体和个人评选表彰实施方案》和《关于做好开展加强基层建设年活动省级先进集体和个人推荐工作的通知》。昌黎县、市财政局等县区和单位作交流发言。

同日，中国海关管理干部学院举行挂牌暨领导班子成员任职仪式。海关总署党组书记、署长于广洲，副省长杨汭为中国海关管理干部学院挂牌。海关总署党组成员、纪检组组长胡玉敏，省政府副秘书长孟祥伟，市委副书记、市长朱浩文出席挂牌仪式。

26—27日，以省人大常委会副主任宋长瑞为组长的省人大"着力改善发展环境，着力改善生态环境"专项视察组，在本市就改善"两个环境"

工作进行视察指导。宋长瑞强调，秦皇岛要从作为全省窗口作用的角度出发，对改善"两个环境"确立更高的目标追求，树立更强的典范意识，做全省改善"两个环境"工作的领跑者，做出一流的业绩。市领导王三堂、朱浩文等参加汇报座谈会。市委副书记、市长朱浩文代表市政府作改善发展环境和生态环境的工作汇报。海港区政府、市直有关部门、部分企业的代表和省人大代表就改善"两个环境"发言。

29日，秦皇岛市召开着力改善发展环境、着力改善生态环境动员大会。市委书记王三堂在会上强调，全市上下务必切实统一思想行动，明确目标任务，以更加务实的措施和作风，齐心协力推动发展环境大转变、生态环境大提升，为建设"宜居宜业宜游、富庶文明和谐"滨海名城提供坚强保障。市委副书记、市长朱浩文就改善"两个环境"提出具体要求，作出安排部署。市委副书记杨泰安主持大会。会议印发市委、市政府《关于着力改善发展环境的实施方案》《关于着力改善生态环境的实施方案》。

29—30日，以伊春市委书记、市人大常委会主任王爱文为团长的黑龙江省伊春市党政考察团一行，就旅游地产、城市建设和葡萄酒产业发展等情况在本市进行为期两天的考察。市委书记王三堂，市委副书记、市长朱浩文等市领导会见考察团一行。

31日，由国家旅游局主办的2012年中国休闲城市发展综合评价成果发布会在山东烟台举行。秦皇岛市荣获"2012中国最佳休闲城市"称号，这是本市连续三年获得该项殊荣。

10月31日—11月1日，省军区政治委员李光聚，省军区政治部主任李芳才一行对本市国防后备力量建设进行调研，听取秦皇岛军分区全面建设情况汇报，对机关正规化建设进行检查，对军分区各项工作给予充分肯定，就下一步加强领导班子和国防后备力量建设提出了希望和要求。市委书记王三堂陪同调研。

同月，秦皇岛市评选出十大乡村旅游目的地，分别为北戴河集发农业观光园、山海关望峪山庄、山海关万亩樱桃园、海港区连峪风景区、昌黎葡萄沟、渔岛景区、抚宁板厂峪景区、卢龙鲍子沟、卢龙山水边城桃林口、青龙花果山景区。

## 11月

1日，秦皇岛市召开创先争优活动总结大会。会议深入学习胡锦涛、习近平等中央领导同志最近作出的批示精神，传达贯彻全国、全省创先争优总结交流会议精神，对本市创先争优活动进行全面总结，对推进创先争优常态化、长效化作出部署。市委副书记、市委创先争优活动领导小组组长杨泰安出席会议并讲话。会上宣读《中共秦皇岛市委创先争优活动领导小组关于表彰为民服务创先争优群众满意窗口、行业服务标兵和优质服务品牌的决定》。市委常委、组织部部长陈书增主持会议。

6日，交通运输部部长杨传堂一行莅临秦皇岛港，就今冬明春煤炭矿石等重点物资运输保障和港口安全生产进行调研。杨传堂对近年港口发展情况给予充分肯定，并对当前做好煤炭等重点物资运输、确保港口安全运行提出要求。省政府有关领导，省交通运输厅厅长高金浩，市委副书记、市长朱浩文，市委副书记杨泰安，市委常委、副市长马宇骏陪同调研。

8日，秦皇岛市各县区、各部门、党政机关、企事业单位、学校、部队、乡村，认真组织收听收看十八大开幕盛况和胡锦涛同志作的报告。广大党员干部表示，报告令人振奋、催人奋进，要深刻领会十八大精神，把学习贯彻党的十八大精神与做好当前工作相结合，为建设"宜居宜业宜游、富庶文明和谐"滨海名城作出更大的贡献。市委副书记、市长朱浩文指出，今后一个时期，秦皇岛各方面的工作都要围绕贯彻十八大精神这条主线进行安排部署，在全市迅速掀起学习宣传贯彻党的十八大精神的热潮。

10日，正在北京参加中国共产党第十八次全国代表大会的十八大代表、市委书记王三堂，受邀参加河北人民广播电台《直通一八大科学发展看河北》直播节目。王三堂向全省听众详细介绍秦皇岛市近年来坚持科学发展、推动富民强市的工作思路、重点举措和主要成效，围绕学习领会贯彻党的十八大精神，进一步着力改善发展环境、着力改善生态环境，通过热线电话与各地听众进行交流。

14—15日，中央护路办、省委政法委、省综治办对秦皇岛市十八大安保和学习推广"四个覆盖"经验、社会管理创新综合试点、"两个排查"等方面工作进行督导。省委政法委副书记、省综治办主任王会平指出，秦皇岛市委、市政府对加强和创新社会管理、十八大安保和"两个排查"等项工作高度重视，取得实实在在的效果，下一步要再出新成果，再创新经验。市委副书记、政法委书记、市综治委主任杨泰安陪同督导。

15日，市委副书记、市长朱浩文到市政务服务中心调研。朱浩文强调，市政务服务中心是政府职能转变的一线窗口单位，是改善发展环境的主战场，要将不断提高人民群众满意度作为衡量政务服务工作的标准，不断提高政务服务的质量和效率，争当全市"两个环境"建设的排头兵。副市长张锋陪同调研。

学史明理　学史增信

学史崇德　学史力行

# 中国共产党
# 秦皇岛地方编年史
## (1921—2021)
## (下册)

中共秦皇岛市委党史研究室◎编著

燕山大学出版社
·秦皇岛·

编审：潘 杰

# 编 委 会

主　　编：吕洪文
副 主 编：李　勇　朱爱丽
编　　辑：李珑慧　王红利
　　　　　陈厉辞

校对：王心敏　常会宝

# 前　　言

在建党 100 周年之际，中共秦皇岛市委党史研究室编著了《中国共产党秦皇岛地方编年史（1921—2021）》一书，旨在全面、准确、客观地记述秦皇岛人民在中国共产党的领导下进行革命、建设、改革、发展的历史过程，客观总结秦皇岛人民在推进发展过程中创造的宝贵经验，为全市正在开展的党史学习教育提供地方读本，推动党史学习教育活动向纵深发展。

秦皇岛是个有着光荣历史和革命传统的地区，在中国近现代史上占有重要的地位。党领导秦皇岛人民开展艰苦卓绝的斗争，对全省乃至全国产生了重大影响。在中国共产党创立之初，中国共产主义运动的先驱李大钊曾在这里思考、研究和传播马克思主义学说。党的一大代表王尽美在秦皇岛领导工人运动，带领京奉铁路工人和港口工人取得罢工的胜利。在伟大的全民族抗日战争时期，秦皇岛人民在中国共产党的领导下，团结一心，浴血奋战，为中华民族的解放事业作出了重大的贡献。特别是开辟滦东和挺进东北，为我党确立"向北发展、向南防御"战略决策奠定了基础和提供了依据。在事关中华民族前途命运的解放战争决战的关键时期，秦皇岛军民为支持和保障辽沈战役、平津战役的胜利，作出了突出的贡献。新中国成立后，秦皇岛人民在党的领导下，艰苦奋斗，拼搏进取，克服了前进道路上的重重困难，社会主义建设事业取得了突飞猛进的发展。改革开放以来，特别是被列为全国首批沿海开放城市以来，市委、市政府始终把"开放带动"和"以港兴市"作为发展战略，凝心聚力搞建设，一心一意谋发展，经济社会发展取得了令人瞩目的成就。

党的十八大以来，在中央和省委的坚强领导下，市委团结带领全市人民不忘初心、牢记使命，在把握机遇中笃定前行，在攻坚克难中拼搏竞进，奋力实现"三个圆满收官"，决胜全面建成小康社会取得决定性成就。全市综合经济实力稳步提升，去产能调结构促转型成效显著，"三大攻坚战"推进有力有效，改革开放创新提质增效，城乡融合发展加快推进，人民生活水平持续提高，社会治理能力全面增强。特别是2020年以来，面对突如其来的新冠肺炎疫情的严重冲击，全市上下坚定信心，同舟共济，疫情防控取得阶段性胜利，经济社会发展呈现恢复增长态势。经过不懈努力，"十三五"规划目标顺利完成，在秦皇岛发展史上写下了浓墨重彩的一笔。

2021年是党的百年华诞，中央决定在全党开展党史学习教育。习近平总书记指出，开展党史学习教育正当其时，十分必要。全党同志要做到学史明理、学史增信、学史崇德、学史力行。作为全市党史学习教育领导小组成员单位，市委党史研究室既是全市党史学习教育的组织者和推动者，又是党史学习教育的参与者和实践者。市委党史研究室坚持以更高的标准、更严的要求、更实的举措，带头学习、带头实践，自觉服务好全市党史学习教育。结合党史学习教育需要，结合业务工作安排部署，市委党史研究室编著了《中国共产党秦皇岛地方编年史（1921—2021）》，该书作为全市开展党史学习教育的地方读本，希望能对全市党员干部进行党史教育提供有益的参考，对全市党史学习教育起到积极促进作用。

百年恰是风华正茂，百年仍需风雨兼程。在革命、建设、改革、发展的100年中，秦皇岛谱写了无愧于历史、无愧于时代、无愧于人民的辉煌篇章。迈上全面建设社会主义现代化国家新征程，全市人民将紧密团结在以习近平同志为核心的党中央周围，高举中国特色社会主义的伟大旗帜，不忘初心，牢记使命，攻坚克难，砥砺奋进，在学党史、悟思想、办实事、开新局上下功夫，为"十四五"开好局、起好步，为新时代全面建设现代化国际化沿海强市、美丽港城作出新的更大贡献。

# 目　　录

## 新民主主义革命时期

| | |
|---|---|
| 1921 年 | 001 |
| 1922 年 | 001 |
| 1923 年 | 003 |
| 1924 年 | 004 |
| 1925 年 | 005 |
| 1926 年 | 006 |
| 1927 年 | 006 |
| 1928 年 | 006 |
| 1929 年 | 007 |
| 1930 年 | 007 |
| 1931 年 | 008 |
| 1932 年 | 008 |
| 1933 年 | 009 |
| 1934 年 | 009 |
| 1935 年 | 009 |
| 1936 年 | 010 |
| 1937 年 | 010 |
| 1938 年 | 012 |
| 1939 年 | 014 |
| 1940 年 | 014 |
| 1941 年 | 015 |
| 1942 年 | 016 |
| 1943 年 | 020 |
| 1944 年 | 024 |
| 1945 年 | 027 |

| 1946 年 | 034 |
| 1947 年 | 037 |
| 1948 年 | 040 |
| 1949 年 | 044 |

## 社会主义革命和建设时期

| 1949 年 | 046 |
| 1950 年 | 047 |
| 1951 年 | 050 |
| 1952 年 | 054 |
| 1953 年 | 057 |
| 1954 年 | 058 |
| 1955 年 | 062 |
| 1956 年 | 066 |
| 1957 年 | 071 |
| 1958 年 | 074 |
| 1959 年 | 079 |
| 1960 年 | 084 |
| 1961 年 | 087 |
| 1962 年 | 092 |
| 1963 年 | 096 |
| 1964 年 | 098 |
| 1965 年 | 100 |
| 1966 年 | 101 |
| 1967 年 | 104 |
| 1968 年 | 105 |
| 1969 年 | 106 |
| 1970 年 | 107 |
| 1971 年 | 109 |

1972 年 ………………………………………………… 111
1973 年 ………………………………………………… 113
1974 年 ………………………………………………… 115
1975 年 ………………………………………………… 116
1976 年 ………………………………………………… 118
1977 年 ………………………………………………… 120
1978 年 ………………………………………………… 123

## 改革开放和现代化建设新时期

1979 年 ………………………………………………… 127
1980 年 ………………………………………………… 129
1981 年 ………………………………………………… 131
1982 年 ………………………………………………… 133
1983 年 ………………………………………………… 135
1984 年 ………………………………………………… 138
1985 年 ………………………………………………… 141
1986 年 ………………………………………………… 143
1987 年 ………………………………………………… 145
1988 年 ………………………………………………… 148
1989 年 ………………………………………………… 150
1990 年 ………………………………………………… 152
1991 年 ………………………………………………… 154
1992 年 ………………………………………………… 157
1993 年 ………………………………………………… 159
1994 年 ………………………………………………… 161
1995 年 ………………………………………………… 163
1996 年 ………………………………………………… 166
1997 年 ………………………………………………… 167
1998 年 ………………………………………………… 169

| | |
|---|---|
| 1999 年 | 171 |
| 2000 年 | 172 |
| 2001 年 | 174 |
| 2002 年 | 178 |
| 2003 年 | 179 |
| 2004 年 | 183 |
| 2005 年 | 184 |
| 2006 年 | 188 |
| 2007 年 | 191 |
| 2008 年 | 194 |
| 2009 年 | 199 |
| 2010 年 | 204 |
| 2011 年 | 227 |
| 2012 年 | 244 |

## 中国特色社会主义新时代

| | |
|---|---|
| 2012 年 | 269 |
| 2013 年 | 270 |
| 2014 年 | 289 |
| 2015 年 | 305 |
| 2016 年 | 324 |
| 2017 年 | 344 |
| 2018 年 | 382 |
| 2019 年 | 412 |
| 2020 年 | 445 |
| 2021 年 | 487 |
| 历任秦皇岛市委书记名单 | 506 |

# 中国特色社会主义新时代

## 2012 年

### 12 月

5—6 日，市委召开理论学习中心组（扩大）学习会议，专题学习贯彻党的十八大精神。市委书记王三堂主持并讲话。王三堂强调，要切实增强学习宣传贯彻党的十八大精神的自觉性和坚定性，以党的十八大精神为指导做好当前各项工作，不断开创秦皇岛发展建设的新局面。

10 日，中国共产党秦皇岛市第十一届委员会第四次全体会议举行。出席会议的有市委委员 46 人、候补市委委员 8 人。会议由市委常委会主持。市委书记王三堂代表市委常委会向全会报告市第十一次党代会以来的主要工作，并在会议闭幕时作重要讲话。市委副书记、市长朱浩文传达河北省委八届三次全会精神。杨泰安、傅永国等出席会议。会议认真学习贯彻党的十八大和省委八届三次全会精神，听取和讨论市委常委会工作报告，审议通过《中共秦皇岛市委关于认真学习宣传贯彻党的十八大和省委八届三次全会精神的决议》，对干部选拔任用工作进行民主评议，对市委组织部工作进行考核测评，研究部署当前和今后一个时期本市改革发展和党的建设各项工作。会议动员全市各级党组织和广大党员干部，进一步解放思想，改革开放，凝聚力量，攻坚克难，积极探索沿渤海、环京津特色化科学发展道路，加快建设"宜居宜业宜游、富庶文明和谐"滨海名城，为在全省率先全面建成小康社会而努力奋斗。

19—20 日，以中国农业大学教授李国学为组长的创建国家环保模范城市技术评估专家组来秦皇岛市检查验收。经过情况通报、对各项指标 60 多个点位的深入考评，专家组对本市创建成果给予充分肯定，认为基本达到国家环境保护模范城市规定的 26 项考核指标要求，同时提出评估意见和建议。市委副书记、市长朱浩文汇报本市"创模"工作。市领导杨泰安、王文钊、张锋、肖明地出席通报会。

27日，市委书记王三堂围绕"学习宣传贯彻十八大精神，全面提升机关党建科学化水平"的主题，为市委机关干部讲党课。市委副书记杨泰安主持主题党课。300多位机关干部聆听了主题党课。

同年，秦皇岛市实际开工建设保障性住房和棚户区改造住房均超额完成省定目标任务。2012年，秦皇岛市建设保障性住房和棚户区改造住房的目标任务是10600套，本市实际开工建设保障性住房和棚户区改造住房项目34个、10616套，为省定目标的100.2%。

同年，卢龙县被农业部授予2012年"全国粮食生产先进县"称号。2012年，卢龙县粮食作物播种面积52万亩，总产量达到24.3万吨，全县农民人均纯收入7528元，比上年增长10%。

# 2013年

## 1月

5日，全市开展加强基层建设年活动总结大会召开。市委书记王三堂强调，认真回顾总结加强基层建设年活动取得的丰硕成果，运用活动经验深入推进新形势下的群众工作，不断把加强基层建设年活动引向深入，以更加振奋的精神状态投入工作，以更加有力的务实举措推进活动，把本市基层基础工作打得更加牢固，为加快建设"三宜"滨海名城，在全省率先全面建成小康社会提供坚强保障。市委副书记、市长朱浩文主持会议。市领导杨宏、马宇骏等出席会议。会议表彰优秀驻村工作组、优秀驻村工作队员和先进工作者。

9日，秦皇岛市第十二届人民代表大会第六次会议在工人文化宫开幕。大会应出席代表345名，实出席308名，符合法定人数。大会主席团常务主席菅瑞亭、李秦生、孙盘柱、高文涛、蔡运国、王文钊、刘志新、杨守勇在主席台前排就座。王三堂、朱浩文、杨泰安、杨宏、傅永国、马宇骏、刘辰彦等市领导在主席台就座。会议由市人大常委会主任、大会主席团常务主席菅瑞亭主持。会上，代表们以举手表决的方式通过《秦皇岛市第十二届人民代表大会第六次会议选举办法》。大会以无记名投票方式选出秦皇岛市出席河北省第十二届人民代表大会代表35名。

19日，省政府在北京召开秦皇岛港西港搬迁改造方案专家评审会。会议邀请国家发改委、铁道部、交通运输部等部委相关领导以及水运、区域规划等方面的专家，对2012年10—12月国家发改委综合运输研究所编制的《秦皇岛港西港搬迁改造方案》进行评审。

## 2月

6日，秦皇岛市召开全市领导干部会议。省委组织部领导受省委委派，在会上传达省委关于秦皇岛市委主要领导职务调整的决定：省委常委、统战部部长田向利同志兼任秦皇岛市委委员、常委、书记，王三堂同志不再担任秦皇岛市委书记、常委、委员。市委副书记、市长朱浩文主持会议。

16日，十一届市委第二十一次常委会议在秦皇岛大酒店三楼会议室召开。会议由省委常委、统战部部长、市委书记田向利主持，朱浩文、杨泰安、傅永国、马宇骏、刘辰彦等市委常委会班子成员出席会议，杨宏、李秦生和市纪委、市委办公厅、市政府办公厅、市委组织部、市财政局、市城乡建设局、市政务服务中心的负责同志列席会议。会议学习传达省纪委八届三次全会精神，研究并原则同意市纪委提出的贯彻落实意见，议定：一、同意召开市纪委十一届三次全会；二、抓紧制定出台秦皇岛市落实中央"八项规定"和省委、省政府《办法》的实施细则，注意突出秦皇岛特色，结合实际把工作做实做好，不流于形式，增强措施的可操作性；三、谋划部署在全市开展以为民务实清廉为主要内容的党的群众路线教育实践活动。

17日，省委常委、统战部部长、市委书记田向利到秦皇岛港股份有限公司调研。田向利指出，市委、市政府将一以贯之地坚持"以城育港、以港兴业、港城一体、联动发展"原则，坚决支持服务于港口的发展，同时秦皇岛港要发挥带动地方经济发展的作用，为300万港城人民的福祉作出更大贡献。市领导朱浩文、马宇骏、刘辰彦陪同调研。

23日，秦皇岛市召开深化加强基层建设年活动动员大会，对继续深入开展加强基层建设年活动进行安排部署。省委常委、统战部部长、市委书记田向利出席会议并讲话，市委副书记杨泰安宣读《市委关于深化加强基层建设年活动的意见》。市委副书记、市长朱浩文主持会议，并就贯彻落实会议精神讲了具体要求。市领导刘辰彦、陈书增、王亚洲出席会议。按照省委统一部署，2013年秦皇岛市将继续深入开展加强基层建设年活动。全市共确定204个帮扶村，从省、市、县（区）直机关和部分事业单位选派612名干部进驻帮扶村，集中开展帮扶工作。重点完成基础设施建设、扶贫开发攻坚、民生保障工程、美好家园规划、联系服务群众、基层党建创新、农村综合改革、平安和谐乡村、统筹城乡发展和巩固活动成果等十大任务，最终实现人民群众得实惠、党员干部受教育、基层工作添活力、党群关系大改善、社会环境更和谐、科学发展增后劲六个目标。

27日，十一届市委第二十二次常委会议在市委常委会议室召开。会议由省委常委、市委书记田向利主持，朱浩文、杨泰安、傅永国、马宇骏、刘辰彦等市委常委会班子成员出席会议，市领导菅瑞亭、杨宏等市领导和市纪委、市委办公厅、市政府办公厅、市委组织部、市委宣传部、市委统战部、市委政法委、市委农工委、市发改委等市直部门和部分县区的负责同志列席了会议。会议听取西港搬迁改造有关工作汇报，原则同意市发改委提出的工作安排意见；听取2013年北戴河及相邻地区近岸海域环境综合整治工作汇报；研究并原则同意市委、市政府关于贯彻落实中央政治局"八项规定"的实施办法，要求市委办公厅按照会上所提意见，抓紧修改完善并下发执行；研究市委关于开展"树正气、讲团结、聚合力、促发展"大讨论活动方案，要求市委宣传部根据会上所提意见，抓紧修改完善方案，在全市迅速启动这项活动；传达全省农村工作会议、全国和全省宣传部长会议、全国和全省未成年人思想道德建设工作电视电话会议、中央和全省政法工作会议、全省组织部长会议主要精神，原则同意市委农工委、市委宣传部、市委政法委、市委组织部提出的贯彻落实措施和2013年重点工作安排。会议对当前工作进行安排部署。

## 3月

6日，秦皇岛市召开"树正气、讲团结、聚合力、促发展"大讨论活动动员会。市委副书记、"树讲聚促"领导小组组长杨泰安出席会议并讲话，市委常委、市纪委书记、市委农工委书记郝占敏宣读活动方案，市委常委、组织部部长陈书增出席会议。经市委研究，决定从3月份开始，利用三个月时间，在全市党政机关、事业单位和党员干部中集中开展"树正气、讲团结、聚合力、促发展"大讨论活动。活动以"为民、务实、清廉"群众路线教育实践活动为总揽，以着力改善"两个环境"为主线，以"科学发展、实干兴市"为主基调，动员全市广大党员群众找问题、献计策、汇民意、聚能量，推动秦皇岛大发展、快发展、科学发展。

12日，省委常委、市委书记田向利，市委副书记、市长朱浩文发表《弘扬绿色理念 建设生态港城》倡议书。号召全市人民立即行动起来，从我做起，从现在做起，努力完成2013年人工造林10万亩、封山育林6万亩、义务植树600万株的绿化任务，以生态建设的实际成效助推秦皇岛大发展、快发展、科学发展。

13日，本市召开"两个环境"建设工作协调推进会。市委副书记杨泰安在会上强调，要以时不我待的精神、攻坚克难的勇气、雷厉风行的作风，扎实深入推进"两个环境"建设，让广大群众特别是市场主体感受到实实在在的变化。会议就近期重点工作进行安排部署。

15日，省委常委、市委书记田向利到抚宁县调研。田向利强调，秦皇岛正面临着新的发展机遇，抚宁作为各项基础都比较好的县，要以开展"树正气、讲团结、聚合力、促发展"大讨论活动为契机，借势而发、顺势而为，狠抓作风建设，提振干部精神，凝聚发展合力，推动重点工作，切实解决好怎么看、怎么办、怎么干的问题，为全市经济社会发展作出更大贡献。市委常委、秘书长刘辰彦陪同调研。

23日，省委常委、市委书记田向利在市委常委、秘书长刘辰彦的陪同下，到山海关区调研指导工作。田向利强调，山海关区要确立更高的目标，发挥"山海关"这一品牌的独特优势，打好临港牌、文化牌、生态牌，建设国内一流、世界闻名的山海关，打造承接华北、东北两大经济区双向辐射的联结点，为秦皇岛大发展、快发展、科学发展作出应有贡献。

27日，全市领导干部会议召开。受省委委派，省委组织部主要领导宣布省委关于秦皇岛市政府主要领导同志调整的决定：商黎光同志任秦皇岛市委委员、常委、副书记，提名为秦皇岛市市长候选人。免去朱浩文同志的秦皇岛市委副书记、常委、委员职务，不再担任秦皇岛市市长。市长职务的任免待履行有关法律程序后再予以公布。省委常委、市委书记田向利主持会议。

28日，省委常委、市委书记田向利到昌黎县调研。田向利强调，要做大做强特色产业，发挥比较优势，实现县域经济更好更快发展。在城市建设上，要用好资源禀赋，打造时尚魅力新城，使得县城处处皆风景，满足人民群众对环境品位越来越高的要求。

同日，全市"树讲聚促"大讨论优化生态环境报告会开讲。市委理论学习中心组成员、全市副县级以上干部、市直有关单位部分中层干部参加了报告会。报告会由清华大学、北京大学等多所高校的特聘教授，国家注册国际质量管理体系高级审核员孟小权同志主讲，重点讲解对国际环境管理的历程、环境与生态的保护和预防以及领导干部面对环境能做些什么，以及对秦皇岛市旅游发展的想法。市委常委、市纪委书记、市委农工委书记郝占敏主持报告会。

30日，省委常委、市委书记田向利，市委副书记、代市长商黎光到北戴河新区调研。市委副书记杨泰安，市委常委、常务副市长马宇骏陪同调研。田向利强调，北戴河新区要紧紧抓住难得机遇，科学分析制约瓶颈，理性解决现实问题，积极谋划长远策略，努力加快发展步伐，为全市打造河北沿海发展第三增长极多担担子、多作贡献。商黎光就北戴河新区近期重点工作提出具体要求。杨泰安就北戴河新区基础设施、招商引资、生态建设等工作讲了意见。马宇骏主持汇报座谈会。

## 4月

2日，十一届市委第二十六次常委会议在市委常委会议室召开。会议由省委常委、市委书记田向利主持，商黎光、杨泰安、马宇骏、刘辰彦等常委会班子成员出席会议，菅瑞亭、杨宏和市委办公厅、市人大常委会办公厅、市政府办公厅、市政协办公厅、市委组织部、市委统战部、市发改委、市财政局、市统计局的负责同志列席了会议。会议讨论并原则通过提请市十三届人大一次全会审议的《政府工作报告》讨论稿；研究并原则同意提请市十三届人大一次会议审查的秦皇岛市2012年国民经济和社会发展计划执行情况与2013年国民经济和社会发展计划（草案）的报告；听取市财政局关于 2013 年预算编制情况的汇报，研究并原则同意秦皇岛市 2012 年市本级预算及总预算执行情况和 2013 年市本级预算及市总预算（草案）报告；研究并原则同意市人大常委会党组关于召开市一三届人大一次会议、市政协党组关于召开市政协十二届一次会议有关事项的请示；听取市委组织部关于市人大代表选举情况的汇报；研究并通过市委统战部提出的市政协十二届常委、委员初步人选安排意见。

8—11 日，市政协十二届一次会议在工人文化宫召开。会议应出席委员 308 名，实际出席 301 名，符合法定人数。会议由大会主席团常务主席杨宏主持。会议期间，委员们讨论了杨泰安代表中共秦皇岛市委发表的讲话；听取并审议市政协十一届常委会工作报告、提案工作报告、有关决议，以及列席市十三届人大一次会议的有关事项；听取并讨论市政府工作报告、法院和检察院工作报告等其他重要报告；选举产生政协秦皇岛市第十二届委员会常务委员会。委员们以举手表决的方式通过市政协十二届一次会议选举办法；通过市政协十二届一次会议选举总监票人、监票人名单；以无记名投票的方式选举杨宏为政协秦皇岛市第十二届委员会主席，刘建军、闻德生、霍兴文、裴晓鹏、关敏、肖明地、赵方、宋占禹、王桂鹏为副主席，唐家君为秘书长。选举政协秦皇岛市第十二届委员会常务委员 51 人。

9—13 日，秦皇岛市第十三届人民代表大会第一次会议在工人文化宫召开。会议应出席代表 342 名，实出席代表 339 名，符合法定人数。会议由大会主席团常务主席、执行主席李秦生主持。会议表决通过议案审查委员会主任委员徐宪民所作的市十三届人大一次会议议案的审查报告；表决通过《关于秦皇岛市人民政府工作报告的决议》《关于秦皇岛市 2012 年国民经济和社会发展计划执行情况及 2013 年国民经济和社会发展计划的决议》《关于秦皇岛市 2012 年市本级预算及市总预算执行情况和 2013 年市本级预算及市总预算的决议》《关于秦皇岛市人民代表大会常务委员会工作报告的决议》《关于秦皇岛市中级人民法院工作报告的决议》《关于秦皇岛市人民检察院工作报告的决议》《关于优化发展环境，建设沿海强市的议案的决议》；选举产生了市十三届人大常委会主任、副主任、秘书长、委员，市人民政府市长、副市长，市中级人民法院院长，市人民检察院检察长。李秦生当选为秦皇岛市第十三届人民代表大会常务委员会主任；高文涛、高坤元、刘志新、刘文杰、徐宪民、张增振当选为副主任；杨守勇当选为秘书长；丁雅军等33名同志当选为市十三届人大常务委员会委员；商黎光当选为秦皇岛市人民政府市长；马宇骏、王亚洲、张经华、冯志永、廉茹艳当选为副市长；闫五一当选为秦皇岛市中级人民法院院长；杨浩当选为秦皇岛市人民检察院检察长（根据法律规定，新当选的市人民检察院检察长须报经河北省人民检察院检察长提请省人大常委会批准）。

22—23日，省委副书记、省长张庆伟在秦皇岛市就海上溢油污染防治和北戴河近岸海域环境综合整治工作进行调研，并召开现场办公会。张庆伟强调，要深入贯彻落实党的十八大精神，本着对党和人民、对子孙后代高度负责的态度，秦皇岛市、唐山市要发挥好主体责任，抓住机遇，主动作为，进一步加大海上溢油污染防治和北戴河近岸海域环境综合整治力度，确保北戴河及近岸海域整体环境质量有一个大的提升，为广大群众和游客创造良好的生态环境。省委常委、市委书记田向利参加调研和现场办公会。

26日，省委常委、市委书记田向利在《秦皇岛日报》上作出批示："近日阅读《秦皇岛日报》，感觉清新务实，聚力合拍，在围绕大局中凝聚了各方面的正能量。特别是'树讲聚促'专版及'问计高层''省直问计'等，配发的一系列评论、综述文章有分量。请常委同志们关注。"并向大讨论办公室及报社有关同志表示问候和鼓励。市委副书记、"树讲聚促"大讨论活动领导小组组长杨泰安，随后也在报纸上签批贯彻落实好田向利书记批示精神的具体意见。

同日，市委、市政府召开北戴河及相邻地区近岸海域环境综合整治动员会议。贯彻落实省委副书记、省长张庆伟在本市专题调研、现场办公的指示精神，对2013年的北戴河及相邻地区近岸海域环境综合整治工作进行动员部署。市委副书记、市长商黎光要求，坚定信心，迎难而上，奋勇拼搏，精心保护好、治理好这片独一无二的宝贵海域资源，确保以海域综合环境质量的新提升迎接暑期的到来，让党中央国务院和省委省政府放心，让广大游客和人民群众满意。市委副书记杨泰安主持会议。市委常委、常务副市长马宇骏宣读《秦皇岛市北戴河及相邻地区近岸海域环境综合整治 2013 年工作方案》。会上，市政府与各县区、市直有关部门签订责任状，部分县区和市直部门作了表态发言。会议印发市委、市政府《关于进一步开展关停违法违规排污企业和环境卫生整治攻坚战的通知》，以及《北戴河及相邻地区近岸海域环境综合整治工作责任追究办法（试行）》。

## 5月

11日，十一届市委第三十一次常委会议在市委常委会议室召开。会议由省委常委、市委书记田向利主持，商黎光、杨泰安、马宇骏、刘辰彦等市委常委会班子成员出席会议，李秦生、王亚洲等市领导和市纪委、市委办公厅、市政府办公厅、市委组织部、市委宣传部、市委统战部、市委政法委、市委农工委、市直机关工委、市发改委、市财政局等部门负责同志列席了会议。会议传达学习省委八届五次全委（扩大）会议精神，研究了本市贯彻落实措施；研究并原则同意市委《关于深入开展"解放思想、改革开放、创新驱动、科学发展"大讨论活动实施意见（讨论稿）》，要求按照会议意见，抓紧修改完善；听取并原则同意市委办公厅关于市委十一届五次全委（扩大）会议筹备情况的汇报；研究并原则同意市委办公厅提出的市"解放思想、改革开放、创新驱动、科学发展"大讨论活动领导小组及办公室建议名单；研究并原则同意市政府办公厅提出的市沿海地区率先发展工作领导小组、市西港搬迁改造工作领导小组、市县域经济发展和县城建设工作领导小组、市环京津地区加快发展工作领导小组和市工业转型升级与环境治理工作领导小组建议名单。

13日，中国共产党秦皇岛市第十一届委员会第五次全体（扩大）会议召开。出席会议的有市委委员46人，市委候补委员9人。会议由市委常委会主持。全会的主要任务是，认真学习贯彻省委八届五次全委（扩大）会议精神，部署开展"解放思想、改革开放、创新驱动、科学发展"大讨论活动，动员全市上下以更加振奋的精神状态和更加务实的工作作风，抢抓机遇、对标先进，率先开放、赶超发展，着力抓好全市经济发展的战略重点，切实担负起打造河北沿海经济增长极的历史使命，在新的起点上建设沿海强市、美丽港城。省委常委、市委书记田向利指出，落实省委决策部署，必须站位全省大局，结合秦皇岛实际，找准率先开放、赶超发展，打造河北沿海经济增长极的突破口，在整体推进各项事业发展的同时，全力打好沿海开放、对接京津、县域振兴、生态环境和借力暑期五张牌，加快实现率先开放、赶超发展，打造河北沿海经济增长极的奋斗目标。市委副书记、市长商黎光安排部署了重点工作，就开展招商引资、重点建设、城乡环境综合整治、安全稳定和发展环境五大百日会战，开创率先开放、赶超发展的崭新局面提出具体要求。市委副书记杨泰安就开展"解放思想、改革开放、创新驱动、科学发展"大讨论活动作出部署。市委决定将市"树讲聚促"大讨论活动并入省解放思想大讨论活动，两者有机衔接、融为一体、并轨推进。与会全体同志围绕会议主题，分别对田向利同志的讲话、《市委关于在全市开展"解放思想、改革开放、创新驱动、科学发展"大讨论活动的实施意见》和《市委关于率先开放、赶超发展，奋力打造河北沿海经济增长极的决议》进行了讨论，并表决通过了《市委关于率先开放、赶超发展，奋力打造河北沿海经济增长极的决议》。

14日，新一届市政府第一次全体会议暨廉政工作会议召开。会议认真学习贯彻国家、省、市有关会议精神，分析2013年以来经济形势，动员全市政府系统工作人员进一步提高认识、收心聚力，尽快进入角色，认真履职尽责，切实加强政府自身建设和廉政建设，迅速展开新一届政府各项工作，努力开创秦皇岛经济社会大发展、快发展、科学发展的新局面。市委副书记、市长商黎光主持会议并讲话。会上，市发改委、市统计局、市财政局、市工业和信息化局分别通报了本市1—4月份的经济运行情况，市商务局和市监察局分别就对外开放工作和廉政工作作了发言；印发《2013年市政府工作报告主要目标任务分解表》，将省、市级层面的重大工程、重要项目、重点工作和重要举措进行了责任分解，同时印发《秦皇岛市人民政府工作规则（讨论稿）》。

17日，省委常委、市委书记田向利与驻秦高校主要负责人座谈，征求高校对秦皇岛发展建设的意见和建议。田向利强调，要以解放思想的观念、市场机制的方法加强校地合作，以科技创新、人才支撑加快产业转型升级，助力秦皇岛率先开放、赶超发展，打造河北沿海经济增长极。市委、市政府愿意为驻秦高校发展当好服务员、协调员和保障员，实现校地共赢发展。市委常委、秘书长刘辰彦，市委常委、组织部部长、统战部部长陈书增参加座谈。

同日，市委党校举行春季开学典礼，省委常委、市委书记田向利为260多名党校学员讲授了"开班第一课"。田向利强调，秦皇岛要创非常之业，就需要好的干部、好的环境、好的作风、好的基层组织作支撑，要把思想和行动统一到市委一系列重大决策部署上来，扎实开展市县乡三级干部大培训，进一步提高各级干部干事创业的能力和水平，为率先开放、赶超发展，打造河北沿海经济增长极打牢干部队伍能力素质基础。开学典礼前，田向利与市领导刘辰彦、陈书增共同为市委党校新校址揭牌。

20日，省委常委、市委书记田向利在市委常委、秘书长刘辰彦的陪同下，到深化加强基层建设年活动联系点——昌黎县大蒲河镇黄土湾村调研。田向利指出，要进一步突出工作重点，切实完成好帮扶项目；率先启动农村面貌改造提升行动，搞好农村绿化、美化；抓好维护农村社会稳定工作，开展矛盾排查，着力解决问题，努力促进农村内生稳定；着眼长远，学会用市场的思维、开放的思维、科技的思维和法治的思维，解决农村发展难题。

21日，省政府督导检查组就北戴河及相邻地区近岸海域环境综合整治工作进行督导检查。过去的一年，本市组织实施了海洋污染治理、滨海生态修复等十大整治工程，共完成工程项目66项，投资15.8亿元，关停违法违规排污企业207家，淘汰落后生产线24条，城乡环境面貌大幅改善，北戴河近岸海域水质明显好转。检查组对本市关于北戴河及相邻地区近岸海域环境综合整治工作取得的成果给予肯定。市委常委、常务副市长马宇骏，副市长张锋出席汇报会。

23日，秦皇岛市召开"中国梦·我的梦"主题教育实践活动动员大会。市委决定利用3个月左右的时间，在全市广泛开展"中国梦·我的梦"主题教育实践活动。省委常委、市委书记田向利作出重要批示：此次活动是市委贯彻落实党的十八大和省委八届五次全会精神，带领全市人民建设沿海强市、美丽港城的重大举措。各级各部门、各单位要高度重视，精心组织，在用"心"实践、用"活"载体、用"情"宣传上下功夫、求突破，确保活动取得扎实成效。市委常委曹子玉出席大会并讲话。副市长冯志永宣读《秦皇岛市精神文明建设委员会关于在全市广泛开展"中国梦·我的梦"主题教育实践活动的实施方案》。市人大常委会副主任刘文杰主持大会。

同月，在国家休闲区创建工作座谈会暨全国休闲标准化技术委员会年会上，全国休闲标准化技术委员会授予秦皇岛市"城市公共休闲服务与管理示范城市"称号。

## 6月

4日，省委副书记、省长张庆伟在秦皇岛市调研，对秦皇岛市的工作给予充分肯定。张庆伟指出，要在巩固已有工作成果的基础上，注重研究新情况、解决新问题，突出工作重点，让理念更新、让举措更实，不断提高科学发展水平，为广大人民群众创造更好的工作生活条件。省委副书记赵勇，省委常委、市委书记田向利陪同调研。

8日，秦皇岛市召开2013年度市委议军会议暨2012年度县区人武部党委第一书记党管武装工作述职会，对依法征兵和帮助驻秦部队解决问题进行协商沟通。省委常委、市委书记、秦皇岛军分区党委第一书记田向利主持会议。市委副书记、市长商黎光出席会议并讲话。市委常委、秦皇岛军分区政治委员傅永国传达了习近平总书记重要讲话和上级有关精神，汇报了2012年以来军分区工作和下步工作安排。秦皇岛军分区司令员马忠汇报了2012年市委议军会议精神的落实情况，以及依法征兵工作开展情况和驻秦部队遇到的实际困难。市领导杨泰安、杨宏、马宇骏、刘辰彦、郝占敏、曹子玉、陈书增、刘文杰，秦皇岛预备役炮兵旅旅长刘久军、政治委员张兴旺，军分区参谋长姚延光、政治部主任丁雅军及市直相关部门负责同志参加会议。

21日，本市部分"两代表一委员"、专家人才和基层党员参加了"走进组织部"机关开放日活动，拉开了全市组织系统"阳光组工"行动的序幕。市委常委、组织部部长陈书增希望观察员发挥好监督指导作用，当好组织工作的监督员；发挥好桥梁纽带作用，当好组织工作的信息员和宣传员；发挥好参谋智囊作用，当好组织工作的参谋员，努力在全市组织系统营造同频共振大合唱、齐心协力干事业的良好氛围。

28日，秦皇岛市召开暑期工作委员会全体（扩大）会议。省委常委、市委书记田向利在会上强调，全市上下要迅速行动起来，深化"树讲聚促"和解放思想大讨论活动成果，紧紧围绕为民务实清廉的总要求，以特殊的精神状态、过硬的工作作风抓好暑期工作和经济社会发展各项工作，确保打赢服务暑期和促进发展这场硬仗。田向利还就大力改进作风、严明纪律，为圆满完成各项工作任务提供保障提出具体要求。市委副书记、市长商黎光主持会议，并就落实会议精神提出要求。市委副书记杨泰安就做好暑期工作进行了部署。李秦生、杨宏、马宇骏、刘辰彦等市委、市人大常委会、市政府、市政协领导同志出席会议。

同月，秦皇岛港口博物馆建成并对外开放。其建成填补了港口大省河北省、百年港城秦皇岛没有港口博物馆的空白。选址于全国重点文物保护单位——原开滦矿务局秦皇岛高级员司俱乐部旧址。博物馆占地面积4000平方米，分为室外展区和室内展厅两大部分。

## 7月

2日，秦皇岛市召开北戴河近岸海域环境综合整治工作调度会。市委副书记、市长商黎光强调，全市各级各部门要强化大局意识，把北戴河近岸海域环境综合整治工作作为一项紧迫的政治任务来抓，确保按期完成国家、省、市确定的各项目标，为建设沿海强市、打造美丽港城作出应有的贡献。市委常委、常务副市长马宇骏主持会议，并就下一步工作进行安排部署。

18日，十一届市委第三十五次常委会议在市委常委会议室召开，传达学习习近平总书记视察河北重要讲话精神和省委主要领导在省委常委（扩大）会议及省直单位负责人会议上的讲话精神，研究贯彻落实意见。省委常委、市委书记田向利要求全市各级党员干部迅速把思想和行动统一到习近平总书记重要讲话精神上来，各项工作牢牢坚持群众观点和群众路线，进一步树立为民务实清廉的良好形象，集中解决"四风"方面存在的突出问题，扎实做好当前和长远重点工作。

27日，以"科技引领未来，创新驱动发展"为主题的秦皇岛科技周活动正式启动。省委常委、市委书记田向利出席启动仪式，并宣布科技周启帷。中国工程院院士卢秉恒、陈亚珠，科技部火炬中心常务副主任张志宏、副主任杨跃承，省科技厅厅长贾红星、副厅长郭玉明等嘉宾出席启动仪式。市委副书记、市长商黎光代表市委、市政府致辞。市领导刘辰彦、李秦生、杨宏、刘宝岐、陈书增、张锋出席启动仪式。

## 8月

5日，国家住房和城乡建设部部长姜伟新一行调研秦皇岛市城市建设工作。姜伟新先后实地考察归提寨限价商品房项目、西港搬迁改造工程西港区现场、秦皇岛火车站站前广场改造项目、秦皇植物园、秦皇岛规划展馆等城市建设重点项目，听取秦皇岛市关于城市建设工作有关情况的汇报，并重点就西港搬迁改造工程提出指导意见。省住房和城乡建设厅厅长朱正举，市委副书记、市长商黎光，市委常委、常务副市长马宇骏陪同调研。

8日，省委副书记、省长张庆伟就高新技术产业发展到秦皇岛经济技术开发区调研。张庆伟强调，开发区要带头走科学发展之路，坚持科技引领、创新驱动，大力发展高新技术产业，加快从资源依赖型产业向节能环保型产业转变，努力实现经济效益和生态效益的双丰收，为经济社会持续健康发展注入强劲动力。省委常委、市委书记田向利，市委常委、秘书长刘宝岐陪同调研。

15日，交通运输部党组书记、部长杨传堂就群众路线教育实践活动来秦皇岛市调研。中央第二十七督导组组长邢元敏、副组长钟攸平及督导组成员参加此次调研。在副省长杨汭，省交通运输厅党组书记、厅长高金浩，市委副书记、市长商黎光，市委常委、副市长张经华的陪同下，杨传堂深入北戴河机场高速连接线施工现场、北戴河机场、秦皇岛港等地，了解秦皇岛市民航发展规划、港口发展规划、公路发展规划以及部分重点公路干线的规划建设情况并主持召开了由交通、港口、海事、客运、公交等单位负责人及全国人大代表、出租车司机代表参加的座谈会。

29日，十一届市委第三十六次常委会议在市委常委会议室召开。会议由省委常委、市委书记田向利主持，市委常委出席会议，李秦生、杨宏和市纪委、市委办公厅、市委组织部、市委宣传部相关负责同志列席会议。会议以"学习领袖风范、切实改进作风"为主题，学习讨论《河北日报》刊发的长篇通讯《同呼吸才能心相印——习近平在正定工作期间坚持群众路线纪实》。田向利指出，长篇通讯《同呼吸才能心相印》是党的群众路线教育实践活动的生动教材，要迅速组织全市各级党组织开展集中学习讨论活动，利用中心组集中学习、机关集中学习日、党支部集中学习、专题党课等多种形式，分层次、有计划地对长篇通讯进行学习交流。田向利强调，要不等不靠，及早动手抓好群众路线教育实践活动；要迅速收心拢神，把精力集中到抓发展上来。会议安排部署当前重点工作，听取市委组织部关于2012年度市委管理领导班子和领导干部考核情况的报告，原则同意考核等次评定意见。

## 9月

1日，国土资源部部长姜大明一行专程到秦皇岛港调研西港搬迁改造工程。省委常委、市委书记田向利，省国土资源厅厅长张绍廉，市委副书记、市长商黎光，市委常委、常务副市长马宇骏等陪同调研。

1—2日，以文化部公共文化司巡视员刘小琴为组长的国家公共文化服务体系建设验收组，就秦皇岛市创建国家公共文化示范区工作进行验收。市委副书记、市长商黎光出席验收工作会议。验收组对本市创建国家公共文化示范区工作给予充分肯定。省文化厅副厅长彭卫国，市领导曹子玉、冯志永陪同验收组检查验收。

5—6日，秦皇岛市召开全力打造河北沿海地区率先发展增长极推进会议。会议学习贯彻习近平总书记、李克强总理近期关于经济工作一系列重要讲话精神，按照全省全力打造河北沿海地区率先发展增长极推进会议的部署，就秦皇岛如何打造增长极进行研究安排。会议动员全市各级进一步收拢心思，凝神聚力，坚定信心，以好的状态和作风，集中精力抓发展。会议强调，要历史性、前瞻性地认识省委、省政府把秦皇岛纳入河北沿海地区率先发展增长极意味着什么，坚定不移地走科学发展、绿色崛起之路，选准突破口，夯实保障，促进秦皇岛经济迅速发展壮大，在河北沿海地区跨越崛起。省委常委、市委书记田向利，市委副书记、市长商黎光出席会议并讲话。市委、市人大常委会、市政府、市政协领导班子成员，市中级人民法院院长，市检察院检察长出席会议。李秦生、杨宏、马宇骏、郝占敏等市领导围绕如何打造河北沿海地区率先发展增长极讲了具体意见。会上，市发改委、市财政局和河港集团等15个市直部门、单位和各县区、开发区、北戴河新区负责同志，就打造河北沿海地区率先发展增长极的工作目标、任务、思路和举措等作了发言。

25—26日，省委、省政府保障性安居工程督导检查组现场督查本市保障性安居工程工作。截至目前，全市开工建设项目44个、16127套，竣工22个、4449套，分配入住9个、4223套，分别占省定全年责任目标的100.79%、88.98%、105.58%，超额完成同期目标任务，位居全省前列。

## 10月

11日，市委副书记、市长商黎光代表市政府向神州数码股份有限公司总裁郭为颁发聘书，聘请郭为为市政府特邀咨询。这是本市第一位企业界的特邀咨询。

16—17日，省委常委、市委书记田向利率秦皇岛市党政代表团到北京市海淀区学习考察，学习海淀区推动科学发展的宝贵经验，实地感受信息化扑面而来的浪潮，体验最前沿科技的无穷魅力，并就进一步落实7月份双方签订的《合作框架协议》进行探讨，共商推进秦皇岛市与海淀区进一步深化合作、共同发展的大计。

19日，秦皇岛市召开大气污染防治行动动员大会，对推进全市大气污染防治工作进行安排部署。省委常委、市委书记田向利在会上强调，开展大气污染防治是秦皇岛实现转型升级、绿色崛起的客观需要，是改善生态、增进民生福祉的必然要求。全市上下务必以铁的决心和超常力度、超常举措，全力打好大气污染防治这场硬仗。市委副书记、市长商黎光在会上讲话，并代表市政府与各县区签订大气污染防治目标责任书。

22日，十一届市委第三十九次常委会议在市委常委会议室召开。会议由省委常委、市委书记田向利主持，商黎光、刘辰彦、傅永国、郝占敏等市委常委会班子成员出席会议，李秦生、杨宏、孙国胜和市纪委、市委办公厅、市政府办公厅、市委组织部、市委宣传部、市委政法委、市财政局等相关单位负责同志列席会议。会议听取关于靖红利同志被列为全省重大典型进行集中宣传的情况汇报，原则同意市委宣传部提出的安排意见；研究并原则同意市委组织部关于落实省委干部考核"一个意见、两个办法"

的工作安排；讨论并原则通过市委常委工作分工；研究有关干部任免和处理事项。

24日，全市学习靖红利同志先进事迹座谈会召开。靖红利的妻子赵丽华讲述了靖红利的感人事迹。市委常委曹子玉出席座谈会。会上宣读《中共秦皇岛市委关于开展向靖红利同志学习的决定》。市委宣传部、宣传系统各单位负责人、社科界代表，靖红利同志生前的领导、同事和亲属代表等参加座谈会。

## 11月

3—4日，省委常委、市委书记田向利率秦皇岛市党政考察团赴深圳学习考察，与企业探讨如何推动已有合作项目的建设进度，努力寻找更加广泛的合作空间，实现城市与企业的共赢发展。市领导以及秦皇岛经济技术开发区、北戴河新区、北戴河区、海港区和部分市直单位主要负责同志一同学习考察。

6日，文化部、财政部在上海召开国家公共文化服务体系示范区（项目）创建工作会议。包括秦皇岛在内的31个城市正式成为我国首批国家公共文化服务体系示范区，标志着秦皇岛市以文化惠民为核心内容的公共文化服务体系建设进入新的阶段。

10—11日，秦皇岛市召开全市项目建设暨县城建设推进会议。会议利用一天半的时间，对全市各县区、开发区、北戴河新区的在建新项目进行现场观摩。省委常委、市委书记田向利，市委副书记、市长商黎光出席会议并讲话。会议强调，必须把项目建设摆在经济工作最重要的位置来抓，真正在全市形成一切围着项目转、一切围着项目干的鲜明导向；要把县城建设作为一项重要任务给予高度重视，抓住县城建设的关键环节，力促县城建设出品位、出特色。市领导李秦生、杨宏、傅永国、郝占敏等出席会议。市委常委、常务副市长马宇骏主持会议。会上，各县区、开发区、北戴河新区负责同志就2013年以来项目建设及县城建设情况作了汇报。会议同时印发《关于进一步加强重点项目建设工作的意见》《关于全面推进县城建设的意见》以及加快培育和发展战略性新兴产业文件的征求意见稿。

18日，十一届市委第四十一次常委会议在市委常委会议室召开。会议由省委常委、市委书记田向利主持，商黎光、刘辰彦、傅永国、马宇骏等出席会议，市人大、市政府、市政协负责同志和市纪委、市委办公厅、市政府办公厅、市委组织部、市委宣传部、市委政法委、各县区委、秦皇岛经济技术开发区工委、北戴河新区工委、市发改委等相关单位负责同志列席会议。会议传达学习党的十八届三中全会、省委常委（扩大）会议和全省宣传部长会议精神；传达学习习近平总书记关于安全生产重要批示和讲话精神；传达学习全省农村面貌改造提升行动现场观摩会议精神，原则同意市委农工委提出的贯彻落实意见；传达学习全省组织工作会议精神，原则同意市委组织部提出的贯彻落实意见；听取市纪委关于全市"三公"经费支出情况汇报，原则同意市纪委提出的压缩"三公"经费支出意见措施；研究并原则通过市委、市政府《关于实施旅游兴市战略的意见》；研究讨论市委、市政府《关于全力打造河北沿海地区率先发展增长极的意见（讨论稿）》；研究并原则通过市委、市政府《关于实施产业立市发展战略的意见》；研究并原则通过市委、市政府《关于促进县域经济加快发展的意见》；研究关于成立秦皇岛西港搬迁改造开发建设管理机构问题，原则同意市编委提出的机构设置方案；研究并原则同意调整西港搬迁改造领导小组、西港搬迁改造工程指挥部人员组成。

22日，秦皇岛市与中国节能环保集团签署全面战略合作协议。双方将在节能环保领域开展广泛合作，共同培育发展战略性新兴节能环保产业。协议签署之前，省委常委、市委书记田向利，市委副书记、市长商黎光会见了中国节能环保集团总经理王彤宙一行。

## 12月

4日，市委、市政府召开西港搬迁改造推进会议，全面部署西港搬迁改造工作。会议动员全市各级各部门进一步提高认识、强化责任，不遗余力推进落实西港搬迁改造各项任务。省委常委、市委书记田向利在会上强调，要充分认识西港搬迁改造工程的重大意义，坚持以人为本、生态至上，政府主导、市场化运作、项目化管理，统筹协调，合作共赢和依法依规、集约高效的原则，科学组织，协同推进，举全市之力加快西港搬迁改造进程。会议由市委副书记、市长商黎光主持。市领导李秦生、杨宏、马宇骏、郝占敏、曹子玉等出席会议。河北港口集团、市西港搬迁改造指挥部办公室和海港区、山海关区、市直有关部门负责同志参加会议。会上，市委常委、市政府党组成员、市西港搬迁改造指挥部指挥长张经华对西港搬迁改造工程各项工作进行具体部署，西港搬迁改造指挥部办公室负责同志汇报工作进展情况。

5日，全国社区服务型党组织建设推进启动仪式暨2013年全国社区志愿服务推进年年会在秦皇岛市举行。会议由中国社会工作协会社区工作委员会和海港区联合主办。来自全国20多个省市的城市区、组织部、社区街道负责同志和专家学者共计260多人参加了此次会议。市委副书记刘辰彦参加会议并致辞。会上，海港区文化路街道和来自天津、西安、克拉玛依等地的优秀街道、社区党组织作了典型发言。中国社会工作协会为海港区颁发了"全国社区服务型党组织建设示范城区"的奖牌，为海港区委组织部和文化路街道党工委颁发"推进全国社区事业贡献大奖"奖牌，文化路街道还获得"全国社区志愿服务示范街道"的称号。

9—11日，省政协主席付志方在本市就打造河北沿海地区率先发展增长极进行调研。付志方充分肯定秦皇岛市委、市政府实施"开放强市、产业立市、旅游兴市、文化铸市"发展战略以来在经济社会各领域所取得的成就，指出秦皇岛要继续在扩大对外开放、营造良好发展环境、广纳各方人才、推动有中生新和努力做大增量五个方面下功夫，倾力打造本省沿海经济发展增长极。省政协党组成员、秘书长郭大建陪同调研。省委常委、市委书记田向利，市委副书记刘辰彦，市政协主席杨宏，市委常委、常务副市长马宇骏，市委常委、秘书长刘宝岐先后参加调研活动。

13日，十一届市委第四十三次常委会议在市委常委会议室召开。会议由省委常委、市委书记田向利主持，商黎光、刘辰彦、傅永国、马宇骏等市委常委会班子成员出席会议，李秦生、杨宏和市纪委、市委办公厅、市政府办公厅、市委组织部、市委宣传部、市科技局、市财政局、市人社局等相关部门负责同志列席会议。会议传达学习省政协主席付志方在秦调研时讲话精神；听取全市2013年优化发展环境评议情况汇报，原则同意市纪委提出的意见；听取全市宣传思想工作会议暨创建全国文明城市动员会议筹备情况汇报，市委宣传部负责修改完善相关会议文件；研究并原则通过《秦皇岛市优秀人才评选奖励办法（试行）》《秦皇岛市市管优秀专家选拔管理办法（试行）》《秦皇岛市人才开发专项资金管理使用办法（试行）》《秦皇岛市引进高层次创新创业人才评价认定办法（试行）》《关于加强企业引进京津人才智力工作的实施意见（试行）》；传达学习中共中央办公厅、国务院办公厅《贯彻落实〈关于党政机关停止新建楼堂馆所和清理办公用房的通知〉（中办发〔2013〕17号）文件需要明确的几个问题》精神；通报2012年度省委对秦皇岛省管干部的考核结果，本市综合考核评价定量指标体系得分情况，本市财政收入、居民收入、环境质量增量增速排位情况，本市各县区在全省172个县市区财政收入、居民收入增量增速排位情况；对当前重点工作进行安排部署；研究有关干部任免事宜。

22—24日，市委理论中心组进行了为期三天的集中学习交流，深入学习贯彻党的十八届三中全会精神、习近平总书记在听取河北省党的群众路线教育实践活动总体情况汇报时重要讲话精神和中央经济工作会议、中央城镇化工作会议以及省委八届六次全会精神。省委常委、市委书记田向利主持集中交流会议，并就本市进一步落实中央、省委会议精神提出要求。田向利指出，各级各部门要深刻领会把握党的十八届三中全会的重大历史意义和现实指导意义，切实增强全面深化改革的自觉性和坚定性，要站在实践发展的纬度来认识全面深化改革的复杂性和艰巨性。田向利强调，省委八届六次全会对做好2014年乃至今后一个时期经济社会发展、改革开放创新、城镇化建设等工作提出了明确要求，具有很强的战略性、前瞻性、针对性和指导性，全市各级各部门要认真学习领会，指导谋划好全市2014年工作。市级四大班子全体成员，市法院院长、市检察院检察长，市直各单位主要负责人参加会议。会议还举办专题辅导报告会。

27日，市十三届政府召开第四次常务会议，学习传达省委八届六次全会和市委中心组（扩大）学习集中交流会议精神，研究市委《关于学习贯彻党的十八届三中全会和省委八届六次全会精神的决议（征求意见稿）》《秦皇岛市城乡居民最低生活保障实施办法（试行）》等五项议题。市委副书记、市长商黎光主持会议。市政府班子成员出席会议。

30日，中国共产党秦皇岛市第十一届委员会第六次全体（扩大）会议举行。会议的主要任务是全面贯彻党的十八届三中全会和省委八届六次全会精神，总结2013年工作，对2014年及今后一个时期全面深化改革、推动经济社会发展和党的建设等各项工作进行安排部署。会议听取讨论了省委常委、市委书记田向利代表市委常委会所作的工作报告；市委副书记、市长商黎光就全市经济工作和城镇化工作进行安排部署；审议通过市委《关于学习贯彻党的十八届三中全会和省委八届六次全会精神的决议》；表决通过递补王强、刘志国、李文生、陈汝荣、郑云明同志为中共秦皇岛市第十一届委员会委员。出席会议的有市委委员43人、候补市委委员10人。会议由市委常委会主持。

同日，国家烟草专卖局局长凌成兴、副局长赵洪顺一行来秦皇岛市调研。省委常委、市委书记田向利，市委副书记、市长商黎光等会见凌成兴一行。凌成兴实地考察了秦皇岛烟草物流中心，听取秦皇岛市烟草专卖局工作汇报，了解秦皇岛烟草的生产经营及管理情况，对秦皇岛烟草工作给予充分肯定。

# 2014年

## 1月

12—13日，新加坡宜居城市研发中心咨询委员会首任主席、雅思柏（RSP）设计事务所董事刘太格一行来秦，实地考察秦皇岛市西港搬迁规划工作，并就有关问题深入探讨交流。市委常委、市西港搬迁改造指挥部指挥长张经华陪同刘太格实地考察秦皇岛港煤五期、甲码头、乙码头、大小码头、戊己码头等地，介绍了西港搬迁进展及相关规划基本情况，并认真听取刘太格先生对西港搬迁改造以及秦皇岛市城市规划方面的意见建议。

## 2月

7日，省委常委、市委书记田向利，市委副书记、市长商黎光来到秦皇岛港股份有限公司，就推进西港搬迁改造工程调研并现场办公。双方就新的一年如何推进港口建设带动地方经济发展、实现港口与城市的合作共赢、进一步加速推进西港搬迁改造工程等重大问题进行深入的交流与谋划。

9—11日，政协秦皇岛市第十二届委员会第二次会议在市工人文化宫举行。市政协十二届二次会议应出席委员309人，实际出席委员296人，符合规定人数。市政协主席杨宏，副主席刘建军、闻德生、霍兴文、裴晓鹏、关敏、肖明地、赵方、宋占禹、王桂鹏在主席台前排就座。市领导田向利、商黎光、刘辰彦、李秦生等在主席台就座。杨宏主持会议。省委常委、市委书记田向利代表中共秦皇岛市委向大会的召开表示祝贺，并对市政协过去一年的工作给予高度评价。田向利指出，在新的一年里，全市政协组织要在政治协商上有新思路、在民主监督上有新途径、在参政议政上有新拓展、在发挥优势上有新举措，广大政协委员既要争当本行业的"排头兵"，又要积极参政议政，献策出力，在秦皇岛发展的历史长河中留下属于自己的生动印记。受政协秦皇岛市第十二届委员会常务委员会的委托，杨宏向大会作政协秦皇岛市第十二届委员会常务委员会工作报告。赵方向大会作政协秦皇岛市第十二届委员会常务委员会关于十二届一次会议以来提案工作情况的报告。会议审议通过了政协秦皇岛市第十二届委员会第二次会议政治决议，政协秦皇岛市第十二届委员会第二次会议关于常务委员会工作报告的决议，政协秦皇岛市第十二届委员会第二次会议关于常务委员会十二届一次会议以来提案工作情况报告的决议，政协秦皇岛市第十二届委员会提案委员会关于第二次会议提案审查情况的报告。

10—13日，秦皇岛市第十三届人民代表大会第二次会议在市工人文化宫举行。大会应出席代表343名，因病因事请假13名，实际到会330名，符合法定人数。市人大常委会主任李秦生，副主任高文涛、高坤元、刘志新、刘文杰、徐宪民、张增振，秘书长杨守勇在主席台前排就座。市领导田向利、商黎光、刘辰彦、杨宏、傅永国、马宇骏、杨长新、刘宝岐、陈书增等在主席台就座。会议由李秦生主持。市委副书记、市长商黎光代表市政府向大会作政府工作报告。报告对2013年主要工作进行了回顾，对2014年工作进行安排部署。代表们以无记名投票的方式进行大会选举，补选王强、宋海斌、惠吉峰为市十三届人大常委会委员。会议听取并通过议案审查委员会主任委员徐宪民所作的关于议案审查情况的报告；依次通过关于秦皇岛市人民政府工作报告的决议、关于秦皇岛市2013年国民经济和社会发展计划执行情况与2014年国民经济和社会发展计划的决议、关于秦皇岛市2013年市本级预算及市总预算执行情况和2014年市本级预算及市总预算的决议、关于秦皇岛市人民代表大会常务委员会工作报告的决议、关于秦皇岛市中级人民法院工作报告的决议、关于秦皇岛市人民检察院工作报告的决议、关于强化创新驱动加快园区建设的议案的决议。

13日，全市党的群众路线教育实践活动动员大会召开。会议贯彻落实中央、省委党的群众路线教育实践活动第一批总结暨第二批部署会议精神，对全市党的群众路线教育实践活动进行动员部署。省委常委、市委书记田向利作动员讲话。田向利强调，要以高度的政治责任感和整风的精神，扎实深入地开展教育实践活动，以改进作风、解决问题、提升素质、促进工作的实际成效，为加快建设沿海强市、美丽港城，推动秦皇岛科学发展、绿色崛起，打造河北沿海地区率先发展增长极提供强大动力、打下坚实基础。省委第十一督导组组长王玉梅在会上讲话。省委第十一督导组副组长吕竹青出席会议。市委副书记、市长商黎光主持会议。省委督导组全体成员，在本市工作的省委委员、候补委员和省纪委委员，市委委员、候补委员和市纪委副书记，现职市级领导干部，市级老同志和近5年退出领导岗位的副市级老同志等参加会议。在主会场参加会议的人员，通过填写民主评议表的方式，对市级领导班子作风方面的情况进行总体评价，对市级党员领导干部在"四风"方面存在的突出问题进行民主评议，对搞好全市教育实践活动提出意见和建议。会议以电视电话会议的形式，开到全市最基层党组织。

20日，秦皇岛市举行农村面貌改造提升行动（基层建设年活动）专题培训会议，来自各县区提升办的负责同志和重点村的党支部书记共200多人参加了培训。与会人员观看浙江省美丽乡村建设和本省农村面貌改造提升行动宣传片，市规划局、市水务局、市林业局等部门的有关负责同志就科学编制规划、农村饮水安全、绿化工作等进行了讲解。市人大常委会副主任、市农村面貌改造提升行动（基层建设年活动）领导小组副组长刘志新参加开班仪式。

25日，市委常委会和市政府党组举行集中学习活动。省委常委、市委书记田向利，市委副书记、市长商黎光等市领导观看视频讲座《新形势下我们面临的问题和群众工作的基本要求》、电影《周恩来的四个昼夜》之后，来到山海关甲申史鉴馆，通过吸取李自成"顺势而兴、抚民而盛、骄奢而腐、逆道而亡"的历史教训，坚定"始终和最广大的人民群众保持最密切的联系，始终坚持为人民服务的宗旨"的信念。田向利强调，全市党员干部都要以李自成"其兴也勃焉，其亡也忽焉"的历史教训为镜，把工作的着力点放在维护群众的利益上，始终把人民群众作为根基，始终保持同广大人民群众的密切联系，以解决与群众切身利益密切相关的问题为重点，凝聚起建设沿海强市、美丽港城的强大合力。

## 3月

2日，作为党的群众路线教育实践活动的重要内容之一，市委常委会和市政府党组组织在秦的市委常委、市政府党组成员及市党的群众路线教育实践活动领导小组办公室相关人员，来到昌黎五峰山李大钊革命活动旧址，开展以"缅怀先驱风范·弘扬革命精神"为主题的教育活动。通过参观纪念馆、敬献花篮、重温入党誓词，追思先哲，深切缅怀伟大的革命先驱，从李大钊精神中充分汲取力量，进一步坚定理想信念，强化宗旨意识和群众观念，为建设全面小康、富裕殷实、山清水秀的沿海强市、美丽港城不懈奋斗。

3日，市委副书记、市长商黎光为全市副县级以上领导干部和各乡镇、街道的党政正职，作了学习贯彻习近平总书记系列讲话和党的十八届三中全会精神辅导报告。商黎光强调，要深刻领会总书记的系列重要讲话以及党的十八届三中全会精神，切实把中央和省的要求落实到工作的各个环节、各个领域，全力抓好2014年全市经济社会发展各项工作，同心协力谱写建设沿海强市、美丽港城的新篇章。市委副书记刘辰彦主持报告会。

7日，本市召开群策群力谋发展——"两代表一委员"座谈会。邀请来自不同阶层、不同行业的市人大代表、党代表和政协委员，围绕"为民务实清廉"主题，对开展党的群众路线教育实践活动，加强市委常委会和全市各级干部作风建设，解决全市经济社会发展中的突出问题提出意见和建议，帮助市委、市政府找准当前影响和制约秦皇岛大发展、快发展的突出问题，进而有针对性地改进工作。市委常委、政法委书记、西港搬迁改造指挥部指挥长张经华主持座谈会。

17日，市委召开全市深化"提素提质提效"行动推进会，交流经验做法，进一步部署"提素提质提效"工作。会上，市政府办公厅、卢龙县等六个单位和县区介绍了加强学习、简政放权、改进作风等经验做法。市委常委、秘书长刘宝岐要求，要突出学习教育，着力提升干部队伍素质；要突出问题导向，聚焦"四风"转变作风；要突出实践过程，坚持服务发展、服务群众；要突出组织指导，确保"三提"行动取得实效。

18日，全市旅游发展大会召开。会议对2013年全市旅游工作进行总结，对2014年工作进行安排部署。市委副书记、市长商黎光出席会议并讲话。市委常委、宣传部部长杨长新主持会议。副市长冯志永总结并部署旅游工作。会上，下发市委、市政府《关于实施旅游兴市战略的意见》。该意见指出，全面打造秦皇岛旅游升级版，优化旅游发展布局，大力推进高端旅游，完善旅游公共服务体系，推进"旅游城市"向"城市旅游"转变，到2017年，力争实现全市旅游社会总收入突破500亿元，旅游创汇突破3亿美元。

22日，泰国正大集团董事长谢国民莅临本市，实地走访视察了正大集团在秦企业发展与项目建设情况。省委常委、市委书记田向利，副省长秦博勇陪同谢国民先后来到正大食品企业（秦皇岛）有限公司新建项目厂房和产品研发中心，现场了解企业生产线设备配套、产品品种开发、食品安全生产等情况。市委副书记、市长商黎光重点向谢国民详细介绍本市正在开展的西港搬迁改造工程项目规划等相关情况。市领导郝占敏、刘宝岐陪同考察和会见。

31日，本市举行领导干部党的群众路线教育实践活动报告会，省委巡回报告团作专题报告。正定县老县长、曾与习近平总书记一起工作过的程宝怀再现了习近平总书记当年在正定工作、生活时的情景，使人真切感受到习近平总书记的为民情怀、崇高风范和务实作风，让人感悟到党的群众路线教育实践活动的真谛。

## 4月

1日，市委、市政府召开全市推动京津冀协同发展工作会议，认真落实习近平总书记关于京津冀协同发展的重大战略思想和全省会议精神，统一思想，理清思路，安排部署本市推进京津冀协同发展的各项工作。省委常委、市委书记田向利主持会议并讲话。田向利强调,京津冀协同发展是秦皇岛面临的千载难逢的重大机遇,我们必须增强紧迫感、责任感,加强谋划、主动作为,提供服务、积极对接,加快推动秦皇岛科学发展、绿色崛起。市委副书记、市长商黎光出席会议并就全市推进京津冀协同发展工作进行安排部署。市四大家领导班子成员,市直有关部门和各县区、开发区、北戴河新区主要负责同志参加会议。

2日,本市召开以"学习弘扬焦裕禄精神,作为民务实清廉表率"为主题的学习教育座谈会。省委常委、市委书记田向利在会上强调,全市广大党员干部要学习弘扬焦裕禄精神,恪守公仆情怀、倡树求实作风、发扬奋斗精神、坚守道德情操,作为民务实清廉的表率,为全面深化改革、推动科学发展汇聚正能量。省委第十一督导组组长王玉梅,副组长吕竹青、刘锁成,市领导郝占敏、刘宝岐出席会议。会议由市委常委、宣传部部长杨长新主持。各县区及开发区、北戴河新区等党委主要负责同志就如何学习弘扬焦裕禄精神、如何在工作中做焦裕禄式的好干部作了发言。

11日,省委常委、市委书记田向利,市委副书记、市长商黎光率秦皇岛市党政考察团专程赴北京市学习取经,参考借鉴北京市的经验,以期进一步优化秦皇岛发展环境。北京市委常委、常务副市长李士祥向考察团介绍了北京市推进简政放权和行政审批工作的经验和做法,并就相关问题与考察团进行了深入交流。

30日,市直各单位党员志愿服务队、"及时雨"志愿服务联盟等近300支志愿者队伍走上街头,开展了"清洁家园"志愿行动。当天,7000余名来自机关、学校、企业等部门的志愿者,来到广场、车站、候车亭以及城区主干道两侧,捡拾垃圾、擦洗护栏、清理小广告,为共同的家园"清洗面容"。省委常委、市委书记田向利,市委常委、宣传部部长杨长新与志愿者一道,擦拭了开发区主干道的候车亭。全市各县区同时开展此项活动。

## 5月

3日,中共中央办公厅来电,转达中共中央总书记习近平对民建河北省委原主委,中国人民政治协商会议河北省第六届、七届委员会副主席余振中逝世表示哀悼，对家属表示慰问。余振中副主席病危期间，中共河北省委常委、秦皇岛市委书记田向利，在中共秦皇岛市委常委、秘书长刘宝岐陪同下，代表省委、省政府，市委、市政府专门到秦皇岛市第一医院探望和慰问，并现场组织指挥医护人员抢救工作。

10日，世界500强企业中国建筑材料集团有限公司与本市举行战略合作框架协议签约仪式。省委常委、市委书记田向利，市委副书记、市长商黎光，中国建材集团董事长、党委书记宋志平等出席签约仪式。双方将紧紧围绕秦皇岛经济社会整体发展规划，本着"优势互补、合作共赢、互动发展"的原则，在新型建材、新型房屋、新型城镇化、装备制造等领域建立和发展战略合作关系。中国建材集团将在秦皇岛建设新型房屋生产基地和出口基地，并参与建设绿色小镇、新农村改造等。市委常委、常务副市长马宇骏，中国建材集团有限公司副总经理马建国，代表合作双方在协议书上签字。市领导刘宝岐、孙国胜参加了签约仪式。

11日，中关村海淀园秦皇岛分园在秦皇岛经济技术开发区揭牌成立，首批入园企业举行签约仪式，这是中关村海淀园在全国建立的首家分园。省委常委、市委书记田向利主持开园仪式。苟仲文、隋振江、孙文锴等北京市的领导及嘉宾出席了开园仪式。副省长许宁，市领导商黎光、马宇骏、刘宝岐，以及秦皇岛经济技术开发区和市直有关部门负责同志参加开园暨项目签约仪式。揭牌仪式后，田向利、许宁等与苟仲文等座谈，双方围绕秦皇岛市的产业结构，就加强教育、医疗、科技、文化、旅游等方面的合作进行探讨。

23日，市委常委会召开查找问题"三堂会诊"专题会议，进一步查找市委常委会班子在"四风"方面存在的问题，为下一步的谈心和民主生活会打好基础。来自全市各行各业的20名代表应邀参加会议，对市委常委会查摆问题情况进行现场点评。省委常委、市委书记田向利主持会议并讲话，省委第十一督导组组长王玉梅出席会议。市委常委、市人大常委会主任、市政协主席、省委督导组成员出席会议。市委副书记刘辰彦在会上通报了市委常委会开展教育实践活动查摆"四风"方面的突出问题和征求意见情况。

同日，本市举行"六个一百"志愿行动启动仪式，传递社会温暖，践行群众路线。市委常委、宣传部部长杨长新,市人大常委会副主任刘文杰出席启动仪式。由市委宣传部、市委组织部、市文明办主办的"六个一百"志愿行动,以困难群体、特殊人群为主要服务对象,重点选择军烈属、退伍老战士、空巢老人、失独老人、残疾人、贫困家庭中小学生、留守儿童各100人以及100个农村中小学教学点,组织全市党员志愿者、公务员志愿者和其他志愿服务组织,与帮扶对象自主对接,开展长期的、形式多样的志愿服务活动。

30日,本市在人民广场举行"港城先锋·红色义工"党员志愿服务活动启动仪式,省委常委、市委书记田向利宣布活动正式启动。根据省委关于开展共产党员志愿服务的有关要求和本市实际,市委决定在全市党员中广泛开展"港城先锋·红色义工"共产党员志愿服务活动。市四大班子成员,部分市直单位党员志愿服务队和海港区党员志愿服务队共计1100余人参加了启动仪式。市委常委、组织部部长陈书增主持启动仪式。在启动仪式上,田向利代表市委向党员志愿服务代表队授志愿服务队队旗,市委副书记刘辰彦向率先参与活动的党员志愿者表示敬意。

## 6月

10—11日,全国政协副主席、民革中央常务副主席齐续春一行,就秦皇岛市建设健康养老产业基地情况进行调研。民革中央调研部部长刘英琪,以及有关国家部委负责同志参加调研活动。省委常委、市委书记田向利,省政协副主席、民革河北省委主委卢晓光,市领导商黎光、杨宏、马宇骏、陈书增、肖明地陪同调研。

11日,本市召开北戴河近岸海域环境综合整治调度会。会上,市发改委汇报了综合整治的总体情况,市委督查室、市环保局对海域整治工作暗访、监管、监测情况进行通报,市直有关部门、各县区、开发区、北戴河新区就各自承担项目进展情况进行了汇报。市委副书记、市长商黎光强调,各级各部门要以高度的政治责任感、历史使命感,全力以赴完成各项综合整治重点工作,确保圆满完成国家、省、市确定的各项目标,以海域综合环境质量新提升迎接暑期到来。商黎光还就做好海域综合治理迎检工作进行了安排部署。

16日,省委常委、市委书记田向利宣布东扩港区建设前期工程全面启动。市四大班子领导同志与河北港口集团负责同志,共同见证对秦皇岛市和秦皇岛港来说具有历史意义的一刻。东扩港区建设前期工程的全面实施,标志着市委、市政府谋划多年、全市人民期盼已久的西港搬迁改造工程进入开发建设的新阶段。

6月30日—7月1日,根据省委统一部署和市委党的群众路线教育实践活动安排,市委常委班子用一天半的时间召开专题民主生活会,落实"照镜子、正衣冠、洗洗澡、治治病"的总要求,以"为民务实清廉"为主题,以反对"四风"、服务群众为重点,深入查摆"四风"问题,深刻剖析思想根源,认真开展批评和自我批评,明确整改方向和主要措施。省委常委、市委书记田向利主持会议。省委第十一督导组组长王玉梅、常务副组长吕竹青,省委活动办督导联络组副组长刘新宏等到会指导。市委全体常委出席会议。省委督导组其他成员、市人大常委会主任、市政协主席、"两代表一委员"代表、实名提出意见建议人员代表、市委活动办负责同志列席会议。

## 7月

7日,市委副书记、市长商黎光主持召开市政府第八次常务会议,研究讨论《关于推进新型城镇化的实施意见》《关于大力推进民营经济加快发展的实施意见》和《关于鼓励支持全民创业的实施意见》等七项议题。市领导马宇骏、王亚洲、冯志永、孙国胜、张锋等参加会议。市政协副主席王桂鹏、部分民主党派和工商联负责同志列席会议。

14日,省委常委、市委书记田向利全程参加指导市发展和改革委员会党委领导班子党的群众路线教育实践活动专题民主生活会。田向利强调,作为全市最重要的经济综合部门,市发改委要紧紧抓住扎实整改落实这条主线,全力提升业务能力,强化担当精神、责任意识,以更加饱满的精神状态投入到工作中去,更好地促进秦皇岛科学发展、绿色崛起。市委常委、秘书长刘宝岐,市委常委、组织部部长陈书增,省委第十一督导组副组长刘锁成出席会议。市委第十督导组组长张文波对会议进行点评。市委活动办有关同志和部分"两代表一委员"以及实名提出建议的代表列席会议。

16—18日，由北京市海淀区委书记隋振江、区政协主席彭兴业带队组成的专门考察团，到秦皇岛市就推动京津冀协同发展开展专题协商交流活动。考察团既考察秦皇岛市的规划情况、新兴产业发展情况和医疗设备发展情况，还专门组成大健康调研课题组，对秦皇岛市的医疗事业产业发展进行调研，并举行京津冀协同发展协调座谈会。省委常委、市委书记田向利，市委副书记、市长商黎光，市政协主席杨宏等分别参加或陪同相关活动。

21日，中共中央政治局原常委、国务院原副总理李岚清到北戴河参观了秦皇岛市中小学书法篆刻展。李岚清指出，鼓励中小学生接触、学习书法篆刻，有利于传承弘扬中华文化，有利于培养孩子们的创新意识和实践意识，为实现中华民族的伟大复兴提供源源不断的动力。省委副书记赵勇，省委常委、市委书记田向利，市委副书记、市长商黎光等同志陪同参观。

24—25日，全市经济形势分析暨重点项目观摩会议召开。省委常委、市委书记田向利强调，要进一步强化抓发展始终是第一要务、上项目是稳增长第一抓手的理念，坚持科学统筹合理摆布、多线作战互促互进，回答好"秦皇岛五问"，完成暑期服务、教育实践活动、经济发展三份合格答卷。市四大领导班子成员出席会议，各县区党政主要负责同志，开发区、北戴河新区工管委负责同志和部分市直单位负责同志参加会议。会议利用一天半的时间，观摩了全市27个重点建设项目，并对这些项目的投资规模、形象进度、土地使用效率等按照区域进行评分考核。商黎光强调，要在签约项目落地、落地项目开工、项目建设进度、与京津对接协同、项目建设考核等方面下功夫。

29日，市纪委监察局清理议事协调机构移交工作会召开。市纪委监察局对参与的议事协调机构进行了清理调整，对原有的126个保留13个，撤销19个，移交主责部门9个，退出85个。市委常委、市纪委书记、市委农工委书记郝占敏在会上要求，各部门要在工作中探索建立有效管用的长效机制，落实好党风廉政建设主体责任，对权力运行进行监督和检查。

## 8月

3日，全国政协副主席、科技部部长万钢，科技部党组成员、副部长王伟中，就高新技术产业发展情况到秦皇岛经济技术开发区调研。万钢强调，企业只有掌握核心关键技术，才能始终"领跑"，才能在竞争中赢得主动、赢得优势、赢得未来。省委常委、市委书记田向利，市委副书记、市长商黎光陪同调研。

11—13日，省委常委、市委书记田向利，市委副书记、市长商黎光会见中国保利集团公司董事长、党委书记徐念沙一行，就合作事宜进行了深入探讨。双方达成了在西港搬迁改造、文化产业、旅游开发、健康养老产业等领域开展合作的意向。市领导马宇骏、刘宝岐会见时在座。

13日，国务院副总理马凯来到市奥体中心体育馆，参观考察"2014年全国科技创新成果北戴河专题展"。市委副书记、市长商黎光，副市长张锋陪同参观考察。

17日，省委副书记、省长张庆伟在本市就城市发展战略规划进行专题调研。张庆伟调研时强调，秦皇岛要抓住机遇，推进城市、产业、生态、文化深度融合，把城市建设得更大、更强、更美，打造成为京津冀城市群的一颗明珠。原省领导叶连松，省委常委、市委书记田向利，市委副书记、市长商黎光分别参加调研或座谈会。

29日，全省沿海地区率先发展工作会议在秦皇岛市召开。会议强调，在当前经济下行压力不断增大的形势下，沿海地区要成为全省稳增长的强大引擎。在京津冀协同发展的重大机遇面前，沿海地区要积极融入，主动作为，坚定不移地打造率先发展增长极，在转型升级上当好示范，在改革开放上率先突破。会议听取秦皇岛、唐山、沧州沿海三市以及省直有关部门关于推动沿海地区率先发展的工作汇报，了解2013年8月召开推进会以来沿海地区发展情况和取得成绩，分析当前三市面临的形势和存在的问题，研究进一步推进沿海地区率先发展的措施。

同月，秦皇岛市被民政部、国家发展改革委确立为42个全国养老服务业综合改革试点地区之一。

## 9月

12日，本市召开纪念全国人民代表大会成立60周年座谈会。省委常委、市委书记田向利出席会议并讲话。田向利强调，要深入学习贯彻习近平总书记在庆祝全国人民代表大会成立60周年大会上的重要讲话精神，在坚持和完善人民代表大会制度上有新进步，在推进依法治市上有新作为，在加强和改进监督工作上有新成效，在密切联系人大代表和人民群众上有新举措，不断开创本市人大工作的新局面，共同凝聚建设沿海强市、美丽港城的强大正能量。市委副书记、市长商黎光，市委副书记刘辰彦，市委常委、秘书长刘宝岐出席座谈会。座谈会由市人大常委会主任李秦生主持。

26日，本市与中兴恒和投资集团举行签约仪式。双方将以建设秦皇岛数据产业基地为载体、以实现经济结构转型和促进秦皇岛科学发展为目的，共同建设"北斗数谷·数字城市"秦皇岛示范工程。中国人民解放军后勤学院一级教授王宗喜，中国卫星导航定位应用管理中心主任柳其许，信息工程大学导航与空天目标工程学院教研室主任杨力等部队代表，中国教学仪器设备有限公司总裁李兴植，中兴恒和投资集团董事局主席王岩出席签约仪式。省委常委、市委书记田向利，市委常委、常务副市长马宇骏，市委常委、秘书长刘宝岐，副市长廉茹艳出席签约仪式。仪式由副市长张锋主持。

29日，省委常委、市委书记田向利主持召开市委全面深化改革领导小组第一次会议。田向利强调，要在明确全面深化改革总体要求和基本原则的基础上，统一思想、凝聚共识，紧紧抓住关键点进行重点突破，以高度的政治自觉和责任感加快推进全面深化改革各项工作，以改革红利促进秦皇岛在新一轮发展竞争中加速崛起。市委全面深化改革领导小组组长、副组长、成员参加会议，市委改革办副主任和各专项领域牵头部门主要负责人列席会议。会议审议通过了市改革专项小组名单，全面深化改革领导小组、专项小组工作规则和领导小组办公室工作细则，市委十一届六次全会通过的《决议》改革重要举措分工方案、2014年改革重要举措分工方案等文件，明确了当前及今后一个时期改革重点任务，标志着本市全面深化改革工作进入正式实施阶段。市委副书记刘辰彦在会上讲话。市委常委、宣传部部长杨长新主持会议。

30日，是我国首个烈士纪念日，本市在秦皇岛烈士陵园举行了"烈士纪念日"公祭活动，缅怀革命英烈的英勇事迹，向革命先烈致以深深的敬意。市委、市人大、市政府、市政协领导班子成员，市法院院长，市检察院检察长，秦皇岛军分区负责同志，山海关各界人士代表，部分驻秦部队官兵参加公祭活动。

## 10月

13日，在收听收看了全省党的群众路线教育实践活动总结大会后，本市召开了全市教育实践活动总结大会。省委常委、市委书记田向利出席会议并讲话。田向利强调，要深入学习贯彻习近平总书记在中央党的群众路线教育实践活动总结大会上的重要讲话精神，巩固和拓展教育实践活动成果，旗帜鲜明地坚持从严治党，以锲而不舍、驰而不息的决心和毅力把作风建设引向深入，推动秦皇岛各项事业不断取得新成绩。省委第十一督导组组长王玉梅出席会议并讲话。省委督导组全体成员，市四大班子成员，市法院院长、检察院检察长，市直各部门各单位和开发区主要负责同志，市委各督导组组长、副组长参加会议。市委常委、常务副市长马宇骏主持会议。

13—15日，由来自民航华北地区管理局、民航河北监管局、民航华北设计院、中航油河北分公司等民航专家组成的验收组，对秦皇岛北戴河机场民航专业工程开展验收工作。验收组专家一致认为秦皇岛北戴河机场各项民航专业工程质量合格，准予通过验收，并建议申报优质工程。

18日，中共中央政治局常委、国务院副总理张高丽在中南海接见中国铁路总公司党组书记、总经理盛光祖，就京津高铁复线宝坻至唐山段（80千米）建设作出重要指示，要求铁路总公司认真研究，尽快制定建设规划。据了解，京津复线宝坻到唐山段建成后，再同津秦客专相连，北京至秦皇岛运行时间由原来的2小时，缩短为52分钟。

27日，秦皇岛市对外开放暨秦皇岛经济技术开发区成立30周年工作会议召开。会议动员全市上下抢抓机遇、鼓劲加压，深入实施开放强市战略，以更强的紧迫感和更大的力度，掀起新一轮改革开放的热潮。省委常委、市委书记田向利出席会议并讲话。市委常委、市人大常委会、市政府、市政协领导班子成员，市法院院长、检察院检察长参加会议。会议由市委常委、常务副市长马宇骏主持。

## 11月

3日，省委常委、市委书记田向利会见了市公安消防支队北戴河特勤中队政治指导员林士群。该中队日前被表彰为全国公安机关爱民模范集体，10月28日，林士群代表中队赴京领奖，并受到习近平、李克强等党和国家领导人的亲切会见。田向利要求，全市广大公安民警和公安现役部队要牢记习近平总书记的嘱托，忠诚党的事业，一心服务群众，以爱民模范集体为榜样，把群众的事情当作自己的事情来办，始终保持和人民群众的鱼水深情。

同日，市委党委、常务副市长马宇骏会见了以日本苫小牧市信用金库会长千叶宪为团长的日本苫小牧市秦皇岛友好之会访问团。2014年3月，苫小牧市秦皇岛友好之会成立，访问团此行是友好之会成立以来的第一次出访。主要目的是通过加深两市市民之间的了解，促进两市间的友好关系。

12日，河北银行秦皇岛分行正式开业。同时，河北银行与市政府签署战略合作协议，未来三年内给予本市不低于100亿元的授信额度。省委常委、市委书记田向利，市委常委、秘书长刘宝岐，河北银行董事长乔志强，行长姚浩俊出席签约揭牌仪式。

同日，全省文明城市创建工作推进会在秦皇岛市举行。来自全省各地的文明办负责同志实地观摩了本市部分社区和农村的精神文明创建工作，座谈交流各地经验做法，并对下一阶段工作进行安排部署。省委宣传部副部长、省文明办主任戴长江，市委副书记刘辰彦，市委常委、宣传部部长杨长新出席推进会。刘辰彦在会上致辞。

21日，秦皇岛市第十三届人民代表大会常务委员会第十三次会议决定：任命张瑞书同志为中共秦皇岛市委副书记、秦皇岛市人民政府代理市长。

24日，市委副书记、代市长张瑞书主持召开市长办公会议，对当前工作进行安排部署。张瑞书强调，市政府班子成员和办公厅全体党员干部，要统一思想，振奋精神，真抓实干，提速增效，全面落实中央、省、市委有关精神，力争完成全年工作目标任务，推动本市经济社会更好更快发展。市领导马宇骏、张经华、王亚洲、杨春光、冯志永、廉茹艳、孙国胜、张锋出席会议。

同日，市政府召开第十次常务会议。研究讨论并原则通过《秦皇岛市党政机关厉行节约反对浪费实施办法》《秦皇岛市城镇职工基本医疗保险市级统筹实施办法》《秦皇岛市城镇居民大病保险实施办法》。市委副书记、代市长张瑞书主持会议，张瑞书强调，研究讨论议题涉及全市民生工作和政府形象，各级各部门要肩负起、履行好政府的职能与责任，把好事办好、实事做实，不断开创全市经济社会发展新局面。

## 12月

9日，市政府召开全市签约项目及重点项目调度会。市委副书记、代市长张瑞书强调，全市各级各部门要把项目建设作为加快经济社会发展、增强城市发展后劲的头等大事来抓，一切工作为项目建设开路，一切工作为项目建设服务，一心一意抓谋划，凝心聚力抓推进，以项目建设新突破促进全市经济社会更好更快发展。张瑞书还就2015年省重点项目申报工作和退城进郊工作进行安排部署。市委常委、常务副市长马宇骏主持会议，并通报全市各县区2014年固定资产投资情况，就下步重点项目工作进行安排部署。

9—10日，省委常委、省纪委书记陈超英到秦皇岛市就经济社会发展及党风廉政建设和反腐败工作进行调研。陈超英强调，要切实把党风廉政建设主体责任和监督责任抓在手上、扛在肩上、落到实处，既坚定不移反腐败，又放开手脚干事业，努力营造风清气正的政治环境。省纪委副书记、省监察厅厅长、省预防腐败局局长、省委巡视办主任董云鹏参加调研。市领导田向利、张瑞书、马宇骏、郝占敏、刘宝岐陪同调研。市委、市人大、市政府、市政协等主要领导参加汇报座谈会。

17日，秦皇岛市冰海救人大学生群体的英雄壮举在全社会引起强烈反响，省委常委、市委书记田向利，市委常委、宣传部部长杨长新先后作出批示。省文明委已作出决定，授予"12·7"秦皇岛冰海救人大学生"学习雷锋善行河北先进人物群体"荣誉称号。

23日，省委教育工委、省教育厅作出表彰决定，授予燕山大学"12·7"冰海救人大学生群体"河北省见义勇为优秀大学生群体"荣誉称号。

24日，秦皇岛市召开村"两委"换届工作部署大会，传达贯彻全省村"两委"换届工作动员部署会议精神，对全市相关工作进行安排部署。市委副书记、市村"两委"换届工作领导小组组长刘辰彦要求，各级各部门要深化认识、提升站位，切实增强做好村"两委"换届工作的责任感和使命感，确保村"两委"换届工作如期完成。市委常委、组织部部长、市村"两委"换届工作领导小组副组长陈书增主持大会。会上，市公安局、昌黎县委、抚宁县大新寨镇党委分别从各自工作角度作了表态发言。市人大常委会副主任、市村"两委"换届工作领导小组副组长高坤元出席大会。

29日，中国共产党秦皇岛市第十一届委员会第七次全体（扩大）会议召开。全会的主要任务是学习贯彻党的十八届四中全会、省委八届九次全会和全省经济工作会议精神，总结2014年以来的工作，部署2015年的主要任务，团结动员全市各级党组织和广大党员干部群众，适应新常态、展现新作为，奋发有为地开创科学发展、绿色崛起新局面。全会由市委常委会主持。省委常委、市委书记田向利强调，要坚定不移地把抓发展作为第一要务；要坚持不懈地把抓党建作为第一责任；要全面推进依法治市，加快建设法治秦皇岛；要树立崇尚实干、狠抓落实的鲜明导向，激励各级干部奋发有为地干事创业。全会听取了田向利受市委常委会委托作的工作报告，审议通过《中共秦皇岛市委关于全面推进法治秦皇岛建设的实施意见》。市委副书记、代市长张瑞书总结2014年经济工作，安排部署2015年经济工作。全会提出，2015年全市经济工作的总体要求是，认真落实中央、省经济工作会议和市委重大部署，坚持稳中求进工作总基调，主动适应经济发展新常态，把加快发展作为第一要务，深入实施开放强市、产业立市、旅游兴市、文化铸市战略，着力转方式调结构，着力培育经济增长点，着力开展改革攻坚，着力强化创新驱动，着力保障改善民生，着力推进依法治市，促进全市经济持续健康发展和社会和谐稳定，奋力开创沿海强市、美丽港城建设的新局面。

31日，省委常委、市委书记田向利到海港区东港镇西向河寨村调研指导村"两委"换届工作。田向利强调，全市各级党组织要把村"两委"换届工作当作打牢党的执政基础和发展基础的大事来抓，坚持党管换届原则，依法依规做好换届工作，把换届的过程转化为鼓正气、树环境、强作为的过程，通过换届真正换出一个好班子、换出一个好风气、换出一个好形象。市委常委、秘书长刘宝岐，市委常委、组织部部长陈书增一同调研指导。

# 2015 年

## 1 月

4 日，全市扶贫开发工作会议在青龙满族自治县召开。会议强调，各级各部门要站位全局，充分认识扶贫开发工作的重要性和紧迫性，把思想和行动统一到国家、省、市的决策部署上来，坚定率先脱贫目标，以坚定的信心和决心，打好新一轮扶贫开发攻坚战。

同日，市委副书记刘辰彦到山海关区，对村"两委"换届工作进行调研指导，并与第一关镇南涂庄村和北涂庄村新一届村党支部成员座谈交流。刘辰彦强调，村"两委"换届工作要结合全市实际，达到"风清气正、群众满意、推动发展、和谐稳定"的效果，实现"把村干部选准、把风气搞正、把农村治理机制建优"的目标。

21 日，秦皇岛预备役炮兵旅召开党委全体（扩大）会议。省委常委、市委书记、炮兵旅党委第一书记、炮兵旅第一政委田向利出席会议并讲话。田向利要求，炮兵旅要牢牢把握市委确定的"崇尚实干、狠抓落实"这一工作主题，进一步突出忠诚、干净和担当，进一步强化讲政治、懂规矩、守纪律意识，竖起"实干有为、落实达效、干净干事"风向标，把部署的各项工作落到实处，全面提升全市国防后备力量建设水平。炮兵旅旅长刘久军、政委史小威，市委副书记兼炮兵旅副政委刘辰彦，市委常委、秘书长兼炮兵旅副政委刘宝岐出席会议。

27 日，市政府召开全市重点项目建设调度会议，总结 2014 年全市重点项目建设情况，安排部署 2015 年全市重点项目推进工作，协调解决重大项目建设中存在的问题。市委副书记、代市长张瑞书出席会议并讲话。

张瑞书强调，要搭建项目建设签约、开工、观摩推进平台，把握好项目建设的时间规律，抓好项目建设的每个环节，持续不断地推动项目落地生根、开花结果。要实行严格考核机制，层层传递压力，层层分担压力，充分调动各级各部门项目建设积极性、主动性和创造性，形成不甘落后、人人有责任、个个有压力的项目建设氛围，在全市掀起项目建设热潮。市委常委、常务副市长马宇骏主持会议。

29日，省委常委、市委书记田向利，市委副书记、代市长张瑞书会见北京顺鑫集团董事长王泽一行。双方就白酒生产、生猪屠宰加工等农业产业化项目合作进行深入沟通和交流。田向利对王泽一行的到来表示欢迎，并详细介绍近年来秦皇岛农业产业化发展情况。市委副书记刘辰彦、副市长王亚洲会见时在座。

同日，市政府召开市长办公会议，专题研究本市智慧城市建设工作。市委副书记、代市长张瑞书出席会议并讲话。张瑞书强调，要完善智慧城市一期交通、旅游、医疗、平安城市四个平台，做好一期项目的收尾、评估和落地工作，让信息平台和用户真正互动起来。要同步进行二期项目的推进和研究工作，将民生事业和提高政府行政效率作为优先选择方向，努力做好智慧社区和政务系统建设工作，通过智慧城市建设，着力提升政府行政效率，为群众提供更加便民、高效、快捷的信息化服务系统。

31日，中共秦皇岛市第十一届纪律检查委员会第五次全体会议召开。省委常委、市委书记田向利出席会议并讲话。田向利强调，要认真贯彻中央纪委、省纪委全会精神，下大力营造良好的从政环境，扎实推进"两个责任"落地生根，切实加强对权力的监督制约，持之以恒狠抓作风建设，深化纪律检查体制改革，切实加强纪检监察队伍自身建设，坚定不移地把本市党风廉政建设和反腐败工作引向深入。市委常委、市人大常委会主任、市政协主席、市政府副市长、市法院院长、市检察院检察长和市纪委委员出席会议。

## 2月

1日，《十四个沿海城市开放纪实·秦皇岛卷》首发式在海景假日酒店举行。市政协主席杨宏出席首发式并讲话。市委常委、宣传部部长杨长新在首发式上致辞。杨长新指出,《十四个沿海城市开放纪实·秦皇岛卷》对于本市在新的历史条件下进一步扩大开放、建设美丽港城具有重要的借鉴作用。全市广大文史工作者要进一步发扬传统、广征博采、体现特色、打造精品,全面提升全市文史工作水平,为促进全市文化繁荣发展作出新的更大贡献。

2—4日,政协秦皇岛市第十二届委员会第三次会议在市工人文化宫召开。市政协十二届三次会议应出席委员307名,实际出席委员294名,符合法定人数。市政协主席刘建军、闻德生、霍兴文、裴晓鹏、关敏、肖明地、赵方、宋占禹、王桂鹏,秘书长陆旭升在主席台前排就座。市领导田向利、张瑞书、刘辰彦、李秦生、傅永国、马宇骏、郝占敏、杨长新、刘宝岐等在主席台就座。会议审议通过了政协秦皇岛市第十二届委员会第三次会议政治决议、政协秦皇岛市第十二届委员会第三次会议关于常务委员会工作报告的决议、政协秦皇岛市第十二届委员会提案审查情况的报告。

3—5日,秦皇岛市第十三届人民代表大会第三次会议在市工人文化宫召开。大会应出席代表345名,实际到会333名,符合法定人数。大会主席团常务主席李秦生、张经华、高文涛、高坤元、刘志新、刘文杰、徐宪民、张增振、杨守勇在主席台前排就座。市领导田向利、张瑞书、刘辰彦、杨宏、傅永国、马宇骏、郝占敏、杨长新、刘宝岐、闫五一等在主席台就座。市委副书记、代市长张瑞书代表市政府向大会作政府工作报告。代表们表决通过了议案审查委员会主任委员徐宪民所作的关于议案的审查报告,表决通过了《关于秦皇岛市人民政府工作报告的决议》《关于秦皇岛市2014年国民经济和社会发展计划执行情况与2015年国民经济和社会发展计划的决议》《关于秦皇岛市2014年市本级预算及市总预算执行情况和2015年市本级预算及市总预算的决议》《关于秦皇岛市人民代表大会常务委员会工作报告的决议》《关于秦皇岛市中级人民法院工作报告的决议》《关于秦皇岛市人民检察院工作报告的决议》《关于凝心聚力、创新发展,加快项目建设的议案的决议》。会议宣布选举结果:张经华当选为秦皇岛市第十三届人民代表大会常务委员会副主任,张椿林当选为秦皇岛市第十三届人民代表大会常务委员会委员,张瑞书当选为秦皇岛市人民政府市长。

25日，省委常委、市委书记田向利，市委副书记、市长张瑞书到秦皇岛经济技术开发区现场办公，解决开发区在发展中遇到的瓶颈问题。田向利强调，开发区要奋发有为争当领头雁，担当实干争当增长极，改革创新当好示范区，为全市科学发展、绿色崛起作出更大的贡献。市领导马宇骏、陈书增、张锋以及市发改委等市直有关部门主要负责同志参加调研和现场办公。

## 3月

12—13日，省委常委、组织部部长梁田庚到本市，就深入开展"三严三实"专题教育和加强基层党组织建设等情况进行调研。梁田庚强调，要坚持党要管党、从严治党，以"三严三实"推动干部作风建设新常态，以高的标准、严的要求加强基层党组织建设，助推秦皇岛各项事业新发展。市委副书记、市长张瑞书，市委常委、组织部部长陈书增陪同调研。

21日，第十六届中国发展高层论坛2015年会在北京钓鱼台国宾馆举行。论坛以"新常态下的中国经济"为主题，围绕新常态下中国的发展与改革、公正包容的自由贸易等一系列重大议题开展对话与讨论。省委常委、市委书记田向利应邀出席论坛经济峰会，并在"协力女性发展"分会上作了发言，呼吁更多地赋予女性施展抱负的舞台，帮助女性更好地练就过硬的本领，为女性创造更优的成长环境，让更多女性享有同等从政机会。

23日，全市宣传文化工作会议召开。市委常委、宣传部部长杨长新要求，全市宣传思想文化系统要加强思想理论建设，凝聚思想共识，精心组织学习，深化宣传教育，做好研究阐释；要提高舆论引导能力，营造浓厚发展氛围，展示良好形象，提振群众信心；要强化意识形态责任，掌握工作主动，落实领导责任，把牢宣传阵地，坚持依法管网，加强网络宣传；要推进核心价值观践行，构筑精神家园；要推进文化铸市战略，服务绿色崛起，继续完善公共文化服务，繁荣文艺精品创作，加快文化产业发展，深化文化体制改革；要加强干部队伍建设，优化队伍结构，创新工作方法，培育过硬素质，提高工作水平。

28日，省委常委、市委书记田向利，市人大常委会主任李秦生，市委常委、常务副市长马宇骏参加海港区重点项目春季集中开工活动。市委副书记刘辰彦、市人大常委会副主任高坤元参加青龙满族自治县重点项目春季集中开工活动。市委常委、市纪委书记郝占敏参加昌黎县重点项目春季集中开工仪式。市委常委、宣传部部长杨长新参加卢龙县重点项目集中开工仪式。市委常委、北戴河新区工委书记刘宝岐，副市长冯志永参加北戴河新区重点项目春季集中开工活动。市委常委、组织部部长陈书增参加抚宁县重点项目春季集中开工活动。省公安厅副厅长、市政府副市长、市公安局局长杨春光参加北戴河区重点项目春季集中开工活动。副市长孙国胜参加山海关区重点项目春季集中开工活动。

30日，省委常委、市委书记田向利主持召开专题会议，听取北戴河片区美丽乡村总体规划和片区内9个重点村的农村面貌改造提升规划，研究部署北戴河片区美丽乡村建设工作。田向利强调，北戴河片区美丽乡村的打造，要突出因地制宜、节俭为上的理念。美丽乡村的规划要减"硬"增"软"、少花草多乔木，做到既美丽适宜人居，又避免浪费减少成本。

31日，省委常委、市委书记田向利主持召开市委常委会议，研究部署省委第八巡视组反馈问题整改落实工作，传达全省离退休干部和老干部工作"双先"表彰大会暨全省老干部工作会议精神。田向利指出，抓好省委第八巡视组反馈意见的整改落实工作极为重要，务必引起各级各部门的高度重视，作为当前重要政治任务来对待。党风廉政建设和反腐败工作关系全市发展大局，关系党员干部健康成长，一定要严肃认真落实省委巡视组的反馈意见，统一思想认识，提高行动自觉，强化责任担当，真正把巡视整改抓到位抓深入，切实解决在党风廉政建设和反腐败工作、落实中央八项规定精神和作风建设、执行党的政治纪律和民主集中制、干部选拔任用等方面存在的问题，形成"实干有为、落实达效、干净干事"的鲜明导向，营造风清气正的良好政治生态。在传达了全省离退休干部和老干部工作"双先"表彰大会暨全省老干部工作会议精神后，田向利强调，中央和省委高度重视老干部工作，都提出明确要求。老干部是党和国家的宝贵财富，是干部队伍的重要组成，也是人才聚集的重要群体，要认真贯彻落实中央和省委有关会议精神，把秦皇岛老干部工作做得更加出色。

## 4月

1日，本市召开落实省委巡视组反馈意见整改动员大会。动员大会以视频会议形式召开。省委常委、市委书记田向利在会上强调，要认真学习贯彻习近平总书记全面从严治党的重要战略思想，以崇尚实干、狠抓落实的精神，全面深入抓好省委巡视组反馈意见的整改工作，真正把全面从严治党的要求落到实处、落到细处，优化秦皇岛的从政环境和发展环境，推动秦皇岛经济社会更好更快发展。市委副书记刘辰彦就本市《省委巡视组反馈意见整改落实工作方案》作简要说明。市委常委、常务副市长马宇骏主持会议。

2日，在国家统计局局长马建堂率领下，国家统计局调研组一行来本市就秦皇岛港生产经营情况进行专题调研。省委常委、市委书记田向利，省统计局局长郭洪波，国家统计局河北调查总队队长刘刚海，市委副书记、市长张瑞书等陪同调研。在秦港股份调度指挥中心，马建堂通过客户视频监控系统，了解堆料作业和取料作业现场运行情况，对秦皇岛港的先进工艺和现代化操作流程给予充分肯定。

13日，省委常委、市委书记田向利到山海关区和开发区所属部分街道办事处调研。田向利指出，街道办事处和社区是城市运行管理的细胞，处在为城市居民服务的最前沿，街道办事处和社区一定要沉下心来为居民办实事、办好事，用真情真心方便居民，把街道社区打造成服务群众、方便群众、传递爱心的第一前哨。市委常委、组织部部长陈书增，副市长张锋和有关部门负责同志一同调研。

14日，全市新任农村党组织书记示范培训班在北戴河举行开班仪式。市委常委、组织部部长陈书增在开班仪式上指出，新任农村党组织书记要充分认清农村党组织的重要地位，切实增强做好农村工作的责任感、使命感；要理清思路，明确任务，忠实履行神圣职责，注重抓班子、聚合力、理思路、谋发展、守规矩、讲民主、严要求、作表率，真正发挥好领头雁作用；要正视差距，加强学习，下大力提高自身综合素质，以一种不服输的拼劲和闯劲，带领群众创业致富奔小康，努力在自己的任期内创造出一番事业。

16日，省委常委、市委书记田向利到开发区和北戴河区所辖街道办事处调研。市委常委、组织部部长陈书增和相关单位负责同志陪同调研。田向利指出，街道办事处和社区直接服务于城市居民，用心无止境，服务无止境，要通过街道办事处和社区工作人员的共同努力，把社区打造成践行社会主义核心价值观的巩固阵地和洋溢着浓浓关爱的温馨家园，全力提升居民的幸福指数。

25日，省委常委、市委书记田向利主持召开2015年首季度市党政联席会议，对2015年一季度主要工作进行总结，安排部署二季度重点工作。田向利指出，面对当前形势，既要直面压力，也要看到潜力，要突出重点、精准发力，把"崇尚实干、狠抓落实"的工作主题体现并融入每项工作之中，全力以赴稳增长、打基础、治污染、优服务、抓党建，为确保完成各项经济社会发展目标奠定基础。

30日，本市召开会议，对全市开展"三严三实"专题教育进行部署。省委常委、市委书记田向利要求，全市一定要把开展"三严三实"专题教育作为当前的一项重大政治任务，在增强思想自觉、行动自觉上下功夫，把思想和行动统一到中央和省委的决策部署上来，以饱满的热情、严肃的态度、良好的状态和务实的作风，推动专题教育取得实实在在成效。会议由市委副书记、市长张瑞书主持。

## 5月

9日，全国爱鸟周活动之"中国观鸟之都——秦皇岛"授牌仪式暨中国·北戴河第五届国际旅游观鸟摄影大展启动仪式在秦皇岛鸟类博物馆隆重举行。中国野生动物保护协会会长赵学敏，中国野生动物保护协会副秘书长赵胜利，市委副书记、市长张瑞书，省林业厅副厅长、省野生动植物保护协会会长雷永怀，省旅游局监察专员高国明出席活动。

13日，省委常委、市委书记田向利主持召开市委常委会议，学习传达全省重点项目建设观摩暨调度会议和省委北戴河海域治理工作调度会议主要精神，研究本市贯彻落实措施。田向利要求，要看到自身的优势与差距，增强抓项目的内生动力。要认真分析，冷静思考，实事求是地处理好项目建设中"舍"与"得"的关系。全市上下要统一思想，高度重视，以更强的责任感和紧迫感做好北戴河海域治理工作。北戴河近岸海域治理事关秦皇岛的生态底线和城市形象，全市上下要快速动员部署，加强组织领导，细化工作方案，多方筹措资金，加快项目进度，做好各个项目的协调统筹和规范管理，确保综合整治工作取得实效。

同日，市委副书记、市长张瑞书会见中国铁塔股份有限公司河北省分公司总经理范福州一行。双方就铁塔公司在秦运营情况进行了深入交流。张瑞书指出，铁塔公司的建立，是新形势下深化电信行业改革的重要举措，可有效避免在电信基础设施方面的重复投资和资源浪费，提高共建共享水平，推动行业健康持续发展，特别是把基础通信建设变成一项"公共服务"，能够惠及广大用户，最终惠及于民。

20日，本市召开北戴河近岸海域环境综合整治项目工作推进会。省委常委、市委书记田向利强调，改善北戴河近岸海域的生态环境，是中央和省委、省政府赋予秦皇岛的一项重大政治任务，是改善本市人居和旅游环境的一项重要举措，事关秦皇岛的生态底线和城市形象，对这项工作，一定要强化认识，采取超常的措施，担负起超常的责任，全力以赴完成好各项综合整治攻坚工作，确保按期圆满完成各项目标任务。市委副书记、市长张瑞书出席会议并讲话。会议由市委副书记刘辰彦主持。

25日，市委副书记、市长张瑞书在副市长张锋的陪同下，带领市工信、科技等部门负责同志，深入秦皇岛经济技术开发区就企业科技创新和企业孵化器发展情况进行专题调研。张瑞书强调，企业要加大科研投入，强化科技创新，做大做强做优企业品牌。企业孵化器要强化服务意识，加快科技成果转化步伐，使孵化器成为中小微企业健康成长的"加速器"，倾力打造科技之城、创新之城。

## 6月

1日，市委副书记、市长张瑞书主持召开市长办公会议，专题研究城市供水保障工作。张瑞书强调，要加大供水设施建设力度，抓好供水项目的争取和实施工作，加快引青济秦三期扩建工程和北戴河西部水厂建设进度，确保工程项目顺利实施、早日建成，为经济社会健康发展奠定坚实的基础。要着眼城市未来发展，谋划选定城市备用水源地，为城市供水加上"双保险"，形成更加健全的城市供水安全保障体系。要加强水源地保护治理，加强供水水质监测，为群众安全供水、充分供水、优质供水。

2日，市委、市政府召开政府职能转变暨机构改革动员大会。省委常委、市委书记田向利在会议上强调，要深刻把握政府职能转变和机构改革的重大意义，紧扣转变政府职能、推进机构改革和行政审批制度改革三条主线，加快构建有利于科学发展、绿色崛起的行政管理体制。市委副书记、市长张瑞书主持会议。市委常委、常务副市长马宇骏宣读本市政府职能转变和机构改革方案要点，市委常委、组织部部长陈书增宣布政府机构改革人事调整任免决定。

3日，省委常委、市委书记田向利到抚宁县就县城规划建设、河道景观整治和农村面貌改造提升进行调研。田向利强调，抚宁要高度重视建筑高度和色彩的协调美感，打造别具特色、宜居宜人的现代化城区，要以生态的理念搞好洋河河道整治，使其成为富有浓郁乡愁情怀的景观带。市委副书记刘辰彦，市直有关部门和抚宁县负责同志陪同调研。田向利一行实地考察了抚宁规划展览馆、县城东南片区洋河景观带、际华军民产业园项目和抚宁县污水处理厂，还实地考察了留守营镇好马营村、牛头崖镇狮子河村的农村面貌改造提升工作。

4日，省委常委、市委书记田向利就基础设施建设、高端旅游项目开发和景区改造以及沿海防护林提升等工作到北戴河新区进行调研。田向利强调，北戴河新区要加大基础设施建设和生态保护力度，强化"品牌"意识、突出"情感"体验，全面提升新区功能形象和发展建设水平，加快建设别具魅力、人气十足的现代化滨海新区。市委副书记刘辰彦，市委常委、北戴河新区工委书记刘宝岐陪同调研。

7日，秦皇岛能源交易中心在开发区揭牌，同时，秦皇岛联彩石油储运库在开发区东区举行奠基仪式。国务院国资委监事会原主席、中国工业联合会常务副会长贾成炳，国务院国资委监事会原主席、中国生产力学会常务副会长翟立功，国家石油储备中心原主任杨良松，联彩石油董事局主席严兵，省委常委、市委书记田向利，市委常委、常务副市长马宇骏，副市长张锋以及市直有关单位、开发区主要负责同志出席揭牌仪式。

9日，第三届"秦皇岛之夏"海洋文化节暨北戴河新区渔岛文化旅游节在渔岛海洋温泉景区正式拉开帷幕。市委副书记、市长张瑞书出席开幕仪式并宣布第三届"秦皇岛之夏"海洋文化节暨渔岛文化旅游节开幕。张瑞书指出，随着京津冀协同发展战略、河北沿海地区率先发展战略的推进，秦皇岛发展步入了难得的历史机遇期。围绕建设沿海强市、美丽港城目标，深入实施开放强市、产业立市、旅游兴市、文化铸市战略，努力建设国际滨海休闲之都、国家生态文明示范区、京津冀区域融合创新先行区、现代服务业和战略性新兴产业聚集区，打造绿色发展"国际名片"。市委常委、北戴河新区工委书记刘宝岐出席开幕式。

同日，市委副书记、市长张瑞书会见中国建筑股份有限公司副总裁马泽平一行。双方就北戴河新区建设、西港搬迁及本市轨道交通建设等内容进行了深入交流，达成共识。张瑞书表示，希望双方加强研究，组织专门团队，建立对接机制，谋求新型商业合作模式，在北戴河新区基础设施建设、机场连接线建设和102国道城区段改造、西港搬迁工程，以及本市轨道交通建设等方面开展务实合作，实现共赢发展。

11日，"2015海峡两岸三地华语电影（秦皇岛）盛典暨第三届海峡两岸三地十大华语电影评选揭晓新闻发布会"在北京广电国际酒店举行。市委常委、宣传部部长杨长新出席发布会并讲话。杨长新表示，随着京津冀协同发展战略和河北沿海地区率先发展的推进，秦皇岛正在加快建设国际滨海休闲之都、国家生态文明示范区、京津冀区域融合创新先行区、现代服务业和战略新兴产业聚集区，打造绿色发展名片。大力发展文化产业，打造秦皇岛影视基地已然成为秦皇岛绿色崛起发展的重中之重。秦皇岛举办本次盛典，对于宣传秦皇岛，提升秦皇岛城市文化品位必将起到积极的促进作用。

15日，根据"三严三实"专题教育部署，市委中心组围绕"严于律己"进行集中学习交流。省委常委、市委书记田向利主持学习交流会。田向利强调，市级领导干部要发挥引领示范作用，做忠诚可靠的明白人、秉公用权的规矩人、廉洁自守的干净人、阳光善良的老实人、营造良好政治生态的带头人，通过营造风清气正、干事创业的各部门小气候、干部小环境，汇聚起全市政治生态的大环境和正能量。市人大常委会、市政协副职列席了当天的集中学习。

19日，省委常委、市委书记田向利主持召开市委常委会议，就本市在干部选拔任用方面贯彻落实新修订的《干部任用条例》进行安排部署。田向利要求，各级党委和组织部门必须深入学习好、认真贯彻好、全面落实好新的《干部任用条例》，将新条例作为今后推进干部人事制度改革、做好干部选拔任用工作的基本遵循，真正将好干部选出来。

27日，首届中国·北戴河互"联网+"创新产业峰会在本市开幕。省委常委、市委书记田向利，市委副书记刘辰彦，市委常委、常务副市长马宇骏与中国信息协会副秘书长傅伯岩共同按下按钮，为本届峰会启幕。马宇骏代表市委、市政府致辞。

## 7月

2日，市委举行"百姓喜爱的好官"座谈会。荣获全国优秀县委书记和省委"百姓喜爱的好官"荣誉的7位代表进行发言。省委常委、市委书记田向利在座谈会上要求，全市广大党员干部要以先进典型为标杆，争做百姓喜爱的好官，做到信仰坚定、对党忠诚要"真心"，情系群众、为民解忧要"同心"，担当实干、狠抓落实要"用心"，清正廉洁、淡泊名利要"静心"，在全市营造堂堂正正做好官、踏踏实实干正事的良好政治生态，为建设沿海强市、美丽港城提供强有力的保障和支撑。会议由市委副书记、市长张瑞书主持。

3日，市委中心组围绕"严以修身"专题开展学习研讨。省委常委、市委书记田向利强调，全市各级领导干部要牢记"为官先做人，做人先修身"的古训，高度重视规范和提升从政修养、从政行为、从政境界，把好为人处世、为官理政的关口，做忠诚担当、崇德守信、干事创业、勤政廉政的表率。市领导杨长新、刘宝岐、陈书增、王亚洲从不同角度谈了自己对严以修身的体会和感悟，其他参会领导作了书面交流。

11日，2015海峡两岸暨香港华语电影（秦皇岛）盛典、第三届海峡两岸暨香港十大华语电影评选表彰典礼在北戴河碧螺塔海上酒吧公园举行。省委常委、市委书记田向利，省委宣传部副部长武鸿儒，省新闻出版广电局党组书记李晓明，市委副书记、市长张瑞书，著名演员成龙、当代美术大师韩美林等出席典礼。

29日，中共中央政治局原常委、国务院原副总理李岚清到秦皇岛市第一中学参观河北省学校书法篆刻作品展。李岚清指出,中华文明的传承主要以文字为载体,要让更多孩子爱上书法篆刻这门艺术,让更多孩子感受传统文化,更好地激发孩子们的创新思维,让孩子们将来成为中华文化的传承者和实现民族复兴的建设者。省委副书记赵勇,省委常委、市委书记田向利,省教育厅厅长刘教民等陪同参观。

## 8月

3日,中共中央政治局委员、国家副主席李源潮,中共中央书记处书记、全国政协副主席杜青林在北戴河参观"童眼观生态——全国青少年生态文明教育体验活动"成果展示。省委常委、市委书记田向利,副省长沈小平陪同参观。

11日,省委常委、市委书记田向利,市委副书记、市长张瑞书实地调研正在进行收尾的兴凯湖路建设项目。田向利代表市委、市政府向工程建设者所作的贡献表示感谢。田向利强调要充分认识兴凯湖路建设对城市发展的重要性,再鼓干劲,继续努力,向质量要形象、向时间要形象,把兴凯湖路建设成代表秦皇岛城市基础设施的样板工程。

同日,第三届北戴河国学论坛在北戴河举行。著名作家、学者王蒙,中央社会主义学院党组书记、第一副院长叶小文等来自全国各地国学界的专家学者齐聚一堂研讨国学。市委常委、宣传部部长杨长新出席开幕式。杨长新在致辞中说,市委、市政府高度重视文化繁荣发展,将"文化铸市"作为四大发展战略,举办"长城文化节"等多项弘扬中华优秀传统文化的地域节庆活动和两届北戴河国学论坛,形成丰富的文化成果,在国学界、文化界产生一定影响,已成为秦皇岛乃至全国的一个文化品牌,希望各位专家学者抽出时间,走一走、看一看,了解秦皇岛,感受秦皇岛,为秦皇岛文化事业的发展提出宝贵意见。

15日,2015年全国青少年校园足球夏令营举行开营仪式。由全国十个分夏令营选拔出的390多名学生,在本市进行15天的夏令营活动,内容包括足球训练、足球比赛、优秀传统文化学习等。省委常委、市委书记田向利,教育部体育卫生与艺术教育司司长、全国青少年校园足球工作领导小组办公室主任王登峰,省教育厅厅长刘教民,国家体育总局足球运动管理中心党委书记、中国足协副主席魏吉祥，市领导李秦生、杨长新，以及国家男足前主教练朱广沪、高洪波等出席开营仪式。

16—18日，省委书记赵克志到秦皇岛市昌黎县、北戴河区、山海关区、秦皇岛经济技术开发区等地调研。赵克志强调，要认真学习领会习近平总书记关于协同发展的重大战略思想，高举发展、团结、奋斗的旗帜，集中精力抓好各项任务的落实。精准确定功能定位，增强综合经济实力，全力维护社会稳定，努力在京津冀协同发展中争取更大作为。省委常委、秘书长、统战部部长范照兵，省委常委、市委书记田向利参加调研。

28日，省委常委、市委书记田向利会见东北大学党委书记孙家学一行。田向利指出，当前，秦皇岛面临着京津冀协同发展的重大历史发展机遇，希望东北大学能够积极参与其中，发挥在技术人才、产学研结合和科研成果转化等方面的优势，依托东北大学在健康产业、信息产业等方面的智力资源，支持秦皇岛结构调整和产业转型升级，助力秦皇岛在京津冀协同发展中争取更大作为。

## 9月

13—15日，市委中心组学习研讨会在北戴河召开。省委常委、市委书记田向利在总结发言时指出，要认真学习贯彻省委中心组学习会议和省委书记赵克志在秦皇岛调研时的讲话精神，把思想和行动统一到习近平总书记京津冀协同发展重大战略思想上来，统一到省委省政府新的部署要求上来，统一到市委对秦皇岛发展阶段特征的判断上来，不懈推动协同发展、绿色发展、转型发展、创新发展、和谐发展，努力在京津冀协同发展中争取更大作为。

16日，本市在古城山海关举行纪念抗日战争胜利70周年和平集会暨"长城抗战第一枪"雕塑落成揭幕仪式。省委常委、市委书记田向利及省市相关领导，以及指挥榆关抗战的何柱国将军的曾侄孙何良津、捐躯关城的安德馨烈士的孙女安如意，本市参加过抗战的老战士李金声、黄禄田、赵成玉等出席揭幕仪式，共同为"长城抗战第一枪"雕塑揭幕，并向雕塑敬献花篮。

18日，省委决定，孟祥伟任秦皇岛市委常委、书记，免去田向利秦皇岛市委书记职务。

28日,市委书记孟祥伟主持召开市委常委(扩大)会议。会议传达学习省委书记赵克志在听取秦皇岛市工作时的重要讲话精神,全省新型城镇化与城乡统筹示范区建设专题研讨班精神以及省委巡视工作领导小组会议纪要、省委办公厅关于强化党风廉政建设责任追究的通知等文件精神,就相关工作进行安排部署。孟祥伟指出,进一步加强和改进领导干部学习,是中央明确要求、时代发展要求和秦皇岛现实需要,是提高领导秦皇岛发展能力和水平,建设学习型、创新型、服务型党组织的重要途径。

同日,市委副书记、市长张瑞书会见前来参加秦皇岛市产业链招商推介洽谈会的哈尔滨电气集团副总裁曲哲,甲骨文(Oracle)软件系统有限公司副总经理程兴,新筑路桥机械股份有限公司副总裁衡福明等重要客商。双方就推进战略合作、谋求共赢发展进行了广泛交流和深入探讨。

29日,本市举行产业链招商推介洽谈会,34个总投资453.8亿元的重点项目集中签约。市委书记孟祥伟,市委副书记、市长张瑞书,市委常委、常务副市长薛永纯以及中国有色金属工业协会副会长赵家生,北京顺鑫控股集团董事长王泽,华侨城集团北京世纪华侨城有限公司总经理杨杰,哈电股份有限公司副总裁曲哲,维龙集团董事长李连和等客商出席洽谈会。

30日,市委书记孟祥伟到山海关区实地考察调研旅游市场秩序和景区假日旅游准备情况。孟祥伟强调,全市各景区、景点要把安全、便利、舒适放在首位,做足特色文章,热情服务、文明待客,让国内外游客在秦皇岛留下难以忘怀的美好记忆。

同日,市委副书记、市长张瑞书主持召开市政府第二十四次常务会议,研究讨论《关于做好新时期农民工工作的实施意见》《关于促进葡萄酒产业发展的意见》《秦皇岛市国民经济和社会发展"十三五"规划纲要基本思路》等议题。

同日,本市召开2015年第二轮巡查工作动员会,总结2015年第一轮巡查工作,对第二轮巡查工作进行安排部署。市委常委、市纪委书记郝占敏指出,第二轮巡查工作要紧跟形势、做好预案、抓住重点、敢于担当、严守纪律。要坚持党要管党、从严治党,围绕"一个中心""五个着力",

把纪律和规矩挺在前面，营造风清气正的从政环境和良好政治生态，为建设沿海强市、美丽港城提供有力保证。市委常委、组织部部长陈书增出席动员会。

## 10月

8日，本市召开"解放思想、抢抓机遇、奋发作为、协同发展"大讨论活动动员部署大会。市委书记孟祥伟在动员讲话中强调，开展好大讨论活动，要严格对照省委书记赵克志提出的"八破八立"要求，努力破除思想禁锢和发展藩篱，突破传统的思维定式和行为路径，做到干字当头、实字为要、知行合一、成果丰硕，推动全市经济社会发展实现新突破。会议由市委副书记刘辰彦主持。市委常委，市人大、市政府、市政协领导班子成员出席会议。

15日，中宣部在本市召开理想信念教育工作经验交流会。会议强调，要认真学习贯彻习近平总书记系列重要讲话精神，按照《培育和践行社会主义核心价值观行动方案》部署，深入开展理想信念教育工作，大力弘扬和践行社会主义核心价值观，促进理想信念成为党员干部内化于心、外化于行的高度自觉。中宣部副部长王世明出席会议并讲话。省委常委、宣传部部长田向利，市委书记孟祥伟出席会议。会议期间，中宣部有关领导同来自北京、天津等19个省（市、区）的党委宣传部负责人一起来到秦皇岛经济技术开发区第三小学、中信戴卡股份有限公司、开发区发展成就展览馆、北戴河平水桥公园，参观考察这些单位在践行社会主义核心价值观、开展理想信念教育工作等方面的先进做法。

16日，"秦皇岛舰"入列命名授旗仪式在北海舰队某军港举行，标志着首个以本市命名的军舰正式加入人民海军战斗序列。受市委书记孟祥伟，市委副书记、市长张瑞书委托，市委副书记刘辰彦带队参加"秦皇岛舰"入列命名授旗仪式。

17日，市委书记孟祥伟慰问本市优秀共产党员沈汝波。孟祥伟要求，要在全市大力弘扬沈汝波的做好事精神，接力沈汝波、为民做好事，把共产党员的先进性体现在工作生活的一件件小事上。市委常委、组织部部长陈书增一同慰问。

同日，市委书记孟祥伟，市委副书记、市长张瑞书会见正大集团董事长谢国民、海航集团董事局主席王健一行。孟祥伟、张瑞书表示，希望能够和正大集团继续深入合作，在合作的深度和广度上持续推进，加快建设正大肉鸡的养殖场，使正大食品尽快投产达效，加快正大食品二期的建设。海航集团在航空运输和旅游等方面，都是业界的领导者，目前秦皇岛在旅游转型升级方面还有大量的工作要做，北戴河机场即将投入使用，希望海航集团能和秦皇岛加强战略合作，在旅游业的升级和机场运营以及空港工业园区建设等方面实现共赢。市委常委、常务副市长薛永纯，副市长王亚洲，正大集团和海航集团高级管理人员参加会见。

22日，市委书记孟祥伟到北戴河区就连片建设美丽乡村、打造艺术村落进行实地调研。孟祥伟强调，要以美丽乡村建设和艺术村落打造为抓手，按照环境美、产业美、精神美、生态美的要求，加强基层组织建设，统一村民思想，加强资源分析、搞好顶层设计，遵循市场规律，努力建成城乡统筹发展、物质文明与精神文明双优的示范区。

同日，市委常委、市纪委书记郝占敏到抚宁区就落实"两个责任"、刹"四风"和查办案件等工作进行调研。郝占敏强调，要认真探索新形势下纪检监察工作为改革发展提供保障的新路，把握运用好监督执纪"四种形态"不断适应新形势、新要求。纪检监察干部要发挥表率作用，以更高更严的要求，带头践行廉洁自律规范。把监督执纪"四种形态"运用好，不断适应新形势、新要求。

28日，本市举行重点项目秋季集中开工活动。市委书记孟祥伟、副市长冯志永在华润雪花啤酒搬迁扩能项目现场，参加海港区的集中开工活动，并宣布海港区五个重点项目开工。市委副书记、市长张瑞书出席秦皇岛经济技术开发区集中开工活动，并宣布开工。同时，市委副书记刘辰彦，市委常委、市纪委书记郝占敏等市领导分别在青龙满族自治县、昌黎县等地参加全市重点项目秋季集中开工活动。北戴河新区10个重点项目在葡萄岛游艇基地项目现场举行开工仪式，市委常委、北戴河新区区委书记刘宝岐宣布开工，市政协副主席赵方致辞。

28—29日，省政协主席付志方在本市调研。付志方强调，要坚决贯彻落实省委要求，努力调结构、稳增长，确保全面完成各项任务。省政协秘书长郭大建、省政协研究室主任王冠军一同调研。就本次调研市委书记孟祥伟主持召开重点工作汇报会。市委副书记、市长张瑞书汇报了本市重点工作情况,市政协主席杨宏汇报了市政协工作情况。市领导刘辰彦、刘宝岐等出席汇报会。

30日,青龙满族自治县、卢龙县农村综合产权交易中心分别举行揭牌仪式。本市至此实现了农村综合产权交易平台农业县区全覆盖,标志着秦皇岛市农村产权改革走在全省前列,进入了一个新的发展时期。市委副书记刘辰彦、副市长王亚洲分别出席两县揭牌仪式并为中心揭牌。

31日,市委书记孟祥伟,市委副书记、市长张瑞书会见福田汽车集团党委书记、总经理王金玉一行。孟祥伟、张瑞书介绍秦皇岛市情和产业基础时强调,秦皇岛生态环境良好,文化积淀深厚,地理位置优越,交通四通八达,产业基础雄厚,装备制造业已经成为秦皇岛最重要的支柱产业。在汽车及零部件产业方面,聚集了众多企业,产品涵盖汽车轮毂、玻璃、汽车工装、车门、线束、内外饰件等。秦皇岛正处在京津冀协同发展、环渤海合作发展纲要、河北沿海地区率先发展等众多历史性机遇的叠加期,秦皇岛牢牢把握生态和发展两个关键词,正在奋力实现科学发展、绿色发展。福田汽车作为商用车的领军企业,近年来取得了长足发展,希望福田汽车与秦皇岛加强交流与合作,寻找共赢点。秦皇岛将成立专门的合作小组,与福田汽车进行对接,为福田汽车提供良好的发展环境和生活环境。市领导刘辰彦、薛永纯、孙国胜会见时在座。

## 11月

4日,市委书记孟祥伟,市委副书记、市长张瑞书会见中国农业发展银行河北省分行行长王玉武一行。孟祥伟、张瑞书对王玉武一行的到来表示欢迎,并简要介绍本市概况和农业发展情况。孟祥伟、张瑞书表示,秦皇岛农业资源丰富,农业产业化水平全省领先,中小城镇建设和基础设施建设商机无限,与农发行河北省分行合作潜力巨大,前景广阔。希望双方开展实质性合作,推进大项目,兼顾小项目;实施即期项目,谋划长期项目;找准合作方向,共同研究产业合作事宜,共同发展,实现双赢。市领导刘宝岐、王亚洲、李永平会见时在座。

同日，市政府与中国农业发展银行河北省分行签署落实《京津冀协同发展规划纲要》战略合作协议。市委副书记、市长张瑞书出席签约仪式并讲话。张瑞书强调，各县区、各部门要以此次签约为契机，进一步加强与农发行的沟通和联系，积极搭建政、银、企对接交流平台，主动向农发行推荐优质项目，以踏石留印、抓铁有痕的精神做好项目的协调和落实工作，努力推动双方在更多业务领域、更深业务层面的合作与交流，实现互利共赢目标。要把农发行支持地方发展的政策学准、学透，将本县区、本部门的重点项目与农发行的政策有效对接、衔接起来，切实将农发行的信贷政策转化为全市实实在在的发展成果。

11日，本市组织收听收看中央宣讲团党的十八届五中全会精神报告会。中央宣讲团成员、省委书记赵克志作宣讲报告，省长张庆伟主持报告会。市领导刘辰彦、李秦生、杨宏、郝占敏、杨长新、闫五一等及市直单位主要负责人120余人在本市分会场收听收看报告会。报告围绕习近平总书记系列重要讲话精神和"十三五"规划建议，紧扣党的十八届五中全会主题，联系本省经济社会发展实际，从深刻认识全面建成小康社会决胜阶段的形势，准确把握"十三五"时期经济社会发展的指导思想、主要目标和基本理念，全面落实中央确定的"十三五"时期经济社会发展各项任务和重大举措，提高党领导经济社会发展能力等四个方面，科学系统地阐释了十八届五中全会主要内容。

19日，市委书记孟祥伟主持召开市委常委会议。会上，集中学习了习近平总书记在党的十八届五中全会第二次全体会议上的讲话精神；传达贯彻全省连片美丽乡村建设现场观摩会议精神，就相关工作进行安排部署。孟祥伟要求，全市各级领导干部要认真学习中央和省委的部署要求，特别要通过全面、系统、持续学习，准确把握总书记讲话的深刻内涵和思想脉络，努力提高领导经济社会发展的能力。要严格落实党风廉政建设责任制，抓好班子，带好队伍，管好家人和身边人。会议围绕开展和推进美丽乡村建设工作，进行充分发言和深入研究。孟祥伟强调，建设美丽乡村既是全面建成小康社会的重要内容，是省委、省政府部署的一项重要工作，也是推动秦皇岛经济社会又好又快发展的重要举措。

26日，杨家琛同志先进事迹报告会在海港区市民中心大礼堂举行。这次报告会是全市开展向杨家琛同志学习活动的一部分，报告团成员以真挚的情感和真实的故事，讲述杨家琛同志为民谋事的感人事迹。市委常委、市纪委书记郝占敏，市委常委、宣传部部长杨长新，市政协副主席刘建军出席报告会。杨长新主持报告会并指出，各级各部门党员干部要深刻领会杨家琛同志先进事迹的精神内涵，进一步营造向杨家琛同志学习的浓厚氛围，把学习成果转化为促进改革发展的生动实践，把杨家琛同志的先进事迹作为各项活动的生动教材，进一步激发广大干部群众干事创业的热情，在全市形成比学先进、干事创业、奋发有为的社会氛围。

## 12月

2—3日，市委书记孟祥伟到海港区调研。孟祥伟强调，海港区要结合区情实际深入开展解放思想大讨论，抓住产业支撑和城市建管两个关键，按照"三严三实"要求加强干部队伍、党员队伍和企业家队伍建设，增强海港区的实力、魅力、竞争力，把海港区建设成为秦皇岛的首善之区。

8日，市委书记孟祥伟到北戴河区调研。孟祥伟强调，要扎实开展解放思想大讨论和"三严三实"专题教育，把生态当作北戴河的生命线来守护，做足特色文章，实现旅游业的转型升级，努力建设国际旅游目的地，让北戴河成为游客印象深刻、反复回味的城市。

14日，市委召开常委会议，传达学习中央、省委领导同志讲话精神和省委有关文件，研究《秦皇岛市党风廉政建设主体责任和监督责任清单》和本市推进京津冀协同发展工作方案。市委书记孟祥伟主持会议并讲话。会议指出，市委常委会要带头学在深处、谋在新处、干在实处、走在前面，把工作按照中央和省委要求努力向前推进，发挥好示范表率作用。会议原则通过《秦皇岛市推进京津冀协同发展工作方案》。

21日，市委召开中心组（扩大）学习会议学习《中国共产党廉洁自律准则》《中国共产党纪律处分条例》，就学习贯彻党的十八届五中全会精神进行交流。市委书记孟祥伟主持会议并讲话。孟祥伟强调，学习贯彻党的十八届五中全会精神，要结合秦皇岛的实际，善于把学习成果应用到具体工作中，努力解决干部队伍中存在目标低、标准低、压力小、速度慢、创新少和韧性不足的问题，努力推动各项工作争先进位。

# 2016年

## 1月

4—5日，中国共产党秦皇岛市第十一届委员会第八次全体会议召开。会议由市委常委会主持。市委书记孟祥伟，市委副书记、市长张瑞书分别作了讲话。全会认真学习贯彻党的十八届五中全会、省委八届十二次全会和中央、全省经济工作会议精神，听取市委常委会工作报告，审议通过《中共秦皇岛市委关于制定秦皇岛市国民经济和社会发展第十三个五年规划的建议》。开幕会上，孟祥伟受市委常委会委托报告了市委十一届七次全会以来的主要工作。孟祥伟在报告中指出，市委十一届七次全会以来，市委常委会团结带领全市广大干部群众，努力认识、适应、引领发展新常态，坚持干字当头、实字为要，解放思想、抢抓机遇，推动经济建设、政治建设、文化建设、社会建设、生态文明建设和党的建设不断取得新进展。孟祥伟强调，"十三五"时期，是我国全面建成小康社会的决胜阶段，对于秦皇岛发展至关重要，进退攸关。五年看三年，三年看头年，做好2016年工作极为重要。做好2016年经济工作，要按照"五位一体"总体布局强势开局，牢固树立和贯彻落实五大发展理念，主动适应、把握、引领经济发展新常态，全面从严治党、全面深化改革、全面依法治市，坚持协同发展、转型升级、又好又快工作主基调，坚守发展、生态、民生三条底线，以提高发展质量和效益为中心，紧紧围绕"去产能、去库存、去杠杆、降成本、补短板"五大任务，着力加强供给侧结构性改革，着力推进生态立市、产业强市、开放兴市、文明铸市，实施全国文明城市、国家卫生城市、国家森林城市"三城同创"，迈出打好全面小康攻坚战的坚实步伐，实现"十三五"发展的良好开局。市委副书记、市长张瑞书分析当前经济形势，总结2015年全市经济工作，提出2016年全市经济工作的总体要求、主要任务。闭幕会上，孟祥伟就做好全会精神的贯彻落实提出三点要求，一是把解放思想作为永恒主题，二是把担当尽责作为自觉追求，三是把狠抓落实作为成事之本。

15日，市委书记孟祥伟，市委副书记、市长张瑞书徒步实地对城市环境容貌进行调研。孟祥伟强调，优良的市容市貌是助力发展旅游、增强城市魅力、提升市民生活质量的关键性因素，要把市容市貌综合整治放在事关秦皇岛长远发展的高度来看待，为争创全国文明城市、国家卫生城市和国家森林城市奠定坚实基础，使秦皇岛因城市容貌的靓丽实现整体增值，赢得更多发展良机。市委常委、市纪委书记郝占敏和市直、海港区相关部门负责同志参加调研。

18日，市委书记孟祥伟，市委副书记、市长张瑞书会见中信集团有限公司副董事长、总经理王炯。孟祥伟表示，中信戴卡在秦皇岛发展近30年，见证参与了秦皇岛改革开放、发展建设的全过程，所取得的成绩足以让秦皇岛为之骄傲。企业的事情，不管大事小事，都是重要的事情，市委、市政府将高度重视，全力以赴加以解决。2016年是"十三五"的开局之年，希望中信集团继续支持中信戴卡的发展，希望中信集团继续加大对秦皇岛的投资力度，努力实现双方的合作共赢。

25日，市委书记孟祥伟带头落实市领导"河长"负责制，对戴河河道进行徒步踏查，实地推进戴河生态治理和周边环境改造。孟祥伟强调，戴河是北戴河的母亲河，也是秦皇岛的母亲河之一，要精心呵护好、治理好、建设好、利用好戴河生态，把戴河建成生命之河、美丽之河、富民之河和文明之河。

26日，秦皇岛市召开精准脱贫驻村干部选派工作动员部署会，对选派精准脱贫驻村干部工作进行安排部署。市委副书记刘辰彦出席会议并讲话。刘辰彦要求，要树立大局意识，将驻村干部选派作为春节前一项重要工作；要把握选派原则，确保精准脱贫达到预期效果；要明确任务要求，高标准高质量做好选派工作；要强化后勤保障，提前做好各项派驻准备工作；要落实主体责任，加强对驻村干部的日常管理。市委常委、组织部部长陈书增主持会议。

27日，秦皇岛市人民政府与国家康复辅具研究中心战略合作交流会暨签约仪式在北京举行。双方以发展康复辅具产业为切入点，将在秦皇岛市打造中国秦皇岛康复辅具创新产业基地和健康养老示范基地。国家民政部副部长邹铭，市委副书记、市长张瑞书，河北省民政厅副厅长许祯科、副市长张锋、国家康复辅具研究中心主任樊瑜波等出席签约仪式。张瑞书代表市政府与樊瑜波共同签署战略合作协议。根据协议，双方建立长期战略合作关系，以"部市共建、院市合作"为原则，在本市建设康复辅具科研中心、质检中心和康复医院，开展康复辅具产业培育、培训以及博览三类业务，并在科研质检、养老模式探索、康复辅具业态示范、学术交流等领域开展合作。

## 2月

4日，市委书记孟祥伟到昌黎县就北戴河机场通航准备工作和现代农业园区建设进行调研。孟祥伟强调，要充分发挥北戴河机场的窗口作用、带动作用，使其尽快成为拉动经济社会发展和打造国际旅游目的地的重要支撑；要以创新、协调、绿色、开放、共享的发展理念引领农业农村工作，以农业为主体大力发展第六产业，推进农业供给侧结构性改革，打造一批现代农业园区，为"十三五"发展开好局、起好步提供新动能。

14日，省委召开河北省省级机关作风整顿动员大会，秦皇岛市设分会场。全省动员会结束后，秦皇岛市立即召开全市会议，市委书记孟祥伟就贯彻落实省委部署提出要求。孟祥伟指出，节后上班的第一天，省委召开省级机关作风整顿动员大会，彰显了抓作风整顿、抓思想解放、抓工作落实的鲜明态度和坚定决心。全市各级各部门要立即传达贯彻全省动员大会特别是赵克志书记讲话精神，迅速收心拢神，按照省委要求，强化问题导向，聚焦"八破八立"，持续改进作风，重拳整治为官不为，持续解放思想，在改革创新中提升执行力，以夙兴夜寐、激情工作的精神状态做好2016年各项工作，确保首季"开门红"和"十三五"良好开局。

16—19日，政协秦皇岛市第十二届委员会第四次会议在工人文化宫召开。市委书记孟祥伟出席开幕式并讲话。孟祥伟指出，描绘好"十三五"发展蓝图，做好开局之年各项工作，政协责任重大、大有可为。希望全市各级政协组织、广大政协委员和各族各界人士始终牢记使命责任、确立更高追求，发出政协好声音，彰显政协新作为。一要在服务发展上展现更大作为，二要在增进团结上取得更大成效，三要在提升能力上实现更大突破。希望各位委员以高度的政治责任感和主人翁精神，真正把参政议政、建言献策，变成统一思想、凝聚力量的过程，变成发扬民主、广开言路的过程，变成增强信心、提神鼓劲的过程，努力把大会开成团结、民主、求实、鼓劲、奋进的大会。大会选举郝占敏为市政协十二届委员会主席，赵景阳为市政协十二届委员会副主席。

17—20日，秦皇岛市十三届人民代表大会第四次会议在工人文化宫召开。市委副书记、市长张瑞书代表市政府向大会作政府工作报告。报告分四个部分：一是"十二五"时期经济社会发展回顾；二是"十三五"时期的主要任务和目标；三是2016年主要工作；四是加强政府自身建设。会议表决通过《关于秦皇岛市人民政府工作报告的决议》《关于秦皇岛市国民经济和社会发展第十三个五年规划纲要的决议》《关于秦皇岛市2015年国民经济和社会发展计划执行情况与2016年国民经济和社会发展计划的决议》《关于秦皇岛市2015年市本级预算及市总预算执行情况和2016年市本级预算及市总预算的决议》《关于秦皇岛市人民代表大会常务委员会工作报告的决议》《关于秦皇岛市中级人民法院工作报告的决议》《关于秦皇岛市人民检察院工作报告的决议》《关于加大农村造林绿化力度，打造绿色秦皇岛、生态秦皇岛的议案的决议》。大会选举刘辰彦为秦皇岛市第十三届人民代表大会常务委员会主任，胡华军为秦皇岛市中级人民法院院长。闭幕会上，刘辰彦代表新当选的同志作了表态讲话。市委书记孟祥伟在讲话中指出，这次会议的最重要成果，就是着眼建设沿海强市、美丽港城，绘就了"十三五"发展蓝图，确立了到2020年全面建成小康社会的奋斗目标。目标就是方向，目标就是动力，目标就是责任，目标就是召唤，我们必须为此不懈奋斗。从现在起，就要迅速把市"两会"精神传达到全市各级各界，把全市上下的发展共识凝聚起来，把全市上下的创业热情调动起来，心往一处想、劲往一处使，真正把奋斗目标转化为共同行动，让每个人都成为全面小康的建设者、促进者，不做旁观者、落伍者，形成秦皇岛发展的强大内生动力。

21日，为带头落实市领导"河长"负责制，市委书记孟祥伟对戴河中下游河道进行徒步踏查，实地推进戴河生态治理、周边环境改造。孟祥伟强调，所有"河长"要按照"五到四从"工作要求对分包河流进行踏查，把底数摸清，把问题搞明。戴河治理要从源头着手，坚决不让一滴污水流入河道，邀请有较强实力的企业进行高水平开发，以戴河为链倾力打造四季皆宜精品景区。市领导刘宝岐、王亚洲、赵景阳，市直有关部门和北戴河区、开发区、抚宁区主要负责同志部分或全程参加徒步踏查。

29日，市委书记孟祥伟主持召开市委常委会议，学习习近平总书记在党的新闻舆论工作座谈会上重要讲话精神，传达贯彻全省市委书记抓基层党建工作专项述职评议会议精神，研究本市贯彻落实意见。孟祥伟强调，意识形态工作是党的一项极端重要的工作，新闻宣传是意识形态工作的重要组成部分。全市各级党委、政府要高度重视新闻宣传工作，切实站在事关旗帜和道路、事关贯彻落实党的理论和路线方针政策、事关顺利推进党和国家各项事业、事关全党全国各族人民凝聚力和向心力、事关党和国家前途命运"五个事关"的高度，站位全局把握新闻宣传工作，使其真正成为各级党委、政府的重要工作之一。

同日，为扩大有效投资、加快转型发展，河北省召开重点项目建设集中开工现场会。市委书记孟祥伟，市委副书记、市长张瑞书等在秦皇岛分会场参加集中开工现场会。张瑞书向省委、省政府汇报本市集中开工重点项目情况。孟祥伟表示，现在已经是生机勃勃的春季，要让这51颗"优良的种子"在秦皇岛这片投资的沃土上迅速成长为参天大树。市委全会和市"两会"已经确定秦皇岛2016年以及今后五年的发展目标，当前，秦皇岛最主要的任务就是发展，要坚持以经济建设为中心抓好项目建设，而招商引资和为项目服务是做好项目建设的两翼。市领导刘辰彦、郝占敏、刘宝岐、赵景阳等参加集中开工现场会。

## 3月

3日，本市召开县区委书记抓基层党建工作述职评议会。市委常委、市人大常委会主任、市政协主席、市委党的建设工作领导小组成员出席会议。省委组织部副部长谢振学到会指导。市委书记孟祥伟主持会议并讲话。孟祥伟强调，党的基层组织是党的全部工作和战斗力的基础，抓好基层党建工作事关党的执政根基，事关人民群众福祉。全市各级党组织要带着责任感和使命感，突出重点抓关键，改革创新抓落实，推动基层党建向更高层次迈进，为促进秦皇岛转型升级、又好又快发展奠定坚实基础。

5日，市委书记孟祥伟对戴河中上游进行实地徒步踏查，以推进戴河生态治理和周边环境改造。孟祥传强调，把戴河打造成生命之河、美丽之河、富民之河、文明之河的目标坚定不移，要采取综合施治、长短结合的办法，以市场化运作为核心，推进戴河生态治理和周边环境改造。

7日，市委副书记、市长张瑞书带领发改、规划、国土、统计等市直部门负责同志，深入北戴河新区部分重点项目施工现场，督导调研北戴河新区项目建设工作。张瑞书指出，作为本市高端服务业产业发展主战场，北戴河新区要坚持"招商引资"和"项目建设"齐头并进，抢抓机遇、狠抓落实，加快推进各重点项目建设进程，力争做到项目建设落地快、建得好、有成效，确保年内固定资产投资翻一番，将新区打造成为引领全市高端服务业和战略性新兴产业发展的新高地。

10日，市委书记孟祥伟现场抽查市委农工委、市城管局的工作日志管理办法落实情况。孟祥伟强调，工作日志是体现干部工作作风和工作能力的重要窗口，是干部干事创业的记录表和成绩单，是自我考核和组织印证的结合，全市所有科级以上干部都要高度重视工作日志的记录，总结好谋划好担负的工作，持续提升能力和素质，在工作第一线发现问题、解决问题，不断开创各项工作的新局面。市委常委、组织部部长陈书增以及市委组织部相关工作人员参加抽查活动。

11日，秦皇岛市召开创建全国质量强市示范城市动员大会。市委书记孟祥伟在会上强调，开展全国质量强市示范城市创建对秦皇岛意义重大，全市要把对质量的追求作为永恒的追求，以人为本努力提升产品和服务的质量，加快沿海强市、美丽港城建设步伐。国家质检总局质量管理司司长黄国梁、省质量技术监督局局长夏延军出席会议，并就创建工作的重大意义、内容以及如何推动创建工作分别提出指导意见。市委副书记、市长张瑞书就全市开展创建工作进行具体安排部署。

15日，市委理论中心组扩大集中学习，就《知之深爱之切》交流学习心得体会。市委书记孟祥伟强调，要深刻认识《知之深爱之切》的现实指导意义，强化看齐意识，带着感情和责任学，努力学在深处、干在实处、走在前列，不断把学习贯彻习近平总书记系列重要讲话精神引向深入，争做经得起历史和现实检验、让群众称赞的领导干部。市委理论中心组成员以及卢龙县、海港区、抚宁区、山海关区委负责同志，结合各自县区工作，就所学所思所得所悟作交流发言。

17日，由邢台市委书记张古江，市委副书记、市长董晓宇，市人大常委会主任范建巡，市政协主席柴冠景率领的邢台市党政代表团，就园区开发建设、产业转型升级等工作到本市参观考察。市委书记孟祥伟，市委副书记、市长张瑞书，市人大常委会主任刘辰彦，市政协主席郝占敏等陪同考察或出席座谈会。邢台市与秦皇岛市就进一步增进友谊、紧密联系、深化合作等进行对接交流。

25日，秦皇岛市召开城市管理工作暨集中整治"双违"专项行动动员会，对城市管理工作进行安排部署，对开展集中整治违法用地和违法建设专项行动进行动员。会议强调，要以一流标准加强城市规划建设管理，坚决打赢集中整治"双违"这场硬仗，在秦皇岛形成树正气、改形象、快发展的良好局面，为沿海强市、美丽港城建设奠定良好基础。

同日，秦皇岛军分区党委召开五届九次全体扩大会议，传达学习中央军委国防动员部和河北省军区党委扩大会议精神，总结回顾2015年工作，研究部署2016年任务。军分区党委第一书记、市委书记孟祥伟出席会议并讲话。孟祥伟强调，要坚持政治建军，不断铸牢听党指挥的思想根基，聚焦改革强军，不断提升履行职能使命效能，抓实双拥共建，不断开创军政军民团结新局面，为实现强军目标，建设沿海强市、美丽港城作出更大贡献。市委常委、秦皇岛军分区司令员靳术群，秦皇岛军分区政委王景田出席会议。

28日，北京大学第三医院北戴河国际医院项目签约仪式在秦皇岛大酒店举行。市委副书记、市长张瑞书，北京大学第三医院院长、妇产科主任、生殖医学中心主任乔杰出席签约仪式。签约仪式上，北京大学第三医院与秦皇岛经济技术开发区管委会签署战略合作协议，双方将合作共建北京大学第三医院北戴河国际医院。

31日，市委副书记、市长张瑞书，河北省交通运输厅副厅长、省民航办主任王普清，北部战区空军参谋航管处副处长李纯凯，河北机场管理集团有限公司总经理李武等领导和嘉宾出席秦皇岛北戴河机场通航仪式。张瑞书、李武共同为秦皇岛北戴河机场揭牌。张瑞书指出，北戴河机场正式通航，不仅改善了秦皇岛及周边地区百姓的出行方式，进一步健全了全市海陆空综合立体交通体系，对提升本市对外开放度和发展竞争力，打造京津冀最佳旅游目的地具有重要意义，而且对促进京津冀交通一体化和区域协同发展也将起到重要推进作用。

## 4月

5日，市委副书记、市长张瑞书主持召开城市区道路交通拥堵综合整治百日行动专题会议，研究讨论主城区路口渠化改造、"三车"集中整治、完善静态停车管理和立体化交通建设等事项。张瑞书指出，城市交通一个在管、一个在建。一方面要管理为先，把集中整治转变为长效性工作，在信号灯设置、智能化停车管理等技术层面多下功夫，向管理要交通秩序，用技术保障通行；另一方面要充分运用中央对城市基础设施建设的支持政策，加快城市交通设施建设立项，确保城市交通硬件设施得到有效改善。

6日，市委常委、北戴河区委书记刘宝岐，市委常委、组织部部长陈书增在北戴河区，就位于西古城村的河北省农村干部示范培训基地建设和费石庄村美丽乡村建设情况调研指导。刘宝岐指出，规划部门要结合改善农村人居环境和美丽乡村建设标准，科学合理规划，因地制宜，统筹村民居住、旅游休闲、特色农业等现有资源，把费石庄村打造成别具特色的美丽乡村。陈书增强调，在美丽乡村建设中，职能部门要规划先行，将美丽乡村建设与村庄优势资源有机整合，形成强大推动力；要通过打造示范户积极引导村民，激发村民建设美丽乡村主观能动性；要注重学习先进村规划理念和特色做法，推动费石庄村美丽乡村建设更加科学合理。

18日，省级农村干部"万人示范培训"戴河联村培训基地首期培训班开班仪式在北戴河区古城村举行。市委常委、组织部部长陈书增出席开班仪式并讲话。陈书增指出，要提高认识，切实增强做好农村工作的紧迫感、使命感。要理清思路，明确任务，奋力担当新使命。要强班子、谋发展、守规矩、保稳定、作表率，既要靠业绩，更要靠廉洁自律赢得群众的拥护和信赖。要弘扬优良学风，努力提高培训的针对性和实效性，本着"真学真信、真懂真用"的态度，结合职责学、联系实际学、对标先进学，努力提高做好农村工作的实际本领。

19日，全市"两学一做"学习教育动员会议召开。市委书记孟祥伟出席会议并作动员讲话。孟祥伟强调，要认真学习贯彻习近平总书记重要指示精神和中央、省委部署，扎实开展"两学一做"学习教育，充分认清重大意义，增强主动性和自觉性，在学深吃透上下功夫，在学思践悟、以知促行上用气力，在融入日常、常抓不懈上出真招，在推动发展、服务群众上见实效，以崭新的精神状态和良好的工作作风建设沿海强市、美丽港城。市委常委，市人大、市政协领导班子成员在主会场出席会议。会议由市委常委、组织部部长陈书增主持。

## 5月

12日，市委书记孟祥伟与全市干部群众一起走上街道，开展全民洗城活动。孟祥伟要求海港区和城管部门通过不断的摸索，把城市街道路面洁净的标准、清洗的模式和办法固化下来，把责任落实到具体人头上，达到优秀标准的给予相应的物质和精神奖励。要把全民洗城活动坚持下去，持之以恒、久久为功，通过全体市民一段时间的突击攻坚和更长时间的爱心维护，努力在更短的时间内让秦皇岛成为河北最干净的城市，成为京津冀城市群中的环境标兵。

12—13日，国家开发银行河北分行行长常思勇一行到本市就棚户区改造项目进展情况进行实地调研。市委书记孟祥伟，市委副书记、市长张瑞书，市委常委、副市长陈峰，市政府党组成员王成与常思勇就利用国开行贷款推进经济社会发展进行座谈。孟祥伟强调，秦皇岛要进一步加大与国开行的对接洽谈，进一步提升项目谋划包装水平，借助国开行贷款推动中央五大发展理念在秦皇岛落地生根。目前来看，秦皇岛各项资源十分丰富，资产家底雄厚，同时，也存在基础设施欠账较多、部分历史遗留问题待解、投资不足等制约性瓶颈，部分资产未能有效发挥作用。"机者如神，难遇易失"，与国开行密切合作是破解当前秦皇岛遇到的发展瓶颈的"金钥匙"，各县区要由政府一把手牵头成立专门班子，按照要求谋划一批大项目、好项目，厘清各类项目推进模板，挂图作战，深挖自身潜力、整合有效资源、发挥自身优势，全力推动项目向前。

18日，秦皇岛市召开驻秦部队参与打赢脱贫攻坚战工作会议。会议总结近年来驻秦部队参与扶贫开发工作取得的成绩，对参与打赢脱贫攻坚战进行动员部署。市委常委、军分区司令员靳术群，军分区政委王景田，副市长王亚洲，军分区政治部主任周世斌出席会议。靳术群指出，参与打赢脱贫攻坚战，是一项光荣而艰巨的任务，各级各单位要引导广大官兵和民兵预备役人员，切实把工作筹划好组织好，做到既改善民生，又凝聚民心；要突出精准抓好落实，确保扶贫工作有力有效地推进；要统筹兼顾抓好落实，既要加大帮扶力度，帮助群众尽快改善生活，又要注重引导群众提振精神长志气，不断增强内在动力，提高自身发展能力。

19日，市委书记孟祥伟主持召开市领导分包河流环境整治工作汇报会，听取市级河长分包河流的踏查工作情况、发现问题及解决进度、下步工作打算。孟祥伟强调，必须坚定不移地实施生态立市战略，把河流整治的责任切实扛在肩上、抓在手上，通过几年时间的努力，让秦皇岛的河流出现水美、岸绿、产业兴旺、群众受益的良好局面。汇报会上，孟祥伟、张瑞书、刘辰彦、郝占敏、薛永纯、杨长新、刘宝岐、陈书增、闫五一等分别对本市17条入海河流的环境整治工作进行汇报。孟祥伟对每位市领导的工作开展以及遇到的问题进行点评。

20日，北戴河新区第一届侨商产业发展大会在阿尔卡迪亚滨海度假酒店开幕。国务院侨务办公室副主任王晓萍，省政协副主席曹素华，市委副书记、市长张瑞书等出席开幕式并分别致辞。张瑞书指出，广大侨商是中国经济发展的重要推动力量，秦皇岛的改革开放和现代化建设，离不开广大侨商的直接参与和大力支持。希望以此次侨商产业发展大会为契机，进一步加深各位侨商对秦皇岛、对北戴河新区的认识和了解，增进彼此间的感情和友谊，扩大彼此间的交流与合作。市委、市政府将以最大的诚意、最优的服务、最佳的环境，竭诚为各位侨商大展宏图提供广阔的舞台，让钟情秦皇岛、钟情北戴河新区的朋友们得到最满意的回报。市领导刘宝岐、冯志永、闻德生参加开幕式。

同日，全市2016年巡察工作动员暨培训会议召开。市委常委、组织部部长陈书增主持会议，并宣读《关于成立市、县区党委巡察组的通知》。市纪委、市委巡视联络办相关负责同志宣读《2016年巡察工作实施方案》。市委常委、市纪委书记刘新宏强调，巡视是党内监督的战略性制度，其政治性不言而喻。为了与上级巡视形成联动，更好地推进全面从严治党向基层延伸，市委决定建立巡察工作制度。巡察组和被巡察单位要认真学习贯彻中央精神和省市委要求，充分认清巡察工作的重要意义，深化政治巡察意识。

24日，新奥集团董事局主席王玉锁、总裁张叶生一行来秦皇岛市就项目建设进行实地考察。市委书记孟祥伟，市委副书记、市长张瑞书，市委常委、常务副市长薛永纯，副市长冯志永陪同考察并参加与新奥集团的项目合作座谈会。孟祥伟表示，秦皇岛资源丰富，历史悠久，文化灿烂，交通基础设施健全，尤其是每年拥有3000万名海内外游客，是发展任何产业的雄厚基础。医疗教育事业发达，人口素质较高。新奥集团是中国最优秀的企业之一，王玉锁主席是中国一流的企业家，思想深邃、眼界开阔、成绩斐然，希望能对秦皇岛经济社会发展各个方面提出意见和建议，更希望能在旅游文化、健康养生、高端装备制造、基础设施等方面扎实推进项目合作，有效整合提升秦皇岛各项资源，在多个方面提升秦皇岛的产业水平。秦皇岛将会为新奥集团在秦皇岛的发展提供一流的政务服务，努力实现双方的合作共赢。

同日，市委书记孟祥伟，市委副书记、市长张瑞书会见来秦考察的中科院院士吴祖泽一行。孟祥伟表示，秦皇岛在做好规划的前提下，致力于以生态建设为基础实现特色发展，建设北戴河国际健康城是秦皇岛市委、市政府的重要工作之一，秦皇岛将与国家相关部委加强汇报、沟通，争取国内最为积极的政策支持，全力构建"药、医、养、健、游"五位一体的生命健康产业集群。秦皇岛将全力为所有入驻的医疗研究团队和医疗机构提供一流的政务服务环境，使秦皇岛成为国际生命健康产业的高地。

## 6月

5—6日，第八届世界华侨华人社团联谊大会河北省参访团到本市参观访问。副省长王晓东会见华侨华人社团联谊大会河北省参访团一行。北戴河新区举办"侨梦苑"推介会，对北戴河新区侨商产业聚集区规划建设、招商引资政策、政务服务环境等情况向世界华侨华人社团联谊大会河北省参访团进行宣传和详细推介。市领导刘宝岐、薛永纯、冯志永参加活动。

14日，市委、市政府召开迎接旅游旺季动员大会，就各项涉旅准备工作进行调度部署。市委书记孟祥伟强调，要高度重视今年的旅游旺季工作，全面提高工作标准，努力做到尽善尽美，以优良的工作作风力促各项工作争先进位，通过旅游旺季进一步提升城市美誉度，彰显城市的吸引力，增强秦皇岛的城市活力和发展后劲。市领导薛永纯、杨长新、刘宝岐、闫五一、刘新宏、陈峰、王亚洲、张锋出席会议并汇报分管工作。

16日，按照中央和省委"两学一做"学习教育安排部署，市委中心组以"坚定信仰信念，保持党员本色"为主题，开展"两学一做"专题学习讨论。市委书记孟祥伟主持会议并讲话。孟祥伟强调，要进一步提高对"两学一做"学习教育的认识，牢固树立马克思主义世界观，时刻保持共产党员的本色，在行动上起带头作用，在推动秦皇岛全面改革发展过程中彰显合格党员风采。

20日，市委副书记、市长张瑞书会见中船重工集团公司总经理孙波一行，双方就山海关船舶重工有限公司发展建设事宜进行深入交流。张瑞书表示，市委、市政府全力支持中船重工对山船重工的战略重组，积极配合做好要素保障、人才引进等方面工作，助力山船重工持续健康快速发展。同时，也希望中船重工在"军民融合"方面与秦皇岛市加强对接沟通，谋求合作机遇，努力实现共赢发展。市委常委、常务副市长薛永纯会见时在座。

25日，市委召开全市县乡领导班子换届工作会议。市委书记孟祥伟出席会议并讲话。市委副书记、市长张瑞书主持会议。孟祥伟指出，做好换届工作，是推动事业发展的重要保障，是净化政治生态的重要实践，是建强骨干队伍的重要机遇。能否完成好换届任务，选出好班子、好队伍、好干部以及好代表、好委员，事关"十三五"发展和沿海强市、美丽港城建设进程，事关从严治党要求的全面落实和政治生态的持续优化，事关以人民为中心发展思想的践行。党员干部一定要进一步强化政治意识、大局意识、核心意识、看齐意识，确保换届工作顺利推进、圆满完成。

29日，北岛博智科技孵化器举行夏季项目集中签约仪式。9个项目入驻北岛博智，投资规模超过1.2亿元。市委书记孟祥伟，副市长张锋，开发区以及市环保、工信、科技、人社、商务等部门负责同志出席签约仪式。孟祥伟指出，希望交流的时间可以更长一点，参加的政府部门可以更多一些，交流的主题更加集中一些。北岛博智发展得很快，不能仅仅满足于孵化器内的孵化、成长，要谋划成立北岛博智产业园，为项目产业化提供便利条件。

## 7月

5日，市委书记孟祥伟到北戴河新区、北戴河区就旅游旺季城市环境进行调研，并主持召开座谈会，深入研究如何采取具体措施，将旅游业这个秦皇岛的第一产业、基础产业做优做强。孟祥伟强调，做优做强旅游产业需要各个部门共同努力，要以游客为中心，围绕"吃住行游购娱"六要素进行精心设计，进一步改善旅游产品的供给，提供更多个性化的服务和产品。市委常委、北戴河区委书记、北戴河新区工委书记刘宝岐，市委常委、政法委书记闫五一以及市环保、水务、旅游、农业、港航等部门负责同志一同调研。

13日，市委书记孟祥伟到乐岛海洋王国、正大食品有限公司和世纪港湾家乐福超市等地现场检查安全生产。孟祥伟强调，要始终绷紧安全生产这根弦，加强安全生产检查，严格落实安全生产责任制，确保全市旅游旺季安全平稳有序，同时在旅游产业链上深耕细作，推进供给侧结构性改革，使秦皇岛成为服务之城、文明之城。

20日，市委召开议军会议，围绕支持国防和军队深化改革各项任务，全面贯彻落实中央军委国防动员部和省军区党委指示精神，研究解决加强党管武装和国防后备力量建设中的相关问题。市委书记、军分区党委第一书记孟祥伟主持会议。孟祥伟强调，要不断强化党管武装的政治责任，聚力提升国防动员和后备力量建设水平，在推进军民融合深度发展上求突破，要把双拥共建搞得更扎实。

同日，全市出现入汛以来最强降雨天气过程。市委副书记、市长张瑞书主持召开全市防汛紧急调度会商会议，进一步研判防汛形势，安排部署相关工作。张瑞书强调，要全党动员、全民发动，党员干部带头，沉向一线、加强巡查、死看死守，坚决打赢此次防汛攻坚战，力争实现无一人伤亡目标。

23日，市委书记孟祥伟主持召开全市防汛抗洪紧急调度会，听取全市部门和县区当前防汛抗洪工作开展情况，了解目前存在的主要问题和下步工作重点。孟祥伟强调,全市上下务必提高认识,坚决贯彻落实习近平总书记指示精神和省委决策部署,坚决防止麻痹大意心理,明确工作重点,发挥党员干部的先进模范作用,务求取得防汛抗洪攻坚战的全面胜利。

26日,市委书记孟祥伟分别到海港区、抚宁区、北戴河新区部分乡镇,实地查看因本次强降雨造成的损失情况。孟祥伟强调,灾后重建要做到积极自救、互帮互助,积极争取上级帮扶,尽快恢复正常的生产生活秩序。目前主汛期还没有过去,大家要总结经验、做好准备,安全度汛这根弦松不得。

27日,市委书记孟祥伟主持召开市委常委扩大会议,学习习近平总书记在宁夏考察、在东西部扶贫协作座谈会上的讲话精神以及关于做好当前防汛抗洪抢险救灾工作的指示精神,学习《中国共产党问责条例》,研究贯彻落实省委、省政府关于灾民安置和灾后重建工作的指示,听取市防汛指挥部重点工作汇报。

29日,本市与新奥集团签署战略合作协议。双方将在海上旅游开发、文化健康旅游综合体等方面进行深度合作,进一步提升秦皇岛旅游的品质,加快建设国际滨海休闲度假之都步伐。新奥集团董事局主席王玉锁,总裁张叶生,副总裁赵胜利;市领导孟祥伟、张瑞书、薛永纯、刘宝岐、冯志永,市政府党组成员王成出席签约仪式。

## 8月

2日,省委常委、秘书长、统战部部长范照兵在省委常务副秘书长王国发,市委副书记、市长张瑞书的陪同下,到青龙满族自治县检查指导抢险救灾及恢复重建工作。范照兵强调,各级党委、政府和广大党员干部要认真学习贯彻习近平总书记视察唐山时的重要讲话精神,按照省委、省政府统一部署,把灾后重建作为当前一项突出任务抓紧抓好,积极扩大救灾成果,统筹推进经济社会发展。市领导薛永纯、刘宝岐、闫五一、张锋参加汇报座谈。

3日,北戴河医院与北京医院签署深度合作协议,两家医院将共同为秦皇岛人民和广大游客提供优质医疗资源。北京医院院长曾益新、党委书记王建业、心内科主任季福绥,市委书记孟祥伟,市委副书记、市长张瑞书，市领导霍兴文等出席签约仪式。市委常委、北戴河区委书记刘宝岐主持签约仪式。张瑞书在致辞时表示，这次深度合作必将有力带动全市医疗卫生服务水平实现新的跃升，必将积极推动北戴河生命健康产业创新示范区建设。这次深度合作将让广大群众和游客就近享受北京医院的优质医疗资源，极大满足人民群众日益增长的就医需求，吸引更多医疗人才、技术、资源集聚，为本市加快打造健康之城增添强大动力。

8日，2016年全国青少年校园足球夏令营总营（小学）在国家体育总局秦皇岛训练基地（中国足球学校）正式开营。教育部体卫艺司司长、全国青少年校园足球工作领导小组办公室主任王登峰，省教育厅副厅长王廷山，市委副书记、市长张瑞书等领导和嘉宾出席开营仪式。张瑞书表示，秦皇岛将全力做好此次夏令营承办工作，提供优质、高效、快捷的服务，努力办成充满激情、追求梦想、令人难忘的高水平校园足球夏令营。同时，虚心学习参营各省市校园足球管理经验，加快推进校园足球发展步伐，努力为增强青少年体质、促进青少年健康成长、实现中国足球梦想作出贡献。

23日，京津冀高等工程教育研讨会在北戴河新区举行，国内外众多专家学者围绕京津冀协同发展战略、政产学研创新、高等工程教育人才培养展开深入交流探讨。市领导张瑞书、刘宝岐、孙国胜出席研讨会。市委副书记、市长张瑞书表示，京津冀高等工程教育研讨会是一场交流经验、集聚智慧、启迪未来的思想盛宴。此次会议选在秦皇岛举办，充分体现了中国工程院、北京高科大学联盟对秦皇岛的高度重视和有力支持。秦皇岛将竭尽全力为大会召开提供全面的服务保障，也将充分珍惜和利用好这一机遇，认真研究、汲取研讨会的智慧和结晶，发挥优势、补齐短板，加快智力人才引进和高等工程教育发展，促进科技成果的汇聚、转化和产业化建设，推动秦皇岛在全面建成小康社会中迈出更好更快的步伐，取得更大的成绩，结出丰硕的成果。

25日，市委书记孟祥伟，市委副书记、市长张瑞书会见中国社会科学院院长、党组书记王伟光一行。孟祥伟指出，王伟光院长是学界翘楚，在马克思主义哲学、马克思主义基本理论、马克思主义中国化和党的理论创新、中国特色社会主义重大理论与实践研究等方面著作等身，此次莅临秦皇岛给了大家很好的学习机会。王伟光院长的研究领域和研究成果，能够有效弥补党员干部的本领恐慌，提高理论思维水平，进一步提升领导经济社会发展的能力，以马克思主义中国化的最新成果指导领导干部开展各项工作。

## 9月

4日，由市委、市政府主办的第二届中国康养产业发展论坛展览会，在秦皇岛国际展览中心开幕。全国政协副主席、民革中央常务副主席齐续春，河北省政协主席付志方，四川省政协副主席李登菊，河北省政协副主席卢晓光，河北省政协秘书长郭大建，河北省贸促会会长张力红，市委副书记、市长张瑞书，市人大常委会主任刘辰彦，市政协主席郝占敏，攀枝花市委常委、副市长黄岳槐，攀枝花市政协副主席庞向东，副市长张锋，市政协副主席肖明地等出席开幕式。副市长冯志永主持开幕仪式。

5日，第二届中国康养产业发展论坛在本市举办。本届论坛由民革中央、河北省政协主办，河北省政协办公厅、秦皇岛市委、市政府以及攀枝花市委、市政府承办。论坛以"绿色秦皇岛，生命健康城"为主题，开展一系列活动。市委书记孟祥伟，市委副书记、市长张瑞书，市人大常委会主任刘辰彦，市政协主席郝占敏等出席论坛。

8日，市委常委、宣传部部长杨长新，副市长冯志永组织协调会，议定秦皇岛博物馆建设方案，使项目建设取得实质性进展。

17日，首届北戴河经济论坛在华北电力大厦举行。本届论坛是为推进经济、文化、科技、金融、教育、环境、贸易等多产业投资合作而打造的高端经济论坛。市委副书记、市长张瑞书出席开幕式并致辞。河北省工业与信息化厅党组书记龚晓峰等作主题演讲。北大纵横创始人王璞被秦皇岛MBA联合会聘为名誉会长。副市长孙国胜出席开幕仪式。

22日，秦皇岛市召开文明城市创建暨旅游旺季总结大会，就创建全国文明城市进行再动员，总结旅游旺季工作，对下步重点工作进行安排部署。市委书记孟祥伟出席大会并讲话。孟祥伟强调，创建全国文明城市是建设沿海强市、美丽港城的必然要求，有夙兴夜寐、激情工作的干部队伍，有勇于奉献、敢于拼搏的300万人民，任何宏伟的目标都一定能在我们手中变成现实。市委常委,市人大常委会、市政府、市政协班子成员,市法院院长、检察院检察长出席会议。市长张瑞书就旅游旺季工作进行了总结,对下步重点工作进行了安排。市委常委、宣传部部长杨长新对全国文明城市创建工作的各项具体要求作了说明,对创建工作进行了动员部署。

28日,市政府与郑州中瑞实业集团有限公司签署战略合作框架协议。市委副书记、市长张瑞书,郑州中瑞实业集团董事长万永兴等出席签字仪式。张瑞书指出,希望郑州中瑞实业集团与秦皇岛加强合作,积极引进先进金融理念和管理机制,把秦皇岛银行规模做大、档次做高,营造良好的金融生态,推动地方金融产业快速发展;通过发挥金融杠杆的作用,依托海铁联运、海空联运,吸纳更多的战略伙伴,推动大宗商品在秦交易,努力把秦皇岛打造成环渤海地区大宗商品信息中心、交易中心和金融服务中心,助推港口经济发展,实现政企互利共赢,共同发展壮大。

同月,在省发改委、省财政厅发布的《关于2016年河北省战略性新兴产业示范基地名单公示》中,秦皇岛经济技术开发区被认定为河北省战略性新兴产业示范基地。秦皇岛经济技术开发区将获专项资金支持,用于基地内产业技术研发、高技术产业化、创新能力建设等项目,以及为基地内企业提供技术创新、质量检测、信息咨询、设备共享等公共技术服务的建设项目。

## 10月

10—11日,河北省文化产业发展工作现场交流会在本市举行。省委常委、宣传部部长田向利出席会议并讲话,市委书记孟祥伟在大会上致辞。孟祥伟表示,近年来,秦皇岛认真贯彻落实省委、省政府决策部署,把生态作为立市之本,把文化作为绿色崛起的核心动力,大力推进"文化+"系列举措,实行全产业融入文化、全领域发展文化,全社会传承文化,"文化+生态""文化+旅游""文化+康养"正在成为秦皇岛转型发展的重要载体、主要方向和靓丽名片。全市将以此次会议精神为指导,牢固树立五大发展理念,不断深化认识、完善思路、创新举措,努力开创文化建设和文化产业发展新局面。

17日，为更加深入了解全市河长制实施以来具体效果，检查市域内其他河流生态环境综合整治成效，市委书记孟祥伟对流经城市区的护城河进行全程踏查。孟祥伟强调，城市的河流，是大自然最慷慨的馈赠，要努力把市区河流环境整治好打造好，为光大秦皇岛城市形象增光添彩，为让群众生活更加舒适幸福提供保障。市委常委、秘书长李国勇，市人大常委会副主任高文涛，海港区以及市环保、水务等相关部门负责同志一同踏查。

25日，秦皇岛市召开创建全国文明城市调度会，对解决秦皇岛市创建工作中的问题进行具体的安排部署。结合省创城指挥部通报的年度测评结果，市创城指挥部执行副指挥长、市委常委、宣传部部长杨长新逐项分析了秦皇岛市在创城工作中出现的共性问题。针对创城中出现的问题，杨长新要求，要对照标准，精准发力。第一，加大公益广告的宣传、设置。第二，要抓好社区这个关键。第三，要抓好农贸市场建设管理。第四，要抓好城区所属乡镇、城乡接合部的整治。第五，抓好交通秩序整治。调度会上，部分县区、市直有关部门对创城工作进行了汇报，分析了创建工作中取得的成效，梳理了创建工作中存在的问题，提出了具体的解决措施。

## 11月

4日，市委中心组举行学习（扩大）会议，专题学习党的十八届六中全会精神。市委书记孟祥伟出席会议并讲话。孟祥伟强调，要深刻领会、充分认识六中全会的重大意义，衷心拥护、坚决维护习近平总书记在全党的领导核心地位，准确把握、带头执行准则和条例的部署要求，以全会精神为指引，扎实做好各项工作。

6日，本市举行学习《中国共产党问责条例》专题辅导报告会，邀请中央纪委法规室主任马森述就问责条例为全市各级干部进行辅导。市委书记孟祥伟主持辅导报告会。市四大班子领导成员，市法院院长、市检察院检察长聆听报告。

8日，本市举行创建全国文明城市专题辅导暨攻坚大会，邀请省委宣传部部务会成员、省文明办专职副主任李秀存就全市创建工作作专题辅导。在聆听辅导后,市委书记孟祥伟指出,全市上下要统一思想,抓住时机,不留遗憾,动员全市各级干部和全体市民真正行动起来,向着共同的目标迈进,全力以赴创建全国文明城市。会议由市委副书记、市长张瑞书主持。

11日,市政府与平安银行石家庄分行、中国民生银行石家庄分行战略合作框架协议签约仪式在石家庄举行。两家银行予以本市意向性授信额度共200亿元。市委副书记、市长张瑞书,平安银行石家庄分行行长贾宇昆,中国民生银行石家庄分行行长徐明勋出席签约仪式。

13日,市委副书记、市长张瑞书带领市扶贫办等部门负责同志,到青龙满族自治县就脱贫攻坚工作进行专题调研。张瑞书强调,青龙各级党政干部要统一思想,振奋精神,带领广大群众拔"穷根",辟"富路",努力把绿水青山变成金山银山,确保脱贫工作目标不变、力度不减,确保实现"一年达到脱贫标准、两年脱贫摘帽、三年巩固提升"的目标。

15日,秦皇岛市创建全国文明城市指挥部办公室第一次全体会议召开,市委常委、宣传部部长杨长新出席会议。杨长新强调,创城办要摆高站位,充分认清这次集中抽调干部所肩负的责任和担当。"创城"作为市委、市政府的重要工作,举全市之力抓创建、抓推进,要抱定必胜的信心攻坚克难。创城办作为指挥部的枢纽部门,承担着承上启下、综合协调、调度督查、指导推动等重要职责,工作中要切实吃透精神,严肃各项纪律,做到精益求精,迅速掀起创城新热潮,以扎实、踏实的工作成效,共同推动秦皇岛市早日迈进全国文明城市的行列。

17日,本市召开县区纪检监察机构改革和党委巡察机构建设工作动员部署会。市委常委、市纪委书记刘新宏出席会议并作动员讲话,强调此次改革意义重大、涉及面广、关注度高、时间紧、任务重,各相关部门要按照要求,以认真负责的态度、务实创新的作风,在规定的时限内完成改革任务,努力营造干事创业风清气正的政治生态。

18日,河北省加快建设北戴河生命健康产业创新示范区推进大会在本市召开。省委书记赵克志、省长张庆伟分别就加快示范区建设作出批示。省委常委、常务副省长袁桐利出席会议并讲话。市委书记孟祥伟,市委副书记、市长张瑞书,省直有关部门和高校负责同志出席会议。

同日，市委书记孟祥伟主持召开市委常委会议，学习《关于新形势下党内政治生活的若干准则》，研究在全市公民中开展法治宣传教育的第七个五年规划，研究市委关于支持人民政协履行职能发挥作用的意见。孟祥伟强调，要加强学习，通过学习在思想上同以习近平同志为核心的党中央保持高度一致。要将《准则》逐条逐章进行深入细致系统地学习、研读、理解，做政治上的明白人，坚决不做党的建设和党内政治生活的门外汉。

## 12月

1日，2017年度全国煤炭交易会在本市拉开帷幕，来自全国的500多家煤炭生产、运输、消费、流通企业及相关研究咨询机构参加会议。国家发展和改革委员会副主任连维良，中国煤炭工业协会会长王显政，国家能源局、国家煤矿安监局有关负责人，河北省政府有关领导，陕西省榆林市委副书记、市长尉俊东，市委副书记、市长张瑞书，副市长孙国胜等领导和嘉宾出席开幕式。中国煤炭工业协会党委书记、副会长兼秘书长梁嘉琨主持开幕式。张瑞书代表市委、市政府发表致辞。张瑞书表示，本届交易会必将对加快全国煤炭市场体系建设、搭建煤炭产运需三方交易新平台、推进煤炭行业转型升级发展起到重要促进作用，也必将有力推动秦皇岛煤炭、临港物流及相关行业更好更快发展。秦皇岛将以承办此次全国煤炭交易会为契机，进一步为煤炭交易、物流行业发展制定优惠政策、创造优良环境，努力促进煤炭产业持续健康发展。

5日，市委常委、宣传部部长杨长新带领市文明办等相关部门负责人到北戴河区督导检查创城工作。杨长新指出，创城工作已经进入关键时期，各部门要严格按照测评体系和操作手册要求开展工作，紧扣标准，逐项对照，查找出的突出问题和薄弱环节要认真整改。要着力营造创城氛围，提高群众参与创城的热情和积极性，以实实在在的创建成效提高群众幸福感和满意度。

6日，市委常委、宣传部部长杨长新带领市文明办等相关部门负责人到山海关区督导检查"创城"工作。杨长新指出，各有关单位要抓紧时间，抢铲卫生死角。按照问题提出有人看、问题出现有人管、问题管后有效果的工作机制，综合考量各方因素，制订切实可行的解决方案，攻坚克难，狠抓工作出成果、显成效。要着力做好创城迎检工作，容不得半点马虎，问题涉及的各级部门，要强化交流，协调联动，统筹各方力量，有步骤、有计划地落实好各项创城工作。要加大宣传力度，营造浓厚创建氛围，努力维护好创建的整洁环境。

18日，"秦皇岛之冬旅游文化季"活动启动。本市的16家景区在冬季不仅正常营业，同时还将采取票价优惠措施，以进一步激活全市冬季旅游市场。市委副书记、市长张瑞书，省旅发委副主任赵学锋，市委常委、宣传部部长杨长新，市委常委、北戴河新区工委书记刘宝岐等出席启动仪式。

28日，2016聚焦秦皇岛开发区对接京津成果发布会在北京举行，近40家国内主要媒体参加发布会。市委副书记、市长张瑞书，市委常委、秘书长、秦皇岛经济技术开发区工委书记李国勇，副市长张锋等出席发布会。张瑞书表示，这次带来的对接成果，既是一次展示，也是一次交流，希望通过这次发布会让更多的朋友了解、关注、投资秦皇岛开发区。秦皇岛市委、市政府将一如既往地欢迎各位投资者、创业人来到秦皇岛、来到开发区投资置业，共创互惠互赢的美好明天。

30日，作为戴河的市级河长，市委书记孟祥伟徒步对戴河进行踏查。孟祥伟强调，河长制实施一年多来，秦皇岛绝大部分河流水质发生了根本变化，出现了稳定向好的喜人局面。按照中共中央办公厅、国务院办公厅《关于全面推行河长制的意见》要求，坚定不移地坚持完善河长制，坚定不移地推进生态立市发展战略，为实现生态富市富民奠定坚实基础。

# 2017年

## 1月

4日，中国共产党秦皇岛市第十一届委员会第十次全体会议召开。全会由市委常委会主持。市委书记孟祥伟作重要讲话。全会审议并表决通过《关于召开中国共产党秦皇岛市第十二次代表大会的决议》，表决确定本市出席党的十九大代表候选人初步人选。市委副书记、市长张瑞书就2017年经济工作进行安排部署。

10日，由联合国助理秘书长、开发计划署助理署长延斯·汪戴尔带队的联合国开发计划署代表团一行到本市考察北戴河生命健康产业创新示范区情况，考察团一行先后参观了北戴河生命健康产业创新示范区体验中心，考察了生物产业孵化器项目，参观了阿那亚海滨国际度假社区，考察了国际健康中心项目。

17日，秦皇岛军分区党委召开五届十一次全体（扩大）会议。市委书记、秦皇岛军分区党委第一书记孟祥伟出席会议并讲话，他强调，秦皇岛军分区要坚决维护习近平主席领导核心，认真履行国防动员职能使命，有效促进改革强军任务落实，不断开创军政军民团结新局面。市委常委、秦皇岛军分区司令员靳术群，秦皇岛军分区党委书记、政委王景田出席会议并讲话。

19日，本市召开外资企业家座谈会，邀请部分外资企业负责人就谋求更好更快发展提出意见和建议。市委书记孟祥伟在座谈会上表示，希望外资企业把握经济大势，坚定发展信心，以新发展理念为指引，调整完善企业发展战略，在秦皇岛这片投资热土上取得更大发展。

22日，按照中央和省委的统一部署，市委常委班子召开2016年度市委常委民主生活会。省委常委、统战部部长高志立，省委"两学一做"学习教育第二巡回督导组组长李新维到会指导、点评。市委书记孟祥伟主持会议并讲话。会议通报了2015年度市委常委"三严三实"专题民主生活会整改措施落实和本次民主生活会征求意见情况，明确本次民主生活会的主题和要求。孟祥伟代表市委常委班子进行对照检查，并带头做个人对照检查发言，主动接受各位常委同志批评。市委副书记、市长张瑞书和其他常委同志逐一进行个人对照检查发言，开展了严肃认真的批评和自我批评。

## 2月

8日，市委召开常委会会议，学习习近平总书记在第十八届中央纪律检查委员会第七次全体会议上的讲话，传达省纪委九届二次全会精神，传达省委常委、宣传部部长田向利在青龙蹲点调研时的讲话精神，传达全省改革办主任工作会议精神，研究本市贯彻落实意见。市委书记孟祥伟主持会议并讲话。孟祥伟强调，全市各级党员干部要将习近平总书记列举的种种不良现象当作镜子，认真进行对照审视，看自己和分管部门是否存在类似问题。孟祥伟指出，田向利部长和省委宣传部在青龙开展的"转作风、下基层、服务群众"主题实践，既是落实习近平总书记视察张家口时讲话精神的具体行动，也是落实省委深化机关作风整顿大会精神的生动实践。青龙脱贫攻坚已经到了最为要紧的时刻，我们要按照中央和省委的部署，扎扎实实推进各项工作，确保青龙年内实现脱贫出列。要进一步加强谋划部署，做好新闻宣传工作，传播秦皇岛好声音，同时大力开展移风易俗，努力改变各种攀比斗富陋俗。

13日，市委副书记、市长张瑞书主持召开市长办公会议，专题研究水污染防治、大气污染防治及《秦皇岛生态建设专项规划》《秦皇岛市环境生态保护"十三五"规划》等环境保护工作。张瑞书指出，要加大污水处理基础设施建设，对确定的工程项目，确定时间节点，确保如期完成目标任务，努力把我市主要水系打造成生命之河、美丽之河、富民之河、文明之河。

15日，中国共产党秦皇岛市第十一届纪律检查委员会第七次全体会议召开。市委书记孟祥伟出席会议并讲话。孟祥伟强调，要深入学习贯彻党的十八届六中全会、十八届中纪委七次全会和九届省纪委二次全会精神，进一步强化"四个意识"，以更大决心担负起全面从严治党的政治责任，紧紧围绕改革发展大局和经济建设中心，坚定不移推动全面从严治党向纵深发展，为建设沿海强市、美丽港城打造良好环境，以优异成绩迎接党的十九大胜利召开。市委副书记、市长张瑞书主持会议。市委常委，市人大常委会、市政府、市政协领导班子成员，市法院、市检察院负责同志出席会议。

16日，本市召开创建国家森林城市暨2017年度造林绿化动员大会，力争在2018年获得"国家森林城市"称号。市委书记孟祥伟主持会议并讲话。他强调，要站在建设沿海强市、美丽港城的战略高度，动员全市干部群众，完善植树造林体制机制，按照科学规律植树造林，把秦皇岛的生态建设提升到新的高度，全力打造京津冀生态标兵城市，进一步增强秦皇岛的城市竞争力和发展潜力。

19日，在秦皇岛经济技术开发区龙海道西段，由中秦兴龙投资控股有限公司与中信戴卡股份有限公司共同投资50亿元的中秦兴龙产业园项目正式启动。市委副书记、市长张瑞书代表市委、市政府向项目的实施致信祝贺，市委常委、常务副市长薛永纯宣读了贺信，市委常委、秘书长、开发区工委书记李国勇出席启动仪式。张瑞书在贺信中表示，产业兴则百业兴，产业强则城市强。产业是经济社会发展的脊梁、城市实力扩张的支撑、群众生活水平提高的依托，也是一个城市发展的核心。当前和今后一个时期，大力抓好一批先进制造业、战略新兴产业、现代服务业项目建设，是秦皇岛稳增长、调结构、促转型，打造秦皇岛经济升级版，加快建设沿海强市、美丽港城的关键。市委、市政府将一如既往地支持企业发展、急企业之所急、想企业之所想，服务好中秦产业园项目，助推企业发展结出更加丰硕的成果。

23日，本市召开党委和群团部门工作座谈会，市委副书记、北戴河区委书记田金昌在讲话中强调，党委和群团部门要在理论武装上走在前，切实强化"四个意识"；要在服务大局上干在先，推动工作争先创优；要在作风建设上作表率，强力打造"四铁"队伍，努力将秦皇岛和北戴河的各项事业不断推向前进，为实施"四市战略"，建设沿海强市、美丽港城作出新的贡献。

26日，国家海洋局副局长孙书贤一行来本市调研，就北戴河海域海洋环境保护及监测预警工作召开座谈会，详细听取省海洋局、市政府、北海分局工作汇报并进行实地考察，对本市坚持陆海统筹、治理岸线侵蚀、发展生态旅游等工作给予肯定。市委常委、常务副市长薛永纯陪同调研。

28日，京津冀公共文化服务示范走廊发展联盟工作会议在秦皇岛市召开。北京市文化局副局长关宇，天津市文化广播影视局副局长李春雨，河北省文化厅副巡视员梁扉，市委常委、宣传部部长陈玉国出席会议。陈玉国在致辞中说，京津冀地缘相接、人缘相亲，地域一体、文化一脉，文化底蕴深厚，文化特色鲜明，文化发展前景广阔。国家京津冀一体化战略的实施，极大地促进了京津冀地区文化的融合发展，文化已成为带动京津冀经济社会协同发展的重要支撑。近年来，本市树立"抓文化就是抓发展，抓文化就是抓民生"的理念，大力实施"生态立市、产业强市、开放兴市、文明铸市"战略,以文化惠民为目标,以体系建设为支撑,以机制完善为保障,以创新驱动为手段,全面提升了公共文化服务体系建设的能力和水平。

## 3月

1日,北戴河区整治"双违"提升城乡环境百日攻坚专项行动拉开序幕,市委副书记、北戴河区委书记田金昌出席誓师大会。田金昌强调,打赢"双违"整治这场攻坚战,事关城市的长远发展,党员干部要进一步提高认识,坚决贯彻落实习近平总书记系列重要讲话精神,以忠诚的仁爱之心,爱党、爱国、爱民族,全力做好"双违"整治工作。

11日,市委副书记、市长张瑞书主持召开市城乡规划委员会2017年第一次主任会议。会议原则通过了《秦皇岛市滨海地区加油气站及充电设施布局规划(2016—2020)》;原则通过了黄金海岸海滩建筑及景观提升改造规划;原则通过了北戴河游客中心规划方案;通过了北戴河国际健康城国际健康中心一期规划方案和北戴河国际肿瘤医院规划方案;原则通过了心乐园——亲子养生创意园区项目概念性规划方案、开发区展览馆规划方案、金盛达地产秦皇岛世纪城项目规划方案和秦皇岛市第一医院综合门诊楼改扩建项目规划方案。

15日,市委召开常委会会议,学习传达习近平总书记在全国高校思想政治工作会议上的讲话,结合本市实际研究贯彻落实意见。市委书记孟祥伟主持会议并讲话。会议指出,要深刻理解加强和改进高校思想政治工作的重大意义,牢牢把高校思想政治工作抓在手上。要站在关系国家和民族未来、关系党的事业发展的高度,坚持把立德树人作为中心环节,自觉把思想政治工作贯穿教育教学全过程,着力培养好社会主义事业的建设者和接班人;抓好高校思想政治工作,基础是抓好高校党的建设。我们已经建立了市领导联系高校制度,各位市领导要按照要求,结合学生、学校、国家、民族的实际,对学生进行思想政治教育,在增强说理透彻性、提升吸引力、感染力上下功夫,努力做到深邃深刻、引人入胜。

同日,中国共产党秦皇岛市第十一届纪律检查委员会第八次全体会议召开。全会审议通过了《中国共产党秦皇岛市第十一届纪律检查委员会向中国共产党秦皇岛市第十二次代表大会的工作报告》，市纪委委员对各县区、市直各单位党委（党组）述职述廉报告进行了评议。

16日，中国共产党秦皇岛市第十一届委员会第十一次全体会议召开。会议由市委常委会主持。市委书记孟祥伟作重要讲话。市委常委、秘书长李国勇对十一届市委工作报告（草案）作说明。市委常委、组织部部长、统战部部长刘文萍作十二届市委委员、候补委员和十二届市纪委委员候选人预备人选提名情况的说明。会议强调，要进一步深入总结经验，为秦皇岛未来发展奠定更加坚实的思想基础。开好党代会的一个重要标志，就是讨论和修改好"两委"工作报告。经本次全会审议通过的"两委"工作报告草案，注重贯彻党的十八届三中、四中、五中、六中全会和省第九次党代会、省委九届二次全会精神，体现了中央、省委新发展理念和市委提出的稳中求进工作总基调、"五四三二一"发展思路，注重在总结历史经验的基础上实现工作延续，与"十三五"规划相衔接，经过市委常委会专题研究和多轮修改，并广泛征求了基层党组织和社会各方面的意见，具备了提交十二次党代会审查的条件。

17日，市委副书记、市长张瑞书主持召开了市政府第五十一次常务会议。会议原则通过了《秦皇岛市居住证管理实施办法》《秦皇岛市物业管理条例（草案）》；讨论研究了2017年全市城市基础设施重点项目，《秦皇岛市地质灾害防治"十三五"规划》《秦皇岛市教育事业发展"十三五"规划》。

18日，第十三届"观鸟中国·爱心伴鸟在旅途"活动在北戴河启动，市委书记孟祥伟，市委常委、秘书长李国勇，中国野生动物保护协会副秘书长王晓婷，市级老领导范怀良等出席活动。孟祥伟在活动现场表示，爱护鸟类、爱护大自然，关键是从现在做起、从自己做起。秦皇岛是候鸟迁徙的重要休憩地，每年有上千万只候鸟南北迁徙时经过我市沿海湿地。秦皇岛是一座充满爱心的城市，希望有更多的人加入爱鸟、护鸟的行列，让包括鸟类在内的各种生物同我们一起，共享美丽和谐的家园。我们要把爱护鸟类、为鸟类提供理想生存环境作为生态立市战略的重要组成部分，把"中国观鸟之都"的城市品牌擦得更亮，共同建设好维护好秦皇岛优越的生态环境。

20日，为认真贯彻落实全国高校思想政治工作会议精神，进一步提升高校干部思想政治工作水平，促进院校合作交流，"河北科技师范学院干部教育培训基地"在市委党校正式挂牌。市委副书记、北戴河区委书记、市委党校校长田金昌，市委常委、组织部部长、统战部部长刘文萍，河北科技师范学院党委副书记、党校校长宋绍富出席挂牌仪式。

21日，市委副书记、市长张瑞书主持召开秦皇岛市承办第二届省旅游产业发展大会培训动员会，主要目的是贯彻落实省委、省政府关于旅发大会的部署要求，动员全市上下一心、只争朝夕、全力以赴、迅即行动，抓实抓好会议各项筹办工作，确保办一场精彩、卓越、震撼的旅游盛会。市委常委、常务副市长薛永纯，市委常委、宣传部部长陈玉国，副市长冯志永等出席会议。

22日，中国共产党秦皇岛市第十二次代表大会预备会议在市工人文化宫举行。孟祥伟同志主持会议。出席预备会议的代表，应到437名，实到415名，符合规定人数。会议选出由51人组成的中国共产党秦皇岛市第十二次代表大会主席团，会议选举田金昌为大会秘书长。

23日，中国共产党秦皇岛市第十二次代表大会在工人文化宫开幕。孟祥伟代表中国共产党秦皇岛市第十一届委员会向大会作了题为《决战决胜全面小康坚定不移走好新路为建设沿海强市、美丽港城和国际化城市而团结奋斗》的报告。孟祥伟在报告中指出，中国共产党秦皇岛市第十二次代表大会，是在全市改革发展关键时期召开的一次重要会议，大会的主题是：以习近平总书记系列重要讲话精神引领航向，全面落实中央的各项决策部署，全面建成小康社会，为建设沿海强市、美丽港城和国际化城市而团结奋斗。大会由张瑞书同志主持。本次大会应到代表437名，实际到会代表424名，符合规定人数。孟祥伟同志来到第一代表团，参加审查党代会报告。市领导薛永纯、杨长新、闫五一、靳术群、刘文萍、刘新宏、李国勇、陈玉国同志分别与代表们一起，认真审查孟祥伟同志代表十一届市委所作的报告。他们一致认为，报告通篇贯穿了以习近平同志为核心的党中央治国理政的新理念、新思想、新战略，准确把握了我市经济社会发展面临的新形势、新要求，积极回应了人民群众的新期盼，让全市有奔头，让党员干部有劲头。

26日，中国共产党秦皇岛市第十二届委员会举行第一次全体会议。孟祥伟受市第十二次党代会主席团委托主持会议。十二届市委委员、候补委员出席会议。十二届市纪委委员列席会议。省委对开好本次会议高度重视，省委督导组胡树刚、范振伟同志参加会议。会议讨论通过了《中国共产党秦皇岛市第十二届委员会第一次全体会议选举办法》，通过了监票人名单，酝酿了十二届市委常委和书记、副书记候选人预备人选。

27日，十二届市委召开第一次常委会议，传达学习习近平总书记关于加强中央政治局自身建设的指示精神，传达学习全国"两会"精神，就全市"两会"准备情况进行研究部署。市委书记孟祥伟主持会议。孟祥伟指出，习近平总书记关于加强中央政治局自身建设的指示精神，思想深刻、内涵丰富、意义重大，对于我们进一步加强市委常委会的建设有重要指导作用。在认真学习总书记讲话精神的基础上，更要以实际行动向总书记的要求看齐，向中央政治局看齐。孟祥伟对市委常委提出四点要求：一是简单做人；二是认真做事；三要常委带头；四要事争一流。

28日，为贯彻落实市第十二次党代会精神，全面实施创城"百日攻坚"和网格化管理，本市召开创建全国文明城市工作推进会。市委副书记、北戴河区委书记、市创城指挥部副总指挥田金昌强调，今年是我市创建全国文明城市的大考之年、决胜之年，要提升站位，扬长补短，统筹结合，形成合力，为创建全国文明城市作出最大贡献。市委常委、宣传部部长、市创城指挥部执行副总指挥陈玉国主持会议。他指出，要传导压力，激发动力；明确标准，压实责任；强化督导，严肃问责，扎实深入开展创城各项工作。

29日，省委第十巡视组向市委反馈了巡视整改"回头看"暨换届风气专项巡视情况。省委组织部副部长、省委巡视工作领导小组成员、省委巡视办副主任朱政学向市委书记孟祥伟传达了省委书记赵克志在省委"五人小组"会议上的重要讲话精神，省委第十巡视组组长崔彦文、副组长扈俊贵向孟祥伟反馈了专项巡视情况。孟祥伟主持会议并作了表态发言。孟祥伟表示，秦皇岛市委完全同意、坚决拥护省委巡视组的反馈意见，对省委巡视组指出的问题全面认领、诚恳接受，进行深刻反思，逐一对号入座，以高度的政治责任和使命担当，以坚决的态度、有力的措施、雷厉风行的作风抓好整改。对省委巡视组提出的要求，我们一定高度重视、抓好落实，并及时向省委巡视组和省委报告。在整改落实工作中，秦皇岛将强化思想认识，把整改落实工作摆上重要位置，夯实责任，使整改落实做到高标准、倒计时、可核查，并举一反三，将类似问题一并解决，吸取教训，防止问题再次发生，以此次巡视整改落实为契机，推动秦皇岛各项重点工作迈上新台阶。

31日，市委书记孟祥伟，市委副书记、市长张瑞书专程赴北戴河区赤土山村房屋征收指挥部，慰问看望奋战在一线的干部职工，祝贺赤土山村房屋征收工作取得胜利。孟祥伟强调，11年未能解决的遗留问题，11天就得到了解决，这让我们看到了党员干部队伍中蕴藏着的工作激情，让我们看到了党员干部队伍中存在的无穷潜力，让我们看到了党员干部队伍良好的精神状态。有这样一支富有激情、精神勃发的队伍，什么样的困难都能被克服，什么样的奇迹都能创造出来。市领导田金昌、薛永纯、刘文萍、冯国林一同慰问。

同日，本省首个海洋和渔业综合机构——秦皇岛市海洋和渔业局正式揭牌成立，标志着本市海洋和渔业工作进入崭新的历史阶段。

## 4月

1日，第五届秦皇岛市"金牌工人""能工巧匠"命名表彰暨劳动竞赛动员大会在秦皇岛技师学院召开。会议对2016年全市技能大赛获奖个人及单位，以及新当选的市第五届"金牌工人""能工巧匠"进行了表彰。市委副书记、市长张瑞书，市人大常委会副主任高文涛，副市长孙国胜出席会议。张瑞书强调，各级党委、政府要发挥好技能人才队伍建设中的主导作用，把高技能人才工作纳入经济社会发展规划和人才队伍建设规划，为技能人才培养创造良好条件。要发挥好职业教育在技能人才队伍建设中的基础作用，进一步加大对职业教育的重视程度，不断推动职业教育提质量、上水平。要发挥好企业在技能人才队伍建设中的主体作用，让各类劳动技能竞赛成为技能人才成长的主战场，以技能人才队伍建设推动企业快速健康发展。要提高对高技能人才的重视程度，让高技能人才在政治上有荣誉、社会上有声誉、收入上有提高。

5日，为学习借鉴外地成功创建的经验，市委书记孟祥伟率本市考察团赴江苏镇江学习考察。在考察座谈中，孟祥伟表示，镇江的经验措施实、容易学、可复制，对秦皇岛有着极强的学习借鉴意义。我们将把此次学习考察取到的真经与秦皇岛的实际情况相结合，全力以赴在今年这场"大考"中取得好成绩。市委常委、宣传部部长陈玉国，市委常委、海港区委书记冯国林，市文明办、海港区、北戴河区、山海关区、抚宁区、开发区和北戴河新区负责同志一同考察。

7—10日，政协秦皇岛市第十三届委员会第一次会议在工人文化宫举行。会议应出席委员325名，实际出席316名，符合规定人数。大会讨论市委副书记田金昌代表中共秦皇岛市委发表的讲话；听取并审议通过市政协十二届常委会工作报告、提案工作报告和有关决议；列席市十四届人大一次会议，听取并讨论市政府工作报告、法院和检察院工作报告等；选举产生政协秦皇岛市十三届委员会主席、副主席、秘书长、常务委员。郝占敏当选为政协秦皇岛市第十三届委员会主席，裴晓鹏、赵方、王桂鹏、赵景阳、郑泉、孙立军当选为副主席，陆旭升当选为秘书长，丁连斌等53人当选为常务委员。市政协主席郝占敏在闭幕会上讲话。郝占敏指出，各级政协组织和广大政协委员要以不忘初心、维护核心、围绕中心、凝聚民心为己任，积极参与并促进市党代会确定的目标任务落实。要把好"大方向"，牢固树立"四个意识"，始终做到与市委、市政府思想上同心同德、目标上同心同向、行动上同心同行；要当好"智囊团"，深入调查研究，广泛协商议政，主动建言献策，切实做到立论可取，建言可信，献策可用；要建好"大平台"，畅所欲言、各抒己见，建言献策、参政议政；要搭好"连心桥"，真心诚意为群众办实事、做好事；要聚好"正能量"，为社会凝共识，为发展聚合力，为人民谋福祉；要练好"基本功"，进一步提升政协工作的制度化、规范化、科学化水平。

8—12日，秦皇岛市第十四届人民代表大会第一次会议在工人文化宫举行。会议应出席代表337名，实际出席代表331名，符合法定人数。大会表决通过总监票人、监票人名单；以无记名投票方式选举产生市人大常委会主任、副主任、秘书长、委员，市人民政府市长、副市长，市中级人民法院院长，市人民检察院检察长；表决通过市第十四届人民代表大会专门委员会组成人员名单；审议通过议案审查委员会主任委员李忠田所作的关于议案审查情况的报告；审议通过关于秦皇岛市人民政府工作报告的决议、关于秦皇岛市2016年国民经济和社会发展计划执行情况与2017年国民经济和社会发展计划的决议、关于秦皇岛市2016年市本级预算及市总预算执行情况和2017年市本级预算及市总预算的决议、关于秦皇岛市人民代表大会常务委员会工作报告的决议、关于秦皇岛市中级人民法院工作报告的决议、关于秦皇岛市人民检察院工作报告的决议、关于加强秦皇岛市食品安全追溯体系建设的议案的决议。刘辰彦当选为秦皇岛市第十四届人民代表大会常务委员会主任，高坤元、刘志新、刘文杰、徐宪民、曹玉宝、李忠田当选为副主任，杨守勇当选为秘书长，丁绍华等37人当选为常委会委员；张瑞书当选为秦皇岛市人民政府市长，薛永纯、冯志永、廉茹艳、孙国胜、李春、杨铁林当选为副市长；胡华军当选为秦皇岛市中级人民法院院长，高恩泽当选为秦皇岛市人民检察院检察长。市委书记孟祥伟在大会闭幕时讲话。孟祥伟强调，奋力开创新局面，就要苦干实干、勇于担当，就要积极进取、艰苦奋斗，就要牢记宗旨、心系群众，就要营造环境、凝心聚力。市长张瑞书代表新当选的市政府领导班子表示，一定坚守赤子之心，坚定绝对忠诚的理想信念；一定坚守担当之心，强化改革发展的职责落实；一定坚守创新之心，厚植充满活力的发展动能；一定坚守谦恭之心，永葆执政为民的使命情怀；一定坚守敬畏之心，恪守清正廉洁的政治底线。市人大常委会主任刘辰彦表示，市十四届人大常委会将在市委的坚强领导下，忠实履行宪法和法律赋予的职责，努力开创全市人大工作的新局面。要对党绝对忠诚，始终不渝地坚持和依靠党的领导，坚定维护市委权威，全力推动市委决策部署贯彻落实；要对法律无限敬畏，坚定不移地坚持依法决策、依法立法、依法监督，扎实推进法治秦皇岛建设；要对人民高度负责，毫不动摇地坚持为人民掌权、为人民履职、为人民服务，保障人民当家作主，维护群众切身利益；要对事业充满激情，驰而不息地坚持艰苦奋斗、担当实干、奋发有为，与时俱进推动人大工作创新发展。

9日，秦皇岛国际航空产业城项目签约仪式在本市举行，开发区管委、抚宁区政府、中国航空国际建设投资有限公司、中民投资有限公司正式签署了框架协议。市领导张瑞书、冯志永，俄罗斯工业和贸易部航空工业司司长叶梅利亚诺夫·谢尔盖·弗拉基米洛维奇等出席签约仪式。张瑞书在致辞中说,秦皇岛区位优势明显,交通网络便捷,更是始终保持着与俄罗斯的良好经贸关系,特别是与俄罗斯远东地区的合作正在积极稳妥推进之中。俄罗斯航空航天技术处于世界领先水平,我国航空航天事业也有了飞速进步和巨大发展,秦皇岛国际航空产业城项目,符合本市产业定位和发展方向,本市将全力支持项目建设,并为其提供优质高效的政务服务,希望双方加强合作、互惠共赢。

16日,市委书记孟祥伟主持召开市委常委会会议,学习习近平总书记在中央政治局第三十九次集体学习时的讲话,学习中央纪委监察部网站"学思践悟"专栏文章和省委书记赵克志批示精神,学习传达中央和省委关于党委理论学习中心组学习的有关规则规定,研究本市贯彻落实意见。

18日,市委副书记、市长张瑞书带领市旅游委、市发改委等多个市直相关部门负责同志,就省第二届旅发大会观摩项目进行了实地视察。张瑞书强调,承办好省第二届旅发大会,对于丰富旅游产业业态,提升旅游基础设施,做大做强旅游产业意义重大。相关县区和项目建设单位,要倒排工期,挂图作战,全力推进,确保观摩项目如期完成,确保省第二届旅发大会精彩、震撼、圆满。

23日,全市基层党建重点工作部署会召开,会议传达全省基层党建重点工作部署会精神,安排部署今年本市基层党建重点工作。市委常委、组织部部长、统战部部长刘文萍出席会议并讲话。刘文萍强调,随着从严治党的进一步深化,对基层党建工作提出了许多新的、更高的要求。要结合本地区、本单位实际,抓紧制订具体实施方案,瞄准全国、全省和全市范围内的先进典型,进行全面对标赶超。要解放思想、改革创新,着力提高基层党建工作整体水平,对近年来形成的好经验好做法进行全面梳理,找出推进党建工作的好办法、好角度。要强化责任、改进作风,努力在抓好各项党建工作落实上下功夫,以更加昂扬的精神状态和扎实的作风,为建设沿海强市、美丽港城和国际化城市提供强有力的组织保障。

24日,2017秦皇岛城市品牌营销暨智慧旅游平台运营启动大会在北戴河举行。市委副书记、市长张瑞书出席大会并讲话。张瑞书强调,秦皇岛秦旅智慧旅游有限公司要以智慧旅游平台为桥梁,进一步探索智慧旅游新模式，整合智慧旅游的技术，加快构建服务智能化、管理数字化、消费便捷化、营销网络化的智能旅游服务体系。市委、市政府将进一步加大对智慧旅游的支持，把智慧旅游的发展与智慧城市的建设紧密结合起来，汇聚改善旅游发展环境、提高服务品质的强大动力，推进旅游业转型升级和跨越提升，为成功举办第二届省旅发大会增光添彩。

同日，秦皇岛市城市管理综合执法局挂牌成立，标志着本市城市综合管理向法制化新格局迈出了坚实的第一步。市委副书记、市长张瑞书，省住建厅副厅长李贤明出席成立大会，并共同为秦皇岛市城市管理综合执法局揭牌。

29日，市委书记孟祥伟到开发区和海港区现场督导检查本市创建全国文明城市工作。孟祥伟强调，秦皇岛即将迎来创城的"大考"，各级各部门要到现场发现问题、解决问题，保持足够韧性，通过久久为功的努力，把工作真正做到群众心里，让文明常驻市民心中，让文明成为全体市民自觉、自愿的行动。市委常委、秘书长、开发区工委书记李国勇，市委常委、宣传部部长陈玉国，市委常委、海港区委书记冯国林一同督导检查。

## 5月

4日，市委副书记、市长张瑞书，副市长冯志永带领市交通、财政等部门和北戴河区、北戴河新区主要负责同志，前往秦皇岛北戴河机场进行现场办公，了解机场发展现状和未来规划，帮助协调解决面临的问题和困难，助推北戴河机场不断发展壮大。

6日，市委副书记、市长张瑞书到青龙满族自治县就脱贫攻坚工作进行专题调研。张瑞书强调，扶贫工作，既要扶智也要扶志。要加大项目扶贫、产业扶贫和基础设施扶贫的工作力度，变扶贫为扶志，变输血为造血，提高贫困村自我发展、自我平衡、自我造血能力，确保扶贫工作结束后，能够给脱贫村留下一个致富项目，留下一个致富产业，留下一条可持续发展的致富路子，避免村民脱贫后重新返贫。

8日，市政府第一次全体会议暨廉政工作会议召开。市委副书记、市长张瑞书出席会议并讲话。张瑞书强调，新一届政府全体组成人员一定要在市委的领导下，在市人大、市政协的监督支持下，把市第十二次党代会描绘的宏伟蓝图演绎为国际化城市的美丽画卷，把在市十四届人大一次会议上作出的庄严承诺转化为履职尽责的生动实践，把实干和落实作为政府工作的核心精神，把"说了算、定了干、干必成"定格为新一届政府在全市人民心中最直接、最深刻、最难忘的颜值担当，殚精竭虑促进秦皇岛经济走好发展新路，尽心竭力为全市人民谋求福祉，以经得起实践、历史和人民检验的业绩，在建设沿海强市、美丽港城和国际化城市的新征程中奋勇前行。

10日，市委副书记、市长张瑞书深入秦皇岛经济技术开发区，就重点项目建设进行专题调研。调研过程中，张瑞书强调，工业发展水平体现着一个地区的经济实力和发展后劲。秦皇岛经济技术开发区要充分发挥龙头带动作用，坚持以高新技术产业和先进制造业为主攻方向，提升经济发展质量和效益，创造更多稳定的、高端的就业岗位，带动地方经济持续健康发展。要进一步强化服务意识、提升服务水平，深入企业和项目一线，及时为企业解决发展中遇到的困难和问题，鼓励企业技术改造、技术创新，增强企业核心竞争力。

13日，副省长王晓东率省直有关部门负责同志，到本市调研指导第二届省旅发大会筹备情况。市委书记孟祥伟、市长张瑞书等参加相关活动。孟祥伟表示，秦皇岛将按照本次现场办公会精神，以问题为导向，对所有涉及旅发大会的项目逐一进行分析会诊，对所有发现的问题以更高标准解决，以"震撼"为第一标准进行调整提升。请省领导放心，秦皇岛一定将本届旅发大会办成精彩、卓越、震撼的大会。

15日，市委副书记、北戴河区委书记田金昌到昌黎县实地踏查滦河，并就第二届省旅发大会项目建设及创建省级文明城市等工作进行调研。按照全市河长制要求，作为滦河市级河长，田金昌首先来到滦河昌黎荒佃庄段进行实地踏查，详细了解滦河的基本情况，询问近年来河道治理措施和汛期水情灾情。田金昌指出，滦河是全省第二大河流，要以生态环境提升改善为目标，切实加强河道治理。要严格控制生活、生产污水的排放，加强河流断面监测，防止污染情况发生；要在滦河水资源开发利用上做文章，通过借鉴先进经验，使滦河的生态、文化、旅游等资源得到高效的开发利用，优化全县旅游产业布局，助力县域经济社会发展，使滦河成为美丽之河、富裕之河、安全之河。

17日，按照省委统一部署，本市举行学习贯彻习近平总书记重要讲话精神和中央重大决策部署宣讲报告会。市委书记孟祥伟作宣讲报告。孟祥伟强调，要深入学习贯彻习近平总书记在雄安新区规划建设工作座谈会上的重要讲话和指示精神，深刻理解中央设立雄安新区的重大意义，深入把握省委九届三次全会精神实质，紧密联系秦皇岛实际，对标先进提升秦皇岛各项工作水平。本次宣讲报告会同时也是市委理论学习中心组（扩大）学习会，市委理论学习中心组全体成员，其他市级领导，各县区党政主要负责同志、市直和中省属驻秦单位主要负责同志参加报告会。

18日，北戴河生命健康产业创新示范区重点项目——北戴河国际肿瘤医院在北戴河新区正式开工建设。市委常委、常务副市长、北戴河新区工委书记薛永纯，市委常委、副市长陈峰，北大未名生物工程集团董事长潘爱华出席开工仪式。医院预计明年12月投入使用。未来，医院将打造国内首屈一指的抗肿瘤药物临床试验研发平台，在全国乃至全球范围内为肿瘤规范化诊疗提供标准与指南。陈峰表示，北戴河国际肿瘤医院的开工建设，对于加快建设北戴河生命健康产业创新示范区、提升我市医疗卫生服务水平必将起到积极作用。

20日，河北"侨梦苑"开发建设工作座谈会在北戴河新区举行。国务院侨办主任裘援平，河北省侨办主任刘晓军，市委副书记、市长张瑞书出席座谈会。副省长王晓东主持会议。张瑞书表示，下一步，河北"侨梦苑"将在强化特色、强化创新、强化基础设施支撑上做文章，按照"国内最高、国际一流"标准加快项目建设。同时，做大、做靓、唱响"侨梦苑"品牌，努力把北戴河新区侨商产业发展大会打造成华人华侨交易大会。

23日，市人大常委会主任刘辰彦带领部分市人大代表，深入海港区，对秦皇岛市全国文明城市创建工作进行专题视察。市委常委、宣传部部长陈玉国，市人大常委会副主任徐宪民参加视察。刘辰彦一行先后来到海港区海阳路、河堤路和火车站北广场，实地视察了环境卫生综合整治、护城河水体综合治理和海港区"双违拆除"等工作，并对视察中发现的问题提出整改意见，要求尽快整改到位。在视察市数字化城管监督指挥中心后召开了座谈会。刘辰彦指出，全国文明城市是一个综合评价城市发展水平的标尺，是极具含金量的城市品牌。创建全国文明城市事关秦皇岛的对外形象，事关人民群众的生活品质。就下步工作，刘辰彦强调，一要针对问题抓整改。要对照《测评体系》，深入查找存在问题，集中优势力量逐个突破，确保问题有效整改。二要立足长效抓常态。要处理好当前与长远、阶段与常态、冲刺与持续的关系，把创城与日常工作紧密结合起来，确保创城工作高水平、常态化推进。三要强化舆论抓宣传。要充分调动广大民众的积极性、主动性和创造性，真正使每个市民都认识到我是其中一员，做到创城人人有责。

25日，市委召开常委会会议，重温习近平总书记在全国宣传思想工作会议上的讲话，就加强全市意识形态工作进行研究部署，传达全省推进"两学一做"学习教育常态化制度化座谈会精神，研究本市实施方案，传达省委常委、纪委书记梁惠玲在本市调研讲话精神，研究贯彻落实意见。市委书记孟祥伟主持会议并讲话。

27日，市委副书记、市长张瑞书带领规划、财政、工信、国土、环保、房管等市直部门负责人，深入海港区重点企业调研。他强调，海港区要加大企业周边环境整治力度，不断优化企业的治安环境、发展环境，坚决打击干扰企业发展的不良行为。广大企业要加快科技、管理、产品和体制机制创新，不断增强核心竞争力。

31日，市政府召开全市水污染防治大会。主要任务是贯彻落实国家和省、市有关水污染防治的决策部署，分析研究本市水污染防治工作面临的形势，动员全市上下进一步统一思想，提高认识，树立信心，明确任务，落实责任，坚决打好水污染防治攻坚战，确保全市水环境质量持续好转。市委副书记、市长张瑞书出席会议并讲话。副市长孙国胜主持会议。

## 6月

1—2日，省委组织部调研组到秦皇岛经济技术开发区调研非公企业党建工作。市委常委、组织部部长刘文萍，市政府党组成员王建峰陪同调研。刘文萍表示，秦皇岛市一定保持良好势头，建好用好活动阵地，推动党建与企业发展相融合，通过党建促进企业发展，积极培育先进典型,树立秦皇岛品牌,以点带面,提升全市非公企业党建工作水平,努力走在全省前列。

2日,本市召开"一问责八清理"专项行动暨基层"微腐败"专项整治工作调度会议。逐一听取市直各牵头单位两个专项工作开展情况汇报。市委常委、市纪委书记刘新宏出席会议并就做好全面清理、自查自纠阶段工作进行安排部署。

3日,市委副书记、市长张瑞书就河北省第二届旅发大会项目进行专题调研。他强调,相关单位和部门要争时间、抢进度,按照时间节点,倒排工期,挂图作战,高水平施工建设,高速度加快推进,确保如期保质完成每一个项目,为全省人民奉献一场精彩、震撼的旅游盛宴。张瑞书带领市旅游委、市交通局、市旅发会项目督导组负责同志,依次实地调研了山海旅游大通道、长城旅游公路的道路绿化情况及沿线景区、景点的在建项目。

5日,市委副书记田金昌到卢龙县就项目建设、文明城市创建、"双违"集中整治、农村环境综合治理等工作进行调研,并实地踏查了滦河。田金昌强调,卢龙县要精准确定战略定位,突显自身特色,深挖自然山水等资源,真正实现"站位卢龙看卢龙、跳出卢龙看卢龙、发展卢龙看卢龙",积极借鉴雄安新区打造"绿色、森林、智慧、水城"的理念,不断提升城市建设管理水平;要挖掘工业、农业、旅游业等产业的独特性,塑造产业特色,努力做到细致、精致、极致;要不断加大投入,完善水电路网等基础设施,彻底改善城乡环境面貌;要加大对大气污染和河流水质的治理力度,改善生态环境,保护好一方水土;要加强基层党组织建设,落实好"三会一课"制度,充分发挥基层党组织的战斗堡垒作用,切实提高基层党组织的战斗力和凝聚力。

6日,北戴河新区管委会与中海外建设集团有限公司、中民居居家养老产业有限公司、南京丰盛产业控股集团有限公司、中经贸资产管理有限公司、北京琨山资本管理有限公司签署战略合作框架协议,拟在新区打造健康产业、高端旅游示范园区;海港区政府与中海外建设集团有限公司、中经贸资产管理有限公司、北京琨山资本管理有限公司签署战略合作框架协议,拟在秦皇岛临港物流园区内开发建设商贸物流特色小镇。市委书记孟祥伟，市委常委、常务副市长、北戴河新区工委书记薛永纯，中海外建设集团有限公司总裁孙斌，中民居居家养老产业有限公司总裁王梦冰，中经贸资产管理有限公司总裁高昕，南京丰盛产业控股集团有限公司董事长赵建，北京琨山资本管理有限公司董事长武良山共同出席签约仪式。

8日，市委书记孟祥伟先后到昌黎县、北戴河新区、北戴河区实地调研农村公益性公墓建设情况。孟祥伟强调，要把推动这项工作作为贯彻以人民为中心的发展思想的具体行动，借鉴国内先进地区经验，将优秀传统文化和现代理念有机结合，进一步提高农村公益性墓地建设管理水平。

同日，市委副书记田金昌到山海关区调研重点项目建设工作。山海关区主要负责同志和各重点项目负责人陪同调研。田金昌对山海关区五大片区的城市发展规划、旅游景区整改提升、旅游项目建设和重点民生项目建设工作给予充分肯定。他强调，要用创城工作统揽各项工作，特别是与旅游开发结合起来，发动广大市民参与其中，营造全社会共同参与创建全国文明城市的浓厚氛围。山海关历史悠久，文化底蕴厚重，要在充分挖掘旅游资源的基础上，展现具有山海关特色的文化内涵。

13日，全市创城攻坚党员誓师大会在人民广场前举行，来自海港区、开发区、市直有关单位、市管企业、高校党员以及"港城先锋·红色义工"党员志愿者共1000余人作出承诺，争当宣传创城、践行创城、推动创城的先锋。市委常委、组织部部长、统战部部长刘文萍，市委常委、宣传部部长陈玉国，市人大常委会副主任刘文杰，副市长李春，市政协副主席王桂鹏出席誓师大会。

13—14日，市委书记孟祥伟在市委常委、秘书长李国勇的陪同下，实地踏察了海港区、北戴河区和北戴河新区沿海沙滩环境整治情况。他强调，作为闻名遐迩的滨海旅游城市，沙滩是秦皇岛的城市生命线和最重要的城市客厅，一定要把沙滩环境建设好维护好，一定要在沙滩的经营业态上实现新突破，各相关职能部门的具体工作一定要做到"深实严细久"，努力提升沙滩品质，为建设沿海强市、美丽港城和国际化城市提供有力支撑。市委副书记、北戴河区委书记田金昌，市委常委、海港区委书记冯国林分别参加踏察活动。

17日，市委副书记、市长张瑞书带领市政府办公厅、市旅游委及市旅发大会项目督导组、文字组的负责同志深入省旅发大会观摩项目施工现场，就项目进展、存在问题进行专题调研。张瑞书强调，速度、质量和安全是决定项目能否如期交付运营的关键。当前正值夏季高温，相关县区和各项目单位要科学规划，统筹推进，齐心协力，攻坚克难，既要保证工程的推进速度、建设质量，更要保证施工安全，坚决打赢旅发大会项目建设百日攻坚战。

18日，市委副书记、北戴河区委书记田金昌就进一步做好创城工作在北戴河区深入镇、村和部分驻区部队休疗单位进行调研。田金昌说，创建全国文明城市是为了让广大百姓享受到更美好的生活，是为了子孙后代能有更好的发展环境，是每一个北戴河人必须担负起的历史使命。田金昌希望驻区部队作为创城工作的重要参与者和支持者，进一步发挥自身优势，尤其在传感器企业提档升级等方面提供帮助，促进军民产业深度融合发展。田金昌强调，秦皇岛市、北戴河区将一如既往地关心支持军队建设，切实为驻区部队办实事、解难题，努力开创双拥工作新模式，巩固和发展军政、军民团结的大好局面。

21日，为进一步提升城市容貌和城市品质，按照"走遍秦皇岛"活动统一安排部署，市委书记孟祥伟作为一级路长，对负责区域进行了徒步踏察。孟祥伟强调，城市管理部门要贯彻落实市委提出的"五到四从四多"工作法，把办公室搬到大街上，第一时间发现问题，准确找到解决问题的办法，举一反三切除病灶，为建设国际化城市奠定坚实基础。市委常委、秘书长李国勇，副市长李春一同踏察。

21—22日，新华社、中央电视台、《经济日报》等中央、省级主要新闻媒体对秦皇岛市整治"双违"专项行动进行了集中走访，通过两天深入多处拆违点位了解情况、听取汇报，一致对本市"创新城市治理模式，坚决依法从严管理"取得的成效给予高度评价。

23日，本市召开创建全国文明城市工作推进会，号召大家继续以"走心"的状态，向全国文明城市发起最后冲刺。市委副书记、市长张瑞书指出，从全市目前情况看，通过创建全国文明城市，我市城市管理水平有了明显提升，城市基础设施建设明显加强，一批老大难问题已经或正在得到解决，取得的成效有目共睹，受到了社会各界的赞许和认同。同时，我们必须清醒看到，"创城"工作存在不少短板亟待解决。针对存在问题，市文明办和各县区要逐一对号、逐一交办、逐一整改、逐一督导，确保落实到位。

24—25日，全省离退休干部开展正能量活动推进交流培训会在本市召开。省委常委、组织部部长梁田庚出席并讲话，会议由省委组织部副部长、老干部局局长朱政学主持。市委书记孟祥伟，市委副书记田金昌，市委常委、组织部部长刘文萍，市委常委、秘书长李国勇出席会议。

26日，市委副书记田金昌深入抚宁区，就项目建设、生态建设、城市发展等重点工作进行专题调研。田金昌强调，抚宁区要紧紧抓住京津冀协同发展、与秦皇岛经济技术开发区互联互通等难得机遇，加大区域合作力度，在生态旅游和项目建设上做文章，在既有企业的转型升级上下功夫，不断挖掘发展后劲，持续壮大经济实力，推动区域经济快速发展。

## 7月

1日，为充分发挥市直机关广大党员在全国文明城市创建工作中的模范带头作用，本市组织65家市直单位3000余名党员志愿者，集中开展了"创城有我·洁净海滩"特殊党员日活动，分片分段对滨海大道沿线海滩进行了认真清理，以实际行动纪念中国共产党成立96周年。市委书记孟祥伟、市人大常委会主任刘辰彦参加活动。

3日，省委常委、宣传部部长田向利到本市就全国文明城市创建工作进行调研。市委书记孟祥伟，市长张瑞书，市委副书记、北戴河区委书记田金昌，市委常委、宣传部部长陈玉国，市委常委、海港区委书记冯国林分别参加活动。田向利强调，秦皇岛市一定要坚定创建信心、绝不掉以轻心、精准对标用心、唯旗是夺决心，全面提升市民文明素质和城市文明程度。

9日，本市举行市人大代表视察旅发大会重点项目暨观摩拉练活动。市委副书记、市长张瑞书在随后召开的旅发大会重点项目推进会上强调，全市各级各部门要认清形势，理清思路，强化业态意识，突出重点项目，保工期、补短板、高标准、严落实、出形象、展风采，不断推动旅游业全域全季全业态发展。

10日，市委书记孟祥伟主持召开市委常委会会议，学习、重温习近平总书记在陕甘宁革命老区脱贫致富座谈会、部分省区市扶贫攻坚与"十三五"时期经济社会发展座谈会、东西部扶贫协作座谈会、深度贫困地区脱贫攻坚座谈会上的重要讲话精神，学习王岐山同志在中央纪委扶贫攻坚领域监督执纪问责电视电话会议上的讲话，听取全市脱贫攻坚情况汇报和脱贫攻坚驻村干部考核管理汇报，就强力推动本市脱贫攻坚工作进行研究部署。

**14日**，全市"家风化育乡风民风、城乡激荡文明新风"现场会，在青龙肖营子镇肖营子村举行。市委常委、宣传部部长陈玉国参加活动并讲话。陈玉国强调，市委、市政府高度重视农村精神文明建设工作，坚持以人民为中心的理念，以价值、道德、创城为引领，持续创建"文明生态村"，推动我市农村精神文明建设走在了全省、全国前列。要通过文明家庭、文明村镇、美丽乡村创建和移风易俗等真招实效，推动城乡激荡文明新风。文明新风建设绝不是一朝一夕之功，而是一个长期、系统、复杂的铸魂工程、民心工程，必须全社会形成合力抓创建，坚持以人民为工作导向，坚定信心、久久为功。

**15日**，市委书记孟祥伟到海港区就全国文明城市创建工作进行调研。他强调，文明体现在具体行动中，要在落小落细落实上努力，始终树立问题导向，切实解决涉及群众切身利益的难题，把增加群众幸福感、满意度作为出发点和落脚点，把秦皇岛建设得更加宜居文明、更加富有活力。市委常委、宣传部部长陈玉国，市委常委、海港区委书记冯国林，以及市文明办、海港区相关部门负责同志一同调研。

同日，北戴河区"烟头革命"促创城万人签名活动在老虎石公园举行。号召全市人民积极行动起来，自觉维护城市环境卫生，摒弃不文明陋习，主动走上街头捡拾烟头，劝导乱扔垃圾等不文明行为，让"烟头垃圾不落地"成为自觉行动和文明习惯，把文明意识、环保意识传播到社会的每个角落。市委书记孟祥伟，市委副书记、北戴河区委书记田金昌，市委常委、市纪委书记刘新宏，市委常委、秘书长李国勇，市委常委、宣传部部长陈玉国出席活动，为志愿者服务队、文明宣传队授旗，与志愿者们共同在"烟头垃圾不落地，北戴河因我更美丽"横幅上签名。

**20日**，为深入贯彻省实施质量强省和标准化战略大会精神，市政府召开全市实施质量强市和标准化战略会议。市委副书记、市长张瑞书强调,全市上下要进一步树牢质量第一、标准引领意识,增强行动自觉,把握关键环节,以质量提升和标准升级,推动全市经济社会朝着更高质量、更有效率、更加公平、更可持续的方向发展,不断开创质量强市和标准化工作新局面。

21日,2017年第五届"秦皇岛科技周"启动仪式暨"北化—秦皇岛高端创新合作论坛"在秦皇岛经济技术开发区举行。市委副书记、市长张瑞书,北京化工大学党委书记王芳、校长谭天伟出席启动仪式。今年科技周以"科技强国、创新圆梦"为主题,从7月21日至8月底,将历时一个多月,围绕"引智入秦、成果转化、科普宣传、人才培养、政策解读"等七大主题,举办"北化—秦皇岛高端创新合作论坛""四个精准专利科技成果推送活动""京津冀大学生创新创业大赛"等九项活动。

26日,秦皇岛市与东北大学签署战略合作协议,双方将围绕各自发展战略需求,以"优势互补、资源共享、精诚合作、互惠共赢、共同发展"的原则,在科技创新、城市建设、社会服务、教育办学、人才培养等方面开展深入、全面、长期的战略合作,提高本市的创新发展能力,提升东北大学教育综合实力和服务经济社会发展能力。

30日,市委书记孟祥伟代表市委、市政府和秦皇岛军分区,走访慰问了驻秦61251部队和退伍军人沈汝波,向他们送去节日的祝福和问候。

31日,由联合国项目事务署、市政府联合主办的首届生命科学北戴河夏季峰会在北戴河新区举行。本次峰会以"脑健康与科学"为主题,围绕学术科研、艺术、传统医学三大主题板块进行跨学科互动探讨,为未来我国的"脑计划"启迪发展思路。全国人大常委会委员、农工党中央副主席陈述涛,副省长徐建培及联合国项目事务署亚洲司副司长西利加托等到会祝贺。市委副书记、市长张瑞书出席开幕式。

## 8月

2日,本市召开全市强降雨防范工作紧急视频会议,对应对强降雨天气及防汛工作进行再调度、再部署。市委书记孟祥伟,市委副书记、市长张瑞书出席主会场会议并讲话。孟祥伟强调,各级各部门一要高度重视,不能麻痹大意。二要沉着冷静,积极应对。三要明确重点,强力应对。四是确保旅游秩序平稳有序。

4日,市政府召开市级经营性国有资产集中统一监管工作会议。市委副书记、市长张瑞书强调,各级各有关部门和企业要统一思想、提高认识,凝心聚力,强力推进,确保市级经营性国有资产集中统一监管工作取得实效,促进企业持续健康发展和国有资产保值增值。

9日,为深入学习沈汝波同志的先进事迹,将"接力沈汝波、为民做好事"活动持续推向深入,市委宣传部、北戴河区委联合举办了学习沈汝波同志先进事迹座谈会。市委书记孟祥伟出席座谈会并讲话。孟祥伟强调,要不忘初心、始于小事、久久为功,让更多人行动起来,让更多人成为"沈汝波",汇集文明向上的磅礴力量,加快建设沿海强市、美丽港城和国际化城市。

11日,市委副书记、市长张瑞书深入北戴河新区和昌黎县,就京秦高速公路卢龙到北戴河新区支线项目进行调研,并踏察了部分节点。张瑞书要求,相关部门要到现场多走多看,科学规划,因地制宜,通过巧妙设计上跨高速、下穿铁路等工程施工方式,最大限度地节约利用资金。要仔细研究项目运营模式和机制,符合市场规律,全力调动各方积极性。要加强管理,严把质量安全关,严控抢栽抢种抢建等违法行为,为项目顺利推进保驾护航。

15日,市委副书记、市长张瑞书带领市政府办公厅、市房管局、市国土局主要负责同志到本市解决房地产领域历史遗留问题集中办证处进行调研。张瑞书强调,上级党委、政府深入贯彻以人民为中心的发展思想,给予了我们解决房地产领域历史遗留问题良好的政策依据,各级各有关部门一定要始终把群众诉求摆在心中最高位置,争取年底前基本解决全部房地产领域历史遗留问题,努力把好事办好、实事办实,为广大港城百姓增添福祉。

17日,市委常委、组织部部长、统战部部长刘文萍主持召开全市基层党建重点工作调度会,集中调度全市基层党建工作推进情况,查摆存在问题,督促整改落实。刘文萍强调,加强基层党建工作,任务重、头绪多、标准高、要求严。要进一步理清思路、明确重点,调高标准、狠抓落实,全力以赴落实好各项重点工作，确保基层党建工作全面提升、扎实推进，以优异成绩迎接党的十九大胜利召开。

22日，市委副书记、市长张瑞书带领市政府办公厅、市发改委、市城管局、市城乡建设局、市财政局有关负责同志，赴北戴河区就城乡"气（电）代煤"工程进行调研。张瑞书强调，"气代煤"工程推动了广大农村生活方式的改变，但对于习惯烧柴、烧煤的广大村民来说，在启用时会不习惯。相关部门要加大对"气（电）代煤"工作的宣传，特别要对安全知识进行培训普及，确保用户操作规范。要加大对工程质量的监管，严格验收标准，确保管网安全，确保实现用气安全。北戴河区要积极稳妥推进"气（电）代煤"工程，落实好相关补贴政策，确保10月底前全部实现清洁能源供热，实现全市首个无煤区，努力把北戴河打造成空气质量最好的城区。

25—26日，2017（秦皇岛）中国户外广告论坛在本市召开。国家工商总局广告司副司长胡国强，河北省工商局党组书记、局长刘云峰，市委副书记、市长张瑞书出席开幕式并致辞。市领导陈峰、李春出席开幕式。张瑞书在致辞中说，户外广告作为最古老的广告形式，经历了数百年的时代变迁，已经由"广而告之"的单一功能衍变为城市文化形象的符号之一，既体现着一座城市经济和商业的繁华，更展示着一座城市文化和品质的缩影。本次论坛为全国各地的界内企业精英、权威专家学者搭建了一个沟通交流的平台，也为秦皇岛带来了一次学习借鉴先进经验的难得契机。希望与会领导、专家传经送宝，对本市户外广告找问题、查不足，为本市城市建设出主意、想办法，助力本市城市形象迈上更高平台。

26日，省委书记、省人大常委会主任赵克志，省委副书记、省长许勤在秦皇岛调研时指出，要紧紧围绕迎接十九大、宣传十九大、贯彻十九大这个主题，深入学习贯彻习近平总书记系列重要讲话精神和治国理政新理念、新思想、新战略，切实增强"四个意识"，牢固树立"四个自信"，认真贯彻好党中央的重要决策部署，把各项工作做得更好，以优异成绩迎接党的十九大胜利召开。赵克志、许勤强调，要把学习贯彻总书记"7·26"重要讲话精神不断引向深入，坚决维护习近平总书记核心地位，坚决维护党中央权威和集中统一领导，在思想上、政治上、行动上同以习近平同志为核心的党中央保持高度一致。要坚持稳中求进工作总基调,坚持以新发展理念引领发展,大力推进供给侧结构性改革,统筹落实"三去一降一补"五大任务,抓好创新、改革、开放、融合、质量等举措的实施,打好防范化解重大风险、精准脱贫、污染防治的攻坚战。要努力推动钢铁产能向绿色发展、向高端发展、向国外发展,延伸产业链条,更好地满足市场需求,更好地造福人民群众。钢铁企业要在追求经济效益的同时,持续加大环保设施投入,努力打造环境一流的花园式企业。赵克志、许勤指出,要发扬暑期工作精神,实现常态化管理服务。秦皇岛市改革发展各项事业取得了很大的成绩,特别是在旅游高峰期,坚持以人民为中心的发展思想,服务游客、服务市民,社会大局和谐稳定,海水水质清澈干净,市容市貌明显改善,各方面运行良好,为全省树立了形象、赢得了好评。实践证明,秦皇岛各级领导班子和干部队伍是坚强有力、勇于担当、能打硬仗、作风优良的班子和队伍。希望秦皇岛市在今后工作中,继续保持和发扬这种精神,解放思想、艰苦奋斗,敢于担当、事争一流,始终按照党中央要求,统筹推进"五位一体"总体布局,协调推进"四个全面"战略布局,深入实施生态立市、产业强市、开放兴市、文明铸市发展战略,充分发挥沿渤海、环京津优势,念好山海经,打好旅游牌,做好培育发展战略性新兴产业的大文章,坚决调结构、去产能,努力提高经济发展质量和效益,为全面建成小康社会、建成全国文明城市、建设沿海经济强市而努力奋斗。市委书记孟祥伟,市委副书记、市长张瑞书,市委常委、秘书长李国勇陪同调研。

同日,北京市西城区委书记卢映川,西城区委副书记、区长王少峰率西城区党政代表团莅临本市考察,并与本市签署战略合作协议。市委书记孟祥伟,市委副书记、市长张瑞书,市委副书记田金昌等陪同考察并出席签约仪式。本市将与西城区在康养产业、教育产业、医疗产业、旅游文化产业等多领域开展对接合作。

28—29日,副省长王晓东率省直相关部门,到本市实地调研第二届省旅发大会会务筹备工作。在大会各项活动和筹备工作推演调度会上,王晓东要求,第二届省旅发大会召开在即,参与会务组织的各级部门和单位要着力提升办会质量和标准,借助智慧旅游信息化手段,创新办会方式,打造办会亮点，为国内外来宾打造一场精彩卓越的旅游发展盛会。会议主要围绕第二届省旅发大会涉及的项目观摩线路、接待服务、嘉宾邀请及相关筹备工作方案，进行了集中研究和讨论。市领导孟祥伟、张瑞书、李国勇、冯志永出席会议，省委宣传部、省旅游委、省文化厅、省政府办公厅、河北演艺集团等相关部门和单位负责人参加会议。

29日，市委全面深化改革领导小组召开第十六次会议，学习贯彻省委全面深化改革领导小组会议精神，重点研究本市机关内设机构改革和精简人员编制工作。市委书记、市委全面深化改革领导小组组长孟祥伟主持会议并讲话。孟祥伟指出，省市机关内设机构改革和精简人员编制工作，是省委、省政府推动的一项重大改革。我们要统一思想、提高认识，以务实举措真正推动这一改革，使得机构设置、人员配备与改革发展的任务需要相匹配，在方案设计中力戒形式主义、官僚主义、教条主义，紧盯"实"和"效"这两个关键字，切实把本次改革任务完成好、落实到位，激发出干部队伍更为强大的"第一推动力"，加快沿海强市、美丽港城和国际化城市的建设步伐。孟祥伟强调，在本次改革中，要把上级要求与秦皇岛当前工作实际紧密结合起来；在这次改革中，要把上级要求与秦皇岛改革发展实际紧密结合起来；在这次改革中，对于干部的调整安置不唯年龄不唯学历。

## 9月

5日，副省长王晓东带领省有关部门负责同志，到秦皇岛市现场调度旅发大会重点项目、实地踏勘观摩路线、悉心指导办会细节、协调解决具体问题，并出席第二届省旅发大会会前动员会，对冲刺阶段筹备工作进行全面动员部署。王晓东对秦皇岛市第二届省旅发大会筹备工作给予充分肯定，对涉及大会的各条战线的工作人员付出的辛勤努力、取得的可喜成果表示衷心的感谢和崇高的敬意。王晓东要求，各级各部门要按照精神状态、重点活动、方案演练、责任落实、接待服务、氛围营造、安全保障"七个到位"的要求，深入细致地做好最后阶段各项筹备工作。

7日，市委副书记、市长张瑞书会见了世界台球协会主席伊恩·安德森，世界台球协会秘书长伊肖恩·辛格，中式八球国际联合会秘书长、乔氏台球董事长乔冰一行。双方就推进体育产业、台球运动发展等有关工作交换了意见。会见结束后，市政府与世界台球协会、中式八球国际联合会签署三方合作备忘录，世界台球协会与中式八球国际联合会签订战略合作协议。市委常委、宣传部部长陈玉国，副市长冯志永出席会见和签约活动。

8日，省委召开全省第五次县（市、区）委书记工作交流会，本市设分会场，市委常委、市人大常委会、市政府、市政协领导成员在分会场参加会议。市委书记孟祥伟在全省会议结束后，寄语全市各级领导干部，要鼓足干劲、互相感动，借鉴其他地区的经验和做法，以更高标准做好秦皇岛各项工作，以优异成绩向党的十九大献礼。孟祥伟强调，要坚决按照省委书记赵克志、省长许勤在会议上提出的要求，深入学习贯彻习近平总书记"7·26"重要讲话精神，深入学习贯彻总书记系列重要讲话精神，把讲政治贯穿到各项工作中，牢固树立和落实新发展理念，全力保持社会大局和谐稳定，进一步改进领导作风，引导党员干部把心思和精力集中到干事创业上来，为党的十九大召开营造良好环境。市委副书记、北戴河区委书记田金昌与定州市、易县、石家庄市藁城区、张家口市宣化区、遵化市、新河县、文安县、涉县、海兴县的县（市、区）委书记一起，在石家庄主会场登台发言。

9日，国家海洋督察组（第二组）在本市召开国家海洋督察秦皇岛海洋保护区专题会议。会议听取了秦皇岛市人民政府、昌黎黄金海岸国家级自然保护区管理处、昌黎县人民政府、北戴河新区管委会、北戴河区人民政府相关情况汇报。国家海洋局北海分局、省海洋局、市政府和相关部门代表参加会议。督察组认为，河北省及秦皇岛市为昌黎自然保护区建设和管理做了大量工作，取得了一定的成效，昌黎自然保护区作为河北唯一一家国家海洋自然保护区，目前保护区范围内仍存在多头管理、体制机制不顺等问题，要进一步加强建设和管理。

11日，市委副书记、市长张瑞书带领市政府办公厅、市国土局、市编办、市财政局及海港区、北戴河区、山海关区政府主要负责同志，就柳江国家地质公园申报世界地质公园工作进行专题调研。考察结束后，张瑞书就柳江国家地质公园申报世界地质公园工作召开座谈会。张瑞书强调，随着长城旅游公路的建成，公路沿线生态环境的改善，柳江国家地质公园的基础设施、自然环境发生了很大变化，申报世界地质公园的条件已基本具备。整个申报的过程，也是一个建设的过程、提升的过程。各级各相关部门要统一思想，下定决心，坚定信心，按照确保2020年申报成功的目标，加快推进申报进程。市领导薛永纯、冯国林、冯志永参加调研。

16日，我国首座国家公园知识馆——碣石国家公园知识馆开馆仪式在昌黎县葡萄小镇文创社区举行。《中国国家公园创新模式蓝皮书》《昌黎葡萄酒产业发展蓝皮书》在开馆仪式上同时发布。市委副书记、市长张瑞书，副市长冯志永，法中城乡与建筑可持续发展研究院法方院长梅洛，法国葡萄酒品鉴协会会长满仁厚等领导和嘉宾出席了开馆仪式。

17日，第二届河北省旅游产业发展大会开幕式暨旅游文化推介会在北戴河碧螺塔公园举行。省委副书记、省长许勤作推介讲话。省领导付志方、范照兵、王增力、王晓东、许宁和省政府秘书长朱浩文等出席。省委常委、宣传部部长田向利主持推介会。世界旅游组织副秘书长（执行主任）左丹·索莫吉、国家旅游局张吉林司长分别致辞。许勤指出，当前，河北发展已站在新的历史起点上，面临一系列重大战略机遇。我们要认真贯彻落实习近平总书记系列重要讲话精神和对河北的重要指示批示，坚决贯彻总书记关于发展全域旅游的重要指示精神，抓住难得机遇，深入推进旅游业供给侧结构性改革，着力创建全域旅游示范省，把美的元素浸润到自然人文的每个方面，体现到城镇乡村的每个角落，融入燕赵大地的每寸土地，努力打造一个更加美丽精彩、更加开放包容、更加快乐幸福的河北。许勤真诚邀请各界朋友、广大游客选择河北、游历河北、体验河北，以旅游为媒，共享商机、共谋发展、共创美好未来。市委书记孟祥伟代表市委、市政府和300万港城人民，向与会嘉宾表示热烈欢迎和衷心感谢。孟祥伟表示，省委、省政府十分重视秦皇岛的发展，大力支持秦皇岛举办旅发大会。本市以"秦皇山海·康养福地"为品牌，投资300多亿元兴建了山海旅游铁路、渔岛温泉度假、金士红酒庄园等四季皆宜、多业融合、绿色生态的旅游项目，带动7县区23乡镇394村2000平方千米的旅游环境发生根本转变，全域旅游条件已经成熟。秦皇岛郑重地向全世界发出邀请：旅游目的地首选秦皇岛！投资旅游业首选秦皇岛！要想身体好，就来秦皇岛！张瑞书、田金昌、刘辰彦、郝占敏等市领导出席开幕式。

同日，第二届河北省旅游产业发展大会项目签约仪式在北戴河新区阿尔卡迪亚酒店举行。佳龙文化旅游度假区等4个旅游项目成功签约，项目总投资达1815亿元。此次签约项目重点引进大型央企和民企社会资本，主要围绕全域旅游、特色小镇和旅游度假区等领域展开合作。省委常委、宣传部部长田向利，副省长王晓东出席签约仪式。签约仪式由省政府副秘书长郝杰成主持。

18日，创建全国全域旅游示范省动员大会在本市召开。省委书记、省人大常委会主任赵克志，省委副书记、省长许勤出席并讲话。会议强调，要深入学习贯彻习近平总书记系列重要讲话精神和治国理政新理念、新思想、新战略，深入贯彻落实总书记"7·26"重要讲话精神和关于旅游业发展的重要指示，主动适应经济发展新常态，抢抓重大战略机遇，将全省作为一个完整旅游目的地统一规划布局、统筹开发管理，加快推进全域旅游示范省建设，向旅游强省加快迈进。省领导付志方、田向利、范照兵和省政府秘书长朱浩文出席会议，副省长王晓东主持会议。

20日，市委党校举行2017年秋季学期开学典礼，市委副书记、市委党校校长田金昌强调，要深入学习贯彻习近平总书记"7·26"重要讲话精神，切实增强党的凝聚力、战斗力和领导力、号召力，以奋发有为的精神状态和优异的成绩迎接党的十九大胜利召开。市委常委、组织部部长、统战部部长刘文萍主持开学典礼。

21日，就群众反映的海港区道南片区交通出行不便以及道南片区的发展建设等问题，市委书记孟祥伟到道南片区实地调研、现场办公。孟祥伟强调，民有所呼我有所应，要用最短时间解决群众交通不便的问题，12平方千米的道南将是秦皇岛风景、底蕴、特色、文明的集中展示区。希望全市干部群众以"深实严细久"为标准，把每一年都建成秦皇岛发展历史上的丰碑，用一座座丰碑托起城市的美好未来。市委常委、秘书长李国勇，市委常委、海港区委书记冯国林，副市长李春，以及规划、建设、城管、交警等部门负责同志一同调研。

25日，中国共产党秦皇岛军分区第六次代表大会召开。会议审议通过了军分区五届党委、纪委工作报告，选举产生军分区第六届党的委员会和新一届纪律检查委员会,选举军分区出席省军区第十二次党代表大会的代表,明确今后五年的发展目标。在秦皇岛军分区六届一次全会上,选举产生军分区六届党委常委、第一书记、书记、副书记。市委书记孟祥伟当选为秦皇岛军分区六届党委第一书记;秦皇岛军分区政委王景田当选为军分区六届党委书记;秦皇岛军分区司令员靳术群当选为军分区六届党委副书记。

26—27日,省军区政治工作局副主任王厚恩率省级双拥模范城(县)创建工作考评组对秦皇岛市创建新一届河北省双拥模范城进行检查验收。市委常委、副市长陈峰,秦皇岛军分区政委王景田、副司令员周世斌参加活动。考评组对秦皇岛市创建全省双拥模范城工作给予充分肯定,认为秦皇岛市党政军领导高度重视双拥工作,思路清晰,措施得力,双拥工作整体水平有了新的发展和提高。考评组希望秦皇岛市要着眼构建双拥工作的良好格局,以上带下激发全市各级做好双拥工作的热情和活力,使秦皇岛双拥工作再上新台阶。

## 10月

1日,市委常委、宣传部部长陈玉国就继续巩固创城成果,规范市场管理、社区管理和提升窗口行业服务水平等创城常态化工作进行现场督导检查。陈玉国一行先后来到世纪港湾家乐福超市、马坊市场、金龙胜境小区、中国移动建设大街营业厅等处进行检查,认真听取相关负责人的汇报。检查发现,市场环境保持干净,窗口单位热情、文明服务,整体情况良好。同时,对经营场所的安全状况进行了排查,严密防范安全事故的发生,确保群众度过欢乐、祥和的节日。陈玉国指出,要抓好巩固提升,切实加强对创建工作的总结,将好经验和好做法坚持下去,固化为长效机制,不断巩固和扩大创城成果。各级各部门要保持思想不松、标准不降、力度不减,继续保持创城工作的延续性,进一步提升创建工作水平。社区和创建单位要积极与各相关职能部门协调配合,各司其职,各负其责,共同提供良好的公共服务,切实增进群众福祉。

9日,本市召开全市领导干部大会,总结回顾前三季度重点工作,安排部署第四季度工作任务,动员全市各级总结经验、振作精神、再鼓干劲、乘势而上，在新的起点上以更高的标准、更严的要求、更实的工作，确保年度工作目标任务圆满完成，以优异成绩向党的十九大献礼。市委书记孟祥伟出席会议并讲话。孟祥伟强调，要通过对成绩的深入总结，不断获取更加宝贵的精神财富，将好经验、好机制、好作风弘扬开来，转化为推动秦皇岛发展的强大动力，夺取经济社会发展的更大胜利。市委副书记、市长张瑞书对前三季度重点工作进行总结，对第四季度工作进行部署。市委副书记田金昌主持会议。

10日，市委全面深化改革领导小组召开第十九次会议，传达贯彻省委全面深化改革领导小组第三十二次会议精神，审议有关改革文件，研究部署下一步改革工作。市委书记孟祥伟主持会议并讲话。会议学习全省群团改革工作座谈会精神，审议《秦皇岛市总工会改革方案》《共青团秦皇岛市委改革方案》《秦皇岛市妇联改革方案》和《秦皇岛市关于推进防灾减灾救灾体制机制改革的实施意见》。孟祥伟就做好下步改革工作强调三点意见：一是坚定信心决心，把全面深化改革不断引向深入；二是突出精准高效，确保各项工作取得预期成效；三是强化责任担当，形成共同推进改革的强大合力。

同日，市人大常委会召开进一步加强本市"人大代表之家"建设工作推进会。市人大常委会主任刘辰彦主持会议，市人大常委会副主任李忠田出席会议。刘辰彦指出，"人大代表之家"建设要坚持高标准、严要求，强弱项、补短板，充分发挥"人大代表之家"的功能，激发代表履职积极性，做到以三级代表为主体，五级代表都参加，保证家常用、代表常来、实事常办；要完善制度，建立长效机制，充分发挥"人大代表之家"的作用，进一步密切人大代表与人民群众的联系，提高代表工作水平，加强对代表履职的监督管理，进一步激发代表履职的积极性和主动性，使"人大代表之家"富有生命力、显示持久力。

12日，市委理论学习中心组举行集中学习会，围绕习近平总书记在省部级主要领导干部专题研讨班上的重要讲话精神这一主题进行学习交流。市委书记孟祥伟主持会议并讲话。孟祥伟强调，要深刻认识总书记重要讲话的重大意义，以推进"两学一做"学习教育常态化制度化为载体，引导广大党员干部切实把思想和行动统一到重要讲话精神上来，确保讲话精神入脑入心、见行见效,以旺盛的工作激情和奋发有为的精神状态,把秦皇岛各项工作干到最好,创造无愧于时代、无愧于人民、无愧于历史的新业绩。市委理论学习中心组全体成员围绕学习主题,结合思想和工作实际交流了学习体会。

同日,市委副书记、市长张瑞书带领城管局、规划局、林业局等市直部门及开发区管委负责同志来到栖云山,实地踏查省第二届园林博览会筹备和栖云山生态修复工程。踏查结束后,张瑞书在筹建指挥部会议室,详细听取园博会筹备建设和栖云山生态修复工程情况汇报,并针对存在的问题,同与会部门及项目单位负责人共同研究解决方案。

17日,在党的十九大召开前夕,北戴河区召开区委理论学习中心组(扩大)学习会,全区200多名机关干部利用一天时间,集中观看《不忘初心继续前进》七集政论专题片。市委副书记、北戴河区委书记田金昌出席会议。田金昌强调,在党的十九大召开之前,举行区委理论学习中心组(扩大)学习会议,集中观看《不忘初心继续前行》政论专题片,目的就是迎接党的十九大胜利召开,更好地理解十九大精神、学习十九大精神、贯彻十九大精神。全体与会人员要结合自身工作实际,认真思考我们是谁、我们从哪里来、我们怎么走等问题,深刻理解,明晰答案。在今后的学习工作中,牢记总书记系列重要讲话精神,增强对党、对中华民族、对北戴河未来发展的信心,不忘初心,勇立潮头,继续前进,走好我们这一代人的长征路。

18日,中国共产党第十九次全国代表大会隆重开幕。市委理论学习中心组(扩大)集中收听收看党的十九大开幕会,共同聆听习近平总书记代表第十八届中央委员会向大会作的报告。市委副书记、市长张瑞书强调,全市党员干部和广大群众要牢固树立政治意识、大局意识、核心意识、看齐意识,更加紧密团结在以习近平同志为核心的党中央周围,把思想和行动统一到党的十九大精神上来,把智慧和力量凝聚到实现十九大确定的各项任务上来,统筹推进"五位一体"总体布局和协调推进"四个全面"战略布局,贯彻新发展理念,为本市贯彻落实十九大精神、决胜全面建成小康社会作出新的贡献。

20—21日,教育部副部长孙尧带领财务司、职业教育与成人教育司以及北京、天津市教委负责同志，到教育部扶贫工作联系点——青龙满族自治县调研，详细了解脱贫工作开展情况，帮助协调解决存在的重点、难点问题，助力该县脱贫攻坚。市委副书记、市长张瑞书以及省教育厅副厅长贾海明陪同调研。

23日，市委常委、组织部部长、统战部部长刘文萍到昌黎县马坨店乡郑林子村、马坨店村等处，实地调研后进村整顿转化等工作。刘文萍强调，驻村工作组要与村"两委"班子相互支持，相互配合，拧成一股绳，紧密结合村情实际，精准确定发展路径。"说给群众看，不如带着群众干"，要充分发挥共产党员的先锋模范作用，引导有能力的党员带头致富，不断提高党员致富带富能力。要坚持"三会一课"制度，充分利用村"两室"开展好党员活动，切实发挥党组织的战斗堡垒作用。要确保村"两委"班子换届工作依法、公开、有序、规范，利用换届契机，选优配强村"两委"班子，进一步增强党的凝聚力、战斗力和领导力、号召力。

24日，全省集中整治"一区三边"违法建设工作调度会在本市召开。副省长张古江，省政府副秘书长吴立芳，省住房和城乡建设厅厅长曹汝涛，市委副书记、市长张瑞书出席会议。张古江强调，要站在学习贯彻党的十九大精神、践行新时代中国特色社会主义思想的高度，对集中整治"一区三边"违法建设工作进行再思考、再认识、再审视，抢抓机遇、加快进度，集中优势兵力打"歼灭战"，确保全年任务圆满完成。市委常委、常务副市长薛永纯汇报了本市集中整治违法建设情况。市领导田金昌、陈峰、冯国林、李春出席会议或参加相关活动。

26日，市委书记孟祥伟主持召开市委常委会（扩大）会议，传达学习党的十九大精神，部署本市学习、宣传、贯彻党的十九大精神工作。孟祥伟强调，全市各级各部门要深入学习、认真领会、全面准确把握党的十九大精神。要把学习、宣传、贯彻党的十九大精神作为首要的政治任务，用习近平新时代中国特色社会主义思想武装头脑。

同日，市委召开全市领导干部大会，传达学习党的十九大和十九届一中全会精神，安排部署全市学习、宣传、贯彻党的十九大精神工作。市委书记孟祥伟主持会议并讲话。孟祥伟强调，要深刻认识和领会党的十九大精神，在全市上下迅速兴起学习、宣传、贯彻的热潮，把大会确定的指导思想、奋斗目标和工作任务转化为广大干部群众的共识共为，奋力推动秦皇岛又好又快发展。要深刻认识和领会党的十九大精神。深刻认识和领会党和国家事业取得的历史性成就、历史性变革。要切实把党的十九大精神落到实处。贯彻落实党的十九大精神，必须紧密结合秦皇岛实际，把大会确定的指导思想、奋斗目标和工作任务迅速转化为广大干部群众的共识共为，奋力推动秦皇岛又好又快发展。要在落实党的十九大精神中找准定位。

## 11月

3日，全市农村党组织"夺旗争先"活动现场观摩会在卢龙县召开。市委常委、组织部部长、统战部部长刘文萍出席会议并讲话。刘文萍强调，要切实强化乡镇党委主体责任，理清思路，明确目标，扎实推进村"两委"换届、后进村整顿转化、"夺旗争先"活动等农村基层党建各项工作。要切实增强管党治党意识，强化责任，加强督查，努力在抓好基层党建工作落实上下功夫、见成效，推动农村基层党建全面进步、全面过硬。

5日，为进一步深入学习、准确理解和全面把握党的十九大精神，本市举办学习宣讲党的十九大精神专题讲座。中央党校教育长、学位评审委员会主席罗宗毅以《新时代中国特色社会主义的政治宣言和行动纲领》为题，为全市县处级以上领导干部讲解了党的十九大报告的基本精神及核心要义。市委书记孟祥伟主持讲座。市委常委，市人大常委会、市政府、市政协领导班子成员，全市县处级以上领导干部1300多人聆听讲座。

7日，市委书记孟祥伟到北戴河区宣讲党的十九大精神，调研"双违"集中整治和气代煤、地源热泵供热采暖情况。宣讲"一竿子插到底"，北戴河区各镇与街道党委书记、村党支部书记和区直单位负责同志聆听了宣讲。孟祥伟强调，要以习近平新时代中国特色社会主义思想武装头脑，牢牢把握我国社会主要矛盾已经转化为人民日益增长的美好生活需要和不平衡不充分的发展之间的矛盾，结合北戴河工作实际，努力在学习上走在前列，进一步解放思想，以更加优良的工作作风促进各项工作上水平，推动北戴河又好又快发展，让人民群众有更多获得感、幸福感。市领导田金昌、李国勇、孙国胜、李春分别参加相关活动。

8日，本市召开新型城镇化暨县城建设观摩推进会。市委副书记、市长张瑞书出席会议并强调，各级各部门要切实提高对新型城镇化工作的认识和站位，正视不足，强化举措，坚持以新理念引领新发展，把握新型城镇化的内在规律和逻辑，扭住关键环节，发挥个性优势，努力走出一条具有秦皇岛特色的新型城镇化道路，为经济社会健康发展提供持久动力。市领导田金昌、薛永纯、陈峰、冯志永参加现场观摩会。

9日，市委书记孟祥伟在青龙满族自治县隔河头镇界岭村、董杖子村、大梨园村、大森店村，自己的扶贫联系点草碾乡高庄村，调研基层组织建设、后进村整顿转化及脱贫攻坚工作，宣讲党的十九大精神。

同日，市委副书记、北戴河区委书记田金昌以"学习党的十九大精神，深刻认识'新时代'"为主题，为市直分管部门班子成员以及全区县级领导干部、区直单位主要负责人、新提拔的领导干部和区十九大精神基层宣讲团成员讲授一堂精彩生动、别开生面的党课。

10—11日，市委副书记、市长张瑞书带领相关部门和四个城市区政府主要负责同志，以及部分企业家和义乌兵后裔代表，到浙江义乌进行考察交流，就进一步拓展两市商贸合作进行恳切座谈。副市长冯志永主持座谈会，并代表本市与义乌市签订战略合作协议，市政协副主席、工商联主席裴晓鹏代表市工商联与义乌市工商联签订友好商会协议，张瑞书和义乌市委书记盛秋平分别致辞，双方企业家代表进行了沟通对接。

14日，市委召开常委会会议，学习习近平总书记在会见全国社会治安综合治理表彰大会代表时的讲话，学习省委书记王东峰在省委常委会（扩大）会议上的讲话精神，研究本市贯彻落实意见。市委书记孟祥伟主持会议并讲话。孟祥伟强调，当前，结合秦皇岛实际，要着力做好九个方面工作，一是按照习近平总书记对河北工作的指示精神，让新发展理念在各项工作中得到充分体现，以崭新业绩拥抱新时代；二是要将学习宣传贯彻党的十九大精神推向深入，学懂弄通做实；三是抓住重要的历史性窗口期，加快推动秦皇岛融入京津冀协同发展的进程；四是学习借鉴雄安新区建设、张家口协办冬奥的运营模式和理念，积极参与其中，作出秦皇岛的贡献；五是深化供给侧结构性改革，市委将逐个县区"对账要账"；六是进一步加强生态文明建设，深化举措，维护发展好秦皇岛的核心竞争力；七是扎实做好精准扶贫精准脱贫，重点难点都在青龙；八是抓好安全稳定，着力在解决具体问题上下功夫，不做左支右绌的"裱糊匠"，做实际困难的终结者；九是进一步加强领导班子和干部队伍建设。

15日，"河北省外国院士工作站"揭牌仪式在北戴河新区举行。省委组织部副部长、省人力资源与社会保障厅厅长王亮在仪式上讲话，并与市委书记孟祥伟共同为"工作站"揭牌。索米克集团首席医疗官沃尔夫冈·伦茨博士，市委副书记、市长张瑞书分别致辞。市委常委、常务副市长、北戴河新区工委书记薛永纯主持仪式。省外国专家局局长王仲群，市委常委、组织部部长刘文萍，市委常委、秘书长李国勇参加仪式。

17日，中央文明委隆重召开全国精神文明建设工作表彰大会。市委书记、市文明委主任孟祥伟代表秦皇岛市参会，受到习近平总书记的亲切接见，并登台领取了"全国文明城市"奖牌。

21日，由中国煤炭工业协会主办，中国煤炭运销协会、河北港口集团公司承办的2018年度全国煤炭交易会在本市开幕。国家发展和改革委员会副主任连维良，中国煤炭工业协会会长王显政，副省长王晓东，市委副书记、市长张瑞书等有关领导出席开幕仪式。

同日，市人大常委会主任刘辰彦到扶贫联系村青龙满族自治县青龙镇龙潭村，面对面向农村党员干部和群众宣讲党的十九大精神，实地查看扶贫产业项目进展情况，入户走访慰问贫困户和"圆梦助学"帮扶对象家庭，为他们送去慰问金和米面油等生活用品。

22日，全市县级干部学习党的十九大精神轮训班在市委党校正式开班。市委常委、组织部部长、统战部部长刘文萍作开班动员讲话，并以《以十九大精神为统领奋力开创党的建设工作新局面》为题作专题辅导讲座。各县区、市直各单位和市管企业院校分管党建工作的200余名县级干部参加首批轮训。

25日，市政府召开全市水污染防治攻坚工作调度会。市委副书记、市长张瑞书出席并讲话。张瑞书强调，全市各级各部门要统一思想，提高认识，高度重视水污染防治工作，按照2017年度水污染防治工作方案重点任务责任分工，各司其职，协调联动，确保各项防治工作各项任务圆满完成，确保市域内水流水质明显好转，坚决打赢水污染防治攻坚战。

27日，在全省深化国家监察体制改革试点工作动员部署电视电话会议结束之后，本市立即召开会议，就贯彻落实中央和省委部署进行安排。市委书记孟祥伟强调，要强化政治自觉和责任意识，把思想和行动统一到中央、省委部署上来，以最强的纪律约束保证改革目标顺利实现。市领导闫五一、刘文萍、刘新宏、李国勇、李春出席会议。

## 12月

5日，本市召开重点工作大督查动员部署会。市委书记孟祥伟强调，要充分认识大督查工作的重要意义，以习近平新时代中国特色社会主义思想武装头脑，深入调查研究，牢固树立问题导向，突出服务意识，开启建设沿海强市、美丽港城和国际化城市新征程。省第四督查组组长、省农业厅副厅长张强出席会议，并传达全省重点工作大督查动员部署会议精神。会议由市委副书记田金昌主持。市委常委、常务副市长薛永纯宣读《关于开展全市重点工作大督查的意见》。市委常委、组织部部长刘文萍宣读各督查组组长、副组长名单及任务分工。市领导刘新宏、李国勇出席会议。

7—8日，省委书记王东峰在秦皇岛市调研检查。王东峰先后考察秦皇岛港西港区和东港区、中信戴卡有限公司、北大未名国际康养中心，深入了解港口转型和新兴产业发展情况；到北戴河区育花路社区入户走访党员群众，宣讲党的十九大精神；考察北戴河环境整治和南戴河近岸海域综合治理情况。王东峰强调，秦皇岛市要深入学习宣传贯彻党的十九大精神，全面落实习近平总书记对河北工作的一系列重要指示，牢牢把握历史性窗口期和战略性机遇期，拼搏奋进，创新发展，努力把秦皇岛建成一流的国际旅游城市。

10日，受市委书记孟祥伟、市长张瑞书的委托，市委常委、组织部部长、统战部部长刘文萍，副市长孙国胜带领市直有关部门负责同志来到燕山大学，看望慰问成功当选中国科学院院士的燕山大学材料科学与工程学院博士生导师田永君教授。田永君教授在超硬材料的研究上作出创造性贡献，并设计出一系列超硬晶体。

17日，本市召开创建国家森林城市暨森林防火工作会议。市委书记孟祥伟出席会议并讲话。张瑞书强调，要站在贯彻落实党的十九大精神的高度来看待创建国家森林城市工作，始终坚持问题导向，坚决打赢创建国家森林城市攻坚战，为子孙后代留下一片更大更好更美的绿荫。市委副书记、市长、市创建国家森林城市专项工作组组长张瑞书出席会议，并就创建国家森林城市和森林防火工作进行了部署安排。市领导陈玉国、杨铁林、赵景阳出席会议。会议由市委副书记田金昌主持。

19日，山海关中法文化主题公园项目签署合作框架协议。法国PuyDuFou董事局主席尼古拉斯·德·威廉，浙江永昌乐地旅游发展有限公司董事长赵勇强，市委书记孟祥伟，市委副书记、市长张瑞书出席签约仪式，大家就共同关心的项目推进问题进行深入细致交流和洽谈。洽谈会由市委常委、副市长陈峰主持。市委常委、秘书长李国勇出席。

同日，市政府与国网冀北电力有限公司签署《"十三五"电网发展战略合作协议》。市委书记孟祥伟出席签约仪式。孟祥伟指出，合作协议的签署是贯彻落实党的十九大精神、推动实现高质量发展的具体行动，标志着秦皇岛与国网冀北电力的合作达到新的高度。

27日，市委副书记、市长张瑞书会见北京东亚新华投资有限公司董事长张志铭，ENTERCHINA创始人兼董事长、INFI主席、以色列高新产业协会联席主席埃雷兹一行，就加强双方合作进行会谈。张瑞书首先向嘉宾介绍本市的经济社会发展情况。张瑞书表示，当前，秦皇岛正以党的十九大精神为引领，着力深化改革，搭建优质平台，建立健全充满活力、富有效率、更加开放的体制机制，竭诚为钟情于秦皇岛的朋友们打造最好的营商环境，奋力开创新时代建设沿海强市、美丽港城和国际化城市新局面。

28日，石家庄股权交易所2017年秦皇岛企业专场挂牌仪式在本市举行，秦皇岛市新锐管业股份有限公司、青龙满族自治县鑫农源果菜开发股份有限公司等10家秦皇岛企业在石家庄股权交易所成功挂牌上市。至此，本市挂牌上市企业总数已达到72家。市委副书记、市长张瑞书，市委常委、副市长陈峰，石家庄股权交易所党委书记刘从庆等出席挂牌仪式。

29日，海港区教育集团成立大会暨揭牌仪式在市第七中学西校区举行，标志着本市基础教育改革迈出新步伐、进入新阶段、走上新台阶。市委副书记、市长张瑞书，市委常委、海港区委书记冯国林出席会议，并为成立的第七中学集团、第十六中学集团等4个教育集团揭牌。

# 2018年

## 1月

4日，市委副书记、市长张瑞书主持召开全市医改领导小组扩大会议，听取市医改办对全市医改工作的汇报，研究讨论《秦皇岛市现代医院管理制度实施方案》《秦皇岛市公立医院绩效考核管理办法》《秦皇岛市乡镇卫生院社区卫生服务中心标准化建设实施方案》等6个医改相关配套文件。张瑞书指出，要树立问题导向，聚焦重点难点，在启动医联体建设、深化公立医院改革、落实分级诊疗制度、推进医保支付方式改革等领域拿出真招实举，推动医药卫生体制机制改革关键领域取得新突破。市领导薛永纯出席会议并提出具体意见。

同日，全市扶贫领域腐败和作风问题专项治理工作会议召开。市委常委、组织部部长、统战部部长、市专项治理工作领导小组组长刘文萍强调，深入开展扶贫领域腐败和作风问题专项治理，是贯彻落实习近平总书记重要指示的实际行动，是履行党对人民庄严承诺的重大政治责任，必须站在政治和全局的高度，深刻认识做好这项工作的重大意义，切实把思想和行动统一到中央、省委、市委精神上来，打赢专项治理攻坚战，确保精准扶贫取得圆满成功。

11日，中国共产党秦皇岛市第十二届委员会第二次全体会议召开。全会深入学习贯彻党的十九大精神、中央经济工作会议精神，全面贯彻落实省委九届五次、六次全会和省委书记王东峰来秦调研讲话精神，总结2017年以来工作，对2018年和今后一个时期的经济社会发展作出部署。出席全会的有市委委员53人、市委候补委员12人。全会由市委常委会主持。市委书记孟祥伟，市委副书记、市长张瑞书讲话。全会审议通过《中共秦皇岛市委关于深入学习宣传贯彻党的十九大精神奋力开创新时代全面建设沿海强市美丽港城和国际化城市新局面的决定》《中国共产党秦皇岛市第十二届委员会第二次全体会议决议》。全会强调，要牢牢把握高质量发展的根本要求，推动秦皇岛经济社会发展迈上更高层级。2018年要做好10个方面的重点工作：一是抓发展首先要抓住经济建设这个中心；二是坚定不移推动高质量发展，满足人民日益增长的美好生活需要；三是建设一流国际旅游城市；四是坚持港城融合、以城定港，推动港口转型；五是加快推进生态文明建设；六是全面深化改革，激发发展活力；七是加快形成全面开放新格局；八是大力实施乡村振兴战略；九是巩固提升全国文明城市创建成果；十是保障改善民生，加强社会治理。

12日，市委副书记、市长张瑞书主持召开市长办公会议，专题研究《秦皇岛市城市总体规划（2016—2035）》的综合交通、环保和重大市政基础设施等专项规划。

21日，为推动河北省信息化建设及智慧产业可持续发展，助力秦皇岛市智慧城市、大数据新型经济产业发展建设，河北广电信息网络集团股份有限公司与北京中电兴发科技有限公司合作项目签约活动在秦皇岛经济技术开发区举行。市委副书记、市长张瑞书代表市政府与河北广电网络集团签订《关于发展云计算与大数据产业的战略合作框架协议》。河北广电网络集团与北京中电兴发科技有限公司签订《河北广电智慧产业数据中心暨新型智慧城市建设合作框架协议》。

24日，市委、市政府提出《关于深化生态立市发展战略的实施意见》。走进生态文明新时代，建设国家生态文明先行示范区、京津冀城市群生态标兵城市，必须深入实施生态立市发展战略，以此为基础，统筹推进产业强市、开放兴市、文明铸市发展战略，为建设沿海强市、美丽港城和国际化城市提供坚强生态保障。

24—26日，由国家质检总局质量管理司副司长王海东，中国管理科学学会副会长、专家组组长李怀林，河北省质监局副局长刘朝申等组成的创建"全国质量城市示范城市"国家验收组就秦皇岛市创建"全国质量城市示范城市"工作进行验收考察。期间，国家验收组主持召开创建工作汇报交流会，听取市委副书记、市长张瑞书代表市政府就秦皇岛市创建工作情况所作的专题汇报；召开市民代表座谈会；实地考察海湾安全技术有限公司、在水一方住宅小区、中冶玉带湾小区、中铁山桥集团有限公司、第一关旅游发展有限公司5个示范点，查验核实秦皇岛市创建"全国质量强市示范城市"相关工作成效和质量发展情况。在反馈交流会上，李怀林对秦皇岛市相关创建工作给予充分肯定，并就下一步质量工作提出建议。

## 2月

1日,北戴河区监察委员会正式挂牌成立。这是秦皇岛市首家挂牌成立的县级监察委员会,标志着秦皇岛市全面推进国家监察体制改革试点工作迈出关键性一步。市委副书记、北戴河区委书记田金昌等为"秦皇岛市北戴河区监察委员会"挂牌。

5—8日,政协秦皇岛市第十三届委员会第二次会议在市工人文化宫召开。会议应出席委员335名,实际出席321名。市委书记孟祥伟到会祝贺并讲话,强调新时代的人民政协,天地广阔,大有可为,一要贯彻新思想,确保正确航向;二要紧扣新征程,汇聚发展合力;三要抓住新矛盾,积极献计出力;四要落实新要求,抓好自身建设。大会审议通过政协秦皇岛市第十三届委员会第二次会议政治决议、政协秦皇岛市第十三届委员会第二次会议关于常务委员会工作报告的决议、政协秦皇岛市第十三届委员会第二次会议关于常务委员会十三届一次会议以来提案工作情况报告的决议、政协秦皇岛市第十三届委员会第二次会议提案审查委员会关于提案审查情况的报告。会议期间,委员们列席市人大十四届三次会议的两次全体会议,听取和讨论政府工作报告及其他各项报告。市政协主席郝占敏主持闭幕会并讲话。

6—9日,秦皇岛市第十四届人民代表大会第三次会议在市工人文化宫召开。会议应出席代表339名,实际到会代表315名,符合法定人数。大会表决通过关于议案审查情况的报告,表决通过关于秦皇岛市人民政府工作报告的决议、关于秦皇岛市2017年国民经济和社会发展计划执行情况与2018年国民经济和社会发展计划的决议、关于秦皇岛市2017年预算执行情况和2018年预算的决议、关于秦皇岛市人民代表大会常务委员会工作报告的决议、关于秦皇岛市中级人民法院工作报告的决议、关于秦皇岛市人民检察院工作报告的决议、关于加快推进全市旅游业转型升级的议案的决议。市委书记孟祥伟在完成大会各项议程后讲话。孟祥伟说,奋力走好新征程,一是要政治坚定、对党忠诚;二是要聚焦发展、提质增效;三是要干在当下、担当落实。四是要服务群众、依靠群众。市人大常委会主任刘辰彦主持开幕、闭幕会。根据《秦皇岛市实施宪法宣誓制度办法》规定,新当选的秦皇岛市监察委员会主任刘新宏同志向宪法宣誓。

10日，市监察委员会正式挂牌成立，标志着秦皇岛市国家监察体制改革试点工作迈出坚实步伐，党风廉政建设和反腐败工作进入新阶段。市监察委员会以机构、职数、编制"三个不增加"为前提，先后撤销市监察局和市检察院反贪、反渎、职务犯罪预防等部门，共划转编制41名，转隶干部29名。市监察委员会成立后，实行纪委、监察委合署办公，执纪监督部门总数达到17个，占内设机构总数的74%。市委书记孟祥伟，市委常委、市纪委书记、市监察委员会主任刘新宏共同揭牌。市委常委、秘书长李国勇出席揭牌仪式。

同日，市委常委会召开2017年度民主生活会，以认真学习领会习近平新时代中国特色社会主义思想、坚定维护以习近平同志为核心的党中央权威和集中统一领导、全面贯彻落实党的十九大决策部署为主题，对照党章、对照中央要求、对照初心使命，进行自我检查、党性分析，认真开展批评和自我批评，严肃党内政治生活，不断增强市委班子和市委常委发现和解决自身问题的能力。省委常委、统战部部长高志立到会指导。市委书记孟祥伟主持会议并作表态发言。市委副书记、市长张瑞书，市委常委参加会议。市人大常委会主任刘辰彦，市政协主席郝占敏列席会议。省委督导组组长周科英出席会议。会议还邀请省第九次党代会代表刘莹、李长江列席。

2月24日—3月1日，为深入贯彻落实省委九届六次全会精神和王东峰书记、许勤省长在秦皇岛调研时的重要指示要求，加快秦皇岛市产业优化调整和港口转型升级，推进一流国际旅游城市、自由贸易港建设，推动形成全面开放新格局，市委副书记、市长张瑞书率市商务局、秦皇岛经济技术开发区、北戴河新区、山海关区、卢龙县负责同志，赴泰国、新加坡开展系列招商考察活动。期间，张瑞书一行先后拜访泰国正大集团董事长谢吉人、新加坡丰益国际集团董事长郭孔丰、鹏瑞利置业集团首席执行官潘锡源、茂瑞通国际董事长万永兴以及南洋五矿、莱佛金属、麦格理商品市场等11家世界500强和知名跨国公司高层，分别向他们介绍秦皇岛市经济社会发展情况以及产业转型升级方向和建设一流国际旅游城市与自由贸易港的目标。泰国正大集团总投资1.5亿美元的山海关正大食品二期项目，总投资10.2亿美元的卢龙正秦畜牧科技公司肉鸡项目；新加坡丰益国际集团总投资 6.1 亿美元的山海关长城康养小镇项目，总投资额 1.5 亿美元的大豆组织蛋白、分离蛋白等食品精深加工项目；新加坡鹏瑞利置业集团投资的北戴河新区医疗康养项目等一批重大项目取得实质性进展。招商考察团还对泰国的旅游项目、新加坡国际港务集团（PSA）集装箱码头、滨海湾邮轮母港、圣淘沙游艇码头、大宗商品交易市场及城市建设等进行专题考察。

25 日，秦皇岛市召开 2017 年度县（区）委书记、市委各工委书记抓基层党建工作述职评议会议。市委书记孟祥伟主持并讲话。市委常委、组织部部长、统战部部长刘文萍通报全市基层党建工作专项检查情况。各县区委书记、市委各工委书记就 2017 年度基层党建工作进行述职，市领导田金昌、刘文萍、刘新宏分别进行点评。市委常委，市人大常委会主任，市政协主席，市委党的建设工作领导小组成员出席会议。

## 3 月

1 日，秦皇岛市召开 2018 年"双创双服"活动推进会，就《秦皇岛市 2018 年"双创双服"活动实施方案》（征求意见稿）中提出的重点工作任务、完成目标和责任分工进行讨论，并提出修改意见。市委常委、常务副市长薛永纯出席会议并提出要求。《秦皇岛市 2018 年"双创双服"活动实施方案》（征求意见稿）遵循省《实施意见》安排要求，根据省定 20 项工程总体安排，结合市政府确定的 2018 年为民实事十大工程，确定本市 2018 年"双创双服"活动以"创新、强企、解难、惠民"为主题，以培育市场主体和创新创业平台为重点提升"双创"支撑力，以服务企业、服务项目为重点服务发展，以实施 22 项惠民利民工程为重点服务民生，以 6 个专项行动为重点优化营商环境。

12—14 日，市领导孟祥伟、田金昌、刘辰彦、郝占敏、薛永纯、李国勇、冯国林、孙国胜、李春等，省第四督查组组长张强，各县区、开发区、北戴河新区及市直部门负责同志组成观摩组，利用 3 天时间，对所辖各县区、开发区、北戴河新区的 51 个重点产业项目进行现场观摩。观摩结束后，召开项目观摩总结暨"双创双服"工作推进会议。市委书记孟祥伟，省第四督查组组长张强，市委常委、常务副市长薛永纯分别讲话。孟祥伟强调，要牢牢抓住发展这个执政兴国第一要务，以新发展理念推动项目建设，扑下身子狠抓落实，既要做好打基础、利长远的工作，又要以时不我待的紧迫感敢抓敢抢敢拼，以项目建设新热潮推动全市经济实现高质量发展，为新时代建设沿海强市、美丽港城和国际化城市提供有力支撑。昌黎、卢龙、山海关和市发改委负责同志就推进"双创双服"、加强项目建设、优化营商环境、增强要素保障作表态发言。

14日，市委常委、组织部部长、统战部部长刘文萍主持召开全市村（社区）"两委"换届准备工作推进会议，传达学习全省村（社区）"两委"换届准备工作推进会议精神。市综治办、市农业局、昌黎县、卢龙县刘田庄镇4个单位作表态发言，市民政局、市公安局负责同志分别就做好村（社区）换届和扫黑除恶工作提出具体意见。

28日，秦皇岛博物馆项目正式开工建设。在此期间，展陈大纲编写、布展方案设计、文物征集工作同步展开。

同日，秦皇岛市召开2018年度旅游旺季准备工作会议，研究需要市级层面协调解决的问题。会议强调，做好今年的旅游旺季工作，要全面贯彻党的十九大精神，坚持以习近平新时代中国特色社会主义思想为指引，站在新的历史起点上实现新的跨越。一是围绕"全年化、日常化、正常化、网格化"理念，夯实基层基础；二是围绕"科学化、创新化、品牌化"思路，在精准、精细、精彩上下功夫；三是以旅游旺季为"试卷"，检验各项工作，努力推动秦皇岛迈上新台阶。

31日，秦皇岛市与北控集团污水污泥处理PPP（政府和社会资本合作）项目正式签约。该项目是河北省首个将设区市污水污泥处理项目整体打包签约的PPP项目，标志北控集团和秦皇岛实现污水污泥处理领域战略合作。市委副书记、市长张瑞书，北控集团总经理侯子波，市委常委、常务副市长薛永纯，副市长、公安局局长李春出席签约仪式。

同月，秦皇岛市被国家质检总局正式命名为"全国质量强市示范城市"，成为河北省首个获此殊荣的城市，示范期为今年3月至2021年3月。目前本市拥有中国质量奖提名奖1项，省政府质量奖12项、提名奖4项，市政府质量奖10项；河北省名优产品123项，有效注册商标13237件，"秦皇岛制造"的竞争力和品牌价值不断提升。

## 4月

4日，市政府召开2018年大气、水、土壤污染防治攻坚行动动员会。会议通报2017年全市空气、水、土壤质量状况，安排部署2018年三项攻坚行动。

10日，市委副书记田金昌带领市委办公厅、市大督查办公室及市水务局、市环保局、市农业局等部门相关负责同志实地踏查滦河。田金昌强调，实行河长制、综合治理滦河是为了让河流水质良好、生态优美，但最终目的还是在保护生态的基础上，让绿水青山变成金山银山，不仅创造生态效益，也要创造社会效益和经济效益。省第四督查组组长、省农业厅副厅长张强受邀一同踏查，对秦皇岛市构建河长制管理体系，不断加大滦河生态综合整治力度给予充分肯定。

13日，由省政府主办，省住房和城乡建设厅、市政府、河北港口集团有限公司和中国城市规划学会承办的"为美丽河北而规划设计——'河港杯'首届河北国际规划设计大师邀请赛"在秦皇岛市举行新闻发布会。省住房和城乡建设厅厅长康彦民，市委副书记、市长张瑞书，市委常委、常务副市长薛永纯出席。本次大师邀请赛以"秦皇岛百年老港转型复兴"为主题，邀请中国工程院院士何镜堂领衔团队等六组国际国内顶尖大师团队，挖掘秦皇岛资源优势，对标国际一流旅游城市，提出西港区乃至秦皇岛市转型发展的新模式。

16日，河北银行业支持秦皇岛经济发展座谈会举行。河北省银监局党委书记、局长李明肖，市委书记孟祥伟出席。市委副书记、市长张瑞书主持。座谈会共签订战略合作协议总金额1280亿元，项目融资贷款298.8亿元，是秦皇岛市有史以来签署合作协议金额最多、项目涵盖行业范围最广的一次金融会议。

17日，为深入贯彻党的十九大精神，认真落实习近平总书记关于进一步纠正"四风"、加强作风建设重要批示指示精神，坚决克服"四风"特别是形式主义、官僚主义问题，中共秦皇岛市委常委会全体成员向全市人民作出带头树牢"四个意识"、带头强化理论武装、带头开展调查研究、带头密切联系群众、带头强化担当精神、带头坚持艰苦奋斗、带头改进会风文风、带头树立正确用人导向、带头维护班子团结、带头严守纪律规矩等十项公开承诺。

22—23日,全市"双创"高端人才主题培训暨创业季活动在市委党校举行。市委常委、组织部部长、统战部部长刘文萍出席开幕式并致辞。本次活动邀请4位知名创新创业专家作主题报告,举行对话创业英雄、首届金北创新创业大赛决赛等特色活动,来自全市各众创空间、各类孵化器、各相关部门负责人及创业代表、各学校有创业意向的应届毕业生代表200余人参加活动。

23日,市委、市政府对2017年度空气质量改善目标未完成、存在问题较多的昌黎县和海港区进行公开约谈。昌黎县、海港区分别就区域环境空气质量主要指标不降反升,未完成2017年度下达的空气质量改善目标任务,向市委、市政府作出深刻检讨。

25—26日,秦皇岛·2018京津冀知名企业家交流恳谈会期间,市委副书记、市长张瑞书,市委常委、常务副市长薛永纯,副市长冯志永、廉茹艳带领发改、商务、工信等市直部门和相关县区负责同志,分别拜访佳龙投资集团、中国通用技术(集团)控股有限责任公司、北京威卡威汽车零部件股份有限公司、首钢集团、清华大学医学院等9家企业及有关机构,详细了解企业机构发展需求,有针对性推介秦皇岛市资源优势,力促洽谈意向项目早日签约、签约项目早日落地。

28日,市委书记孟祥伟到北戴河区围绕实现高质量发展进行专题调研。孟祥伟强调,北戴河要把学习习近平新时代中国特色社会主义思想放在首要位置,在指导实践、推动工作中感受马克思主义中国化最新理论成果的真理力量,按照省委九届七次全会要求,对标对表雄安新区,强化"千年大计"理念,以党员干部的作风突破实现发展突破,建成高质量发展的标杆城市。市委副书记、北戴河区委书记田金昌,市发改、规划、城管、水务、旅游委、国土、海洋和渔业等部门主要负责同志参加调研。

30日,省委书记、省人大常委会主任王东峰在秦皇岛市调研检查。王东峰强调,要深入学习贯彻习近平新时代中国特色社会主义思想和党的十九大精神,坚持以人民为中心的发展思想,深入推进秦皇岛市港口转型升级,大力发展旅游业,努力打造环境优美、海蓝地绿的国际旅游港。省领导董仁生、童建明、刘凯参加调研检查。

同月，国务委员、公安部部长赵克志签署命令，给秦皇岛港公安局"大连万鸿系列合同诈骗案"专案组记集体一等功。专案组经过16个月的艰苦奋战，彻底查清了大连万鸿石油化工有限公司控股人通过伪造第三方公司印章、制作虚假协议等手段，骗取全国6家大型企业资金累计4.75亿元的犯罪事实。一举抓获犯罪嫌疑人3名，挽回经济损失近1.2亿元。

同月，秦皇岛市兴龙轮毂有限公司的SINOLION及图商标被国家工商总局商标局认定为驰名商标，这是本市的第12件驰名商标。

## 5月

2日，丰益国际集团总裁、益海嘉里集团董事长郭孔丰一行在秦皇岛市考察。市委书记孟祥伟，市委副书记、市长张瑞书分别与郭孔丰一行座谈，双方就加强政企合作、实现共赢，推进北戴河一站式国际康养示范区、海碧台、长城康养小镇、千亿级粮油食品加工产业园区等项目深度合作事宜进行广泛交流。在张瑞书陪同下，郭孔丰一行实地考察调研北戴河新区、海港区、山海关区和开发区东区，就北戴河一站式国际康养示范区项目、海碧台一期项目建设和二期项目规划设计进展情况、秦皇岛火车站北广场项目、长城康养小镇项目、千亿级粮油食品加工产业园区项目，以及大豆浓缩蛋白、稻米油、豆浆粉等系列项目建设情况。

3日，市委副书记、市长张瑞书查看河北省第二届园博园项目施工现场，了解各项工程的进展情况后，主持召开园博会筹备工作现场会，听取园博会筹备工作进展情况和总体安排以及《河北省第二届（秦皇岛）园博会开幕式暨国际风景园林与绿色发展论坛总体组织方案》等情况汇报。张瑞书强调，当前，园博会筹备工作已经进入冲刺攻坚阶段，各级各相关部门要进一步提高思想认识，发扬创城精神、旅发速度、暑期标准，进一步梳理、细化各项筹备任务，按照精致、细致、极致的要求，精心组织，周密安排，确保园博会办得精彩、办出特色。张瑞书还就栖云山生态修复、园博园周边环境整治、周边建筑改造提升等工作进行安排部署。

12日，省委书记、省人大常委会主任王东峰就深入推进生态文明建设在秦皇岛市调研检查。王东峰强调，要坚持以习近平新时代中国特色社会主义思想为指导，认真贯彻落实党的十九大精神，牢固树立社会主义生态文明观，坚持以人民为中心的发展思想，努力创造清洁优美的旅游环境。省领导董仂生、童建明、刘凯参加调研检查。

16日，市委召开全市领导干部警示教育暨三项重点工作整改"回头看"工作会议，坚持以习近平新时代中国特色社会主义思想为指导，深入贯彻党的十九大精神和中纪委二次全会精神，落实全省领导干部政治性警示教育大会要求，以典型案例为反面教材，推动全面从严治党向纵深发展，确保中央和省委决策部署在秦皇岛落地见效。市委书记孟祥伟出席并讲话。市委副书记、市长张瑞书主持。省第四督查组组长张强，市委副书记田金昌，市人大常委会主任刘辰彦出席。市监委主任刘新宏通报2017年以来全市纪检监察机关严肃查处的典型案件。

同日，秦皇岛市召开全市旅游旺季准备工作第二次会议，研究各县区、各部门提出的需要市级层面协调解决的问题，努力在上年"历史最好"的基础上实现"好上加好"。市委书记孟祥伟强调，要树牢以人民为中心的发展思想，站在坚决当好首都政治"护城河"的高度，彻查整改一切风险隐患，为游客营造万无一失的安全环境、优美宜居的生态环境、文明靓丽的城市环境、和谐稳定的社会环境、宾至如归的服务环境，向中央、省委和数千万游客交出一份满意答卷。市委副书记、市长张瑞书主持会议。

21—22日，省委副书记赵一德在秦皇岛市调研扶贫工作，强调要深入学习贯彻习近平总书记扶贫开发战略思想，全面落实党中央和省委决策部署，紧紧围绕实现"两不愁三保障"，坚持以推进产业扶贫为着力点，把精准扶贫脱贫与加强生态建设有机结合起来，增强贫困地区造血功能，提高贫困群众收入水平，确保实现稳定可持续脱贫。

22日，市委副书记、市长张瑞书主持召开现场办公会议，与河北港口集团董事长曹子玉等就推动港口转型升级进行深入沟通交流。河北海事局局长翟久刚，市委常委、常务副市长薛永纯，副市长冯志永出席。河北港口集团汇报落实省委书记王东峰重要讲话精神，推动港口转型升级工作情况。与会领导和部门围绕港口转型升级的难点问题，逐一进行研究，现场协调解决。

27日，省委常委、省委组织部部长梁田庚在秦皇岛调研脱贫攻坚和基层党建工作。梁田庚对秦皇岛市脱贫攻坚工作开展情况给予充分肯定,强调当前脱贫攻坚已进入决战决胜的关键时期,各级党委政府要进一步强化责任、夯实基础,一鼓作气、同心同德,打好脱贫攻坚战,确保如期脱贫摘帽。市委常委、组织部部长、统战部部长刘文萍,副市长杨铁林陪同调研。

31日,由北京市文化投资发展集团有限责任公司党委书记、董事长周茂非带队,北京网元圣唐娱乐、北京文化科技融资、中铁亚太投资、北京尚巴文化、北京青年旅行社等多家北京知名文化创意企业负责人组成的考察团,在秦皇岛市考察国家语言文字推广基地、闯关东主题文化体验园、秦皇岛国际旅游港起步区一期和中俄文化产业园等项目,与本市领导就优势资源对接、文化创意产业发展等事宜进行深入交流,就影视拍摄基地、基础设施建设等领域开展务实合作达成共识。市委书记孟祥伟,市委副书记、市长张瑞书,市委常委、秘书长李国勇,副市长冯志永出席相关活动。

## 6月

2日,基于高精度陀螺加速度传感技术研发的全球首台EFR电梯预警救援车,在秦皇岛前景光电技术有限公司研发成功。经中国电梯协会、国家电梯质量监督检验中心及相关研究院所的专家对这项科技成果给予鉴定,认为该产品为全球首创,总体技术达到国际先进水平,填补国内外空白。

12日,市政府召开确保实现"双过半"目标任务调度会,分析当前经济形势,查找问题短板,找准对策措施,确保政府重点工作和各项经济指标实现时间任务"双过半",继续保持经济发展良好态势。市委副书记、市长张瑞书强调,各县区政府、各经济部门的主要负责同志要充分认识到肩上的责任和使命,以想作为的担当、敢作为的激情、善作为的能力,真正挑起全市经济社会发展的四梁八柱,不折不扣抓落实,认认真真搞谋划,在确保实现"双过半"任务的基础上,把全市各项工作提升到一个新高度,奋力开创秦皇岛跨越发展新时代。市委常委、常务副市长薛永纯主持。

13日，市委副书记、市长张瑞书带领市政府办公厅及发改、国土、环保、水务、统计等市直部门负责同志到昌黎县，就加快推进重点项目建设现场办公。张瑞书听取昌黎县关于项目建设中存在问题的情况汇报，并围绕项目建设用地、循环经济产业园发展、全县生产生活用水、钢铁企业转型发展、生态环境保护等方面进行深入调研，与昌黎县一起研究制定针对性解决措施，并就下步工作提出新的要求。张瑞书还前往北戴河新区原第二污水处理厂，实地督导检查中央环保督察"回头看"重点信访案件整改落实情况。市委常委、常务副市长、北戴河新区工委书记薛永纯参加督导检查。

13—14日，全省文明城市创建现场教学活动在秦皇岛举行，来自全省各地的百余名文明办负责人通过实地观摩、专题辅导、经验交流等形式，学习交流文明城市创建经验，安排部署新一轮创建工作任务。省委宣传部部务会成员、省文明办专职副主任李秀存出席活动。市委副书记、北戴河区委书记田金昌出席教学活动专题辅导交流会。市委常委、宣传部部长陈玉国在交流会上致辞并介绍秦皇岛市经济社会发展基本情况以及文明城市创建经验。

14日，秦皇岛市召开创建全国质量强市示范城市总结暨质量提升工作动员会。副省长夏延军出席并强调，在创建过程中，秦皇岛大力实施质量强市战略，出台了一系列政策措施，全市质量水平稳步提高，各项工作走在了全省前列。秦皇岛市委、市政府和各级各部门要深入贯彻落实党中央、国务院和省委、省政府关于质量工作的决策部署，在国家市场监管总局的支持和指导下，以荣获"全国质量强市示范城市"为新的起点，进一步增强责任感、使命感，再接再厉，实干担当，全面巩固创建成果，在推动质量提升、实现高质量发展上取得更大成效，继续为全省树标杆、创经验，为新时代全面建设经济强省、美丽河北作出新的贡献。

21日，省委常委、组织部部长梁田庚在秦皇岛市实地督导检查中央环保督察"回头看"发现问题整改落实情况，并召开座谈会。梁田庚要求各级各部门要坚持标本兼治、举一反三，对中央环保督察"回头看"发现问题和群众信访举报问题，要立行立改、边查边改、全面整改、彻底整改，确保整改落实到位。省环保厅副厅长殷广平，省中央环保督察整改"回头看"督导组组长徐彦平陪同检查并出席座谈会。市委书记孟祥伟,市委副书记田金昌,市委常委、组织部部长、统战部部长刘文萍,副市长孙国胜分别参加相关活动。

25日,秦皇岛市召开《秦皇岛市物业管理条例》《秦皇岛市制定地方性法规条例》实施新闻发布会。《秦皇岛市物业管理条例》经2017年10月27日秦皇岛市第十四届人民代表大会常务委员会第五次会议通过,2018年3月29日河北省第十三届人民代表大会常务委员会第二次会议批准,自2018年7月1日起施行。这是秦皇岛市首次在法律层面上为物业管理立法。

28日,秦皇岛市与石药控股集团有限公司签署战略合作框架协议,双方将在干细胞研发、免疫细胞治疗技术及产业化、医疗康养产业等方面进行深度合作,逐步形成临床研究、技术研发、产业发展、人才培养等方面集聚优势,把秦皇岛市打造成为石药集团重要的生物研发及医疗康复产业基地。

29日,秦皇岛市召开2017年度重点工作表彰暨2018年度重点工作推进大会,表彰表扬在2017年创建全国文明城市、承办省旅发大会和服务旅游旺季三项重点工作中作出突出贡献的先进单位和个人,对当前全市重点工作进行安排部署。

同月,教育部正式公布2017年度"长江学者奖励计划"入选名单,燕山大学电气工程学院华长春教授当选2017年度"长江学者奖励计划"特聘教授,是河北省唯一入选的教授。华长春教授主要从事非线性动力系统的控制及应用、网络化控制系统的分析与设计等多项课题研究。其中,研究成果获教育部自然科学一等奖3项。

## 7月

2日,市委副书记、市长张瑞书主持召开河北省第二届(秦皇岛)园博会筹备建设工作调度会。在听取园博园项目建设进展和运营管理、主要活动筹备、开幕式准备及首届河北国际城市规划设计大赛等情况汇报后,张瑞书强调,要以更高标准、更快速度、更实作风,全力以赴做好各项筹备工作,确保办成一届精细、精致、精美、精彩的园博会。市委常委、常务副市长薛永纯，市委常委、宣传部部长陈玉国，副市长、公安局局长李春出席会议。

7日，省委书记、省人大常委会主任王东峰，省委副书记、省长许勤在秦皇岛市调研检查港口转型升级工作并现场办公。王东峰、许勤先后到秦皇岛港南栈房大库、海誓花园、数港科技公司考察，对秦皇岛港积极引入创新要素，着力发展新业态，推动港口转型升级取得的初步成效给予肯定。王东峰还主持召开座谈会，听取河北港口集团、省直有关部门和秦皇岛市工作汇报，共同研究解决港口转型升级中面临的突出问题。省委常委、常务副省长袁桐利参加调研检查。市委书记孟祥伟，市委副书记、市长张瑞书陪同调研。

11日，市委党校举行全市县级干部河长制系统思考座谈会。市委副书记、市委党校校长、北戴河区委书记田金昌强调，保护、利用好秦皇岛的绿水青山，是秦皇岛人特别是领导干部的使命与担当；要把系统思考的学习运用与贯彻落实习近平总书记在十九大报告中提出的"五大思维"，即战略思维、创新思维、辩证思维、法治思维、底线思维有机结合起来；要学会运用系统思考方法，进一步拓宽视野，站位全局，透过表象看本质、透过历史看未来，盯关键点、抓症状结，有效破解难题；要通过系统思考进一步明确责任，直面问题、敢于担当，为建设新时代沿海强市、美丽港城和国际化城市贡献力量。

12日，秦皇岛市组织召开巡视巡察整改暨"一问责八清理"整改"回头看"工作推进会，传达市委书记孟祥伟在市委常委会上关于巡视巡察整改暨"一问责八清理"整改"回头看"的重要讲话精神，听取抚宁区、昌黎县、卢龙县、市财政局、市发改委、市规划局、市环保局整改"回头看"情况汇报，对下一阶段的重点工作进行部署。市委常委、市纪委书记、市监委主任刘新宏强调，要准确认识形势，坚决守住安全生产这条底线；安全生产工作事关经济社会发展稳定大局，事关人民群众根本利益，事关党和国家长治久安，是一项常抓不懈、永不言胜的重要工作；任何一个县区、任何一个部门、任何一个企业、任何时候都不能有丝毫松懈，要牢固树立安全发展理念，从旗帜鲜明讲政治的高度，把思想和行动统一到中央、省、市的部署要求上来，进一步强化措施、消除隐患、堵塞漏洞，确保人民群众生命财产安全，确保安全生产形势稳定。

15日，河北交通应急指挥中心北戴河分中心通过竣工验收并投入正式运行。该中心是全省交通运输信息化试点项目，也是本市"智慧城市"建设重要内容之一。指挥中心位于秦皇岛开发区数谷翔园，项目投资3874万元，主要职能是承担全市综合交通运输体系的数据采集、监测上报、决策支持、信息发布等职责。

16日，以"山海港城·绿色梦想"为主题的河北省第二届（秦皇岛）园林博览会开幕。省委书记、省人大常委会主任王东峰宣布园博会开幕。副省长张古江讲话。市委书记孟祥伟代表市委、市政府致辞。省领导叶冬松、焦彦龙、范照兵、聂瑞平，中国工程院院士卢耀如、孟建民，市领导张瑞书、田金昌、郝占敏等出席开幕式。园博园为"三谷、一脉、三核、双组团"规划结构，"三谷"为现状地形基础上形成的特色谷地景观，"一脉"为贯穿南北的水脉景观，"三核"为主场馆、绿色馆、规划中的栖云山山顶建筑形成的核心控制点，"双组团"为北部的城市展园组团以及南部专类花园组团。园区共建设40座各类展园。秦皇岛是本届园博会的承办方，秦皇岛展园位于园区核心区域，总面积60624平方米，包括秦皇岛主园及海港区、抚宁、青龙、山海关、卢龙、昌黎、经济技术开发区、北戴河、北戴河新区9个县区展园。首届河北国际城市规划设计大赛交流活动与本届园博会同步举办。

19日，省委第七巡视组巡视秦皇岛市工作动员会召开。省纪委常务副书记、省委巡视工作领导小组成员董云鹏就配合做好巡视工作提出要求。省委第七巡视组组长王俊钟就即将开展的巡视工作讲话。市委书记孟祥伟主持会议并作表态发言。省委第七巡视组副组长闫钢、张福增及巡视组全体成员，市委常委，市人大常委会、市政府、市政协领导成员及党组成员，市法院、市检察院党组主要负责同志出席会议。

20日，自然资源部党组成员、国家海洋局局长王宏在副省长刘凯，省国土资源厅厅长、海洋局局长张维亮陪同下在秦皇岛市检查指导海洋环境实时在线监控系统、北戴河海岸带综合整治与岸滩修复工程、"湾长制"试点运行等海洋生态保护修复工作开展情况。王宏一行在市委副书记、市长张瑞书的陪同下，先后来到北戴河新区圣蓝海洋公园、人造河口、洋河在线监测、北戴河新区天马广场、赤潮应急物资储备库、金梦海湾浴场等地，分别就"湾长制"试点、河道整治、线监测运行、"蓝色海湾"岸滩整治、赤潮应急处置准备、海洋督察问题整改等工作进行实地检查，详细了解秦皇岛市海洋生态保护修复工作开展情况。之后召开座谈会，北海分局、河北省国土资源厅和秦皇岛市分别就海洋环境保护及暑期海洋环境保障工作进行汇报。王宏对河北省和秦皇岛市海洋生态保护工作给予充分肯定。

21日，秦皇岛首钢赛车谷项目启动仪式在首秦公司厂区内举行，标志着首秦公司钢铁生产实现华丽转身，迈入转型发展新阶段。国家体育总局汽摩运动管理中心主任、中国汽车摩托车运动联合会主席詹郭军，市委副书记、市长张瑞书，首钢集团总经理张功焰等按下启屏按钮，揭开首秦转型大幕。市委常委、海港区委书记冯国林，副市长冯志永出席仪式。

24日，2018年全国中小学师生书法篆刻展示交流活动在国家语言文字推广基地——山海关闲庭举行。此次活动由教育部语言文字应用管理司与中国书法家协会联合主办，自2018年4月面向全国中小学师生征稿，从近万件作品中评选出349件获奖及入围作品进行集中展示和交流。

24—26日，省委常委、石家庄市委书记邢国辉率党政代表团在秦皇岛市学习考察。市委书记孟祥伟，市委副书记、市长张瑞书参加活动。期间，石家庄市党政代表团考察海誓花园、山海旅游铁路、阗城小镇、天女小镇、葡萄小镇、金士酒庄、中保绿都心乐园、秦皇岛园博园等旅游项目。在石家庄·秦皇岛旅游工作座谈会上，与会人员观看秦皇岛市旅游宣传片，听取秦皇岛市旅游工作介绍和旅发大会承办情况，两市参会人员就旅游产业发展理念、业态融合、招商引资、项目推进、政策保障等方面进行深入交流。

25日，由清华大学医学院、秦皇岛北戴河新区管理委员会主办，上海科学技术交流中心协办，北京创业投资协会支持的清华大学医学院科研成果北戴河新区专场发布会在北戴河新区召开。市委副书记、市长张瑞书，清华大学医学院党委书记洪波，上海科学技术交流中心党委书记陈东出席并致辞。市委常委、常务副市长、北戴河新区工委书记薛永纯主持开幕式。北戴河新区管委与上海科学技术交流中心签署战略合作协议，共同推进科技要素资源共享、协同创新发展。

31日,全市扶贫脱贫攻坚、大气污染防治、优化营商环境联动监督动员会召开。市委副书记田金昌强调,联动监督工作聚焦省市重点工作和人民群众关注的热点问题,涵盖范围广、持续时间长、社会影响大,要摸清问题,使联动监督接"地气";要依法依规,使联动监督讲"正气";要勇于创新,使联动监督增"锐气";要较真碰硬,使联动监督有"胆气"。市人大常委会主任刘辰彦主持会议并对联动监督工作进行安排部署。市委常委、常务副市长薛永纯代表市政府作表态讲话。市人大常委会副主任高坤元就《秦皇岛市人大常委会关于开展扶贫脱贫攻坚、大气污染防治、优化营商环境联动监督的工作方案》作出说明。

同月,省委书记、省人大常委会主任王东峰,省委副书记、省长许勤在秦皇岛调研检查扫黑除恶专项斗争开展情况。调研期间,王东峰、许勤到秦皇岛市基层治安服务站看望执勤公安干警,听取工作汇报,勉励大家提高思想认识,牢记职责使命,扎实开展社会治安综合治理,为人民群众创造和谐安定的生活环境;深入昌黎县五峰山村,看望当地干部群众,实地检查农村扫黑除恶专项斗争开展情况,并主持召开座谈会,听取县乡村党员干部、基层派出所干警意见建议。王东峰强调,要认真学习贯彻习近平总书记重要指示精神和党中央决策部署,把开展扫黑除恶专项斗争作为重大政治任务,全力支持配合中央督导组工作,坚持深挖彻查,加大"一案三查"力度,全力推进扫黑除恶专项斗争向纵深发展,务求取得扎实成效。省委常委、政法委书记董仚生,副省长刘凯参加调研检查。市委书记孟祥伟,市委副书记、市长张瑞书陪同调研。

## 8月

5日,秦皇岛西港花园开园仪式举行。西港花园是河北港口集团建设国际旅游港起步区的一期工程,占地约1200亩,包括秦皇岛港大码头、甲码头、乙码头、南栈房、老港路、靠山路和青松路沿线以及太平湾堆场部分区域,主要景观皆由港口废弃的设备设施重新加以设计和改造而来。

8日,省委书记、省人大常委会主任王东峰在秦皇岛市调研检查。王东峰先后到秦皇岛市青龙满族自治县隔河头镇大森店村,卢龙县刘田各庄镇、蛤泊镇青龙河村，详细了解基层党建工作情况，入户走访贫困群众和老党员，广泛征求大家的意见建议。之后，王东峰主持召开座谈会，听取县、乡（镇）工作汇报，对中央巡视反馈意见在基层的整改落实提出明确要求。王东峰强调，要坚持以习近平新时代中国特色社会主义思想为指导，深入贯彻习近平总书记对河北工作的一系列重要指示和党中央决策部署，全力以赴做好中央巡视"后半篇文章"，以整改落实的实际成效全面提升脱贫攻坚和基层党建工作质量水平。省领导袁桐利参加调研检查。

10日，市委书记孟祥伟主持市委理论学习中心组学习交流会议。市领导张瑞书、田金昌、刘辰彦、郝占敏分别就学习《习近平新时代中国特色社会主义思想三十讲》进行交流发言。市领导薛永纯、冯志永、廉茹艳分别就学习省委、省政府《关于深入学习贯彻党中央国务院重大决策部署全力推进雄安新区规划建设的决定》发言。会议强调，要把学懂弄通做实党的十九大精神作为当前和今后一个时期的首要政治任务，真正用习近平新时代中国特色社会主义思想武装头脑、指导实践、推动工作。要进一步强化问题导向，发现问题、研究问题、解决问题，通过一个个实际问题的有效解决，积小胜为大胜，补足经济社会发展中存在的短板，奋力推动秦皇岛高质量发展。

11日，秦皇岛市召开创建国家卫生城市工作调度会议，通报前期创卫工作开展情况和存在问题，对下一阶段创卫工作进行安排部署。市委副书记、市长张瑞书强调，创建国家卫生城市对于提升城市形象、改善城市环境起着积极的促进作用，各级各部门要进一步提高认识、夯实责任，紧盯创建目标，坚持问题导向，补齐工作短板，全力以赴打赢打好创卫攻坚战，为建设沿海强市、美丽港城和国际化城市作出新的更大贡献。会上，张瑞书分别与海港区政府、市商务局和市城管局签订《2018—2020年创建国家卫生城市目标管理责任书》。市领导陈玉国、冯国林、冯志永、廉茹艳出席会议。

13日，秦皇岛市召开全面从严治党和政治性警示教育暨中央巡视反馈意见整改落实推进会议。市委书记孟祥伟强调，要坚持以习近平新时代中国特色社会主义思想为指导，深入学习贯彻党的十九大精神和中央全面从严治党战略部署，落实全国组织工作会议精神，把巡视整改作为重大政治任务，做到坚决整改、全面整改、彻底整改，坚定不移推动全面从严治党向纵深发展，为建设沿海强市、美丽港城和国际化城市提供坚强保证。市委副书记、市长张瑞书主持会议。市委常委、市纪委书记、市监委主任刘新宏通报2018年以来纪检监察机关查处的违法违纪典型案件。市人大常委会主任刘辰彦、市政协主席郝占敏出席会议。省第四督查组、省委第七巡视组负责同志应邀列席会议。

15日，省委书记、省人大常委会主任王东峰和省委副书记、省长许勤到秦皇岛市防汛抗旱指挥中心，看望慰问奋战在防汛一线的干部职工，现场指挥调度防汛工作，要求全省各级党委、政府和有关部门认真学习贯彻习近平总书记关于防灾减灾救灾工作的重要指示精神，把保护人民群众生命财产安全作为最高准则，进一步细化防汛工作措施，严格落实责任，科学指挥调度，确保平稳安全度汛。市委书记孟祥伟，市委副书记、市长张瑞书，市委常委、秘书长李国勇，副市长杨铁林参加活动。

16日，市政府召开新闻发布会，"山海关大樱桃"地理标志商标由国家知识产权局商标局核准注册，这是秦皇岛市第一件地理标志商标。秦皇岛市山海关区素有"中国樱桃之乡"的美誉，全区大樱桃栽培面积达3.2万亩，是国家级大樱桃生产标准化示范区。

17日，省政府率领48个省民委委员单位和省直有关部门赴青龙满族自治县现场办公。副省长张古江，市委副书记、市长张瑞书，副市长廉茹艳等出席现场办公活动。省政府办公厅副巡视员殷政年主持。会上，青龙满族自治县汇报经济社会发展情况，省直部门就支持青龙满族自治县经济社会发展作表态发言。张古江在讲话中指出，省政府到自治县民族县现场办公是河北省民族工作的一个创举，在推动民族地区经济社会发展方面发挥了积极作用。各级各部门要深刻认识把握新时代民族地区发展面临的新形势、新任务、新要求，站在巩固和发展中华民族共同体的高度，推动各民族手足相亲、守望相助、团结和睦、共同发展，确保民族地区与全省人民一道全面建成小康社会。张瑞书表示，要把省政府的亲切关怀和大力支持转化为发展动力，珍惜支持、落实要求、用好政策，推动少数民族地区经济社会发展。要积极对接、全力配合，认真做好支持事项的研究论证、组织推动、施工建设等工作，确保各项政策落到实处，确保支持项目措施取得实效。此次现场办公会议共确定支持青龙满族自治县项目235个，资金累计达62.93亿元，其中无偿支持资金23.32亿元、贷款39.61亿元。

同日，市委常委班子召开巡视整改专题民主生活会，认真贯彻习近平新时代中国特色社会主义思想和党的十九大精神，切实肩负起全面从严治党的政治责任，以高度的政治自觉、思想自觉、行动自觉加强各级领导班子和基层党组织自身建设，增强市委常委班子发现和解决自身问题的能力，确保巡视整改工作取得实效，奋力开创新时代沿海强市、美丽港城和国际化城市建设新局面。市委书记孟祥伟主持会议并作总结讲话。省委第七巡视组、省第四督查组负责同志到会指导。市政协主席，市纪委、市委办公厅、市委组织部、市委巡察办有关负责同志列席会议。

20日，秦皇岛市召开村（社区）"两委"换届工作动员部署会，深入学习贯彻习近平新时代中国特色社会主义思想和党的十九大精神，贯彻落实中央、省、市决策要求，对全市村（社区）"两委"换届相关工作进行安排部署。市委副书记、市村（社区）"两委"换届工作领导小组常务副组长田金昌要求，各级各部门要提升政治站位，增强工作动能，站在政治、全局、战略的高度，充分认识和对待村（社区）"两委"换届工作；要把握目标要求，明确工作标准，选好人员调优结构，配齐组织保障运转，同步抓好社区换届，选准人选对人选好人，推动平稳顺利有序换届；要紧盯重点环节，硬化工作举措，从严审核资格条件，从严抓好工作细节，从严依法依规操作；要明确责任分工，狠抓工作落实，各县区、各部门要各负其责，协调联动，压实主体责任，落实部门责任，加强督促指导，强化舆论宣传，营造风清气正的换届环境，确保换届工作高质量完成。市委常委、政法委书记、市村（社区）"两委"换届工作领导小组副组长闫五一就严防黑恶势力干扰基层政权和维护换届秩序工作进行安排部署。市委常委、组织部部长、统战部部长、市村（社区）"两委"换届工作领导小组副组长刘文萍主持会议。省重点工作大督查第四督查组组长张强应邀出席会议。

## 9月

6日，市委书记孟祥伟，市委常委、秘书长李国勇，副市长廉茹艳深入海港区百姓市场、燕山里小区、东港路与秦皇大街交叉口废品收购点和耀振里小区等地，督导检查创建国家卫生城市工作。孟祥伟强调，各级各部门要充分认识创建国家卫生城市工作的重要性、紧迫性，着重体现设计第一、设计优先的理念，把科学设计体现在创建全过程，不断提升城市综合服务能力和社会管理水平，不断提升人民群众卫生素养和健康水平，以实实在在的变化和效果，赢得群众和社会各界赞誉，为建设沿海强市、美丽港城和国际化城市提供坚强保障。

7日，省委副书记、省长许勤到秦皇岛市中瑞设计港调研。许勤强调，要深入贯彻习近平总书记关于高质量发展的重要指示精神，落实新发展理念，从供给侧发力、把需求端激活，推动工业设计与制造业深度融合，以设计提质量、增效益、拓市场，不断满足新时代人民日益增长的美好生活需要，推动转型升级、高质量发展。市领导孟祥伟、张瑞书、李国勇、孙国胜陪同调研。

同日，2018中国康复辅助器具产业创新大会在秦皇岛市开幕，这是我国首个以康复辅助器具产品和技术创新为主题的国际级行业发展大会。国家康复辅具研究中心主任樊瑜波主持开幕式。省委副书记、省长许勤，民政部副部长詹成付，中国工程院院士曾广商，市委书记孟祥伟，市委副书记、市长张瑞书共同按下开幕启动球。詹成付、张瑞书分别致辞。美国国家医学院院士励建安、省政府秘书长朱浩文、市委副书记田金昌、市人大常委会主任刘辰彦、市政协主席郝占敏等出席开幕式。

11日，市委副书记、市长张瑞书带领市政府办公厅、市发改委、市旅游委、市商务局、市国土局、市规划局等部门和单位负责人，实地考察佳龙山海关文化旅游度假区项目选址情况，并主持召开现场办公会，分别听取市商务局关于佳龙山海关旅游度假区项目总体情况汇报、山海关区和秦皇岛经济技术开发区关于项目进展和下步工作打算，以及佳龙集团提出的需要市、区两级协调解决的具体问题。张瑞书强调，佳龙山海关文化旅游度假区项目事关全市旅游发展大局，事关一流国际旅游城市建设，全市上下要统一思想，落实责任，用创新的思维、改革的办法、担当的精神，解决好项目推进中存在的相关问题，为项目开工建设提供坚实保障，确保项目建设有序推进，早开工、早运营。

12日,由省商务厅、北京市商务委、天津市商务委和秦皇岛市政府共同主办,以"融合、创新、跨界、提升"为主题的2018京津冀服务外包协同发展论坛在秦皇岛市开幕。国内外专家学者、京津冀三地商务部门、服务贸易和服务外包重点企业代表600余人共聚秦皇岛,交流服务贸易和服务外包领域先进理念,探索京津冀协同发展大背景下的产业发展新路径。商务部服务贸易和商贸服务业司副司长李元,省商务厅厅长李石,市委副书记、市长张瑞书,副市长冯志永出席论坛开幕式。李元、张瑞书分别致辞。本届论坛会期两天,共设置"实体经济转型升级与区域融合跨界发展"主论坛和"北戴河生命健康产业创新示范区发展""第三次创业与园区产业结构转型提升""智慧城市与主城区发展""'研发+'人工智能与服务外包""人工智能与大健康产业""国际物流产业与一带一路服务贸易"六个分论坛。

16日,秦皇岛纪念开埠120周年暨首届旅游产业发展大会在北戴河区劳动人民文化宫开幕。国际营地协会主席约翰·乔根森、中国旅游协会旅行社分会秘书长孙桂珍、世界联合会商务合作总监张硕、中国长城学会副会长董耀会、省文化厅党组书记王离湘、省旅游发展委员会副主任赵学锋等领导和中外嘉宾莅临大会。市委副书记、市长张瑞书,市人大常委会主任刘辰彦,市政协主席郝占敏等出席开幕式。市委副书记、北戴河区委书记田金昌主持开幕式。

17日,全市发展全域旅游建设一流国际旅游城市动员大会在北戴河区召开。受市委书记孟祥伟委托,市委副书记、市长张瑞书出席并讲话。市委副书记、北戴河区委书记田金昌主持会议。会议强调,发展全域旅游、建设一流国际旅游城市,是秦皇岛推动高质量发展的现实路径和重要抓手。全市上下要坚持以习近平新时代中国特色社会主义思想为统领,解放思想、抢抓机遇、开拓奋进,不断推动旅游发展迈上新台阶,为建设沿海强市、美丽港城和国际化城市作出新的更大贡献。

18日,国家发改委在北戴河新区召开生命健康产业示范区(先行区)建设工作座谈交流会。国家发展改革委社会司副司长孙志诚主持。市委副书记、市长张瑞书出席并致辞。国家卫生健康委规划与信息司副巡视员于世利,市领导薛永纯出席会议。北戴河生命健康产业创新示范区、海南博鳌乐城医疗旅游先行区分别围绕规划编制、基础配套建设、项目建设、政策争取等情况进行详细汇报，并就下一步推进各示范区建设提出建议与设想。

19日，省委常委、统战部部长冉万祥在秦皇岛市会见中国工程院院士、中国电子科技集团第54研究所科技委名誉主任孙玉，中国科学院院士、燕山大学材料科学与工程学院教授田永君，加拿大工程院院士、加拿大UBC大学教授、博士、注册工程师史蒂夫·科克科罗夫特等出席第二届"燕赵之光"活动的中外嘉宾代表。市委书记孟祥伟主持会见活动，并代表市委、市政府和全市人民对与会嘉宾的到来表示热烈欢迎。民进中央副主席、省人大常委会副主任、民进省委主委、河北欧美同学会会长王刚，省政协副主席、九三学社省委主委葛会波，欧美同学会副会长、天津商业大学原校长刘书瀚，省委统战部副部长栗慧英，市领导张瑞书、刘文萍、李国勇、刘志新、赵方会见时在座。

20日，河北省第二届"燕赵之光——海归博士基层创新创业行暨秦皇岛国际英才创业周"活动在北戴河新区开幕。省委常委、统战部部长冉万祥，欧美同学会副会长刘书瀚，市委书记孟祥伟分别致辞。省领导王刚、徐建培、葛会波，市领导张瑞书、刘文萍、李国勇、刘志新、赵方、裴晓鹏等出席开幕式。本次活动以"英才聚港城、双创促腾飞"为主题，以持续深化"人才兴冀工程""港城英才计划"为统领，以推介秦皇岛、引来"金凤凰"、实现大发展为目标，围绕秦皇岛市"四市战略"实施和"四大两特"产业发展，大力引进海内外高层次人才，实现合作共赢，为秦皇岛高质量发展提供强有力的人才支撑。

25日，河北省与中信集团深化战略合作座谈会在秦皇岛召开。省委常委、常务副省长袁桐利，中国中信集团公司董事长常振明，市委书记孟祥伟，市委副书记、市长张瑞书出席。省政府常务副秘书长吴晓华主持。张瑞书就秦皇岛市与中信集团拟合作项目进行介绍。中信戴卡股份有限公司董事长徐佐就企业发展情况及未来发展设想进行汇报。省发改委、省商务厅等单位主要负责人分别与中信集团负责人进行广泛座谈交流。袁桐利、张瑞书、常振明分别讲话。会后，在孟祥伟、张瑞书等市领导的陪同下，常振明一行参观中信戴卡凯斯曼秦皇岛工厂、铝车轮六号线、试验中心、创新中心等地,并听取中信戴卡股份有限公司成立三十年来发展成果工作汇报。市领导薛永纯、冯志永、孙国胜参加活动。

26日,受省长许勤委托,省委常委、常务副省长袁桐利在秦皇岛市主持召开北戴河生命健康产业创新示范区推进工作领导小组会议,听取示范区建设情况汇报,研究解决问题,对下一步工作进行安排。市领导张瑞书、薛永纯、廉茹艳出席会议。薛永纯代表市政府汇报北戴河生命健康产业创新示范区工作进展情况、存在问题及下一步工作计划;省发改委汇报省领导小组办公室推进示范区建设工作情况;省财政厅、教育厅、科技厅等部门分别汇报《北戴河生命健康产业创新示范区2018年工作要点》落实情况,围绕市政府提出的需要省直部门支持解决事项进行交流发言。

29日,省政府发出通知,正式批准青龙满族自治县退出国家扶贫开发重点县。

30日,市委副书记、市长张瑞书主持召开市政府第二十八次常务会议。会议原则通过《秦皇岛市深化"放管服"改革五年行动计划(2018—2022年)》《秦皇岛市2018年深化"放管服"改革工作要点》《秦皇岛市人民政府关于深化"放管服"改革加快转变政府职能的实施意见》;传达国家、省关于做好非洲猪瘟防控工作的部署和有关要求,并就进一步做好全市防控工作进行安排部署。

## 10月

1—2日,省委书记、省人大常委会主任王东峰利用国庆假期时间在秦皇岛市调研检查。王东峰先后到秦皇岛港第六分公司卸车机房、秦皇岛港西港区帆船游艇港,详细了解煤炭码头转型改造情况,并主持召开座谈会,认真听取省发改委、秦皇岛市、河北港口集团、唐山市有关情况汇报,安排部署下一步重点工作。王东峰强调,要深入学习贯彻习近平新时代中国特色社会主义思想和党的十九大精神,全面落实习近平总书记对河北工作的一系列重要指示,深化京津冀协同发展和环渤海港口群建设,精心做好秦皇岛市规划修编,扎实推进秦皇岛港口转型升级,努力把秦皇岛港建设成为高水平现代化国际港口,把秦皇岛市打造成为一流国际旅游城市。省领导袁桐利、高志立、王浩参加调研检查。

12—13日，市委副书记、市长张瑞书率领市商务局、秦皇岛经济技术开发区、北戴河新区、国康中心秦皇岛研究院等部门和单位负责同志，赴苏州、常州，与苏州自主创新医疗器械企业独墅联盟、常州钱璟医疗器械有限公司等国内康复辅具产业龙头企业进行对接洽谈，就康复辅助器具产业发展有关事宜进行深入交流。经过深入沟通交流，相关企业家对秦皇岛的投资环境、发展优势和产业前景给予高度评价，纷纷表示愿意与秦皇岛加强合作。

13日，在全新的秦皇岛首钢赛车谷钢铁赛道上，首场赛事活动——2018京津冀赛车节暨秦皇岛GT嘉年华上演，标志着世界唯一的钢铁赛道在首钢赛车谷竣工落成后成功首秀。市委书记孟祥伟出席开幕式并宣布开幕。首钢集团党委书记、董事长、总经理张功焰，首钢集团领导班子成员，北京市汽车摩托车运动协会会长王兴贵，天津市汽车摩托车运动协会会长雷明等出席开幕式。2018年6月，首钢首秦公司正式停产，立足地方和企业发展实际，作出转型发展的重大决策，推出以现有厂区为核心、兼具区域性和文化性特征的首钢赛车谷概念。

15日，2018森林城市建设座谈会在深圳市举行。会上宣读国家森林城市称号批准决定，并举行授牌仪式。秦皇岛市荣膺"国家森林城市"称号。市委副书记、市长张瑞书代表市委、市政府领奖并作典型发言。

15—16日，河北工业大学党委书记李强率领考察组在秦皇岛市考察。考察期间，秦皇岛市与河北工业大学举行深化交流合作座谈会，就加强校地交流合作、深化产教融合、促进科技成果转化、推动地方经济实现高质量发展进行深入交流。市委书记孟祥伟出席座谈会。河北工业大学副校长段国林，副校长、土木与交通学院院长马国伟，省政府参事、教授陈国鹰，以及科学技术研究院院长张明路、人工智能与数据科学学院院长杨鹏，经济与管理学院教授张东生参加考察并出席座谈会。市委常委、常务副市长、北戴河新区工委书记薛永纯，市委常委、秘书长、开发区工委书记李国勇，副市长廉茹艳分别陪同考察并出席座谈会。

26日，由秦皇岛市承办的全省村（社区）党组织书记"万人示范培训"乡村振兴专题培训班在北戴河区开班，来自唐山、秦皇岛两市的200名优秀年轻党组织书记参训。市委常委、组织部部长、统战部部长刘文萍出席开班仪式，代表市委对参训人员表示欢迎，勉励他们在乡村振兴第一线充分发挥作用，敢闯敢拼、先行先试，为促进农村发展、农业转型、农民富裕作出积极贡献。

10月31日—11月2日，全国政协委员、省政协主席叶冬松率部分住冀全国政协委员在秦皇岛市考察康养产业发展情况。市委书记孟祥伟，市委副书记、市长张瑞书，市政协主席郝占敏分别参加有关活动。叶冬松一行实地考察生命科学园、北大未名国际健康中心、康泰医学、惠斯安普医学系统、国家康复辅具研究中心等项目和企业，详细了解康养产业发展、运营管理、科技创新等情况。在座谈会上，张瑞书代表市委、市政府汇报秦皇岛市经济社会发展情况及康养产业发展情况。与会全国政协委员、省市有关部门负责同志围绕康养产业发展、北戴河生命健康产业创新示范区建设、承接北京非首都功能转移、建立退休专家人才库、冰雪产业发展等进行深入交流。叶冬松对秦皇岛市经济社会发展以及康养产业发展取得的成绩给予充分肯定。

## 11月

1日，省人大常委会党组书记、常务副主任范照兵在秦皇岛市就优化营商环境进行调研。市委书记孟祥伟、市人大常委会主任刘辰彦等一同调研。范照兵先后调研包联企业秦皇岛瀚丰长白结晶器有限公司以及秦皇岛天业通联重工股份有限公司、秦皇岛星箭特种玻璃有限公司，详细了解企业的生产经营和科技创新情况，并召开座谈会。

2—4日，中国卡车公开赛秦皇岛站的比赛在秦皇岛首钢赛车谷举办。国家体育总局汽摩运动管理中心主任杨光宇，市委常委、海港区委书记冯国林出席开幕式并观看比赛。中国卡车公开赛是国家体育总局汽摩运动联合会与欧洲卡车大赛组织机构合作举办的世界高水平卡车赛事，也是中国唯一列入年度全国体育竞赛计划的卡车类赛事。

7日，市委书记孟祥伟，市委常委、常务副市长薛永纯，副市长孙国胜一同到部分军民融合型企业调研。孟祥伟一行实地调研山海关船舶重工有限责任公司、九零一五科技有限公司、瀚丰长白科技有限责任公司等企业，详细了解企业运营、产品研发、项目建设、未来规划等情况，询问企业在发展中遇到的问题和困难，并就企业提出的融资难、生产空间受限、公共服务配套不足等具体问题，与市直有关部门和金融企业负责同志现场办公，予以解决。孟祥伟强调，全市各级各部门要把军民融合发展这一国家战略抓实抓细抓出成效，为企业提供周到细致精准服务，依靠人才这个第一资源、激发创新这个第一动力，让企业在支持国防和军队现代化建设、服务地方经济社会发展两个舞台上取得更大成绩。

10日，在杭州举办的以"新时代、新休闲、新产业"为主题的2018中国（国际）休闲发展论坛上，秦皇岛市海港区荣获"2018年度中国十大诗意小城"称号，成为河北省唯一一个获此殊荣的城区。

13日，市委副书记、市长张瑞书带领市政府办公厅、市教育局等部门和单位主要负责同志，在昌黎县调研教育事业发展情况。张瑞书一行到河北昌黎第一中学、河北昌黎汇文二中、昌黎宏兴实验中学，听取关于学校历史、发展现状、队伍建设、特色打造等情况介绍，并与学校相关负责同志一道分析当前教育发展中存在的突出问题。张瑞书要求，要深化教育体制机制改革，努力发挥自身特色，积极培育打造教育品牌。

同日，市委副书记、市长张瑞书带领市政府办公厅、市发改委、市环保局、市工信局等部门和单位相关负责同志赴卢龙县、昌黎县围绕钢铁产业转型发展进行实地调研。张瑞书强调，各级各部门和钢铁企业要进一步转变观念，坚决摒弃增量不增效的粗放式发展方式，坚定不移走好高质量发展之路，绝不触碰增加产能的"红线"；要坚持绿色发展理念，进一步加大环保设施投入，在厂区内外绿化、净化、美化上下功夫、做文章，推动实现社会效益和经济效益的双赢，绝不触碰生态环保的"底线"；要深入调查研究，积极对接市场需求，找准发展定位，通过技术创新，提升产品附加值，不断推进钢铁产业链向下游延伸；要加强与科研院所的深度合作，瞄准高精尖的方向，在工艺品质和产品深加工上下功夫，推动企业从产品供应商向综合服务商转变。

30日，秦皇岛市召开村（社区）"两委"换届工作总结会议。市委书记孟祥伟强调，要深入学习贯彻习近平新时代中国特色社会主义思想和党的十九大精神，深入总结发扬换届工作成功经验，并以此次换届为契机，着力加强党的基层组织建设，增强基层党组织的凝聚力、战斗力，全力推动秦皇岛各项工作上水平。市委常委、常务副市长薛永纯宣读《关于表扬全市村（社区）"两委"换届工作先进单位和优秀个人的通报》。市委常委、组织部部长刘文萍主持会议。市领导李国勇、冯国林、曹玉宝出席会议。省第四督查组负责同志应邀列席会议。会议印发《关于在全市农村干部中开展"四比四争"主题实践活动的实施方案》。

## 12月

5日，由中国煤炭工业协会主办，中国煤炭运销协会、秦皇岛海运煤炭市场承办的"2019年度全国煤炭交易会"在秦皇岛市开幕。开幕式由中国煤炭工业协会副会长姜智敏主持。市委副书记、市长张瑞书在开幕式上致辞。中国煤炭工业协会党委书记、副会长兼秘书长梁嘉琨作主旨演讲。中国煤炭工业协会会长王显政，市领导冯国林、孙国胜出席开幕式。开幕式上，河北港口集团、中国电力企业联合会、中国钢铁工业协会、中国建筑材料联合会、中国铁路总公司、国家发展改革委、国家煤矿安监局等有关单位和部门进行大会发言；发布《中国煤炭价格指数长江中上游（重庆）动力煤价格指数》；11家煤炭企业与19家用户企业签订煤炭中长期合同。

6日，秦皇岛市召开政治性警示教育暨省委巡视反馈意见整改落实工作推进会议。市委书记孟祥伟强调，巡视是政治巡视，巡视整改是政治要求、政治任务、政治责任，检验的是我们的政治立场，考验的是我们的政治担当。全市各级党委党组、各级领导干部必须提高政治站位，以坚定的态度和决心，坚决打赢这场从严治党、正风肃纪、修复政治生态的攻坚战，以全面整改、彻底整改、高质量整改，向中央、省委和全市人民交上一份满意答卷。市委副书记、市长张瑞书主持并讲话。省委巡视整改第七专项督导组组长王俊钟、省第四督查组副组长宋登峰应邀出席会议。与会人员共同观看警示教育专题片《镜鉴》。昌黎县委和市水务局党组分别作表态发言。

9—10日，市委书记孟祥伟主持召开全市扶贫开发和脱贫工作会议，深入学习贯彻习近平总书记关于扶贫开发的重要论述和要求，全面落实党的十九大精神，总结交流扶贫工作经验，研究部署全市扶贫开发和脱贫巩固提升工作。会议逐一听取87个驻村工作队工作汇报。市委、市政府对扶贫开发和脱贫工作进行安排部署。

10日,市委书记孟祥伟到扶贫联系点青龙满族自治县草碾乡高庄村,就巩固脱贫成果进行调研。孟祥伟强调,要善于从习近平新时代中国特色社会主义思想中汲取智慧和营养,使农产品、旅游产品的生产与新时代相适应,挖出绿水青山中的金疙瘩;要认真汲取推进具体扶贫产业项目中的教训,有针对性地加以补强,确保在以后的工作中不走弯路;要着力做好乡风文明的涵养,确保"既富口袋又富脑袋"。

11日,秦皇岛市党政考察团到北京市西城区考察,就进一步推进双方《战略合作框架协议》落地见效、务实取得更大成果与西城区党政负责同志座谈。西城区委书记卢映川,区委常委、常务副区长孙硕,区委常委、办公室主任徐利,副区长李异、缪剑虹,以及区发改、国资、教育等部门负责同志,金融街集团、华融基础公司负责人;秦皇岛市委书记孟祥伟,市委副书记、市长张瑞书,市委常委、常务副市长薛永纯,副市长廉茹艳,以及发改、教育和北戴河区负责同志参加座谈。2017年8月秦皇岛市与西城区签署《战略合作框架协议》,一年多来,两地联系密切,合作进展顺利,本着"政府推动、市场主导、优势互补、互利共赢,立足实效、精准合作"的原则,在教育、医疗、旅游文化等方面的合作取得明显成效。下一步,两地将继续发挥各自优势,尊重市场规律,以企业为主体,充分发挥政府的推动作用,把合作扎扎实实往前推进,力争把合作项目建成京津冀协同发展的示范项目,力争在新的一年取得更大合作成果。

12日,市人大常委会主任刘辰彦参观北戴河区牛头崖镇"人大代表之家"建设情况,观摩北戴河区牛头崖村选区"代表讲故事,讲代表故事"述职评议大会。

20日,市政府召开国道G102线秦皇岛市区段改建工程建设动员会议。市委副书记、市长张瑞书强调,要坚持质量第一,本着"安全第一、质量第一"的原则,对工程进行科学规划、科学统筹、科学组织,做到精心设计、精细选择、精致施工,努力将该工程建设成为水准一流、质量优越的"国优"工程。国道G102线秦皇岛市区段改建工程是国家确定的旅游高峰期交通疏解项目之一,也是"十三五"期间国家和省、市规划的重点建设项目。该工程起点位于抚宁区袁庄村西青乐公路上，终点为山海关区边墙子村东与现102国道顺接，全长54.9千米，其中新建段52.1千米，利用旧路段2.8千米，一级公路建设标准，沥青混凝土路面，预算总投资39.06亿元，预计2020年年底竣工通车。

24日，秦皇岛市召开深化机构改革动员部署会议。会议强调，要以习近平新时代中国特色社会主义思想为指导，坚决贯彻落实习近平总书记关于深化党和国家机构改革的重要讲话精神，严格按照省委批准的《秦皇岛市机构改革方案》，统一思想、严明纪律、认真实施，确保高质量完成全市机构改革任务，为推动秦皇岛发展再上新台阶提供有力的体制机制保障，加快建设新时代沿海强市、美丽港城和国际化城市步伐。市委、市政府印发《秦皇岛市机构改革方案》，秦皇岛市机构改革开始实施。机构改革后，秦皇岛市共设置党政机构47个。党委机构13个，其中纪检监察机关1个，工作机关12个。政府工作部门34个。会后，相关工作扎实推进，市城市管理综合行政执法局、市市场监督管理局、市外事和商务局、市医疗保障局、市自然资源和规划局、市生态环境局、市住房和城乡建设局、市退役军人事务局、市农业农村局、市卫生健康委员会、市应急管理局等市级党政机构陆续挂牌。

27日，2018年教育部定点扶贫工作推进会在青龙满族自治县召开。教育部部长陈宝生主持并强调，要进一步巩固两县定点扶贫工作成果，在五个方面进行探索：一是党的领导挺起主心骨，建好建强基层党组织，充分发挥战斗堡垒作用；二是各级干部当好主攻手，带领人民群众攻坚克难，爬坡过坎；三是人民群众成为主力军，充分激发群众主体意识，打牢脱贫攻坚工作基础；四是产业唱响主旋律，深化产业、企业、职业、就业"四业"扶贫思路，为脱贫攻坚和乡村振兴提供有力支撑；五是教育筑牢主阵地，始终把教育放在优先发展的战略地位，持续加大支持力度，推动教育事业加快发展。副省长徐建培简要介绍河北省教育事业发展情况。市委书记孟祥伟发言。青龙县委、威县县委、河北省教育厅、北京化工大学、国家开放大学、教育部人事司、教育部财务司、教育部职成司负责同志围绕教育部在青龙、威县定点扶贫工作开展情况先后发言。会前，在省委副书记赵一德、副省长徐建培的陪同下，陈宝生看望慰问青龙、威县教育部挂职干部及中国人民大学中国扶贫研究院、北京师范大学中国扶贫研究院专家，并进行座谈交流，会后实地考察青龙满族自治县职教中心、平顶山村和龙潭村。

同日，秦皇岛市举行消防救援队伍迎旗授衔宣誓仪式。市委书记孟祥伟指出，消防队伍的转制，是在党和国家全面深化改革、推进治理体系和治理能力现代化大背景下进行的，这既是党和国家机构改革的一部分，也是国防和军队改革的一项重要内容。希望消防救援队伍，一要坚决铸牢"对党忠诚"这个政治灵魂，二要坚决落实"纪律严明"这个重要保证，三要坚决履行"赴汤蹈火"这个神圣使命，四要坚决践行"竭诚为民"这个根本宗旨。市委常委、秘书长李国勇出席。副市长、公安局局长李春主持。

# 2019 年

## 1 月

2 日，市委书记孟祥伟实地调研本市冰雪运动发展情况。孟祥伟强调，秦皇岛发展冰雪运动具有得天独厚的条件和优势，要以北京冬奥会为契机，在现有的基础上持续提档升级，深化旅游供给侧结构性改革，以发展冰雪运动为突破口，让秦皇岛北部沸腾起来，让秦皇岛冬季火热起来，加快一流国际旅游城市建设步伐。市领导李国勇、冯国林、冯志永以及市直有关单位负责同志一同调研。

11 日，中国共产党秦皇岛市第十二届委员会第三次全体会议召开。会议总结 2018 年全市经济工作，部署 2019 年任务，动员全市上下坚持以习近平新时代中国特色社会主义思想为统领，坚定信心、抢抓机遇、奋发作为，扎实推动经济社会高质量发展，不断开创新时代全面建设沿海强市、美丽港城和国际化城市新局面。全会由市委常委会主持。市委书记孟祥伟，市委副书记、市长张瑞书讲话。全会全面总结了 2018 年工作，安排部署了 2019 年经济社会发展任务，听取了市委常委会工作报告。全会传达了省委九届八次全会精神，通报了 2018 年全市招商引资和服务企业竞赛活动开展情况，通报了全市开发区 2016 年至 2018 年上半年综合发展水平及项目建设考核情况，通报了 2018 年各县区、秦皇岛开发区、北戴河新区新增规上企业个数，通报表扬了2018年创建国家森林城市、承办省第二届园博会、打赢精准脱贫攻坚战、旅游旺季服务保障四项重点工作中涌现出的先进集体和个人。

同日，全市扫黑除恶专项斗争推进会议召开。市委书记孟祥伟出席会议并讲话。孟祥伟强调，要坚定政治站位，严格落实责任，坚持以人为本，做到除恶务尽，为秦皇岛经济社会高质量发展奠定坚实基础。市委副书记、市长张瑞书主持会议，并就落实会议精神，推进扫黑除恶专项斗争向纵深发展提出明确要求。

22日，秦皇岛军分区党委六届三次全体（扩大）会议暨2018年度表彰大会召开。会议的主要任务是以习近平新时代中国特色社会主义思想为指导，深入贯彻落实习近平强军思想，全面总结2018年工作，研究部署2019年任务，努力开创全市国防动员和后备力量建设新局面。市委书记、秦皇岛军分区党委第一书记孟祥伟出席会议并讲话。秦皇岛军分区司令员何晓东主持会议。何晓东代表军分区党委常委会作工作报告。会议传达了中央军委（扩大）会议、中央军委军事工作会议、军委国防动员部和省军区党委（扩大）会议精神，并对2018年度获得奖励的先进单位和个人进行了表彰。

25—28日，政协秦皇岛市第十三届委员会第三次会议在市工人文化宫召开。会议应出席委员333名，实际出席313名，符合规定人数。市委书记孟祥伟到会祝贺并讲话，强调人民政协大有可为，大有作为，一要旗帜鲜明讲政治，牢牢把握正确方向；二要聚焦中心任务，服务和推动高质量发展；三要坚持人民至上，顺应人民群众对美好生活的新期待。大会审议通过政协秦皇岛市第十三届委员会第三次会议政治决议、政协秦皇岛市第十三届委员会第三次会议关于常务委员会工作报告的决议、政协秦皇岛市第十三届委员会提案委员会关于第三次会议提案审查情况的报告，选举张国强、胡玉英为市政协第十三届委员会常务委员。市政协主席郝占敏主持闭幕会并讲话。

26—29日，秦皇岛市第十四届人民代表大会第四次会议在市工人文化宫召开。会议应出席代表335名，实际到会代表308名，符合法定人数。大会以举手表决的方式通过《秦皇岛市第十四届人民代表大会监察和司法委员会等专门委员会组成人员人选名单》；宣布《秦皇岛市第十四届人民代表大会第四次会议票决 2019 年市政府民生实事项目结果》，根据《2019 年市政府民生实事项目票决办法》，并经大会主席团第四次会议确认，确定 25 项为 2019 年市政府民生实事项目；听取并表决通过《议案审查委员会主任委员李忠田关于议案审查情况的报告》，表决通过《关于秦皇岛市人民政府工作报告的决议》《关于秦皇岛市 2018 年国民经济和社会发展计划执行情况与 2019 年国民经济和社会发展计划的决议》《关于秦皇岛市 2018 年预算执行情况和 2019 年预算的决议》《关于秦皇岛市人民代表大会常务委员会工作报告的决议》《关于秦皇岛市中级人民法院工作报告的决议》《关于秦皇岛市人民检察院工作报告的决议》；举行向宪法宣誓仪式，新当选的有关专门委员会组成人员向宪法宣誓。市人大常委会主任刘辰彦在完成大会各项议程后讲话。

29 日，省委常委、石家庄市委书记邢国辉，代表省委出席秦皇岛市 2018 年度落实全面从严治党主体责任、监督责任和党风廉政建设责任制情况专项检查反馈意见会议。邢国辉强调，秦皇岛市各级党委（党组）要坚持以习近平新时代中国特色社会主义思想为指导，深入学习贯彻习近平总书记重要讲话精神和十九届中央纪委三次全会精神，认真履行管党治党政治责任，推进全面从严治党和党风廉政建设向纵深发展，巩固发展反腐败斗争压倒性胜利。市委书记孟祥伟，市委副书记、市长张瑞书，市人大常委会主任刘辰彦，市政协主席郝占敏等市党政领导班子成员参加会议。会上，省委督导组组长、省纪委监委驻自然资源厅纪检监察组组长尹耀增宣读对秦皇岛市党政领导班子 2018 年度落实全面从严治党专项检查的反馈意见。

同日，市委常委会召开 2018 年度民主生活会。会议坚持以习近平新时代中国特色社会主义思想为指导，深入学习贯彻中央政治局民主生活会精神，以"强化创新理论武装，树牢'四个意识'，坚定'四个自信'，做到'两个维护'，勇于担当作为，以求真务实的作风坚决把党中央决策部署落到实处"为主题，紧密联系市委常委班子和常委个人思想政治、精神状态、工作作风实际，进行自我对照检查、党性分析，认真开展批评和自我批评。省委常委、石家庄市委书记邢国辉，省委督导组组长、省纪委监委驻自然资源厅纪检监察组组长尹耀增到会指导。省第四督查组组长张强应邀列席会议。市委书记孟祥伟主持会议并作表态发言。市人大常委会主任刘辰彦，市政协主席郝占敏列席会议。

30日，市纪委十二届三次全会召开，市委书记孟祥伟出席会议并讲话。会议通过了市纪委常委会工作报告，审议并通过了全会《决议》。孟祥伟强调，要坚持以习近平新时代中国特色社会主义思想为指导，深入学习贯彻习近平总书记重要讲话精神和十九届中央纪委三次全会、省纪委九届四次全会精神，以永远在路上的意识，坚定全面从严治党的政治自觉，始终把党的政治建设摆在首位，营造良好的政治生态，推进全面从严治党取得更大战略性成果，巩固发展反腐败斗争压倒性胜利，以优异成绩庆祝新中国成立70周年。会议回顾总结了2018年党风廉政建设和反腐败工作，部署2019年工作任务。

## 2月

19日，市委副书记、市长张瑞书主持召开市长办公会议，研究调度全国公共服务"补强提"工作现场会筹备工作，安排部署2019年全市招商引资工作。张瑞书指出，承办全国公共服务"补强提"工作现场会，是全面展示我市城市形象面貌和经济社会发展，特别是公共服务领域工作成果的一次绝佳机会，各级各有关部门务必高度重视，各司其职、各负其责，坚持高标准、严要求，精益求精做好会议筹备各项工作，确保各项工作滴水不漏、万无一失。

26—27日，国家发展改革委在秦皇岛市组织召开了全国公共服务"补强提"工作现场会，各省、自治区、直辖市及计划单列市、副省级省会城市、新疆生产建设兵团负责社会发展工作的有关同志参会。会议由国家发展改革委社会发展司司长欧晓理主持，市委副书记、市长张瑞书到会并致辞。会议期间，国家发改委副主任连维良带领来自全国各省市的140余名与会嘉宾，分别前往海港区、北戴河区和北戴河新区，对全市养老、医疗、教育、文化旅游等产业项目进行了观摩调研，实地了解秦皇岛市"补强提"工作的经验做法、亮点成效。

2月28日—3月1日，省委书记、省人大常委会主任王东峰到秦皇岛市北戴河区调研检查。王东峰强调，要深入学习贯彻习近平生态文明思想，认真落实习近平总书记对河北工作的重要指示批示和党中央决策部署，以更大的决心和力度加强生态文明建设，全面提升秦皇岛市生态环境的质量和水平，为建设国际一流旅游城市营造良好环境。省委副书记、省长许勤参加调研检查。省领导董仚生、高志立参加调研检查。

## 3月

3日，市文明办、市委"接力沈汝波为民做好事"活动领导小组办公室共同在人民广场举行"接力沈汝波为民做好事"学雷锋志愿服务活动月启动仪式。市委书记孟祥伟宣布活动月正式启动，并与省委宣传部部务会成员、省文明办专职副主任李秀存共同为秦皇岛志愿服务供需对接平台揭牌。市直文明单位志愿服务队党员志愿者，医疗、环保、法律、平安、文化、消防、劳模等专业志愿服务队，及时雨志愿服务联盟团队，党义志愿者公益服务中心志愿者，秦皇岛雷锋车队志愿服务队等2000余人参加启动仪式，并开展志愿服务活动。市委常委、组织部部长刘文萍宣读《"接力沈汝波为民做好事"学雷锋志愿服务活动月实施方案》；李国勇、刘文杰、冯志永、郑泉出席活动。启动仪式由市委常委、宣传部部长陈玉国主持。

20日，市委常委、市纪委书记、市监委主任刘新宏以普通党员身份参加了市纪委监委办公室党支部组织生活会。会上，市纪委监委办公室党支部书记代表支部作对照检查，每名党员都作了批评与自我批评。

23日，市委副书记、市长张瑞书带领市政府办、水务、生态环境、林业、交通等市直部门负责同志，对抚宁区洋河水库及其下游重要节点进行了实地踏查。张瑞书强调，要认真贯彻落实习近平生态文明思想，不断巩固洋河流域生态治理成果，持续改善河流两岸环境，倾力打造生态之河、美丽之河、富民之河。张瑞书认真听取了洋河水库集中饮用水水源地一级保护区隔离防护工程有关情况介绍，并就中央环境保护督察"回头看"交办问题进行了深入研究，责成抚宁区尽快按照要求完成整改任务。副市长孙国胜参加踏查活动。

27日，市委书记、市委全面深化改革委员会主任孟祥伟主持召开市委全面深化改革委员会第一次会议，审议有关改革文件，听取相关改革情况汇报，对2019年改革工作进行研究部署。孟祥伟强调，要以习近平新时代中国特色社会主义思想指导改革实践，勇于探索符合上级精神、适合本市实际、契合群众期盼的特色改革措施，紧盯阻碍经济发展的难点、群众反映的痛点、影响市场机制发挥的堵点集中发力，确保中央和省委各项改革部署落地见效。会议传达了省委全面深化改革委员会第一次、第二次会议精神，审议并原则通过了《市委全面深化改革委员会工作规则》《市委全面深化改革委员会专项小组工作规则》《市委全面深化改革委员会办公室工作细则》《市委全面深化改革委员会2019年工作要点》，讨论审议并原则通过了《市侨联改革方案》《市贸促会深化改革方案》。市委全面深化改革委员会副主任、委员出席会议。

29日，秦皇岛市2019年重点项目集中开工暨康复辅具产业园项目开工活动在秦皇岛经济技术开发区举行，总投资557.04亿元的94个重点项目集中开工，秦皇岛市新的一年项目建设"集结号"全面吹响。市委副书记、市长张瑞书出席活动并宣布开工。市领导薛永纯、李国勇、孙国胜出席活动，省大督查第四组副组长兰松应邀出席。各县区、市直有关部门、开工项目单位负责同志参加活动。

## 4月

15日，市委书记、市委审计委员会主任孟祥伟主持召开市委审计委员会第一次会议，会议深入贯彻落实中央和省委关于审计工作的决策部署，就市委审计委员会组织运转及2019年重点工作进行研究部署，推动市委审计委员会工作高标准起步，努力开创全市审计工作新局面。市委副书记、市长、市委审计委员会第一副主任张瑞书出席会议。会议传达了中央审计委员会第一次会议精神、习近平总书记等党和国家领导同志在中央审计委员会办公室《关于2017年度中央预算执行和其他财政收支审计查出问题整改情况报告》上的重要批示精神和李克强总理在听取审计署工作汇报时的重要指示精神，传达了省委审计委员会第一次会议主要精神和全国、全省审计工作会议精神，通报了2018年全市审计工作情况，审议通过了《市委审计委员会2019年工作要点》《市委审计委员会工作规则》《市委审计委员会办公室工作细则》。市委审计委员会副主任刘文萍、刘新宏、刘文杰出席会议。

17日，市委副书记丁伟深入卢龙县，就农业农村工作、扶贫开发、基层党组织建设等工作进行实地调研。实地察看了农村人居环境整治、农业产业结构调整、企业带动脱贫攻坚、基层党组织建设等情况，对卢龙经济社会发展取得的成绩，特别是农业农村和基层党建工作给予肯定，并提出了指导性意见建议。调研期间，丁伟还实地检查了双望镇秦庄头村环境卫生问题整改情况，参观了卢龙规划展馆。

18日，秦皇岛市召开2019年度旅游旺季准备工作会议，进一步调度各项准备工作，研究需要市级层面协调解决的问题，对2019年旅游旺季工作进行再动员再部署。市委书记孟祥伟出席会议并讲话。孟祥伟强调，做好2019年旅游旺季准备工作，要在工作落实上求真、求实、求高、求远、求可靠，深入践行"五到四从四多"工作法，把工作往"深实严细久"里做，不断满足广大游客高品质旅游的各项需求。会议由市委副书记、市长张瑞书主持。市领导丁伟、郝占敏、李国勇、李春出席会议。各县区、开发区、北戴河新区以及公安、环保、应急管理等市直相关部门负责同志，汇报了当前旅游旺季准备工作存在的突出问题，与会市领导就如何解决这些问题进行了研究探讨。

20日，秦皇岛市召开创建国家卫生城市工作调度会议。市委副书记、市长、市创建国家卫生城市指挥部指挥长张瑞书强调，全市上下要思想再统一、认识再提高、责任再落实，严格对照创建标准，积极主动开展工作，全力以赴抓好落实，以"三城同创"的圆满收官，开创新时代建设沿海强市、美丽港城和国际化城市新局面。会议播放了创卫督导专题片，并通报了创卫暗访评价排名情况。会上，各区、各有关单位围绕赴沈阳、盘锦创卫考察体会及各自创卫工作存在问题、下步举措分别发言。有关市领导讲了具体意见。

26日，秦皇岛市举行招商办理组工作座谈会，市委书记孟祥伟出席会议并讲话。孟祥伟强调，办理组成立3年多来，解决了一批问题、促成了一批项目、锻炼了一批干部、积累了一批经验，树立了党委、政府的良好形象。市委副书记、市长张瑞书主持会议，并就如何更好发挥招商办理组作用、建立项目预审评估机制、加强政策理论学习等讲了具体意见。市领导冯志永、孙国胜、裴晓鹏出席会议,并就相关工作提出要求。各办理组汇报了在招商引资、服务企业过程中存在的问题,就具体工作提出意见和建议,并简要介绍了心得体会。

29日,市委副书记、市长张瑞书主持召开市长办公会议,就工程建设项目审批制度改革工作进行了专题研究。会上,市行政审批局汇报了《秦皇岛市工程建设项目审批制度改革实施方案(征求意见稿)》,与会部门就《实施方案》进行了研究讨论。市领导李国勇出席会议。

## 5月

6日,市委书记孟祥伟主持召开全市学校思政课教师座谈会,了解教师任课中所思所得所悟,听取大家意见和建议。孟祥伟在总结讲话时强调,思政课教师要努力提升育德育才育人的能力水平,强化政治意识、标杆意识、初心意识,甘当园丁、潜心育人,努力为国家、为社会培养一批又一批有用之才。市领导丁伟、刘文萍、陈玉国等出席会议。

7日,秦皇岛市召开全面依法治市工作动员大会,学习贯彻习近平总书记关于全面依法治国的重要论述,总结部署全市全面依法治市工作。市委书记、市委全面依法治市委员会主任孟祥伟出席会议并讲话。孟祥伟强调,全面依法治市必须弘扬法治精神,把握依法治市的正确方向,狠抓"关键少数",发挥领导干部的示范作用,筑牢公平正义的法治防线,推进全民守法,增强法治建设的内在动力,进一步加强党的领导,建立科学高效的落实体系,不断提高法治秦皇岛建设水平。市委副书记、市长、市委全面依法治市委员会副主任张瑞书主持会议。市委常委、政法委书记、市委全面依法治市委员会副主任闫五一对2019年全面依法治市工作进行安排部署。

9日,秦皇岛市召开高铁高速沿线环境集中整治暨村庄清洁行动推进会议。市委副书记丁伟强调,各级各部门务必高度重视、扎实工作,全力打好"两高"沿线环境集中整治和村庄清洁行动这场硬仗,为进一步提升农村人居环境水平,加快建设沿海强市、美丽港城和国际化城市作出新的贡献。会上,与会人员共同观看了本市农村人居环境整治专题片,播放了全市农村工作会议曝光问题整改情况和省高铁高速沿线环境集中整治专题片中涉及本市部分县区问题。市农村人居环境整治工作领导小组各成员单位、市直有关单位、市人居办负责同志参加会议。

20日,市委副书记丁伟到北戴河区就美丽乡村建设进行专题调研。他强调,北戴河区要以习近平新时代中国特色社会主义思想为指导,贯彻落实好中央和省委、市委有关决策部署,精心精细精致做好每一项城乡管理工作,让乡村更加有韵味、让城市更加有魅力,为新时代全面建设沿海强市、美丽港城和国际化城市作出新的更大贡献。丁伟先后考察了戴河镇北戴河村村史馆和多家艺术院落以及西古城村、费石庄村特色民宿,还实地察看了费石庄村人居环境整治和村内污水管网施工现场,以及牛头崖镇马庄村"厕所革命"开展情况。

23日,全市重点工作大督查推进会召开。市委书记孟祥伟作出批示。市委副书记丁伟出席会议并讲话,省重点工作大督查第四督查组组长万小明到会指导。孟祥伟在批示中指出,开展重点工作大督查,是贯彻落实习近平总书记重要指示和党的十九大精神,扎实推动党中央决策部署落地落实的具体行动,也是一项具有河北特色的创新举措。要紧紧围绕贯彻落实"八字方针"和"六稳"要求、开展"三深化三提升"活动、防范化解重大风险、推动重大项目建设等重点工作任务,坚持问题导向,发现破解难题,切实促进秦皇岛高质量发展。要弘扬"深实严细久"作风,践行"五到四从四多"工作法,特别要统筹好省市县三级大督查力量,强化服务意识,改进督查办法,切实减轻基层负担,提高督查实效,为建设沿海强市、美丽港城和国际化城市作出更大贡献,以优异成绩迎接新中国成立70周年。万小明对秦皇岛市大督查工作经验做法和大督查干部工作作风给予充分肯定。市委常委、组织部部长、统战部部长刘文萍主持会议,市委常委、市纪委书记、市监委主任刘新宏宣读了市重点工作大督查驻县区督查组人员名单。会上,督查组和县区代表作表态发言。会议还围绕"三深化三提升"专项督查工作,以及如何做好县区督查工作作专题培训。

同日,长城国家文化公园座谈会在秦皇岛市举行,来自中科院、清华大学等高校、科研院所以及中国长城学会的13位专家听取了秦皇岛市关于《秦皇岛长城国家文化公园建设框架方案》的汇报,并就长城保护开发利用及如何与乡村振兴战略相结合等多个方面提出宝贵意见和建议。省文物局局长张立方主持座谈会。市委常委、宣传部部长陈玉国出席会议并讲话。副市长冯志永在座谈会上致辞，并就落实好会议精神提出具体要求。

## 6月

6日，第十四届中国山海关大樱桃节暨第二届秦皇岛农业项目招商推介会在山海关区开幕。开幕式上，15个农业合作项目集中签约，总投资162亿元。中国园艺学会樱桃分会会长张开春，河北省农业农村厅厅长王国发致辞，市委副书记、市长张瑞书致辞并宣布大会开幕，市委副书记丁伟主持。市领导陈玉国、冯志永、杨铁林出席上述活动。

8日，在"文化和自然遗产日"当天，由市委宣传部、市旅游和文化广电局主办，市文物管理处、市玻璃博物馆、山海关长城博物馆承办的"明清重镇——秦皇岛长城专题展"在市玻璃博物馆拉开帷幕。本次展览通过图文版面与文物相结合的方式，充分展示明清时期秦皇岛市境内长城文化资源及长城保护利用成果，弘扬传承长城精神，营造全社会保护长城和关注长城的氛围。

10日，省委书记、省人大常委会主任王东峰到秦皇岛市调研检查。调研检查期间，王东峰主持召开座谈会，听取秦皇岛市国土空间规划编制工作汇报，安排部署下一步工作。王东峰强调，要深入学习贯彻习近平总书记重要讲话精神和党中央决策部署，科学编制秦皇岛市国土空间规划，着力营造更加优美宜居的生态环境，努力建设国际一流旅游城市，不断增强人民群众的获得感、幸福感、安全感。充分发挥规划的引导作用，不断推动秦皇岛市城市建设和旅游产业发展迈上新台阶。省领导高志立参加调研检查。

11日，市委副书记丁伟到青龙满族自治县就"两不愁三保障"工作落实情况进行专题调研。丁伟与县委、县直有关部门和部分乡镇负责同志、驻村工作组和村"两委"班子代表进行座谈交流，详细了解青龙"两不愁三保障"未解决问题排查、脱贫攻坚成效考核反馈问题整改工作开展情况，并对青龙脱贫工作取得成绩给予充分肯定。丁伟强调，要深入学习贯彻习近平总书记在解决"两不愁三保障"突出问题座谈会上的重要讲话和关于精准扶贫精准脱贫一系列重要指示精神，以"绣花"功夫抓好精准扶贫精准脱贫，着力解决"两不愁三保障"突出问题，坚决打赢脱贫攻坚战。

13日，2019中国（秦皇岛）智慧城管建设经验交流会在本市举行，来自全国17个省、57个城市、400余名城管系统代表、城市管理领域专家参会。开幕式上，秦皇岛市城市管理综合行政执法局被中国城市科学研究会数字城市专业委员会授予"中国智慧城管研究基地"。省住房和城乡建设厅副厅长李贤明、市委副书记丁伟等出席活动并致辞。

15日，市委副书记、市长张瑞书与e+汇百业联盟理事长、江苏祁想智能科技发展有限公司董事长侯军，北京品荣控股集团董事长刘立辉，北控医疗健康产业集团有限公司董事局主席祝仕兴，广东喜之郎集团执行董事长吴自祥等29名e+汇百业联盟企业家，围绕加强地企交流、谋求共赢发展进行深入座谈交流。在秦期间，e+汇百业联盟实地考察了秦皇岛市投资环境。

18日，市委书记孟祥伟到山海关区调研。当天下午，孟祥伟主持召开座谈会，听取山海关区委工作汇报，并逐一了解各常委抓项目建设、抓分管工作的进展，提出指导性意见。座谈会后，孟祥伟随机抽取了调研点位，先后到古城竹居民宿、雅豪新材料二期项目施工现场进行检查，并实地查看山海关樱桃沟绿道。孟祥伟强调，要把上级的安排部署和山海关区情实际结合起来，牢固树立问题导向，创造性抓好落实，切实解决发展中遇到的瓶颈和问题，以良好的党风带动政风和社会风气的好转，助推山海关各项工作再上层楼，真正实现高质量发展。孟祥伟对山海关党员干部提出四点要求：一是思路清、方向明；二是巧安排、抓重点；三是标准高、塑品牌；四是落实好、作风硬。市委常委、组织部部长刘文萍一同调研。

19日，市委书记孟祥伟主持召开市委国家安全委员会第一次会议，深入学习贯彻习近平总书记关于国家安全工作的重要论述，传达中央、省委国安委会议精神，研究市委国安委组织运转机制，安排部署下一阶段重点任务。市领导张瑞书、丁伟、闫五一、刘文萍、李国勇、陈玉国、李春出席会议。会议指出，党的十八大以来，以习近平同志为核心的党中央把国家安全工作提升到了前所未有的重要位置，成立中央国家安全委员会，提出总体国家安全观，明确了国家安全战略方针和总体部署。全市各级各部门要提高政治站位，树牢践行总体国家安全观的高度自觉。要突出问题导向,全面夯实各领域国家安全工作基础。要强化组织领导,确保国家安全工作落到实处。会议观看国家安全教育专题片,审议通过市委国家安全委员会2019年工作要点、市委国家安全委员会工作规则和办公室工作细则,听取有关领域风险隐患排查情况及下步工作建议汇报。

20日,市委召开常委会会议,学习习近平总书记在"不忘初心、牢记使命"主题教育工作会议上的讲话,传达贯彻全省"不忘初心、牢记使命"主题教育动员部署会议精神。市委书记孟祥伟主持会议并讲话。孟祥伟指出,习近平总书记的重要讲话,深刻阐述了开展"不忘初心、牢记使命"主题教育的重大意义,充分表明了我们党不忘初心、重整行装再出发的鲜明态度,是开展"不忘初心、牢记使命"主题教育、新时代加强党的政治建设的纲领性、指导性文件。我们要认真学习、深刻领会习近平总书记重要讲话精神,按照"守初心、担使命、找差距、抓落实"的总要求,把习近平新时代中国特色社会主义思想转化为推进改革发展稳定和党的建设各项工作的实际行动,推动党的路线方针政策落地生根。市人大常委会主任、市政协主席、市政府副市长、市法院院长、市检察院检察长列席会议。

同日,全市畜禽养殖废弃物资源化利用工作现场推进会在卢龙县召开,金果现代农业示范园、民裕农业科技公司采用好氧发酵技术,将畜禽废弃物生产为高效有机肥的经验,市委书记孟祥伟,市委副书记丁伟,副市长杨铁林,各县区委书记、主管副县区长,市直有关部门负责同志一同观摩。孟祥伟要求,各级各部门要坚持高点站位,形成"一把手"负总责、分管领导具体抓的良好工作格局。要组织专班干。集合党政领导、企业人员、科技人员在内的工作专班,形成农业部门牵头,土地、环保、科技等多部门配合的工作合力、政策合力。要抓住龙头企业攻。运用市场化手段,培育引导大型养殖、种植企业和化肥生产等企业。打造知名品牌。实现品牌农产品的稳步升级,使其成为招商引资的金名片。

21日,本市召开社会信用体系建设工作推进会议。会议通报了全市失信被执行人名单,就社会信用体系建设推进方案作起草说明;市行政审批局、人行秦皇岛市中心支行、市法院、山海关区负责同志作表态发言。会议指出,党的十八大以来,党中央、国务院高度重视社会信用体系建设,习近平总书记在不同场合围绕诚信主题作出了一系列重要论述，为深入推进社会信用体系建设提供了根本遵循。信用是美好生活不可缺少的重要品质，是实现高质量发展的生产要素，是推动经济社会发展的重要力量。诚信秦皇岛建设是实现沿海强市、美丽港城和国际化城市目标的基础工程。

23日，市委书记孟祥伟到海港区、开发区部分市场和老旧小区，就创建国家卫生城市进行调研检查。孟祥伟强调，创建国家卫生城市是贯彻落实习近平总书记以人民为中心思想的具体行动，我们创建国家卫生城市就是为了让市民生活得更加便利，更加美好，就是为了让游客更加喜爱我们的城市，就是为了进一步提升群众的获得感、幸福感。三年多来，秦皇岛先后获得了全国文明城市、全国质量强市示范城市、国家森林城市等一系列荣誉，有力提升了在游客心目中的美誉度。秦皇岛数以千万计的游客是秦皇岛发展之所依，擦亮城市名片、提升服务质量、延长游客在秦时间、增加游客在秦消费就能使这座城市更富活力、竞争力，就能让310万秦皇岛人民的生活更加美好。陈玉国、冯国林，以及市直有关部门负责同志参加活动。

25日，市委书记孟祥伟到洋河水库检查防汛工作。孟祥伟强调，各级各部门务必克服麻痹思想、侥幸心理，立足于防大汛、抗大险，全力做好防汛物资、通信、人员等各项准备，演练制定的安全预案，以堵塞漏洞、不断完善，使之更加科学、更加有效、更加管用，确保群众生命财产安全。副市长杨铁林，市水务局、市生态环境局、市城市管理综合行政执法局参加调研。

29日，全市举行万名党员主题党日活动。市委书记孟祥伟出席活动并讲话。他要求，全市各级党组织和24万名党员要守初心，坚持以人民为中心，全心全意为人民服务。要始终保持同人民群众的血肉联系，深入开展"接力沈汝波、为民做好事"，为群众办实事、解难题，坚定不移跟党走。市委副书记、市长张瑞书主持主题党日活动，市委副书记丁伟宣读了市委表彰全市优秀共产党员、优秀党务工作者和先进基层党组织的决定，刘辰彦、郝占敏、刘文萍等领导出席活动。

同日，市委副书记、市长张瑞书主持召开市城乡规划委员会2019年第五次会议，研究《秦皇岛金色年华健康养老院普惠养老项目规划方案》

等议题。秦皇岛是首批"城企联动普惠养老专项行动"试点城市,金色年华健康养老院普惠养老项目符合国家普惠性养老标准,对促进秦皇岛市养老服务供给、推动养老事业发展具有十分重要的意义,是秦皇岛市"医养结合型"社会化养老的标志性工程。市领导丁伟、李国勇等出席会议。

## 7月

1日,秦皇岛市直升机应急救援保障基地挂牌成立,全市空中应急救援通道正式开通。市委常委、常务副市长李国勇为基地揭牌。李国勇要求,市直相关部门及各县区要认真贯彻习近平总书记关于防灾减灾救灾的重要指示精神,深入落实市委、市政府决策部署,不断完善应急救援体系建设,强化应急培训和应急演练,持续提升全市应急处置能力。

5日,市委召开常委会会议,传达学习《关于贯彻习近平总书记重要批示精神深入落实中央八项规定精神的工作意见》,研究全市贯彻落实意见,听取创建国家卫生城市工作情况汇报。市委书记孟祥伟主持会议并讲话。会议要求,各级党委主要负责同志要把主体责任担起来,以上率下推动中央八项规定精神落到实处,纪委监委要更好发挥监督责任,加大监督检查力度,确保作风建设永远在路上。会议强调,创建国家卫生城市是市委、市政府的重大决策部署,更是向全市人民作出的承诺。各级各部门要继续坚定信心,凝聚共识,抓住关键原则,朝着国家卫生城市这一目标迈进。

8日,市委副书记、市长张瑞书主持召开市政府党组会议,传达学习《关于贯彻习近平总书记重要批示精神深入落实中央八项规定精神的工作意见》等文件。会议要求市政府党组和政府系统广大党员干部认真学习贯彻习近平总书记重要批示精神,深入落实中央八项规定精神,以坚定的政治站位反四风树新风,把作风建设引向深入,全力保持全市政府系统良好的政治生态,为建设沿海强市、美丽港城和国际化城市提供有力保障。市政府全体党组成员参加会议,副市长杨铁林等列席会议。

同日,市委副书记、市长张瑞书带领市委编办、市公务员局、市人社局等部门负责同志,到市退役军人事务局进行专题调研。张瑞书指出,组建退役军人管理保障机构,是以习近平同志为核心的党中央作出的重大战略决策,对更好服务退役军人、让军人成为全社会尊崇的职业具有重要意义。各级退役军人事务部门责任重大、使命光荣,要深入学习贯彻习近平总书记关于退役军人工作的重要论述,切实把党和国家对退役军人的关心关爱和有关政策规定落细落小落实。

11日,国家体育总局局长、党组书记苟仲文,副局长高志丹,冬季运动管理中心主任倪会忠一行到北戴河奥林匹克公园轮滑场和省体育局自行车运动管理中心进行实地考察。市委副书记、市长张瑞书陪同考察。张瑞书对国家体育总局对秦皇岛市体育事业发展给予的大力支持表示感谢。张瑞书表示,秦皇岛将按照"市场化、全年化、国际化"的要求,推动公共体育高质量发展,增强国际赛事的组织能力,不断提高全市人民的健康水平,全力打造体育名城,为实施"健康中国"战略作出积极贡献。省体育局党组书记、局长张泽峰,副市长冯志永陪同考察。

14日,市委副书记、市长张瑞书带领市财政、城管、园林等部门和海港区政府主要负责同志,深入海港区部分广场、海滩、夜市和部分道路重点节点,就城市绿化亮化和市场管理工作进行调研。张瑞书要求,要学习借鉴其他地区先进经验,进一步提升城市绿化美化工作水平,围绕海绵城市的理念,突出固坡、护土、防风、增绿等功能。要按照"优化、提升、减量"的要求,进一步强化公益广告的规划和布局,让公益广告宣传发挥实效。要加强夜市摊位日常管理的标准化、常态化、规范化,既满足广大市民和游客的生活需求,又维护整洁有序的城市环境。

16日,秦皇岛市北戴河秦行宫遗址博物馆开始对游客免费开放,进入试运行阶段。北戴河秦行宫遗址博物馆位于秦皇岛市北戴河区金山嘴路8号,占地40亩,主体建筑面积6640平方米,建筑功能包括遗址保护区、主题展览区、临时展览区、观众互动区、办公区和配套服务区等。北戴河秦行宫遗址博物馆是集收藏、保护、研究、教育、展示于一体的公共文化设施。北戴河秦行宫遗址是我国"七五"期间十大考古新发现之一。1996年该遗址被公布为全国重点文物保护单位,是秦始皇东巡时修建的分布在渤海岸边的大型行宫建筑群遗址中至今尚未遭到严重破坏的遗址之一。

29日,本市召开全市政治性警示教育大会,市委书记孟祥伟出席会议并讲话。孟祥伟强调,要坚持把党的政治建设摆在首位,严明政治纪律和政治规矩，大力整治形式主义、官僚主义问题，大力整治享乐奢靡突出问题，始终保持惩治腐败的高压态势，坚决查处重要领域和关键环节腐败问题。市委常委，市人大常委会、市政府、市政协领导班子成员出席会议。省第四督查组负责同志应邀列席会议。

同日，市委书记孟祥伟主持召开市委网络安全和信息化委员会第一次会议。会议传达了省委网络安全和信息化委员会第一次全体会议精神；审议并通过了市委《网络安全和信息化委员会工作规则》《网络安全和信息化委员会办公室工作细则》；汇报了当前网络安全和信息化工作面临形势和有关工作情况。孟祥伟强调，各级各部门要提高政治站位，充分认识做好网信工作的极端重要性，坚持守正创新，加快推进网信事业高质量发展，确保网信事业沿着正确的方向前进，不断开创秦皇岛市网信工作的新局面。市领导丁伟、刘辰彦、郝占敏等出席会议。

31日，应急管理部党组成员、总工程师王浩水，省应急管理厅副厅长王云飞带领相关人员到秦皇岛市实地调研化工安全人才培养工作。市委常委、常务副市长李国勇陪同。王浩水一行来到秦皇岛博赫科技开发有限公司，考察危险化学品特种作业考核装置应用单元、化工顶岗实践基地等地，随后观摩"基于加氢精制HSE体感式实训系统离心泵泄漏着火事故"演习，并提出指导意见。

## 8月

2日，市委召开常委会会议，学习习近平总书记在中央政治局第十五次集体学习时的重要讲话，听取昌黎县委、市教育局党组主要负责同志履行全面从严治党第一责任人职责情况汇报。市委书记孟祥伟主持会议并讲话。孟祥伟指出，习近平总书记在中央政治局第十五次集体学习时的重要讲话，为全党开展"不忘初心、牢记使命"主题教育指明了前进方向，提供了根本遵循。各级各部门要深入学习领会习近平总书记讲话精神，将其作为开展"不忘初心、牢记使命"主题教育的重要学习内容，进一步增强"四个意识"、坚定"四个自信"、做到"两个维护"，切实把思想和行动统一到中央决策部署上来，把主题教育的成效体现在抓改革、促发展、保民生等实际工作中。会议还研究了其他事项。市人大常委会主任、市政协主席列席会议；省第四督查组负责同志应邀列席会议。

3日，市委副书记、市长张瑞书带领市体育局、海港区政府主要负责同志，到首钢赛车谷进行实地调研。张瑞书一行先后来到高炉广场、汽车特技秀场等地，详细了解项目基本情况、亮化美化及存在问题。张瑞书强调，首秦公司要进一步解放思想、改革创新，全力以赴加快赛车谷项目建设，确保首钢赛车谷项目可持续高质量发展。

5日，市委副书记、市长张瑞书带领市政府办公室、市海洋渔业局等部门主要负责同志，深入海港区和秦皇岛经济技术开发区东区，就海洋经济创新发展示范项目进行专题调研。张瑞书一行先后来到山船重工、耀华玻璃，了解项目设计原理、运行机制及生产进度。张瑞书强调，海洋制造业是发展海洋经济的基础，全市各级各部门要大力支持海洋制造业企业的发展，在资金、政策、土地、信息等方面给予支持，推动企业做大做强。

8日，北戴河海关正式挂牌开关，这对于秦皇岛市优化外贸投资环境、推动外向型经济发展、壮大开放型产业体系等具有重要意义。石家庄海关关长闫伟东、市委书记孟祥伟出席开关仪式并共同为北戴河海关揭牌。

16日，市委召开常委会会议，学习习近平总书记在中央和国家机关党的建设工作会议上的讲话，研究本市进一步深化教育体制改革、加强教师队伍管理的具体措施，听取上半年经济运行情况汇报，研究部署下半年经济工作。市委书记孟祥伟主持会议并讲话。孟祥伟要求，全市各级党组织要认真组织学习，把习近平总书记的重要讲话精神传达到每一位党员干部。要结合各机关党建实际，以习近平总书记指出的15个问题为标尺，树立问题导向，具体到科室、个人，拉出问题清单，逐一整改。全市各级各部门主要领导干部，要把机关建设牢牢抓在手上，着力锻造坚强有力的基层党组织，建设风清气正的政治机关，做到"后进赶先进、中间争先进、先进更前进"，以党的建设的质量提升，助推各项工作的提质提效。市人大常委会主任，市政协主席，市政府副市长列席会议。

同日，秦皇岛首钢赛车谷开园仪式在首钢赛车谷汽车特技秀场举行。市委副书记、市长张瑞书出席仪式，并宣布"秦皇岛首钢赛车谷正式开园"。国家体育总局汽车摩托车运动管理中心副主任李频、省体育局副巡视员王春、副市长冯志永等出席开园仪式。

20—21 日，由中国软件行业协会、河北省工业和信息化厅、秦皇岛市人民政府组成的联合考察组赴北京，就软件产业发展进行考察学习，并与相关软件企业洽谈了合作事宜。河北省工业和信息化厅厅长龚晓峰，市委副书记、市长张瑞书，中国软件行业协会常务副秘书长陈宝国，副市长孙国胜参加考察活动。考察组一行先后来到中软国际有限公司、国网信息通信产业集团有限公司等单位进行座谈交流。张瑞书表示，发展软件产业既是省委省政府对秦皇岛的殷切期望，也是秦皇岛城市发展的必然选择。衷心希望各个领军企业能够将秦皇岛作为重要的战略合作伙伴，推动秦皇岛软件产业的高质量发展。

22 日，市委副书记、市长张瑞书带领市政府办公室、市工信局等部门的主要负责同志，深入本市电信运营商、重点网络用户，对网站建设情况进行专题调研。张瑞书一行先后到中兴网信秦皇岛科技有限公司、中国电信秦皇岛市分公司、中国联通秦皇岛市分公司等重要网络用户进行调研。每到一处，张瑞书都详细了解机房建设、运营资本、应用系统等方面情况，与企业负责人就网络安全防范情况进行沟通，并安排部署网络安全工作。张瑞书强调，当前信息网络在经济社会发展中所起的作用越来越关键，尤其在智慧城市建设中，更多更先进的云平台、数据中心都发挥着举足轻重的作用。希望相关运营商加强政企合作，强化顶层设计，积极参与到智慧城市建设中来。

同日，市委"不忘初心、牢记使命"主题教育领导小组（扩大）会议召开，对主题教育筹备工作进行安排部署。市委副书记丁伟强调，全市上下要认真贯彻落实中央和省委、市委决策部署，超前谋划、周密部署、统筹安排，努力把主题教育抓实、抓好、抓出特色，向全市人民交出一份满意答卷。市委常委、组织部部长刘文萍主持会议。市委常委、宣传部部长陈玉国宣读了主题教育领导小组办公室组成人员及职责分工。

23 日，市委开设的"不忘初心、牢记使命"主题教育大讲堂首课开讲，暨市委理论学习中心组（扩大）学习会议举行，中央党校原副校长、十一届全国政协常委李君如，以《共产党成立时的初心和使命》为题给全市党员领导干部授课。市委书记孟祥伟指出，开展"不忘初心、牢记使命"主题教育，党员领导干部要坚持用习近平新时代中国特色社会主义思想武装头脑，只有这样我们才会有攻坚克难的强大思想武器，才会有抵御腐化侵蚀的坚韧防护工具。开展好"不忘初心、牢记使命"主题教育关键是要找准初心、践行初心，核心是要树立正确权力观，不断加强同人民群众的血肉联系。开展好"不忘初心、牢记使命"主题教育，就要进一步加强党的建设，团结带领人民群众为实现伟大梦想共同奋斗，圆满完成党的十九大所确定的各项目标任务。

**26日**，本市召开"三深化三提升"、"放管服"改革及营商环境评价调度会，市委常委、常务副市长李国勇参加会议。会议通报了省"双创双服"活动、20项民心工程等有关工作开展情况，对全市"三深化三提升"活动推进情况和营商环境评价情况进行了总结，对"放管服"改革"回头看"专项督查准备工作进行协调调度。会议强调，各级各部门要稳扎稳打、持续用力，深入推进"三深化三提升"活动，确保取得新成绩。要突出问题导向，逐项找准差距，制订整改方案，按照时间节点，挂图作战，确保高质量完成目标任务。

**27日**，省长许勤在秦皇岛市与国内软件行业部分知名专家学者和企业家举行座谈会，就优化河北软件产业发展环境、提高发展质量进行深入交流。许勤向大家介绍了河北软件产业发展情况，并就开展软件产业合作与大家进行深入探讨。许勤指出，软件是支撑经济社会发展的战略性、基础性和先导性产业，是信息技术之魂、网络安全之盾、经济转型之擎、数字社会之基。随着大数据、智能化、5G时代的到来，软件产业在经济社会发展中的渗透性、倍增性、带动性正全面显现出来。河北要认真学习贯彻习近平总书记"坚决去、主动调、加快转"重要指示，把发展软件产业作为加快新旧动能转换的突破口，以京津冀协同发展、雄安新区规划建设、北京冬奥会筹办为契机，构建良好产业生态环境，集聚更多创新资源要素，做大做强高端软件及应用产业。许勤表示，发展软件产业，人才是关键。要进一步优化人才创业创新、宜业宜居环境，提供优质公共服务和专业服务，吸引国内外软件人才。要制定产业聚集发展的支持政策，结合谋划"十四五"研究制定全省软件产业发展规划，破除各种制约因素，承接京津产业转移，谋划一批载体平台，培育引进一批企业，建成一批项目。要促进软件产业与河北雄厚的制造业基础相结合，带动传统产业转型升级，与外包服务、创意设计、康养医疗、文化旅游等领域融合发展，加快培育高质量发展新动能。

同日，市委副书记、市长张瑞书主持召开市政府第四十七次常务会议，研究《秦皇岛市人民政府关于加快软件产业发展十条措施》，以及与华为、用友、中兴等企业的项目合作协议。会议原则通过了《秦皇岛市人民政府关于加快软件产业发展十条措施》。会议指出，对于秦皇岛而言，大力发展软件产业是省委、省政府的殷切期望。各级各部门必须将发展软件产业作为推动供给侧结构性改革的重要引擎，以高度的使命感、责任感和紧迫感，细化措施、倾情服务，认真抓好软件产业发展，全力打造软件产业发展的新城和高地。

同日，市政府召开新闻发布会，对即将于9月1日起施行的《秦皇岛市爱国卫生条例》（以下简称《条例》）进行新闻发布。《条例》共5章47条，对我市爱国卫生工作的目的、意义、范围和原则，旅游景区、旅游特色小镇、旅游民宿等卫生要求，二次供水工作主管部门和二次供水设施管理单位责任，城市建成区厕所设计和建设标准、推进农村无害化卫生户厕和公共厕所建设以及免费开放厕所，实行单位责任制、加强重点场所病媒生物防制、定期开展病媒生物监测、规范市场化服务等五个方面内容予以立法规范。同时，《条例》在群众参与爱国卫生运动、个人卫生规范、禁烟控烟、开展健康教育和健康促进、聘请义务监督员等方面也作出了规定。出台《条例》，对于贯彻落实市委决策部署，加强秦皇岛市爱国卫生工作，推动卫生城市创建和健康秦皇岛建设具有重大意义。《条例（草案）》经市政府第四十次常务会议审议通过后，于4月29日提请市人大常委会第十七次会议审议。6月27日，秦皇岛市十四届人大常委会第十八次会议审议通过了《秦皇岛市爱国卫生条例》。

28日，首届中国软件创新发展大会在秦皇岛市开幕。中国软件行业协会副理事长兼秘书长吕卫锋主持开幕式，省工业和信息化厅厅长龚晓峰、工业和信息化部信息化和软件服务业司软件产业处负责同志出席并致辞，市委副书记、市长张瑞书作推介讲话。张瑞书表示，秦皇岛将持续做大做强软件产业，为高质量发展培育增长点、增强新动能。力争到2025年软件和信息产业实现销售收入达到200亿元，集聚100家以上具有较大规模的骨干企业，建成全国具有特色和影响力的软件和信息产业基地，迈入中国软件名城行列。副市长孙国胜出席开幕式。

30日，省委书记、省人大常委会主任王东峰在燕山大学调研检查。他强调，要深入学习贯彻习近平总书记重要讲话精神和党中央决策部署，扎实开展"不忘初心、牢记使命"主题教育，加快一流大学和一流学科建设步伐，为建设创新型国家和创新型河北作出新的更大贡献。省委副书记、省长许勤参加调研检查。王东峰、许勤先后到燕山大学亚稳材料制备技术与科学国家重点实验室、机械工程学院，看望慰问教职员工和科技工作者，观看科技创新成果展示，并主持召开座谈会，听取燕山大学负责同志、田永君院士等科技领军人才、秦皇岛市和省直有关部门负责同志工作汇报，现场协调解决学校困难。省委常委、秘书长高志立，省政府秘书长朱浩文参加调研检查。

31日，市委副书记、市长张瑞书主持召开邮轮游艇产业发展规划专题汇报会议，研究《秦皇岛市邮轮产业发展规划》《秦皇岛市休闲船艇产业发展规划》等议题。会议强调，要坚持高标准站位，以建设具有国际影响力的世界一流邮轮母港为目标，积极主动顺应时代发展，精益求精做好规划编制，绘制好秦皇岛市邮轮产业发展蓝图。要坚持多元发展、错位发展，积极引进和培育后勤保障、邮轮停泊、邮轮维修等上下游产业和相关新型业态，实现产业集聚发展、集群发展。市领导李国勇、徐宪民、冯志永等出席会议。

## 9月

3日，市长张瑞书带领市政府办公室、市住建局、市城管综合执法局、市财政局、市公安局、市通信办、海港区政府等部门和单位负责同志到海港区实地调研老旧小区改造工作。张瑞书一行先后来到燕北小区、东环北里、富丰家园、煤港里，实地查看各小区改造情况，向街道、社区工作人员和居民了解改造开展情况，并就解决线缆改造、绿化美化、小区停车等问题提出具体要求。张瑞书强调，老旧小区改造既是民生工程也是民心工程，各级各有关部门要始终把群众的需求和满意作为老旧小区改造工作的出发点和落脚点，在优先解决水电路气讯等配套设施的前提下，认真听取民意，协调处理好主管部门、小区业主和施工单位的关系，切实解决好群众关心关注的实际问题和困难，让人民群众生活得更方便、更舒心、更美好。

4日，市委书记孟祥伟主持召开市委退役军人事务工作领导小组第一次会议，深入学习贯彻习近平总书记关于退役军人工作重要论述，研究部署全市退役军人重点工作。会议传达了习近平总书记关于退役军人工作的重要论述，审议并原则通过了《市委退役军人事务工作领导小组工作规则》《市委退役军人事务工作领导小组办公室细则》，听取了市退役军人事务局组建以来重点工作开展情况。孟祥伟强调，要突出思想政治引领，引导退役军人听党话、跟党走，始终坚持以退役军人为中心，全面做好服务管理工作，进一步巩固发展和谐稳定的工作局面，在党的领导下切实推动退役军人各项工作任务落地见效，不断提升退役军人工作水平。市委副书记、市长张瑞书，市委副书记丁伟等领导出席会议。

10日，市委副书记、市长张瑞书主持召开了市城乡规划委员会第七次会议，主要任务是研究《秦皇岛市生态保护红线评估调整方案》《北戴河新区金达莱小镇项目概念性规划》等议题。会议原则通过了《秦皇岛市生态保护红线评估调整方案》。会议指出，生态保护红线是生态环境安全的底线，也是城市发展的生命线。进一步明确全市生态保护红线、加强生态管控，非常必要。相关部门要统一思想，本着"面积不减少，布局有优化"的原则，注重与国土空间总体规划的衔接，妥善处理好保护与发展的关系。市领导丁伟、李国勇、冯志永等出席会议。会议还研究了其他议题。

11日，全市"不忘初心、牢记使命"主题教育动员部署会议举行，市委书记孟祥伟出席会议并讲话。孟祥伟强调，要坚持以习近平新时代中国特色社会主义思想为指导，深入学习习近平总书记在"不忘初心、牢记使命"主题教育工作会议上的重要讲话精神，认真贯彻党中央决策部署，充分认识开展主题教育的重大意义，坚持高标准、高质量和问题导向，推动主题教育有力有序开展、取得实实在在成效。省委第三巡回指导组组长刘教民出席会议并讲话。市委副书记、市长张瑞书主持会议，市委副书记丁伟、市人大常委会主任刘辰彦、市政协主席郝占敏出席。

14 日，市委副书记、市长张瑞书赴青龙满族自治县就本市第二届旅发大会筹备工作进行督导调研。张瑞书先后实地踏查了七彩青龙星空小镇、同盛中医药产业园等项目现场，深入了解项目进展和存在的困难问题情况。张瑞书要求青龙县委、县政府把办好旅发大会作为发展全域全季旅游、助力乡村振兴、展示青龙形象、打造青龙品牌的重要载体和有力抓手，举全县之力加快推进。

15 日，远洋·蔚蓝海岸 2019 秦皇岛国际帆船赛在北戴河新区的北京航海中心蔚蓝海岸航海基地圆满收帆。本次赛事由中国帆船帆板运动协会、河北省体育局、秦皇岛市人民政府主办，秦皇岛市体育局、北戴河新区管委会、河北省体育局水上运动管理中心承办，共有来自国内外 100 余名选手参加，设有 Topper 级别、Topaz 双人艇级别和 Omega 三人艇级别的比赛。经过激烈角逐，秦皇岛小将张育乔和搭档李悦齐夺得 Topaz 双人艇公开级冠军。Topper 公开级比赛中，加拿大选手詹妮弗获得第一名，中国选手杨雅珺、朱达志分获亚军和季军。此外，克里斯托弗、郭琦玮、马索组成的跨国组合夺得 Omega 三人艇公开级冠军。秦皇岛作为我国唯一协办过奥运会和亚运会的地级城市，有着无可比拟的自然优势，优质的海域条件、水温适度、风向稳定、风力持续，加上完善的硬件设施和丰富的办赛经验，让秦皇岛成为海上运动的最佳候选地，被誉为世界七大优秀海上赛场之一。秦皇岛市将以此次赛事为契机，全力打造北戴河新区蔚蓝海岸帆船运动目的地和中国北方帆船运动总部基地。

18 日，市委理论学习中心组在市委党校开展"不忘初心、牢记使命"主题教育集中学习交流研讨。市委书记孟祥伟主持并讲话。孟祥伟指出，秦皇岛处于政治"护城河"的最前沿，这就要求必须始终坚持政治站位，时刻把中央决策部署，特别是总书记对河北的重要指示批示作为工作的根本遵循，把秦皇岛建设成落实习近平总书记要求的模范、展示高质量发展成效的窗口。市委副书记、市长张瑞书，市委副书记丁伟，市人大常委会主任刘辰彦分别作了发言。

21—24 日，市委理论学习中心组在市委党校开始为期一周的"不忘初心、牢记使命"主题教育集中学习。市委书记孟祥伟在集中学习动员会上强调，要深入学习贯彻习近平新时代中国特色社会主义思想和习近平总书记对河北工作一系列重要指示批示,坚持用党的创新理论武装头脑、指导实践、推动工作,自觉践行"四个意识",坚定"四个自信",做到"两个维护",扎实推进主题教育深入开展,以实际成效检验集中学习的质量。市委副书记、市长张瑞书主持动员会。

27日,北戴河区政府与伊泰集团签署战略合作协议。市委副书记、市长张瑞书,伊泰集团有限公司董事长、总裁张东海出席签约仪式并座谈,双方围绕深化政企合作、实现互利共赢进行了深入交流。张瑞书指出,此次战略合作协议的签署,标志着伊泰集团与秦皇岛市在以往合作的基础上,开启了崭新合作篇章。市委、市政府将竭诚做好全方位服务、全要素保障,营造更加优质的发展环境,推动实现合作共赢。内蒙古伊泰集团是以煤炭产销为基础,集精细化工、仓储物流、置业开发等产业于一体的综合性大型民营企业。伊泰集团自2017年在秦皇岛市注册总部以来,已累计上缴税收2.47亿元。副市长冯志永主持座谈会。市资源规划局、市住建局等部门负责同志出席座谈会。

同日,市委副书记、市长张瑞书带领市政府办公室、市生态环境局等单位主要负责同志,就重污染天气应急响应措施落实情况到昌黎县、卢龙县重点企业进行督导检查。张瑞书一行先后来到安丰钢铁有限公司、冀东水泥有限公司等地,详细了解各企业重污染天气应急响应措施落实情况。张瑞书指出,大气污染防治工作是重要的政治任务,也是重大的民生工程。全市各重点企业要严格落实重污染天气工业企业应急措施,按照规程启动相应预案,千方百计做好重污染天气应急管控工作,确保本市空气质量持续向好。副市长孙国胜参加检查督导活动。

29日,市委副书记、市长张瑞书主持召开了市城乡规划委员会第八次会议,研究《北戴河新区游艇产业地块概念性规划》《秦皇岛石药健康城项目规划方案》等议题。张瑞书指出,发展游艇产业是我市推进全域旅游、建设一流国际旅游城市的重要内容,必须坚持高起点规划、高标准设计、高规格建设,为游艇产业发展作好保障。会议还研究了其他议题。市领导李国勇、徐宪民、冯志永出席会议。

## 10月

1日，市委理论学习中心组举行扩大会议，集中收听收看庆祝中华人民共和国成立70周年大会，集体学习讨论习近平总书记在庆祝大会上的重要讲话。市委书记孟祥伟讲话。孟祥伟说，习近平总书记在大会上的讲话，回顾了新中国70年来的奋斗历程，彰显了中华民族实现伟大复兴不可阻挡的豪迈，激励着我们奋勇前行，去争取更大胜利。全市各级要以"不忘初心、牢记使命"主题教育为契机，着力解决存在的思想问题、能力问题、作风问题，以更加昂扬的斗志，团结带领全市人民接续奋斗，共同创造秦皇岛的美好未来。市委常委，市人大常委会、市政府、市政协领导成员，市法院院长，市检察院检察长，市直部门负责同志参加会议。

9日，本市举行2019年高质量发展专题讲座暨质量强市战略领导小组工作会议。市委常委、常务副市长李国勇主持会议。河北经贸大学教授、管理学博士张东风阐述了质量强市的路径、方法，市质量强市战略领导小组办公室汇报了全市质量提升行动情况，开发区、昌黎县等汇报了2019年开展质量提升专项行动工作情况。李国勇强调，全国质量强市称号等荣誉是我们城市内在价值的体现，核心是城市质量的提升，希望大家高度重视，把高质量发展的要求固化为质量意识，推动质量强市工作出亮点、出特色，为新时代建设沿海强市、美丽港城和国际化城市奠定坚实的质量基础。副市长孙国胜出席会议并讲话，副市长李春出席会议。

10日，市政府与中国联合网络通信有限公司河北省分公司（简称河北联通）5G战略合作签约仪式在河北正定举行。市委副书记、市长张瑞书出席签约仪式。根据协议，秦皇岛市和河北联通将在5G工业互联网、5G智慧安防、5G智慧消防等项目开展业务拓展，进行全面的深化合作。河北联通总经理郝立谦，副市长孙国胜出席签约仪式。

11日，全省河湖长制、休闲渔业发展、奶业振兴、生猪稳产保供会议在本市召开。副省长时清霜出席会议并讲话。市委书记孟祥伟参加现场观摩。会议通报了全省河湖长制工作推进情况和"秀美河湖"评选结果及全省休闲渔业发展情况。经第三方现场检验、群众满意度调查、评委投票和网络公示等环节，秦皇岛市戴河、汤河海港区段获得"河北省秀美河湖"称号。

同日,市委召开"不忘初心、牢记使命"主题教育推进会议,贯彻落实中央和省委关于第二批"不忘初心、牢记使命"主题教育指示精神,总结全市前一阶段主题教育开展情况,安排部署下步重点工作。市委副书记丁伟出席会议并讲话。丁伟认真分析了主题教育开展中存在的问题及产生原因,并对下步工作进行了安排部署。他强调,要坚持四个"贯穿始终",高质量推进主题教育深入开展。坚持把学习教育贯穿始终,向党和人民交上一份满意的答卷。市委常委、组织部部长刘文萍主持会议。

12—13日,市委副书记、市长张瑞书赴深圳市宝能投资集团有限公司招商考察,与宝能集团高级副总裁、中国区总裁邹明武等集团高层进行座谈。双方围绕进一步拓宽合作领域、加快推进战略合作协议等进行了深入交流,并达成共识。张瑞书表示,希望双方增进彼此友谊,畅通合作渠道。市委、市政府将为集团在秦发展提供全方位要素保障,创造良好发展环境,合力推动双方勾画的框架蓝图早日变为美好现实。

18—19日,以"发展全域旅游助力乡村振兴"为主题的市第二届旅游文化产业发展大会在青龙满族自治县举行,400余位各界嘉宾同襄盛举,共商旅游文化产业发展大计。市委书记孟祥伟,市委副书记、市长张瑞书,市人大常委会主任刘辰彦,市政协主席郝占敏等市四大班子领导成员现场观摩重点项目,并分别参加有关活动。此次大会以"康养福地·满意青龙"为口号,共谋划了精品度假区、旅游特色小镇等重点建设项目29个,总投资19.2亿元。孟祥伟说,此次大会的成功举办,标志着秦皇岛旅游由海进山、由城进村实现了自首届旅发大会之后的又一重大突破,标志着全市国家全域旅游示范区建设迈出了关键一步,标志着青龙向生态立县、转型升级迈出了重要的一步,实现了由脱贫攻坚向产业强县的华丽转变。在这么短的时间内,市县两级坚持"市场+政府"双轮驱动模式,坚持科学精准选择、高标准高质量建设,重点项目得以顺利实施,服务意识和服务质量得到了较大提升。市领导刘志新、冯志永、郑泉等分别参加有关活动。

19日,全市召开冬季清洁取暖洁净煤及型煤炉具推广调度会议,通报全市洁净煤及型煤炉具推广工作进展情况,对下步工作进行安排部署。市委副书记、市长张瑞书出席会议并讲话。张瑞书指出,冬季清洁取暖洁净煤及型煤炉具推广,既是一项重大的政治任务,也是一项重要的民心工程。各县区、各部门要进一步提高政治站位,加快工作进度,抓紧完善确村确户台账,尽快落实煤源及型煤炉具合同并组织供货,进一步健全完善配送网络,确保如期完成清洁取暖洁净煤和炉具保供任务。

23日,市委书记孟祥伟到市行政审批局围绕推进行政审批制度改革、构建全国一流市场准入环境进行调研,并主持召开座谈会,现场征求相关职能部门、"两代表一委员"和部分企业负责人的意见建议。孟祥伟强调,深化行政审批制度改革,缩短企业开办审批时限,对于持续改善营商环境、推动经济社会高质量发展具有十分重要的意义,各级各部门要高度重视,实事求是,以市场主体满意为标尺,形成推进行政审批制度改革的工作合力。市委常委、常务副市长李国勇参加调研。

24日,市委理论学习中心组召开"不忘初心、牢记使命"主题教育调研成果交流会,深入贯彻习近平总书记关于调查研究的重要论述。市委书记孟祥伟主持会议并讲话。会上,孟祥伟首先围绕"构建全国一流市场准入环境"发言。张瑞书、丁伟、刘辰彦等结合各自调研成果,分别进行交流发言。孟祥伟指出,从交流情况看,大家的调研选题精准、调研深入,发现了一些此前没有发现的问题,探究出一些此前没有掌握的规律,提出了改进工作和建章立制的意见建议。

同日,市委副书记、市长张瑞书与中国大唐集团总经理助理、大唐国际发电股份有限公司总经理、党委副书记梁永磐一行举行座谈,双方围绕分布式清洁能源供应与保障、绿色智慧能源产业园区建设等领域合作进行深入交流,并达成共识。张瑞书表示,作为典型的生态旅游城市,市委、市政府由衷希望双方进一步加强沟通对接,增进了解互信,发挥各自优势,在分布式清洁能源供应与保障、绿色智慧能源产业园区建设等领域寻求合作机遇,找准合作切入点,努力实现合作共赢。市委常委、常务副市长李国勇参加座谈。

同日,市委副书记丁伟在市委党校讲主题教育专题党课。"党员干部特别是党员领导干部,要把学习成果转化为发自内心的思想自觉和行动自觉。"党课上,丁伟开宗明义地指出,全市广大党员干部要进一步深入学习习近平新时代中国特色社会主义思想,进一步找准不忘初心、牢记使命的精神坐标，更好地用党的创新理论武装头脑、指导实践、推动工作。丁伟强调，要培养不忘初心、坚定信念、不忘党员身份的习惯，树立起共产党员的良好形象。要培养守纪律、懂规矩、不断提高政治站位的习惯，坚决防止"七个有之"、做到"五个必须"。要培养注重学习、注重总结、注重调查研究的习惯，不断提升发现问题、分析问题和解决问题能力和水平。要培养谨记宗旨、心系百姓、密切联系群众的习惯，永远把人民对美好生活的向往作为奋斗目标。要培养心有大我、淡泊名利、讲奉献不讲价钱的习惯，多讲奉献、少讲价钱，在无私奉献中把"小我"做成"大我"。要培养实事求是、求真务实、防范形式主义官僚主义的习惯，敢于迎难而上、敢于担当负责，以实实在在的成效造福于民。要培养敬畏法纪、守住底线、保持慎独慎微的习惯，始终做到心中有党、心中有民、心中有责、心中有戒。要培养公私分明、不贪便宜、秉公使用权力的习惯，坚持立党为公、执政为民，始终做到光明正大、堂堂正正。要培养乐见批评、接受监督、在严格管束中成长的习惯，知敬畏、存戒惧、守底线，习惯在监督和约束环境中工作生活。要培养真抓实干、狠抓落实、脚踏实地干事业的习惯，坚持一锤接着一锤敲，一件跟着一件干，努力创造无愧于时代、无愧于人民、无愧于历史的新业绩。

同日，市委在李大钊干部学院举行"纪念李大钊同志诞辰130周年座谈会"。与会专家学者共同围绕李大钊的生平、著作、建党思想、民生思想、民族复兴思想以及伟大人格进行了深入研讨，回顾李大钊短暂而光辉的一生，缅怀他在中国革命史上谱写的壮丽篇章。市委常委、宣传部部长陈玉国出席座谈会。陈玉国指出，李大钊是党内一面永远高高飘扬的旗帜，也是永远矗立在秦皇岛人民心中的一座丰碑，李大钊同志永远是共产党人学习的榜样和楷模。陈玉国强调，党员干部要锤炼过硬的政治品格。一要锤炼忠诚的政治品格，坚定理想信念，用真理武装头脑，坚守人民至上，增强"四个意识"、坚定"四个自信"、做到"两个维护"；二要锤炼干净的政治品格，自觉做政治上的明白人、老实人，增强政治定力、纪律定力、道德定力、抵腐定力，共同营造风清气正的政治生态；三要锤炼担当的政治品格，主动把担当精神镌刻在心里、融入血液里、践行于行动中，为党、为国、为人民担当新使命，展现新作为，扎扎实实推进沿海强市、美丽港城和国际化城市建设。

25—26日，市委副书记、市长张瑞书带队赴北京开展招商考察系列活动，与中企会企业家俱乐部等企业进行对接洽谈，并出席由全国工商联主办的第十八期"德胜门大讲堂"相关活动。活动中，张瑞书介绍了秦皇岛市经济社会发展情况及主导产业发展情况。张瑞书说，近年来，秦皇岛深入贯彻新发展理念，坚定不移实施生态立市、产业强市、开放兴市、文明铸市战略，产业结构不断优化，国际一流旅游城市建设步伐逐步加快。诚挚邀请中企会组织会员企业家到秦皇岛实地考察调研，进一步加深了解、增进感情、合作发展。市委常委、常务副市长李国勇参加上述活动。

31日，市委常委会召开对照党章党规找差距专题会议，深入学习习近平新时代中国特色社会主义思想，重点对照党章、《关于新形势下党内政治生活的若干准则》、《中国共产党纪律处分条例》，推动主题教育向纵深开展。市委书记孟祥伟主持会议并作总结讲话。市委副书记、市长张瑞书，市委副书记丁伟等发言。孟祥伟强调，要坚持学深悟透，切实增强贯彻党章党规的坚定性。把学习贯彻党章党规作为终身课题。党章党规是管党治党的"重器"。要深刻理解习近平总书记关于学习贯彻党章党规的重要论述，从根本上把握党章党规的价值取向和精神实质。坚持把学习贯彻党章党规作为深入学习贯彻落实习近平新时代中国特色社会主义思想的重要内容，始终把党章党规作为立身从政的基本准则去对照，作为不忘初心、牢记使命的基本遵循去落实；强化党的意识、党员意识、纪律意识。部分"两代表一委员"列席会议。市委"不忘初心、牢记使命"主题教育领导小组成员参加会议。主题教育领导小组成员参加会议。

## 11月

5日，市政府与北京首农食品集团有限公司签署战略合作协议，双方将发挥各自资源优势，建立战略合作关系，助力本市农业、食品加工业转型升级。市委副书记、市长张瑞书说，秦皇岛优越的地理区位和得天独厚的自然资源禀赋，既为高品质农作物的生长提供了绝佳条件，也为农业和食品加工等产业发展创造了良好基础。首农集团作为北京市最大的农业国企，在人才、技术、渠道、品牌等方面都有着显著优势。此次战略合作协议的签署，既是落实京津冀协同发展战略的重要举措，也是地企精诚合作的重大成果，秦皇岛将竭尽全力为双方合作创造良好环境，努力实现共赢发展。

11日，市委副书记、市长张瑞书带领市住建局、市行政审批局、市综合执法局等部门主要负责同志，实地调研秦皇岛万达广场项目建设进展情况，就项目建设中存在的困难和问题进行研究解决，确保如期顺利开业。秦皇岛万达广场项目总建筑面积14.03万平方米，包括地上五层、地下两层，规划步行街铺位218个、地下停车位800个。

14日，北京医院北戴河心脑血管病医院项目签约仪式在北京医院举行。市委副书记、市长张瑞书，北京医院院长王建业出席签约仪式。市委常委、常务副市长李国勇代表市政府与北京医院签订合作协议。根据协议，秦皇岛市将与北京医院合作，围绕推进国家区域医疗中心建设，在北戴河生命健康创新示范区共同建设北京医院北戴河心脑血管病医院，打造高端医疗承接平台，疏解北京非首都功能转移，更好地满足秦皇岛及周边地区群众看病就医需要。

18日，本市召开县域科技创新跃升行动推进会议。市委书记孟祥伟主持会议。省科技厅党组书记、厅长马宇骏应邀以《伟大的使命，共同的责任》为题，为全体与会人员作专题报告。市委副书记、市长张瑞书对全市县域科技创新跃升行动进行安排部署，副市长杨铁林宣读了本市《县域科技创新跃升行动计划（2019—2025年）》。孟祥伟要求，全市各级各部门要主动适应新时代，增强科技意识，强化科技支撑，进一步完善支持促进科技创新的工作机制，紧紧抓住人这个生产力中最活跃的因素，充分发挥科技创新在县域经济社会发展中的引领作用，为建设沿海强市、美丽港城和国际化城市提供强力支撑。

21日，秦皇岛市首届冰雪运动会开幕式在市奥体中心冰球馆举行，来自全市各县区、各高校、社会有关单位的21支代表队参加开幕式。本届冰雪运动会由市政府主办，共设置青少年组、社会组、高校组、展示组4个组别，竞赛项目设有滑冰、滑雪、轮滑、轮滑、陆地冰壶、冰球6大类、124个小项目。赛事突出全民性的特点，全市各县区、各单位、各学校依次开展，比赛时间将持续至明年1月，参与人数将超万人次。

29日，全市创建国家卫生城市工作调度会议召开。市委书记孟祥伟主持会议并讲话。北京市卫健委副主任刘泽军以《国家卫生城市概述与技术评估要点》为题授课。讲座从新时期的卫生工作方针、技术评估与暗访检查不同点、技术评估流程、申报资料注意事项和国家卫生城市建设的重点难点等多角度作了一场极具针对性和可操作性的专题辅导，使与会人员受益匪浅。会议通报了国家卫生城市暗访结果和对各区创卫考评结果。孟祥伟强调，创建国家卫生城市是市委、市政府作出的一项重大战略部署，是对全市人民作出的庄严承诺，经过前期的努力工作，我们取得了很大的成绩，全市上下要进一步提高站位、统一思想、乘势而上、再聚合力，坚决打赢"三城同创"的收官之战。市委副书记、市长张瑞书对下一阶段创卫工作进行安排部署。

## 12月

2日，市委常委、组织部部长刘文萍与国家特聘专家沈立博士团队座谈，并代表市委将秦皇岛市英才服务卡交到了沈立手中，希望他再接再厉，在秦皇岛做出更加辉煌的成绩，为秦皇岛的经济发展贡献力量。秦皇岛市委、市政府一直高度重视人才的培养和引进。近年来，秦皇岛市委组织部围绕省委、市委关于进一步深化人才发展体制机制改革要求，着眼加大集聚各类优秀创新创业人才来秦皇岛干事创业，不断优化人才发展环境，搭建人才发挥作用平台，提升服务人才的工作水平。

4日，市委常委会召开"不忘初心、牢记使命"专题民主生活会，充分运用主题教育成果，紧扣学习贯彻习近平新时代中国特色社会主义思想这一主线，聚焦不忘初心、牢记使命主题，盘点收获、检视问题、深刻剖析、整改落实，齐心协力开创新时代全面建设沿海强市、美丽港城和国际化城市的新局面。市委书记孟祥伟主持会议，带头进行个人检视剖析并作总结讲话。孟祥伟要求，要认真贯彻落实党的十九届四中全会精神和省委九届九次全会部署要求，在坚持和巩固、完善和发展、遵守和执行上走在前、作表率，切实把市委常委会打造成对党忠诚、开拓创新、担当尽责、清正廉洁的坚强领导集体。要以这次专题民主生活会为新的起点，不断推动秦皇岛各项工作再上新台阶，向中央、省委和全市人民交上一份满意的答卷。

9日，市委副书记、市长张瑞书主持召开市长碰头会，听取市政府2019年以来重点工作推进情况，就做好岁末年初重点工作和明年、"十四五"谋划工作进行安排部署。张瑞书指出，今年以来，面对错综复杂的宏观经济形势，全市各级各部门认真落实中央、省、市决策部署，坚持稳中求进工作总基调，履职尽责、扎实工作，保持了全市经济社会发展总体平稳、稳中有进、稳中提质的良好态势。但也要清醒认识到我市发展中仍面临诸多挑战、问题和短板。要强化问题导向，拿出有效举措，抓住关键，加强调度，确保圆满完成全年目标任务，认真做好明年和"十四五"谋划工作，推动经济社会更高质量发展。

18日，市委副书记、市长张瑞书主持召开市政府第五十一次常务会议。会议原则通过了《秦皇岛市城市区公共租赁住房申请条件》，研究了《秦皇岛市政府促进康复辅助器具产业园区发展支持政策》《关于2015－2019年度秦皇岛市劳动模范和先进工作者评选工作情况的报告》等议题。

22日，市委召开全市领导干部大会，宣布省委关于秦皇岛市委主要负责同志职务调整的决定：朱政学同志任秦皇岛市委书记、常委、委员；孟祥伟同志不再担任秦皇岛市委书记、常委、委员职务。

27日，市委书记朱政学主持召开市委常委会会议，传达学习中央经济工作会议和省委九届十次全会精神、省委九届十次全会精神，学习了习近平总书记在中央经济工作会议上的讲话精神，研究了市委十二届四次全会筹备有关事宜。会议强调，要把学习宣传贯彻中央经济工作会议和省委全会精神作为一项重要政治任务，切实把思想和行动统一到中央和省委对经济形势的科学判断上来，坚定不移贯彻新发展理念，坚定不移推进高质量发展，稳字当头，坚定信心，主动作为，不断开创全市经济工作新局面。会议还研究了其他事项。

同日，京秦热电项目1号机组168小时满负荷试运行圆满成功。这标志着1号机组正式进入生产阶段，对全市融入京津冀协调发展、冬季清洁取暖等工作具有重要意义。1号机组的成功试运行，为秦皇岛绿色发展、创新发展、高质量发展注入新的动力，在秦皇岛的发展历史上具有里程碑意义。

同日，由河北环境工程学院与河北企美农业技术有限公司共建的全国首家有机产业学院举行揭牌仪式。为更好地发展有机产业，传播有机理念，为有机产业培养急需的产业人才，有机产业学院建成后，将采用校企双方成为人才培养双主体的办学模式，在有机种植、有机加工、农业废弃物处理处置、有机土壤改良和环境因子调控等方面将有机产业链和人才培养链进行深度融合，为全社会培养产业需要的应用型生态环境保护，特别是农业面源污染和农村生态保护方面的专业人才。

28 日，市委副书记、市长张瑞书主持召开市城乡规划委员会 2019 年第十一次会议，研究并原则通过《秦皇岛市海港区 H-XB-08 单元控制性详细规划（调整）》。会议指出，要坚持节约集约利用、公共利益优先的原则，按照本次会议提出的修改意见，对规划成果进行修改完善，统筹做好中小学、幼儿园等配套设施规划布局，科学合理利用好土地资源，为片区未来发展打下坚实基础。

30 日，秦皇岛市召开第四届"秦皇岛之冬旅游文化季"活动新闻发布会，发布活动具体实施方案。本次"秦皇岛之冬旅游文化季"活动时间为今年 12 月下旬至明年 2 月下旬。活动推出"乐动冰雪""乐品民俗""乐赏艺术""乐享生活""乐游暖冬"五大系列 30 项旅游文化活动，以冬季旅游精品项目、特色文旅活动为抓手，打造秦皇岛冬季旅游文化"新名片"。

31 日，中国共产党秦皇岛市第十二届委员会第四次全体会议召开。市委书记朱政学代表市委常委会作工作报告并讲话。市委副书记、市长张瑞书部署经济工作。全会以习近平新时代中国特色社会主义思想为指导，深入贯彻党的十九大和十九届二中、三中、四中全会及中央经济工作会议精神，全面落实省委九届九次、十次全会决策部署和省委对秦皇岛工作的重要指示要求，报告市委常委会十二届三次全会以来的工作，总结 2019 年全市经济工作，安排部署 2020 年重点任务，推进治理体系和治理能力现代化，确保全面建成高质量小康社会、打赢脱贫攻坚战和"十三五"规划圆满收官，加快新时代沿海强市、美丽港城和国际化城市建设步伐。全会指出，要坚定不移全面从严治党，不断提高党的执政能力和领导水平。办好秦皇岛的事情，关键在党，关键在人，关键在各级领导班子。把学习贯彻习近平新时代中国特色社会主义思想作为首要政治任务，认真落实新时代党的建设总要求，狠抓各级党组织和党员干部队伍建设，以党的建设扎实成效确保各项任务落到实处。要坚持党对一切工作的领导。完善党的全面领导机制，发挥总揽全局、协调各方的领导核心作用，把党的领导贯彻到各领域各方面。

同月，推出项目立项审批"007"品牌。结合全面落实河北省政务服务管理办公室确定的"996"（90％的事项一窗受理、90％的事项网上办理、压减申报材料60％以上）工作目标，市行政审批局从项目立项环节开始，实现了100％项目全部在政务大厅综合窗口一窗受理、100％项目从河北省在线审批监管平台网上申报、压减项目申报材料76％，做到窗外零受理、线下零审批、申报材料不超7件，形成立项审批"007"品牌，大幅削减申报材料数量，切实减轻项目负担。

同年，积极推进国家食品安全示范城市创建工作。着力培育一批"示范超市"，开展全市食品超市（店）示范创建活动，对大、中、小型示范超市创建标准进行了明确和规范。将秦皇岛兴龙广缘商业连锁有限公司和月大街分店等10家大型超市、秦皇岛家惠商贸集团有限公司金色商厦店等34家中型超市、秦皇岛兴龙广缘商业连锁有限公司生态谷小区分店等120家小型超市，命名为2019年第一批"食品安全示范超市"。校园食品安全备受社会关注，为加强对校园食堂的管理，保障广大师生们"舌尖上的安全"，在全市创建21家标准校园食堂，全部按照省级标准进行打造，其中大学食堂3家、中小学食堂9家、幼儿园食堂9家。全面推进"智慧监管"，在全市推广食品安全追溯体系，建设"云追溯、大监管"追溯平台。目前，追溯平台已注册用户3252户，涵盖商品63926种，已上传台账数据362万余条。

# 2020年

## 1月

8日，在省会石家庄参加省十三届人大三次会议的秦皇岛代表团，继续认真审议省长许勤所作的政府工作报告，审议2020年计划报告和计划草案、2020年预算报告和预算草案。会议由秦皇岛代表团团长、市委书记朱政学主持。审议中，代表们一致认为，许勤省长所作政府工作报告，通篇贯穿了习近平新时代中国特色社会主义思想和对河北工作重要指示批示精神，全面贯彻了中央和省委决策部署，主题鲜明，内涵丰富，思路清晰，重点突出，是一个高举旗帜、求真务实、改革创新、催人奋进的好报告，是确保全面建成小康社会、打赢脱贫攻坚战和"十三五"规划圆满收官的路线图，对新时代全面建设沿海强省、美丽河北具有重要意义。代表们一致表示，新的一年，将自觉按照工作报告的要求，发挥自身优势，积极履职尽责，坚定不移贯彻新发展理念、推动高质量发展，为建设经济强省、美丽河北贡献"秦皇岛力量"。

9日，在省会石家庄参加省政协十二届三次会议的秦皇岛市省政协委员积极主动履职，认真学习省委书记王东峰在开幕会上的讲话，讨论省长许勤作的政府工作报告，审议省政协常委会工作报告和提案工作情况报告。委员们一致认为，王东峰书记的讲话站位高远，内涵深刻，对全省政协工作提出了"五个坚持"的明确要求，催人奋进，令人鼓舞。许勤省长所作政府工作报告，全面客观、求真务实，是一个政治性、思想性、针对性、操作性都很强的好报告。省政协常委会工作报告和提案工作报告客观全面，彰显了省政协的使命担当。委员们纷纷表示，要深入学习王东峰书记的讲话、许勤省长所作政府工作报告和省政协两个报告的精神，立足秦皇岛实际，履职尽责，抓好各项工作落实。省两会期间，秦皇岛市省政协委员还围绕"优化营商环境、助力民营企业发展""推进科技特派员机制创新""巩固农村人居环境综合整治成果""推进我省旅游系统大数据智慧化应用"等主题提交了提案。

12—15日，政协秦皇岛市第十三届委员会第四次会议举行。市政协十三届四次会议应出席委员329名，实际出席委员310名，符合规定人数。市委书记朱政学在开幕式上强调，全市各级党委要坚决贯彻落实习近平总书记关于加强和改进人民政协工作的重要思想，定期听取工作汇报，主动听取意见建议，切实解决基层政协基础工作薄弱、人员力量薄弱的问题，为政协组织开展工作提供有力保障；各级各部门要主动配合政协开展工作，积极参与民主协商活动，加快对政协提案、政协建议案办理进度，及时转化建言成果，自觉接受民主监督；要加大对政协工作的宣传力度，努力在全社会营造有利于政协事业发展的良好政治氛围、舆论氛围、社会氛围。会议选举王建文、李彪、岳会仁为政协秦皇岛市第十三届委员会副主席，刘爱秀为政协秦皇岛市第十三届委员会常务委员；审议通过政协秦皇岛市第十三届委员会第四次会议关于常务委员会工作报告的决议、政协秦皇岛市第十三届委员会提案委员会关于第四次会议提案审查情况的报告、政协秦皇岛市第十三届委员会第四次会议政治决议。市政协主席郝占敏在闭幕式上表示，新时代政协委员要发挥主体作用，第一，充分认识政协委员这个崇高称谓，切实履行"代表人士"的重要作用；第二，准确把握政协组织这个性质定位，切实增强"两个维护"的政治责任；第三，始终牢记专门协商机构这个新方位新使命，切实发挥政协委员主体作用；第四，更加突出广泛凝聚共识这个履职的中心环节，切实强化对界别群众的团结引领责任；第五，认真贯彻"十八字"方针基本要求，切实提高适应新时代的能力和素质。

13—16日，秦皇岛市十四届人民代表大会第五次会议举行。会议应出席代表328名，出席会议的代表304名，符合法定人数。大会以举手表决的方式，通过总监票人、监票人名单；表决通过关于秦皇岛市人民政府工作报告的决议、关于秦皇岛市2019年国民经济和社会发展计划执行情况与2020年国民经济和社会发展计划的决议、关于秦皇岛市2019年预算执行情况和2020年预算的决议、关于秦皇岛市人民代表大会常务委员会工作报告的决议、关于秦皇岛市中级人民法院工作报告的决议、关于秦皇岛市人民检察院工作报告的决议。大会宣布秦皇岛市十四届人大五次会议选举结果：韩晓明当选为秦皇岛市监察委员会主任，孙宝旗和董菲当选为秦皇岛市第十四届人大常委会委员。根据《秦皇岛市实施宪法宣誓制度办法》规定，新当选的市监察委员会主任韩晓明，市十四届人大常委会委员孙宝旗、董菲和新表决通过的市人大社会建设委员会副主任委员王秀红一起向宪法宣誓。市人大常委会主任刘辰彦表示，要贯彻落实好市委十二届四次全会精神，按照党中央和省市委的决策部署，增强"四个意识"、坚定"四个自信"、做到"两个维护"，特别要坚定制度自信，把坚持和完善人民代表大会制度，坚持党的领导、人民当家作主、依法治国有机统一，服务全市工作大局作为人大工作的生命线，贯彻落实好省委人大工作会议精神，充分履行人大职权，更好发挥人大代表作用，提升全市人大工作水平，为推进市域治理体系和治理能力现代化作出新的贡献。

30日，省委常委、政法委书记董仚生调度秦皇岛市新型冠状病毒感染的肺炎疫情防控工作情况。他强调，秦皇岛市各级各部门要提高政治站位，科学防治、精准施策，力争实现零死亡、零感染、零输出、零输入、零事故目标，坚决打赢疫情防控阻击战。

同日，市委书记朱政学到京哈高速北戴河收费站、秦皇岛火车站公交枢纽站、秦皇岛日报社、玉峰里社区等单位检查督导新型冠状病毒感染的肺炎疫情防控工作。他强调，要认真落实中央应对疫情工作领导小组会议精神和省新型冠状病毒感染的肺炎疫情防控工作会议部署要求，密切关注疫情走势，抓细抓实应对举措，全力排查阻断疫情输入蔓延，确保疫情防控工作有力有序有效。

同日，市委副书记、市长张瑞书带领市农业农村局、市外事商务局等部门主要负责同志，先后来到昌黎县新集农副产品批发市场和海阳农副产品批发市场，实地检查督导蔬菜等食品物资供应和消毒防疫工作。张瑞书在检查过程中强调，各级各相关部门要严格落实蔬菜供应保障各项措施，全力做好农业生产、货源组织、物流配送、市场销售等每一个环节，确保货品充足、价格合理。同时，要严格落实对出入市场人员的体温检测和外地运输车辆、市场环境消毒等防疫工作，确保果蔬食品安全。

## 2月

2日，针对社区疫情防控工作力量薄弱的实际，本市从市直各部门未承担疫情防控任务的在职工作人员中，紧急抽调1500余名干部职工，充实到海港区、秦皇岛经济技术开发区共计100多个基层社区，提升一线疫情防控工作效能。此次本市从62个市直单位在职工作人员中，按照比例共抽调干部职工1500余人，充实到基层社区。其中，正县级干部33人、副县级干部144人、科级及以下干部1388人。抽调人员经过简单培训后，将立即上岗就位，协助街道社区工作人员重点做好摸底排查、宣传教育、小区管理等相关疫情防控工作。为切实加强全市对疫情防控工作的组织领导，本市结合疫情防控工作实际，制定出台了《市直部门疫情防控包联社区制度》，明确了包联对象范围、包联职责任务、包联工作要求，为全市上下齐心、同舟共济、科学防治、精准施策,夺取疫情防控阻击战的全面胜利奠定了坚实基础。

3日,在收听收看全省疫情防控工作会议后,秦皇岛市随即召开全市疫情防控工作视频会议,认真贯彻落实全省会议精神,对全市疫情防控工作再调度、再安排、再部署。市委书记朱政学要求全市党员干部,时刻牢记习近平总书记关于疫情防控工作的重要指示,把群众安危放在心中最高位置,忠诚履职,担当尽责,不畏艰险,冲锋在前,人民以生命相托,我们必须全力以赴,做到我将无我,不负民心。市委副书记、市长张瑞书主持会议,市委副书记丁伟通报全市疫情防控工作情况。

4日,省委常委、政法委书记董仚生来到秦皇岛市调研督导疫情防控工作。他要求,各级各部门要认真贯彻习近平总书记关于疫情防控工作的重要指示精神,深入落实党中央、国务院和省委、省政府决策部署,进一步坚定信心,全力以赴,排除万难,坚决打赢疫情防控阻击战。董仚生一行先后来到京哈高速北戴河出口、北戴河火车站、西山社区、备用隔离点、河东寨村实地督导疫情防控工作。在随后召开的调度会上,董仚生听取了市委书记朱政学关于秦皇岛市疫情防控工作的情况汇报,对全市疫情防控工作给予充分肯定。他指出,秦皇岛市委、市政府认真贯彻习近平总书记关于疫情防控工作的重要指示精神,把人民群众生命安全和身体健康放在第一位,有力有序有效开展疫情防控各项工作,做到了思想认识到位、工作措施到位、各项保障到位,疫情防控形势总体平稳。

同日,市委书记朱政学随机到海港区部分高校、药店、超市、老旧小区和集中隔离医学观察点,实地督导检查疫情防控工作及生活物资供应情况,看望并慰问坚守在防控一线的工作人员。他强调,各级各部门要进一步提升政治站位、坚定必胜信心,以强烈的责任担当、有力的工作举措,全力构筑联防联控群防群治严密防线,切实保障人民群众生命安全和身体健康。

同日,市政府印发《关于应对新型冠状病毒感染的肺炎疫情支持中小微企业共渡难关的意见》,从优化金融服务、做好企业服务、稳定用工队伍等多个方面出台十条措施,鼓励全市中小微企业有效应对疫情、共渡难关,保障全市经济社会稳定发展。政策支持范围是重点防控物资生产企业和服务业中受疫情影响较大的中小微企业,它们多与城市运行、市民生活和稳定就业紧密联系。

5日,市委副书记、市长张瑞书深入秦皇岛经济技术开发区部分重点工业企业,实地检查企业疫情防控和复工复产准备情况。他强调,各级各有关部门要坚决贯彻习近平总书记关于疫情防控工作的重要指示精神,认真落实中央和省市各项安排部署,在做好疫情防控工作的前提下,全力支持、组织推动各类生产企业复工复产,奋力夺取疫情防控与经济社会发展双胜利。

10日,市委组织部印发《关于在打赢疫情防控阻击战中考察识别干部的通知》和《关于及时奖励在疫情防控工作中表现突出的公务员和公务员集体的通知》。《关于在打赢疫情防控阻击战中考察识别干部的通知》中明确了考察内容,创新考察方式,并强化考察结果运用。《关于及时奖励在疫情防控工作中表现突出的公务员和公务员集体的通知》中指出,为进一步坚定信心、凝聚力量,发挥先锋模范的示范引领作用,各县区委组织部和市直各单位要按照"发现一批,奖励一批"的原则,及时进行褒奖。

11日,市委副书记、市长张瑞书利用一天时间深入本市部分医疗机构进行检查指导,并主持召开市长办公会议,研究本市加强新冠病毒核酸检测能力建设、发热门诊管理提升等工作。张瑞书冒着大雾先后来到昌黎县人民医院、市第二医院,详细了解发热门诊每天接诊数量、诊疗处置流程、医学留观区域设置、医疗物资储备等情况。张瑞书强调,医院要全面加强发热门诊规范管理,严格执行接诊、筛查、登记、报告等流程,切实做好发热病人的筛查处置工作,严格执行医学留观的设置标准、隔离程序及管理规范,合理安排诊疗班次和医护人员轮休,强化医务人员自身防护,坚决杜绝交叉感染。各级各部门要加强后勤服务保障,做好人文关怀,努力为医务人员的工作生活提供更好条件。当天下午,张瑞书主持召开市长办公会议,听取本市目前核酸检测能力、当前疫情防控中的困难和问题等情况汇报,就加强本市核酸检测能力建设进行安排部署。张瑞书强调,要切实加强本市核酸检测能力建设,充分挖掘全市各医疗机构核酸检测潜力,严格按照评估标准尽快认定、建设一批符合条件的医疗机构作为筛查机构,同时加强专业检测人员培训工作,全面提升本市核酸检测水平。要坚决落实"三个关口前移",扩大核酸检测范围,对所有疑似病例、密切接触者和无确切原因发热人员全部进行核酸检测,确保应检尽检、存量归零、增量随清,最大限度减少漏诊误诊。

11—12日,5辆满载抗击新冠肺炎疫情防控物资的货车,从秦皇岛出发开往湖北省咸宁市。市委副书记、市长张瑞书到现场为车队送行,并代表市委、市政府向奋战在疫情防控最前线的咸宁市委、市政府以及全体市民致以诚挚的慰问。咸宁市位于疫情重点地区湖北省,疫情防控任务十分艰巨。为支持咸宁市抗击新冠肺炎疫情,秦皇岛市紧急调运一批符合国家标准的医疗救治、生活保障等重点物资驰援咸宁。捐赠的防控物资包括12导心电图机、生命体征监护仪、手套、连花清瘟胶囊、HRA健康风险评估系统、PMR微循环修复系统及ERS红细胞聚集康复系统等,总价值共计1276.8万元。2月12日下午4时,运输车队争分夺秒,在保证安全的前提下,一路上人停车不停,连续疾驰1500千米,终于安全顺利运抵湖北省咸宁市。咸宁市委副书记、市长王远鹤出席捐赠交接仪式。捐赠交接现场,驰援物资车队负责人宣读了市委、市政府《致咸宁市委市政府的慰问信》,向咸宁市委、市政府及全市人民表示诚挚问候和深切慰问,祝愿咸宁市早日打赢疫情防控阻击战。

13日,市委副书记、市长张瑞书主持召开市长办公会议,安排部署疫情防控和经济社会发展重点工作。他强调,全市各级各部门要全面落实中央和省、市决策部署,认真履职尽责,主动担当作为,统筹做好疫情防控和经济社会发展各项工作,确保打赢疫情防控的人民战争、总体战、阻击战,努力实现全年经济社会发展目标任务。会议学习传达了2月12日中共中央政治局常务委员会会议精神;市直有关部门分别汇报了各自承担的主要经济指标运行情况;各副市长结合分管工作实际,讲了具体意见。

15日,市委书记朱政学来到部分医院、高速路口和复工企业,实地调研新冠肺炎疫情防控措施落实情况。他强调,各级各部门要坚定不移贯彻落实党中央、国务院和省委、省政府决策部署,按照坚定信心、同舟共济、科学防治、精准施策的要求,根据疫情发展趋势和本市实际,调整完善防控措施,找差距、补短板、堵漏洞,不断提高疫情防控措施的精准性、有效性。

17日,省委常委、政法委书记董仚生通过视频会议形式对秦皇岛市疫情防控工作进行调度。他强调,秦皇岛市各级党委政府要认真贯彻习近平总书记关于疫情防控工作系列重要讲话和重要指示批示精神,按照省委、省政府部署要求,统筹抓好疫情防控和经济社会发展各项工作,做到两手抓两不误。会上,市委副书记、市长张瑞书汇报了本市疫情防控、企业复工复产、重大项目建设以及"三创四建"活动等四个方面工作开展情况。董仚生对秦皇岛市疫情防控和经济社会发展各项工作给予了充分肯定。董仚生要求,要全力做好疫情防控工作,严密群防群治各项措施,加大工作力度,提高收治率和治愈率,最大限度降低感染率和病死率。要正确处理企业复工复产和疫情防控工作关系,重点支持民生保障类特别是涉及防疫物资生产经营企业复工复产,帮助企业解决实际问题,抓好安全生产。要抓好重点项目建设,做好重点项目的前期谋划和准备工作,把握好时间节点,结合产业结构调整,认真开展项目评估,以第三产业、康养业、旅游业、现代物流业以及科技含量较高的企业为重点,坚持可持续发展。要扎实开展"三创四建"活动,在全市范围内开展爱国卫生运动;做好森林防火工作,确保重点部位万无一失;创新基层社会治理,推动平安创建各项工作落实落细落到位。

同日,随着新冠肺炎疫情来袭,本市各大医院等疫情防控一线急需大量医用口罩。了解到这一情况后,浙江永昌乐地作为法国PuyduFou中国发展专营商,充分发挥企业自身的业务网络优势,第一时间联络驻法国浙江金华商会,由其协助,在法国分批购买了5万个医用口罩,首批2万个于2月17日抵京,并已捐赠给秦皇岛市红十字会,剩下的3万个口罩也将于近期到达国内送至秦皇岛市。

18日,本市举行"同舟共济共克时艰坚决打赢疫情防控阻击战"捐赠仪式,23家爱心企业共捐赠款物10087.28万元。市委书记朱政学出席捐赠仪式,并为爱心企业代表颁发"爱心捐赠证书",市长张瑞书主持。新冠肺炎疫情发生以来,本市广大企业和爱心人士积极响应市委、市政府号召,踊跃捐赠、贡献力量,为全市疫情防控工作倾注了温暖的爱心、鼓舞了战斗的信心、坚定了必胜的决心。捐赠仪式上,河北安丰钢铁有限公司、秦皇岛宏兴钢铁有限公司、秦皇岛中秦兴龙投资控股有限公司、秦皇岛市康泰医学系统有限公司、昌黎县兴国精密机件有限公司、秦皇岛金屋集团等23家企业共捐赠款物10087.28万元,其中人民币7902.28万元,医疗器械2185万元。爱心企业代表河北安丰钢铁有限公司副董事长张玉春宣读了《全力以赴助力打赢新冠肺炎疫情防控阻击战的倡议书》,号召全市企业界人士切实提高政治站位,与党和政府同心同德,主动担当起新时代企业家的社会责任。

## 3月

3日,市委书记、市委全面深化改革委员会主任朱政学主持召开市委深改委第四次会议,传达学习中央深改委第十一、十二次会议和省委深改委第六、七次会议精神,审议有关改革事项,研究部署下一步改革工作。市长张瑞书、市委副书记丁伟出席会议。市人大常委会主任刘辰彦、市政协主席郝占敏列席会议。会议审议通过了《中共秦皇岛市委全面深化改革委员会2020年工作要点》《中共秦皇岛市委深入贯彻〈中共中央关于坚持和完善中国特色社会主义制度、推进国家治理体系和治理能力现代化若干重大问题的决定〉重要改革任务责任分工》《秦皇岛市全面深化改革工作督察落实和考核评价办法(修订稿)》和《关于深化交通运输综合行政执法改革的实施方案》,听取了市委深改委2019年工作情况汇报。

5日,市委副书记丁伟到燕山大学与燕山大学党委书记赵险峰、校长赵丁选等进行座谈,围绕贯彻落实省委、省政府决策部署,支持燕山大学加快"双一流"建设进行了深入交流。近日,省委、省政府印发《关于支持燕山大学加快"双一流"建设实现内涵式高质量发展的意见》。《意见》提出,河北省将采取十项措施,支持燕山大学加快建设一流大学和一流学科,加快把燕山大学建设成为特色鲜明、国内一流、世界知名的研究型大学。会上,围绕学校提出的高层次人才队伍建设、提升学校服务发展能力、完善市校对接机制等需市委、市政府协调解决的相关问题,市直有关部门、海港区政府负责同志与燕山大学领导班子进行了深入讨论,明确了解决路径和意见。

9日,市统计局公布2019年秦皇岛市国民经济运行情况,2019年全市经济运行高质量发展态势良好,稳中有进,基础更加牢固。初步核算,全年地区生产总值1612.02亿元,按照可比价格计算,比上年增长6.7%。农业产业化率72.0%,居全省首位;工业投资增长12.4%、工业技改投资增长23.6%,增速均居全省首位。

10日,市委书记朱政学主持召开市委常委会会议。会议学习习近平总书记在决战决胜脱贫攻坚座谈会上的重要讲话精神,传达全省决战决胜脱贫攻坚暨春季农业生产工作会议和省应对新冠肺炎疫情工作领导小组会议精神,研究本市贯彻落实意见,审议通过了《秦皇岛市关于建立防贫防返贫长效机制的实施方案》。会议指出,全市上下要切实把思想和行动统一到习近平总书记的重要讲话精神上来,增强决战决胜脱贫攻坚的政治责任感和历史使命感,坚决克服工作重点转移、投入力度下降、干部精力分散的现象,以更大力度、更硬举措狠抓工作落实,确保高质量完成各项目标任务。

11日,下午,省司法厅厅长贾文雅直奔基层,突击检查了市强制隔离戒毒所新冠肺炎疫情防控情况。贾文雅在市强制隔离戒毒所隔离区外围实地察看了执勤区和备勤区封闭隔离情况,详细询问了疫情防控、干警执勤备勤、队伍教育整顿、封闭区日常管理、后勤保障等情况。贾文雅对市强制隔离戒毒所疫情防控工作中执行上级指令坚决、措施得力,人员精神面貌好、士气高昂,所内秩序严整、环境卫生整洁,反映出的良好日常养成,予以充分肯定。他代表厅党委对坚守疫情防控一线的干警职工表示慰问,对下一步防控工作提出要求。贾文雅指出,在决战决胜疫情防控的关键时刻,全体司法行政干警要保持头脑清醒,再接再厉,慎终如始,毫不放松,抓紧抓实抓细各项防控工作。一要提高政治站位抓防控。二要坚持问题导向促工作。三要严管厚爱并重带队伍。

13日,市政府与建行河北省分行以电视电话会议形式举行金融支持"抗疫情稳增长惠民生"战略合作协议签约仪式。市委书记朱政学,建行河北省分行党委书记、行长陈中新出席签约仪式并致辞。市委副书记、市长张瑞书主持签约仪式。按照协议约定,建行河北省分行将为秦皇岛市专项安排总量200亿元的金融支持。其中,对抗击疫情防控保障项目、疫情冲击受困项目、复工复产小微企业给予20亿元专项融资支持;对全市重点建设项目优先给予150亿元融资额度支持;以"普惠金融"品牌助力小微企业和个体经营者经营发展，提供10亿元金融支持；对惠民及乡村振兴项目给予20亿元金融支持。被列入此次重点支持的企业、项目贷款，建行河北省分行将全部执行利率下浮最高授限，并全力加快项目审批，确保资金迅速投放。副市长孙国胜代表市政府与建行河北省分行签署协议。

  同日，全市决战决胜脱贫攻坚工作会议召开。市委书记朱政学出席会议并讲话。市委副书记、市长张瑞书主持会议。会议指出，在脱贫攻坚进入决战决胜、全面收官的关键阶段。全市上下要切实把思想和行动统一到我国脱贫攻坚取得的决定性成就上来，统一到党中央对当前形势的科学判断上来，统一到决战决胜脱贫攻坚重点任务上来，坚决做到工作重点不转移、投入力度不下降、干部精力不分散，确保高质量完成脱贫攻坚任务。针对当前脱贫攻坚面临的形势和任务，会议安排部署了17个方面重点工作。会议强调，要持续巩固脱贫攻坚成果，加强农村基础设施和公共服务建设，让群众享受更多更好基本公共服务。会议要求，全面加强党对打赢脱贫攻坚战的领导，坚持四级书记一起抓，强化政治担当，夯实攻坚责任，形成各级各部门各尽其责，市县乡村层层抓落实的强大合力。会议还对农村人居环境整治、春耕生产、造林绿化和森林防火工作提出明确要求。会上，市扶贫办、市民政局、青龙满族自治县、卢龙县刘家营乡、市人社局驻青龙满族自治县肖营子镇沙沟村工作队主要负责同志围绕脱贫攻坚工作交流发言。市领导丁伟、刘辰彦、郝占敏、刘文萍、李国勇、陈玉国、刘志新、岳会仁和省第四督查组负责同志出席会议。

  18日，秦皇岛市在荣盛康旅健康谷酒店举行隆重的仪式，欢迎第二批支援湖北医疗队20名医务人员圆满完成疫情防控医疗救治任务，平安抵秦。市委书记朱政学在欢迎仪式上代表市四大班子和港城310万人民欢迎白衣战士平安归来，向他们以及广大家属表示衷心的感谢和崇高的敬意。他指出，在抗击疫情最关键的时刻，本市支援湖北医疗队积极响应习近平总书记和党中央号召，逆行武汉，参加抗疫斗争。在武汉奋战的26个日日夜夜里，不畏艰险，不惧困难，与时间赛跑，与病魔斗争，用实际行动践行了"健康所系、性命相托"的医学誓言，展现了"救死扶伤、医者仁心"的新时代医务工作者的大爱形象，为打赢武汉保卫战、湖北保卫战贡献了秦皇岛力量，为全市医务工作者和全市人民树立了榜样。秦皇岛市共派出 41 名医务人员分三批先后赴湖北支援救治工作，此次凯旋的第二批支援湖北医疗队是秦皇岛市首批返程医疗队。他们于 2 月 9 日出征，2 月 13 日进驻武汉江岸方舱医院，和河北医疗队共 300 名医护人员一道，不畏艰险，团结奋战，经过 26 天的不懈努力，累计管理患者 626 人，累计治愈出院 363 人，累计转出 185 人，实现了患者零死亡、医务人员零感染、治愈出院患者零回头的目标，为秦皇岛赢得了荣誉。

20 日，下午，市应对新冠肺炎疫情工作领导小组召开会议，学习贯彻习近平总书记在中央政治局常委会会议上的重要讲话精神和省委常委会扩大会议精神，分析当前疫情防控形势，研究进一步做好防控境外疫情输入的具体措施，部署下一步疫情防控和经济社会发展工作。市委书记朱政学主持会议并讲话。会议强调，当前境外疫情快速蔓延，输入性风险持续加大，各级各部门要保持高度警惕，把严防境外输入摆在重中之重位置，坚决防止疫情反弹蔓延。要推动关口前移，强化动态排查，在全面开展入户筛查的同时，突出企业、高校等有境外人员往来的重点单位，完善数据共享、信息通报和入境人员核查机制，实时掌握境外人员入秦信息，增强工作的主动性、针对性和精准性。要实行全流程闭环式管理，建立健全动态信息、转接过程、属地管理、单位管理等闭环防控机制，强化境外入秦人员的转运、隔离、留观、治疗等措施，做到环环相扣、无缝衔接。要压实防控责任，市疫情防控指挥部要及时跟进中央、省委最新部署要求，科学研判疫情走势，精准提出防控措施。各县区、各部门要明确任务、压实责任、强化措施，严禁出现防控盲区和漏洞。各企事业单位、学校、宾馆酒店等要落实主体责任，严格实行出入境"双报告"制度，发挥好联防联控作用。

20 日，本市支援湖北医疗队第一批、第三批 21 名白衣战士平安抵秦。至此，本市支援湖北 3 批医疗队 41 名队员全员凯旋。市委副书记、市长张瑞书出席欢迎仪式，代表市委、市人大常委会、市政府、市政协和港城人民向英雄们致以崇高敬意，向他们的家属表示衷心感谢。张瑞书要求，各级各有关部门要精心做好服务保障，全面落实关心关爱政策，让英雄们切实感受到党委政府的关怀。全市上下要以我市支援湖北医疗队为榜样，弘扬他们"关键时刻冲得上去、危难关头豁得出来"的精神，坚守岗位、努力奋斗,为建设沿海强市、美丽港城和国际化城市作出更大贡献。

23日,市委副书记、市长张瑞书主持召开市长办公会议,研究全面恢复正常生产生活秩序有关工作。会议强调,全市上下要认真贯彻落实中央和省部署要求,在严防境外疫情输入、严格落实各项疫情防控措施的同时,进一步细化举措,加快建立同疫情防控相适应的经济社会运行秩序,不断巩固和拓展疫情防控形势持续向好、生产生活秩序加快恢复的态势。会议强调,要积极应对疫情给服务业带来的影响,全力支持住宿餐饮等商贸流通企业恢复生产经营。相关部门要做好对服务企业落实疫情防控措施的服务和指导,研究出台推动餐饮服务消费的措施政策,积极鼓励商家开展商品展示展销、打折促销、品鉴热销等多样的消费促进活动,提振消费信心,释放消费信号,推动消费升级,把疫情造成的影响和损失降到最小。旅游部门要加强对各景区景点的服务指导,积极创新旅游产品,加大营销宣传力度,做好各项防疫准备,按照要求稳妥有序推进旅游业的复工复业。要进一步加强校园防疫、物资储备等工作,为复学复课做好充足的准备,确保广大师生健康安全和校园平安稳定。要充分利用大数据平台手段,加快推广"健康码"的有效使用,为科学精准疫情防控和市民正常出行提供有力保障和支撑。要合理配置医疗资源,加快恢复正常医疗服务,全力保障人民群众生命安全和身体健康。

25日,市委副书记丁伟主持召开全市"三创四建"活动领导小组(扩大)会议,对全面推进本市"三创四建"活动进行再调度、再安排、再部署。市委常委、常务副市长李国勇出席会议。丁伟指出,开展"三创四建"活动,是省委、市委确定的全年工作总抓手,也是落实中央统筹疫情防控和经济社会发展工作要求的重要抓手。各级各部门要进一步统一思想、凝聚共识,强化政治责任,以更高的标准、更大的力度、更快的节奏做好相关工作,确保圆满完成各项创建任务。丁伟强调,各级各部门务必坚持求实再求实、落实再落实,按照我市"三创四建"活动实施方案,进一步细化分项指标、具体分工和各项措施,逐一明确时间节点,逐项拉出清单,把每项任务落到具体事、具体单位、具体人,做到可量化、可考核。要立足我市实际,研究制定配套政策,大胆改革创新,创造性地开展各项工作,善于总结实践中的经验做法和特色亮点,及时反馈和宣传活动推进情况和工作成效，大力营造浓厚的活动氛围。要落实好台账管理制度，实行"项目式"管理、"一体化"推进，定期督促"要账"，加大明察暗访力度。市县两级活动领导小组办公室和活动专班要充分发挥职能作用，加强对各县区和各专项工作统筹，实时掌握工作动态和进度，发现问题及时协调解决，确保"三创四建"各项工作扎实有序高质量开展。

同月，2020年秦皇岛市将实施30项交通基础设施项目，总投资437亿元，年内将完成投资80亿元以上，比去年翻一番。秦皇岛市基础设施互联互通和运输服务高效便捷将进一步推进。30项交通基础设施项目涵盖高速公路工程、道路新改建和大中修工程、农村公路改造工程、民航机场工程、公交示范城市创建工程、绿色配送示范工程、智慧交通建设、治超检测站项目和"公转铁"项目。今年，秦皇岛市交通部门还将全面启动《秦皇岛"十四五"交通运输发展规划》《综合立体交通网规划纲要（2021—2050）》《京津冀协同发展交通一体化规划（2020—2035）》编制工作，优化交通运输顶层设计，详细做好交通需求预测、分析和研判。

同月，为了实现"十三五"森林覆盖率增长目标，巩固秦皇岛市国家森林城市建设成果，2020年全市计划完成营造林面积40万亩，其中人工造林20万亩、飞播营林抚育20万亩，测算森林覆盖率将达到60%。同时，按照"1156"（一廊、一屏、五沿、六基地）建设布局，扎实推进营造林绿化"八大工程"。秦皇岛市编制下发了《秦皇岛市2020年营造林绿化工程实施方案》和《秦皇岛市高铁高速沿线绿化景观提升实施方案》，其中重点是营造林绿化"八大工程"，即建设沿海生态廊道绿化工程（一廊）、建设山区生态屏障建设工程（一屏）、沿道路绿化工程、沿河流绿化工程、沿城区绿化工程、沿村镇绿化工程、沿厂区绿化工程和建设以板栗、核桃、苹果、山楂、大樱桃、桃为重点的六大特色果品基地（六基地）。

## 4月

2日，市委理论学习中心组召开学习会议，传达学习习近平总书记最新重要讲话精神和中央、省委有关会议精神，进一步弘扬赶考精神，锤炼干部作风，努力交出防疫情、促发展优异答卷。市委书记朱政学主持并讲话。朱政学指出，赶考精神是我们党宝贵的精神财富。全市上下要切实把思想和行动高度统一到党中央对当前形势的分析判断和决策部署上来，大力弘扬赶考精神，慎终如始、善作善成，在夺取疫情防控和经济社会发展双胜利的大考中，向党和人民交出优异答卷。朱政学强调，交出优异答卷，必须旗帜鲜明讲政治；交出优异答卷，必须强化担当促落实；交出优异答卷，必须科学高效抓统筹；交出优异答卷，必须推进全面从严治党。

10日，秦皇岛市人民政府、中国储备粮管理集团有限公司、河北港口集团有限公司、益海嘉里金龙鱼粮油食品股份有限公司签署四方合作框架协议，共同推动中央储备粮秦皇岛直属库有限公司海港粮食储备基地项目建设。签约仪式以网络视频的形式在秦皇岛和北京两地同步举行。市委书记朱政学，市委副书记、市长张瑞书，河北港口集团有限公司董事长曹子玉，益海嘉里金龙鱼粮油食品股份有限公司总裁穆彦魁在秦皇岛会场出席签约仪式。中国储备粮管理集团有限公司董事长邓亦武、总经理迟京涛在北京会场出席仪式。中央储备粮秦皇岛直属库有限公司是海港粮食储备基地项目的建设主体单位，项目预计投资10亿元，一期建设仓容50万吨的海港粮食储备基地项目，是服务国家粮食安全战略，承担国家进口大豆储备任务，服务粮油市场调控的重大举措。通过该项目的建设，做到强强联合、优势互补，有效打通储备和加工上下游环节，更大发挥产业链优势，促进秦皇岛港转型升级。

19日，为贯彻落实省委书记王东峰来秦调研指示精神，加快推进秦皇岛港西港片区转型升级，市委副书记、市长张瑞书带领市政府办、市资源规划局主要负责同志，到秦皇岛港西港片区进行深入调研，并召开座谈会议。张瑞书一行首先来到西港海事处观景平台，登高观看西港片区产业现状分布情况，对照相关规划图纸，详细了解下步转型升级工作计划。随后，实地察看了港区内相关基础设施，听取河港集团相关工作情况汇报，就如何更好地推进港产城融合发展进行了深入交流。

20日，秦皇岛市举行2020年一季度项目集中签约仪式。轻量化零部件绿色智能化生产线、中天智控无人车与机器人、阿那亚圣蓝游艇小镇等33个项目成功签约，总投资260.28亿元。市委书记朱政学出席签约仪式，市委副书记、市长张瑞书致辞。此次签约项目涵盖了高端装备制造、文体旅游、生物医药健康、公共服务等多个领域，拟引进市外资金 223.58 亿元。其中，日本株式会社 UACJ 在海港区投资建设轻量化零部件绿色智能化生产线项目，总投资 2.5 亿元；中天智控科技股份有限公司在海港区投资建设中天智控无人车与机器人产业项目，总投资 12 亿元；阿那亚控股集团有限公司在北戴河新区投资建设阿那亚圣蓝游艇小镇项目，总投资 39 亿元。

22 日，本市召开全市基层党建工作述职评议会议。市委书记朱政学主持会议并讲话。市委副书记、市长张瑞书，市委副书记丁伟出席会议。省委组织部有关负责同志到会指导。各县、区党委，秦皇岛经济技术开发区、北戴河新区党工委和市委市直机关工委、市委教育工委、市国资委党委负责同志逐一进行述职。燕山大学、东北大学秦皇岛分校等 8 所高校党委书记进行书面述职。市领导张瑞书、丁伟、刘文萍、韩晓明分别点评，参会人员进行了投票评议。省委组织部有关负责同志在点评讲话中，充分肯定了秦皇岛市基层党建工作取得的成效，指出了需要重视解决的问题，并就做好下一步工作提出要求。

28 日，本市召开全市扶贫开发和脱贫工作领导小组会议。市委书记朱政学，市委副书记、市长张瑞书出席会议并讲话。市委副书记丁伟主持会议。会议强调，全市上下要切实把思想和行动统一到习近平总书记重要讲话精神上来，统一到中央决策部署和省委工作要求上来，坚持问题导向、目标导向、结果导向，补齐短板、夯实基础，全面提升脱贫攻坚各项举措的质量成效。要聚焦上级反馈和大排查发现问题，集中攻坚，全面整改，如期清零；聚焦"两不愁三保障"薄弱环节，加快补齐短板弱项，持续发力，提升水平；聚焦巩固脱贫成果，严格落实"四个不摘"要求，深化"百企帮百村"行动，推进产业扶贫、就业扶贫，把脱贫攻坚与美丽乡村建设有机结合起来，促进贫困村面貌整体提升；聚焦健全防贫长效机制，强化致贫返贫风险动态监测；聚焦扶贫资金科学使用，加强扶贫项目谋划，加快扶贫资金拨付进度，确保扶贫资金安全高效和贫困群众长期稳定受益。会议要求，强化责任担当，真正形成脱贫攻坚决战决胜的强大合力。

29 日，市委常委、常务副市长刘亚洪带领相关部门负责人实地检查节前疫情防控及安全生产工作。他强调，要认真学习贯彻习近平总书记重要指示精神，统筹抓好疫情防控常态化和安全生产工作，加强安全管理，强化隐患排查，为保障城市运行和市民生活创造良好条件。刘亚洪指出，大型商场是人流密集场所，是疫情防控和安全生产重点部位。各经营场所要严格落实消毒、人员进入测量体温、佩戴口罩、核验"健康码"等工作，认真执行安全生产各项制度，为市民购物、休闲创造良好安全环境。刘亚洪强调，各级要深入开展安全生产专项整治三年行动，突出危化、交通运输等重点行业领域，消除一批重大隐患，形成一批制度成果。广大企业要时刻保持高度警惕，坚持底线思维，坚持问题导向，开展全方位、多角度安全生产检查，加强监管，严格制度，及时消除安全隐患，切实保障员工生命安全和身体健康，统筹推进疫情防控常态化和安全生产双胜利。

30日，市委书记朱政学主持召开市委常委会会议，深入学习贯彻习近平总书记关于扫黑除恶专项斗争重要指示批示精神和党中央决策部署，总结前段工作，分析当前形势，查找短板弱项，对确保扫黑除恶专项斗争取得全面胜利进行研究部署。会议指出，开展扫黑除恶专项斗争，是以习近平同志为核心的党中央作出的重大决策部署。专项斗争开展以来，全市共侦破涉黑犯罪组织12个，抓获犯罪嫌疑人296人，破获案件253件；侦破涉恶犯罪组织52个，抓获犯罪嫌疑人275人，破获案件233件，追捕涉黑涉恶逃犯82人。给予党纪政务处分134人，其中"保护伞"15人，移送司法机关11人，专项斗争持续向纵深开展，人民群众安全感、满意度进一步增强。会议强调，今年是扫黑除恶专项斗争决战决胜、长效常治的收官之年。全市各级各相关部门要进一步加大责任和压力传导，以开展"六清"行动为牵引，锁定主攻方向，深挖根治、标本兼治、长效常治，确保实现"线索清仓、逃犯清零、案件清结、伞网清除、黑财清底、行业清源"，夺取专项斗争全面胜利。

## 5月

7日，是初三和中职毕业年级复学复课的第一天。市委书记朱政学深入山海关区、秦皇岛经济技术开发区部分学校进行调研。他强调，要坚持把师生健康安全放在首要位置，进一步提高政治站位，压紧压实工作任务，以强烈的责任感和使命感，全力做好疫情防控常态化条件下的复学复课工作，用心用情加强服务保障和人文关怀，确保安全复课万无一失、教学质量持续提升。

11日，市生态环境保护委员会第一次会议暨生态环境治理重点工作推进会议召开，分析评估今年以来全市生态环境治理工作成效，查摆存在问题，安排部署下步重点工作，确保完成年度各项目标任务。市委书记朱政学出席会议并讲话。市委副书记、市长张瑞书主持会议。会上，通报了1—4月全市空气质量和水质量状况。国家环科院专家胡君博士评估了我市1—4月大气污染防治工作成效，并提出针对性管控措施。海港区、昌黎县作表态发言。会议指出，秦皇岛作为以生态立市和建设一流国际旅游城市为目标的城市，加强生态文明建设既是义不容辞的政治任务，是推动高质量发展的重要支撑，也是增进民生福祉的必然要求。会议强调，抓生态环境治理，必须科学精准施策。运用科技手段，画细画小环保网格，加强日常监管巡查，摸清污染底数，及时评估，精准制定治理措施。会议强调，要进一步强化生态环境保护监管执法。建立权力清单和责任清单，形成边界清晰、分工合理的分工体系，消除环境执法的死角盲区。会议强调，要强化监督问责，严格落实属地管理责任、部门监管责任和企业主体责任，真正把责任分解到位、把压力传导到位。坚持省市县三级联动督查，以严格追责问责倒逼问题整改和工作落实。市领导刘亚洪、刘学彬、冯志永等出席会议。

15日，市委书记朱政学主持召开市委常委会会议，传达学习习近平总书记在党外人士座谈会上的重要讲话、在山西考察时的重要讲话和在中共中央政治局常务委员会会议上的重要讲话精神，听取创建国家卫生城市工作情况汇报，研究部署下一阶段重点工作。会议指出，习近平总书记近期发表的一系列重要讲话，就抓好常态化疫情防控措施落地见效、提升产业链供应链稳定性和竞争力、奋发有为推进高质量发展、坚决打赢污染防治攻坚战、保障和改善民生、加强和改进党的建设等作出重要指示，为我们做好当前各项工作指明了方向。全市上下要进一步提高政治站位，切实把思想和行动高度统一到习近平总书记重要讲话精神和党中央的决策部署上来，准确把握形势、细化工作措施、坚定信心决心，确保实现"三个圆满收官"。会议强调，各级各部门要高度重视，强化担当，统筹推进迎接全国文明城市复检、国家卫生城市创建、爱国卫生运动、生态环境治理等各项工作，把集中整治和建章立制结合起来，形成最佳综合效果。要深入开展创卫百日攻坚和爱国卫生运动，坚持问题导向，对照指标体系，建立问题台账和整改清单，对背街小巷、市场周边、河流两岸、铁路沿线、老旧小区等薄弱环节开展专项整治，确保强项指标不断提升、弱项指标全面达标。

19日，副市长冯志永带领市旅游文广局、市林业局、市卫健委、市应急管理局主要负责同志深入我市部分旅游景区，检查景区恢复开放和安全生产工作。冯志永一行先后来到山海关老龙头景区、天女小镇等地，现场察看景区游客体温监测、场地消杀等工作开展情况，详细听取景区负责人关于景区疫情防控应急机制、安全隐患排查整治等工作汇报。冯志永要求，已开放景区要按照《河北省A级旅游景区恢复开放疫情防控指南》和防疫工作手册要求，实行网上预约售票、限制客流量，引导游客单向游览、错峰游览，避免游客聚集。景区可根据日接待量不超过最大承载量的30%，适当开展促销活动。冯志永强调，市和县区旅游文化部门要进一步加强对开放景区的日常督导检查和巡查，落实好包联景区责任制，确保开放景区安全、有序，保障游客生命健康安全。

22日，上午，第十三届全国人民代表大会第三次会议在人民大会堂开幕，国务院总理李克强向大会作了政府工作报告。我市广大干部群众通过电视、网络等收看开幕盛况，密切关注两会动态，纷纷寄予期望，表达了对祖国的美好祝福。上午9时，市委书记朱政学、市人大常委会主任刘辰彦、市政协主席郝占敏等市委、市人大常委会、市政府、市政协四大班子领导，在各自的单位与机关干部一同收看开幕盛况，认真聆听李克强总理作的政府工作报告。

同日，省生态环境厅厅长高建民到我市就入海河流环境综合整治工作进行实地调研。他强调，要深入贯彻习近平生态文明思想，全面落实中央和省委决策部署，坚持标本兼治、综合施策，全力推进重点河道治理工程建设进度，力促区域水环境质量持续改善。市委书记朱政学、副市长孙国胜一同调研。高建民指出，作为著名沿海旅游城市和全省唯一的零距离海滨城市，入海河流河水水质直接影响海水水质，关乎秦皇岛城市形象品质和市民游客的切身利益。秦皇岛各级各有关部门务必高度重视，坚持"一河一策"科学精准推进入海河流环境综合整治，确保入海河流和近岸海域水质持续改善、稳定达标。高建民强调，要坚持标本兼治、综合施策，确保水环境治理取得长久实效。要进一步收紧排放标准，倒逼涉水企业提标改造，确保实现污水处理能力和处理水平"双提升"。涉水企业要切实担负起环保治理主体责任，树牢环保意识，加大投入力度，加强技术改造，努力提升中水水质达标率。秦皇岛市要强化机遇意识，抢抓当前国家重大政策机遇，提前谋划一批优质环保项目，加大对接跑办力度，积极争取国家和省资金、政策支持，切实把生态效益更好转化为经济效益、社会效益。

30日，省疫情防控视频调度会议后，市长张瑞书主持召开市长办公会议，安排部署统筹常态化疫情防控和经济社会发展有关工作。会议指出，各级各部门要深入学习贯彻习近平总书记重要指示精神，全面落实中央和省市决策部署，时刻绷紧疫情防控这根弦，持续抓好外防输入、内防反弹工作，慎终如始、再接再厉，不断巩固来之不易的疫情防控成果，奋力夺取疫情防控和经济社会发展双胜利。会议强调，要抓好常态化疫情防控措施，对防控漏洞再排查、防控重点再加固、防控要求再夯实，确保各项措施不折不扣落实落细。要针对境外疫情的新情况新趋势，全面掌握信息，及时有效应对，抓好外防输入重点领域和薄弱环节。要科学有序做好复学有关工作，不断细化完善复学方案，全面保障师生安全和健康。要始终盯紧发热门诊不放松，有针对性强化医疗机构感染防控措施，切实防范院内感染。会议强调，要在做好常态化疫情防控的前提下，继续围绕重点产业链、重点企业、重点项目，打通堵点、连接断点，加强要素保障，畅通产业循环、市场循环、经济社会循环，促进上下游、产供销、大中小企业协同复工达产。要扎实做好"六保"工作，强化高校毕业生、农民工等重点群体就业保障，统筹推进各项民生事业，切实增强人民群众幸福感、获得感。要以此次应对新冠肺炎疫情为契机，加强公共卫生服务能力建设，加大改革力度，探索创新举措，真正把保障人民生命安全和身体健康的坚固防线筑得更牢。

同月，秦皇岛市正式印发《关于切实加强招商引资工作的实施意见》，通过建立起明确的责任体系和切实可行的操作办法，形成招商体系的"秦皇岛特色"，推动全市招商引资工作，努力营造亲商、安商、富商、稳商的良好投资环境，切实增强经济发展新动能。《意见》强化了招商引资工作的组织领导，具体包括成立招商引资工作领导小组、健全完善招商机构、强化统筹协调联动、组建驻外招商联络处等；突出了招商引资重点范围，具体包括突出重点区域、明确重点产业、紧盯重点企业等三个方面；指明了创新招商引资方式，具体包括驻点招商、委托招商、以商招商、顾问招商、科研招商、亲情招商、资本招商等七种方式；在着力优化营商环境方面，提出了包括营造公平竞争环境、完善服务保障体系、实行招商项目预审评估等方面。为健全工作保障机制，《意见》还明确了包括强化招商工作主体责任、加强招商引资工作考核、实行招商引资奖励、规范招商引资经费管理、抓好基础性平台建设等内容。

同月，秦皇岛市出台《秦皇岛市建立健全企业家参与涉企政策制定程序性机制实施办法》。《实施办法》以习近平新时代中国特色社会主义思想为指导，全面贯彻党中央、国务院和省委、省政府关于激发和保护企业家精神、支持民营企业健康发展的决策部署，建立政府涉企政策主动向企业家问计求策的程序性规范，建立常态化政企互动机制，加强对企业家优质高效务实服务，推动企业家积极参与涉企政策制定，激发企业家参与涉企政策制定的积极性、主动性、创造性，提振企业家信心，稳定企业家预期，打造更加优质高效营商环境，构建新型政商关系。

## 6月

3日，市委书记朱政学就进一步巩固脱贫攻坚成果到青龙满族自治县走访调研。朱政学先后来到干沟乡干沟村、龙王庙乡龙王庙村，认真听取青龙迎接国家脱贫攻坚普查工作汇报，实地察看爱心驿站建设、易地扶贫搬迁等情况，随机走访贫困户，仔细查阅扶贫档案资料，了解他们的身体健康、医疗保障、生产生活、家庭收入等情况，鼓励他们坚定信心，努力拼搏，依靠双手创造美好生活，叮嘱驻村工作队和县乡村干部多联系、多帮助贫困群众，切实把党和政府的关心关怀送到群众心坎上。朱政学强调，要严格落实"十围绕、十遍访"要求，各级书记带头深入基层和贫困村户察实情、谋真招、解难题，6月底前全面完成遍访任务。要紧扣"两不愁三保障"标准，持续改善贫困户生产生活条件，着力解决产业扶贫项目和龙头扶贫企业复工复产、农产品销售等急难问题，努力克服疫情影响，夯实稳定脱贫基础。要健全完善防贫监测、增收促进、志智双扶等机制，坚持换位思考，讲清好政策、算清扶贫账，不断提升群众的获得感、幸福感和满意度。要深入开展"抓党建、促脱贫、保小康"活动，实施堡垒示范、先锋引领、能力提升、人才支撑、帮扶助力"五大行动"，引领贫困群众摆脱意识贫困和思路贫困，激发脱贫致富的内在动力。要坚持把群众满意不满意作为衡量的尺度，加强和改进包联帮扶、问题整改工作，教育引导广大党员干部以真情、真干、真绩赢得群众认可。

**11日**，市委副书记、市长张瑞书就推进"稳就业、保就业"工作进行专题调研，并主持召开座谈会，研究部署本市当前和今后一个时期稳就业、保就业工作。张瑞书一行先后来到秦皇岛聚贤人才市场、军创园区、化工行业实训中心等地，实地了解劳动力市场企业岗位需求、人员就业、技能培训等情况，提出具体指导意见。在座谈会上，市人社局、市财政局等部门和单位分别汇报了稳就业、保就业工作情况，并结合各自实际提出了下一步工作意见建议。张瑞书强调，各级各有关部门要进一步完善稳就业、保就业工作方案，强化服务，精准施策，狠抓落实，以政策促进就业，以产业拉动就业，以创业引领就业，以服务稳定就业，齐心协力抓好稳就业、保就业工作，确保全市经济发展和社会大局稳定，奋力夺取疫情防控和经济社会发展双胜利。市委常委、常务副市长刘亚洪参加调研活动。

**12—13日**，省委书记、省人大常委会主任王东峰到秦皇岛市北戴河区调研检查。他强调，要深入学习贯彻习近平总书记重要指示精神和党中央决策部署，统筹推进常态化疫情防控和经济社会发展工作，全面深化生态环境治理，努力为人民群众和广大游客营造安全优美的环境。省委副书记、省长许勤参加有关活动。调研检查期间，王东峰主持召开会议，认真听取秦皇岛市和省直有关部门工作汇报，安排部署下一阶段工作。王东峰强调，要坚持政治站位和人民利益至上，高标准高质量做好常态化疫情防控和生态环境治理工作。要把有效防控疫情、全面改善生态作为一项重要的政治任务，深化思想认识，严明工作责任，强化工作措施，以实际成效践行对党绝对忠诚、对人民高度负责。要坚持人防物防技防全面覆盖，确保安全稳定万无一失。要创新工作方式方法，充分利用信息化、网络化、智能化手段，聚焦重点区域、重点部位、重点环节，未雨绸缪、严防死守，坚决防止出现安全生产、食品药品安全、森林防火、道路交通、洪涝灾害等安全事故。要坚持外防输入、内防反弹，分类施策，有力有效防控疫情。要严格落实常态化疫情防控工作措施，对所有社区、车站、码头、机场、宾馆、饭店、商场、超市等执行测温、消毒、登记等措施，加强对外来人员的排查检测，确保不出任何问题。要坚持优质高效服务，科学规范管理。要创新举措，为广大游客提供热情周到的服务，严厉打击假冒伪劣、欺客宰客、漫天要价等违法行为。要坚持压实工作责任，严格考核问责，以责任落实倒逼工作落实，确保常态化疫情防控、生态环境治理、旅游环境提升等任务落到实处、取得实效，为实现"双过半"、完成全年目标任务创造有利条件。省领导董仓生、高志立、刘凯，省政府秘书长朱浩文参加活动。

13日，省委副书记、省长许勤到秦皇岛市调研检查脱贫工作。许勤来到青龙满族自治县肖营子镇五指山村，这个村通过种植板栗、养殖肉鸡等，村民人均纯收入超过9000元，成功甩掉贫困村帽子。在村党支部，他与村支部书记、驻村干部等亲切交谈，了解扶贫政策落实情况和下一步工作谋划，充分肯定青龙强化产业扶贫、打造秀美山川的做法。许勤随机走进脱贫户许兆英家，关切询问她家生活情况和对帮扶措施的满意度。许勤与省农业产业化重点龙头企业百峰贸易有限公司负责人深入交流，详细了解公司运营情况，鼓励企业强化质量意识，壮龙头、建基地、延链条、创品牌，聚焦深加工，研发新产品，拓展新业态，带动更多农民增收致富。许勤强调，全面建成小康社会，一个少数民族也不能少，一家一户也不能掉队。要把发展扶贫产业作为脱贫致富的有效途径，突出农民主体地位，完善劳务协作精准对接机制，多招收困难群众，加大技能培训力度，促进困难群众就近就业、稳定就业。他指出，脱贫不是终点，而是新生活的起点，各级各部门要继续加大帮扶力度，巩固提升脱贫成果，推进全面脱贫与乡村振兴战略有效衔接。

16日，市委召开政协工作会议，全面贯彻习近平总书记关于加强和改进人民政协工作的重要思想，认真落实中央、省委政协工作会议和全国两会精神，对新时代加强党对人民政协工作的领导、不断开创政协事业发展新局面进行安排部署。市委书记朱政学出席会议并讲话，市委副书记、市长张瑞书主持会议，市委副书记丁伟就市委《关于新时代加强和改进人民政协工作的若干措施》作说明，市政协主席郝占敏传达全国政协十三届三次会议精神。市委常委，市人大常委会主任，市政府、市政协领导成员，市法院院长、市检察院检察长出席会议。省第四督查组组长应邀出席会议。

18日，秦皇岛市举行爱心企业口罩捐赠活动。秦皇岛泰治医疗科技有限公司热心教育事业，关爱学生健康，向秦皇岛市教育系统捐赠口罩100万个。

19日，市委理论学习中心组召开学习会议，深入学习贯彻习近平总书记关于全面依法治国重要论述和在中央政治局第二十次集体学习时的重要讲话精神，部署推进民法典学习宣传贯彻工作，进一步提升法治秦皇岛建设水平。市委书记朱政学主持会议并讲话。中心组成员集体学习了习近平总书记在中央政治局第二十次集体学习时的重要讲话，燕山大学文法学院教授、法学博士张明就推动民法典实施作专题辅导，市领导闫五一、胡华军、高恩泽分别作交流发言。会议指出，习近平总书记关于全面依法治国的新理念、新思想、新战略，是习近平新时代中国特色社会主义思想的重要组成部分，是马克思主义法治思想中国化的最新成果，是深化全面依法治国实践的根本遵循。会议强调，要坚持法治思维和法治方式，为全市经济社会高质量发展提供坚强法治保障。会议强调，编纂民法典是以习近平同志为核心的党中央作出的重大法治建设部署，十三届全国人大三次会议审议通过民法典，在我国民主法治建设史上具有里程碑意义。会议强调，要坚持和加强党对法治秦皇岛建设的领导，充分发挥领导干部示范带头作用。

30日，市委副书记、市长张瑞书带领市政府办公室、市卫健委、市财政局、市发改委负责同志，深入本市部分医疗卫生机构就公共卫生体系建设工作进行专题调研。他强调，要深入贯彻习近平总书记重要讲话精神，全面落实党中央和省、市部署要求，坚持把人民群众生命安全和身体健康放在第一位，毫不放松抓好常态化疫情防控，加快提升核酸检测能力，切实增强防控和救治能力，全面构建起强大的公共卫生体系。

## 7月

3日,秦皇岛市召开旅游产业恢复发展座谈会。市委副书记、市长张瑞书出席会议并讲话。座谈会上,市旅游协会、山海关区一关公司、渔岛景区、秦皇岛新绎旅游、老君顶景区等旅游行业的企业家代表和专家学者,就推动旅游产业恢复发展提出意见和建议。中国人民银行秦皇岛市中心支行、中国银行秦皇岛分行等金融机构介绍了疫情期间金融惠企的有关政策。张瑞书认真听取发言,不时提问,就有关问题与大家深入交流,并要求相关部门认真研究、妥善解决。张瑞书强调,各级各有关部门要认真贯彻落实中央和省、市决策部署,不折不扣把各项减税降费政策落实落细落到位,用足用好援企稳岗政策,加强对旅游企业的支持帮助,加大关心关爱力度,提振市场活力,助力企业纾困,与企业、员工共渡难关,在困境中留住青山、赢得未来。

22日,北京大学第三医院秦皇岛医院建设工程开工仪式在秦皇岛经济技术开发区举行,标志着北京大学第三医院秦皇岛医院项目正式落地。中国工程院院士、北京大学常务副校长、北京大学医学部主任詹启敏,中国工程院院士、北京大学医学部常务副主任、北京大学第三医院院长乔杰出席并致辞,市委副书记、市长张瑞书致辞并宣布开工。北京大学第三医院秦皇岛医院(简称北医三院秦皇岛医院)总投资28.3亿元,占地面积300亩,建筑面积25.25万平方米,设置床位1000张,由北医三院负责运营管理,将引入运动医学、生殖医学在内的20多个国家临床重点专科,为人民群众提供高品质医疗服务。

同月,开发区在全区开始施行企业服务专班、企业服务专员制,为区内重点企业(规上工业企业、重点纳税大户和成长型小微企业)提供精细化、差别化、点对点的精准对接服务,"企业有什么问题就解决什么问题""企业需要什么就服务什么",零距离、零障碍专职服务企业,打造一流营商环境,推动全区经济高质量发展。开发区经发局分析并利用统计库数据,确定了纳税超100万元企业和孵化器企业共计528家作为首批分包企业,其中纳税超百万元企业228家,孵化器企业300家。每名企业服务专员都要当好"五个员"。当好信息联络员,准确掌握企业生产经营状况,及时反映企业诉求问题;当好协调服务员,按照"企业有什么问题就解决什么问题""企业需要什么就服务什么"的理念,为企业提供全方位、全过程、全天候、差异化、精准化服务;当好政策宣传员,帮助企业用足、用活、用好上级政策,促进企业扩大生产,做大做强;当好任务督办员,督导企业安全生产、诚信发展;当好党建指导员,推动企业党建和生产经营共促共赢。

同月,建设一流营商环境取得成效。通过机制创新,秦皇岛市企业开办进入"零时代"并成为全省首个免费为新注册企业提供印章刻制服务和金税盘的城市,市行政审批局创新推出企业开办"一窗通、零成本、即时办",全面提升开办企业服务效率和便利化水平。群众只需到窗口一次或通过"一窗通"平台提交一次材料、进行一次认证,就能拿到装有营业执照、5 枚印章、1 个 Ukey、25 份普通发票的便民证照包。全市税务系统不断推进办税便利化措施,优化营商环境。上半年,全市累计减税降费 24.01亿元,全市纳税人网上办理申报率达 99% 以上;大力推行"36510"自助办税服务体系,今年以来,全市共有 7.97 万户次纳税人自助领票 194.49万分,自助服务户数占纳税人总户数的 94.96%;深入推进"银税互动",缓解企业融资困难,截至 6 月底,全市共有 1687 户纳税人享受"银税互动"贷款达 17.96 亿元。

同月,中铁山桥承建的石门特大桥荣获第十四届第一批(2019 年度)"中国钢结构金奖"。"中国钢结构金奖"是经国务院批准保留的建筑领域国家级优质工程奖,是我国钢结构领域的最高质量管理奖项。该奖项的评选对象是国内从事建筑钢结构制作、安装企业承建的各类建筑钢结构工程,工程质量须达到国内领先水平,每年评选一次。中铁山桥承建的石门特大桥被誉为"太行高速第一桥",是太行山高速公路中最大、最高、最长的大桥,建成后将助力京津冀一体化协同发展,服务太行山革命老区经济发展。

## 8月

24 日,康泰医学系统(秦皇岛)股份有限公司作为河北省唯一一家创业板注册制改革首批上市企业,正式亮相资本市场。副省长葛海蛟,市委副书记、市长张瑞书出席开市仪式。上市首日,康泰医学表现抢眼,发行价 10.16 元，开盘价 55 元，涨幅 441%，盘中最高价 308 元，涨幅 2931.5%；收盘价 118 元，涨幅 1061.42%，总市值达到 474.1 亿元。创业板改革并试点注册制，是习近平总书记亲自谋划推动的重大改革。在我国资本市场发展 30 周年这个历史时刻，创业板"接棒"科创板推行注册制，将注册制及其配套基础制度改革，从增量市场推至存量市场，既是完善资本市场基础制度的重大举措，也是新一轮改革开放的重大成果，彰显出党中央打造一个规范、透明、开放、有活力、有韧性的资本市场的强大信心。

27 日，2020 年全国帆板锦标赛在河北省秦皇岛市北戴河新区蔚蓝海岸扬帆。全国帆板锦标赛是全国最高水平的帆板赛事，本场比赛同时也是 2020 年秦皇岛帆船季的第二场赛事。本次赛事为期 7 天，设奥运级别男子、女子 RS：X 级；非奥级别男子、女子 GAASTRAPRO 级；青年级别男子、女子 RS：XU21 级，男子、女子 T293 级。共有来自 17 个省区市的代表队选手以及个人报名选手 150 人参加。

同月，市委、市政府印发《关于促进中医药传承创新发展的若干措施》（以下简称《若干措施》）。《若干措施》在健全完善中医药服务体系、提升中医药预防康复能力、打造中医药专科特色品牌、推进中药质量提升等 10 个方面提出了具体的改革举措。其中，支持市中医医院打造高水平区域中医诊疗中心。抚宁区中医医院服务能力力争达到三级医院服务水平，二级以上非中医类医疗机构全部设置标准化的中医科室、中药房，有条件的医院设立中医病区。乡镇卫生院、社区卫生服务中心争取全部设置国医堂。大力发展中医诊所、中医门诊部、特色中医专科医院和互联网医院建设。市中医医院治未病科建设成全市示范型治未病中心。二级公立中医医院全部设立标准的治未病科。提升市县两级中医医院中医康复科能力建设。乡镇卫生院、社区服务中心设置部分康复病床。推动中医康复技术和理念进社区、进家庭、进机构。推进 4 个国家中医重点专科做优做强，争取将省级、市级中医重点专科提档升级。加强中医医院感染性疾病科和急诊急救、重症医学能力建设，提高中医药应急救治和重大传染病防治能力。同时，加强以青龙满族自治县为核心的燕山山脉中药材道地产区环境保护。

## 9月

1日，按照全省统一部署，秦皇岛市各级各类学校2020年秋季学期全面开学。市委副书记、市长张瑞书深入本市部分学校调研检查秋季学期开学和校园疫情防控工作。他强调，要深入贯彻习近平总书记重要讲话重要指示精神，全面落实党中央决策部署和省、市工作要求，始终把广大师生的生命安全与身体健康放到第一位，以严之又严、细之又细、实之又实的工作举措，统筹抓好常态化疫情防控和教育教学工作，努力让学生安全、家长放心、社会满意。张瑞书一行先后来到河北科技师范学院、开发区一中、开发区第六小学、抚宁区金山学校和抚宁一中，实地检查了入校通道、教室、操场等重点场所防控工作开展情况，与教职员工认真交流，详细了解师生健康监测、核酸检测、校园出入管理、环境清洁消杀等防控措施落实情况，并就科学佩戴口罩、做好应急处置、加强教学管理等提出具体要求。

2日，秦皇岛市召开冬季清洁取暖工作现场观摩会议，对加快推进全市清洁取暖工作进行安排部署。市委书记朱政学出席会议并讲话，市委副书记、市长张瑞书主持会议。与会人员观摩了海港区西向河寨村智慧能源站、卢龙县青龙河村"光热+生物质"项目改造建设情况；集体观看了全市冬季清洁取暖工作汇报片；市委常委、常务副市长刘亚洪通报了全市清洁取暖改造工程进展情况；卢龙县、昌黎县、北戴河新区和青龙满族自治县在会上作交流发言。会议指出，推进冬季清洁取暖工作是打赢大气污染防治攻坚战、提升群众生活质量、倡导文明生活方式的重要举措，是重大的民生工程、民心工程。各级各有关部门要牢固树立人民至上理念，用心用情做好工作，务必如期完成今年清洁取暖改造任务，确保人民群众安全、清洁、温暖过冬。

7日，市政府第六十八次常务会议审议通过了《秦皇岛市人民政府重大行政决策程序暂行规定》（以下简称《规定》）。《规定》共计10章55条，明确了重大行政决策事项范围、全程接受党委领导和遵循科学决策、民主决策、合法决策原则；明确重大行政决策须经公众参与、专家论证、风险评估、合法性审查、集体讨论决定等法定程序；对决策启动、公众参与、专家论证、风险评估、合法性审查、集体讨论和决策公布、决策执行和调整等环节作了具体规定；对决策的法律责任作了规定。这是市政府为贯彻落实国务院《重大行政决策程序暂行条例》、省政府《河北省重大行政决策程序暂行办法》，出台的重要规范性文件，充分显示了坚持以人民为中心的决策理念，坚持科学决策、民主决策、依法决策，不断持续推动市域治理能力与治理体系现代化的决心。《规定》将于10月1日正式实施。

8日，燕山大学—秦皇岛市合作发展大会在燕山大学西校区大学生活动中心举行。市委副书记丁伟，燕山大学党委书记赵险峰出席大会并致辞。会上，市委常委、常务副市长刘亚洪，燕山大学校长赵丁选共同签署了《秦皇岛市人民政府、燕山大学科技创新合作协议》。燕山大学相关学院发布了各自科技成果，燕山大学校友企业家介绍了企业合作信息，与会嘉宾一同参观了燕山大学校友企业产品展。

10日，燕山大学"建校溯源百周年·独立办学一甲子"纪念大会在东校区大学生活动中心召开。全国人大常委会原副委员长、民革中央原主席周铁农出席大会。省委书记、省人大常委会主任王东峰致贺信。省人大常委会副主任聂瑞平，副省长徐建培，黑龙江省人大常委会副主任、齐齐哈尔市委书记孙珅，哈尔滨工业大学校长、中国工程院院士周玉，世界工程组织联合会主席、天津大学和南开大学原校长龚克，中国一重集团有限公司党委书记、董事长刘明忠，黑龙江省政协原党组副书记、副主席赵克非，市委书记朱政学，市委副书记、市长张瑞书，燕山大学党委书记赵险峰、校长赵丁选在主席台前排就座。会上，徐建培宣读了王东峰的贺信。赵险峰主持大会，赵丁选、周玉、孙珅、刘明忠、美国托列多大学校长格雷戈里·波斯特博士、张瑞书、教师代表黄真、杰出校友代表黄庆学、学生代表邵可鑫先后致辞发言。张瑞书代表市委、市政府和全市人民，向燕山大学全体师生员工和广大校友表示祝贺，并宣布了秦皇岛市支持燕山大学加快"双一流"建设的20条措施。清华大学、澳大利亚科廷大学等海内外百余所高校和机构，部分省市、友好合作单位等也发来贺信和祝福视频，为燕山大学百年华诞送上良好祝愿。

22日，全市基层社会治理现代化北戴河现场会召开。市委常委、政法委书记闫五一，副市长、市公安局局长李春出席会议。观摩组先后观摩了北戴河区智慧城市指挥中心、莲蓬山派出所、辰光小区、滨海家园小区、东山街道等基层社会治理先进工作典型。现场会上，北戴河区介绍了基层社会治理现代化工作经验，海港区、青龙满族自治县、市委组织部、市公安局、市民政局进行了交流发言，大家在交流中互相借鉴，共同提高。

23日，市委副书记、市长张瑞书到山海关区对中国长城文化博物馆项目建设进行专题调研。他强调，各级各有关部门要深入学习贯彻习近平总书记关于文化遗产传承保护的重要论述和对长城保护的重要指示精神，进一步加强对中国长城文化博物馆项目建设的研究分析，高起点、高水平做好中国长城文化博物馆规划设计工作，努力把该项目打造成为弘扬长城文化、传承民族精神的重要载体。

26日，由中国酒业协会和市政府联合主办，昌黎县政府和茅台凤凰庄园承办的以"相约山海、交杯世界"为主题的第二十一届中国秦皇岛（昌黎）国际葡萄酒节，在昌黎县茅台凤凰庄园开幕。市委副书记、市长张瑞书，贵州茅台酒厂（集团）有限责任公司党委副书记、总经理李静仁出席开幕仪式并致辞。张瑞书在致辞中向大家介绍了秦皇岛葡萄酒文化的历史渊源与产业发展现状。他指出，近年来，我市把昌黎葡萄酒产业作为重点发展的县域特色产业，大力推进葡萄酒与旅游、文化、康养等相关产业融合发展，着力打造葡萄酒小镇、茅台凤凰庄园等一批崭新业态，推动葡萄酒产业向精品化、个性化、高端化实现新的跨越。一年一度的秦皇岛国际葡萄酒节，不仅搭建了展示我市葡萄酒产业发展的重要舞台，更为我们提供了与葡萄酒业界精英深入交流的难得契机，秦皇岛市委、市政府将竭力创优发展平台，提高服务质效，真诚与大家携手合作、共谋发展，推进葡萄酒产业阔步前行、再铸辉煌。李静仁代表茅台集团向始终关心、支持和推动秦皇岛葡萄酒产业与茅台葡萄酒发展的各界人士表示衷心感谢。他表示，企业将以凤凰庄园的开业为新的发展起点，沿着既定思路，实现企业更高质量发展，为茅台集团的整体发展，为秦皇岛葡萄酒产业和中国酒业的发展贡献更加积极的智慧与力量。

同日，由荣宝斋、金陵博物馆、北戴河昊天美术馆和秦皇岛北戴河新区管理委员会联合举办的"荣名为宝，共鉴经典"2020年金秋千年书画珍藏联合大展，在北戴河新区好莱坞魔法城开幕。展出期间至10月18日将免费向市民开放。本次展览的展品以近现代书画、国家一级文物敦煌写经以及宋元明清时期的佳椠珍本为主，汇集了 200 件唐代敦煌写经、佛画、宋代、明代刻经以及明、清宫廷御制写经；数千卷明清古籍善本和 60 余幅中国古代书画。

29 日，市委书记朱政学到市委党校为 2020 年秋季学期主体班学员讲党课。朱政学强调，要强化党性修养，锤炼忠诚干净担当的政治品格。做绝对忠诚的表率，无论何时何地，无论顺境逆境，都要忠诚于党、忠诚于民、忠诚于职、忠诚于"我"，做一个纯粹的人、一个可靠的人、一个忠贞不移的人。做干净干事的表率，筑牢思想防线，坚守道德底线，严守纪律红线，做一名遵规守纪的合格党员。做勇于担当的表率，危急关头勇于挺身而出，困难面前敢于较真碰硬，平凡岗位甘于坚守奉献，以实际行动践行共产党人的职责使命。朱政学强调，发现培养选拔优秀年轻干部是加强领导班子和干部队伍建设的一项基础性工程，是关系党的事业后继有人和国家长治久安的重大战略任务。广大年轻干部要加强修养有大气，扎根基层祛躁气，实践历练长才气，敢闯善为砥锐气，廉洁奉公养正气，努力做新时代的坚定者、奋进者、搏击者，在加快建设沿海强市、美丽港城和一流国际旅游城市征程中再立新功。市委常委、组织部部长、党校校长刘文萍和市委党校 2020 年度第一期县级领导干部进修班、中青年干部培训班、全市年轻干部专题培训班全体学员，以及市委党校领导班子成员现场听取了党课。

同月，我市一家"中央厨房"餐饮企业通过食品经营许可申请，标志着我市首家"中央厨房"餐饮企业即将投入使用。"中央厨房"餐饮企业指由餐饮连锁企业建立的、具有独立场所及设施设备，集中完成食品成品或半成品加工制作并直接配送给餐饮服务单位的企业。

## 10 月

17 日，为深入贯彻落实习近平总书记在第三次中央新疆工作座谈会上的重要讲话精神，在随同省党政代表团到新疆学习考察期间，市委副书记、市长张瑞书到新疆巴音郭楞蒙古自治州博湖县考察秦皇岛市对口援疆工作并看望慰问援疆干部人才。他表示，秦皇岛和博湖两地要加强交流，互相学习，取长补短。秦皇岛市援疆干部人才要认真学习新疆各级干部的好传统、好作风、好经验,当好两地人民增进感情、加深友谊的桥梁纽带。要积极组织有关部门和企业到博湖深入考察学习对接,为两地深化交流合作搭建平台,携手推动经济社会高质量发展。

20日,全国双拥模范城(县)命名暨双拥模范单位和个人表彰大会在北京举行,命名表彰了一批全国双拥模范城(县),秦皇岛市榜上有名。此次也是秦皇岛市自1994年以来连续第七次荣获全国双拥模范城荣誉称号。"全国双拥模范城"由全国双拥工作领导小组、退役军人事务部、中央军委政治工作部共同命名,目的是表彰先进、推动工作,进一步激发广大军民爱国拥军、爱民奉献的政治热情。

24日,燕山大学中国长城文化研究与传播中心成立。河北地质大学校长王凤鸣出席成立仪式,燕山大学党委书记赵险峰,市委常委、宣传部部长陈玉国为中心揭牌。赵险峰向中国长城学会副会长董耀会颁发了中心主任聘书。清华大学建筑学院、北京大学城市与环境学院、天津大学建筑学院、河北地质大学长城研究院的四位专家担任中心顾问。燕山大学中国长城文化研究与传播中心的成立,是燕山大学发挥学科、区位和人才优势,高起点打造新型人文社科平台、拓展人文社科研究新领域、助力"双一流"建设的重要举措,将为传承中华优秀传统文化和长城国家文化公园建设再添生力军。将通过科学的机制吸引人才、凝聚人才,充分融合学校专业优势,深入开展研究和实践,积极参与到长城国家文化公园和长城文化带建设中,力争产出一批高质量研究成果,推动秦皇岛和河北文旅产业发展,为长城文化传承和创新贡献智慧力量。

30日,市委人大工作会议召开。市委书记朱政学出席会议并讲话。会议强调,要深入学习贯彻习近平总书记关于坚持和完善人民代表大会制度的重要思想和党的十九届四中、五中全会精神,认真落实省委人大工作会议部署,全面加强党对人大工作的领导,坚持改革创新,激发工作活力,不断开创新时代全市人大工作新局面。市委副书记、市长张瑞书主持会议,市委副书记丁伟作市委《关于进一步加强和做好人大工作的实施意见》的说明,海港区委、北戴河区人大常委会党组、昌黎县政府和青龙满族自治县安子岭乡人大主席团作会议发言。市人大常委会主任刘辰彦、市政协主席郝占敏,以及市委常委、市人大常委会副主任、市政府副市长和市法院院长、市检察院检察长出席会议。

同日,市委副书记、市长张瑞书赴海港区实地调研智慧社区建设情况,并召开市长办公会议,研究部署本市智慧社区项目建设运营事宜。张瑞书指出,智慧社区建设是提高基层治理能力的有效手段,是增强群众幸福感获得感的务实举措,是扩大内需促进经济发展的重要载体,对推进经济社会高质量发展具有十分重要的意义。各级各有关部门要进一步提高认识、统一思想,牢固树立以人民为中心的发展思想,以改革的思维、创新的举措、担当的精神加快推动智慧社区建设,带动智慧城市建设提高新水平、迈入新阶段。

同月,青龙满族自治县公安局凤凰山派出所教导员何荣广被公安部追授为"全国公安系统二级英雄模范"。何荣广参加公安工作17年来,长期扎根地域偏远、条件艰苦的基层一线,先后调解各类纠纷340余起,为民做好事360余件,收到各类锦旗20余面,为精神病患者及困难群众筹集善款7万余元。在新冠肺炎疫情防控工作中,他坚持吃住在检查站,每天工作十余个小时,连续工作23天,4月7日,他在工作岗位上突发疾病,经抢救无效不幸因公牺牲。4月9日,何荣广被中共秦皇岛市委追授为"优秀共产党员"。

同月,2020年人民美术出版社图书捐赠仪式暨全市高中人美版新教材培训活动在市第三中学举行。本次活动由人民美术出版社和市教研所共同举办,旨在帮助从事美术工作的老师们更好地使用人美版教材,并有效地进行培训和教研,为一线美术教师提供与专家交流对话的机会,增强美术工作者专业素养,更好地服务教育教学工作。活动中,人民美术出版社为本市捐赠了7000余册图书,来自北京教育科学研究院基教研中心美术研究室主任陶涛为本市广大师生作了一场普通高中美术(绘画)模块教材的解读及建议讲座。

## 11月

2日,市委召开议军会议暨述职评议会议。市委书记朱政学主持会议并讲话。会议强调,要深入学习贯彻习近平强军思想和新时代军事战略方针,认真落实河北省委议军会议暨述职评议会议精神,全面提升国防动员建设水平，推动军民融合深度发展，为国防和军队现代化建设提供坚强保障，推动我市新时代党管武装工作迈上新台阶。市委副书记、市长张瑞书出席会议并讲话，市委常委、秦皇岛军分区司令员何晓东对一年来党管武装工作进行总结讲评，秦皇岛军分区政治委员张太富传达河北省委议军会议主要精神。各县区人武部党委第一书记和秦皇岛经济技术开发区、北戴河新区党工委负责同志作党管武装工作述职。市人大常委会主任刘辰彦、市政协主席郝占敏，市委常委，市政府分管武装工作的副市长及秦皇岛军分区师职干部出席会议。

同日，市委常委、常务副市长刘亚洪带领本市第七次全国人口普查领导小组有关人员到秦皇半岛一区，随同普查员一起入户采集住户人口信息，查看入户登记全过程。刘亚洪实地体验了普查登记全过程，并向普查员详细询问普查登记情况，了解工作中存在的困难，勉励普查员要把握时间节点，保质保量完成入户普查登记任务。刘亚洪指出，各级普查机构和普查人员要认真贯彻落实国务院和省、市人口普查登记工作要求，切实把人口普查各项工作抓紧、抓实、抓细；要依法依规开展普查登记，通过普查，全面摸清我市人口基本信息，为科学制定"十四五"规划，提供科学准确的统计信息支持。

3日，2020年河北省"万人示范培训"城市基层党建专题班在东北大学秦皇岛分校开班，来自全省近千名城市社区党组织书记就区域化党建、网格化管理、信息化建设等内容接受系统培训。本次专题班由省委组织部主办、东北大学秦皇岛分校承办，共举办9期培训，历时45天，旨在进一步落实城市基层党建重点任务，提升城市基层党建系统建设水平，树牢城市党建新理念，切实提高社区干部的专业素养和能力，展示社区干部的优良作风和良好形象。社区干部们纷纷表示，将切实增强参加培训的自觉性和主动性，紧密联系自身的思想和工作实际，努力把所学内容学深悟透，并以此次培训作为新的起点，把学到的知识和经验转化为新的思路和举措，使自身素质不断有新的提升。

4日，省委专项巡视组进驻沟通部署会议在秦皇岛市召开。按照省委统一安排部署，从即日起，省委专项巡视组将针对治理华北大漏斗和地下水超采综合治理、生态环境治理、"去产能"、六个重点领域清理规范任务落实情况，对秦皇岛市开展为期两个月的专项巡视。市委书记朱政学主持会议并作表态发言，省委专项巡视组组长赵杰，市委副书记、市长张瑞书出席，省委专项巡视组副组长邸彦芳讲话。朱政学表示，全市上下要提高政治站位，坚决把思想和行动统一到省委专项巡视组的各项要求上来，切实增强接受巡视监督的自觉性和主动性，真正使接受巡视监督的过程成为找问题、补短板、强措施的过程。朱政学强调，要坚持立行立改，牢固树立问题导向，凡是巡视组指出的问题和不足，要照单全收、主动认领，切实从主观上找原因、从工作上查短板、从制度上补漏洞，全力抓好专项巡视整改任务落实，真正做到责任不落实不放过、问题不解决不放过、整改不到位不放过、群众不满意不放过。市委将切实履行主体责任，市委书记带头落实整改第一责任人责任，市党政领导班子成员按照分工承担分管领域的整改责任，坚持从本级抓起，以上率下，在抓整改落实上见真章、动真格、求实效，促进各项工作全面提质增效。

6日，本市召开"三创四建"活动调度会，贯彻落实全省"三创四建"活动推进会议精神，总结交流前段工作，对下步工作进行再安排、再部署。市委副书记丁伟主持会议并讲话。会议传达了省"三创四建"活动推进会议精神和市委十二届一百零三次常委会议精神。市委常委、常务副市长刘亚洪总结了"三创四建"活动进展，部署了下步重点任务。9个市"三创四建"活动专班、海港区、卢龙县分别汇报了"三创四建"活动开展情况和下步工作打算，并对完成年度目标任务进行表态。会议指出，在市委、市政府坚强领导下，经过全市上下的共同努力，充分发挥"三创四建"活动总抓手作用，各活动专班、各县区及责任部门有效衔接、协同推进，各项工作取得了积极成效。但必须认识到在"三创四建"活动中仍然存在一些突出问题，必须正视问题、查漏补缺，加快补齐短板弱项。各级各部门要以"等不起"的紧迫感、"慢不得"的危机感、"坐不住"的责任感，进一步抓紧抓实"三创四建"各项工作，确保完成年初确定的"三创四建"各项目标任务，确保"三创四建"活动走在全省前列，确保完成全年经济社会发展目标任务和实现"三个圆满收官"。

12日，市委全面深化改革委员会第六次会议审议通过《关于全面强化知识产权保护深入推进知识产权强市建设的实施方案》。《方案》分为总体要求、完善知识产权保护体系建设、着力提升知识产权创造质量、强化知识产权管理服务支撑以及保障措施五个部分。《方案》从建立完善知识产权保护、创造运用、管理服务三个体系整体发力，涵盖知识产权全链条，并谋划了实施知识产权区域优势培育工程、导航工程、托管工程等"六大工程"和金融、供给服务的"两服务"等具体支撑措施。

18日，市人大常委会主任刘辰彦带领部分省、市、区人大代表和市人大常委会委员组成视察组，视察本市环境保护工作并召开座谈会。座谈会由市人大常委会副主任徐宪民主持，副市长孙国胜参加活动并作相关汇报。刘辰彦指出，开展生态环境保护工作专项视察，主要目的是了解掌握全市"十三五"生态环境保护规划实施情况，深入履行人大常委会的监督职责，推动市政府及相关部门加大环境保护力度。刘辰彦强调，全市上下要站在新发展阶段、贯彻新发展理念、构建新发展格局的高度，深刻认识生态环境保护工作的极端重要性，以更高的站位、更实的举措、更大的力度推动生态环境保护工作取得新发展、新作为、新成效。

同日，市委书记朱政学主持召开市扶贫开发和脱贫工作领导小组会议，研究部署省脱贫攻坚成效考核反馈问题整改工作，就高质量迎接国家脱贫攻坚成效考核工作进行安排部署。会上，市委副书记丁伟通报了省脱贫攻坚成效考核反馈问题，并提出具体整改要求；青龙满族自治县、卢龙县和市直有关部门汇报了省脱贫攻坚成效考核反馈问题及整改措施。会议指出，实行最严格的考核评估制度，是脱贫攻坚制度体系的重要内容，是打赢脱贫攻坚战的重要保障。会议强调，有关县区和部门要迅速抓好省考反馈问题整改提升，确保所有问题按时"清仓归零"。会议要求，要压实工作责任，严格落实县区党委、政府主体责任，党政主要负责同志第一责任人责任，分管领导直接责任和班子成员"一岗双责"，强化属地乡镇和村的责任、市县区部门责任和帮扶工作队责任，凝聚起脱贫攻坚的强大合力。

19日，秦皇岛市召开《中共秦皇岛市委关于制定国民经济和社会发展第十四个五年规划和二〇三五年远景目标的建议》征求意见座谈会，听取经济领域专家和企业家代表的意见建议。市委副书记、市长张瑞书主持会议并讲话。会议强调，要对会上提出的意见建议，认真梳理研究、及时吸收采纳，进一步充实完善好市委"十四五"规划建议。相关部门要认真研究，积极吸纳到规划纲要和专项规划中，认真落实到具体工作中，为加快推进秦皇岛经济社会高质量发展提供科学指南。希望广大专家学者和企业家从国情、省情、市情出发，一如既往地为全市经济工作、产业发展建言献策，为秦皇岛经济社会高质量发展，更好融入以国内大循环为主体、国内国际双循环相互促进的新发展格局贡献智慧和力量。

21日，河北第十一生态环境保护督察组督察秦皇岛市汇报动员会在秦皇岛市召开。督察组组长李国华、副组长赵军就做好督察工作分别讲话。市委书记朱政学汇报了本市生态环境保护工作开展情况，市委副书记、市长张瑞书主持会议。为深入贯彻习近平生态文明思想，推进省委、省政府决策部署贯彻落实，助力打赢污染防治攻坚战，推动生态环境高水平保护和经济社会高质量发展，经省委、省政府批准，河北第十一生态环境保护督察组进驻秦皇岛市，开展为期一个月的生态环境保护督察。

22日，市委理论学习中心组召开学习会议，深入学习贯彻党的十九届五中全会和省委九届十一次全会精神，学习习近平总书记《不断开拓当代中国马克思主义政治经济学新境界》重要文章，围绕本市"十四五"时期经济社会发展开展专题研讨。市委书记朱政学主持会议并讲话。会议要求，各级党委（党组）要切实担负起学习宣传贯彻中央和省委全会精神的政治责任、领导责任和工作责任，确保中央和省委全会精神落地见效。广大党员干部特别是领导干部要自觉加强学习和调研，完善知识结构、增长实践才干、强化专业思维、提升专业素养、运用专业方法，提升抓改革、促发展、保稳定的能力水平。要对标对照中央和省委全会精神做好"十四五"规划编制，拿出更多战略性、牵引性、标志性的实招硬招。要广泛开展集中宣讲活动，做好主要媒体和网上宣传，把广大党员干部思想和行动高度统一到中央和省委全会精神上来，把智慧和力量凝聚到落实全会提出的目标和任务上来，切实推动全会精神落到实处。

23日，由省林业和草原局、市政府共同主办的"爱鸟护鸟·禁食野生动物"鸟类放飞主题活动在北戴河鸽子窝公园举行。省林业和草原局局长刘凤庭讲话并宣布活动开始。市委副书记、市长张瑞书出席并致辞。当天下午，在场人员共同观看了"金雕救护"专题片，在现场志愿者的见证下，金雕、长耳鸮、短耳鸮等12只国家一、二级保护鸟类和上百只国家

"三有"保护鸟类被放归自然。来自北戴河区蔡各庄小学部分学生代表爱鸟护飞志愿者进行宣誓。

26日，秦皇岛市文学艺术界联合会第五次代表大会开幕。市委书记朱政学，省文联党组书记、副主席解晓勇出席开幕式并讲话。会议最后强调，新时代文艺事业天地广阔、大有可为，新一代文艺工作者责任重大、使命光荣。全市各级文联组织和广大文艺工作者要牢记使命、牢记职责，不忘初心、继续前进，努力创作出更多无愧于历史、无愧于时代、无愧于人民的优秀作品，在全面建设社会主义现代化国家的新征程上，勇攀艺术高峰、书写大美华章。

27日，市委书记朱政学主持召开市委常委会会议，学习习近平总书记近期重要讲话和重要指示精神，研究市委十二届五次全会筹备有关事宜。会议听取了市委十二届五次全会筹备情况汇报，审议并原则通过了市委常委会工作报告（讨论稿）、《中共秦皇岛市委关于制定国民经济和社会发展第十四个五年规划和二〇三五年远景目标的建议（讨论稿）》《中国共产党秦皇岛市第十二届委员会第五次全体会议决议（讨论稿）》等拟提交全会审议的文件。

30日，中国共产党秦皇岛市第十二届委员会第五次全体会议召开。出席这次全会的有，市委委员54名，候补市委委员6名。市纪律检查委员会常务委员会委员和有关方面负责同志列席会议。本市党的十九大代表和省第九次党代会代表、市第十二次党代会代表中的部分基层同志列席会议。省委第四督查组组长和市各民主党派、工商联主要负责同志应邀列席会议。全会由市委常委会主持。市委书记朱政学代表市委常委会作工作报告并讲话。全会听取和讨论了市委常委会工作报告，审议通过了《中共秦皇岛市委关于制定国民经济和社会发展第十四个五年规划和二〇三五年远景目标的建议》。市委副书记、市长张瑞书就《建议（讨论稿）》向全会作了说明。全会一致认为，党的十九届五中全会是在实现"两个一百年"奋斗目标的历史交汇点上召开的一次全局性、历史性重要会议。全会一致认为，面对统筹疫情防控和经济社会发展大战大考，疫情防控有力有效、经济运行稳步向好、民生保障持续改善、社会大局和谐稳定、党的建设全面加强，为实现"三个圆满收官"和开启"十四五"发展新征程打下了坚实基础。全会一致认为,"十三五"时期是本市发展进程中极不平凡的 5 年。全会提出了到 2035 年基本建成现代化国际化沿海强市、美丽港城和基本实现社会主义现代化远景目标。全会提出了秦皇岛"十四五"时期经济社会发展指导思想和必须遵循的原则。全会提出了秦皇岛"十四五"时期经济社会发展主要目标:经济结构更加优化,创新能力明显提高,经济发展实现新跃升;重点领域改革取得突破性进展,营商环境达到国内一流水平,改革开放迈出新步伐;市民思想道德素质、科学文化素质和身心健康素质明显提升,公共文化服务体系更加完善,社会文明程度得到新提高;山水林田湖海系统治理水平不断提升,城乡人居环境更加优美,生态文明建设实现新进步;社会事业全面发展,乡村振兴全面推进,民生福祉达到新水平;共建共治共享的社会治理体系更加健全,防范化解重大风险和安全发展体制机制不断完善,市域治理效能取得新成效。全会提出,迈向新发展阶段,要坚持以改革为动力,以开放为引领,以产业为基础,以人才为支撑,以民生为根本,坚定走生态优先、创新驱动、统筹协调的高质量发展可持续发展之路。全会提出,要加快建设现代产业体系和高标准市场体系,坚持项目为王,狠抓项目建设和招商引资,完善创新创业生态,推动基础设施协同高效建设。全会强调,要坚持和加强党的全面领导,为实现"十四五"规划和 2035 年远景目标提供坚强保障。完善党领导经济社会发展工作体制机制,加强党的基层基础建设,扎实推进社会主义政治建设,全面提升法治建设水平,完善规划制定和实施机制,凝聚推动高质量发展可持续发展的强大合力。全会号召,全市各级党组织和广大党员干部要更加紧密地团结在以习近平同志为核心的党中央周围,在省委坚强领导下,团结一心,苦干实干,开拓创新、努力拼搏,加快建设现代化国际化沿海强市、美丽港城,在全面建设社会主义现代化国家和经济强省、美丽河北的新征程中谱写秦皇岛时代篇章!

同月,全国"万企帮万村"精准扶贫行动现场交流会暨先进民营企业表彰会在贵州省织金县举行,为青龙满族自治县双合盛生态农产品有限公司等 100 家企业颁发 2020 年全国"万企帮万村"精准扶贫行动先进民营企业荣誉证书。多年来,在各级党委政府的领导下,青龙满族自治县双合盛生态农产品有限公司发挥自身优势,利用主打品牌"在旗"黏豆包,通过产业助力精准扶贫和乡村振兴，并始终坚持将社会效益放在首位，努力践行社会责任担当，通过项目带动和产业辐射，大力促进贫困乡村群众就业创业和脱贫增收，在扶贫攻坚领域作出了突出贡献。

同月，经人力资源和社会保障部、全国博士后管理委员会批准，秦皇岛佰工钢铁有限公司正式获批设立博士后科研工作站，成为全市第九家建立博士后科研工作站的企业，也是本市唯一一家获此荣誉的民营钢铁企业。博士后科研工作站不仅是一个人才培养平台，还是一个研发、科技创新平台。博士后科研站设立后，可以进行前沿性、交叉学科课题研究工作，为国家、行业培养高端人才。同时，可以解决企业现实技术难题，满足企业科研项目和开发需求，具有社会和经济双重效益。

## 12月

3日，经河北省第十三届人民代表大会常务委员会第二十次会议批准，《秦皇岛市沿海防护林条例》将于2021年1月1日正式实施。沿海防护林作为本市核心生态资源，不仅有防风固沙、保持水土、涵养水源、防灾减灾等重要作用，而且已经成为沿海岸线一道亮丽的风景，是我市核心生态资源，被誉为"绿色长城"。为确保本市沿海防护林范围内的森林资源不再减少，《条例》将适用范围定位为本市海岸高潮线起向陆地延伸1000米及3个沿海国有林场范围内的29万余亩沿海防护林，并将此范围内的国有有林地和划定为公益林的非国有有林地全部明确为禁止开发区域，严禁不符合沿海防护林功能定位的各类开发建设活动，通过立法对本市沿海防护林实行严于国家标准的特殊保护。

11日，长城国家文化公园建设推进会在秦皇岛市召开。中宣部副部长、文化和旅游部党组书记、部长胡和平，省委书记、省人大常委会主任王东峰出席并讲话，省委副书记、省长许勤出席会议。市委书记朱政学，市委副书记、市长张瑞书参加活动。胡和平强调，建设国家文化公园，是以习近平同志为核心的党中央作出的重大决策部署，是推动新时代文化繁荣发展的重大文化工程。要充分认识长城文化在弘扬民族精神方面的重要价值和作用，把长城国家文化公园建设成为传承中华文明的历史文化走廊、中华民族共同精神家园、代表国家水准和展示国家形象的靓丽名片、提升人民生活品质的文化和旅游体验空间。要坚持国家站位、突出国家标准，彰显文化内涵、弘扬文化精神，加快推进各项重大任务有效落实。要科学谋划布局四类主体功能区，严格划定管控保护区、准确定位主题展示区、创新打造文旅融合区、合理发展传统利用区。要扎实推进保护传承、研究发掘、环境配套、文旅融合、数字再现五大工程。王东峰指出，长城是中华民族的精神象征，建设长城国家文化公园是以习近平同志为核心的党中央作出的重大决策部署，对于保护传承利用长城特殊的历史文化价值具有重要意义。长城河北段依燕山—太行山脉而建，现存8个不同时期的长城近2500千米。长城国家文化公园（河北段）拥有山海关和金山岭长城等宝贵资源，是我省丰富旅游资源和历史文化的重要组成部分。我们将以此次会议为契机，坚定不移深入贯彻习近平总书记重要指示和党中央决策部署，以高度的政治自觉抓好长城国家文化公园建设。要坚持有效保护传承利用，严格落实"保护为主、抢救第一、合理利用、加强管理"方针，努力将长城国家文化公园（河北段）打造成为精品工程和标杆工程。会上播放了长城国家文化公园建设专题片，国家文物局、国家发展改革委社会发展司有关负责同志讲话，河北省文化和旅游厅、北京市委宣传部、山东省发展改革委、甘肃省文化和旅游厅负责同志介绍了当地长城国家文化公园建设情况。长城沿线15省（区、市）有关负责同志及市领导陈玉国、冯志永参加上述活动。

18日，市委全面依法治市工作会议暨市委理论学习中心组学习会议召开，深入学习贯彻习近平法治思想，全面落实中央全面依法治国、省委全面依法治省工作会议精神，对下步重点工作进行安排部署。市委书记、市委全面依法治市委员会主任朱政学出席会议并讲话。市委副书记、市委全面依法治市委员会副主任丁伟，市人大常委会主任刘辰彦，市政协主席郝占敏出席会议。市委常委、政法委书记、市委全面依法治市委员会副主任闫五一主持会议，市领导陈玉国、刘学彬、曹玉宝、李春，市法院院长胡华军、市检察院检察长高恩泽出席，市委理论学习中心组成员，市直有关部门负责同志参加会议。

29日，市政府与河北科技师范学院签署战略合作协议，双方将建立政产学研战略合作关系。市委副书记、市长张瑞书，河北科技师范学院党委书记任民出席签约仪式并致辞。市委副书记丁伟主持签约仪式,河北科技师范学院党委副书记、校长郭鸿湧,副市长杨铁林出席。根据协议,双方将在已有良好合作基础上,进一步发挥各自优势,加强政产学研全面合作,重点培育一批具有秦皇岛特色的农业科技创新研发基地、成果转化基地和应用型人才培养基地,积极打造一批创新型农业企业、绿色优质农产品、农业领军品牌和现代农业精品园区。

31日,中国共产党秦皇岛市第十二届委员会第六次全体会议召开。出席这次全会的有,市委委员55名,候补市委委员7名。市纪律检查委员会常务委员会委员和有关方面负责同志列席会议。秦皇岛市党的十九大代表和省第九次党代会代表、市第十二次党代会代表中的部分基层同志列席会议。省委第四督查组组长和市各民主党派、工商联主要负责同志应邀列席会议。全会由市委常委会主持。全会坚持以习近平新时代中国特色社会主义思想为指导,深入学习贯彻中央经济工作会议和省委九届十二次全会精神,总结2020年全市经济工作,分析面临的形势,安排部署2021年经济工作。市委书记朱政学代表市委常委会讲话,市委副书记、市长张瑞书作工作部署。全会指出,中央经济工作会议,是在我国即将完成"十三五"规划、开启全面建设社会主义现代化国家新征程的关键时刻召开的一次十分重要的会议,意义重大。全会充分肯定本市2020年经济社会发展取得的新进展新成效,全市上下在大战大考中磨炼意志、经受考验,奋力夺取了疫情防控和经济社会发展双胜利。"十三五"圆满收官,决胜全面建成小康社会取得决定性成就,这在秦皇岛发展历史进程中具有重要意义。全会指出,做好2021年经济工作责任重大、任务艰巨。确保"十四五"开好局,以优异成绩庆祝建党100周年。全会提出,要聚焦更高质量,保障改善民生,巩固提升全面建成小康社会成果。全会提出,要以开展"三重四创五优化"活动为工作总抓手,践行新发展理念,融入新发展格局,全力推动高质量发展可持续发展迈出新步伐、见到新气象。全会提出,要着力推进更深层次改革和更高水平开放,深化"放管服"改革,创新政府治理和服务方式,千方百计为民营企业排忧解难,全方位打造市场化、法治化、国际化的营商环境。全会强调,加强党对经济工作的集中统一领导,是做好经济工作的根本保证。全会号召,全市上下要提振精气神,焕发新气象,只争朝夕，苦干实干，向着新时代全面建设现代化国际化沿海强市、美丽港城的宏伟目标奋勇前进，以优异成绩庆祝中国共产党成立100周年！

# 2021年

## 1月

6日，市应对新冠肺炎疫情工作指挥部召开例会，深入学习贯彻习近平总书记重要指示精神，全面落实党中央、国务院和省委、省政府最新工作要求，对本市当前疫情防控工作进行安排部署，确保人民群众生命安全和身体健康。市委书记朱政学出席并讲话，市委副书记丁伟主持会议。会议强调，各级各部门要深刻认识当前疫情防控工作的极端重要性和紧迫性，宁可信其有、不可信其无，宁可信其大、不可信其小，从最坏处着眼做最充分准备；要始终保持清醒头脑，准确把握疫情防控的主要矛盾和关键环节，扎实做好疫情监测、排查、预警、防控等工作，做到早发现、早报告、早隔离、早治疗；要认真研究制订核酸检测工作方案，全市所有核酸检测实验室要保障全天候正常开展检测工作，配齐配足人员、检测试剂等物资，满足发生疫情时的检测需要；要组织专门机动力量，加强相关业务培训，做好流调溯源工作准备；要加大隔离点储备工作力度，做好隔离场所防控措施落实和防护指导。

11—12日，秦皇岛市召开新冠肺炎疫情防控工作视频调度会议，深入学习贯彻习近平总书记关于疫情防控的重要指示精神，传达贯彻省疫情防控工作视频会议精神，听取县区、部门情况汇报，分析研判疫情防控形势，安排部署当前疫情防控重点工作。市委书记朱政学出席并讲话。市委副书记丁伟主持。市领导刘亚洪、刘文萍出席会议。

17日，市委书记朱政学主持召开市委理论学习中心组学习会议，深入贯彻习近平总书记关于学习党章的重要指示精神，切实增强党章意识，强化运用党章主动检视自我，砥砺初心使命，不断锤炼忠诚干净担当的政治品格，为高质量开好民主生活会打牢思想基础。市领导丁伟、刘文萍、韩晓明、陈玉国、刘学彬先后作交流发言，刘辰彦等出席会议。会议强调，党员领导干部要把践行党章要求作为落脚点，把学习党章的成果体现到建设现代化国际化沿海强市、美丽港城的生动实践上,紧扣2035远景目标、"十四五"奋斗目标和今年重点任务,用改革的办法、创新的思维、开放的理念解决问题、推动工作。

18日,市人大常委会主任刘辰彦主持召开市十四届人大常委会第二十九次会议。根据《中华人民共和国地方各级人民代表大会和地方各级人民政府组织法》的有关规定,会议决定:接受张瑞书辞去秦皇岛市人民政府市长职务的请求,报秦皇岛市第十四届人民代表大会第六次会议备案;任命丁伟为秦皇岛市人民政府副市长、代理市长。

19日,市委副书记、市政府代理市长丁伟深入秦皇岛综合保税区和重点企业,对疫情防控和生产运行情况进行实地调研。丁伟对各企业疫情防控措施落实情况进行认真检查,并叮嘱各企业特别是进口冷链加工物流企业,要清醒认识当前疫情防控的严峻形势,时刻紧绷疫情防控和安全生产这根弦,严格按照中央决策部署和省、市有关要求,认真落实企业主体责任,抓紧抓实抓细常态化疫情防控措施,坚决筑牢疫情防控的秦皇岛防线。

26日,市委书记朱政学主持召开市委常委会会议,深入贯彻习近平总书记关于疫情防控工作的重要指示精神和省应对新冠肺炎疫情工作领导小组会议暨视频调度会议要求,研究本市贯彻落实意见;听取市两会筹备相关情况汇报。会议强调,要把防院感和隔离点规范化管理作为重中之重,压紧压实防控工作责任,全面查找整改管理和工作漏洞,坚决不能发生院感事件和隔离点交叉感染;要对照省市集中隔离医学观察场所设置标准,对所有隔离点进行一次"回头看",实行封闭管理和人员分类隔离,严格落实干部包联责任,做到"一点一包干、一点一专班";要坚持人物同防,进一步做好冷链食品和非冷链物品防控,抓紧组织开展专项集中排查整治,实施全覆盖核酸检测、消杀灭毒和动态管理,坚决阻断病毒由物及人传播;要及时掌握入境返秦人员情况,逐人建立台账,严格闭环管理;要健全区域协查机制,及时高效处置推送、协查信息,第一时间追踪到位,准确详细摸清活动轨迹,确保"应隔尽隔";要进一步严格农村、社区防控措施,建立健全村卫生室和社区卫生服务站疫情防控制度,提升早发现能力;要严格落实分类分区分级精准管控,加强来秦返秦人员排查检测,强化分析研判和准确识别。

1月31日—2月2日，中国人民政治协商会议秦皇岛市第十三届委员会第五次会议在市工人文化宫举行。应出席委员328名，实到272名，符合政协章程规定。中共秦皇岛市委书记朱政学出席开幕式并强调，各级党委要把政协工作摆在全局工作的重要位置，多为政协解难事办实事，多给政协交任务出题目，不断巩固党委重视、政府支持、政协主动、各方配合的政协工作新格局。党委主要负责同志要带头参加政协重要活动，带头学习党的人民政协理论，带头推进政协协商民主，带头广交深交党外朋友，加强对政协工作的具体指导；各级党政部门要在制度层面、工作层面、协作层面大力支持政协参政议政，积极采纳政协提出的意见建议，自觉接受政协民主监督，形成推动政协事业发展的强大合力。会议选举闫五一为政协秦皇岛市第十三届委员会主席，王强、刘瑞玲为政协秦皇岛市第十三届委员会副主席，金瑞钢为政协秦皇岛市第十三届委员会秘书长，沈洪波、张立红为政协秦皇岛市第十三届委员会常务委员；审议通过政协秦皇岛市第十三届委员会第五次会议政治决议、政协秦皇岛市第十三届委员会第五次会议关于常务委员会工作报告的决议、政协秦皇岛市第十三届委员会提案委员会关于第五次会议提案审查情况的报告。闫五一代表新当选的同志表示，将牢固树立"是荣誉、更是责任"的理念，永远保持慎终如始、戒骄戒躁的清醒头脑，永远保持不畏艰险、锐意进取的奋斗韧劲，以燃烧的状态、战斗的姿态，做好"委员作业"、交好"时代答卷"，不断开创人民政协事业发展的新局面。

## 2月

1—3日，秦皇岛市第十四届人民代表大会第六次会议在市工人文化宫举行。会议应出席代表325名，实际出席代表286名，符合法定人数。大会主席团常务主席刘辰彦主持会议。大会通过关于秦皇岛市人民政府工作报告的决议、关于秦皇岛市国民经济和社会发展第十四个五年规划和二〇三五年远景目标纲要的决议、关于秦皇岛市2020年国民经济和社会发展计划执行情况与2021年国民经济和社会发展计划的决议、关于秦皇岛市2020年预算执行情况和2021年预算的决议、关于秦皇岛市人民代表大会常务委员会工作报告的决议、关于秦皇岛市中级人民法院工作报告的决议、关于秦皇岛市人民检察院工作报告的决议；选举丁伟为秦皇岛市人民政府市长，彭云、鞠世闻、孙志川为秦皇岛市十四届人大常委会副主任，黄英杰为秦皇岛市人民检察院检察长，张晓雁、张玉华、张亚洲为秦皇岛市十四届人大常委会委员。

3日，市委常委班子召开2020年度民主生活会，围绕认真学习贯彻习近平新时代中国特色社会主义思想，加强政治建设，提高政治能力，坚守人民情怀，夺取决胜全面建成小康社会、实现第一个百年奋斗目标的伟大胜利，开启全面建设社会主义现代化国家新征程主题，紧密联系市委常委班子工作，联系市委常委个人思想和工作实际，进行自我检查、党性分析，认真开展批评和自我批评。省委常委、政法委书记董仚生，省委督导组组长、省纪委常委、省监委委员冀运福到会指导。市委书记朱政学主持并讲话。市人大常委会主任刘辰彦、市政协主席闫五一列席会议。会议通报2019年市委常委"不忘初心、牢记使命"专题民主生活会整改落实情况和本次民主生活会征求意见情况；市委常委班子贯彻执行中央八项规定及其实施细则精神的情况。朱政学代表市委常委班子作对照检查，从6个方面查找存在的差距和不足，深刻剖析问题发生的深层次症结和根源，明确努力方向和整改措施。市委常委依次进行对照检查发言，开门见山开展批评与自我批评。董仚生表示，这次民主生活会主题鲜明、准备充分、严肃认真，开出了高质量、好氛围。

10日，中国共产党秦皇岛市第十二届纪律检查委员会第四次全体会议举行。出席这次全会的有市纪委委员35人，列席63人。全会由中共秦皇岛市纪律检查委员会常务委员会主持。市委书记朱政学出席会议并讲话。全会以习近平新时代中国特色社会主义思想为指导，全面贯彻党的十九大和十九届二中、三中、四中、五中全会精神，深入学习贯彻习近平总书记在十九届中央纪委五次全会上的重要讲话精神和十九届中央纪委五次全会精神，落实省纪委九届六次全会和市委十二届五次、六次全会部署要求，总结2020年全市纪检监察工作，部署2021年任务，审议通过韩晓明同志代表市纪委常委会所作的《推动新时代纪检监察工作高质量发展，为秦皇岛"十四五"开好局提供坚强保障》工作报告。全会强调，要自觉践行"两个维护"，以强有力的政治监督保障本市"十四五"规划顺利实施；

要坚定不移深化反腐败斗争，一体推进不敢腐、不能腐、不想腐；要深化整治形式主义、官僚主义顽瘴痼疾，让求真务实、清正廉洁的新风正气不断充盈；要持续整治群众身边腐败和不正之风，促进社会公平正义、保障群众合法权益；要落实巡视巡察上下联动要求，充分发挥党内监督利剑和密切联系群众纽带作用；要促进各类监督贯通融合，不断增强监督治理效能；要抓深抓实纪检监察体制改革，有效推进党内监督和国家监察全覆盖；要从严从实加强自我监督约束，建设政治素质高、忠诚干净担当、专业化能力强、敢于善于斗争的纪检监察铁军。

25日，全国脱贫攻坚总结表彰大会在北京举行。青龙满族自治县委书记霍春利，青龙满族自治县三星口乡龙头村驻村工作队队长兼第一书记、市审计局办公室主任刘守礼，青龙满族自治县安子岭乡吉利峪村驻村工作队队长兼第一书记、市旅游和文化广电局文化市场综合行政执法局一级主任科员何启东荣获全国脱贫攻坚先进个人；青龙满族自治县扶贫开发办公室、青龙满族自治县隔河头镇大森店村党支部荣获全国脱贫攻坚先进集体。

28日，市委副书记、市长丁伟深入海港区和秦皇岛经济技术开发区，就金海粮油食品加工产业园、耀华高新技术产业园等重点项目建设进行实地调研。丁伟强调，各级各部门要把产业培育同项目建设、园区建设、招商引资、产业集群五位一体来抓，围绕打造汽车零部件、精密电子、重型装备制造业、粮油食品、钢铁和材料工业、大旅游大健康"六个产业集群"，全面实行"链长制"，加快产业链供应链锻长板、补短板。充分发挥园区承载作用，加大改革创新力度，积极推动各类开发区园区扩能提级，推动产业集中集聚发展；切实发挥领军企业的支柱作用，落实好包联制度，及时解决企业发展中的困难问题，带动产业链强链延链；加快中小企业培育，积极引导中小企业和新增市场主体向重点产业链集聚，加快形成推动高质量发展的新增长点。

## 3月

3日，市委管理干部学习贯彻党的十九届五中全会精神专题研讨班开班。市委书记朱政学出席开班式并作专题辅导报告。朱政学指出，习近平总书记在省部级主要领导干部专题研讨班上的重要讲话，从理论和实际、历史和现实、国内和国际相结合的高度，分析了进入新发展阶段的理论依据、历史依据、现实依据，阐述了深入贯彻新发展理念的新要求，阐明了加快构建新发展格局的主攻方向，是对党的十九届五中全会精神的又一次集中、深刻、精准、权威的阐释，是一篇闪耀着马克思主义光辉的重要文献；各级领导干部要继续在学深悟透上下功夫，在对标落实上见行动，不断增强政治判断力、政治领悟力、政治执行力，努力把学习成果转化为加快建设现代化国际化沿海强市、美丽港城的强大动力。朱政学强调，要准确把握新发展阶段的重大判断，从战略和全局高度谋划推动"十四五"发展；要完整准确全面贯彻新发展理念，引领推动秦皇岛高质量发展可持续发展；要积极融入新发展格局，努力在"十四五"发展中展现更大作为；要加强和改进党的全面领导，确保党中央决策部署不折不扣落实到位。

5日，市委副书记、市长丁伟出席市委管理干部学习贯彻党的十九届五中全会精神专题研讨班总结交流会并作总结报告。丁伟强调，要把习近平总书记重要讲话和党的十九届五中全会精神贯穿秦皇岛市2021年经济工作的各方面全过程，聚焦壮大经济实力这个战略基础，瞄准地区生产总值翻番目标，进一步明确经济工作的主攻方向，以发展大旅游产业、振兴制造业、做强临港产业为支撑，把产业培育同项目建设、园区建设、招商引资、产业集群五位一体来抓，积极培育壮大汽车零部件、精密电子、重型装备制造、粮油食品、钢铁和材料、生命健康六个产业集群，努力打造千亿级先进制造基地、千亿级粮油食品加工基地、千亿级钢铁和钢延产业基地、千亿级进出口贸易基地，全力推动秦皇岛高质量发展可持续发展迈出更加坚实的步伐。

18日，省政法队伍教育整顿第四指导组进驻秦皇岛市对接见面会召开。省政法队伍教育整顿第四指导组组长、省政协社会与法制委员会主任、分党组书记李红录指出，开展政法队伍教育整顿，是党中央提出的新要求、人民群众的新期盼、政法战线自我革命的新需要，是确保政法机关担负起新时代职责使命、推动政法工作高质量发展的重要举措；要深入学习贯彻习近平总书记重要指示精神，全面落实党中央决策部署和省委工作要求，把开展教育整顿与开展党史学习教育有机结合起来、相互贯通起来，坚持从全局的高度抓好教育整顿，确保政法队伍履职尽责、担当使命；要坚持把党对政法工作的绝对领导贯穿到教育整顿各个方面和全过程，严格落实党委主体责任，确保政治方向坚定正确、组织领导坚强有力；要把学习教育、边查边改、建章立制贯穿始终，把警示教育与自查自纠、发现问题与总结提升结合起来，突出抓好"六查六看六改"；坚持群众满意，开门搞整顿，把群众满意作为出发点和落脚点，从群众最不满意的问题改起，从群众最期待的事情做起，做到过程受群众监督、效果让群众评判。市委书记、市政法队伍教育整顿领导小组组长朱政学表示，全市上下要深入学习贯彻习近平法治思想和习近平总书记对政法工作、河北工作的重要讲话和指示批示精神，深刻把握开展政法队伍教育整顿的重大政治意义、历史意义、实践意义，坚持全面从严管党治警，发扬自我革命精神，紧紧抓住"关键少数"，以强烈的责任感和使命感推动政法队伍教育整顿取得扎实成效。市政协主席、市政法队伍教育整顿领导小组常务副组长闫五一汇报秦皇岛市政法队伍教育整顿工作开展情况。市政法队伍教育整顿领导小组副组长刘文萍、李春、胡华军、黄英杰，以及市政法队伍教育整顿领导小组成员单位负责同志参加对接见面会。

同日，市政府新闻办公室召开"三重四创五优化"首场新闻发布会。秦皇岛市将重点从十二个方面着手，开展"三重四创五优化"活动，深入推进重大国家战略、重大项目建设和重大民生工程，扎实开展创新、创业、创城、创卫、创森和创建平安秦皇岛、法治秦皇岛，持续优化政治生态、经济结构、自然生态、营商环境、基层治理，积极担当好沿海率先发展区责任，为加快新时代全面建设现代化国际化沿海强市、美丽港城提供保障、夯实基础。秦皇岛市"三重四创五优化"活动突出"1+1+15+4"工作架构，即一个领导小组，市委书记朱政学任组长，市长丁伟任第一副组长，常务副市长刘亚洪任常务副组长，相关市领导任副组长，全面负责"三重四创五优化"活动；设置一个领导小组办公室，15个活动专班，领导小组办公室内设4个小组，分别负责综合统筹、督导检查、宣传报道和组织保障等方面的工作，采取逐月考评、年终考核方式，促进各部门加快落实。我市作为全省唯一一个同时创城、创卫、创森成功的城市，在推进"三重四创五优化"活动过程中，尤其注重结合实际。深入推进"三重"战略落实落地，重点抓以疏解北京非首都功能为"牛鼻子"融入协同发展，抓好北戴河生命健康产业创新示范区、秦港转型升级示范区等重点承接平台建设，争取更多京津优质医疗资源疏解到秦皇岛；围绕"两新一重"等重点领域谋划储备项目800项以上，形成在建一批、投产一批、储备一批、谋划一批的梯次滚动发展，双向推进省定20项民生工程和市20项民生实事，确保省定目标和市定任务同步推进、同步完成。在"四创"方面，创新重点抓京津冀协同创新共同体建设，吸引更多京津科技成果到秦皇岛孵化转化；创业重点抓众创空间、双创基地等创业平台建设；创城、创卫和创森重点抓巩固提升，抓县区创建；创平安秦皇岛、法治秦皇岛方面，重点抓平安工程、法治政府示范创建。在"五优化"方面，通过开展巡察联动、推进"532"产业行动、精准防治大气土壤水污染、推进一体化政务服务平台建设以及"三基"建设年等活动，全面优化政治和自然生态。

21日，国务委员、公安部部长赵克志签署命令，追授秦皇岛市公安局刑警支队支队长张岩同志为全国公安系统二级英雄模范。张岩，中共党员，1969年6月出生，1990年8月参加公安工作，生前任秦皇岛市公安局党委委员、刑事警察支队支队长、警务技术二级主任，三级警监警衔。2020年8月被确诊为胰腺癌晚期，经医治无效于2021年3月1日病逝，年仅51岁。张岩同志曾荣立个人一等功1次、二等功2次、三等功7次、嘉奖5次，先后被评为"全国最美基层民警"、河北省优秀人民警察、河北省第三届"燕赵名探"、秦皇岛市劳动模范。24日，河北省公安厅印发决定，在全省公安机关深入开展向张岩同志学习活动。

23日，秦皇岛市举行2021年春季重点项目集中开工活动。市委书记朱政学宣布春季重点项目集中开工。市委副书记、市长丁伟出席并讲话。市委常委、常务副市长刘亚洪主持开工仪式。本次集中开工重点项目133个，涉及装备制造、生命健康、文化旅游等多个产业，总投资475.08亿元，年计划投资132.67亿元，分别同比增长14.7%、22.1%、32.9%。在133个项目中，省重点项目13个，市重点项目44个，县区重点项目76个。战略性新兴产业、现代服务业和优势特色产业项目84个，总投资257.17亿元；基础设施和民生补短板项目49个，总投资217.9亿元。

同日，市委理论学习中心组在中铁山桥集团召开学习会议，深入学习贯彻习近平总书记在党史学习教育动员大会上的重要讲话精神，围绕"学党史、悟思想、办实事、开新局"进行交流研讨，推动全市党史学习教育扎实开展、取得实效。市委书记朱政学主持会议并讲话。市领导丁伟、刘辰彦、闫五一作交流发言。

27—28日，省委书记、省人大常委会主任王东峰，省委副书记、省长许勤到秦皇岛市调研检查，深入社区开展党史宣讲，实地察看秦皇岛港转型升级进展情况，并召开省委专题会议，对深入开展党史学习教育、国土空间规划编制、港口转型升级、深化生态环境治理等工作提出一系列要求。王东峰强调，要深入学习贯彻习近平总书记重要指示和党中央决策部署，以开展党史学习教育为契机，科学编制国土空间总体规划，大力推进港口转型升级，努力将秦皇岛打造成为一流国际旅游城市，为全面建设社会主义现代化国家、实现中华民族伟大复兴中国梦作出积极贡献。

## 4月

8日，秦皇岛市举行2021年一季度项目集中签约仪式，33个项目集中签约，总投资127.57亿元，协议利用市外资金111.82亿元。市委书记朱政学，市委副书记、市长丁伟，市人大常委会主任刘辰彦出席签约仪式。市委常委、常务副市长刘亚洪主持。签约仪式上，与会嘉宾共同观看了秦皇岛投资环境宣传片。总投资18亿元的高端集成电路封装载板智能制造工厂、总投资8.1亿元的中粮粮谷小麦食品加工基地、总投资8亿元的高端度假酒店、总投资5.2亿元的综合智能仓储物流、总投资3.8亿元的晟成光伏设备北方基地、总投资2亿元的北戴河矿联网交易服务平台等项目集中签约，涉及多个产业领域。

9日，市委书记、市政法队伍教育整顿领导小组组长朱政学为全市政法队伍讲授教育整顿专题党课。朱政学强调要深入学习贯彻习近平总书记关于加强政法队伍建设的重要指示精神，认真落实中央、省委部署要求，不断深化学习教育，筑牢思想根基，扎实推进政法队伍教育整顿走深走实，努力打造党和人民信得过、靠得住、能放心的政法铁军。省政法队伍教育整顿第四指导组组长李红录出席。市政协主席、市政法队伍教育整顿领导小组常务副组长闫五一主持。

12日,市委书记朱政学,市委副书记、市长丁伟率领市党政考察团赴天津市考察。河北港口集团党委书记、董事长曹子玉,副市长冯志永一同参加考察活动。天津市政府副秘书长、滨海新区区委副书记、区长杨茂荣,天津港有限公司党委书记、董事长褚斌分别陪同考察。考察团一行先后来到天津港集装箱公司码头、自动化操控中心、东疆仓储式红酒展销中心、天津港国际邮轮母港、东疆湾沙滩、天津狮桥国际物流有限公司、周大福金融中心和天津滨海中关村协同创新展示中心等处,详细听取滨海新区基本情况、双城发展格局、经开区中心商务片区控制性详细规划、中关村科技园工作及天津港总体规划、陆桥航线分布等相关介绍,现场体验无人电动集卡卸箱作业,认真观看岸桥自动化作业辅助系统操作演示、智慧码头2.0发展成果展示宣传片,参观红酒展销中心意大利国家馆、恒温恒湿立体库,邮轮母港客运大厦及中关村科技园展厅。考察团成员与滨海新区、天津港有关负责同志就城市规划建设、科技自主创新、港口转型发展、港产城融合等进行深入交流。朱政学、丁伟指出,科学编制国土空间总体规划,加快推进秦皇岛港转型升级,是贯彻落实党中央决策部署和省委、省政府工作要求的实际行动,是落实碳达峰、碳中和要求的重要举措,也是加快建设现代化国际化沿海强市、美丽港城的应有之义;全市上下要坚持政治站位,深入学习借鉴滨海新区城市规划建设、科技创新发展、生态优先战略和京津冀协同发展等方面的先进经验,深化城市规划建设管理合作、相关产业对接协作,科学编制国土空间总体规划,努力建设一流国际旅游城市;要不断解放思想,积极融入京津冀协同发展和河北沿海经济带建设大局,充分借鉴天津港先进经验,深化与天津港的对接合作,加快转型升级步伐,提升港口建设管理水平,努力建设高水平现代化国际港口。

13日,市委副书记、市长丁伟主持召开市政府第七十八次常务会议。会议传达学习习近平总书记在中央财经委员会第九次会议上关于碳达峰、碳中和工作的重要论述;研究《秦皇岛市关于〈河北省深入实施大气污染综合治理十条措施〉的落实意见》《秦皇岛市不利气象条件下大气环境质量差异化应急管控方案》《秦皇岛市2021年扬尘污染综合治理工作方案》,安排部署水污染防治等重点工作;听取危爆、危化物品安全隐患排查整治工作汇报，对当前安全生产工作进行安排部署；研究违法违规用地和农村乱占耕地建房问题整改落实有关工作。市领导刘亚洪、冯志永等出席会议。

15日，第六个全民国家安全教育日。由市委国安办主办、海港区委国安办承办的秦皇岛市2021年全民国家安全教育日集中宣传周活动在人民广场开幕。市委常委、秦皇岛军分区司令员何晓东参加活动。活动围绕"践行总体国家安全观，统筹发展和安全，统筹传统安全和非传统安全，营造庆祝建党100周年良好氛围"主题，举行"维护国家安全、共筑钢铁长城"主题签字活动，采取有奖竞答、悬挂横幅等方式向市民宣传《国家安全法》《反恐怖主义法》等法律法规，讲解什么是国家安全、危害国家安全的行为、公民应如何维护国家安全以及危害国家安全的后果，呼吁群众提高对国家安全的认识，以实际行动维护国家安全。

16日，市委宣讲团团长、市委书记朱政学在市委党校为参加培训的县级干部和中青班学员进行党史学习教育宣讲，深入学习贯彻习近平总书记关于党的历史的重要论述和党中央决策部署，扎实推进党史学习教育走深走实，为开启社会主义现代化建设新征程、实现"十四五"开好局起好步凝心聚力，以优异成绩庆祝建党100周年。朱政学指出，全市上下要深刻领会、准确把握党史学习教育的重大意义，不断增强开展党史学习教育的思想自觉、政治自觉、行动自觉，充分发挥党史学习教育凝心铸魂的重要作用，进一步坚定理想信念、砥砺初心使命，强化政治判断力、政治领悟力和政治执行力，切实做到学史明理、学史增信、学史崇德、学史力行，努力把党史学习教育成果转化为加快推动秦皇岛高质量发展可持续发展的强大精神动力。

19日，全市宣传文化系统党风廉政建设和反腐败工作会议召开，深入学习贯彻市委全面从严治党的各项要求，总结2020年工作，部署2021年重点任务，推动全面从严治党向纵深发展。市委常委、宣传部部长陈玉国强调，要聚焦开好局、起好步，以强烈的政治担当推动重点工作任务落到实处；进一步强化政治监督，严明政治纪律，持之以恒正风肃纪反腐；要立足主责主业，认真抓好建党100周年宣传教育和党史学习教育"两件大事"，重点围绕6大项17项具体任务，推动解决群众关心关注的"急难愁盼"问题；要推动巡视巡察与各类监督贯通融合，充分发挥党内监督的主导作用，标本兼治推进问题整改；要切实扛起政治责任，抓紧抓实党建工作，落实主体责任，强化监督专责，推动全面从严治党、党风廉政建设和反腐败斗争向纵深发展。

22日，全省新冠病毒疫苗接种工作现场会议在秦皇岛市召开。副省长严鹏程对全省新冠病毒疫苗接种工作再安排再部署，并就做好"五一"期间常态化疫情防控工作进行安排部署。省政府副秘书长李璞主持会议。省卫生健康委主任梁占凯通报全省疫苗接种工作进展情况。市委副书记、市长丁伟介绍秦皇岛市新冠病毒疫苗接种工作主要做法。其他各市（含定州、辛集市）、雄安新区分别汇报疫苗接种工作进展情况。与会人员还到海港区、北戴河区、卢龙县临时接种点和接种门诊进行现场观摩。

23日，市生态环境保护委员会（扩大）会议召开，深入学习贯彻习近平生态文明思想，全面落实党中央和省委部署要求，分析研判污染防治形势，研究部署2021年生态环境重点任务及当前工作，全力打好污染防治攻坚战，持续改善生态环境质量。市委书记朱政学主持并讲话。市委副书记、市长丁伟部署具体工作。会议审议并原则通过《市生态环境保护委员会2021年工作要点》《秦皇岛市2021年大气污染防治工作方案》《秦皇岛市2021年水污染防治工作方案》《秦皇岛市2021年土壤污染防治工作方案》，专家团队分析2021年以来大气、水污染防治形势。会议强调，要强力推进大气污染防治，科学调整应急预案，强化科学研判管控，加强排污许可证精准核发，全面提升污染综合治理水平；要切实加强重点工业源排放治理，做好臭氧污染防治，强化涉VOCs企业"一厂一策"精细管控，狠抓移动源、扬尘源、建筑垃圾治理及矿山整合治理，抓好港口污染综合治理；要强力改善水生态环境，继续深化河湖长制，抓紧实施入海河流水质提升工程，加强入海河流断面精准化监测，制定生态补偿考核方案，确保河流水质连续稳定达标；要统筹农业面源污染防治，加快推进农村生活污水无害化项目；加强污水处理厂和农村小型污水处理设施监管，着力推进污水处理厂升级改造，提升污水收集率和管网覆盖率，不让一滴污水流入河道。

25日，全市农村工作会议召开，深入学习贯彻习近平总书记重要讲话精神,全面落实中央和省委农村工作会议决策部署,总结工作,分析形势,进一步动员全市上下统一思想认识,强化责任担当,凝心聚力巩固拓展脱贫攻坚成果,全面推进乡村振兴和农业农村现代化,为新时代加快建设现代化国际化沿海强市、美丽港城提供重要支撑。市委书记朱政学出席并讲话。市委副书记、市长丁伟主持会议。会议强调,要巩固拓展脱贫攻坚成果,建好用好市县乡三级防贫工作管理平台,加强常态化监测和动态管理,全面筑牢致贫返贫防线,推动脱贫攻坚工作体系全面转向乡村振兴。要积极培育壮大乡村产业,精准实施"一县一业""一村一品"战略,集中力量打造特色优势产业集群,持续扩大"秦字号"农产品知名度和影响力;要大力实施乡村建设行动,坚持规划先行,突出多规合一,加强农村公共基础设施建设,持续提升农村基本公共服务水平;要持续加强农村生态文明建设,扎实开展农村人居环境整治提升五年行动,实施农业面源污染综合治理行动和乡村清洁能源建设工程,为农业农村可持续发展提供有力保障;要科学抓好造林绿化,因地制宜确定造林树种、苗木规格和造林模式,确保如期高质量完成全年造林任务,持续保持打击野外违法用火行为高压态势,努力实现森林火灾零发生;要深化农村土地制度、农村集体产权制度和农村金融等重点领域改革,持续激发农村资源要素活力;要进一步加强和改进乡村治理,夯实农村基层基础,建设平安乡村,稳妥推进殡葬改革,大力移风易俗,提高乡村社会文明程度。

26日,市委副书记、市长丁伟主持召开市政府第七十九次常务会议。会议学习《退役军人保障法》,研究《关于加强新时代工会工作和产业工人队伍建设实施方案》《秦皇岛市创建全国第三批社会信用体系建设示范城实施方案》《进一步加强和改进新时代残疾人工作的若干措施》。市领导刘亚洪、冯志永等出席会议。

27日,市委副书记、市长丁伟到抚宁区,深入企业开展党史学习教育宣讲,调研重点产业项目发展和国土空间规划编制工作,并主持召开会议,听取抚宁区国土空间规划基础数据分析汇报,对下阶段工作提出明确要求。丁伟强调,要深入贯彻落实新发展理念,坚持集聚集中集约集群发展,加快产业结构调整和转型升级步伐,全力推动区域经济转型升级提质增效。

28日，市人大常委会主任刘辰彦主持召开市十四届人大常委会第三十三次会议。会议听取和审议市政府关于社会养老保险基金征管用情况的报告、市政府关于公共文化服务保障工作情况的报告、市政府关于2020年度环境状况和环保目标完成情况的报告、市政府关于民族团结进步创建工作情况的报告，分组审议《秦皇岛市旅游市场条例（草案）》。

29日，市应对新冠肺炎疫情工作领导小组（扩大）会议召开，深入贯彻习近平总书记关于疫情防控的重要指示精神，全面落实党中央、国务院和省委、省政府最新工作要求，认真分析当前疫情防控形势，安排部署"五一"期间和下步疫情防控工作，坚决守住来之不易的疫情防控成果。市委书记朱政学出席并讲话。市委副书记、市长丁伟主持会议。会议指出，全市各级各部门要充分认识疫情防控的长期性、艰巨性、复杂性，坚决克服麻痹思想、懈怠情绪，密切关注疫情形势，精准落实各项常态化防控措施，确保"五一"期间群众生产生活平稳有序。

## 5月

7日，市委书记朱政学主持召开市委深改委第九次会议。市委副书记、市长丁伟等出席会议。市人大常委会主任刘辰彦、市政协主席闫五一列席会议。会议审议通过《秦皇岛市深化应急管理综合行政执法改革实施方案》《秦皇岛市关于推进对外贸易创新发展的若干措施》；听取市委深改委纪律检查体制改革专项小组、市委深改委文化体制改革专项小组2021年度工作安排和推进情况汇报。会议强调，要进一步增强改革信心和决心，把深改工作与党史学习教育、政法队伍教育整顿、"三重四创五优化"活动等重点工作结合起来，更加突出系统集成、协同高效，更加突出一线调研、精准破题，更加突出创造性、引领性改革，下大力气找差距、补短板、创亮点、增进位。

10日，中国共产党秦皇岛市第十二届委员会第七次全体会议召开。出席这次全会的有，市委委员50人，候补市委委员5人。全会由市委常委会主持。市委书记朱政学代表市委常委会讲话。市委副书记、市长丁伟传达《中共河北省委关于认真做好市县乡领导班子换届工作的通知》精神。市委常委、组织部部长刘文萍就《关于召开中国共产党秦皇岛市第十三次代表大会的决议（草案）》向全会作说明。全会审议通过《中国共产党秦皇岛市第十二届委员会第七次全体会议关于召开中国共产党秦皇岛市第十三次代表大会的决议》，决定中国共产党秦皇岛市第十三次代表大会于2021年8月召开。全会强调，要树立正确用人导向，严格执行干部选拔任用工作条例，大力选拔忠诚担当、干净干事、能干成事的好干部；要着眼全局、统筹兼顾，妥善处理换届工作与经济社会发展的关系，调动一切积极因素，最大限度凝聚共识、形成合力。

同日，党史学习教育推进会议召开，深入学习贯彻习近平总书记关于党史学习教育的重要论述，围绕学党史、悟思想、办实事、开新局，对全市党史学习教育进行再动员再部署。会议要求，全市各级各部门要进一步深化思想认识、坚持政治站位，乘势而上、再接再厉，推动党史学习教育走深走实、掀起新热潮。市委书记、市委党史学习教育领导小组组长朱政学出席并讲话。市领导刘辰彦、闫五一、刘亚洪、刘文萍、韩晓明、何晓东、刘学彬出席会议。市委常委、宣传部部长陈玉国主持会议。

22日，市委副书记、市长丁伟主持召开市长办公会议，专题研究"十四五"期间全市铁路和大运量交通系统规划。会议听取了《秦皇岛地区铁路总图规划》《秦皇岛市铁路"十四五"规划》《秦皇岛市大运量交通系统规划》等情况汇报，并就"十四五"期间全市铁路总体布局、重点建设任务、规划研究项目、大运量交通系统规划及示范线项目建设等情况进行了深入研究，明确了下步规划建设目标和重点建设项目。市委常委、常务副市长刘亚洪出席会议。

24日，副市长孙国胜带队到昌黎县饮马河故道团林段、东沙河昌黎县大蒲河镇张庄村段以及黄金海岸、洋河口，实地督导检查入海排污口排查整治工作，听取了相关情况汇报，并对下一步工作进行安排部署。孙国胜强调，要提高政治站位，坚决扛起生态保护的政治责任。孙国胜要求，要建立跟踪调度机制，分析研判当前存在的突出问题，开展现场督导，加强区域协作，实行标本兼治，强化日常巡查，防止整治成果反弹。

25日，市委书记、市海防委员会主任朱政学主持召开市海防委员会第一次全体会议，传达学习省海防委员会全体会议精神，审议通过了《秦皇岛市海防委员会工作规则》《秦皇岛市海防委员会办公室工作细则》《秦皇岛市海防委员会 2021 年工作要点》，研究部署下步工作。市委副书记、市长、市海防委员会常务副主任丁伟出席会议。会议指出，习近平总书记对边海防工作高度重视，作出一系列重要指示，为我们谋划推进海防工作提供了根本遵循。会议强调，要聚焦重要领域和重点任务，坚定不移推动海防工作高质量发展。会议要求，要加强党对海防工作的领导，压实各级党委政府主体责任、党委书记第一责任人责任和各级海防委员会牵头责任、成员单位职能责任，主要领导干部要经常研究海防工作，及时解决工作中遇到的难题，切实做到守海有责、守海负责、守海尽责。市海防委相关领导，各成员单位负责同志参加会议。

27 日，市委宣讲团团长、市委书记朱政学深入互联网企业，开展党史学习教育第二轮宣讲，到 MCN 企业开展调研，与网红经济从业人士进行座谈。朱政学先后到秦皇岛糖舍文化传播有限公司、秦之窗网红经济孵化基地，实地参观红色直播间及党组织阵地运行情况，认真听取全市网红经济工作情况汇报，与相关企业负责人围绕网红经济发展现状、实际困难和发展方向等内容进行深入交流，并开展党史学习教育宣讲。市领导陈玉国和市直有关单位、海港区委区政府主要负责同志参加调研。

28 日，秦皇岛市举办"5+1"联合执法启动仪式。活动标志着本市六部门联合执法工作的正式启动，同时，将本市综合执法改革进一步向纵深发展。"5+1"联合执法的"5"分别是农业、市场、交通、环境、文化这五大领域的行政执法部门，"1"指的是公安执法部门。启动仪式上，各联合部门主要负责同志分别表态发言，并现场签署了联合执法工作机制框架协议。

同月，秦皇岛经济技术开发区实施产业布局提升工程，明确开发区产业布局上，有针对性地实施提升工程：壮大优势产业集群，依托中信戴卡、金海粮油、哈电重工等龙头企业，不断扩大汽车及零部件、粮油食品深加工、高端装备智能制造 3 个主导产业集群规模，逐步打造为中国北方重要的重型装备制造基地、粮油食品加工基地、中国轻量化铝合金汽车零部件制造基地；培育新兴产业集群，充分发挥臻鼎科技、康泰医学、前景光电等骨干企业带动作用，大力培育电子信息和智慧消防、康复辅具及医疗健康 2 个战略性新兴产业，现已初现电子信息产业集中地和大健康产业聚集区雏形；做强现代服务业，在现有辉固星球数码等10余家服务性企业基础上，大力发展以信息服务业、高科技服务业、现代物流服务业为主的生产性服务业高质量发展。

同月，秦皇岛博物馆项目已经完成建设主体施工，正着手开展空间精装修、博物馆布展及美术馆展陈工程，秦皇岛市博物馆计划于2022年暑期前建成并对外开放。秦皇岛市博物馆为本市重点文化设施建设项目，该项目开工建设是文明城市创建和全国公共文化服务体系示范区建设的重要内容。

## 6月

1日，庆祝中国共产党建党百年学术研讨会在李大钊干部学院举办。此次研讨会由中国老教授协会、中共中央党校（国家行政学院）老教授协会、李大钊干部学院联合主办，李大钊干部学院承办，为期两天。大会共收到来自京津冀地区的会员专家学者论文投稿58篇，来自中央党校（国家行政学院）的教授陈述等部分专家学者作大会主题发言。全国人大常委会委员、全国人大常委会外事委员会副主任、北京大学原校长、中国老教授协会会长林建华，中共中央党校（国家行政学院）离退休干部局党委书记侯典明，省委党校（河北行政学院）常务副校长魏四海，市委常委、组织部部长、市委党校校长刘文萍出席开幕式，并分别致辞。

9日，河北省长城国家文化公园建设工作推进会在秦皇岛召开。省委常委、宣传部部长、省国家文化公园建设工作领导小组组长张政出席并讲话。省委宣传部副部长、省文旅厅党组书记、厅长那书晨主持会议。市委副书记、市长丁伟出席会议。会上，与会人员共同观看了河北省长城国家文化公园建设专题片；省文化和旅游厅汇报了我省长城国家文化公园建设总体情况；秦皇岛市、张家口市、承德市、唐山市作汇报交流；省发展和改革委、省财政厅、省交通运输厅、省自然资源厅等省直相关部门作发言交流。会前，与会人员先后观摩了山海关老龙头景区提升、山海关古城遗址保护提升、山海关风景区示范段、中国长城文化博物馆等项目，详细了解了项目建设情况。市领导陈玉国、冯志永参加上述活动。

23日，"奋进新时代，永远跟党走"主题党日暨秦皇岛市新党员代表入党宣誓活动在昌黎县五峰山李大钊革命活动旧址举行。市委书记朱政学、市人大常委会主任刘辰彦等出席，市委副书记、市长丁伟主持宣誓活动。宣誓活动结束后，全体人员参观了李大钊革命活动旧址。中国共产主义运动的先驱、伟大的马克思主义者、杰出的无产阶级革命家、中国共产党的主要创始人之一李大钊，曾8次到五峰山游览、山居、避难，从事革命活动，并在五峰山完成了《我的马克思主义观》《再论问题与主义》等多篇革命论著的写作，为马克思主义在中国的广泛传播和中国共产党的创建作出了重要贡献。

25日，市委印发《关于表彰全市优秀共产党员、优秀党务工作者和先进基层党组织的决定》。市委决定，对100名共产党员、100名党务工作者、100个基层党组织予以表彰。市委希望，受表彰的优秀个人和先进集体要倍加珍惜荣誉，再接再厉，以更高的标准严格要求自己，以模范行动影响和带动更多的基层党组织和共产党员，在加快打造环境优美、产业繁荣、文明健康、安全舒适的一流国际旅游城市的征程中再创佳绩、再传捷报。市委号召，全市各级党组织和广大共产党员要向受表彰的优秀个人和先进集体学习，学习他们牢记宗旨、坚定信念的思想品质；学习他们勤奋敬业、无私奉献的高尚情怀；学习他们求真务实、勇挑重担的责任意识；学习他们开拓创新、敢于争先的进取精神；学习他们严于律己、廉洁奉公的优良作风。

27日，"庆祝中国共产党成立100周年"秦皇岛党史图片档案文献展在市文化广场开幕。市委书记朱政学，市委副书记、市长丁伟参观展览。市委常委、秘书长陈玉国在开幕式上致辞，并宣布文献展开幕。本次展览集中反映了党领导秦皇岛人民的革命、建设、改革的光辉历程，集中展现了秦皇岛100年来发生的沧桑巨变和取得的辉煌成就，对全市广大党员干部和群众进一步增强在前进道路上的信仰、信念、信心，凝聚全面加快建设现代化国际化沿海强市、美丽港城的磅礴力量，具有十分重要的意义。市领导刘学彬、许红琳、徐宪民、孙立军参观展览。

28日，在海滨路东西延伸工程即将竣工通车之际，市委书记朱政学，市委副书记、市长丁伟等到现场调研检查，并向所有工程建设者表示感谢，对工程即将竣工通车表示祝贺。朱政学、丁伟一行现场参观了海滨路东西延伸工程，在工程跨大汤河主线桥，认真察看城市道路系统规划图，详细听取工程建设、主要节点工程情况汇报，对参建各方共同努力、攻坚克难，引进新技术、新工艺，统筹施工进度和质量安全，确保工程如期竣工表示充分肯定。作为秦皇岛市单体投资规模最大、技术含量最高的市政桥梁工程，项目竣工通车后，将进一步完善城市区路网体系，有效缓解河北大街交通压力，助力西港区转型升级发展。

30日，日前，中共河北省委决定：王曦同志任中共秦皇岛市委委员、常委、书记；朱政学同志不再担任中共秦皇岛市委书记、常委、委员职务。

# 历任秦皇岛市委书记名单

**秦榆工委书记：**（隶属中共冀东区委）
王明德（1948.4 — 1948.11）

**秦榆市委书记：**（隶属中共冀东区委）
田星云（1948.11 — 1949.3）

**秦皇岛市委书记：**（秦皇岛市 1949 年 3 月至 1949 年 7 月隶属冀东区委，1949 年 8 月至 1958 年 3 月，隶属河北省委，1958 年 4 月至 1983 年 4 月隶属唐山地委，其中 1959 年 6 月至 1961 年 5 月隶属唐山市委，1983 年 4 月至今隶属河北省委）

李雪瑞（代理，1949.3 — 1949.5）
王世煜（1949.5 — 1952.2）
王植范（代理，1952.2 —1952.7）
尹　喆（哲）（1952.7 — 1953.3）
王植范（1953.3 — 1955.10）
苏　峰（1955.10 — 1957.1）
　　　（第一书记，1957.1 — 1958.7）
常立木（第一书记，1958.7 — 1960.2）
武学文（第一书记，1960.9 — 1961.4）
丁　一（第一书记，1961.4 — 1962.5）
常立木（第一书记，1962.5 — 1963.9）
常立木（1963.9 — 1964.11）

**秦皇岛市委临时常委会书记：**
丁　一（1964.11 — 1966.1）

**秦皇岛市委书记：**

刘抗生（代理，1966.7 — 1966.11）

林　琦（代理，1966.11 — ？）

**秦皇岛市革委会核心领导小组组长：**

姚宝钱（1968.1 — 1969.12）

王嘉祥（1969.12 — 1971.2）

**秦皇岛市委书记：**

王嘉祥（1971.2 — 1973.8）

刘　琦（1973.8 — 1974.8）

刘　琦（第一书记，1974.8 — 1978.5）

李　毅（第一书记，1978.5 — 1980.12）

王维奇（代理第一书记，1980.12 — 1981.10）

崔西山（第一书记，1981.10 — 1983.7）

戴明予（1983.7 — 1985.1）

白芸生（1985.1 — 1989.4）

顾二熊（1989.4 — 1991.4）

丁文斌（1991.4 — 1993.4）

王大名（1993.4 — 1994.11）

陈来立（1994.11 — 1997.12）

王建忠（1997.12 — 2002.12）

宋长瑞（2002.12 — 2006.9）

王三堂（2006.9 — 2013.12）

田向利（2013.12 — 2015.9）

孟祥伟（2015.9 — 2019.12）

朱政学（2019.12 — 2021.6）

王　曦（2021.6 —　）